Mircea Eliade

Geschichte der religiösen Ideen

HERDER / SPEKTRUM
Band 4200

Das Buch

„Wer Eliade liest, wird beschenkt und gewinnt nicht nur ein Verständnis der Religionen, sondern auch der Erkenntnis der Welt, in der wir leben" (Die Welt). Dieser Quellenband Mircea Eliades, von dem Heidelberger Religionswissenschaftler Günther Lanczkowski übersetzt und herausgegeben, ermöglicht die unmittelbare, direkte Begegnung mit ursprünglichen religiösen Vorgängen im Leben der Völker. Zu den Texten aus den bekannten asiatischen Hochreligionen, Hinduismus und Buddhismus, den Religionen der antiken Welt und des Islam wird auch eine Vielzahl von Zeugnissen aus den Urreligionen der afrikanischen, australischen und amerikanischen Ureinwohner angeboten. Eine notwendige Ergänzung zu Eliades dreibändigem religionsgeschichtlichem Standardwerk „Geschichte der religiösen Ideen" – jetzt erstmals als Taschenbuch. Ein praktisches, informatives Werk, sowohl für die private Lektüre als auch für Studium und Unterricht geeignet.

Der Autor

Mircea Eliade, 1907 in Bukarest geboren, 1928 Doktorat in Philosophie, 1928–1932 Studium des Sanskrit und der indischen Philosophie in Kalkutta, 1933–1945 Dozent in Bukarest, 1945–1958 in Paris, ab 1958 Professor für vergleichende Religionswissenschaften in Chicago. Dort 1986 gestorben. Zahlreiche fachwissenschaftliche, aber auch belletristische Veröffentlichungen, viele in deutscher Übersetzung bei Herder.

Mircea Eliade

Geschichte der religiösen Ideen

Quellentexte

Übersetzt und herausgegeben von Günter Lanczkowski

Herder
Freiburg · Basel · Wien

Titel der Originalausgabe:
From Primitives to Zen
A Thematic Sourcebook of the History of Religions
© Mircea Eliade
Harper & Row, Publishers, New York 1977

2. Auflage

Alle Rechte der deutschen Ausgabe vorbehalten – Printed in Germany
© Verlag Herder Freiburg im Breisgau 1981
Religionskundliches Institut der SOD Freiburg im Breisgau
Herstellung: Freiburger Graphische Betriebe 1994
Umschlaggestaltung: Joseph Pölzelbauer
Umschlagmotiv: Kufi-Inschrift über dem Mihrab der Al-Azhar-Moschee
780-792. Kairo, Islamisches Museum
ISBN 3-451-04200-2

Vorwort des Herausgebers

Unter dem Titel „From Primitives to Zen – A Thematic Sourcebook of the History of Religions" veröffentlichte Mircea Eliade in englischer Sprache eine umfangreiche Sammlung religionsgeschichtlicher Quellentexte, die vor allem in Amerika lebhaftes Interesse fand und mit bemerkenswerter Zustimmung aufgenommen wurde. Die Bearbeitung einer deutschen Ausgabe empfahl sich einmal deshalb, weil ein Quellenbuch dieser Art hier fehlt und die in ihm enthaltenen Texte nicht allein zahlreiche Abschnitte aus den heiligen Schriften der großen nichtchristlichen Religionen darbieten, sondern im besonderen auch eine Fülle wertvoller Relationen europäischer und amerikanischer Forscher über Glaubensformen und Riten schriftloser Religionen aufweisen, wobei es sich häufig um Berichte handelt, die zunächst ganz verstreut publiziert wurden und daher oft nur sehr schwer erreichbar sind.

Ein zweiter Grund für die vorliegende Veröffentlichung besteht darin, daß sich diese Textsammlung an Eliades dreibändige „Geschichte der religiösen Ideen" anschließt und die in ihr enthaltenen Ausführungen durch die Darbietung von Originaltexten ergänzt.

Dieser Zusammenhang gebot es dem zweiten Herausgeber, die wissenschaftlichen Intentionen des ersten nicht zu verwischen und dessen systematische Aufgliederung, abgesehen von behutsam vorgenommenen Umgruppierungen und der Hinzufügung eines neuen Abschnittes über „Theophanien", im wesentlichen bestehen zu lassen. Dabei ist zu bedenken, daß religiöse Texte oft eine Einordnung unter verschiedenen Gesichtspunkten erlauben, weil sie selten nur ein einziges Phänomen ansprechen. So kann beispielsweise das Sonnenlied Echnatons, wenn vordringliches Gewicht auf die in ihm enthaltenen Aussagen über den Sonnengott Aton gelegt wird, dem Gottesglauben zugeordnet werden, ebenso aber dem Typ religiöser Autorität, der den königlichen Verkünder betrifft, und schließlich einem Abschnitt über religiöse Hymnen.

Was die Quellenstücke im einzelnen betrifft, so erfolgte, neben der Erstellung des deutschen Textes, eine Sichtung, die einerseits zu Kürzungen bei inhaltlichen Dubletten führte, andererseits zur Neuhinzunahme einer beträchtlichen Anzahl unentbehrlicher Texte.

Die in Einleitungssätzen und Anmerkungen gegebenen Erläuterungen wurden für die deutsche Ausgabe fast durchweg neu geschrieben.

Günter Lanczkowski

Quellenvermerk

Die Quellenhinweise finden sich am Ende der einzelnen Texte. Für bereits vorliegende deutsche Übersetzungen haben dankenswerterweise Abdruckserlaubnis erteilt: Artemis Verlag, Zürich (Nr. 59, 92, 104, 200f., 239, 313); Baha'i Verlag, Hofheim (Nr. 273); Benziger Verlag, Zürich (Nr. 58); Brockhaus Verlag, Wiesbaden (Nr. 35a, 74, 121, 236, 274); Deutsche Verlags-Anstalt, Stuttgart (Nr. 280); Eugen Diederichs Verlag, Köln (Nr. 100, 141, 303); Francke Verlag, Bern (Nr. 279); Goldmann Verlag, München (Nr. 235); Verlag Walter de Gruyter, Berlin (Nr. 268, 270, 323); Carl Hanser Verlag, München (Nr. 60, 163); Ibero-Amerikanisches Institut, Berlin (Nr. 12, 13, 61, 272, 320–322); Verlag W. Kohlhammer, Stuttgart (Nr. 229); Verlag J. C. B. Mohr (Paul Siebeck), Tübingen (Nr. 48a, 50, 98f., 103, 122, 193, 210, 229, 240, 246, 258f., 287, 289, 319); Reclam Verlag, Stuttgart (Nr. 57, 176, 211, 247f., 250–253, 324); Scherz Verlag, Bern (Nr. 262) und Verlag Vandenhoeck & Ruprecht, Göttingen (Nr. 64, 120, 249).

Inhalt

Vorwort des Herausgebers 5
Quellenvermerk 6

ERSTES KAPITEL: GOTTHEITEN

A. Gottheiten primitiver (schriftloser) Völker 15

Afrikanische Völker
1. Der Gottesbegriff der nilotischen Nuer 15 – 2. Nzambi, der Hochgott der Bakongo 18 – 3. Ngai, der Hochgott der Kikuyu 19 – 4. Leza, der Hochgott der Ba-ila Nord-Rhodesiens 20 – 5. Das Höchste Wesen der Isoko Süd-Nigerias 20 – 6. Das Höchste Wesen der Herero 21 – 7. Raluvhimba, der Hochgott der Baventa 21

Nordamerikanische Indianer
8. Wakan Tanka, die höchste Gottheit der Dakota 22 – 9. Der „Große Geist" der Lenape 23 – 10. Tirawa, der oberste Gott der Pawnee 23 – 11. Der Meister der Karibus 24

Indianische Hochkulturen Mittelamerikas
12. Götter der Azteken Alt-Mexikos 24 – 13. Der Ruf nach dem fernen Gott 27

Südamerikanische Indianer
14. Die All-Mutter der Kagaba Kolumbiens 28

Ozeanien
15. Das Höchste Wesen der Maori 29 – 16. Der Mythos von Hainuwele 30

Australien
17. Gottheiten südostaustralischer Stämme 31

B. Alter Orient 33
18. Enki und die Weltordnung 33 – 19. Hymnus an den babylonischen Sonnengott Schamasch 35 – 20. An die babylonische Göttin Ischtar 36 – 21. Das Gespräch zwischen Atum und Osiris 36 – 22. Das Sonnenlied des Königs Echnaton 37 – 23. Aus dem Amonshymnus zur Zeit Ramses' II. 40

Inhalt

C. Indien: Gottheiten und religionsphilosophische Spekulationen über das Absolute ... 41

24. Der übermächtige Indra 41 – 25. Die indischen Götter Varuna und Indra 41 – 26. Die Allwissenheit des Königs Varuna 42 – 27. Eine vedische Hymne an die Erdgöttin 43 – 28. „Wer ist der Gott, den wir mit Opfern ehren sollen?" 44 – 29. Die Verehrung des Erhabenen Herrn 45 – 30. Der Erhabene Herr und seine Schöpfung 46 – 31. „Wenn das Unrecht sich erhebt, schaffe ich mich selbst" 46 – 32. Kāla, der Gott der Zeit 47 – 33. „Erkläre mir das Brahman..." 48 – 34. Die Lehre der indischen Upanishaden: die Identität der Weltseele (Brahman) mit der erkennenden Einzelseele (Atman) 48 – 35. Immanenz und Transzendenz des Höchsten Wesens 49 – 35a. „Wie viele Götter gibt es, Yājñavalkya?" 51

D. Iran: Ahura Mazda ... 52

36. Zarathustra: „Danach frag ich dich, o Ahura" 52 – 37. Der Dualismus des Propheten Zarathustra 55 – 38. Zarathustra offenbart die uranfängliche Scheidung zwischen den Geistern des Guten und des Bösen 56 – 39. Preis Ahura Mazdas und Aufforderung zur rechten Entscheidung 57

E. Zalmoxis ... 57

40. Der Bericht Herodots 57

F. Griechenland (einschließlich Hellenismus) ... 59

41. Die Teilung der Welt 59 – 42. Zeus-Hymnus des Kleanthes 59 – 43. Die Allmutter Erde 61 – 44. Apollon, der heilende Gott 61 – 45. Demeter und Persephone 62 – 46. Dionysos 63 – 47. Kritik am Polytheismus und monotheistisches Bekenntnis 66 – 48. Der Tod des großen Pan 66 – 48a. Über Götterbilder 67

G. Etrusker ... 68
49. Tages 68

H. Germanen ... 69

50. Odins Macht 69 – 51. Wie Odin Runenweisheit erlangte 69 – 52. Die Götter der Germanen in römischer Sicht 70

I. Japan ... 71
53. Die Sonnengöttin Amaterasu und der Sturmgott Susa-no-o 71

J. Islam ... 72

54. „Es gibt keinen Gott außer ihm" 72 – 55. Allah, der Schöpfer und Erhalter 73 – 56. Allah, der Erste und der Letzte, der Allwissende 74 – 57. Allmacht und Allwissenheit Allahs 74

Inhalt

ZWEITES KAPITEL: SCHÖPFUNG UND URZEIT

A. Weltschöpfung 76
58. Das Denkmal memphitischer Theologie 76 – 59. Die Weltschöpfung aus dem Chaos 76 – 60. Die Kosmogonie des Kalevala 79 – 61. Der Schöpfungsbericht des Popol Vuh 82 – 62. Schöpfung durch Denken 84 – 63. Omaha-Kosmogonie 84 – 64. Der Schöpfungsbericht der Uitoto Südamerikas 85 – 65. Io und die Kosmogonie der Maori 85 – 66. Polynesische Theogonie und Kosmogonie (Gesellschaftsinseln) 87 – 67. Das kosmische Taucher-Motiv 87 – 68. Kosmogonie des Bantu-Stammes der Boschongo 88 – 69. Japanische Kosmogonie 90 – 70. Aus der „Lehre für König Merikare" 90 – 71. Babylonische Kosmogonie 91 – 72. Schöpfungshymnus des Rigveda 92 – 73. Indische Kosmogonie nach dem Gesetzbuch des Manu 93 – 74. Die Weltschöpfung nach den Upanishaden 94 – 75. Griechische Theogonie 95 – 76. Die dualistische Kosmogonie des Zoroastrismus 97

B. Urzeit und Endzeit im germanischen Mythos 99
77. Die Schau der Seherin 99

C. Die Schöpfung des Menschen 103
78. Die Schöpfung der Frau aus der Erdmutter (Maori) 103 – 79. Der Eine Alte und die fünf Frauen 103 – 80. Die Erschaffung des Menschen, ein Mythos der Thompson-Indianer 104 – 81. Die Kornmutter führt die ersten Menschen zur Erdoberfläche 105 – 82. Die Erschaffung der Menschen nach dem Popol Vuh 106 – 83. Die Erschaffung des Menschen in der Überlieferung der nilotischen Schilluk 107

D. Der Ursprung des Todes 108
84. Das Chamäleon und die Eidechse 108 – 85. Die weggeworfene Haut: ein melanesischer Mythos 109 – 86. Der Stein und die Banane: ein indonesischer Mythos 109 – 87. Der Mond und die Wiedergeburt: ein australischer Mythos 110 – 88. Der grausame Vogel 110 – 89. Maui und Hine-nui-te-Po 111

E. Sintflutberichte 113
90. Die Fluterzählung im Gilgamesch-Epos 113 – 91. Eine altindische Flutmythe 117 – 92. Die deukalionische Flut 118

DRITTES KAPITEL: DER MENSCH UND DAS HEILIGE

A. Theophanien 123
93. Die „Anschauung der kosmischen Gestalt" des göttlichen Krishna 123 – 94. Poseidon zertrümmert das Floß des Odysseus 125 – 95. Athene läßt Odysseus das heimatliche Ithaka erkennen 126 – 96. Athene verjüngt Odysseus 131 – 97. Die numinose Aufforderung zur Überschreitung des Rubicon 132 – 98. Thor und Olaf Tryggvason 133 – 99. Die keltische Todesbotin 134 – 100. Das theophane Erlebnis des Pachacutic 134 – 101. Eine südamerikanische Theophanie des Sonnengottes 135 – 102. Eine kultische Theophanie: das aztekische Fest Teotl eco 136

Inhalt

B. Heilige Zeit, heilige Welt, heiliges Leben 140
103. Die Weltzeitalter nach Hesiod 140 – 104. Die Weltzeitalter nach Ovid 140 – 105. Die heilige Zeit der Ngayu-Dajak von Süd-Borneo 144 – 106. Die heilige Welt der Dajak auf Borneo 146 – 107. Die Lebensstadien der Dajak auf Borneo 150 – 108. Gebet beim Neujahrsfest des Großhauses (Lenape) 155 – 109. Das Großhaus der Lenape als Symbol des Universums 157 – 110. Der Sinn des Lebens in der Sicht der Eingeborenen Australiens 158 – 111. Der Lebenskreis der Eingeborenen Australiens 160 – 112. Die Jagd als heilige Tätigkeit der Naskapi-Indianer von Labrador 161 – 113. Ahura Mazda unterrichtet Zarathustra über den Segen des Ackerbaus 162 –

C. Seelen-, Mana- und Karman-Vorstellungen; das buddhistische Nirvāna 163
114. Die Seele im Leben und Tod der australischen Murngin 163 – 115. Präexistenz und Inkarnation bei nordamerikanischen Indianern 164 – 116. Die Identifikation des Toten mit dem Gott Osiris und mit dem vegetativen Kreislauf der Natur 170 – 117. Mana: eine religiöse Kategorie Melanesiens 170 – 118. Das unzerstörbare, ewige Selbst 171 – 119. Das Gespräch auf dem Kaukasus 172 – 120. Die Karman-Lehre der Upanishaden 173 – 121. Yājñavalkya und seine Frauen: Unterweisung der Maitreyī 174 – 122. Lehrrede über das Nirvāna 177

D. Typen des Opfers 178
123. Das Opfer der Nuer 178 – 124. Das Bärenritual der Ainu auf Hokkaido 182 – 125. Pferdeopfer und Himmelsreise des Schamanen bei den Altaiern 186 – 126. Ein Totenopfer der Homerischen Zeit 192 – 127. Entsühnung einer umbrischen Stadt 193 – 128. Ein Opfer für Jupiter vor der Aussaat 194 – 129. Ein römisches Ernteopfer 195 – 130. Devotion: der Opfertod des Decius 195 – 131. Das kosmische Opfer 197

E. Rituale, Orakel, religiöses Handeln 199
132. Australischer Regenzauber 199 – 133. Das Kalumet 199 – 134. Die konfuzianischen Riten (Li) 202 – 135. Die Gründung des Heiligtums von Ise 203 – 136. Zeremonielles Bad des Neugeborenen bei den Azteken 204 – 137. Aztekische Beichte und Bußfertigkeit 204 – 138. Eine chinesische Vorzeichentheorie 205 – 139. Das Orakel des Trophonios in Lebedaia 206 – 140. „Wir haben Soma getrunken, wir sind Unsterbliche geworden." 208 – 141. „Vollbringe die notwendige Tat!" 210 – 142. Zoroastrische Sonnenverehrung 210 – 143. Taten und Belohnungen der Verehrung des Buddha 211 – 144. Ein Bekenntnis zum Islam 213 – 145. Die islamische Pilgerfahrt 214

F. Hymnen und Gebete 215
146. Ein Buschmann erbittet die Hilfe seines Gottes 215 – 147. Hilferuf an Imana 215 – 148. Hymnus auf Mwari, den Gott der Maschona Süd-Rhodesiens 216 – 149. Dank sei der Mutter Erde! 216 – 150. Tahitisches Gebet 217 – 151. Ein hawaiisches Klagelied 217 – 152. Sumerisches „Herzberuhigungslied" für jeden Gott 218 – 153. Babylonisches „Klagelied zur Herzensberuhigung" einer erzürnten Gottheit 220 – 154. Der große Schamasch-Hymnus 220 – 155. An den Gott Varuna gerichtete Beichte des vedischen Sehers Vasishta 222 –

Inhalt

156. „Mache mich unsterblich" – Hymne an Soma, den kultischen Rauschtrank Altindiens 223 – 157. An den indischen Gott Agni 223 – 158. Griechisches Chorgebet 224 – 159. Das Gebet des Scipio Africanus 225 – 160. Gebetsvorschrift Mohammeds 225 – 161. Gebete des ʿAli ibn Abī Tālib 225 – 162. Gebete des Dhū'n-Nūn 229 – 163. Erntegebet Väinämöinens 231

G. *Initiationen* 232
164. Eine australische Stammesinitiation 232 – 165. Dukduk – eine melanesische Geheimgesellschaft 234 – 166. Der Berserker 237 – 167. Cúchulainns Initiation 238 – 168. Dionysos und die Bacchantinnen 239 – 169. Die eleusinischen Mysterien 241 – 170. Der Tod und die Mysterienweihe 243 – 171. Das Taurobolium der Kybele-Mysterien 243 – 172. Platon und die Mysterienweihe 244 – 173. Die Isis-Mysterien 245 – 174. Kūkais Initiation in den esoterischen Buddhismus 247

VIERTES KAPITEL: TOD, JENSEITIGES LEBEN, UNIVERSALESCHATOLOGIE

A. *Gottheiten und Helden im Angesicht des Todes* 250
175. Ischtars Hinabstieg in die Unterwelt 250 – 176. Gilgamesch auf der Suche nach der Unsterblichkeit 251 – 177. Odysseus im Hades 258

B. *Tod und Zwischenzustand* 271
178. Der Augenblick des Todes, wie ihn die Upanishaden beschreiben 271 – 179. Buddhistische Beschreibung des Zwischenzustandes 271 – 180. Aus dem tibetischen Totenbuch 272 – 181. Aztekische Unterweltvorstellungen 273

C. *Tod und Auferstehung nach altägyptischen Vorstellungen* 275
182. Die Auferstehung des Pharao 275 – 183. Fortleben nach Analogie irdischer Verhältnisse 276 – 184. Das ägyptische „Land der Stille und Dunkelheit" 277

D. *Griechische und römische Vorstellungen von Tod und Unsterblichkeit* 277
185. Der Geist des Patroklos erscheint dem Achilleus 277 – 186. Hermes führt die Seelen der toten Freier in die Unterwelt 279 – 187. Der Traum des Scipio 279 – 188. Empedokles über die Seelenwanderung 281 – 189. Eine Botschaft aus dem Jenseits: die Erzählung des Er 282 – 190. Sokrates über die Seele im Hades 283 – 191. Platon über die Unsterblichkeit der Seele 284

E. *Der Weg ins Jenseits – Die Entrückung* 285
192. Orphische Unterweltsvorstellungen 285 – 193. Parsistische Individualeschatologie 285 – 194. Aztekisches Totenritual 286 – 195. Eine sibirische Totenzeremonie: der Schamane führt die Seele in die Unterwelt 287 – 196. Der Weg ins Jenseits der Winnebago-Indianer 289 – 197. Die Straße zum Reich der

Inhalt

Seelen in der Vorstellung der Thomson-River-Indianer 291 – 198. Reise in das Land des Großvaters 292 – 199. Eine polynesische Jenseitsreise 293 – 200. Die Apotheose des Romulus 294 – 201. Die Apotheose Caesars 296

F. Orpheus und außergriechische Orpheus-Gestalten 297
202. Orpheus 297 – 203. Ein polynesischer Orpheus 298 – 204. Ein indianischer Orpheus 299

G. Paradiese 301
205. Sukhāvatī, das Paradies des Mahāyāna-Buddhismus 301 – 206. Islamische Paradieses-Vorstellung 303 – 207. Aztekische Paradiesesvorstellungen 305

H. Das Weltende 306
208. Yima und der Weltwinter 306 – 209. Buddha sagt den schrittweisen Verfall seiner Religion voraus 308 – 210. Die Eschatologie des Parsismus 310 – 211. Mohammed verkündet das endzeitliche Gericht 314

I. Prophetien – Heilserwartungsbewegungen 316
212. Die Weissagung auf Maitreya, den zukünftigen Buddha 316 – 213. Nichiren sieht in Japan das Zentrum einer Erneuerung des Buddhismus 319 – 214. Die Ghost-Dance-Religion 319 – 215. Die John-Frum-Bewegung auf Tanna (Neue Hebriden) 321 – 216. Die Malamala-Bewegung auf Espiritu Santo (Neue Hebriden) 323

FÜNFTES KAPITEL: TYPEN RELIGIÖSER AUTORITÄT

A. Medizinmänner und Schamanen 325
217. Die Initiation eines Medizinmannes der Binbinga 325 – 218. Die Initiation eines zentralaustralischen Medizinmannes des Unmatjera-Stammes 326 – 219. Das Werden eines südostaustralischen Medizinmannes (Wiradjuri-Stamm) 326 – 220. Die „Erleuchtung" des Schamanen bei den Iglulik-Eskimos 328 – 221. Der Initiationstraum eines samojedischen Schamanen 328 – 222. Die Heirat als schamanistisches Erlebnis 331 – 223. Ein „allmächtiger" Schamane der Apachen 332 – 224. Eine schamanistische Sitzung bei den Jukagiren 333 – 225. Ein Eskimo-Schamane steigt hinab auf den Grund des Meeres 334

B. Herrscher und Priester 336
226. Der altägyptische Gottkönig 336 – 227. Der „Kannibalenhymnus" 336 – 228. Das Königtum nach der altägyptischen „Lehre für König Merikare" 337 – 229. Aus der großen Weihinschrift des Tempels von Abydos 337 – 230. Lobpreisung eines ptolemäischen Herrschers 338 – 231. Die Verehrung des Kaisers Augustus 338 – 232. Aus dem altindischen „Gesetzbuch des Manu" 339 – 233. Altindischer Königssegen 339 – 234. Ein afrikanischer Gottkönig im Njassaland (Malawi) 340 – 235. Die Priester der Ägypter 341 – 236. Der wahre Brahmane 342 – 237. Die religiöse Gesetzgebung des Königs Numa 344 – 238. Vorschriften für den Flamen Dialis 345 – 239. Die Sibylle von Cumae

Inhalt

346 – 240. Julian Apostata über die Pflichten der Priester 347 – 241. Caesar über die Druiden, die Priester der keltischen Gallier 349 – 242. Germanische Seherinnen 349 – 243. Über das aztekische Priestertum 350

C. Propheten und Religionsstifter 351

244. Zarathustra 351 – 245. Prophetisches Leid: Zarathustra 352 – 246. Mohammeds Berufung 353 – 247. „Mohammed ist der Gesandte Allahs" 354 – 248. Der Koran, „das Buch, daran kein Zweifel ist" 355 – 249. Mohammeds mekkanische Gegner 356 – 250. Abraham im Koran 357 – 251. Moses im Koran 358 – 252. Allah sandte die Thora und Jesus 358 – 253. Die Offenbarung des Islam 359 – 254. Yājñavalkya: Der Redewettstreit am Hof des Königs Janaka von Videha 359 – 255. Die vier Ausfahrten des Buddha 360 – 256. Das Selbstverständnis des Buddha 363 – 257. Buddha zweifelt an der Sinnhaftigkeit einer Verkündigung 364 – 258. Buddhas Eingang in das völlige Nirvāna 364 – 259. Transzendierung des Buddha 368 – 260. Der Buddha verkündet jeder Generation seine Lehre 369 – 261. Das unbegrenzte Erbarmen des Bodhisattva 370 – 262. Padmasambhava 372 – 263. Konfuzius und das chinesische Altertum 375 – 264. Worte des Konfuzius 377 – 265. Lao-tse und das Tao-te-ching 378 – 266. Aus dem „wahren Buch vom südlichen Blütenland" 383 – 267. Aus der Apologie des Sokrates 384 – 268. Mani 386 – 269. „... daß der Weg der Wahrheit bisweilen sich zeigt und bisweilen sich wieder verbirgt." 387 – 270. Der manichäische Dualismus 387 – 271. Quetzalcoatl 388 – 272. Klagegesang über den Auszug Quetzalcoatls aus Tollan 389 – 273. Sendschreiben Bahā'u'llāhs 389

D. Asketen und Mystiker – meditative und ekstatische Erfahrungen . . 391

Altindien
274. Der Yoga in den Upanishaden 391

Buddhismus
275. Buddha berichtet über seine asketischen Übungen 392 – 276. Vergebliche Askese des Buddha 394 – 277. Buddha erinnert sich früherer Existenzen 396 – 278. Zen-Buddhismus 397 – 279. Gespräch Bodhidharmas mit seinen Jüngern 398 – 280. Bodhidharmas Gespräch mit Kaiser Wu 398 – 281. Satori, Die „Erleuchtung" im Zen 399 – 282. Die Bedeutung des meditativen Sitzens (zazen) 399 – 283. Die Auflösung des persönlichen Ego im Zen 400 – 284. Einige Kōan 401 – 285. Buddhistische Kritik am Zen 402 – 286. Ein Gesang des Mila ras-pa 403

Jainismus
287. Askese und Meditation des Mahāvira 404

Hellenismus
288. Ausführungen über Ekstase 405

Inhalt

Islam
289. Mohammeds Himmelfahrt 406 – 290. Die mystische Himmelsreise des Bāyazīd al-Bistāmī 409 – 291. Hasan von Basra preist die Askese 409 – 292. Aus dem Diwan des Dschelāl ad-Dīn Rūmī 410 – 293. Das letzte Gebet des al-Hallādsch 411

SECHSTES KAPITEL: MENSCH UND GOTT

A. Was ist der Mensch? 412
294. Die Götter senden die Geschicke der Menschen 412 – 295. Was ist der Mensch? 413 – 296. Über das Geschick des Menschen 414 – 297. Das Höhlengleichnis 414

B. Pessimismus und Skepsis 418
298. Das Gespräch eines Lebensmüden mit seiner Seele 418 – 299. Aus den Reden Ipus des Edlen 420 – 300. Das ägyptische Lied des Harfners 420 – 301. Griechischer Pessimismus 422 – 302. Gespräch zwischen Naciketas und Yama, dem indischen Herrn des Totenreiches 423 – 303. Chuang-tse und der Totenschädel 423 – 304. Aztekische Totenklage 424 – 305. „Wo ist das Land, wo man nicht stirbt?" 425

C. Agnostizismus und Lebensverneinung: der Weg des Buddha 426
306. Buddha verweigert die Erörterung metaphysischer Probleme 426 – 307. Nützliche und unnütze Lehren 427 – 308. Buddhas Gleichnis vom Feuer 428 – 309. Buddhas Gleichnis von der Öllampe 430 – 310. Buddha lehrt den „mittleren Pfad" 430 – 311. Erläuterung des „achtteiligen Pfades" 431 – 312. Fragen des Königs Milindo 433 – 313. Brahmanische und konfuzianische Kritik am Buddhismus 441

D. Das ethische Gebot 443
314. Aus der „Lehre für König Merikare" 443 – 315. Die „negativen Konfessionen" der alten Ägypter 444 – 316. Die Vollendung des Schönen und Wahren 445 – 317. „Unser Herz vor Hoffart zu bewahren..." 446 – 318. „Rede nicht den Göttern gegenüber je vermess'nes Wort!" 447 – 319. Edikte des Königs Ashoka 447 – 320. Schicksalsglaube und ethisches Handeln 450 – 321. Der rechte und der falsche Weise 451 – 322. Grundsätze des aztekischen Familienlebens 452 – 323. Aus dem Weisheitsbuch des Amenemope 452 – 324. Aus den „Selbstbetrachtungen" des Kaisers Marc Aurel 453 – 325. Gesetzeserfüllung 455

Index religionsgeschichtlicher Zuordnungen 456

ERSTES KAPITEL

Gottheiten

A. GOTTHEITEN PRIMITIVER (SCHRIFTLOSER) VÖLKER

AFRIKANISCHE VÖLKER

Wie viele himmlische Höchste Wesen „primitiver" Völker, so werden auch die Hochgötter einer großen Anzahl afrikanischer Stämme als Schöpfer angesehen, als machtvoll und wohlwollend; aber sie spielen eine ziemlich unbedeutende Rolle im religiösen Leben. Da sie entweder zu weit entfernt oder zu gut sind, um eines Kultes zu bedürfen, werden sie nur in äußersten Krisensituationen angerufen.

1. *Der Gottesbegriff der nilotischen Nuer*

Das Wort der Nuer-Sprache, das wir mit „Gott" übersetzen, heißt *kwoth*, „Geist". Noch präziser sprechen die Nuer von ihm als *kwoth nhial* oder *kwoth a nhial*, „Geist des Himmels" oder „Geist, der im Himmel ist". Es gibt andere und niedere Geister, die als *kuth nhial*, „Geister des Himmels" oder „Geister des Oben", und *kuth piny*, „Geister der Erde, des Unten", zusammengefaßt werden. Ich erörtere den Begriff „Gott" zuerst, weil andere Geister-Begriffe von ihm abhängig sind und nur unter Bezugnahme auf ihn verstanden werden können.

Mit Sicherheit können wir sagen, daß die Nuer weder den Himmel noch irgendein himmlisches Phänomen als Gott ansehen. Dies geht deutlich aus der Unterscheidung hervor, die sie zwischen Gott und dem Himmel in den Ausdrücken „Geist des Himmels", und „Geist, der im Himmel ist" vornehmen. Es würde außerdem ein Fehler sein, „des Himmels" oder „im Himmel" allzu wörtlich zu verstehen.

Ebenso würde es ein Fehler sein, die Beziehung zwischen Gott und dem Himmel als bloße Metapher anzusehen. Denn obwohl der Himmel nicht Gott ist und obwohl Gott überall ist, wird er doch vornehmlich als im Himmel seiend vorgestellt, und die Nuer denken an ihn im allgemeinen im räumlichen Sinne als an ein Wesen in der Höhe. Daher hat alles, was mit dem Himmel in Verbindung steht, Bezug auf ihn. Gelegentlich sagen die Nuer, daß er im Regen hinabkomme und in Blitz und Donner gegenwärtig sei.

Es würde, wie ich bemerkt habe, dem Denken der Nuer völlig widersprechen und ihnen sogar absurd erscheinen, zu sagen, Himmel, Mond, Regen usw. seien in sich, einzeln oder kollektiv, Gott. Gott ist Geist, der, wie Wind und Luft, unsichtbar und allgegenwärtig ist. Aber obwohl Gott nicht mit diesen Erscheinungen identisch ist, ist er in ihnen insofern, als er sich in ihnen offenbart. In diesem Sinne ist er im Himmel, kommt herab im Regen, leuchtet in Sonne und Mond und bläst im Wind. Diese göttlichen Manifestationen sind als Erscheinungsformen Gottes zu verstehen, aber nicht als sein Wesen, das Geist ist.

Da Gott oben ist, wird alles Obere mit ihm verbunden. Deshalb werden die Himmelskörper und ihre Bewegungen mit ihm verbunden. Deshalb werden auch die Geister der Luft als *gaat kwoth*, „Kinder Gottes", angesehen, und dies in einer Weise, wie es für andere Geister nicht zutrifft; denn im Unterschied zu anderen Geistern wohnen sie in der Luft und auch in den Wolken, die dem Himmel am nächsten sind.

Die Nuer sagen, daß Gott überall sei, daß er „wie Wind" und „wie Luft" sei. Nach Pater Crazzolara kann von ihm mit den Beinamen *jiom*, „Wind", und *ghau*, „Universum", gesprochen werden, aber diese Wörter stehen für Gott nur in Geschichten oder in einem allegorischen Sinn, und sie belegen die Vorliebe, die dieses nilotische Volk in seiner Poesie für Metonymie und Synekdoche zeigt. Gott ist nicht Wind, sondern *cere jiom*, „wie Wind"; und er ist nicht *ghau*, das „Universum", sondern *cak ghau*, „Schöpfer des Universums". Ein anderes poetisches Beiwort, mit dem auf ihn Bezug genommen werden kann, ist *tutgar*. Es ist ein Ochsenname für einen Ochsen, der weitgespreizte Hörner besitzt und das majestätischste ihrer Tiere ist. Der Begriff ist ein Kompositum zweier Wörter: *tut*, das die Bedeutung „Stärke" oder „Erhabenheit" hat, und *gar*, das „allgegenwärtig" bedeutet, wie es auch in einer anderen Gottesbezeichnung, *kwoth me gargar*, „der allgegenwärtige Gott", vorkommt; *gargar* kann auch mit „grenzenlos" übersetzt werden. Jedoch ist es die üblichste Weise der Nuer, ihre Idee von der Natur Gottes auszudrücken, daß sie sagen, er sei wie der Wind oder wie die Luft...

Gott, der Geist im Himmel, der wie der Wind oder wie Luft ist, ist der Schöpfer und Beweger aller Dinge. Da er die Welt gemacht hat, wird er in Gebeten mit *kwoth ghaua*, „Geist des Universums", angeredet, im Sinne von „Schöpfer des Universums". Das Wort *cak* als Substantiv gebraucht, kann die Schöpfung bezeichnen, das heißt alle erschaffenen Dinge, und daher auch Natur und Wesen einer Person oder einer Sache; es kann in einem sehr speziellen Sinn auf eine Abnormalität verweisen wie *cak kwoth*, „Mißbildung"; außerdem wird es, meiner Ansicht nach selten, als Titel Gottes, des Schöpfers, gebraucht wie in dem Ausdruck *cak nath*, „Schöpfer der Menschen". Als Verbum „schaffen" bedeutet es eine *creatio ex nihilo* und kann daher eigentlich nur für Gott verwendet werden. Allerdings kann das Wort in bezug auf Menschen für Erdachtes, für Überlegungen über die Namensgebung eines Kindes, für das Ersinnen einer Erzählung oder das Entwerfen eines Gedichtes angewendet werden. Daher bedeutet das Wort nicht nur die Schöpfung aus dem Nichts, sondern auch Schöpfung durch Denken und Vorstellungskraft, weshalb „Gott schuf das Universum" den Sinn hat von „Gott erdachte das Universum" oder „Gott bildete sich eine Vorstellung des Universums".

Ob sie über Ereignisse sprechen, die sich *ne walka*, „im Anfang" oder „vor langer Zeit" ereigneten, oder über Geschehnisse von gestern oder heute, so ist stets Gott, der schöpferische Geist, für alles letzte Erklärung der Nuer. Wenn sie nach dem Anfang der Dinge gefragt werden oder nach der Ursache ihres gegenwärtigen Zustandes, so antworten sie, daß Gott sie schuf und daß es sein Wille war, daß sie heute das seien, was sie sind. Der Himmel und die Erde und die Gewässer auf der Erde, die wilden Tiere und Vögel und Reptilien und Fische wurden von ihm gemacht, und er ist der Ursprung von Sitte und Überlieferung. Die Nuer hüten Vieh, pflanzen Hirse und spießen Fische auf, weil Gott ihnen dies zu ihrem Unterhalt gab. Er führte ihre Heiratsbeschränkungen ein. Er gab einigen Männern übernatürliche Kräfte, anderen nicht. Er verordnete, daß die Nuer die Dinka angreifen sollten und daß die Europäer die Nuer besiegen sollten. Er machte einen Menschen schwarz und einen anderen weiß, einen Menschen flink und einen anderen langsam, einen stark und einen anderen schwach. Alles in der Natur, Kultur und Gesellschaft wie in den Menschen ist so, wie es ist, weil Gott es so machte oder so wollte.

So ist im Verständnis der Nuer Gott der schöpferische Geist. Er ist auch *ran*, eine lebende Person, deren Lebensatem, *yiegh*, die Menschen erhält. Ich habe niemals gehört, daß die Nuer annehmen, er habe menschliche Gestalt, aber obgleich er allgegenwärtig und unsichtbar ist, sieht und hört er alles, was sich ereignet. Und er kann ärgerlich sein und auch lieben ... Das Verhältnis des Menschen zu ihm entspricht, wie auch in anderen Völkern, menschlichen Beziehungen. Er ist der Vater der Menschen.

Eine sehr gebräuchliche Anrede der Gottheit ist *gwandong*, ein Wort, das „Großvater" oder „Ahne", wörtlich „alter Vater" bedeutet; aber in religiösen Zusammenhängen würde „Vater" oder „unser Vater" den Sinn besser treffen; auch *gwara* und *gwandan*, „unser Vater", wie auch die ehrfurchtsvolle Anredeform *gwandin*, „Vater", werden oft verwendet, wenn zu Gott oder von ihm gesprochen wird. Gott ist in zweierlei Hinsicht Vater der Menschen. Er ist ihr Schöpfer, und er ist ihr Beschützer.

Obgleich Gott gelegentlich als hier und jetzt gegenwärtig empfunden wird, so doch auch als weit weg im Himmel. Wenn er ein geflüstertes Gebet hört, so wurde es gesprochen, während Augen und Hände zum fernen Himmel erhoben wurden. Jedoch sind Himmel und Erde, Gott und Mensch nicht vollkommen getrennt. Es gibt ein Kommen und Gehen. Gott nimmt die Seelen derer, die er durch Blitz erschlug, mit sich, um bei ihm zu wohnen, und durch ihn beschützen sie ihre Verwandten; er nimmt teil an den menschlichen Angelegenheiten mittels verschiedener Geister, die in der Atmosphäre zwischen Himmel und Erde umgehen und die als Hypostasen seiner Wesenszüge und Eigenschaften angesehen werden können. Er ist auch selbst in einer Weise gegenwärtig, die von den Nuern mit der Metapher des Windes und der Luft symbolisch zum Ausdruck gebracht wird. Auch kann man mit ihm durch Gebet und Opfer in Verbindung treten, und eine bestimmte Art des Kontaktes mit ihm wird auch durch die gesellschaftliche Ordnung aufrechterhalten, die er einführte und über die er wacht.

E. E. Evans-Pritchard, Nuer Religion. London 1957, S. 1 ff.

2. *Nzambi, der Hochgott der Bakongo*

Der Stamm der Bakongo ist in der unteren Kongo-Region beheimatet.

Nzambi Mpungu ist ein unsichtbares, aber sehr machtvolles Wesen, das alles geschaffen hat, Menschen und Dinge, sogar Fetische, die er den Menschen zu ihrem Besten gegeben hat. „Wenn er uns nicht unsere Fetische gegeben hätte, würden wir alle schon längst tot sein." Er greift in die Erschaffung jedes Kindes ein, er bestraft diejenigen, die seine Verbote verletzen. Sie bringen ihm keinen Kult dar; denn er hat keinerlei Bedürfnisse und ist unerreichbar. Auf der Erde lebt der Mensch in ständiger Befriedigung seiner Bedürfnisse; die Alten erfreuen sich einer privilegierten Stellung. Über allem ist Nzambi, der höchste, unerreichbare Herr, der den Menschen hier unten hingesetzt hat, um ihn eines Tages wieder hinwegzunehmen, in der Stunde des Todes. Er beobachtet den Menschen, macht ihn überall ausfindig und nimmt ihn hinweg, jung oder alt... Zu den Gesetzen gehören *nkondo mi Nzambi*, „Gottes Verbote", deren Verletzung „eine Sünde gegen Nzambi", *sumu ku Nzambi*, darstellt; und eine übliche Strafe dafür ist *lufwa lumbi*, „ein schlimmer Tod".

Van Wing, Etudes Bakongo. Brüssel 1921, S. 170 f.

Afrikanische Völker

3. Ngai, der Hochgott der Kikuyu

Die Kikuyu sind ein Bantu sprechender Stamm Ostafrikas.

Die Kikuyu glauben an einen Gott, Ngai, den Schöpfer und Geber aller Dinge. Er hat keinen Vater, keine Mutter noch irgendeinen Gefährten. Er liebt oder haßt das Volk, je nach dessen Verhalten. Der Schöpfer lebt im Himmel, aber er hat zeitweilige Aufenthaltsräume auf der Erde, die auf Bergen liegen; dort kann er während seiner Besuche ausruhen. Diese Besuche werden in der Absicht gemacht, eine Art „Generalinspektion", *Koroora thi,* durchzuführen und um dem Volke Segnungen und Strafen zu überbringen.

Ngai kann nicht von sterblichen Augen gesehen werden. Er ist ein entferntes Wesen und nimmt nur geringen Anteil am täglichen Ergehen der einzelnen Menschen. Aber in Krisensituationen ihres Lebens wird er angerufen. Bei der Geburt, der Initiation, der Heirat und dem Tod jedes Kikuyu wird für ihn eine Verbindung mit Ngai hergestellt. Die Zeremonien für diese vier Ereignisse lassen keinen Zweifel an der Bedeutung einer für sie wesentlichen geistlichen Unterstützung...

Im gewöhnlichen Alltagsleben gibt es keine Gebete oder religiösen Zeremonien, wie etwa Morgen- oder Abendgebete. Solange das Volk und seine Angelegenheiten gedeihen, wird es als sicher angenommen, daß Gott mit dem Verhalten des Volkes und dem Ergehen des Landes zufrieden ist. In diesem glücklichen Zustand gibt es keine Notwendigkeit für Gebete. Sie sind sogar nicht empfehlenswert, denn Ngai darf nicht nutzlos belästigt werden. Nur wenn die Menschen wirklich in Not sind, können sie sich ihm nahen ohne Angst, ihn zu belästigen oder sich seinen Zorn zuzuziehen. Aber wenn das Volk sich trifft, um öffentliche Angelegenheiten zu besprechen oder eine Sache zu entscheiden, oder bei allgemeinen Tänzen, dann bringen sie Gebete dar um Schutz und Führung. Wenn ein Mann vom Blitz getroffen ist, sagt man: „Er wurde in Stücke geschlagen, weil er Ngai beim Krachen seiner Gelenke sah, bereit, seine Feinde zu zerschmettern und hinwegzujagen."

Man sagt, daß der Blitz ein sichtbares Zeichen irgendeiner Waffe des Gottes ist, die er zuvor gebraucht, um das Volk vor seinem Kommen zu warnen und um sich seinen Weg zu bereiten und zu säubern. Sein Nahen wird nur durch die Geräusche seiner eigenen Vorbereitungen angekündigt. Der Donner ist das Krachen seiner Gelenke, vergleichbar einem Krieger, der sich für den Kampf geschmeidig macht.

Jomo Kenyatta, Kikuyu Religion, Ancestor-Worship, and Sacrificial Practices. In: Africa 10 (1937) S. 308 f.

Gottheiten

4. Leza, der Hochgott der Ba-ila Nord-Rhodesiens

Vor langer Zeit wußten die Ba-ila nichts über das Wirken von Leza – nein, alles, was sie über ihn wußten, war, daß er uns erschuf und daß er unermüdlich tätig ist. Jetzt aber, wenn die Regenzeit gestört ist, weil kein Regen fällt, dann verlangen sie von Leza verschiedenes: sie sagen jetzt: „Leza ist ärgerlich und kommt nicht herab"; später, wenn es zu stark regnet, sagen sie: „Leza kommt zu sehr herab." Wenn es kalt ist, sagen sie: „Leza macht es kalt", und wenn es nicht kalt ist, sagen sie: „Leza ist viel zu heiß, laß es bewölkt sein." Leza ist der Mitleidige und der Barmherzige, er wird nicht ärgerlich, er läßt nicht nach, es regnen zu lassen, er hört nicht auf, ihnen Gutes zu tun – nein, ob sie auch fluchen, ob sie sich über ihn lustig machen, ob sie über ihn schimpfen, er tut allen zu allen Zeiten Gutes, und deshalb vertrauen sie ihm immer. Aber was das Verstehen seiner Handlungen betrifft, darüber wissen die Ba-ila nichts; alles, was sie sagen, ist: „Leza ist der Gutmütige, er ist einer, von dem man verschiedenes erbittet. Mehr wissen wir Ba-ila nicht."

Edwin W. Smith – A. M. Dale, The Ila-speaking People of Northern Rhodesia II. London 1920, S. 199.

5. Das Höchste Wesen der Isoko Süd-Nigerias

Im Zentrum der Religion der Isoko steht Cghene, das Höchste Wesen, von dem geglaubt wird, die Welt und alle Völker einschließlich der Isoko geschaffen zu haben. Er lebt im Himmel, der ein Teil von ihm ist, er sendet Regen und Sonnenschein, und er zeigt seinen Unmut im Donner. Cghene steht völlig jenseits allen menschlichen Begreifens, ist niemals gesehen worden, ist geschlechtslos und wird nur an seinen Handlungen erkannt, was die Menschen dazu geführt hat, von Cghene als „ihm" zu sprechen, weil er als Schöpfer und daher Vater aller Isoko angesehen wird. Von ihm wird als „unserem Vater", jedoch niemals als „meinem Vater" gesprochen. Cghene bestraft stets das Böse und belohnt das Gute, ein Glaube, der die Isoko dazu führt, für alles Übel, was einem guten Menschen widerfahren mag, die Zauberei verantwortlich zu machen. Da jedoch Cghene so fern und unerkennbar ist, hat er weder Tempel noch Priester, und keine Gebete und Opfer werden ihm direkt dargebracht. Um die Kluft zwischen ihm und den Menschen zu überbrücken, bestimmte Cghene einen Vermittler, der *Oyise* genannt wird und an den man sich als *uko Cghene* oder „Bote Cghenes" wendet. Dieser *Oyise* ist ein etwa acht Fuß langer Pfahl, der aus dem Oyise-Baum gemacht und nach einer siebenfachen Spende an Cghene auf dem Grundstück des ältesten Familienmitgliedes, und nur auf diesem, aufgerichtet wird. Vor diesem Pfahl wirft der Familienälteste jeden Morgen seinen benutzten

Kaustengel und betet für die Familie und den Ort. Durch *Oyise* kann Cghene in Fällen von Unglück und Not angerufen werden.

James W. Telch, The Isoko Tribe, in: Africa VII (1934) S. 163.

6. Das Höchste Wesen der Herero

Die Herero kennen ein Höchstes Wesen, das sie mit zwei Namen anrufen: Ndjambi Karunga. Der Name Karunga entstammt der Ovambo-Sprache und ist nur jenen Hereros vertraut, die früher mit den Ovambo Kontakte hatten... Ndjambi ist der Himmelsgott. Er lebt im Himmel, doch er ist allgegenwärtig. Sein eindrucksvollster Wesenszug ist die Güte. Das menschliche Leben ist von ihm verursacht und hängt von ihm ab, und alle Wohltaten kommen letztlich von ihm. Wer eines natürlichen Todes stirbt, wird von Ndjambi hinweggetragen. Da sein Wesen Güte ist, fürchten die Leute ihn nicht, sondern sie verehren ihn. Da seine Wohltaten Gaben seiner Güte ohne irgendwelche moralischen Forderungen sind, hat der Glaube an Ndjambi keine sittliche Kraft, und seine Verehrung ist nicht zu einem Kult geworden. Allenfalls wird sein Name in einem Dankgebet nach irgendeinem unerwarteten Glück ausgesprochen, oder sie beten zu ihm, wenn alle anderen Hilfsmittel fehlgeschlagen sind. Sonst ist die Aussprache seines Namens nicht erlaubt. Als Antwort auf eine Frage, die ich einer Tjimba-Frau im Kaokoveld nach dem Aufenthaltsort von Njambi Karunga stellte, sagte sie: „Er weilt in den Wolken, denn wenn die Wolken aufsteigen, ist seine Stimme deutlich zu hören." Weitere Nachforschungen haben ergeben, daß die Tjimba Ndjambi als Spender des Regens ansehen.

H. Vedder, The Native Tribes of South-West Africa. Kapstadt 1928, S. 164.

7. Raluvhimba, der Hochgott der Baventa

Die Baventa sind ein Bantu sprechender Stamm des nördlichen Transvaal.

Der Name Raluvhimba ist ein Kompositum aus dem Präfix Ra, einer Reverenzialpartikel, und luvhimba, „Adler". Der Adler symbolisiert als der sich zu großer Höhe emporschwingende Vogel kosmische Macht.

Raluvhimba wird zu den Anfängen der Welt in Beziehung gesetzt, und es wird angenommen, daß er irgendwo im Himmel lebt und mit allen astralen und physischen Erscheinungen verbunden ist... Raluvhimba reist als Sternschnuppe; seine Stimme wird mit dem Donner gehört; Kometen, Blitze, Meteore, Erdbeben, langanhaltende Trockenheit, Überschwemmungen, Pesterkrankungen und Epidemien – in der Tat alle Naturereignisse, die das Volk als Ganzes betreffen, sind Kundgebungen dieses großen Gottes. In Gewittern erscheint er als ein großes Feuer in der Nähe des Häuptlings-Krals, von wo er seine Wünsche dem Häuptling mit Donnerstimme entgegendröhnt; dies Feuer verschwindet stets, bevor irgend jemand es erreichen kann. Bei diesen Heimsuchungen tritt der Häuptling in seine Hütte, redet Raluvhimba mit *Makhuhu*, „Großvater", an und unterhält sich mit ihm, wobei die Stimme des Gottes entweder vom Strohdach der Hütte oder aus einem nahe stehenden Baum antwortet. Raluvhimba entfernt sich dann mit einem weiteren Donnerschlag. Gelegentlich ist er zornig auf den Häuptling und rächt sich, indem er dem Volk Trockenheit oder Überschwemmung sendet. Möglicherweise auch öffnet er einen riesigen Käfig im Himmel und entläßt einen Heuschreckenschwarm auf das Land.

H. A. Stayt, The Bavanda. Oxford 1931, S. 236.

NORDAMERIKANISCHE INDIANER

8. Wakan Tanka, die höchste Gottheit der Dakota

Der folgende Text enthält die Aussagen eines Dakota-Indianers. Die Dakota sind auch unter dem Namen Sioux bekannt geworden.

Jedes Ding in der Welt hat einen Geist, und dieser Geist ist *wakan*. So sind die Geister der Bäume oder dergleichen, obwohl sie nicht dem Geist des Menschen gleichen, doch auch wakan. Wakan kommt von den Wakan-Wesen. Diese Wakan-Wesen sind größer als die Menschheit, so wie die Menschheit größer ist als die Tiere. Die Wakan-Wesen wurden niemals geboren und sterben niemals. Sie können viele Dinge tun, die die Menschheit nicht tun kann. Die Menschen können die Wakan-Wesen um Hilfe rufen. Es gibt viele dieser Wesen, aber sie alle gehören zu vier Arten. Das Wort *Wakan Tanka* steht für alle Wakan-Wesen, weil sie alle wie eines sind. *Wakan Tanka Kin* bezeichnet den Häuptling oder das führende Wakan-Wesen, welches die Sonne ist. Jedoch der mächtigste der Wakan ist *Nagi Tanka*, der Große Geist, der auch *Taku Skanskan* ist. Taku Skanskan bedeutet die Bläue, mit anderen Worten, den Himmel... Den Menschen ist es erlaubt, zu den Wakan zu beten. Wenn ihr Gebet an alle Wakan-Wesen gerichtet ist, sollten sie zu Wakan Tanka beten; aber wenn das Gebet nur an eines dieser Wesen gerichtet ist, dann sollte es namentlich genannt werden.

J. R. Walker, The Sun Dance and Other Ceremonies of the Oglala Division of the Teton Dakota. In: American Museum of Natural History, Anthropological Papers. Bd. 16, Teil 11 (1917) S. 152f.

9. Der „Große Geist" der Lenape

Die Lenape oder Delawaren gehören zu den Algonkin sprechenden Indianern. Sie bewohnten ein weites Gebiet, das von der heutigen kanadischen Provinz Ontario südwärts bis in die mittlere Atlantik-Region und westwärts bis nach Oklahoma reichte.

Alle Lenape, sowohl die Anhänger ihrer Eingeborenenreligion als auch die Christen, bezeugen übereinstimmend, daß ihr Volk immer an einen großen Häuptling *Manito* geglaubt hat, einen Führer aller Götter, kurz einen Großen Geist oder ein Höchstes Wesen, und daß die anderen *manitowuk* größtenteils nur von ihm ernannte Vertreter seien. Im heutigen Unami-Sprachgebrauch ist *Gischelemukáong;* er wird gewöhnlich mit „großer Geist" übersetzt, aber bedeutet wörtlich „Schöpfer". Er selbst schuf unmittelbar oder durch die manitowuk, seine Vertreter, die Erde und alles, was in ihr ist, und er gab den Lenape alles, was sie besaßen, „die Bäume, die Gewässer, das Feuer, das dem Feuerstein entspringt – alles". Zu ihm betet das Volk in feierlichsten Zeremonien und sagt Dank für die Wohltaten, die er ihm erwiesen hat. Der unmittelbare Gottesdienst der Lenape wendet sich jedoch an die manitowuk, seine Vertreter, denen er wesentliche Aufgaben übertragen hat und mit denen das Volk in engerer persönlicher Beziehung steht, da deren Handlungen in jedem Sonnenaufgang und Gewitter gesehen werden und gefühlt werden in jedem Wind, der durch das Waldland und über die Prärie weht. Da außerdem der Schöpfer im zwölften oder höchsten Himmel über der Erde lebt, sind zwölf Rufe oder Schreie nötig, um sein Ohr zu erreichen.

M. R. Harrington, Religion and Ceremonies of the Lenape. New York 1921, S. 18 f.

10. Tirawa, der oberste Gott der Pawnee

Die Pawnee, indianische Stämme, die in Nebraska beheimatet sind, berichten über ihren obersten Gott Tirawa Atius:

„Der weiße Mann spricht vom himmlischen Vater; wir sagen *Tirawa Atius*, ,der Vater droben im Himmel', aber wir denken an Tirawa nicht als eine Person. Wir denken, daß Tirawa in allem ist als die Kraft, die das alles geordnet und von oben alles herabgeworfen hat, was der Mensch benötigt. Was die Macht droben, was Tirawa Atius ist, weiß niemand; niemand ist dort gewesen."

H. B. Alexander, The World's Rim. Lincoln, University of Nebraska Press, 1953, S. 153.

Gottheiten

11. Der Meister der Karibus

Ein Glaube der Naskapi – Indianer auf Labrador

Im Innern zwischen der Ungava- und der Hudson-Bai ist ein abgelegenes Land, das Indianer unter keinen Umständen betreten, und zwar aus folgendem Grund. Dort befindet sich eine Reihe großer Berge, deren vollständig weiße Farbe weder auf Schnee, Eis noch weißes Felsgestein zurückgeht, sondern auf Karibu-Haar. Sie sind wie ein Haus geformt, und daher sind sie als Karibu-Haus bekannt. Ein Mann der Petisigabau sagte, es seien zwei Häuser. In diesem riesigen Höhlensystem leben unzählige Karibus unter der Oberherrschaft eines menschlichen Wesens, das weiß ist und schwarz gekleidet. Einige sagen, es gäbe mehrere von ihnen und sie trügen Bärte. Es ist der Meister der Karibus, und er erlaubt unter Todesstrafe niemandem, seiner Behausung näher als einhundertundfünfzig Meilen zu kommen. Die Tiere seines Reiches überschreiten ihre natürliche Größe zwei- oder dreifach. Die wenigen Indianer, die sich dem Gebiet näherten, sagen, daß die Karibus ihr Reich jedes Jahr einmal wechseln, wobei sie durch ein Tal zwischen zwei hohen Bergen ziehen, die fünfzehn Meilen voneinander entfernt liegen. Es wird auch behauptet, daß das Haar dieser Rens hier einige Fuß tief den Boden bedeckt, daß im Umkreis von Meilen die abgeworfenen Geweihe eine tiefe Schicht bilden, daß die hin- und herführenden Pfade der Karibus so tief sind, daß sie die Taille eines Mannes erreichen und daß von einem jungen Tier, das dort allein ginge, nur der Kopf gesehen werden könne.

F. G. Speck, Naskapi. The Savage Hunters of the Labrador Peninsula. Norman, Oklahoma 1935, S. 84.

INDIANISCHE HOCHKULTUREN MITTELAMERIKAS

12. Götter der Azteken Alt-Mexikos

Uitzilopochtli

Uitzilopochtli war nur ein gewöhnlicher Mensch,
ein Zauberer, ein böses Vorzeichen,
ein Unruhestifter, ein schreckhafte Visionen erzeugender Gaukler.
Er schafft den Krieg,
er stellt die Krieger auf, er befehligt die Krieger.
Von ihm wird gesagt:

Er wirft auf die Leute
die Türkisschlange, den Feuerbohrer,
d. h. den Krieg.
Und wenn ihm ein Fest gefeiert wurde,
wurden Gefangene geopfert,
wurden zeremoniell Gebadete geopfert,
wurden von den Kaufleuten gebadet.
Und in folgender Weise wurde er ausgeputzt:
er trägt Ohrpflöcke, mit Türkisvogelfedern beklebt,
er trägt die Türkisschlangenverkleidung,
er hat die blaue Decke umgeknüpft,
er trägt den mit einer Höhlung versehenen Oberarmring,
er trägt Glöckchen und Schellen.

Tezcatlipoca

Dieser Tezcatlipoca wurde als ein richtiger Gott angesehen.
Er wohnte überall, in der Unterwelt, auf der Erde und im Himmel.
Wenn er auf der Erde weilte, erweckte er Mißhelligkeiten
und Zwietracht und brachte Unglück auf die Leute,
er drängte sich zwischen die Leute,
Darum wurde er „nach beiden Seiten Feind" genannt.
Alles Böse, was über die Menschen kam, schuf er, brachte er
herab, ließ er ankommen, ließ er die Menschen empfangen.
Er trieb sein Spiel mit den Leuten.
Und bisweilen gab er den Leuten
Reichtum und Habe,
Kriegerrang, Häuptlingsrang,
Fürstenrang, Königswürde,
Prinzenrang, Ehrenstellung.

Tlaloc

Dem Regengott, dem Regenpriester
wurde der Regen zugeschrieben.
Er schuf,
ließ herabkommen, streute aus
den Regen und den Hagel,
ließ aufblühen, aufsprossen
grün werden, aufplatzen
wachsen die Bäume,
das Gras, den Mais.

Gottheiten

Und ferner wurde ihm zugeschrieben
das Ertränken der Leute im Wasser und das Erschlagen mit dem Blitze.

Xiuhtecutli

Den „Herrn des Türkises", den „Gelbgesichtigen" und die „heilige Flamme",
so nennt man das Feuer,
oder den „alten Gott" und „unseren Vater".
Er wurde für einen Gott angesehen,
weil er die Leute verbrennt, in Flammen setzt,
sie versengt, die Felder verbrennt
und in vieler Art wohltätig ist:
man wärmt sich an ihm, kocht mit ihm,
schmort mit ihm, brät mit ihm,
dickt mit ihm die Salzsole ein, brennt sich mit ihm etwas trocken,
brennt mit ihm Kohlen, brennt mit ihm Kalk,
brät mit ihm etwas für jemand,
bäckt mit ihm etwas, brät bei offenem Feuer,
heizt mit ihm die Backstube, kocht mit ihm Pechsalbe,
walkt mit ihm die alten Kleider mit Lauge.

Yacatecutli

„Der Herr an der Spitze"
war der Gott der Kaufleute.
Sie verehrten ihn sehr,
sie bekleideten mit Papier seinen Stab,
seinen Bambus-Wanderstab,
mit dem sie wanderten.
Wo sie schlafen wollten, stellten sie ihn auf,
vor ihm dienten sie ihm (dem Gotte), stachen sie (entzogen sich Blut),
brachten ihm Kopal dar,
beteten,
zu ihrem Gotte Yacatecutli,
baten ihn, flehten zu ihm um seine Gunst.

Eduard Seler, Einige Kapitel aus dem Geschichtswerk des Fray Bernardino de Sahagún. Stuttgart 1927, S. 1 ff.

Der Sonnengott Tonatiuh

Die Sonne ist der Adler mit den feurigen Pfeilen, des Jahres Herr und Gott.
Sie scheint, glänzt und strahlt. Sie ist gar heiß, brennt einen, brennt einen heftig,

macht einen schwitzen; sie bräunt einen, dunkelt einem das Gesicht, schwärzt einen, verbrennt und hebt einem die Haut ab.

Leonhard Schultze Jena, Wahrsagerei und Kalender der alten Azteken. Stuttgart 1950, S. 31.

13. Der Ruf nach dem fernen Gott

Die Melancholie der aztekischen Dichtung, die sich nicht nur am Einzelschicksal entzündet, sondern die menschliche Existenz generell betrifft, steht in den verschiedensten altaztekischen Gesängen unter dem Gedanken der Gottesferne und eines Verständnisses des Menschen als Fremdling in dieser Welt.

Die häufigste Bezeichnung des aztekischen Hochgottes ist in diesen Liedern Ipalnemoa, „Durch den man lebt".

Keinen Augenblick mehr ist der Gott auf seiner Matte[1]. Er ist fortgegangen und hat euch als Waisen zurückgelassen. –

Wir leben hier auf Erden in Trauer und Tränen. – Schmücke dich mit Blumen der Trauer, mit Blumen der Tränen. Laß deine Seufzer anschwellen! Blumen und Stöhnen sollst du Ipalnemoa als Opfer darbringen. –

Ist etwa hier auf Erden unser Heim? Nur wo ich elend bin und Trauer herrscht, leben wir. Wo soll ich hingehen, das Heim zu erreichen, wohin gehen, es zu erbitten?

O ich habe den Rauschpilzwein getrunken, mein Herz weint, ich bin betrübt auf Erden, bin gar elend daran. –

Mit Blumen und Tränen der Trauer ordne ich Sänger meine Worte zum Gesange. Ich gedenke der Edlen, die, gebrochen und zerschlagen, dort im Totenreiche weilen. Sie waren gekommen, Herren und Herrscher auf Erden zu sein, die Edlen, und liegen da wie welke Quetzalfedern, wie zerschlagenes Edelgestein. –

Nicht weinen will ich auf Erden! Hier ist nun einmal unser Lebensland. Aber ich sage, daß doch unser aller Leben hier auf Erden ein Ende hat. Nur Er ist der Allgegenwärtige. Daß ich doch dort mit ihnen, deinen Himmelsbewohnern, dir lobsänge! Ja, mein Herz blickt dorthin, wo du nahe bist, Ipalnemoa.

Ja, wenn meine Gedanken nicht mit Staub sich bedecken, werden sie wohl das Himmelswunder begreifen, dessen sich die Prachtvögel im Himmel vor dem Angesicht Ipalnemoas rühmen.

Die folgenden Verse eines Klagegesanges auf die Eroberung Mexikos durch Cortés lassen eine tiefe Skepsis erkennen:

Nur Trauerblumen und Trauergesänge gibt es hier in Mexiko, in Tlatelolco[2] –, ja, dort ist's, wo Leid gefühlt wird. Unsichtbar ist das Gute, das du, Ipalnemoa, uns doch einst getan hast. Wir sind verstört und verbittert. Auf deine Untertanen in Tlatelolco häuft sich Leid, da lernt man es kennen. Davon sind wir mürbe, verlassen sind wir, Ipalnemoa!

So ist's also geschehen, daß der Rauch, der aus Mexiko, der Stadt im Riedrohr, aufgestiegen ist, wie Nebel ausgebreitet liegt. Das ist dein Werk, Ipalnemoa. Ihr Mexikaner, bedenkt es: Er, er selbst, der Gott, hat sich angeschickt, gerade auf uns Angst und Pein herabzusenden. –

Ihr, unsere Freunde, weinet Tränen, nehmt es euch zu Herzen, daß wir nun das Reich preisgegeben haben. Der Trank ist bitter, und auch die Speise ist bitter geworden. Ja, das hat Ipalnemoa in Tlatelolco getan!

---

[1] Die Matte ist im Aztekischen Metapher für den Thronsitz.
[2] Schwesterstadt von Mexiko, schon in indianischer Zeit mit diesem vereinigt.

G. Lanczkowski, Aztekische Sprache und Überlieferung. Berlin – Heidelberg – New York 1970, S. 84f. (Textauswahl nach Leonhard Schultze Jena, Alt-Aztekische Gesänge). Stuttgart 1957.

SÜDAMERIKANISCHE INDIANER

14. Die All-Mutter der Kagaba Kolumbiens

Die Mutter unserer Gesänge brachte uns zu Beginn aller Dinge zur Welt, und daher ist sie die Mutter aller Arten von Menschen, die Mutter aller Völker. Sie ist die Mutter des Donners, die Mutter der Ströme, die Mutter der Bäume und aller Dinge. Sie ist die Mutter der Welt und unserer älteren Brüder, der Stein-Menschen. Sie ist die Mutter der Früchte der Erde und aller Dinge. Sie ist die Mutter unserer jüngsten Brüder, der Franzosen und der Fremden. Sie ist die Mutter unserer Tanz-Ausrüstungen, aller unserer Tempel, und sie ist die einzige Mutter, die wir besitzen. Nur sie ist die Mutter des Feuers und der Sonne und der Milchstraße... Sie ist die Mutter des Regens und die einzige Mutter, die wir besitzen. Und sie hat uns ein Zeichen in allen unseren Tempeln hinterlassen... ein Zeichen in Gestalt unserer Gesänge und Tänze.

Sie genießt keinen Kult, und Gebete werden nicht direkt an sie gerichtet, aber wenn auf den Feldern ausgesät worden ist und die Priester ihre Beschwörungen singen, sagen die Kagaba: „Dann denken wir an die eine und einzige Mutter des Wachstums, an die Mutter aller Dinge." Ein Gebet ist überliefert: „Unsere Mutter der wachsenden Felder, unsere Mutter der Ströme, hab Erbarmen mit uns. Wem gehören wir? Wessen Nachkommenschaft sind wir? Allein unserer Mutter gehören wir."

Paul Radin, Monotheism among Primitive Peoples. New York o. J., S. 15.

OZEANIEN

15. Das Höchste Wesen der Maori

Der Kern der esoterischen Theologie der Maori war die Vorstellung von dem Höchsten Wesen Jo, die fremden Fragestellern noch viele Jahrzehnte nach den ersten Kontakten zwischen Europäern und Maori völlig verborgen blieb. Dies war der Tatsache zuzuschreiben, daß die Kenntnis dieses Höchsten Wesens zum Geheimwissen der alten Priesterschaft gehörte, deren Gesetze es untersagten, die heiligste Lehre Außenstehenden mitzuteilen. Der folgende Text beschreibt diese Haltung der Maori-Priester. Tregear berichtet:

C. O. Davis erwähnt, daß ihm, als er versuchte, einen alten Priester über die althergebrachte Verehrung des Höchsten Wesens zu befragen, eine Information verweigert und er höflich hundert Meilen weiter an einen anderen Priester verwiesen wurde. Wahrscheinlich hätte dieser ihn wieder zu jemand anderem verwiesen und so weiter. Jeder in die heiligen Geheimnisse Eingeweihte sah sein Wissen als ein anvertrautes Gut an, das gegenüber der Außenwelt bewahrt werden mußte, und so konnte nur unter ganz außergewöhnlichen Umständen eine Information erlangt werden ... Den „unaussprechlichen Namen" (Jo) unter irgendeinem Dach auszusprechen war entsetzliche Blasphemie; nur eine (religiös) unwissende Person wie ein Europäer könnte die Verderbtheit besitzen, ein derartiges Sakrileg zu begehen. Selbst die Namen der vergöttlichten Ahnen würden nicht mit gebührendem Respekt behandelt werden, wenn sie zu bestimmten Zeiten oder an unpassenden Orten erwähnt würden. Ein europäischer Erforscher des Maori-Volkstums wagte es einmal, in einem Geschäft auf dem Lande einen alten Priester anzusprechen und ihm einige Fragen über die alte Geschichte der Maori zu stellen. Der Maori wandte sich mit entrüstetem Blick ab und bemerkte: „Dies ist kein Ort, um über feierlich-ernste Dinge zu sprechen" ... Es ist nicht ungewöhnlich, daß ein Priester nach einer Weile sagt: „Wenn ich Ihnen noch mehr erzähle, wird der Tod mich überkommen" oder: „Ich darf nicht weitererzählen, denn es gibt keinen lebenden Priester, der heilig genug ist, um die Riten auszuführen, die notwendig sind, um mich von einem derartigen Sakrileg zu reinigen." Es ist bekannt, daß ein anderer sagte: „Die Gegenwart des christlichen Gottes hat die Maori-Götter zum Schweigen gebracht, aber sie halten uns noch fest in ihrer Macht, und sollte ich ihre Gesetze brechen, so werden sie mich mit dem Tod bestrafen."

Die bloße Tatsache der Existenz von Jo war den meisten Maori unbekannt. Best schreibt darüber:

Die Zahl der Männer, die in den Kult des Jo eingeweiht waren, war nur gering; lediglich Mitgliedern höherer Priestergrade und Angehörigen der ranghöchsten Familien war es erlaubt, das Ritual für Jo kennenzulernen. Das gewöhnliche

Volk hatte offenbar daran keinen Anteil, und es ist zweifelhaft, ob es ihm überhaupt erlaubt war, den Namen des Höchsten Wesens zu kennen. Der Kult des Jo war esoterisch; derjenige der niederen Stammesgötter kann als exoterisch bezeichnet werden. Die zeremoniellen Riten, die Jo betrafen, waren der höheren Priesterschaft vorbehalten, einer durchaus nicht zahlreichen Körperschaft. Der Kult des Jo kann als aristokratisch beschrieben werden, da er nur priesterlichen Experten und bedeutenden Häuptlingen bekannt war. Es ist in der Tat wahrscheinlich, daß der höhere Glaube zu erhaben war für gewöhnliche Geister, die lieber von leichter zugänglichen und weniger moralischen Gottheiten abhängig waren.

Es ist interessant zu bemerken, daß Jo keine Opfer dargebracht wurden, daß niemals ein Abbild von ihm verfertigt wurde und daß er keine Form der Verkörperung besaß wie die niederen Gottheiten.

Edward Tregear, The Maori Race. Wanganui 1904, S. 450ff. – Elsdon Best, Some Aspects of Maori Myth and Religion. Dominion Museum Monograph 1. Wellington 1922, S. 20.

16. Der Mythos von Hainuwele

Die Marind-anim im südwestlichen Neuguinea verwenden den Begriff *dema* für göttliche Schöpfer und urzeitliche Wesen, die in mythischen Zeiten existierten. Die *dema* werden manchmal in menschlicher Gestalt beschrieben, manchmal auch in Gestalt von Tieren und Pflanzen. Der Mythos berichtet die Tötung der *dema*-Gottheit durch die *dema*-Menschen der Urzeit. Besonders berühmt ist der Mythos vom Mädchen Hainuwele (= „Kokospalmzweig"), der von Adolf Ellegard Jensen auf Ceram, einer zu den Molukken gehörigen Insel, aufgenommen wurde. Der wesentliche Inhalt ist folgender:

In mythischen Zeiten stieß ein Mann namens Ameta[1] beim Jagen auf einen wilden Eber. Als er zu entfliehen suchte, ertrank der Eber in einem See. An seinem Hauer fand Amete eine Kokosnuß. Nachts träumte er von der Kokosnuß, und ihm wurde befohlen, sie zu pflanzen, was er am nächsten Morgen tat. Nach drei Tagen schoß eine Kokospalme auf, und drei Tage später blühte sie. Ameta kletterte hinauf, um einige Blüten abzuschneiden und aus ihnen einen Trank zu bereiten. Aber er schnitt sich in seinen Finger, und das Blut tropfte auf eine Blüte. Neun Tage später fand er ein kleines Mädchen auf der Blüte. Ameta nahm es an sich und wickelte es in ein Tuch. Innerhalb von drei Tagen wurde das Kind ein heiratsfähiges junges Mädchen, und er nannte sie Hainuwele. Während des großen Maro-Festes[2] stand Hainuwele in der Mitte des Tanzplatzes und verteilte Geschenke an die Tänzer. Aber am neunten Tag gruben die Männer ein Grab in der Mitte des Tanzplatzes und warfen Hainuwele während des Tanzes hinein. Das Grab wurde zugeschüttet, und die Männer tanzten darauf.

Am nächsten Morgen, als Ameta sah, daß Hainuwele nicht nach Hause kam, ahnte er, daß sie ermordet worden war. Er fand ihren Körper, grub ihn aus, schnitt ihn in Teile, die er, mit Ausnahme der Arme, an verschiedenen Orten beerdigte. Den begrabenen Körperteilen entsprangen bisher unbekannte Pflanzen, vor allem Knollengewächse, die seitdem die Hauptnahrung der Menschen bilden. Ameta brachte Hainuweles Arme zu Satene, einer anderen *dema*-Gottheit. Satene baute eine neunfache Spirale mit einem Tor auf dem Tanzplatz. Sie rief die Tänzer herbei: „Weil ihr getötet habt", sagte sie, „will ich nicht länger hier leben. Ich werde euch noch heute verlassen. Jetzt müßt ihr alle durch das Tor zu mir kommen." Diejenigen, die imstande waren, es zu durchschreiten, blieben menschliche Wesen. Die anderen wurden in Tiere (Schweine, Vögel, Fische) oder in Geister verwandelt. Satene verkündete, daß die Menschen sie nach ihrem Weggang erst nach ihrem (der Menschen) Tod wiedertreffen würden, und sie verschwand von der Erdoberfläche.

---

[1] Der Name Ameta hat den Bedeutungsgehalt von „dunkel, schwarz, Nacht".
[2] Fest mit Tänzen, die neun Nächte andauern.

A. E. Jensen, Das religiöse Weltbild einer frühen Kultur. Stuttgart 1948, S. 35–38 (gekürzt). – Ders., Die getötete Gottheit. Weltbild einer frühen Kultur. Stuttgart 1966, S. 47 ff.

AUSTRALIEN

17. Gottheiten südostaustralischer Stämme

Die folgenden Glaubensformen ergaben sich aus den Überlieferungen der Kulin und den Berichten, die ich von heute lebenden Eingeborenen erhielt. Bunjil wird von ihnen als ein alter Mann vorgestellt, als gütiger Stammeshäuptling, mit seinen zwei Frauen und seinem Sohn Binbeal, dem Regenbogen, dessen Frau der zweite, gelegentlich sichtbare Regenbogen ist. Bunjil unterrichtete die Kulin in allen Kunstfertigkeiten. Eine Überlieferung stellt fest, daß die Kulin in jener Zeit ohne Rücksicht auf Verwandtschaft heirateten. Da kamen zwei Medizinmänner zu ihm, und auf ihre Bitte ordnete er an, daß die Kulin sich in zwei Gruppen aufteilen sollten: die Bunjil einerseits und die Waang andererseits, und die Bunjil sollten sich mit den Waang verheiraten, und die Waang mit den Bunjil.

Eine andere Überlieferung berichtet, daß Bunjil schließlich mit allen seinen Leuten – die Überlieferung sagt „seinen Söhnen" – in einem Wirbelwind zum Himmel auffuhr. Dort verweilt er noch, wie es die alten Männer den Jünglingen überlieferten, und er schaut hinab auf die Kulin...

Gewöhnlich wird von Bunjil als Mami-ngata, „unserem Vater", gesprochen und nicht von Bunjil.

Gottheiten

Sehr bezeichnend ist, daß in den Berichten über ihn das menschliche Element gegenüber dem tierischen eindeutig vorherrscht. Ich kann von letzterem überhaupt keine Spur entdecken; denn er ist immer der alte schwarze Genosse und kein Adler, obwohl dies die Bedeutung seines Namens ist.

Bei den Kurnai ist unter dem Einfluß der Initiationsriten das Wissen um das dem Bunjil entsprechende Wesen fast ausschließlich auf den Kreis der initiierten Männer begrenzt. Die alten Frauen wissen von einem übernatürlichen Wesen im Himmel nur als Mungan-ngaua, „unserem Vater". Über die mit Mungan-ngaua, dem einzigen von den Kurnai verwendeten Namen für dieses Wesen, verbundenen Lehren werden die Novizen erst im letzten und geheimsten Abschnitt der Initiationsriten unterrichtet...

Die Vorstellung von Baiame kann den Berichten von Ridley entnommen werden, die, insoweit ich sie zitiere, als zuverlässig angesehen werden können. Er sagt, daß Baiame im Gebiet der Kamilaroi der Name des „Bildner" (von *biai*, „machen, bauen, bilden") ist, der alle Dinge schuf und behütet. Im allgemeinen unsichtbar, ist er, wie sie glauben, in menschlicher Gestalt erschienen und hat ihren Stämmen verschiedene Schenkungen übergeben.

Die folgende Darstellung eines der frühen Siedler im Gebiet der Kamilaroi gibt, wie ich glaube, die ursprüngliche Vorstellung von Baiame ohne Beeinflussung durch unseren Glauben wieder. Wenn man einen Kamilaroi-Mann im Hinblick auf irgend etwas fragt: „Wer machte das?", dann antwortet er: „Baiame machte es, ich nehme an, es war Baiame." Es wird überliefert, Baiame sei vor langer Zeit aus dem Westen gekommen, habe sich hier vier, fünf Tage aufgehalten und sei dann mit seinen beiden Frauen nach dem Osten weitergezogen. Sie glauben, daß er eines Tages zurückkehren wird...

Der Glaube an Daramulun, den „Vater", oder Biamban, den „Meister", ist allen Stämmen gemein, die am Yuin Kuringal wohnen. Vor langer Zeit lebte Daramulun mit seiner Mutter Ngalalbal auf der Erde. Ursprünglich war die Erde leer „wie der Himmel und hart wie Stein", und das Land erstreckte sich weit dorthin, wo jetzt das Meer ist. Es gab keine Männer oder Frauen, sondern nur Tiere, Vögel und Reptilien. Er pflanzte auf der Erde Bäume. Nachdem Kaboka, die Drossel, eine große Flut auf der Erde verursacht hatte, blieb niemand übrig, abgesehen von einigen, die aus dem Wasser krochen. Dann ging Daramulun hinauf zum Himmel, wo er jetzt lebt und von wo er die Handlungen der Menschen beobachtet. Er war es, der zuerst das Schwirrholz machte, das den Laut seiner Stimme wiedergibt. Er lehrte die Yuin, was zu tun sei, und er gab ihnen Gesetze, die die Alten bis heute vom Vater auf den Sohn überliefert haben. Wenn ein Mensch stirbt und sein Geist *(tulugal)* hinweggeht, dann begegnet er Daramulun, der sich um ihn kümmert. Er ist der Schatten des Menschen, der hinauf zu Daramulun geht.

Es scheint völlig klar zu sein, daß Nurrundere, Nurelli, Bunjil, Mungan-ngaua, Daramulun und Baiame alle das gleiche Wesen unter verschiedenen

Namen darstellen. Ihnen kann der Koin der Lake-Macquarie-Stämme hinzugefügt werden, außerdem Maamba, Birral und Kohin bei den Stämmen am Herbert River, womit sich der Umkreis dieses Glaubens sicher über ganz Victoria und New South Wales ausdehnt bis zu den östlichen Grenzen der Stämme am Darling River. Wenn die Stämme der Küste von Queensland hinzugenommen werden, dann kann die westliche Grenze durch eine Linie bezeichnet werden, die von der Mündung des Murray Rivers sich bis Cardwell erstreckt. Damit wäre jener Teil Australiens bezeichnet, in dem der Glaube an ein anthropomorphes übernatürliches Wesen existiert, das im Himmel lebt und von dem ein Einfluß auf die Moral der Eingeborenen angenommen wird. Ein solcher Glaube scheint sich im übrigen Australien nicht erhalten zu haben, wenn es auch Anzeichen für einen Glauben an anthropomorphe Wesen gibt, die im Himmel wohnen...

Dies übernatürliche Wesen, unter welchem Namen es auch bekannt ist, soll einmal auf der Erde gewohnt haben, aber später in ein Land über dem Himmel aufgestiegen sein, wo es noch verweilt und die Menschheit beobachtet. Wie von Daramulun, so wird von ihm gesagt, daß es imstande sei, überall hinzugehen und alles zu tun. Es kann unsichtbar sein, aber wenn es sich sichtbar macht, so ist es in der Gestalt eines alten Mannes der australischen Rasse. Dieser lebt ganz offensichtlich ewig, denn er existierte vom Anbeginn der Dinge, und er lebt noch.

A. W. Howitt, The Native Tribes of South-East-Australia. London 1904, S. 491 ff.

B. ALTER ORIENT

18. Enki und die Weltordnung

Die sumerische Dichtung „Enki und die Weltordnung", die etwa um 2000 v. Chr. entstanden ist, stellt den Gott Enki in den Mittelpunkt, den „Herrn des Unten", des Süßwasserozeans, auf dem die Erdscheibe ruht. Zweifellos diente die Dichtung der Verherrlichung des Gottes Enki, der in ihr als Ordner der menschlichen Zivilisation erscheint und damit eine über andere Gottheiten hinausragende Bedeutung erhält. Von dem Text, der nicht vollständig überliefert ist und in vielen Aussagen beträchtliche Unklarheiten enthält, wird im folgenden auswahlweise eine interpretierende Übersetzung geboten.

Enki, der König des Abzu[1], überwältigend in seiner Majestät, spricht mit Vollmacht:

Mein Vater, der König des Alls,
mein Ahne, der König aller Länder,
sammelte alle *me*[2], legte die *me* in meine Hand.
Ich bin der erstgeborene Sohn des An[3].
Ich bin der große Sturm, der vom „großen Unten" ausgeht,
  ich bin der Herr des Landes.
Ich bin der Vater aller Länder,
Ich bin der große Bruder aller Götter, ich bin der,
  der volles Gedeihen bringt,
Ich hüte die Urkunden über Himmel und Erde,
Ich bin Ohr und Geist aller Länder,
Ich lasse Gerechtigkeit walten zusammen mit König An,
Ich bin der, der die Schicksale bestimmt mit Enlil[4]
  im Berg der Weisheit,
In meine Hände legte er die Bestimmung der Schicksale,
Ich bin der, dem Nintu schuldige Ehrfurcht erweist,
Ich bin der, dessen Ruf Ninchursag[5] verkündet,
Ich bin der Führer der Anunnaki[6],
Ich bin der erstgeborene Sohn des heiligen An.
Nachdem der Herr seine Erhabenheit verkündet hatte,
Nachdem der große Fürst selbst seinen Lobpreis ausgesprochen hatte,
Traten die Anunnaki vor ihn im Gebet:
Dem Herrn, der die Kunstfertigkeiten leitet,
Der Entscheidungen trifft, dem verklärten Enki sei Lob!

Es folgt eine zweite Rede des Gottes Enki:

Ich bin der Herr, dessen Befehl unbestritten ist,
  ich bin der erste unter allen,
Auf meinen Befehl sind die Ställe gebaut worden,
  sind die Zäune der Schafhürden errichtet,
Als ich mich dem Himmel nahte, ergoß
  sich ein Regen für alles Gedeihen,
Als ich mich der Erde nahte, war dort Wasser
  im Überfluß,
Als ich mich der grünen Wiese nahte,
  wurden Dämme aufgehäuft.

Der Text berichtet im weiteren, daß Enki zu Schiff eine Reise unternimmt, um Städten und Ländern ihre Geschicke zuzuteilen. Erst danach beginnt der eigentliche Bericht über Enkis Weltordnung, die sich im wesentlichen auf landwirtschaftliche Tätigkeiten und den Hausbau bezieht. Jeder der von Enki geordneten Bereiche wird einem bestimmten Gott unterstellt. Bezeichnend hierfür sind die folgenden Verse:

Er richtete Pflug und Joch,
Der erhabene Fürst
Öffnete die heiligen Saatfurchen,
Ließ das Getreide auf dem bestellten Feld wachsen.
Den Herrn, der das Diadem trägt,
Den Starken, den Bauer des Enlil,
Enkimdu[7], den Herrn der Gräben und Deiche,
Setzte Enki amtlich dafür ein.

---

[1] Süßwasserozean, auf dem die Erdscheibe ruht.
[2] *me:* numinoser Ordnungsbegriff.
[3] An: „oben, Himmel", oberster Gott der sumerischen Religion.
[4] Enlil: „Herr, Sturm", Gott des Luftraumes, wurde auch als „Hirte der Schwarzköpfigen", d. h. der Sumerer, verehrt.
[5] Nintu und Ninchursag: sumerische Muttergöttinnen.
[6] Anunnaki: unterirdische Götter.
[7] Enkimdu: Gott des Ackerbaus.

19. Hymnus an den babylonischen Sonnengott Schamasch

Der das Dunkel erleuchtet, den Himmel erhellt,
der droben wie drunten das Böse vernichtet,
Gott Schamasch, der das Dunkel erleuchtet, den Himmel erhellt,
der droben wie drunten das Böse vernichtet:
Dein Glanz bedeckt wie ein Fangnetz die Erde,
die gewaltigen Berge und die Wogen der See.
Alle Fürsten freuen sich, dich anzuschauen,
alle himmlischen Götter jubeln dir zu.
Das Geheime erschauen sie in deinem Glanz;
ihr Schritt ist sicher im Schein deines Lichts.
Auf deine Pracht ist ihr Auge gerichtet;
die vier Himmelszonen lodern im Brand.
Weit offen stehen alle Pforten des Himmels;
aller Himmelsgötter Opfer nimmst du in Empfang.
Bei deinem Aufgang anbeten die Götter der Tiefe,
und laut vor Schamasch erklingt ihre Qual.

Franz M. Th. de Liagre Böhl, Die Religion der Babylonier und Assyrer, in: Franz König (Hrsg.), Christus und die Religionen der Erde II. Wien ²1956, S. 479f.

20. An die babylonische Göttin Ischtar

O Fackel, die Himmel und Erde erleuchtet,
o Glanz aller Lande,
wütend im unwiderstehlichen Angriff,
gewaltig im Kampfe!

Feuerbrand, der gegen die Feinde entfacht ist
und die Vernichtung der Wüter bewirkt,
Ischtar, die sie vor Schreck läßt erbleichen,
wenn sie die Scharen zuhauf bringt!

Gottheit der Männer und Göttin der Frauen,
deren Ratschluß niemand ergründet:
Wo du hinblickst, wird der Tote lebendig,
erhebt sich der Kranke,
kommt zurecht der Verirrte,
der dein Antlitz anschaut.

Dich rufe ich an, dein Knecht, der geplagt ist,
von Schmerzen gequält.
Sieh mich an, meine Herrin, nimm an mein Flehen,
schau auf mich in Gnade, erhör mein Gebet.
Gnade verkünde, dein Gemüt werde sanft:
Gnade für meinen schwachen Leib, voll Verwirrung und Unheil,
Gnade für mein gequältes Herz, voller Tränen und Seufzern!

Franz M. Th. de Liagre Böhl, Die Religion der Babylonier und Assyrer, in: Franz König (Hrsg.), Christus und die Religionen der Erde II. Wien ²1956, S. 480.

21. Das Gespräch zwischen Atum und Osiris
Totenbuch, Kapitel 175

In Vertretung des sterblichen, im Angesicht des Todesproblems skeptisch gewordenen Menschen tritt der Gott Osiris als Fragender vor den Hochgott Atum.

Osiris: O Atum, was soll es, daß ich in eine Wüste hinziehen muß? Sie hat doch kein Wasser, sie hat doch keine Luft, sie ist sehr tief, völlig dunkel und grenzenlos!
 Atum: Du wirst dort in Sorglosigkeit und Frieden leben.
 Osiris: Aber in ihr kann man keine Liebesfreuden finden.
 Atum: Ich habe Verklärtheit gegeben anstelle des Wassers, der Luft und der Lust und Seligkeit an Stelle von Brot und Bier.

Osiris: O wie schlecht geht es mir, wenn ich dein Angesicht nicht schaue.
Atum: Ich dulde nicht, daß du Mangel leidest. Jedem Gott ist sein Sitz in der Barke der Millionen zugewiesen[1]. Dein Platz aber gehört deinem Sohne Horus[2].
Osiris: Wird er auch deinen Thron beherrschen?
Atum: Er wird den Thron in der Feuerinsel erben[3].
Osiris: Wie steht es nun mit der Lebenszeit?
Atum: Du wirst länger als Millionen von Millionen Jahre sein. Denn die Zeit hier dauert Millionen. Ich aber werde alles, was ich schuf, zerstören. Die Erde wird wieder als Urozean erscheinen, als Wasserflut in ihrem Anfangszustand. Ich bin das, was übrigbleibt, zusammen mit Osiris, nachdem ich mich wieder in eine Schlange verwandelt habe, die kein Mensch kennt und die kein Gott sieht[4].

[1] Gemeint ist das göttliche Sonnenschiff.
[2] Den Platz des Osiris auf Erden soll Horus einnehmen, der falkengestaltige Königsgott Ägyptens.
[3] Der Auftrag seines Herrschertums wird aus unvordenklichen Zeiten, vom Thronsitz des ältesten Gottes, hergeleitet.
[4] Die Sätze sind Aussagen zur Universaleschatologie.

G. Lanczkowski, Zur ägyptischen Religionsgeschichte des Mittleren Reiches I. Das Gespräch zwischen Atum und Osiris. In: Zeitschrift für Religions- und Geistesgeschichte 5 (1953) S. 222f.

22. Das Sonnenlied des Königs Echnaton

König Amenophis IV. (ca. 1370–1352), der sich später Echnaton, „es gefällt dem Aton", nannte, der Gemahl der Königin Nofretete, ist als religiöser Reformator in die ägyptische Geschichte eingegangen. Er verwarf alle Götter des ägyptischen Polytheismus und verkündete die alleinige, monotheistische Verehrung der Sonne, des Gottes Aton. Literarischen Ausdruck fand die geforderte alleinige Verehrung des Gottes Aton in Dichtungen des Königs, mit denen er das Wirken seines Gottes pries. Die Reform Echnatons stellt nur eine ephemere Erscheinung der ägyptischen Religionsgeschichte dar. Nach dem Tod des Königs kehrte man zurück zur traditionellen Verehrung der alten Götter und verfolgte das Andenken an den „Ketzer" Echnaton.

Du erscheinst schön im Lichtort des Himmels, du lebendige Sonne, die das Leben bestimmt. Du bist im östlichen Horizont aufgegangen und hast jedes Land erfüllt mit deiner Vollkommenheit.
Du bist schön und groß, glänzend und hoch über jedem Land. Deine Strahlen umarmen die Länder bis zu den äußersten Grenzen alles dessen, was du geschaffen hast. Du bist Re[1], du erreichst ihr Ende und bezwingst sie für deinen geliebten Sohn[2]. Wenn du auch fern bist, sind doch deine Strahlen auf Erden. Du bist im Angesicht der Menschen, und doch kann man deinen Weg nicht ergründen.

Wenn du zur Ruhe gehst im westlichen Horizont, ist die Erde in Dunkelheit, gleichsam tot. Die Schläfer sind in ihrer Kammer, die Häupter verhüllt, und kein Auge sieht das andere. Würden alle ihre Sachen gestohlen, die unter ihrem Kopfe liegen, sie merkten es nicht. Jeder Löwe kommt aus seiner Höhle, alles Gewürm beißt. Das Dunkel herrscht, die Erde liegt im Schweigen, da der, der sie geschaffen hat, in seinem Horizont ruht.

Im Morgengrauen, wenn du dich im Horizont erhebst, vertreibst du die Finsternis und verschenkst deine Strahlen. Die beiden Länder[3] sind in Feststimmung. Die Menschen erwachen, stellen sich auf ihre Füße; denn du hast sie aufgerichtet. Sie waschen ihren Leib, nehmen ihre Kleidung. Sie erheben ihre Arme in Anbetung ob deines Aufganges. Das ganze Land, es tut nun seine Arbeit.

Alles Vieh ist zufrieden mit seinem Futter, Bäume und Kräuter grünen. Die Vögel fliegen aus ihren Nestern, ihre Flügel preisen dich. Alles Wild springt auf den Füßen, alles, was umherfliegt, lebt; denn du bist für sie aufgegangen.

Die Schiffe fahren stromab und stromauf, jeder Weg ist frei nach deinem Aufgang. Die Fische im Strom springen vor deinem Antlitz; deine Strahlen dringen bis ins Innere des Meeres.

Der du die Frucht sich bilden lässest in den Frauen und den Samen der Männer bereitest, der du den Sohn im Leib seiner Mutter erhältst, ihn beruhigst, daß er nicht weint, du Amme im Mutterleib. Der Luft spendet, um am Leben zu erhalten alles, was er geschaffen hat. Kommt er aus dem Leib seiner Mutter, um zu atmen am Tag seiner Geburt, so öffnest du seinen Mund zum Sprechen und sorgst für seine Bedürfnisse.

Wenn das Küken im Ei unter der Schale spricht, gibst du ihm im Innern Luft, um es am Leben zu erhalten. Du hast ihm im Ei seine Frist gesetzt, es zu zerbrechen. Es kommt aus dem Ei, um zu sprechen, es geht auf seinen Füßen, wenn es aus ihm herauskommt.

Wie zahlreich sind doch deine Werke, dem Blick der Menschen verborgen, du einziger Gott, außer dem es keinen anderen gibt!

Du hast die Erde nach deinem Willen geschaffen, du allein mit Menschen, Vieh und allem Getier, alles, was mit Füßen auf Erden geht, alles, was oben mit Flügeln fliegt, auch die Fremdländer Syrien und Nubien und das Land Ägypten.

Du setzest jeden an seinen Platz und sorgst für seinen Unterhalt, jeder hat seine Nahrung, und seine Lebenszeit ist berechnet. Ihre Zungen sind beim Reden unterschieden, ihre Art desgleichen, ihre Haut ist verschieden; denn du unterschiedest die Völker.

Du schaffst den Nil in der Unterwelt[4], du führst ihn herbei, wie du willst, um die Menschen zu ernähren, wie du sie geschaffen hast, du, ihrer aller Herr, der sich um sie müht, du Herr jedes Landes, der für sie aufgeht, du Sonne des Tages, groß an Ansehen.

Alter Orient

Auch die fernen Fremdländer: du sorgst für ihren Lebensunterhalt. Du hast ihnen den Nil an den Himmel gesetzt[5], daß er für sie herabkomme, daß er wie ein Meer von den Bergen herabkomme, ihre Felder bei ihren Dörfern zu bewässern. Wie vollkommen sind deine Pläne, du Herr der Ewigkeit!

Der Nil am Himmel ist für die Fremdvölker und für die Herden fremder Länder, aber der Nil, der aus der Unterwelt kommt, ist für Ägypten.

Deine Strahlen tränken jedes Feld. Leuchtest du auf, so leben sie und gedeihen für dich.

Du schufst die Jahreszeiten, um alles zu erhalten, was du geschaffen hast, den Winter, um sie zu kühlen, die Glut, daß sie dich kosten. Du hast den Himmel fern gemacht, um an ihm aufzuleuchten, um alles zu sehen, was du gemacht hast, du allein in deiner Gestalt als lebendige Sonne, glänzend, fern und doch nah.

Du machtest Millionen von Gestaltungen aus dir allein: Städte, Dörfer, Äcker, Weg und Strom. Jedes Auge erblickt dich sich gegenüber als die Tagessonne über der Erde...

Du bist in meinem Herzen, es gibt keinen, der dich kennte außer deinem Sohn... (Echnaton), du lässest ihn kundig sein deiner Pläne und deiner Macht.

Die Welt befindet sich auf deiner Hand, wie du sie geschaffen hast. Wenn du aufleuchtest, so leben sie, wenn du untergehst, so sterben sie. Du bist die Lebenszeit selbst, man lebt durch dich.

Die Augen schauen deine Schönheit, bis du untergehst. Alle Arbeiten werden niedergelegt, wenn du zur Rechten untergehst[6]. Wenn du wiederaufleuchtest, lässest du gedeihen für den König...

Du erhebst sie (die Menschen) wieder für deinen Sohn, der aus dir hervorgekommen ist, den König von Ober- und Unterägypten, der von der Wahrheit lebt, den Herrn der beiden Länder, Echnaton, und die große königliche Gemahlin, die Herrin der beiden Länder, Nofretete, die lebt und jung ist, immer und ewig.

---

[1] Re: Sonnengott Altägyptens, hier mit Aton identifiziert.
[2] Gemeint ist König Echnaton.
[3] Ober- und Unterägypten.
[4] Altägyptische Vorstellung, daß der Nil und vor allem die jährliche Nilüberschwemmung aus der Unterwelt komme.
[5] Gemeint sind Wolken und Regen.
[6] Nach ägyptischer Vorstellung liegt der Westen rechts.

Adolf Ermann, Die Literatur der Ägypter. Leipzig 1923, S. 358–362. – Hermann Kees, Ägypten. Religionsgeschichtliches Lesebuch. 2. Aufl., Heft 10. Tübingen 1928, S. 6–8.

23. Aus dem Amonshymnus der Zeit Ramses' II.

Der zu Anfang entstand, Amon der Erstentstandene, dessen Wesen man nicht kennt.

Kein Gott ist vor ihm entstanden, kein anderer Gott war bei ihm, daß er ihm seine Gestalt gesagt hätte. – Er hatte keine Mutter, die ihm seinen Namen gegeben, keinen Vater, der ihn erzeugt und gesagt hätte: „Das bin ich." – Der sein Ei selbst bildete, ein Mächtiger von geheimer Geburt, der seine Schönheit selber schuf, der göttliche Gott, der von selbst entstand, und alle anderen Götter entstanden erst, nachdem er selbst den Anfang gemacht.

Der mit geheimem Wesen und leuchtender Gestalt, der wunderbare Gott mit den vielen Erscheinungsformen. Alle Götter rühmen sich seiner, um sich mit seiner Schönheit zu brüsten, da er so göttlich ist. – Re (der Sonnengott) ist mit ihm leiblich vereint, er ist der „Große", der in Heliopolis wohnt. Tenen (d.h. Ptah) nennt man ihn, den Amon, der aus dem Urozean kam, daß er die Menschen leite. Die acht Urgötter sind eine andere Gestalt von ihm, dem Erzeuger der Urzeitlichen (Götter), der den Sonnengott Re bildete, der sich als Atum vollendete, eines Körpers mit ihm.

Er ist das Herz des Alls. Seine Seele, sagt man, ist der am Himmel, er ist auch in der Unterwelt und der an der Spitze des Ostens...

Einer ist Amon, der Verborgene, der sich vor ihnen verbarg, der sich vor den Göttern geheimhielt, daß man sein Wesen nicht erfahre. Keiner der Götter kennt seine wahre Gestalt, sein Bild wird nicht in den Büchern dargelegt, und kein Zeugnis wird darüber gegeben. Denn er ist zu geheimnisvoll, als daß man sein Wesen zu enthüllen vermöchte, er ist zu groß, als daß er sich erforschen ließe, zu mächtig, als daß man ihn erkennen könnte.

Hermann Junker, Die Religion der Ägypter, in: Franz König (Hrsg.), Christus und die Religionen der Erde II. Wien ²1956, S. 571f.

C. INDIEN: GOTTHEITEN UND RELIGIONSPHILOSOPHISCHE SPEKULATIONEN ÜBER DAS ABSOLUTE

24. Der übermächtige Indra
Rigveda II, 12, 1–5, 13

1. Der Gott, der höchste an Einsicht, der eben geboren, die Götter an Macht übertraf; vor dessen Ungestüm die beiden Welten erbebten ob der Größe seines Heldenmutes: er, ihr Leute, ist Indra[1].

2. Der die schwankende Erde festigte, der die unruhigen Berge zur Ruhe brachte, der den Raum der Lüfte erweiterte, der den Himmel abstützte: er, ihr Leute, ist Indra.

3. Der, da er den Drachen erschlug, die sieben Ströme befreite, der die Kühe heraustrieb, als er den Vala[2] geöffnet hatte, der zwischen zwei Felsen Feuer schlug, der Sieger in Schlachten: er, ihr Leute, ist Indra.

4. Durch den hier alle Dinge unstet geworden sind, der die Dāsa-Farbigen[3] unterworfen und vertrieben hat, der, wie ein Spieler den Gewinn, die Besitztümer des Feindes an sich nahm: er, ihr Leute, ist Indra.

5. Der Schreckenerregende, nach dem sie fragen „wo ist er?", von dem sie auch sagen „er ist gar nicht"; er vermindert die Reichtümer der Feinde wie Einsätze von Spielern: er, ihr Leute, ist Indra.

13. Selbst Himmel und Erde verneigen sich vor ihm, vor seinem Ungestüm geraten selbst Berge in Furcht. Der bekannt ist als Trinker des Soma[4], der den Blitzstrahl in seinem Arm, in seiner Hand hält: er, ihr Leute, ist Indra.

---

[1] Während der Gott Varuna als Hüter der kosmischen und ethischen Ordnung in altindischer Zeit eine vorrangige Stellung einnahm, galt Indra auf Grund seiner kämpferischen Kraft als göttlicher König (svarāj).
[2] Vala, „Gefangenhalten, Verhüllung", kann die Höhle bezeichnen, in der die Kühe zurückgehalten wurden, ebenso aber auch den Dämon, der diese Höhle beherrschte.
[3] Die vorarische Bevölkerung Indiens.
[4] Kultischer Rauschtrank Altindiens.

A. A. Macdonell, A Vedic Reader for Students. Oxford 1917, S. 45 ff.

25. Die indischen Götter Varuna und Indra
Rigveda IV, 42, 1–7

1. (Varuna): Ich bin der königliche Herrscher, mein ist das Reich, wie alle Unsterblichen bezeugen. Dem Willen Varunas gehorchen die Götter und befolgen ihn. Ich herrsche über die Himmlischen.

2. Ich bin König Varuna. Mir wurden höchste himmlische Kräfte zuteil. Dem Willen Varunas gehorchen die Götter und befolgen ihn. Ich herrsche über die Himmlischen.

3. Ich, Varuna, bin Indra: diese beiden weiten, festgegründeten Räume, diese beiden Welthälften habe ich, wie Tvashtar[1], ich kenne alle Wesen und erhalte sie.

4. Ich ließ die verschütteten Gewässer strömen, ich befestigte den Himmel nach ewiger Ordnung. Der Sohn der Aditi[2], der Gesetzeswächter[3], hat rechtens dreifach die Erde ausgebreitet.

5. Indra: Helden mit edlen Rossen, ausgewählte Krieger rufen mich an in Kampfesnot. Ich, der freigebige Indra, stachle sie auf zum Streit, wirble den Staub auf, ein Herr von überwältigender Kraft.

6. Alles dieses tat ich. Der Götter bezwingende Macht hindert mich niemals. Wenn Lobgesänge und der Soma-Trank[4] mich erfreut haben, dann geraten die beiden grenzenlosen Räume in Furcht.

7. (Varuna): Alle Wesen kennen diese deine Taten. Du tust diese Taten dem Varuna kund, du großer Beweger. Du bist berühmt, da du den Vritra[5] geschlagen hast. Du ließest die versperrten Fluten strömen.

---

[1] Ein anderer altindischer Gott.
[2] Die Göttin Aditi ist die Mutter des Varuna.
[3] Varuna gilt als „allwissender Gott"; er wacht über die Erfüllung ethischer Ordnungen.
[4] Kultischer Rauschtrank der altindischen Zeit.
[5] Von Indra besiegter Wolkendämon, der die himmlischen Wasser gefangenhielt.

Ralph T. H. Griffith, The Hymns of Rigveda, Bd. II. Benares 1890, S. 163 ff.

26. Die Allwissenheit des Königs Varuna
Atharvaveda IV, 16, 1–6

Der indische Gott Varuna gehört zu dem Typ des „Allwissenden Gottes".

1. Der große Wächter unter ihnen (den Göttern) sieht alles wie aus nächster Nähe. Wer meint, verstohlen zu wandeln – alles dies wissen die Götter (durch Varuna).

2. Wenn einer geht, steht oder herumschleicht, wenn er sich fortstiehlt, wenn er in sein Versteck geht; wenn zwei zusammensitzen und ratschlagen – König Varuna weiß es als Dritter.

3. Sowohl diese Erde hier gehört dem König Varuna als auch der ausgedehnte, fernbegrenzte Himmel drüben. Dazu sind diese beiden Weltmeere die Seiten Varunas; fürwahr, er ist auch in diesem kleinen Gewässer verborgen.

4. Wer weit hinweg über den Himmel fliehen würde, würde nicht frei sein von König Varuna. Seine Späher kommen vom Himmel hierher, und mit tausend Augen wachen sie über die Erde.

5. König Varuna durchschaut alles, was zwischen Himmel und Erde und was jenseits davon ist. Er hat die Augenblicke der Menschen gezählt. Wie ein Spieler berechnet er seine Würfe.

6. Mögen deine siebenmal sieben verhängnisvollen Schlingen, die dreifach ausgebreitet daliegen, den fesseln, der Unwahres spricht; den, der die Wahrheit spricht, sollen sie gehen lassen.

Maurice Bloomfield, Hymns of the Atharva-Veda. Sacred Books of the East, Bd. 42. Oxford 1897, S. 88 f.

27. Eine vedische Hymne an die Erdgöttin
Atharvaveda XII, 1 (Auswahl)

1. Wahrheit, Größe, Weltordnung, Kraft, Heilung, schöpferische Glut, geistliche Erhebung und das Opfer stützen die Erde. Möge diese Erde, die Herrin von dem, was war und sein wird, uns weiten Raum geben.

3. Die Erde, auf den das Meer und die Flüsse und Gewässer, auf der die Nahrung und die Arten der Menschen entstanden sind, auf der dieses atmende, bewegte Leben besteht, möge uns reichlich zu trinken geben.

4. Die Erde, auf deren vier Teilen die Nahrung und die Arten der Menschen entstanden sind, möge uns Vieh und anderen Besitz gewähren.

5. Die Erde, auf der sich einst die ersten Menschen ausbreiteten, auf der die Götter die Dämonen überwanden, möge uns alle Arten von Vieh, Pferde und Geflügel, Glück und Ruhm verleihen.

7. Die breite Erde, die die Götter allezeit ohne Schlaf bewachen, soll für uns köstlichen Honig treiben lassen und uns zudem mit Ehren überschütten.

8. Diese Erde, die einst eine Woge auf den Urwassern war, der die Weisen einfallsreich nachforschten, deren Herz im höchsten Himmel ist, unsterblich, von Wahrheit umgeben, möge uns Glanz und Kraft bei höchster Herrschaft gewähren.

10. Die Erde, die die Ashvins[1] ausgemessen haben, auf der Vishnu[2] ausgeschritten ist, die Indra, der Herr der Stärke, sich freundschaftlich verbunden hat, soll für mich, den Sohn, Milch ausgießen.

11. Deine beschneiten Bergeshöhen und deine Wälder, o Erde, mögen uns freundlich gesonnen sein. Die braune, schwarze, rote, vielfarbige, feste Erde, die von Indra beschützt wird, auf ihr habe ich meinen Platz, nicht unterdrückt, nicht geschlagen, nicht verwundet.

14. Den, der uns haßt, o Erde, der gegen uns kämpft, der uns mit Gedanken und Waffen feindlich gesonnen ist, unterwirf ihn tatkräftig, entsprechend unseren Wünschen.

15. Die Sterblichen, aus dir entstanden, leben auf dir, du trägst Zweifüßler

Gottheiten

und Vierfüßler. Dein, o Erde, sind die fünf Rassen der Menschen, die sterblichen, über denen die Sonne aufgeht und mit ihren Strahlen unsterbliches Licht ergießt.

17. Die allgebärende Mutter der Pflanzen, die feste Erde, durch das Weltgesetz gehalten, die freundlich einladende; immer möchten wir auf ihr wandeln.

22. Auf der Erde spenden die Menschen den Göttern die schuldige Opfergabe; auf der Erde leben die sterblichen Menschen von ihrer Speise. Möge die Erde uns Atem und Leben verleihen, möge sie mich ein hohes Alter erreichen lassen.

23. Der Duft, o Erde, der von dir ausgeht, den Pflanzen und Gewässer besitzen, an dem Gandharven und Apsaras[3] teilhaben, mit ihm mach mich wohlriechend, auf daß uns niemand hasse.

41. Die Erde, auf der die lärmenden Sterblichen singen und tanzen, auf der sie kämpfen, auf der die dröhnende Trommel ertönt, sie soll unsere Feinde vertreiben, sie soll uns frei machen von Gegnern.

42. Die Erde, auf der Nahrung ist, Reis und Gerste, auf der die fünf Rassen der Menschen leben, der Gattin des Parjanya[4], der regendurchfetteten, sei Verehrung.

45. Die Erde, die Völker von mannigfach unterschiedenen Sprachen trägt, die je nach ihrer Heimat andere Sitten haben, die Erde soll mir, wie eine tüchtige Milchkuh, die nicht ausschlägt, tausend Ströme des Wohlstandes spenden.

48. Die Erde, die den Narren und den Weisen trägt, die Gut und Böse auf sich wohnen läßt, die sich mit dem Eber verträgt, stellt sich auch dem Wildschwein.

63. O Mutter Erde, freundlich setze mich auf einen gesicherten Platz, mit dem Himmel zusammen, o du Weise, verhilf mir zu Glück und Gedeihen.

---

[1] Ashvins: Zwillingsgötter, die in einem rossegezogenen Wagen jeden Tag am Himmel entlang und über die Erde fahren.
[2] Vishnu: indischer Gott, der erst in nachvedischer Zeit hervorragende Bedeutung gewann.
[3] Gandharven: Geister der indischen Religion, Bewohner der Räume zwischen Himmel und Erde – Apsaras: nymphenartige Geschöpfe.
[4] Parjanya: Gott des Regens.

Maurice Bloomfield, Hymns of the Atharvaveda. Oxford 1891, S. 199f.

28. Wer ist der Gott, den wir mit Opfern ehren sollen?

Rigveda X, 121, 1–10

1. Im Anfang kam Hiranyagarbha[1] empor, geboren als einziger Herr aller Geschöpfe. Er festigte und stützte diese Erde und den Himmel. Wer ist der Gott, den wir mit Opfern ehren sollen?

2. Der lebendigen Atem gibt, Kraft und Stärke, er, dessen Gebote alle Götter

anerkennen; dessen Schatten Tod ist, dessen Glanz unsterblich macht. Wer ist der Gott, den wir mit Opfern ehren sollen?

3. Der durch seine Hoheit alleiniger Herrscher alles dessen geworden ist, was in der bewegten Welt atmet und schlummert, er, der Herr über Menschen und Vieh. Wer ist der Gott, den wir mit Opfern ehren sollen?

4. Durch dessen Macht diese schneebedeckten Berge sind und dessen Besitz die Menschen das Meer und die Rasā[2] kennen; seine Arme sind die Himmelsgegenden. Wer ist der Gott, den wir mit Opfern ehren sollen?

5. Durch ihn sind fest die Himmel und unerschütterlich die Erde, von ihm werden das Lichtreich und das Himmelsgewölbe gestützt, er ermißt den Luftraum. Wer ist der Gott, den wir mit Opfern ehren sollen?

6. Zu ihm als stützende Hilfe sehen zitternd zwei kampfbereite Heere auf, wenn über ihnen die aufgehende Sonne scheint. Wer ist der Gott, den wir mit Opfern ehren sollen?

7. Als damals die mächtigen Wasser[3] kamen, die in sich den Keim des Alls enthielten, den Agni[4] entstehen ließen, da trat der Götter einziger Lebensgeist ins Dasein. Wer ist der Gott, den wir mit Opfern ehren sollen?

8. Der mächtig genug war, die urzeitlichen Fluten zu überschauen, die die Kraft des Lebens enthielten und das Opfer erzeugten; er ist der Gott der Götter, und keiner ist ihm gleich. Wer ist der Gott, den wir mit Opfern ehren sollen?

9. Niemals soll uns der Erderzeuger verletzen, er, dessen Gesetze unumstößlich sind, der Schöpfer des Himmels, er, der die großen, klaren Wasser hervorgebracht. Wer ist der Gott, den wir mit Opfern ehren sollen?

10. Prajāpati![5] Du allein umfassest alles Geschaffene und niemand außer dir. Gewähre uns unseres Herzens Wunsch, wenn wir dich anrufen; mögen uns große Reichtümer zuteil werden.

---

[1] Hiranyagarbha: „Goldkeim"; in der spätvedischen Theologie Indiens ein Begriff für den Urgott und Weltschöpfer.
[2] Nach mythischer Vorstellung ein Fluß am Ende der Welt.
[3] Das Urgewässer, aus dem die Welt hervorging.
[4] Agni: „Feuer", indischer Gott des Feuers, Verkörperung des Opferfeuers.
[5] Prajāpati: „Herr der Nachkommenschaft, Herr der Geschöpfe"; in der spätvedischen Theologie ein weiterer Begriff für den Urgott.

Ralph T. H. Griffith, The Hymns of the Rigveda, Bd. IV. Benares 1892, S. 355 f.

29. Die Verehrung des Erhabenen Herrn
Bhagavadgītā IX, 23–27

23. Selbst jene, die anderen Göttern anhangen und sie gläubig verehren, auch sie, o Sohn der Kuntī (Arjuna), opfern keinem anderen als mir allein, obgleich sie es nicht nach dem wahren Gesetz tun.

Gottheiten

24. Denn ich bin der Genießer und der Herr aller Opfer. Aber diese Menschen kennen mich nicht in meiner wahren Natur, und darum fallen sie.

25. Gottesverehrer gehen zu den Göttern; Ahnenverehrer gehen zu den Ahnen; die den Geistern opfern, gehen zu den Geistern; und die mir opfern, kommen zu mir.

26. Wer immer mir verehrungsvoll ein Blatt, eine Blume, eine Frucht oder Wasser opfert, ich nehme dieses liebevolle Opfer eines Menschen reinen Herzens an.

27. Was du tust, was du issest, was du opferst, was du verschenkst, welche Askese du treibst, vollbringe es, o Sohn der Kuntī (Arjuna), als ein Opfer an mich.

S. Radhakrishnan – S. Lienhard, Die Bhagavadgītā. Baden-Baden 1958, S. 285–287.

30. *Der Erhabene Herr und seine Schöpfung*
Bhagavadgītā IX, 5–8. 17–19

5. Mein Geist, der der Ursprung aller Wesen ist, er – hält die Wesen, wohnt aber nicht in ihnen.

6. Wisse, daß in derselben Weise wie die überallhin sich bewegende mächtige Luft beständig im Ätherraum wohnt, alle Wesen in mir wohnen.

7. Alle Wesen, o Sohn der Kuntī (Arjuna), gehen am Ende der Weltperiode in meine Natur ein. Und am Beginn der (nächsten) Weltperiode bringe ich sie wieder hervor.

8. Auf meine eigene Natur gestützt, bringe ich wieder und wieder diese ganze Vielheit von Wesen hervor...

17. Ich bin der Vater dieser Welt, die Mutter, der Erhalter, der Großvater...

18. Ich bin das Ziel, der Träger, der Herr, der Zuschauer, die Wohnung, die Zuflucht und der Freund. (Ich bin) der Ursprung und die Auflösung, der feste Grund, die Ruhestätte und der unvergängliche Samen.

19. Ich spende Hitze. Ich halte zurück und entsende den Regen. Ich bin die Unsterblichkeit und bin der Tod. Ich bin, o Arjuna, sowohl das Sein als auch das Nichtsein.

S. Radhakrishnan – S. Lienhard, Die Bhagavadgītā, a.a.O., S. 275–283.

31. *„Wenn das Unrecht sich erhebt, schaffe ich mich selbst"*
Bhagavadgītā IV, 5

Der Erhabene sagte:

5. Zahllos sind meine vergangenen Leben und deine auch, o Arjuna. Ich kenne sie alle, du aber kennst sie nicht, o Geißel der Feinde (Arjuna).

6. Obgleich ich ungeboren bin und mein Selbst unvergänglich ist, obgleich ich der Herr aller Geschöpfe bin, so gelange ich doch durch meine Macht zu (empirischem) Sein, indem ich mich mit meiner eigenen Natur festlege.

7. Jedesmal, wenn die Rechtmäßigkeit im Schwinden ist und Unrechtmäßigkeit sich erhebt, lasse ich mein Selbst hervorströmen (Fleisch werden).

8. Um die Guten zu beschützen, die Bösen zu vernichten und die Rechtmäßigkeit zu festigen, entstehe ich von Weltalter zu Weltalter.

S. Radhakrishnan – S. Lienhard, Die Bhagavadgītā, a.a.O., S. 176–178.

32. Kāla, der Gott der Zeit

Atharvaveda XIX, 53, 5–9

5. Der Kāla hat den Himmel dort,
   Kāla die Erde hier erzeugt.
   Was ward, was wird, obgleich bewegt,
   auf Grund des Kāla steht es fest.

6. Der Kāla schuf den Erdenplan;
   in Kālas Schoß die Sonne glüht,
   im Kāla ist, was irgend ward;
   im Kāla nimmt das Auge wahr.

7. Der Kāla trägt den Geist in sich,
   den Lebensodem, den Begriff,
   und über Kālas Ankunft freun
   sich alle Geschöpfe hier.

8. Urfeuer, Urkraft trägt in sich
   der Kāla, trägt das Brahman auch.
   der Kāla ist der Herr des Alls,
   der Vater er Prajāpatis[1].

9. Er gab Bewegung und Entstehn
   der Welt da, ist ihr Fundament;
   Der Kāla ward zum Brahman selbst,
   trägt nunmehr den „Höchststehenden"[2].

---
[1] „Herr der Geschöpfe", eine der religionsphilosophischen Spekulation entstammende höchste Schöpfergottheit.
[2] Bezeichnung für Prajāpati.

Julius Grill, Hundert Lieder des Atharva-Veda. Stuttgart 1889, S. 73f.

33. „Erkläre mir das Brahman..."

Brihadāranyaka-Upanishad III, 4, 1–2

Da fragte ihn Ushasta Cākrāyana: „Yājñavalkya", sagte er, „erkläre mir das Brahman, das unmittelbar gegenwärtig ist und direkt erkannt wird, das das Selbst in allen Dingen ist." „Das ist dein Selbst; das ist in allen Dingen." „Welches ist in allen Dingen, Yājñavalkya?" „Der durch den Einhauch einatmet, ist ist dein Selbst, das in allen Dingen ist. Der durch den Aushauch ausatmet, ist dein Selbst, das in allen Dingen ist. Der durch den Durchhauch durchatmet, ist dein Selbst, das in allen Dingen ist. Der durch den Aufhauch nach oben atmet, ist dein Selbst, das in allen Dingen ist. Das ist dein Selbst, das in allen Dingen ist."

Da sagte Ushasta Cākrāyana: „Dies ist von dir erklärt worden, als ob man sagt: ‚Dies ist eine Kuh, dies ist ein Pferd.' Erkläre mir das Brahman, das unmittelbar gegenwärtig ist und direkt erkannt wird, das das Selbst in allen Dingen ist. Was ist in allen Dingen, Yājñavalkya?"

„Du kannst den Seher des Sehens nicht sehen, du kannst den Hörer des Hörens nicht hören, du kannst den Denker des Denkens nicht denken, du kannst den Erkenner des Erkennens nicht erkennen. Das ist das Selbst, das in allen Dingen ist. Alles andere ist vom Übel." Darauf schwieg Ushasta Cākrāyana.

S. Radhakrishnan, The Principal Upanishads. New York 1953, S. 219f.

34. Die Lehre der indischen Upanishaden: die Identität der Weltseele (Brahman) mit der erkennenden Einzelseele (Ātman)

Chāndogya-Upanishad III, 14, 1–4

1. Wahrlich, diese ganze Welt ist Brahman. In der Stille soll man es verehren. Wahrlich, aus Einsicht besteht der Mensch. Wie des Menschen Einsicht in dieser Welt ist, danach wird der Mensch nach seinem Scheiden aus dieser Welt. Darum soll er nach Einsicht trachten.

2. Geist ist sein Stoff, Leben ist sein Leib, Licht ist seine Gestalt, Wahrheit ist sein Ratschluß, sein Selbst ist Unendlichkeit. Er ist allwirkend, allwünschend, allriechend, allumfassend, schweigend und ohne Kummer.

3. Dieser ist mein Ātman im Innern des Herzens, kleiner als ein Körnchen Reis, Gerste oder Senf oder Hirse. Dieser ist mein Ātman im Innern des Herzens, größer als der Himmel, größer als die Welten.

4. Allwirkend, allwünschend, allriechend, allschmeckend, allumfassend, schweigend und ohne Kummer: dieser mein Ātman im Innern des Herzens – das ist das Brahman. Zu ihm werde ich, hier verscheidend, eingehen. Wahrlich, wer dies glaubt, hat keine Zweifel mehr.

Brihadāranyaka-Upanishad IV, 2, 4

Der Atman ist nicht dies, nicht dies. Er ist ungreifbar, denn er wird niemals gegriffen; er ist unzerstörbar, denn er wird nicht zerstört; er ist unhaftbar, denn an ihm haftet nichts.

35. Immanenz und Transzendenz des Höchsten Wesens
Shvetāshavatara-Upanishad III, 7–15, 19–21; V, 9–13; VI, 1–2, 6–8, 11–12, 16–17

III. 7. Höher als das höchste Brahman, das erhabene, den großen, in allen Wesen Verborgenen, der das All umwallt, die diesen als Herrn erkannten, die werden unsterblich.

8. Ich kenne diesen höchsten Geist, den sonnenfarbigen, jenseits des Dunkels. Nur wer ihn erkannt, überschreitet den Tod. Es gibt keinen anderen Pfad, um dorthin zu gelangen.

9. Es gibt nichts Höheres als ihn, nichts Kleineres, nichts Größeres. Der Eine steht fest wie ein Baum im Himmel. Von seinem Wesen ist das ganze All erfüllt.

10. Der jenseits dieser Welt ist, ist ohne Gestalt und ohne Leiden. Die dieses wissen, werden unsterblich, andere gehen ein in lauter Leiden.

11. Er, der im Antlitz, Haupt und Hals aller ist, wohnt im Innersten aller Wesen, er durchdringt alles. Er ist der allgegenwärtige Herr.

12. Er, wahrlich, ist der große Herr, er bewegt das Seiende. Er, das unvergängliche Licht, führt zum reinsten Ziel.

13. Daumengroß ist das innere Selbst, das immerdar im Herzen der Menschen wohnt. Das ist der Herr des Wissens, der von Herz und Gemüt umschlossen wird. Die ihn kennen, werden unsterblich.

14. Mit tausendfachen Häuptern, tausendfachen Augen, tausendfachen Füßen umgibt er die Erde allerseits und steht zehn Finger breit von ihr entfernt.

15. Er ist die ganze Welt, das, was gewesen, und das, was sein wird. Er ist der Herr der Unsterblichkeit alles dessen, was durch Nahrung aufwächst.

19. Ohne Hände, ohne Füße läuft und greift er. Er sieht ohne Augen, er hört ohne Ohren. Er weiß alles Erkennbare; aber keiner ist da, der ihn erkennt. Sie nennen ihn den uranfänglichen, den höchsten Geist.

20. Feiner als das Feine, größer als das Große ist das Selbst im Innern der Wesen. Man schaut ihn als wunschlos, wenn man durch die Gnade des Schöpfers den Herrn in seiner Majestät erkennt.

21. Ich kenne dieses unvergängliche, uranfängliche Selbst von allen, gegenwärtig in allen auf Grund seiner Unendlichkeit. Sie schreiben ihm Geburt und Untergang zu. Doch die Brahmankenner verkünden ihn als den Ewigen.

V. 9. Diese lebende Seele ist nur ein Bruchteil eines hundertmal gespaltenen hundertsten Teils einer Haarspitze, und doch ist sie der Unendlichkeit fähig.

10. Weder Mann noch Weib ist sie, noch ein Zwitter. Welchen Körper sie annimmt, von dem wird sie bewahrt.

11. Durch Vorstellung, Berührung und Leidenschaften, durch Essen und Trinken geschehen hier Geburt und Werden der vom Körper umschlossenen Seele. Und durch ihre Taten wechseln hier und dort die Gestalten.

12. Ihren Eigenschaften entsprechend, wählt die Seele vielerlei Gestalten, grobe und feine...

13. Wer ihn, der ohne Anfang und ohne Ende ist, den Schöpfer von allem in vielfacher Gestalt, der allein das Universum umschlossen hält, als Gott erkennt, ist frei von allen Fesseln.

VI. 1. Einige Weise erklären die Natur, andere die Zeit (als erste Ursache). Beide gehen in die Irre. Die Übermacht Gottes in der Welt ist es, die dieses Brahman-Rad zum Drehen bringt.

2. Er ist der Wissende, der Schöpfer der Zeit, der Besitzer aller Eigenschaften und Kenntnisse, von dem die ganze Welt umhüllt ist. Von ihm gelenkt, entfaltet sich dieses Werk (die Schöpfung) als Erde, Wasser, Feuer, Luft und Äther.

6. Höher und andersartig als die Formen des Weltenbaumes und der Zeit ist er, von dem aus diese eine Welt sich dreht. Er bringt das Gute und wehrt dem Bösen, der Herr des Gedeihens, den man als unsterbliches eigenes Selbst erkannt hat.

7. Den höchsten Herrn aller Herren, den höchsten Gott aller Gottheiten, den höchsten Gebieter aller Gebieter, den alle Welten Überschreitenden, laßt ihn uns als Gott erkennen, als Herrn der Welt, als den Verehrungswürdigen.

8. Nicht gibt es an ihm Wirkung und Organe, nicht ist ihm einer gleich befunden oder überlegen gar. Seine große Macht offenbart sich mannigfach. Ihm innewohnend sind Kräfte seines Geistes und seines Wirkens.

11. Der eine Gott, verborgen in allen Wesen, alldurchdringend, das innere Selbst aller Geschöpfe, der Lenker aller Taten, der in allen Wesen wohnt, der Zeuge, der Kenner, der einzige, frei von menschlichen Eigenschaften.

12. Der eine Mächtige, der das eine Saatkorn vielfältig macht – die Weisen, die ihn in ihrem Selbst wohnen sehen, erreichen ewiges Glück, nicht die anderen.

16. Er ist allwirkend und allweise, aus sich selbst entstanden, er ist das Wissende, der Schöpfer der Zeit, aller Qualitäten und aller Dinge kundig, der Gebieter der Natur und des Geistes, der Grund von Bindung, Bleiben und Erlösung.

17. Er, der ewig über die Welt herrscht, ist unsterblich, als Herr erscheinend, als Wissender, als Allgegenwärtiger, der Hüter dieser Welt. Eine andere Ursache (als ihn) gibt es nicht.

S. Radhakrishnan, The Principal Upanishads. New York 1953, S. 727 ff.

35a. "Wie viele Götter gibt es, Yājñavalkya?"
Brihadāranyaka-Upanishad III, 9, 1-9

1. Da befragte ihn Vidagdha, der Nachkomme des Shakala.
"Wie viele Götter gibt es, Yājñavalkya?" – Und er antwortete nach der Nivid (Götterverzeichnis), so viele ihrer in der Nivid des Vaishvadevam (eines bestimmten Preisrufers beim Somakeltern) gezählt werden, und sprach: "Drei und dreihundert und drei und dreitausend (3306)". – "Om! (Jawohl)!", so sprach er, "wie viele Götter gibt es also, Yājñavalkya?" – "Dreiunddreißig." – "Om!", so sprach er, "wie viele Götter gibt es also, Yājñavalkya?" – "Sechs." – "Om!", so sprach er, "wie viele Götter gibt es also, Yājñavalkya?" – "Drei." – "Om!", so sprach er, "wie viele Götter gibt es also, Yājñavalkya?" – "Zwei." – "Ohm", so sprach er, "wie viele Götter gibt es also, Yājñavalkya?" – "Anderthalb." – "Om", so sprach er, "wieviele Götter gibt es also, Yājñavalkya?" – "Einen." – "Om!", so sprach er, "welches sind jene drei und dreihundert und drei und dreitausend?" –

2. Und er sprach: "Das sind nun ihre Kräfte; Götter aber gibt es nur dreiunddreißig." – "Welches sind die dreiunddreißig?" – "Acht Vasu's, elf Rudra's, zwölf Āditya's, macht einunddreißig, und noch Indra und Prajāpati als (zweiund) dreiunddreißigste." –

"Welches sind die Vasu's?" – "Das Feuer, die Erde, der Wind, der Luftraum, die Sonne, der Himmel, der Mond und die Sterne; das sind die Vasu's (die Guten), denn in ihnen ist alles dieses Gut *(vasu)* enthalten, darum heißen sie Vasu's." –

4. "Welches sind die Rudra's?" – "Es sind die zehn Lebensorgane am Menschen und der Ātman als elftes. Wenn diese aus dem sterblichen Leibe ausziehen, so machen sie weinen; weil sie weinen machen *(rodayanti)*, darum heißen sie Rudra's."

5. "Welches sind die Āditya's?" – "Die zwölf Monate des Jahres, das sind die Āditya's; diese laufen um, indem sie die ganze Welt mitführen; weil sie diese ganze Welt mitführend umlaufen *(ādadāonā yanti)*, darum heißen sie Āditya's."

6. "Welcher ist Indra und welcher Prajāpati?" – "Der Donner ist Indra, und das Opfer ist Prajāpati." – "Welcher ist der Donner?" – "Der Blitzstrahl" (als Ursache des Donners). – "Welches ist das Opfer?" – "Die Tiere" (als Ursache des Opfers). –

7. „Welches sind die sechs?" – „Das Feuer, die Erde, der Wind, der Luftraum, die Sonne und der Himmel; das sind die sechs, denn diese sechs sind die ganze Welt." –

8. „Welches sind die drei Götter?" – „Es sind diese drei Welten, denn in ihnen sind alle diese Götter enthalten." – „Welches sind die zwei Götter?" – „Die Nahrung und der Odem *(prāna)*." – „Welches sind die anderthalb?" – „Der da reinigt." (der Wind).

9. Da sagen sie: Weil es doch gewissermaßen nur einer ist, der da reinigt, wie sind es denn anderthalb? Weil in ihm diese ganze Welt überaus gedeiht *(adhyārdhnot)*, darum sind es anderthalb *(adhyardha)*." – „Welches ist der eine Gott?" – „Das Leben *(prāna)*", so sprach er, „dieses nennen sie das Brahman, das Jenseitige *(tyad)*".

Paul Deussen, Sechzig Upanishad's des Veda. Darmstadt ⁴1963, S. 449f.

D. IRAN: AHURA MAZDA

36. Zarathustra: „Danach frag ich dich, o Ahura"

Yasna 44

Innerhalb des Avesta, der heiligen Schrift des Parsismus, gehen die Gāthās, die „Verspredigten", wohl unmittelbar auf Zarathustra selbst zurück. Sie sind dem Schriftkomplex Yasna, „Opfer, Gottesdienst", einem der Bücher des Avesta, eingefügt. Yasna 44 gehört zu den Gāthās.
 Ahura Mazda, „der weise Herr", ist der von Zarathustra verkündete gute und höchste Gott, der Schöpfer der Welt und der endzeitliche Richter.

1. Danach frag ich dich, o Ahura, antworte mir richtig:
Wegen des Gebetes – wie das Gebet Ihresgleichen ansteht?
Möge ein Weiser wie du seinem Freunde, wie ich es bin, es kundtun
und uns durch den Freund Asha[1] Unterstützung gewähren,
damit er durch den Vohu Manah[1] zu uns komme.

2. Danach frag ich dich, o Ahura, antworte mir richtig:
Ob wohl zu Beginn des besten Lebens die Vergeltungen
dem Nutzen schaffen werden, der ihnen nachstrebt?
Denn der durch Asha heilige, zum Nutzen für alle
erstrebend im Geiste, (ist) der lebenheilende Genosse, o Mazda.

3. Danach frag ich dich, o Ahura, antworte mir richtig:
Wer ist durch Erzeugung der Vater des Asha, der Erste?

Wer bestimmte den Weg der Sonne und der Sterne?
Wer ist's, durch den der Mond wächst (und) abnimmt, wenn nicht du?
Das, o Mazda, und noch anderes mehr möchte ich wissen.

4\. Danach frag ich dich, o Ahura, antworte mir richtig:
Wer festigte die Erde unten und den Wolkenhimmel oben
vor dem Herabfallen? Wer das Wasser und die Pflanzen?
Wer spannte an Wind und Wolken die zwei Renner?
Wer ist, o Mazda, der Schöpfer des Vohu Manah?

5\. Danach frag ich dich, o Ahura, antworte mir richtig:
Wer schuf, gutschaffend, Licht und Finsternis?
Wer schuf, gutschaffend, Schlaf und Wachsein?
Wer den Morgen, den Mittag und die Nacht
als Mahnerinnen für den Verständigen an seine Pflicht?

6\. Danach frag ich dich, o Ahura, antworte mir richtig:
Ob denn das auch wirklich so ist, wie ich es verkünden will?
Wird Aramati[1] mit ihren Taten Asha Hilfe leisten?
Hat von dir her Vohu Manah das Reich bereitet?
Für welche hast du das trächtige, glückbringende Rind geschaffen?

7\. Danach frag ich dich, o Ahura, antworte mir richtig:
Wer schuf Aramati, geweiht zusammen mit Asha?
Wer machte den Sohn in der Seele ehrerbietig gegen den Vater?
Ich bestrebe mich also, o Mazda,
dich als den heiligen Geist als Schöpfer aller Dinge zu erkennen.

8\. Danach frag ich dich, o Ahura, antworte mir richtig:
Um eingedenk zu bleiben deiner Unterweisung, o Mazda,
und der Sprüche, die ich von Vohu Manah erfragte,
und dessen, was im Leben, mit Asha übereinstimmend, zu begreifen ist,
wie meine Seele zu dem beglückenden Guten gelangen wird?

9\. Danach frag ich dich, o Ahura, antworte mir richtig:
Ob mir wohl für die Daēnā[2], die ich heiligen will, für die des
Gutschauenden
der Herr des Reiches – der du bist, o Mazda,
der mit Vohu Manah dasselbe Haus bewohnt –,
Verheißungen auf die wahren Reiche verkünden wird?

10\. Danach frag ich dich, o Ahura, antworte mir richtig:
Die Daēnā, die von den seienden Dingen das beste ist,
die, im Verein mit Asha, mein Wesen fördern möge,
wird man sie zusammen mit den Worten,
dem Handeln der Aramati richtig beobachten?

11\. Danach frag ich dich, o Ahura, antworte mir richtig:
Ob sich wohl die Aramati zu denen hin ausbreiten wird,
denen, o Mazda, deine Daēnā verkündet wird?

Ich ward dazu von dir zu Anfang auserwählt,
und alle anderen werde ich mit Feindseligkeit des Geistes betrachten.

12. Danach frag ich dich, o Ahura, antworte mir richtig:
Wer von denen, zu denen ich spreche, ist ein Gerechter, wer ein Lügenhafter?
Welcher? Ist der der Böse hier, oder ist derjenige der Böse,
der als ein Lügenhafter mich von deinem Heile wegführen will?
Wie ist's? Soll der nicht für einen Feind gehalten werden?

13. Danach frag ich dich, o Ahura, antworte mir richtig:
Ob wir wohl die Lüge von uns schaffen können
hin zu denen, die, des Ungehorsams voll,
sich nicht um das Zusammensein mit Asha mühen,
noch darum Sorge tragen, sich von Vohu Manah beraten zu lassen?

14. Danach frag ich dich, o Ahura, antworte mir richtig:
Ob ich wohl dem Asha die Lüge in die Hände liefern kann,
um sie zu zerstören, gemäß den Sprüchen deiner Lehre,
um unter den Lügengenossen eine gewaltige Zwietracht zu schaffen,
um ihnen Qualen zu bringen, o Mazda, und Feindseligkeiten?

15. Danach frag ich dich, o Ahura, antworte mir richtig:
Ob du Macht hast, durch Asha dieses von mir fernzuhalten,
wenn die beiden feindlichen Heerscharen sich treffen,
nach jenen Bestimmungen, an denen du, o Mazda, festhalten willst,
welcher von den beiden wirst du den Sieg verleihen?

16. Danach frag ich dich, o Ahura, antworte mir richtig:
Wer ist es, der siegreich die Seienden durch dein Wort beschirmen wird?
Durch ein Gesicht versprich mir, den das Leben heilenden Herrn zu senden!
Und Gehorsam soll sich durch Vohu Manah bei jedem einstellen,
o Mazda, bei dem du es wünschest!

17. Danach frag ich dich, o Ahura, antworte mir richtig:
Ob ich wohl, o Mazda, durch euch mein Ziel erreichen werde,
das Sichanschließen an Euch, und daß meine Rede wirksam sei,
auf das sich Haurvatāt[1] und Amaratāt[1] künftig mit dem vereinigen,
der dem Asha anhängt gemäß jenem Spruch.

18. Danach frag ich dich, o Ahura, antworte mir richtig:
Ob ich wohl, durch Asha, den Lohn erhalten werde,
zehn Stuten, mit einem Hengst versehen, und ein Kamel,
den Lohn, der mir, o Mazda, versprochen wurde, so gut wie
deine Verleihung des Haurvatāt und Amaratāt?

19. Danach frag ich dich, o Ahura, antworte mir richtig:
Wer den Lohn dem nicht gibt, der ihn verdient,
wer ihn nicht gibt, ehrlich sprechend,
welche Strafe wird denjenigen dafür zuerst treffen –
die andere kenne ich, die ihn am Ende treffen wird?

Iran: Ahura Mazda

20. Sind denn wohl die Daēvas[3] gute Herrscher gewesen?
Ich will die danach fragen, die sehen, wie ihretwegen
der Karpan und der Usig[4] das Rind dem Aēshma[5] preisgeben,
und wie der Kavi[6] es in der Seele jammern macht,
und die, die nicht das Weideland mit Harn begießen, um es durch Asha zu fördern.

---

[1] Asha, „rechte Ordnung", Vohu Manah, „gutes Denken", Aramati, „fromme Ergebenheit", Haurvatāt, „Gedeihen", und Amaratāt, „Unsterblichkeit", sind Qualitäten, die das Wirken Ahura Mazdas charakterisieren.
[2] Im Parsismus Bezeichnung für „Religion".
[3] Widergöttliche Mächte.
[4] Zwei Priesterklassen.
[5] „Wutrausch, Raserei"; Anspielung auf die orgiastischen Kulte des alten Iran, in deren Mittelpunkt die Opferung eines Rindes stand.
[6] Fürstenklasse.

Geo Widengren, Iranische Geisteswelt von den Anfängen bis zum Islam. Baden-Baden 1961, S. 160–164.

37. *Der Dualismus des Propheten Zarathustra*
Yasna 45, 1–3,7 (Gāthā)

1. Ich will reden, hört und vernehmt es, die ihr von nah und fern herbeikommt, Belehrung suchend. Merket euch alle ihn[1], denn er ist entlarvt. Nicht soll der Irrlehrer ein zweites Leben zerstören, die lügnerische Zunge, die übel gewählt hat.

2. Ich will reden von den beiden Geistern zu Anfang des Lebens, von denen der heiligere also sprach zu dem argen: Nicht stimmen unser beider Gedanken noch Leben noch Absichten, noch Überzeugungen, noch Werke, noch Individualitäten, noch Seelen überein.

3. Ich will reden von den Anfängen des Lebens, von den Dingen, die Ahura Mazda[2] mir gesagt hat, er, der alles weiß. Diejenigen unter euch, die nicht tun, was ich denke und ausspreche, an deren Lebensende wird es „Wehe" heißen.

7. Er (Ahura Mazda) gibt Heil oder Verdammnis denen, die lebend sind, waren oder sein werden – (nämlich:) Die Seele des Rechtgläubigen wird mit Unsterblichkeit belohnt, die Bösen aber erwartet ewige Qual.

---

[1] Der Irrlehrer.
[2] Der „weise Herr", der von Zarathustra verkündete gute Gott.

Jacques Duchesne-Guillemin, The Hymns of Zarathustra. London 1952, S. 90ff.

38. Zarathustra offenbart die uranfängliche Scheidung zwischen den Geistern des Guten und des Bösen

Yasna 30, 1–7, 8–11 (Gāthā)

1. Ich will sprechen zu denen, die es hören wollen, von den Dingen, die der Wissende im Gedächtnis behalten sollte. Die Lobpreisungen und Gebete des Vohu Manah[1] an Ahura Mazda[2] und die Freude, die im Licht erschauen wird, der es sich recht merken wird.

2. Höret mit euren Ohren das Beste, sehet mit klarem Geist die beiden Bekenntnisse, zwischen denen Mann für Mann selbst wählen muß, wachsam bis zum großen Gericht, das zu unseren Gunsten entscheiden möge.

3. Am Anfang haben die beiden Geister, die Zwillinge, ihr Wesen kundgetan: das Gute und das Schlechte in Gedanken und Worten und Taten. Zwischen ihnen haben die Weisen recht gewählt, nicht aber die Törichten.

4. Und als diese beiden Geister zuerst zusammenkamen, da setzten sie Leben und Tod fest, und daß zuletzt sein solle für die Falschgläubigen das schlechteste Dasein, aber für die Rechtgläubigen der Lohn der besten Gesinnung.

5. Von diesen beiden Geistern wählte der Falschgläubige, das Schlechteste zu tun, der Heiligste Geist aber, bekleidet mit den festesten Himmeln, das Rechte; so auch taten es diejenigen, denen es gefiel, Ahura Mazda mit ehrenhaftem Tun zufriedenzustellen.

6. Zwischen diesen beiden Geistern wählten auch die Daēvas[3] nicht richtig, weil Verwirrung über sie kam, während sie berieten, und sie wählten den bösesten Geist. Dann eilten sie zu Aēshma[4], durch den die Menschen ihr Leben verderben sollten.

8. Und wenn über die Frevler das Strafgericht kommen wird, dann, o Ahura Mazda, wird durch Vohu Manah dein Reich[5] kommen, für die, die dem Asha[6] die Lüge auslieferten.

9. Und mögen wir diejenigen sein, die dieses Leben verklären werden. O Ahura Mazda, ihr guten Mächte und Asha, leiht uns euren Beistand, auf daß sich die Gedanken recht sammeln, wo noch die Einsicht schwankt.

10. Dann wird der Böse aufhören zu gedeihen, während diejenigen, die guten Ruhm erwarben, den verheißenen Lohn ernten werden in der gesegneten Wohnung des Vohu Manah, des Ahura Mazda und des Asha.

11. Wenn ihr Menschen die Bestimmungen versteht, die Ahura Mazda gegeben hat, Wohlbehagen einerseits und Qualen andererseits – lange Plage für die Bösen und Heil den Gerechten – dann wird es später aufs beste werden.

---

[1] Vohu Manah: „gutes Denken", eine jener Qualitäten, die das Wirken Ahura Mazdas charakterisieren.
[2] Ahura Mazda: „der weise Herr", der von Zarathustra verkündete gute Gott.
[3] Böse Geister.
[4] Aēshma: „Wutrausch", Qualität des bösen Geistes.

⁵ Chshathra ist das in der Verkündigung Zarathustras oft zitierte „Reich".
⁶ Asha: „Recht", eine Qualität Ahura Mazdas.

Jacques Duchesne-Guillemin, The Hymns of Zarathustra. London 1952, S. 102–107. – Geo Widengren, Iranische Geisteswelt. Baden-Baden 1961, S. 150–152.

39. Preis Ahura Mazdas und Aufforderung zur rechten Entscheidung
Yasna 31,7–8, 11–12,17 (Gāthā)

Dieser Gāthā-Text ist inhaltlich eng mit dem voranstehenden verbunden.

7. Er, der zuerst durch seinen Geist die seligen Räume mit Licht erfüllte, der schuf durch seinen Willen das Recht *(asha)*, womit er rechtes Denken aufrecht hält. Dies, o weiser Herr, hast du durch deinen Geist wachsen lassen, der eins ist mit dir.
8. Durch den Geist, o weiser Herr, habe ich dich als den Ersten und Letzten erkannt, als den Vater des rechten Denkens, als ich dich erschaute als wirklichen Schöpfer des Rechtes, als den Herrn in den Werken des Lebens.
11. Da du, o weiser Herr, uranfänglich durch deinen Geist Lebewesen, Gewissen und den Willen schufst, da du der Seele des Lebens einen Körper gabst, da du Taten und Worte frei entscheiden ließest,
12. da erheben ihre Stimmen der Falschgläubige und der Rechtgläubige, der Wissende und der Unwissende, jeder nach seinem Herzen und Sinn.
17. Hat der Rechtgläubige oder der Falschgläubige Besseres erwählt? Laß den Wissenden reden, laß den Unwissenden aufhören zu täuschen. O weiser Herr, sei du unser Lehrer im rechten Denken!

Duchesne-Guillemin, a.a.O., S. 108 ff. – Widengren, a.a.O., S. 153.

E. ZALMOXIS

40. Der Bericht Herodots
Herodot, Historien IV, 93–96

Zalmoxis (Sálmoxis) war der höchste Gott der Geten oder Daker, eines thrakischen Volkes, das ein Territorium bewohnte, welches das heutige Rumänien umfaßte, sich aber weiter nach Osten und Nordosten ausdehnte. Die einzige wichtige Information, die wir über diese ziemlich rätselhafte Gottheit besitzen, ist der unten zitierte Text Herodots.

Gottheiten

Gelehrte haben Zalmoxis u. a. als Himmelsgott, als Totengott oder als Mysteriengottheit interpretiert.

Ehe er (der Perserkönig Dareios) an den Istros kam, unterwarf er zunächst die Geten, die behaupten, unsterblich zu sein. Die Thraker von Salmydessos und der Gegend zwischen den Städten Apollonia und Mesambria, die Skyrmiaden und Nipsaier heißen, ergaben sich Dareios widerstandslos. Die Geten aber, die die tapfersten und gesetzestreuesten aller Thraker sind, leisteten hartnäckigen Widerstand, wurden aber bald unterworfen.

Was ihre Behauptung betrifft, unsterblich zu sein, so stellen sie sich dies so vor: sie glauben, daß sie nicht sterben, sondern daß der Dahingeschiedene zu dem Gott Salmoxis geht oder zu Gebelexis, wie einige ihn nennen. Alle fünf Jahre losen sie einen ihres Volkes aus und schicken ihn als Abgesandten zu Salmoxis mit dem Auftrag, diesem ihre Anliegen vorzubringen. Und dies ist ihre Art des Aussendens: Drei Speere werden von hierzu bestimmten Männern aufrecht gehalten; andere ergreifen den Boten für Salmoxis an seinen Händen und Füßen, schwingen und schleudern ihn empor auf die Speerspitzen. Wenn er durch diesen Wurf getötet wird, glauben sie, daß der Gott ihnen wohlgesonnen ist; aber wenn er nicht getötet wird, geben sie ihm die Schuld und halten ihn für einen schlechten Menschen. Dann senden sie einen anderen Boten zu dem Gott. Während dieser Mann noch lebt, erteilen sie ihm ihre Aufträge. Dieser selbe Thrakerstamm schießt auch, wenn es donnert und blitzt, mit Pfeilen gegen den Himmel und droht dem Gott. Sie glauben, es gäbe keinen anderen Gott als ihren eigenen.

Ich habe nun von Griechen, die am Hellespont und Pontos wohnen, erfahren, daß dieser Salmoxis ein Mensch war, der einst Sklave des Pythagoras, des Sohnes von Mnesarchos, war. Nachdem er dann freigekommen sei und großen Reichtum erworben habe, sei er in seine Heimat zurückgekehrt. Nun waren die Thraker ein einfach lebendes Volk. Aber Salmoxis kannte ionische Sitten und ein üppigeres Leben als die Thraker; denn er hatte mit Griechen gelebt, dazu mit Pythagoras, einem der größten griechischen Lehrer. Deshalb baute sich Salmoxis einen Saal, in dem er die vornehmsten seiner Landsleute gastlich bewirtete. Dabei lehrte er sie, daß weder er noch seine Gäste, noch deren Nachkommen jemals sterben werden, sondern, daß sie an einen Ort gelangen würden, wo sie für immer leben und alle Güter besitzen sollten. Während er dies, wie ich gesagt habe, tat und seine Lehre verkündete, ließ er sich ein unterirdisches Gemach bauen. Als dieses vollendet war, verschwand er aus dem Gesichtskreis der Thraker; er stieg in das unterirdische Gemach, in dem er drei Jahre lebte. Die Thraker wünschten ihn zurück und betrauerten ihn wie einen Verstorbenen. Dann aber im vierten Jahr erschien er den Thrakern wieder. Dadurch kamen sie zum Glauben an das, was Salmoxis ihnen verkündet hatte. Das ist der griechische Bericht über ihn.

Was mich betrifft, so kann ich die Erzählung über Salmoxis und sein unterirdisches Gemach weder bestreiten noch recht glauben; aber ich nehme an, daß er viele Jahre vor Pythagoras lebte. Ich weiß nicht recht, ob es einen Mann namens Salmoxis gegeben hat oder ob dies den Geten der Name ihres Landesgottes war.

F. GRIECHENLAND (EINSCHLIESSLICH HELLENISMUS)

41. Die Teilung der Welt
Homer, Ilias XV, 187–193

Es spricht Poseidon:

> ... wir sind drei Brüder, die Kronos zeugte mit der Rheia:
> Zeus, ich selbst und Ais, der Unterirdischen König.
> Dreifach geteilt ward alles, und jeder gewann von der Herrschaft.
> Mich nun traf's, beständig das graue Meer zu bewohnen,
> Als wir gelost; den Aides traf das nächtliche Dunkel,
> Zeus dann traf der Himmel umher in Äther und Wolken;
> Aber die Erd ist allen gemein und der hohe Olympos.

42. Zeus-Hymnus des Kleanthes

Kleanthes von Assos (331–233 v. Chr.) war einer der bedeutendsten Vertreter der älteren Stoa.

> Höchster der Unsterblichen,
> viele Namen nennen dich,
> ewig allmächtiger Zeus,
> dich, Urquell alles Werdens,
> der nach ewigen Gesetzen
> herrscht im All, ich grüße dich, Zeus.
> Ja, ich darf's. Allein von allem,
> was da lebt und kriecht auf Erden,
> ist ein Abbild er des Alls:
> wir sind deines Geschlechtes.

Und so will ich immerdar
preisen dich und deine Macht.
Dir gehorcht das Weltgebäude,
kreisend um den Erdenball.
Willig wandelt's in den Bahnen,
die du weisest mit der Waffe
deiner Herrscherhand, dem spitzen,
leuchtenden, lodernden, nimmer erlöschenden
ewig lebendigen Blitz.
Und das All gehorcht erschauernd,
wo des Blitzes Kraft es trifft.
Also regelst und verteilest
du Vernunft, Gesetz und Leben
die von feurigen Wellen getragen
alles durchströmen. In großen und kleinen
Leuchten des Himmels, in sausenden Winden,
wallenden Wogen, starrenden Steinen,
Pflanzen und Tieren, in allem, was atmet,
wirket belebend dein Blitz,
Himmelskönig, Herr des Alls.
Nichts geschieht, o Gott, auf Erden,
nichts im reinen Himmelsäther,
nichts im Meer, was du nicht wirkest,
außer den Taten der Bösen,
die sie in eigener Torheit begehen...
Einem Ganzen fügt sich alles,
Gut und Bös, es herrscht im Weltall
einzig und ewig Gesetz und Vernunft.
Dem versuchen sich die Schlechten
zu entziehn...
...löse
von des Irrtums Fluch die Menschen,
daß wir die Wahrheit erkennen,
deine Weisheit,
Vater, der du das All
lenkest mit Gerechtigkeit...

Griechenland

43. Die Allmutter Erde
Homerische Hymnen XXX

Die Erde will ich besingen, die Allmutter, die fest begründete, die älteste aller Wesen. Sie nährt alle Geschöpfe, alle, die auf der göttlichen Erde gehen, alle, die in den Meeren sich regen, und alle, die fliegen. Von ihrer Fülle leben sie alle. Dir, o Herrin, entsprießen gute Kinder und gute Ernten, du hast Gewalt, den sterblichen Menschen Leben zu geben oder zu nehmen. Glückselig ist, wen du wohlwollend ehrest. Im Überfluß wird ihm alles zuteil. Das fruchtbare Land ist mit Getreide überladen, die Wiesen bedeckt mit Vieh, das Haus ist mit allem Trefflichen versehen. In der Stadt voll rechtschaffener Frauen herrscht man nach dem Gesetz, begleitet von Reichtum und Glück. Fröhlich frohlocken die Kinder, junge Mädchen, die Hände voll Blumen, springen frohgemut über die Blüten der Felder. Erhabene Göttin, solches genießen, die dich ehren, freigebige Gottheit!

Sei gegrüßt, Mutter Erde, Gattin des gestirnten Himmels. Spende gütig zum Lohn für mein Lied herzerfreuende Nahrung. Ich aber will nun deiner und anderen Sanges gedenken.

44. Apollon, der heilende Gott
Homer, Ilias XVI, 513–531

Apollon, der Sohn des Zeus und der Leto, der Zwillingsbruder der Artemis, galt den Griechen u. a. als Gott der Heilkunde. Der folgende Text berichtet die Gebetserhörung des verwundeten Glaukos durch Apollon.

Laut nun fleht' er empor zum treffenden Phöbos Apollon:
Herrscher, vernimm; ob vielleicht du in Lykias fruchtbarem Lande
Bist, vielleicht auch in Troja: Du kannst aus jeglichem Ort ja
Hören den leidenden Mann, wie anjetzt mich Leiden umdränget!
Diese Wund' hier trag ich, die schreckliche! Ganz wird der Arm mir
Von tiefbrennenden Schmerzen gepeinigt; nicht auch zu hemmen
Ist das quellende Blut, und beschwert mir starret die Schulter.
Nicht den Speer zu halten vermag ich noch oder zu kämpfen,
Unter die Feinde gemengt, und der tapferste Mann, Sarpedon,
Starb, Zeus' Sohn! Der sogar des eigenen Kindes nicht achtet!
Hilf denn du, o Herrscher, die schreckliche Wunde mir heilend!
Schläfere ein die Schmerzen und stärke mich, daß ich die Männer
Lykiens rufend umher aufmuntere, tapfer zu streiten,
Und auch selbst um die Leiche des Abgeschiedenen kämpfe!
Also sprach er flehend; ihn hörete Phöbos Apollon.

Plötzlich stillt' er die Schmerzen und hemmt' aus der schrecklichen Wunde
Sein schwarzrinnendes Blut und haucht ihm Mut in die Seele.
Glaukos aber erkannt' es im Geist und freute sich herzlich,
Daß so schnell sein Gebet der mächtige Gott ihm gewährt.

Übersetzung: Johann Heinrich Voß, Hamburg 1793.

45. Demeter und Persephone

Der Mythos von Demeter und ihrer Tochter Persephone oder Kore, dem „Mädchen", war die Kultlegende der im Altertum berühmten Mysterien der attischen Stadt Eleusis. Der Mythos, den der Homerische Demeter-Hymnus ausführlich wiedergibt, berichtet zunächst, daß Persephone von dem Gott Hades geraubt und in sein Unterweltsreich entführt worden ist (38–50):

Es hallten nun laut die Gipfel der Berge und die Tiefen des Meeres vom Ruf der unsterblichen Stimme (der Persephone). Die göttliche Mutter vernahm ihn, und das Leid traf sie wie ein Stachel ins Herz. Von den ambrosischen Haaren riß sie mit ihren lieben Händen den Schleier. Beide Schultern umhüllte sie mit dunklem Gewand. Suchend umher eilte sie durch trockenes Land und Gewässer. Doch niemand war da unter Göttern und sterblichen Menschen, der Gewißheit ihr geben wollte. Auch von den Vögeln kam keiner mit sicherer Botschaft. Und so durchstreifte die Herrscherin neun Tage das Land, in den Händen brennende Fackeln tragend. Sie wies ambrosische Speise zurück und den lieblichen Trank des Nektars, auch senkte sie niemals den Leib in Bäder.

Auf ihrer Suche gelangt Demeter, die das Aussehen einer Greisin angenommen hat, an den Hof des Keleos, des Königs von Eleusis, dessen Sohn Demophon sie aufzieht. Schließlich gibt sie sich zu erkennen, und sie zeigt sich wieder in ihrer göttlichen Gestalt (268–272):

Ich aber bin Demeter, an Ehren reich, den sterblichen Menschen zur größten Hilfe und Freude geschaffen. Wohlan, einen großen und hohen Tempel soll euer Volk mir bauen, nahe der Stadt, auf Kallichoros Hügel.

In diesen Tempel zieht sich die trauernde Demeter zurück. Unter den Menschen aber herrscht eine Hungersnot, denn Demeter läßt das Korn nicht mehr sprießen. Erst durch den Eingriff des Zeus kommt Persephone wieder zur Erde empor. Doch hatte ihr zuvor Hades einen Granatapfel zu essen gegeben, durch den sie an ihn gebunden bleibt. Ein Drittel des Jahres muß sie weiterhin in der Unterwelt verweilen, doch in jedem Frühling kommt sie erneut zur Erde empor. Als Demeter ihre Tochter erblickte, ließ sie die Erde aufs neue grünen (480–482):

Selig ist von den Menschen auf Erden, der dies gesehen. Doch wer an den heiligen Weihen nicht teilhat, wird niemals teilhaft solchen Glückes.

Griechenland

46. *Dionysos*

Euripides, Bakchen 64–169

Das Lied ist der Einzugsgesang des Chores, der aus lydischen Frauen, dem Gefolge des Dionysos, besteht. Nach ihnen, den „Bakchen", ist die Tragödie benannt, die die Einführung des Dionysosdienstes in Theben zum Gegenstand hat.

Aus Asiens Fluren
vom heiligen Tmolos[1]
zogen wir her,
dem schwärmenden Gotte zu dienen.
Froh ist die Fron, leicht ist die Last,
als Bakche dem Gotte zu dienen.
Wer geht auf der Gasse?
Wer regt sich im Hause?
Haltet euch fern[2],
lauschet andächtig
alle dem alten hochheiligen Sange.
Dionysos tönt das Lied.
O Seligkeit,
in Frieden mit Gott
teilhaftig der Weihen
in Reinheit des Wandels
im Thiasos[3] ziehn.
Im Bergwalde schweifen,
zu sühnen die Seele
mit läuternden Bräuchen,
der großen Mutter der Götter[4]
geheime Weihen zu üben,
den Thyrsos[5] ergreifen,
mit Efeu sich kränzen,
Dionysos' Diener sein.
Auf denn, Mänaden[6],
den Schwärmer, den Gott,
Sohn Gottes, geleitet
von Phrygiens Bergen
zu Hellas' Straßen und Städten,
den Bakchos, den schwärmenden Gott.

Die Mutter trug
das göttliche Kind[7],
da krachte der Donner
des Zeus, und sie wand sich

Gottheiten

vorzeitig in Wehen
und schied aus dem Leben,
vom Blitze getroffen.
Das Knäblein barg in dem Schenkel
sogleich der himmlische Vater.
Den Schenkel verschloß er
mit goldenen Spangen,
täuschte Heras Späherblick.
Dann, als die rechte
Stunde gekommen,
gebar er den Gott,
den Stiergehörnten,
zog Schlangengewinde
dem Kind um die Schläfen.
Drum greift die Mänade sich Nattern
und läßt sie sich ringeln im Haar.

Theben, Semeles Heimat,
kränze das Haupt mit Efeu,
laß aus dem dunkelen Laube
leuchten die Beeren des Taxus,
Eichen und Tannenreiser
schmücken den bakchischen Schwärmer.
Weiße, flockige Wollenschnüre
schlingen sich über das braune Rehfell.
Wirbelnd schwingt er den heiligen Thyrsos.
Gleich geht ganz Theben zum Tanze,
der Bakchos führt sein Gefolge
hinauf ins Gebirg, ins Gebirge.
Da warten seiner die Frauen.
Vom Webstuhl weg, von der Kunkel[8]
berief sie der schwärmende Herr.

Heilige Grotte Kretas,
Stätte, da Zeus zur Welt kam,
Heimstatt frommer Kureten[9]:
Die Lorybanten[9] in hohen
Helmen haben in deinen
Schlüften die Pauke erfunden,
spannten ins Rund des Reifens das Leder,
und zu der schrillen phrygischen Flöte
klang harmonisch der Schlag der Pauke.

Griechenland

Die Göttermutter empfing sie
zum Schmucke der bakchischen Feier,
die tollenden Satyrn haben
sie sich von der Göttin erbeten,
und wenn wir am Feste sie schlagen,
so freut es den schwärmenden Herrn.

Der Herr, der uns führet, der Bakchos,
eu Hoi,
hold ist er, wenn er im Bergwald
nach rasendem Jagen und Tanzen
zur Rast auf den Boden sinkt.
Das heilige Kleid der Geweihten,
das Rehfell, deckt seine Schulter.
Beim Sturm durch den lydischen, phrygischen Wald
erhascht er ein Böcklein, um blutige Gier
am zuckenden Fleische zu letzen.

Milch entquillt, Wein entquillt dem Boden,
Nektar der Bienen.
Und Wolken arabischer Düfte
entsteigen dem Kien. Auf der Spitze
des Thyrsos trägt ihn der Schwarmgott.
Mit Hüpfen und Springen und Jubeln
entfacht er das Feuer und schüttelt
das lockenumflatterte Haupt.
Dann tönt durch das Toben der Ruf:
„Eu Hoi Eu Hoi.
Auf, ihr Mänaden!"
Auf, ihr Mänaden,
üppige Töchter des Tmolos,
Töchter der goldenen Ströme,
lasset die Pauken erdröhnen,
singet dem Gotte das Lied,
besel'gendem Gotte
beseligtes Lied.
Preist ihn mit phrygischen Rufen,
Phrygiens heilige Flöte
gebe dem Zuge der schwärmenden Pilger
melodisch den Takt.
Hinauf in den Wald!
Hinauf in den Wald!

Gottheiten

Und wie das Füllen der Stute
folgt die Mänade
jubelnd dem Zug!

[1] Gebirge in Lydien.
[2] Aufforderung an die Uneingeweihten, sich zurückzuhalten.
[3] Festzug des Gottes Dionysos.
[4] Die kleinasiatische Göttin Kybele.
[5] Mit Efeu und Weinlaub umwundener Stab.
[6] Mänaden oder Bakchen: Verehrerinnen des Dionysos oder Bakchos.
[7] Semele, die von Zeus geliebte Mutter des Dionysos, eine thebanische Königstochter.
[8] Spindel.
[9] Tanzende Jünglinge in Begleitung der kretischen Göttin Rheia bzw. der kleinasiatischen Kybele.

Übersetzung von Ulrich von Wilamowitz-Moellendorff.

47. Kritik am Polytheismus und monotheistisches Bekenntnis
Xenophanes (ca. 570–480 v. Chr.), Fragmente 11; 14–16; 23–25

Alles haben Homer und Hesiod auf die Götter geschoben,
was bei den Menschen wird als Schimpf und Schande betrachtet:
Diebstahl und Ehebruch auch und gegenseitige Täuschung.
Aber die Sterblichen glauben, die Götter würden geboren
und sie hätten Gestalt und Tracht und Sprache gleich ihnen.
Schwarz, stumpfnasig: so stellt die Götter sich vor der Äthiope;
aber blauäugig und blond malt sich der Thraker die seinen.
Hätten die Rinder und Rosse und Löwen Hände wie Menschen,
könnten sie malen wie diese und Werke der Kunst sich erschaffen,
alsdann malten die Rosse gleich Rossen, gleich Rindern die Rinder
auch die Bilder der Götter, und je nach dem eigenen Aussehen
würden die leibliche Form sie ihrer Götter gestalten.
Ein Gott ist unter den Göttern und unter den Menschen der größte,
nicht an Gestalt vergleichbar den Sterblichen noch an Gedanken,
ganz ist Auge, ganz Ohr und ganz Gedanke sein Wesen.
Immer am gleichen Ort verharrt er ohne Bewegung,
und es kommt ihm nicht zu, bald dahin, bald dorthin zu gehen.
Mühelos schwingt er das All mit seines Geistes Vermögen.

48. Der Tod des großen Pan
nach Plutarch, Rückgang der Orakel 17

Zur Zeit des Kaisers Tiberius fuhr ein Schiff von Griechenland nach Sizilien,
das in der Nähe der Inseln Paxos und Propaxos von einer Windstille überfallen

wurde. Plötzlich rief eine Stimme vom Ufer her: „Thamuz!" Dies war der Name des Steuermannes, eines Ägypters, der hierauf zunächst nichts erwiderte, aber schließlich, als er zum dritten Mal angerufen wurde, doch antwortete. Da rief eine Stimme: „Wenn du nach Palados kommst, erzähle ihnen, daß der große Pan tot ist!" Nach einigen Überlegungen beschloß Thamuz, wenn die Windstille anhielte, der Stimme zu gehorchen. Sie hielt an, und als das Schiff in der Nähe von Palados vorbeitrieb, rief er vom Schiff aus: „Der große Pan ist tot", was mit einem verworrenen Getön von Staunen und großem Wehklagen erwidert wurde. In Italien angekommen, wurde der Steuermann vor Tiberius zitiert, der merkwürdige Kunde aller Art liebte. Nach vielen Erörterungen entschieden die Gelehrten, die der Kaiser in seinem Dienst hielt, es müsse der Sohn des Hermes und der Penelope sein, und zwar gemäß der damals gültigen Theologie nicht der Gott Pan, sondern ein Dämon desselben Namens.

48a. Über Götterbilder

Maximus von Tyrus, Oratio VIII, 10

Gott, der der Vater und Schöpfer von allem ist, älter als die Sonne, älter als der Himmel, größer als Zeit und Ewigkeit und der beständige Fluß der Natur, kann nicht von irgendeinem Gesetzgeber benannt werden, kann nicht von irgendeinem Auge gesehen werden. Wir jedoch, die wir außerstande sind, sein Wesen zu erfassen, machen Gebrauch von Lauten und Namen und Bildern, von geprägtem Gold und Elfenbein und Silber, von Pflanzen und Flüssen, Bergspitzen und reißenden Strömen, wobei wir uns danach sehnen, ihn zu erkennen, und in unserer Schwäche nennen wir nach ihm alles, was schön ist in dieser Welt. Das gleiche geschieht bei jenen, die andere lieben; ihnen werden die wirklichen Gestalten ihrer Kinder der lieblichste Anblick sein, aber lieblich wird auch ihre Erinnerung sein – sie werden glücklich sein beim Anblick der Leier, eines kleinen Speeres oder vielleicht eines Stuhles oder eines Laufplatzes oder bei irgend etwas, das die Erinnerung an die Geliebten weckt. Warum sollte man beim Prüfen und Beurteilen der Bilder weiter gehen? Laßt alle Menschen wissen, was göttlich ist, laßt sie wissen, daß dies alles ist. Wenn die Griechen zum Gedenken an Gott durch die Kunst des Phidias angeregt werden oder die Ägypter durch Tierverehrung oder andere durch einen Fluß, wieder andere durch Feuer, so will ich nicht über ihre Verschiedenheit streiten. Laß sie nur erkennen, lieben und gedenken.

Frederick C. Grant, Hellenistic Religions. New York 1953, S. 168.

Julian Apostata an den Oberpriester der Provinz Asien

Wenn wir die Götterbilder betrachten, sollen wir sie nicht für Stein oder Holz halten, aber auch nicht für die Götter selbst. Auch die Kaiserbilder nennen wir nicht bloßes Holz, Stein oder Erz, aber auch nicht die Kaiser selbst, sondern Abbilder der Kaiser. Wer nun den Kaiser liebt, sieht gern das Bild des Kaisers, wer sein Kind liebt, gern das Bild des Kindes, und wer den Vater liebt, gern das Bild des Vaters. Also blickt auch, wer die Götter liebt, gern auf die Bilder der Götter von Marmor und Erz, in ehrfürchtigem Schauer vor den Göttern, die unsichtbar auf ihn hernieder sehen. Wenn aber jemand meint, sie dürften dann auch nicht zerstörbar sein, weil sie einmal Bilder der Götter heißen, scheint er mir ganz töricht. Dann müßten sie ja auch nicht von den Menschen gemacht sein. Was ein weiser und guter Mann geschaffen hat, kann ein schlechter und unverständiger zerstören. Die lebendigen Abbilder, die die Götter für ihr unsichtbares Wesen geschaffen haben, die Götter, die am Himmel kreisen, bleiben in Ewigkeit. Deshalb soll niemand an den Göttern irre werden, wenn er sieht und hört, wie einige gegen Götterbilder und Tempel gewütet haben.

Kurt Latte, Die Religion der Römer und der Synkretismus der Kaiserzeit. Religionsgeschichtliches Lesebuch 5 (Hrsg. Alfred Bertholet). Tübingen ²1927, S. 86.

G. ETRUSKER

49. Tages

Über die Erscheinung des etruskischen Gottes Tages berichtet Cicero (De divinatione II, 23). Eine knappe dichterische Fassung findet sich bei *Ovid, Metamorphosen XV, 552–559*:

Auch die Nymphen erregte das Wunder, und der Amazone
Sohn erstaunte nicht anders, wie einst der tyrrhenische Pflüger,
Welcher bemerkte, wie plötzlich inmitten des Feldes die schicksals-
Schwangere Scholle von selbst sich bewegte, von niemand gestoßen,
Wie aus der irdenen Form die Gestalt eines Menschen emporwuchs
Und mit dem Munde, der eben entstanden, die Zukunft enthüllte
– Tages nannten ihn dort die Bewohner: er lehrte als erster
Unter dem Volk der Etrusker das künftige Schicksal enthüllen.

H. GERMANEN

50. Odins Macht

Snorri Sturluson, Heimskringla: Ynglinga saga 7

Wenn Odin seine Gestalt wechseln wollte, so lag sein Körper wie schlafend und tot da, er aber selbst war dann ein Vogel oder ein Tier, ein Fisch oder eine Schlange, und er versetzte sich in einem Augenblick in ferne Länder wegen eigener oder anderer Leute Angelegenheiten. Weiter verstand er, durch Worte allein das Feuer zu löschen und die See zu beruhigen und die Winde zu drehen, wohin er wollte. Er besaß auch das Schiff namens Skidbladnir, mit dem er über große Meere fuhr, und er konnte es wie ein Tuch zusammenwickeln...

Zuweilen weckte er Tote aus der Erde auf, oder er setzte sich unter Gehenkte. Deswegen nannte man ihn Herr der Geister oder der Gehenkten. Er hatte zwei Raben, die er sprechen gelehrt hatte, die flogen weit über die Lande und berichteten ihm viele Neuigkeiten. Dadurch wurde er außerordentlich weise... Odin wußte von allen Schätzen, wo sie in der Erde versteckt waren, und er kannte die Lieder, durch die sich vor ihm die Erde öffnete und Berge und Felsen und Hügel, und mit Worten bannte er die, welche darin wohnten, und ging hinein und nahm alles, was er wollte. Durch diese Zauberkräfte wurde er sehr berühmt, und seine Feinde fürchteten sich vor ihm, aber seine Freunde vertrauten auf ihn und glaubten an seine Zauberkraft und an ihn selbst.

Franz Rolf Schröder, Die Germanen. Religionsgeschichtliches Lesebuch 12 (Hrsg. Alfred Bertholet). Tübingen ²1929, S. 2.

51. Wie Odin Runenweisheit erlangte

Edda: Hávamál 138 f., 141

Der Dichter läßt den Gott selbst berichten:

> Ich weiß, daß ich hing am windigen Baume,
> Neun ganze Nächte,
> Mit dem Speere verwundet, dem Odin geweiht,
> Ich selbst mir selbst.

> Nicht reichte man mir Speise noch Trank,
> Forschend spähte ich nieder,
> Ich nahm herauf die Runen, laut schreiend,
> Dann fiel ich herab vom Baume.

Da begann ich zu gedeihen und weise zu sein
Und zu wachsen und mich wohl zu befinden;
Wort mir vom Worte das Wort suchte,
Werk mir vom Werke das Werk.

Eugen Mogk, Germanische Mythologie. Straßburg 1907, S. 114.

52. Die Götter der Germanen in römischer Sicht

Tacitus, Germania 9

Von den Göttern verehren sie am meisten Mercur[1]; sie halten es für geboten, ihm an bestimmten Festtagen sogar Menschenopfer darzubringen. Denn Hercules[2] und Mars[3] suchen sie mit erlaubten Tieropfern günstig zu stimmen. Ein Teil der Sueben opfert auch der Isis[4]; den Anlaß und Ursprung dieses fremden Kultes konnte ich nicht in Erfahrung bringen, nur, daß schon das nach Art eines Liburnerschiffes geformte Kultbild darauf hinweist, daß dieser Kult aus der Fremde stammt. Übrigens finden sie es unvereinbar mit der Erhabenheit der Himmlischen, die Götter in Wände einzusperren und sie nach menschlichem Bild zu gestalten; sie weihen ihnen Waldlichtungen und Haine und bezeichnen mit göttlichen Namen nur jene geheime Macht, die sie allein in anbetender Ehrfurcht schauen.

---

[1] Tacitus bedient sich der Interpretatio Romana, einem von antiken Autoren sehr häufig angewandten Verfahren, fremde Gottheiten mit den Namen römischer Numina zu bezeichnen. Da Mercur als der am meisten verehrte Gott der Germanen genannt wird, kann kein Zweifel darüber bestehen, daß der südgermanische Wodan gemeint ist.
[2] Dem kraftvollen Hercules entspricht der germanische Donar als ein Gott der Stärke.
[3] Dem römischen Kriegsgott Mars entspricht der germanische Ziu.
[4] Die germanische Deutung der Isis ist unsicher; möglicherweise ist die germanische Nerthus gemeint.

I. JAPAN

53. Die Sonnengöttin Amaterasu und der Sturmgott Susa-no-o
Nihongi I, 40–45

Nach der Überlieferung des japanischen Shintō sind die Sonnengöttin Amaterasu, „die den Himmel erleuchtet", und der Sturmgott Susa-no-o die bedeutendsten Nachkommen des Urgötterpaares Izanagi und Izanami.

Danach wurde Susa-no-o Mikotos Verhalten außerordentlich grob. Auf welche Weise? Amaterusa hatte himmlische schmale und himmlische lange Reisfelder angelegt. Als die Saat im Frühjahr gesät war, riß Susa-no-o die Abtrennungen zwischen den Reisparzellen nieder, und im Herbst ließ er die himmlischen schekkigen Fohlen frei und ließ sie sich in die Mitte der Reisfelder legen. Dann, als er sah, daß Amaterasu das Fest der Erstlinge feiern wollte, schied er heimlich Exkremente im Neuen Palast aus. Mehr noch, als er sah, daß Amaterasu in ihrer heiligen Webstube war, damit beschäftigt, Gewänder für die Götter zu weben, zog er einem himmlischen Fohlen die Haut ab, brach ein Loch in die Dachziegel der Webstube und warf es hinein. Da fuhr Amaterasu empor und verwundete sich mit dem Weberschiff. Darüber empört, ging sie geradewegs in ihre himmlische Felshöhle und lebte dort, nachdem sie die Felsentüre fest geschlossen hatte, völlig zurückgezogen. Deshalb herrschte überall dauernde Finsternis, und der Wechsel von Tag und Nacht war nicht zu erkennen.

Dann trafen sich die achtzig Myriaden Götter im trockenen Bett des Himmelsflusses[1] und überlegten, auf welche Weise sie sie bitten sollten. Demgemäß brachte schließlich Omoi-kana no Kami, mit tiefer Einsicht und weitreichendem Gedanken, langsingende Vögel[2] des ewigen Landes zusammen und ließ sie gegenseitig ihren anhaltenden Ruf ausstoßen. Außerdem ließ er Ta-jikara-o neben der Felstüre stehen. Dann gruben Ame no Koyane no Mikoto[3], der Ahnherr der göttlichen Nakatomi-Häuptlinge, und der Futo-tama no Mikoto[4], der Ahnherr der Imibe-Häuptlinge, einen fünfhundertzweigigen Sakaki-Baum des himmlischen Kagu-Berges aus. In seine oberen Zweige hingen sie eine Schnur aus Yasaka-Juwelen. In die mittleren Zweige hingen sie einen achthändigen Spiegel...

Dann nahm Ama no Uzume no Mikoto[5], die Ahnin des Sarume-Häuptlings, in ihre Hand einen mit Eulalia-Gras umwundenen Speer und führte geschickt vor der Tür der himmlischen Felsenhöhle einen mimischen Tanz auf...

Da hörte Amaterasu dies, und sie sagte: „Seit ich mich in der Felsenhöhle eingeschlossen habe, muß sicher dauernde Finsternis im Land der fruchtbaren Reisfelder sein. Wie kann dann Ama no Uzume no Mikoto so vergnügt sein? Dann öffnete sie mit ihrer erlauchten Hand einen schmalen Spalt der Felsentüre und blickte verstohlen hinaus. Dann nahm Ta-jikara-o no Kami Amaterasu unverzüglich bei der Hand und führte sie hinaus. Darauf zogen die Götter Nakatomi no Kami und Imibe no Kami sofort eine Grenze mit einem am Boden gezogenen Seil und baten sie, nicht wieder zurückzugehen.

Danach sprachen die Götter Susa-no-o schuldig und auferlegten ihm eine Buße von tausend Tischen (mit Opfergaben), und so bestraften sie ihn gründlich. Sie hatten ihm auch das Haar ausgerissen und ließen ihn damit seine Schuld büßen.

---

[1] Gemeint ist die Milchstraße.
[2] Es handelt sich um Hähne.
[3] Der Ritualgott.
[4] Der Opfergott.
[5] Die Himmelstänzerin.

Wm. Theodore de Bary (Hrsg.), Sources of Japanese Tradition. New York 1958, S. 29ff.

J. ISLAM

54. „Es gibt keinen Gott außer ihm"
Koran II, 256–259

Allah, es gibt keinen Gott außer ihm, dem Lebendigen, dem Ewigen. Schlummer ergreift ihn nicht noch Schlaf. Ihm gehört all das, was in den Himmeln und auf Erden ist. Wer ist es, der Fürsprache bei ihm einlegen wird ohne seine Erlaubnis? Er weiß, was vor ihnen liegt und was hinter ihnen[1], und sie verstehen nichts von seinem Wissen, außer, was er will. Sein Thron umschließt die Himmel und die Erde; ihre Überwachung ist ihm keine Bürde. Er ist der Erhabene, der Ruhmreiche.

Kein Zwang ist im Glauben. Rechtschaffenheit ist nunmehr klar unterschieden vom Irrtum. Wer die Götzen verleugnet und an Allah glaubt, der hält sich an die stärkste Stütze, die unzerbrechliche. Allah ist der, der alles hört, der alles weiß.

Allah ist der Beschützer der Gläubigen; er führt sie aus den Finsternissen ans Licht.

Die Ungläubigen aber – ihre Beschützer sind Götzen, die sie aus dem Licht in die Finsternis führen; jene sind die, die im Feuer wohnen werden, dort verweilen sie für immer.

Islam

Koran VI, 102–103

Das ist Allah, euer Herr. Es gibt keinen Gott außer ihm, dem Schöpfer aller Dinge. So dienet ihm, denn er ist Wächter über alles.

Kein Auge kann ihn erfassen, aber er erreicht jedes Gesicht. Er ist der Scharfsinnige, der stets Kundige.

---

[1] Er kennt Vergangenheit und Zukunft der Menschen.

55. Allah, der Schöpfer und Erhalter

Koran XXVII, 61–64

Wer hat erschaffen die Himmel und die Erde und sendet euch Wasser vom Himmel herab, durch das wir herrliche Gärten sprießen lassen, deren Bäume ihr allein nicht wachsen lassen könnt? Ist da ein Gott neben Allah? Aber andere Götter setzen die Menschen ihm zur Seite!

Wer hat die Erde befestigt und mitten in sie Flüsse gesetzt und feste Berge hingestellt und die beiden Gewässer[1] voneinander getrennt? Ist da ein Gott neben Allah? Doch die meisten erkennen dies nicht.

Wer antwortet dem Bedrängten, wenn er ihn anruft und nimmt das Übel hinweg und beruft euch zu Nachfolgern auf Erden? Ist da ein Gott neben Allah? Doch wenige denken daran.

Wer führt euch im Dunkel über Land und Meer? Wer entsendet die Winde als Boten seiner Barmherzigkeit? Ist da ein Gott neben Allah? Hoch erhaben ist Allah über das, was sie ihm zugesellen.

Koran XXX, 47–49

Allah ist es, der die Winde sendet und die Wolken aufrührt; er breitet sie aus am Himmel, wie er will, und er zerreißt sie; dann siehst du den Regen aus ihrer Mitte hervorbrechen, und er trifft damit, wen immer er will, von seinen Dienern, die sich dessen freuen,

obwohl sie, bevor er ihnen herabgesandt wurde, in Verzweiflung waren.

Betrachte so die Spuren der Barmherzigkeit Allahs, der die Erde belebt, nachdem sie tot war. Er ist der Beleber der Toten, und er hat Macht über alles.

---

[1] Süßwasser und Salzwasser.

Gottheiten

56. Allah, der Erste und der Letzte, der Allwissende
Koran LVII, 1–5

Im Namen Allahs, des Erbarmers, des Barmherzigen.

Es preiset Allah, was in den Himmeln und was auf Erden ist; er ist der Allmächtige, der Allweise.

Ihm gehört das Reich der Himmel und der Erde, er macht lebendig und tötet, und er ist aller Dinge mächtig.

Er ist der Erste und der Letzte, der außen ist und innen, er hat Kenntnis von allem.

Er ist es, der die Himmel und die Erde in sechs Tagen schuf und sich dann auf dem Thron niederließ. Er weiß, was in die Erde eingeht und was dann aus ihr hervorkommt, was vom Himmel herabkommt und was zu ihm aufsteigt. Er ist mit euch, wo immer ihr sein möget, und Allah sieht die Dinge, die ihr tut.

Ihm gehört das Reich der Himmel und der Erde, und zu ihm kehren alle Dinge zurück.

Er läßt die Nacht zum Tage werden und den Tag zur Nacht, und er kennt das Innerste der menschlichen Brust.

Koran LIX, 23–25

Er ist Allah; es gibt keinen Gott außer ihm. Er kennt das Verborgene und das Sichtbare. Er ist der Erbarmer, der Barmherzige.

Er ist Allah; es gibt keinen Gott außer ihm. Er ist der König, der Heilige, der Friedfertige, der Getreue, der Beschützer, der Allmächtige, der Starke, der Hocherhabene. Ruhm sei Allah, erhaben über dem, was sie ihm zugesellen.

Er ist Allah, der Schöpfer, der Gestalter, der Bildner. Ihm geziemen die höchsten Namen. Ihn preist, was in den Himmeln und auf Erden ist; er ist der Allmächtige, der Allweise.

57. Allmacht und Allwissenheit Allahs
Koran XXXIX, 7, 9–10

7. Erschaffen hat er die Himmel und die Erde in Wahrheit. Er faltet die Nacht über den Tag und faltet den Tag über die Nacht, und er hat dienstbar gemacht die Sonne und den Mond; jedes eilt zu einem bestimmten Ziel. Ist er nicht der Mächtige, der Vergebende?
9. Wenn ihr undankbar seid, siehe, so bedarf Allah euer nicht, und er findet nicht Wohlgefallen am Unglauben seiner Diener, doch, wenn ihr ihm danket,

so findet er Gefallen an euch. Und keine beladene Seele soll die Last einer anderen tragen. Alsdann ist zu eurem Herrn eure Heimkehr, und verkünden wird er euch euer Tun.
10. Siehe, er kennt das Innerste der Brüste.

Koran L, 6–11, 14–15

6. Sehen sie denn nicht zum Himmel über ihnen empor, wie wir ihn erbauten und schmückten, und wie er keine Risse hat?
7. Und die Erde, wir breiteten sie aus und warfen in sie die festgegründeten Berge und ließen auf ihr sprießen von jeglicher schönen Art,
8. Zur Einsicht und Ermahnung für jeden reuig sich bekehrenden Diener.
9. Und wir senden vom Himmel gesegnetes Wasser herab und lassen durch dasselbe Gärten sprießen und das Korn der Ernte,
10. Und hohe Palmen mit dicht besetzten Fruchtscheiden,
11. Als eine Vorsorgung für die Diener. Und machen mit ihm ein totes Land lebendig; also wird die Auferstehung sein.
14. Sind wir denn durch die erste Schöpfung ermattet?
Doch sie sind in Unklarheit über eine neue Schöpfung.
15. Und wahrlich, wir schufen den Menschen, und wir wissen, was ihm seine Seele einflüstert, denn wir sind ihm näher als die Halsader.

Übersetzung von Max Henning, Der Koran. Leipzig 1901, S. 450f., 508f.; vgl. zu diesen und weiteren Koranstellen auch die Neuausgabe der Übersetzung von Max Henning mit Einleitung und Anmerkungen von Annemarie Schimmel. Stuttgart 1960.

ZWEITES KAPITEL

Schöpfung und Urzeit

A. WELTSCHÖPFUNG

58. Das Denkmal memphitischer Theologie

Das Denkmal memphitischer Theologie ist ein aus der Zeit des Äthiopenkönigs Schabaka (716–701 v. Chr.) überlieferter, aber auf weitaus ältere Vorlagen zurückgehender altägyptischer Text. Er preist Ptah, den Hauptgott von Memphis, der Residenz des Alten Reiches, als alleinigen Schöpfer, der die Welt auf rein geistige Weise mit Hilfe des Herzens als Sitz der Erkenntnis und der Zunge als Prinzip des Willens und des befehlenden Ausspruchs geschaffen habe. Die wesentlichen Aussagen hierüber sind die folgenden:

Die Götterneunheit[1] aber ist (entstand in Wirklichkeit durch) die Zähne und Lippen in diesem (des Gottes Ptah) Munde, aus dem Schu und Tefnut[2] hervorgegangen sind, der die Götterneunheit geschaffen hat. Auf diese Weise wurden alle Götter geschaffen und wurde seine Götterneunheit vollständig gemacht. Es entstand ja jedes Gotteswort aus dem, was das Herz erdachte und die Zunge befahl... So werden alle Arbeiten verrichtet und alle Handwerke, das Schaffen der Hände, das Gehen der Füße und die Bewegung aller anderen Glieder, nach diesem Befehl, der vom Herzen erdacht worden ist und aus der Zunge hervorkam, der das Wesen von allem ausmacht...

Und so war Ptah zufrieden, nachdem er alle Dinge und alle Gottesworte geschaffen hatte.

---

[1] Eine systematische Zusammenfassung der polytheistischen Götter Ägyptens.
[2] „Leere" (Luft) und „Feuchtigkeit" als Urprinzipien.

Hermann Junker, Pyramidenzeit. Das Wesen der altägyptischen Religion. Einsiedeln 1949, S. 23f.
Copyright © by Benziger Verlag Zürich–Köln 1949.

59. Die Weltschöpfung aus dem Chaos
Ovid, Metamorphosen I, 5–88

Ehe das Meer und die Erde bestand und der Himmel, der alles
Deckt, da besaß die Natur im All nur ein einziges Antlitz,
Chaos genannt, eine rohe und ungegliederte Masse,

Weltschöpfung

Nichts als träges Gewicht, und geballt am nämlichen Orte
Disharmonierende Samen nur lose vereinigter Dinge.
Titan gab es noch nicht, die Welt mit Licht zu erhellen,
Phoebe[1] bewirkte noch nicht, daß die Sichel des Mondes sich dehnte,
Noch nicht schwebte die Erde in Lüften, die rings sich ergossen,
Hängend im eigenen, gleichen Gewichte; nicht streckte die Arme
Amphitriste[2] am weit sich dehnenden Saume der Länder.
Zwar war Erde daselbst vorhanden und Meer und auch Lufthauch,
Aber die Erde gewährte nicht Stand, das Wasser kein Schwimmen,
Lichtlos waren die Lüfte. Es schwankten die Formen der Dinge,
Eines hemmte das andere, in ein und dem nämlichen Körper
Kämpften das Kalte und Warme, es rangen das Trockne und Feuchte,
Weiches stritt mit Hartem, was ohne Gewicht mit dem Schweren.

Aber es gab eine Schlichtung des Streites: Ein Gott, eine bessre
Kraft der Natur, schied Himmel und Erde und Erde und Wasser,
Und er trennte den heiteren Himmel vom dickeren Luftdunst.
Als er nun alles entwirrt, aus der finsteren Masse entnommen,
Band er das örtlich Getrennte zusammen in friedlicher Eintracht;
Und so schnellte die leichte, die feurige Kraft des gewölbten
Himmels empor und gewann sich den Platz in der obersten Höhe.
Ihr zunächst ist die Luft an Leichtigkeit wie auch im Raume;
Dichter als sie ist die Erde, die größere Stoffe herbeizog,
Durch ihre Schwere zusammengepreßt; die umfließende Feuchte
Nahm den Rand in Besitz und umschloß den festeren Erdkreis.

Als so der Gott, wer immer er war, die Materie geordnet,
So sie zerteilt und die Teile zu wirklichen Gliedern gestaltet,
Ballte er gleich zu Beginn die Erde, damit sie auf jeder
Seite sich gänzlich gleiche, zur Form einer riesigen Kugel.
Alsdann ließ er die Meere sich breiten; in reißenden Stürmen
Sollten sie schwellen und rings die Gestade der Erde umgürten.
Quellen gesellte er bei, unermeßliche Teiche und Seen;
Mit sich krümmenden Ufern umzog er die Flüsse, die hierhin
Abwärts rinnen und dorthin; die einen verschwinden im Boden,
Andere gelangen ins Meer: in freierem Laufe durchströmen
Sie die Ebne, statt Ufer umzieht sie Küstengelände.
Felder ließ er sich dehnen und Täler hernieder sich senken,
Wälder sich decken mit Laub und steinige Berge sich heben.

Und wie den Himmel zwei Zonen zur Rechten und ebenso viele
Links durchschneiden – die fünfte jedoch ist heißer als alle –,

Schöpfung und Urzeit

So zerteilte der sorgliche Gott die umschlossene Kugel
Nach den nämlichen Zahlen: es decken fünf Zonen die Erde.
Wo sich die mittlere dehnt, da verwehrt es die Hitze zu wohnen;
Zwei deckt tiefer Schnee; zwei hat er dazwischengeschoben
Und ihnen Milde verliehen; mit Kälte vermischte er Wärme.
Luft ist darüber gebreitet; so viel ist sie schwerer als Feuer,
Als des Wassers Gewicht nachsteht dem Gewichte der Erde.
Nebel ließ er daselbst, dort ließ er Wolken sich sammeln,
Auch die Donner, die Wetterleuchten erzeugen und Blitze.

Doch auch den Winden verwehrte der Weltenschöpfer zu hausen,
Wo in den Lüften sie wollten; noch jetzt ist es schwer, sie zu zähmen,
Wenn sie auch, jeder für sich, in den eigenen Zonen sich tummeln,
Daß sie die Welt nicht zerreißen: so groß ist die Zwietracht der Brüder.
Eurus[3] wich zu Aurora[4] zurück, nach dem Reich Nabataea
Und nach Persien, hinweg zu den Höhen, die im Morgenglanz leuchten;
Doch die Gestade, die milde durchsonnt sind von den Strahlen des Abends,
Liegen dem Zephyr[5] am nächsten; ins Land der Skythen, gen Norden,
Brauste der schaurige Boreas[6]; aber das Land gegenüber
Wird vom Auster[7] mit Regen und dauernden Wolken durchfeuchtet.
Über das alles legt' er den flüssigen Äther, der jeder
Schwere ermangelt und frei ist von jeglichem irdischen Unrat.

Kaum hat er alles durch feste Begrenzung umhegt und geschieden,
Als die Gestirne, die lang in der Masse gepreßt und verborgen
Waren, allüberall am Himmel jetzt zu leuchten begannen.
Auf daß keine der Zonen der lebenden Wesen ermangle,
Sollten die Sterne, Gestalten von Götter, den Himmel bevölkern.
Glänzenden Fischen gewähren die Wasser die Wohnung, die Erde
Bot den Tieren das Heim, die beweglichen Lüfte den Vögeln.
Aber ein reineres Wesen, Gefäß eines höheren Geistes,
Über die anderen zu herrschen befähigt, es fehlte noch immer.

Und es entstand der Mensch, sei's, daß ihn aus göttlichen Samen
Jener Meister erschuf, der Gestalter der besseren Weltform,
Sei's, daß die Erde, die jugendfrische, erst kürzlich vom hohen
Äther geschieden, die Samen, die himmelsverwandte, bewahrte.
Denn sie mischte des Iapetus[8] Sohn mit dem Wasser des Regens,
Formte sie dann nach dem Bild der alles regierenden Götter.
Während die anderen Wesen gebückt zur Erde sich neigen,
Ließ er den Menschen das Haupt hoch tragen: er sollte den Himmel
Sehen und aufgerichtet den Blick nach den Sternen erheben.

Weltschöpfung

Also ward nun die Erde verwandelt: soeben noch formlos
Roh, ward sie jetzo geschmückt mit den Menschengestalten, den neuen.

---

[1] „Die Helle"; Titanin.
[2] Gattin des Meeresgottes Poseidon.
[3] Südostwind.
[4] Göttin der Morgenröte.
[5] Westwind.
[6] Nordwind.
[7] Südwind.
[8] Titan, Vater des Prometheus und des Atlas.

Nach der Übersetzung von Hermann Breitenbach. Zürich 1958, ²1964.

60. Die Kosmogonie des Kalevala

Das Kalevala ist das von Elias Lönnrot, einem Arzt und Volkskundler, nach alten finnischen und karelischen Liedern zusammengestellte und in endgültiger Fassung 1849 veröffentlichte finnische Nationalepos. Es berichtet im ersten Gesang von der Entstehung der Welt und vom Werden Väinämöinens, der im Epos zentralen Gestalt eines Kulturheros.

So hab ich es sagen hören, so den Sang einst selbst erfahren:
Einsam nahen uns die Nächte, einsam dämmern auf die Tage,
Einsam wurde Väinämöinen, einsam ward der Urzeitsänger
Aus dem Wesen, das ihn austrug, Ilmatar, der teuren Mutter.
Jungfrau war der Lüfte Tochter, dieses schöne Schöpfungswesen,
Lange lebte sie in Reinheit, allezeit in Unberührtheit
In dem langen Luftgehöfte, auf den ebnen Luftgefilden.
Leidig ward sie ihres Lebens, ihres Daseins überdrüssig,
Immer einsam nur zu weilen, jungfräulich dahinzuleben
In dem langen Luftgehöfte, in der unermeßnen Öde.

Sieh, da steigt sie schon hernieder, senkt sich auf die Wasserwogen,
Auf den offnen Meeresrücken, auf die weite Wasserfläche;
Plötzlich kam ein wilder Windstoß, aus dem Osten böses Wetter,
Hob sie auf die Meeresbrandung, warf sie auf die wilden Wogen.
Wind trieb hin, und her die Jungfrau, Meereswoge wiegt' das Mädchen
Auf dem blauen offnen Wasser, auf den weißgekrönten Wellen
Schwanger wehte sie der Windstoß, schwellen ließ den Leib die Woge.
Ihres Schoßes Schwere schleppt sie, ihres Bauches volle Bürde,
Siebenhundert lange Jahre, über neun der Mannesalter,
Und es kommt nicht zum Gebären, zeigt sich nicht das Ungezeugte.
Wassermutter war das Mädchen, schwamm im Osten, schwamm im Westen,
Schwamm im Nordwest, auch im Süden, schwamm an alle Himmelsränder
In der Pein der Feuerwehen, in dem schlimmen Schmerz des Schoßes,
Und es kommt nicht zum Gebären, zeigt sich nicht das Ungezeugte.

Schöpfung und Urzeit

Da begann sie leis zu weinen, sagte so, sprach solche Worte:
„Ach ich Arme all mein Lebtag, Dauernswerte all mein Dasein,
Schon ist dieses mir beschieden: Ewig unter freiem Himmel,
Hin und her gewiegt vom Winde, von den Wogen auch geworfen
Auf den unbegrenzten Fluten, auf der weiten Wasserfläche.
Besser wär es mir gewesen, lebt' ich als der Lüfte Jungfrau,
Statt daß ich zu dieser Stunde mich als Wassermutter wälze:
Bitter kalt ists hier zu bleiben, traurig ist es, hier zu treiben,
Auf den Wogen hier zu wohnen, mich im Wasser zu bewegen.

Ukko du[1], o Herr der Höhe, der du trägst den ganzen Luftraum,
Komm herbei, weil ich dich brauche, komm herbei, weil ich dich rufe,
Lös das Mädchen aus der Marter, lös das Weib aus Leibeswehen,
Mach nur schnell und lauf geschwinde, schneller noch bedarf ich deiner!"
Wenig Zeit nur war verstrichen, eine kleine Frist verflossen,
Da kam eine Taucherente, schwang sich her im schnellen Fluge,
Sich fürs Nest die Stelle suchend, einen Ort zur Wohnstatt wählend.
Flog nach Osten, flog nach Westen, flog nach Nordwest, auch nach Süden,
Konnte keine Stelle finden, nicht die allerschlimmste Stätte,
Um ihr Nest dort einzurichten, ihren Aufenthalt zu nehmen.
Langsam schwebt sie, weithin schweifend, überdenkt und überlegt es:
„Bau ich in den Wind die Wohnung, auf den Wogen meine Wohnstatt,
Wird der Wind das Haus zerstören, wird die Welle es entführen."
Da erhob die Wassermutter, Wassermutter, Maid der Lüfte,
Schon ihr Knie aus Meereswogen, ihre Schulter aus der Welle
Als ein Nistort für die Ente, als ein sehr erwünschter Wohnplatz.
Dieser schöne Entenvogel schwebt nun langsam, weithin schweifend,
Merkt das Knie der Wassermutter auf dem blauen offenen Wasser,
Hält's für einen Gräserhügel, eine frische Rasenbülte.

Er fliegt langsam, gleitet leise, auf das Knie läßt er sich sinken,
Darauf baut er seinen Brutplatz, legt dort seine goldenen Eier,
Legt sechs Eier ganz vom Golde, doch das siebte ist aus Eisen.
Fängt die Eier an zu brüten, Kniees Wölbung zu erwärmen;
Brütet einen Tag, den anderen, brütet auch am dritten Tage;
Schon verspürt die Wassermutter, Wassermutter, Maid der Lüfte,
Eine große Glut entstehen, spürt die Haut sich stark erhitzen,
Fühlt ihr Knie schon fast verbrennen, alle ihre Adern schmelzen.
Jäh ließ sie ihr Knie erzittern, schüttelte sogleich die Glieder;
In die Flut entflohn die Eier, rollten in des Meeres Wogen,
Es zerbrachen alle Eier, splitterten in viele Stücke.
Nicht verschlingt der Schlick die Eier, nicht verschluckt die See die Stücke,

Weltschöpfung

Sie verwandeln sich zum Guten, schön gestaltet alle Stücke:
Aus des Eies untrer Hälfte wird die Mutter Erde unten,
Aus des Eies obrer Hälfte wird der hohe Himmel oben;
Aus dem obren Teil des Gelbeis wird die Sonne weithin strahlend,
Aus dem obren Teil des Weißeis wird der Mond mit mildem Glanze;
Was gesprenkelt in dem Ei ist, wird zu Sternen hoch am Himmel,
Das, was dunkel in dem Ei ist, wird zu Wolken in den Lüften.

Weiter ziehn dahin die Zeiten, immer fort und fort die Jahre
Bei dem Glanz der neuen Sonne, bei dem Schein des neuen Mondes.
Immer treibt die Wassermutter, Wassermutter, Maid der Lüfte,
Auf dem wogenlosen Wasser, auf den dunstumwobenen Wellen,
Vor sich nur des Wassers Feuchte, hinter sich den klaren Himmel.
Endlich nun im neunten Jahre, zu der Zeit des zehnten Sommers
Hob ihr Haupt sie aus dem Meere, reckte sie empor die Stirne,
Fing nun an, die Frucht zu werfen, die empfangene zu gebären
Auf dem offnen Meeresrücken, auf der weiten Wogenfläche.
Wo sie nur die Hand hinwandte, da erschuf sie Landvorsprünge;
Wo ihr Fuß den Grund berührte, grub sie Laichgrund für die Fische;
Wo sie Blasen treibend tauchte, mehrte sie des Meeres Tiefe.
Seitlings streift' sie an das Ufer, da entstehen glatte Strände;
Stieß ans Ufer mit den Füßen – da entstehen Lachsfangstellen;
Kehrte Kopf voran sich landwärts – da entstanden breite Buchten.
Sie entfernte sich vom Lande, machte Halt auf freiem Meere,
Schären schuf sie aus dem Wasser, richtet' auf verborgne Riffe,
Daß das Schiff daran zerschelle, daß der Seemann dort versinke.

Schon geschaffen sind die Inseln, aufgereiht im Meer die Riffe,
Aufgestellt die Himmelstützen, Feld und Flur durch Wort entstanden,
Striche eingeritzt in Steine, Furchen in den Fels gezogen;
Noch entsteht nicht Väinämöinen, zeigt sich nicht der Urzeitsänger.
Väinämöinen alt und wahrhaft lebte in dem Mutterleibe
Dreißig ganze, lange Sommer, eine gleiche Zeit von Wintern
Auf dem wogenlosen Wasser, auf den dunstumwobenen Wellen.
Er bedenkt und überlegt es, wie zu sein und wie zu leben
In dem finsteren Verstecke, in der allzu engen Hausung,
Wo er nie das Mondlicht wahrnahm, nie die Sonne sehen konnte.
Darauf sprach er diese Worte, sagte sie in diesem Satze:
„Lös mich, Mond, entlaß mich, Sonne, weis den Mann, o Himmelswagen,
Fort von diesen fremden Türen, von den unbekannten Pforten,
Hier aus dieser kleinen Kammer, aus dem engen Wohngemache!
Bring den Wanderer auf die Erde, an das Licht das Kind der Menschen,

Daß es merkt den Mond am Himmel, staunend sieht das Licht der Sonne,
Wahrnimmt auch den Großen Wagen, schaut hinauf zur Schar der Sterne."
Als der Mond ihn nicht erlöste, ihn die Sonne nicht befreite,
Trübten sich ihm seine Tage, ward sein Leben ihm verleidet.
Fort rückt er das Tor der Festung mit dem namenlosen Finger,
Schiebt zurück das Schloß aus Knochen mit der linken großen Zehe,
Kriecht zur Schwelle auf den Krallen, kommt auf Knien durch die Türe.

In die See stürzt er kopfüber, faßt mit Fingern in die Wogen;
So bleibt nun der Mann dem Meere, ist den Wogen ausgeliefert.
Darin schwamm er dann fünf Jahre, wohl fünf Jahre, ja, ein sechstes,
Sieben Jahre, auch ein achtes, hielt er auf der offnen See dann inne
An dem namenlosen Vorsprung, an dem baumentblößten Lande.
Er erklomm das Land auf Knien, schwang sich hoch mit beiden Händen
Stand dann auf, den Mond zu schauen, staunend anzusehn die Sonne,
Wahrzunehmen auch den Wagen, aufzuschaun zur Schar der Sterne.
Das war Väinämöinens Ursprung, des beherzten Sängers Herkunft
von dem Wesen, das ihn austrug, Ilmatar, der teuren Mutter.

[1] Der „alte Mann", Donnergott, Herr des Himmels und Nothelfer der Menschen.

Kalevala (aus dem finnischen Urtext übertragen von Lore und Hans Fromm). München 1979, S. 6–9.

61. Der Schöpfungsbericht des Popol Vuh

Das Popol Vuh ist das heilige Buch des Quiché-Stammes der Maya. Auf Grund der alten indianischen Überlieferungen wurde der Text in der Maya-Quiché-Sprache im 16. Jahrhundert mittels des lateinischen Alphabets niedergeschrieben. „Popol Vuh" bedeutet „Buch der Matte"; der Begriff „Matte" ist hier, wie auch in der aztekischen Sprache des alten Mexiko, eine Umschreibung für „Herrschaft". Das Popol Vuh beginnt mit der Schöpfung der Welt; es enthält im weiteren einen Bericht über die Frühgeschichte des Quiché-Stammes der Maya.

Dies ist der Bericht: Alles schwebte in Schweigen, alles war in tiefer Ruhe, bewegungslos und still, und leer war der Himmel.

Und dies ist die erste Kunde, die erste Aussage: Es gab noch keinen Menschen, kein Tier; es gab nicht Vogel, Fisch, Krebs, Baum, Stein, Höhle, Schlucht, Gras oder Wald. Einzig und allein der Himmel war da.

Noch war das Antlitz der Erde nicht zu sehen. Nur das Meer staute sich, und der Himmel war da.

Nichts war miteinander verbunden. Es gab keinen Laut, keine Bewegung unter dem Himmel. Nichts stand aufrecht. Nur das Wasser staute sich, nur das Meer verharrte in Ruhe. Sonst war nichts.

Nur Bewegungslosigkeit und Schweigen in Finsternis und Nacht.

Weltschöpfung

Einzig und allein der Schöpfer, der Former, der Mächtige und Kukumatz[1], die erzeugen, die hervorbringen, waren über dem unendlichen Wasser, eingehüllt in grüne und blaue Federn; darum sagt man „grüne Federschlange". Große Weisheit, große Kunde ist ihr Wesen.

Ebenso war wahrhaftig der Himmel da, das „Herz des Himmels"[2] war da: das ist der Gottesname.

Und dessen Wort kam zum Mächtigen und zu Kukumatz in die Finsternis, in die Nacht und sprach mit dem Mächtigen und Kukumatz. Und sie sprachen, berieten, dachten nach; sie vereinigten ihre Worte, ihren Beschluß.

Da tauchte das uranfängliche Licht, da tauchte auch der Mensch in ihren Plänen auf.

Da überdachten sie das Aufsprießen, das Werden des Waldes und der Schlinggewächse, die Menschwerdung in Finsternis und Nacht, nach seinem Willen, dem Willen des Herzens des Himmels, dessen Name Hurakan ist[3].

Der Blitz ist das erste Zeichen des Hurakan, ein Blitzstrahl das zweite, das dritte der Donnerschlag. Und diese drei sind das Herz des Himmels.

Und es kamen zusammen der Mächtige und Kukumatz, und sie dachten nach über Licht und Leben, wie gesät werden und wie es Licht werden sollte, und wer alles betreuen werde.

„Es geschehe! Dieses Wasser weiche und schaffe Platz. Es entstehe die Erde, sie ebne sich. Möge gesät werden. Hell werden möge der Himmel über der Erde. Aber es gibt keinen Ruhm, keinen Glanz für unsere Schöpfung, bevor nicht Menschen gestaltet, Menschen erschaffen werden." So sprachen sie.

So sprachen sie, und auf ihr Geheiß entstand die Erde. Ja wahrhaftig, sie trat ins Dasein. „Erde", sprachen sie, und augenblicklich entstand sie.

Wie eine Wolke, wie Nebel war sie bei ihrer Entstehung, zu Beginn ihres stofflichen Daseins. Dann hörte man die Berge aus den Gewässern kommen; alsbald bildeten sich große Gebirge.

Nur Wunderkraft verwirklichte ihre Gedanken, daß Berge und Täler sogleich entstanden und auf ihnen Zypressenhaine und Kiefernwälder.

Darauf war Kukumatz voll Freude: „Gut war es, daß du herabkamst, Herz des Himmels, Blitzstrahl, Donnerschlag!"

„Gut wird sein unser Bau, unsere Schöpfung", so sagten sie.

---

[1] Der Name Kukumatz bedeutet „grüne Federschlange". Beziehungen zu dem aztekischen Gott Quetzalcoatl, dessen Name ebenfalls „grüne Federschlange" bedeutet, sind wahrscheinlich. – Es ist fraglich, ob im Text verschiedene selbständige Schöpfergottheiten oder nur ehrende Beinamen eines Schöpfers gemeint sind. Da das letztere wahrscheinlich ist, wurde „der Mächtige" übersetzt, obwohl grammatisch ein Femininum vorliegt.
[2] „Herz des Himmels" (Maya: *u gux cah*) ist häufige Bezeichnung des obersten Himmelsgottes.
[3] Hurakan bedeutet wörtlich „Einbein". Eine Verwandtschaft mit dem Wort „Orkan" ist wahrscheinlich.

Leonhard Schultze Jena, Popol Vuh. Das heilige Buch der Quiché-Indianer von Guatemala. Stuttgart und Berlin 1944, S. 4ff. – H. B. Alexander, Latin-American Mythology. Boston 1920, S. 160ff.

62. Schöpfung durch Denken
Bericht eines Winnebago-Indianers aus Wisconsin, überliefert durch Paul Radin

Als unser Vater zum Bewußtsein kam, bewegte er seinen rechten Arm und dann seinen linken Arm, sein rechtes Bein und dann sein linkes Bein. Er begann darüber nachzudenken, was er tun sollte, und schließlich fing er an zu weinen, und Tränen flossen aus seinen Augen und fielen unter ihn. Nach einer Weile schaute er unter sich und sah etwas Glänzendes. Die glänzenden Gegenstände waren seine Tränen, die hinabgeflossen waren, und sie bildeten die gegenwärtigen Gewässer... Der Erdenbildner begann aufs neue nachzudenken. Er dachte: „Es ist so; wenn ich irgend etwas wünsche, wird es so werden, wie ich es wünsche, genau wie meine Tränen zu Seen geworden sind." Dies überdachte er. So wünschte er das Licht, und es wurde Licht. Dann dachte er: „Es ist, wie ich vermutet hatte; die Dinge, die ich gewünscht habe, sind so, wie ich es begehrte, ins Dasein getreten." Dann dachte er wiederum nach und wünschte sich die Erde, und die Erde entstand. Der Erdenbildner schaute auf die Erde, und sie gefiel ihm, aber sie war nicht ruhig... (Nachdem die Erde ruhig geworden war) dachte er darüber nach, wie die Dinge, gerade so, wie er es wünschte, ins Dasein kamen. Dann begann er zum ersten Mal zu sprechen. Er sagte: „Da die Dinge genau so sind, wie ich es wünsche, werde ich ein Wesen machen, das mir gleich ist." So nahm er ein Stück Erde und machte es, wie er war. Dann sprach er zu dem, was er geschaffen hatte, aber es antwortete nicht. Er betrachtete es und sah, daß es weder Verstand noch Gedanken hatte. So machte er ihm den Verstand. Wieder sprach er zu ihm, aber es antwortete nicht. Er betrachtete es wiederum und sah, daß es keine Zunge hatte. Dann sprach er wieder zu ihm, aber es antwortete nicht. Also betrachtete er es wiederum und sah, daß es keine Seele hatte. Also machte er ihm eine Seele. Er sprach wieder zu ihm, und es sagte annähernd irgend etwas. Aber es machte sich nicht verständlich. Da hauchte der Erdenbildner in seinen Mund und sprach zu ihm, und es antwortete.

Paul Radin, The Winnebago Indians, in: Thirty-seventh Annual Report, Bureau of American Ethnology. Washington, D. C. 1923, S. 212f.

63. Omaha-Kosmogonie
Bericht eines Omaha-Indianers

Im Anfang waren alle Dinge im Geist (des Gottes) Wakonda. Alle Geschöpfe, einschließlich des Menschen, waren Geistwesen. Sie bewegten sich im Raum zwischen der Erde und den Sternen. Sie suchten einen Platz, an dem sie körperliche Gestalt annehmen könnten. Sie stiegen hinauf zur Sonne, aber die Sonne war nicht geeignet für ihren Aufenthalt. Sie bewegten sich zum Mond und fan-

Weltschöpfung

den, daß auch er nicht gut war für ihr Zuhause. Dann stiegen sie zur Erde herab. Sie sahen, daß sie mit Wasser bedeckt war. Sie schwebten durch die Luft nach Norden, Osten, Süden und Westen und fanden kein trockenes Land. Sie waren äußerst betrübt. Plötzlich erhob sich aus der Mitte des Wassers ein großer Felsen. Er brach in Flammen aus, und die Wasser schwebten als Wolken in die Luft. Es erschien trockenes Land, Gras und Bäume wuchsen. Die Scharen der Geister stiegen hinab und wurden Fleisch und Blut. Sie ernährten sich von den Körnern der Gräser und den Früchten der Bäume, und das Land erzitterte durch ihre Äußerungen von Freude und Dank gegenüber Wakonda, dem Schöpfer aller Dinge.

Fletscher – La Flesche, The Omaha Tribe. In: Twenty-seventh Annual Report. Bureau of American Ethnology. Washington, D.C. 1911, S. 570f.

64. Der Schöpfungsbericht der Uitoto Südamerikas

Ein Wahngebilde, nichts anderes war vorhanden; ein Truggebilde berührte der Vater, etwas Geheimnisvolles ergriff er. Nichts war vorhanden. Vermittelst eines Traumes hielt es Vater *Nainuema*, „der, der ein Truggebilde hat", an sich und dachte nach.

Kein Stab war vorhanden, um es zu halten: an einem Traumfaden hielt er den Trug mit seinem Hauche. Er prüfte, wo der Grund des leeren Trugbildes sei. Es war aber nichts da: „Leeres knüpfe ich an." Nichts war dabei vorhanden.

Jetzt suchte der Vater weiter, prüfte den Grund dieses Dinges und tastete nach dem leeren Scheinsitz. Am Traumfaden knüpfte der Vater das Leere an und drückte den Zauberklebstoff fest darauf. Seinem Traume gemäß hielt er es mit dem Zaubermittel wie eine Baumwollflocke.

Den Truggrund nahm er in Besitz und stampfte ihn wiederholt. Darauf ließ er sich auf der erträumten Erde nieder und trat sie fest.

Die Trugerde hatte er im Besitz. Da spuckte er wiederholt den Speichel aus dem Munde aus, damit der Wald wachse. Darauf ließ er sich auf der Erde nieder und setzte dieses Himmelsdach darüber. Er nahm von der Erde den blauen und den weißen Himmel und setzte sie darüber.

Konrad Theodor Preuss, Religion und Mythologie der Uitoto. Bd. 1. Göttingen 1921, S. 166f.

65. Io und die Kosmogonie der Maori

Io, das Höchste Wesen der Maori Neuseelands, wird als ewig und allwissend angesehen, als Schöpfer der Welt, der Götter und Menschen. Wie der folgende Text zeigt, wird der kosmogonische Mythos von den Maori auch als Vorlage für Rituale benutzt, die in ihrem Verständnis einer Schöpfung im weiteren Sinne dienen.

Io wohnte im unermeßlichen Luftraum.
Das All war in Dunkelheit, überall Wasser.
Da war kein Schimmer einer Dämmerung, nichts deutlich, kein Licht.
Und er begann, diese Worte zu sagen:
„Dunkelheit, werde erleuchtet."
Und sogleich erschien das Licht.
Dann wiederholte er ebendasselbe in dieser Weise:
„Licht, erhalte Dunkelheit."
Und sofort kam eine tiefe Dunkelheit dazu.
Dann sprach er ein drittes Mal:
„Laßt dort oben eine Dunkelheit sein,
Laßt dort unten eine Dunkelheit sein.
Laßt dort oben ein Licht sein,
Laßt dort unten ein Licht sein,
Eine Herrschaft des Lichtes,
Ein glänzendes Licht."
Und jetzt gewann ein großes Licht die Oberhand.
Dann sah er auf die Wasser um ihn herum,
Und er sprach ein viertes Mal, er sagte:
„Ihr Wasser von Tai-kama, seid getrennt.
Himmel, sei gebildet." Dann wurde der Himmel aufgehängt.
„Komm hervor, du Tupua-horo-nuku."
Und sogleich lag die Erde ausgestreckt da.

Diese Worte wurden den Herzen unserer Vorfahren eingeprägt und von ihnen den späteren Geschlechtern übermittelt. Unser Priester weist mit Freude auf sie:
Die alten und ursprünglichen Sprüche.
Die alten und ursprünglichen Worte.
Die alte und ursprüngliche Schöpfungsweisheit,
Die das Wachstum aus den Leeren bewirkte,
Der Leere des grenzenlosen Raumes,
Wie es beweisen die Gezeiten,
Der ausgebreitete Himmel,
Die Leben gebende, ausgebreitete Erde.

Und jetzt, meine Freunde, gibt es drei sehr wichtige Verwendungen dieser ursprünglichen Sprüche in unseren sakralen Ritualen. Die erste betrifft das Ritual für das Einpflanzen eines Kindes in einen (bislang) unfruchtbaren Schoß.

Die nächste betrifft das Ritual zur Erleuchtung von Körper und Geist. Die dritte und letzte findet sich in den feierlichen Ritualen des Todes, des Krieges, der Taufe und in Rezitationen, die Stammbäume und wichtige Gegenstände betreffen.

Weltschöpfung

Die Worte, mit denen Io die Welt schuf, werden im Ritual für das Einpflanzen eines Kindes in einen unfruchtbaren Schoß verwendet. Die Worte, durch die Io das Licht in der Dunkelheit scheinen ließ, werden in Ritualen verwendet, die ein schwermütiges und verzweifeltes Herz ermuntern sollen oder einen schwachen, hinfälligen Alten, außerdem um Licht in verborgene Orte und Angelegenheiten zu bringen, zur Anregung für das Ersinnen von Gesängen und in vielen anderen Angelegenheiten, die die Menschen in Zeiten widriger Kriege verzweifeln lassen könnten. In jedem Fall enthält das Ritual zur Erleuchtung und Ermunterung die Worte, die Io sprach, um die Dunkelheit zu überwinden und zu vertreiben. Drittens gibt es ein Vorbeugungsritual, das dem geregelten Ablauf des Naturgeschehens und der Erhaltung des Menschen dient.

Hare Hongi, A Maori Cosmogony. In: Journal of the Polynesian Society 16 (1907) S. 113f.

66. Polynesische Theogonie und Kosmogonie (Gesellschaftsinseln)

Ta'aroa ist das Höchste Wesen, der unerschaffene Schöpfer des Universums. Er kam aus einer Muschel hervor, die später zur Welt wurde.

Ta'aroa war der Ahnherr aller Götter; er schuf alles. Seit urdenklichen Zeiten existierte der große Ta'aroa. Ta'aroa entfaltete sich selbst in völliger Einsamkeit; er war seine eigenen Eltern, da er weder Vater noch Mutter hatte...
  Ta'aroa saß in seiner Muschel in Dunkelheit, seit ewigen Zeiten. Die Muschel war wie ein Ei, das kreiste im endlosen Raum, ohne Himmel, Land, See, Mond, Sonne oder Sterne. Alles war Dunkelheit, es war unaufhörlich tiefe Finsternis...

Der Bericht fährt dann fort, Ta'aroas Aufbrechen seiner Muschel zu beschreiben, die zum Himmel wurde, ferner sein Umherschweben im leeren Raum und seine Rückkehr in eine neue Muschel, die er, nachdem er wieder herausgekommen war, zur großen Errichtung der Welt benutzte, als Felsgestein und Erdboden der Welt.

Und die Muschel, die er zuerst geöffnet hatte, wurde sein Haus, die Kuppel seines Himmels, der ein begrenzter Himmel ist, der die damals gebildete Welt umschließt.

E. S. Craighill Handy, Polynesian Religion. Honolulu 1927, S. 11f.

67. Das kosmogonische Taucher-Motiv

Ein Mythos der Yokuts, eines Penuti sprechenden kalifornischen Indianerstammes

Zuerst war überall Wasser. Ein Stück Holz wuchs aus dem Wasser heraus zum Himmel empor. Auf diesem Baum war ein Nest. Die drinnen waren, sahen kei-

Schöpfung und Urzeit

nerlei Erde. Es war nur Wasser zu sehen. Der Adler war ihr Oberhaupt. Bei ihm waren der Wolf, der Kojote, der Panther, der Präriefalke, der Habicht, der Po'yon hieß, und der Kondor. Der Adler wünschte, die Erde zu bilden. Er dachte: Wir wollen Land haben. Dann rief er K'uik'ui, eine kleine Ente. Er sagte zu ihr: „Tauche hinab und bring die Erde herauf." Die Ente tauchte, aber sie erreichte nicht den Grund. Sie starb. Der Adler rief eine andere Ente. Er beauftragte sie zu tauchen. Diese Ente ging sehr tief hinunter. Schließlich erreichte sie den Grund. Als sie eben den Schlamm berührte, starb sie. Dann kam sie wieder hinauf. Da sahen der Adler und die anderen sechs etwas Erde unter ihrem Nagel[1]. Als der Adler dies sah, nahm er die Erde von ihrem Nagel. Er mischte sie mit telis- und pele-Samen(?) und zerrieb sie. Er gab Wasser zu der Mischung und machte einen Teig. Das war am Morgen. Dann brachte er den Teig ins Wasser, und er schwoll an und verbreitete sich von seiner Mitte aus nach allen Seiten. Am Abend sagte der Adler zu seinen Gefährten: „Nehmt etwas Erde." Sie begaben sich hinab und nahmen etwas Erde mit hinauf in den Baum. Früh am Morgen, als der Morgenstern auftauchte, sagte der Adler zum Wolf: „Heule." Der Wolf heulte, und die Erde verschwand, und alles war wieder Wasser. Der Adler sagte: „Wir wollen es von neuem machen"; denn zu diesem Zweck hatten sie etwas Erde mit sich in das Nest genommen. Dann nahmen sie wiederum telis- und pele-Samen und zerrieben sie mit der Erde und setzten die Mischung ins Wasser, und sie schwoll wiederum auf. Dann sagte der Adler früh am nächsten Morgen, als der Morgenstern erschien, wiederum zum Wolf: „Heule!", und er heulte dreimal. Die Erde wurde durch ein Erdbeben erschüttert, aber sie blieb stehen. Dann sagte der Kojote: „Ich muß auch heulen." Er heulte, und die Erde schwankte ein wenig. Nun war es in Ordnung. Da kamen sie aus dem Baum heraus auf den festen Boden. Dort, wo der Baum stand, war ganz in der Nähe ein See. Der Adler sagte: „Wir wollen hier leben." Dann hatten sie dort ein Haus und lebten dort.

---

[1] Hier tritt unvermittelt eine anthropologische Sichtweise auf.

A. L. Kroeber, Indian Myths of South Central California. University of California Publications, American Archeology and Ethnology IV, Nr. 4 (1906–07) S. 229ff.

68. Kosmogonie des Bantu-Stammes der Boschongo

Im Anfang, im Dunkel, da war nichts als Wasser. Und Bumba war allein.

Eines Tages hatte Bumba fürchterliche Schmerzen. Er würgte und verdrehte sich und spie die Sonne aus. Danach verbreitete sich das Licht über alles. Die Hitze der Sonne trocknete das Wasser, bis die schwarzen Spitzen der Welt sich zu zeigen begannen. Schwarze Sandbänke und Felsenriffe konnten gesehen werden. Aber da war nichts Lebendiges.

Weltschöpfung

Bumba spie den Mond aus und dann die Sterne, und danach hatte die Nacht auch ihr Licht.

Noch hatte Bumba Schmerzen. Er mühte sich wieder ab, und neun Lebewesen kamen hervor: der Leopard namens Koy Bumba, und Pongo Bumba, der Adler mit Hinterhauptschopf (Harpyie), das Krokodil, Ganda Bumba, und ein kleiner Fisch mit Namen Yo; dann Kono Bumba, die Schildkröte, und Tsetse, der schnelle, tödliche Blitz, schön wie der Leopard, dann der weiße Reiher, Nyanyi Bumba, auch ein Käfer und die Ziege Budi.

Zuletzt kamen die Menschen hervor. Es waren viele Menschen, aber nur einer war weiß wie Bumba. Sein Name war Loko Yima.

Die Lebewesen ihrerseits schufen dann alle anderen Kreaturen. Der Reiher schuf alle anderen Vögel in der Luft mit Ausnahme der Gabelweihe. Er machte die Gabelweihe nicht. Das Krokodil machte Schlangen und den Leguan. Die Ziege schuf alles Hornvieh. Yo, der kleine Fisch, brachte alle Fische der Meere und Gewässer hervor. Der Käfer schuf die Insekten.

Die Schlangen ihrerseits machten Heuschrecken, und der Leguan machte Geschöpfe ohne Hörner.

Dann sagten die drei Söhne Bumbas, sie würden die Welt vollenden. Der erste, Nyonye Ngana, machte die weißen Ameisen; aber er war der Aufgabe nicht gewachsen, und er starb an ihr. Die Ameisen jedoch, dankbar für ihr Leben und Dasein, suchten schwarze Erde in der Tiefe und bedeckten damit unfruchtbaren Sand, um ihren Schöpfer zu begraben und zu ehren.

Chonganda, der zweite Sohn, brachte eine wunderbare lebende Pflanze hervor, aus der alle Bäume und Gräser und Blumen und Pflanzen in der Welt entsprungen sind. Der dritte Sohn, Chedi Bumba, wünschte etwas Abweichendes, aber trotz aller Bemühungen machte er nur den Vogel, der Gabelweihe heißt.

Von allen Geschöpfen war Tsetse, der Blitz, der einzige Unruhestifter. Er erregte so viel Unruhe, daß Bumba ihn in den Himmel jagte. Da war die Menschheit ohne Feuer, bis Bumba dem Volk zeigte, wie aus Bäumen Feuer zu holen ist. „Es ist in jedem Baum Feuer", sagte er ihnen, und er zeigte ihnen, wie der Feuerbohrer zu machen und das Feuer freizulegen sei. Gelegentlich springt heutzutage Tsetse noch herab und schlägt die Erde und richtet Schaden an.

Als endlich das Werk der Schöpfung beendet war, ging Bumba durch die friedlichen Dörfer und sagte zu den Leuten: „Schaut diese Wunder; sie gehören euch." So kamen von Bumba, dem Schöpfer, dem Urahnen, alle Wunder, die wir sehen und innehaben und gebrauchen, und die Brüderlichkeit zwischen Tieren und Menschen.

Maria Leach, The Beginning. New York 1956, S. 145f.

Schöpfung und Urzeit

69. *Japanische Kosmogonie*
Kojiki und Nihongi

Über die mythische Theogonie und Kosmogonie sowie über die frühe Geschichte Japans unterrichten die Bücher Kojiki, „Geschichte und Begebenheiten im Altertum", und Nihongi, „Japanische Annalen", die 712 bzw. 720 n. Chr. abgeschlossen wurden.

Nach diesen Berichten standen an der Spitze des Pantheons sieben einzelne Himmelsgötter und fünf Urpaare, von denen nur das jüngste Paar, der Gott Izanagi und die Göttin Izanami, Bedeutung gewannen. Sie nämlich wurden von den Urgöttern mit der Erschaffung der japanischen Inseln beauftragt:

Sie gaben ihnen einen himmlischen Juwelen-Speer und beauftragten sie gnädiglich also. Demgemäß standen die beiden Gottheiten auf der schwebenden Brücke des Himmels, stießen den Juwelen-Speer nach unten und rührten damit herum; und als sie die Salzflut gerührt hatten, bis sie sich zäh verdickte, und den Speer dann hinaufzogen, häufte sich die von der Speerspitze herabträufelnde Salzflut an und wurde eine Insel.

Auf diese stiegen Izanagi und Izanami hinab und vermählten sich auf ihr. Sie erzeugten eine Anzahl von Gottheiten sowie die übrigen japanischen Inseln. Bei der Geburt ihres jüngsten Sohnes, des Feuergottes, wird Izanami so stark verbrannt, daß sie stirbt und in die Unterwelt gelangt. Izanagi gelingt es fast, sie zu befreien. Aber er sieht sich nach ihr um und verletzt damit ein Tabu. Von den Unterweltsbewohnern und auch von Izanami selbst verfolgt, versperrt er den Ausgang der Unterwelt mit einem Felsbrocken und spricht die Scheidung von Izanami aus, die damit in der Unterwelt als Herrin verbleibt.

70. *Aus der „Lehre für König Merikare"*

In der 1914 zutage gekommenen und der Zeit zwischen dem Alten und dem Mittleren Reich der ägyptischen Geschichte (ca. 2263–2040 v. Chr.) entstammenden „Lehre für König Merikare" ist stets nur singularisch von „Gott" (ägyptisch neter) die Rede, nicht aber von den zahlreichen Numina des polytheistischen Pantheons. Auf diesen einen, monotheistischen Gott werden im Text auch Schöpfung, Erhaltung und Rechtsordnung der Welt zurückgeführt.

Wohlbehütet sind die Menschen, die Herde Gottes. Er hat Himmel und Erde zu ihrem Gefallen geschaffen. Er hat des Urwassers Kraft gebändigt; er hat Lebensodem für ihre Nasen geschaffen. Sie sind seine Ebenbilder, hervorgegangen aus seinem Leibe. Er geht am Himmel auf für ihre Herzen und fährt einher, sie zu schauen. Er hat für sie die Pflanzen und Tiere geschaffen, die Vögel und Fische, um sie zu ernähren… Er hat ihnen Herrscher schon im Mutterleib erschaffen als Gebieter, um den Rücken der Schwachen zu stützen… Er hat die Frevler unter ihnen getötet… Siehe, Gott kennt jeden Namen.

Weltschöpfung

71. Babylonische Kosmogonie

Das babylonische Weltschöpfungsepos wird, nach einer im Alten Orient üblichen Weise, mit den Anfangswörtern Enūma ēlisch, „Als droben", zitiert. Das Epos diente vornehmlich der Verherrlichung des babylonischen Stadtgottes Marduk. Der Text, der im 12. oder 11. Jahrhundert v. Chr. niedergeschrieben sein dürfte, besteht aus sieben Tafeln mit insgesamt fast 900 Zeilen. Im folgenden wird eine Auswahl geboten.

Als droben der Himmel noch nicht benannt war[1]
Und der feste Grund unten noch nicht benamt war,
Als nur der uranfängliche Apsu, ihr Erzeuger[2],
Und Mummu-Tiamat[3], sie, die alle gebar,
Ihre Wasser vereinigten.
Als noch kein Schilf, kein Marschland erschienen war,
Als noch keine Götter entstanden,
Ihre Namen noch unbekannt, ihre Geschicke unbestimmt waren,
Da wurden die Götter in ihrer Mitte erschaffen[4].
Lahmu und Lahamu[5] traten hervor, mit Namen wurden sie genannt.
In langen Zeiten wuchsen sie an Alter und Gestalt.
Anschar und Kischar wurden geschaffen, die anderen überragend[6].
Sie lebten viele Tage, lange Jahre hindurch.
Anu[7] war ihr Sohn, seinen Vorfahren ebenbürtig;
Ja, Anschars Erstgeborener, Anu, war sein Ebenbild.
Anu erzeugte als seinesgleichen Nudimmud[8].
Dieser Nudimmud war seines Vaters Meister,
Weise, verständig, gewaltig an Stärke,
Bei weitem mächtiger als sein Großvater Anschar.
Unter den Göttern, seinen Brüdern, kam keiner ihm gleich.

Das Epos schildert im weiteren Verlauf Konflikte, die zwischen den alten Göttern unter der Führung der Tiamat und der jüngeren Göttergeneration entstehen. Zu ihrem Vorkämpfer wählen die jüngeren Götter Marduk, den Sohn des Gottes Ea und seiner Gemahlin Damkina. Marduk willigt ein, sichert sich aber für die Zukunft eine Vorrangstellung unter den Göttern:

Wenn ich als euer Rächer
Tiamat zerschmettern und euer Leben retten soll,
So versammelt euch, verkündet mein überragendes Geschick,
Versammelt euch froh in Ubschukinna[9].
Laßt mein Wort statt eurem die Schicksale bestimmen.
Unveränderlich soll sein, was ich bestimme,
Weder zurückgenommen noch geändert werden soll der Befehl meiner Lippen.

Schöpfung und Urzeit

In dem Kampf, der dann zwischen Marduk und Tiamat ausgetragen wird, sendet Marduk zunächst vier Winde gegen Tiamat, die deren Rachen mit Gewalt öffnen. So gelingt es ihm, einen Pfeil hinein zu schießen, der ihr Herz tödlich trifft.

Der Herr trat auf die Beine der Tiamat,
Mit seiner schonungslosen Keule zerschmetterte er ihren Schädel,
Und als er die Adern ihres Blutes zerschnitten hatte,
Trug es der Nordwind in unerschlossene Gebiete.
Als sie dies sahen, jubelten seine Väter vor Freude
Und brachten ihm Ehrengaben.
Dann ruhte der Herr und besah ihren toten Körper,
Um das Ungeheuer zu zerteilen und daraus kunstvolles Werk zu schaffen.
Er spaltete sie wie ein Schalentier in zwei Teile:
Die eine Hälfte setzte er hoch hinauf und machte sie zum Himmel,
Versperrte ihn und setzte Wächter hin
Und gebot ihnen, ihre Wasser nicht herausfließen zu lassen[10].

Der Text, der teilweise nur bruchstückhaft überliefert ist, berichtete im weiteren von der Ordnung des Kosmos durch Marduk. Dessen Vater Ea schuf die Menschen zum Dienst für die Götter. Das Epos klingt aus mit einer Huldigung für Marduk.

---

[1] Namenloses wurde als nicht existierend angesehen.
[2] Das Süßwasser.
[3] Gottheit des Salzwassers. Etymologien des Namens im hebräischen *tehom*, dem Urmeer in Genesis 1,2, und dem arabischen *tihāma*, der Bezeichnung der Küste des Roten Meeres.
[4] In der Mitte von Apsu und Tiamat.
[5] Personifikationen des sich bildenden Landes, vermutlich männlichen und weiblichen Geschlechtes.
[6] Die Namen bedeuten: „der Himmel in seiner Ganzheit", „die Erde in ihrer Ganzheit".
[7] Himmelsgott.
[8] Gebräuchlich war der Name Ea, dem im Sumerischen Enki entsprach; es handelt sich um den Gott des unterirdischen Süßwassers und der Quellen, der auch als Herr der Weisheit und Beschwörung galt.
[9] Versammlungshalle der Götter.
[10] Betrifft die Vorstellung von den himmlischen Wassern.

Isaac Mendelsohn (Hrsg.), Religions of the Ancient Near East. New York 1955, S. 19 ff. – Hartmut Schmökel, Mesopotamische Texte. In: Walter Beyerlin (Hrsg.), Religionsgeschichtliches Textbuch zum Alten Testament. Göttingen 1975, S. 108 ff.

72. Schöpfungshymnus des Rigveda

Rigveda X, 129, 1–7

Berühmt unter den Liedern des Rigveda ist der große Schöpfungshymnus, dessen Aussagen allerdings im Rigveda vereinzelt dastehen und der in seiner Deutung umstritten ist.

Weltschöpfung

1. Damals[1] war nicht das Nichtsein noch das Sein.
   Kein Luftraum war, kein Himmel drüber her. –
   Wer hielt in Hut die Welt, wer schloß sie ein?
   Wo war der tiefe Abgrund, wo das Meer?
2. Nicht Tod war damals noch Unsterblichkeit,
   Nicht war die Nacht, der Tag nicht offenbar. –
   Es hauchte windlos die Ursprünglichkeit
   Das Eine, außer dem kein andres war.
3. Von Dunkel war die ganze Welt bedeckt,
   Ein Ozean ohne Licht, in Nacht verloren; –
   Da ward, was in der Schale war versteckt,
   Das Eine durch der Glutpein Kraft geboren.
4. Aus diesem ging hervor zuerst entstanden,
   Als der Erkenntnis Samenkeim, die Liebe; –
   Des Daseins Wurzelung im Nichtsein fanden
   Die Weisen, forschend, in des Herzens Triebe.
5. Als quer hindurch sie ihre Meßschnur legten,
   Was war da unterhalb? was war da oben? –
   Keimträger waren, Kräfte, die sich regten,
   Selbstsetzung drunten, Angespanntheit droben.
6. Doch, wem ist auszuforschen es gelungen,
   Wer hat, woher die Schöpfung stammt, vernommen?
   Die Götter sind diesseits von ihr entsprungen!
   Wer sagt es also, wo sie hergekommen?
7. Er, der die Schöpfung selbst hervorgebracht,
   Der auf sie schaut im höchsten Himmelslicht,
   Der sie gemacht hat oder nicht gemacht,
   Der weiß es! – oder weiß auch er es nicht?

---

[1] Im Uranfang.

Paul Deussen, Allgemeine Geschichte der Philosophie. Bd. 1, 1. Abt. Leipzig 1894, S. 126 f.

73. *Indische Kosmogonie nach dem Gesetzbuch des Manu*
I, 5–14

5. Dieses (Universum) war ganz Finsternis, unkenntlich, ohne Unterscheidungsmerkmale, dem Denken unerreichbar, unerfaßlich, ganz in tiefen Schlaf versunken.

6. Dann trat der göttliche Selbstgeborene mit unwiderstehlicher Kraft hervor; er schuf dies, vertrieb die Finsternis.

7. Er, der nur dem übersinnlichen Geist Erfaßbare, der Unvorstellbare, der

Ewige, der alle Dinge in sich enthält und unbegreiflich ist, der trat von selbst in die Erscheinung.

8. Er, der die verschiedensten Geschöpfe aus sich hervorzubringen wünschte, schuf mit seinem Denken zuerst die Wasser, in die er Keimkräfte sandte.

9. Daraus entstand ein goldenes Ei, an Glanz der Sonne gleich. In diesem ließ er sich selbst als Brahman gebären, der Schöpfer der ganzen Welt.

10. Die Wasser heißen *nārās*, denn die Wasser sind die Nachkommen des Urgeistes *(nara)*. Da sie sein erster Aufenthaltsort waren, werden sie Nārayana genannt.

11. Aus dieser unvorstellbaren, ewigen Grundursache, die zugleich wirklich wie auch unwirklich ist, wurde der persönliche Geist erzeugt, berühmt in dieser Welt als Brahman.

12. Der Göttliche wohnte in diesem Ei ein Jahr lang; dann teilte er es durch seine Denkkraft in zwei Hälften.

13. Und aus diesen beiden Hälften bildete er Himmel und Erde, zwischen ihnen den Luftraum, und die acht Weltgegenden und den ewigen Aufenthalt der Wasser (das Meer).

14. Aus sich selbst ließ er die Denkkraft hervorgehen, die zugleich wirklich wie auch unwirklich ist, und aus der Denkkraft das Ich-Bewußtsein...

G. Bühler in: Sacred Books of the East XXV. Oxford 1886, S. 2 ff.

74. Die Weltschöpfung nach den Upanishaden
Brihadāranyaka-Upanishad I, 2, 1–3

1. Es war überhaupt nichts hier im Anfang. Diese Welt war vom Tod bedeckt oder vom Hunger, denn Hunger ist Tod. Er schuf den Geist, denn er dachte, ein Selbst zu besitzen. Er wandelte umher, in Verehrung. Durch ihn, der so verehrte, entstand das Wasser...

2. ...was der Schaum des Wassers war, wurde verdichtet; das wurde die Erde. Dabei ermüdete er. Da ermüdete, da er sich erhitzte, wurde sein Glanz zu Feuer.

3. Er zerteilte sich selbst dreifach (Feuer ist ein Drittel), die Sonne ein Drittel, die Luft ein Drittel. Er ist Lebenshauch, dreifach ausgebreitet.

Chāndogya-Upanishad III, 19, 1–2

1. Die Sonne ist Brahman – das ist die Lehre. Eine Erklärung dazu: Im Anfang war die Welt nichtseiend. Sie wurde seiend. Sie entstand. Da entwickelte sich ein Ei. Es lag ein Jahr lang da. Es sprang entzwei. Die beiden Teile der Eierschale waren ein silberner und ein goldener.

2. Der silberne ist die Erde, der goldene ist der Himmel. Die äußere Eihaut sind die Berge, die innere Eihaut Wolken und Nebel, die Äderchen sind die Flüsse, das Fruchtwasser ist der Ozean.

Chāndogya-Upanishad VI, 2,1–4

Hier verkündet der Upanishad-Weise Uddalaka Āruni seinem Sohn Shvetaketu eine vom vorherigen Text abweichende Schöpfungslehre.

1. Seiend, mein Teurer, war dieses am Anfang, eines nur ohne ein Zweites. Einige sagen: Nichtseiend sei dieses am Anfang gewesen, Eines nur ohne ein Zweites. Aus diesem Nichtseienden sei das Seiende entstanden.

2. Aber wie könnte es wohl, mein Teurer, so sein? Wie könnte aus dem Nichtseienden das Seiende entstehen? Seiend vielmehr, mein Teurer, war dieses am Anfang, Eines nur ohne ein Zweites.

3. Dieses überdachte: Möchte ich viel sein, möchte ich mich fortpflanzen. Da entließ es aus sich die Glut. Die Glut überdachte: Möchte ich viel sein, möchte ich mich fortpflanzen. Da entließ sie aus sich das Wasser...

4. Das Wasser überdachte: Möchte ich viel sein, möchte ich mich fortpflanzen. Da entließ es aus sich die Nahrung...

S. Radhakrishnan, The Principal Upanishads. New York 1953, S. 151 f., 399, 447 ff. – Paul Deussen, Sechzig Upanishad's des Veda. 3. Aufl. Leipzig 1921; Nachdruck Darmstadt 1963, S. 382, 116, 160 f.

75. Griechische Theogonie

Hesiod, Theogonie 116–183 (leicht gekürzt)

Von allem entstand zuerst das Chaos[1], ihm folgte Gaia[2] mit breiter Brust, der ewige Wohnsitz der Unsterblichen, aller, die den Gipfel des beschneiten Olymp bewohnen..., und Eros[3], der schönste der unsterblichen Götter, der die Glieder Göttern und Menschen löst und verständige Absicht betört. Aus dem Chaos gingen Erebos[4] hervor und Ny[5], der Ny aber entstammten das Licht und der Tag, die Kinder, die ihrer Liebe zu Erebos entsprangen.

Gaia aber gebar zuerst, an Größe ihr gleich, den sterngeschmückten Uranos[6], der sie von allen Seiten umhüllen sollte. Dann brachte sie die hohen Gebirge hervor, die Lieblingsplätze der Götter, und das Meer mit den tobenden Wogen – und alles dies ohne liebende Zuneigung. Dann aber zeugte Uranos mit ihr den Okeanos[7] mit seiner tiefen Strömung, Koios und Krios sodann, und Hyperion, ferner Japetos[8]; Thea[9] und Rheia[10], Themia und Mnemosyne, auch Phoibe mit goldenem Kranz und die liebliche Tethys[11]. Nach diesen wurde als jüngster der listige Kronos geboren, der unerschrockenste ihrer Kinder, der im Haß aufwuchs gegen den Vater, der ihn erzeugte.

Gaia gebar auch die ungestümen Kyklopen[12] – Brontes, Steropes und Arges –, die für Zeus den Donner und den blendenden Blitz schufen und ihm übergaben. Sie waren wie Götter in jeder Hinsicht, außer daß nur ein einziges Auge inmitten ihrer Stirnen stand, und ihre Kraft, Macht und Geschicklichkeit lag in ihren Händen.

Alle Kinder, die von Gaia und Uranos stammten, waren verwegen und haßten ihren Vater von Anfang an. Sobald eines von ihnen geboren wurde, ließ Uranos es nicht das Licht des Tages erblicken, sondern versteckte es tief im Schoß der Gaia. Und dieser Untat freute sich Uranos. Aber Gaia, trotz ihrer gewaltigen Größe, fühlte die Spannung und stöhnte. Schließlich ersann sie eine böse, tückische List. Sie verfertigte schnell grauschimmernden Stahl und schuf daraus eine riesige Sichel. Dann legte sie diese vor ihre Kinder, und die Qual ihres Herzens ließ sie unerschrocken sprechen:

„Meine Kinder, euer Vater ist grausam; wenn ihr auf mich hören wollt, können wir seinen bösen Frevel rächen, denn er war es, der zuerst Gewalttaten beging."

So sprach sie; doch von Furcht ergriffen waren alle Kinder, und keines sprach ein Wort. Dann aber faßte der große Kronos, der verschlagene Gauner, Mut, und er antwortete der guten Mutter mit diesen Worten:

„Mutter, ich bin willens, euren Plan auszuführen und zu vollenden. Denn ich habe keine Achtung vor unserem schändlichen Vater, denn er war es, der zuerst Gewalttaten beging."

So sprach er, und die riesige Gaia war hocherfreut. Sie barg ihn im Hinterhalt und legte in seine Hände die Sichel mit gezackten Zähnen, und sie klärte ihn völlig über ihren Anschlag auf.

Die Nacht herbeiführend, kam der gewaltige Uranos und warf voll Liebesverlangen um Gaia die Arme; er streckte sich über sie. Da ergriff ihn aus seinem Hinterhalte mit der linken Hand sein Sohn, und mit der rechten nahm er die riesige Sichel mit gezackten Zähnen und schnitt dem eigenen Vater schnell die Scham ab und warf sie hinweg. Die Blutstropfen, die von ihr herabfielen, empfing alle die Mutter Gaia, und im Kreislauf der Jahre gebar sie die machtvollen Erinnyen[13] und die riesigen Giganten[14] mit funkelnden Waffen und langen Speeren, ferner die Nymphen[15].

Die Scham aber trieb lange Zeit auf dem Meer, so wie sie Kronos mit der stählernen Sichel durchschnitten und vom Land in die Wellen des Ozeans geworfen hatte. Dann aber entströmte dem göttlichen Fleisch weißer Schaum, und in dem Schaum begann ein Mädchen groß zu werden. Dieses kam zuerst zu dem heiligen Kythera und erreichte dann Kypros, das meerumströmte Land. Dort ging es an Land, eine Göttin zart und schön, und um ihre zierlichen Füße wuchs das grüne Gras. Aphrodite wird sie von Göttern und Menschen genannt, weil sie aus Schaum[16] geboren wurde…

Weltschöpfung

Die „Theogonie" Hesiods berichtet des weiteren, daß Zeus, der Sohn des Kronos und der Rheia, seinen Vater Kronos und die von diesem angeführten Titanen im Kampf besiegt und selbst die Weltherrschaft übernimmt.

---

[1] Der leere Raum, die Unbegrenztheit.
[2] Göttin der Erde, Gattin des Uranos.
[3] Gott der Liebe.
[4] Dunkel, Finsternis.
[5] Nacht.
[6] Himmelsgott.
[7] Die Erde umsäumender Strom, das Weltmeer.
[8] Titanen.
[9] Titanin, Gattin des Hyperion.
[10] Titanin, Gemahlin des Kronos, Mutter des Zeus.
[11] Weitere Titaninnen.
[12] „Rundaugen", Riesen mit nur einem Auge inmitten der Stirn.
[13] Rachegöttinnen.
[14] Riesen.
[15] Weibliche Naturgeister, meist kollektiv auftretend.
[16] Griechisch: aphrós.

Norman O. Brown, Hesiod's Theogony. New York 1963, S. 56 ff.

76. Die dualistische Kosmogonie des Zoroastrismus
Bundahishn 1, 18 – 26

Bundahishn, „Grundlegung", d. h. „Schöpfung", ist ein im 9. Jahrhundert n. Chr. entstandenes Werk, das weitgehend auf verlorenes avestisches Material zurückzuführen ist. Der folgende Abschnitt gehört zweifellos nicht zu den leichtesten religionsgeschichtlichen Texten.

18. Ohrmazd[1] war vor dem Schöpfungsakt nicht Selbstherrscher; aber nach dem Schöpfungsakt wurde er Selbstherrscher, Heilbringer, weise, leidlos, offenbar, der alles recht ordnet, großzügig und alles durchschauend.

19. Denn er hat den Schöpfungsakt geplant; aus diesem Schöpfungsakt entstand seine Selbstherrschaft.

20. Und mit klarem Blick erkannte Ohrmazd, daß der Geist der Zerstörung[2] niemals von seiner Feindseligkeit ablassen würde und daß diese Feindseligkeit nur durch den Schöpfungsakt wirkungslos gemacht werden könne und daß die Schöpfung sich nur durch die Zeit bewegen könne und daß, wenn die Zeit geschaffen sei, die Schöpfung Ahrimans auch anfangen würde, sich zu bewegen.

21. Um aber den Angreifer in einen Zustand der Machtlosigkeit zu versetzen, schuf er, da er keine andere Wahl hatte, die Zeit. Das ist der Grund dafür, daß der Geist der Zerstörung nur durch Kampf überwunden werden kann.

22. Dann aber machte er aus der Unbegrenzten Zeit die Langherrschende Zeit: manche nennen sie Begrenzte Zeit. Aus der Langherrschenden Zeit schuf er die Beständigkeit, auf daß die Werke des Ohrmazd nicht vergehen möchten.

Aus der Beständigkeit wurde das Unbehagen offenbar, damit nicht Behagen die Dämonen erreiche. Aus dem Unbehagen wurde der Gang des Schicksals, der Gedanke der Unwandelbarkeit deutlich, damit das, was Ohrmazd bei der Urschöpfung schuf, sich nicht verändere. Aus dem Gedanken der Unwandelbarkeit wurde der vollkommene Wille zur körperlichen Schöpfung deutlich, die Übereinstimmung der gerechten Schöpfung.

23. In seiner ungerechten Schöpfung war Ahriman ohne Wissen, ohne Methode. Grund und Deutung davon sind, daß, als die Schöpfung geschaffen wurde, Ahriman mit Ohrmazd stritt und dabei die herrscherliche Weisheit, der Ruhm, die Vollkommenheit und ewige Dauer des Ohrmazd wie auch die Machtlosigkeit, der Eigensinn, die Unvollkommenheit und das Afterwissen des Geistes der Zerstörung offenbar wurden.

24. Denn die Langherrschende Zeit war die erste Erschaffung, die er hervorbrachte. Denn sie war unbegrenzt, bevor die Totalität des Ohrmazd (mit dem Bösen) vermischt wurde. Aus dem Unendlichen wurde sie als endlich gebildet; denn von der Urschöpfung, als die Schöpfung geschaffen wurde, bis zur Vollendung, wenn der Geist der Zerstörung machtlos gemacht worden ist, besteht eine Zeitspanne von zwölftausend Jahren, die also begrenzt ist. Dann wird sie mit dem Unendlichen vermischt und kehrt zu ihm zurück, auf daß die Schöpfung des Ohrmazd auf immer mit Ohrmazd in Reinheit bestehen möge.

25. Wie es in der Religion gesagt ist: die Zeit ist mächtiger als beide Schöpfungen – die Schöpfung des Ohrmazd und die des Geistes der Zerstörung. Die Zeit versteht Werk und Gesetz. Die Zeit versteht mehr als die Verständigen. Die Zeit ist besser unterrichtet als die Wohlunterrichteten; denn in der Zeit muß die Entscheidung getroffen werden. Durch die Zeit werden Häuser umgestürzt – das Verderben ereignet sich in der Zeit – und gemeißelte Bilder erschüttert. Vor ihr entrinnt kein sterblicher Mensch, nicht, wenn er in die Höhe fliegt, nicht, wenn er sich unten eine Grube gräbt und hineinsetzt, nicht, wenn er sich hinter einer Quelle kalten Wassers versteckt.

26. Aus seinem eigenen Selbst, das sichtbares Licht ist, schuf Ohrmazd die Gestalt seiner Geschöpfe in der Gestalt des Feuers: leuchtend, weiß, rund und weithin sichtbar.

---

[1] Avestisch: Ahura Mazda, der „weise Herr".
[2] Ahriman, avestisch: Angra Mainyu, der „böse Geist".

R. C. Zaehner, A Zurvan Zoroastrian Dilemma. Oxford 1955, S. 314ff. – Geo Widengren, Iranische Geisteswelt. Baden-Baden 1961, S. 62ff.

B. URZEIT UND ENDZEIT IM GERMANISCHEN MYTHOS

77. Die Schau der Seherin
Völuspá

Eine Völva, eine altgermanische Seherin, schildert in visionärer Schau die ur- und endzeitlichen Geschehnisse. Diese „Schau" oder „Weissagung der Seherin" (Völuspá) ist einer der bedeutendsten Texte der älteren oder Lieder-Edda, der wichtigsten literarischen Quelle zur nordgermanischen Religion. Die in ihr enthaltenen Lieder reichen nach neueren Forschungen ungefähr in die Zeit zwischen dem 6. und 7. Jahrhundert n. Chr. zurück.

1. Gehör erheische ich von allen heiligen Sippen, hohen und niederen Nachkommen Heimdalls[1]! Du willst, Walvater[2], daß recht ich die alte Kunde der Menschen vortrage, soweit meine Erinnerung reicht.

2. Ich erinnere mich noch der Riesen, der vorzeiten geborenen, die mich einst aufzogen; neun Weltheime kenne ich, neun Hölzer des Weltenbaums, dessen Wurzeln tief hinabreichen.

3. Urzeit war es, da Ymir[3] hauste. Kies gab es damals noch nicht noch die See noch kühle Wogen; die Erde war nirgends noch oben der Himmel, nur gähnende Tiefe und kein grünes Gras.

4. Dann hoben Burs Söhne[4] die Erde empor; sie schufen Midgard[5], den herrlichen. Die Sonne wärmte vom Süden her die Steine der Erde, und grün wurde der Grund vom wachsenden Kraut.

5. Die Sonne, die Gefährtin des Mondes, schlang vom Süden her ihre rechte Hand um den Himmelskreis; sie wußte nicht, wo sie ihre Säle hatte, nicht wußten die Sterne, wo sie ihre Stätten hatten, nicht wußte der Mond, welche Macht er hatte.

6. Da begaben sich die Ratmächte zum Richterstuhl, die hochheiligen Götter, und hielten Rat. Sie gaben Namen der Nacht und dem Neumond, benannten Morgen und Mittag, Zwielicht und Abend, um die Zeiten zu messen.

7. Auf dem Idafeld[6] trafen sich die Asen[7], die Heiligtümer hoch erbauten; sie legten Essen an, sie schmiedeten Gold, sie hämmerten Zangen und verfertigten Werkzeuge.

8. Sie ergötzten sich im Hof am Brettspiel, nichts aus Gold fehlte den Göttern, bis drei gewaltige Weiber erschienen, Töchter der Riesen aus Riesenheim.

9. Da begaben sich die Ratmächte zum Richterstuhl, die hochheiligen Götter, und hielten Rat, wer die Scharen der Zwerge erschaffen sollte aus Brimirs Blut und aus Blains Gliedern[8].

Die folgenden Strophen 10 bis 16 bieten einen Katalog von Zwergennamen, der als späteres Einschiebsel anzusehen ist. Die Völuspá wendet sich danach den Menschen zu.

Schöpfung und Urzeit

17. Bis drei aus dieser Schar kamen, Asen, mächtige und gnädige; sie fanden am Land kraftlos Ask und Embla[9], noch ohne Schicksal.

18. Seele hatten sie nicht, keinen Sinn, nicht Lebenswärme noch wirkliche Farben. Seele gab Odin[10], Sinn gab Hömir[11], Lebenswärme gab Lodur[12] und wirkliche Farben.

19. Eine Esche weiß ich stehen, sie heißt Yggdrasil[13], der hohe Baum, benetzt von nebligen Naß. Von dort kommt der Tau, der in die Täler fällt. Immergrün ragt er (der Baum) am Brunnen der Urd[14].

20. Von dort kommen Jungfrauen, die vielerlei wissen, zu dritt aus dem Saal unter dem Baum. Urd nannte man die eine, die andere Verdandi, Skuld die letzte. Sie schnitten Losstäbe, setzten das Schicksal fest; Leben bestimmten sie den Menschenkindern, kündeten das Schicksal.

21. Sie (die Völva) entsann sich des ersten Kampfes auf Erden, als Götter Gullveig[15] mit Geren stießen und sie in der Halle der Hohen verbrannten, dreimal verbrannten die dreimal Geborene, oft, nicht selten; doch immer wieder lebt sie.

22. Heid nannte man sie, wo sie ins Haus kam, die Zauberin mit dem weiten Blick; sie zauberte, wo sie konnte; stets war sie ein Abgott schlechter Frauen.

23. Da begaben sich die Ratmächte zum Richterstuhl, die hochheiligen Götter, und hielten Rat, ob die Asen Abgaben zahlen oder alle Götter Opfer empfangen sollten[16].

24. Es hatte Odin den Speer in die Heerschar geschleudert, es tobte auf Erden der erste Krieg; es brach der Wall am Burgrand der Asen, die kampfeifrigen Vanen konnten das Streitfeld betreten[17].

Die Seherin wendet sich im folgenden zunächst den Geheimnissen der Gegenwart zu.

28. Allein saß sie draußen, als der Alte kam, der furchtbare Herrscher der Asen, und ihr ins Auge sah: „Was stellt ihr mir Fragen, was prüft ihr mich? Ich weiß, Odin, wo du dein Auge verbargst: tief in dem weitberühmten Brunnen des Mimir." Met trinkt morgendlich Mimir aus Walvaters Pfand – wollt ihr weiteres noch wissen[18]?

29. Es schenkte ihr Heervater Ringe und Geschmeid, Weisheit wußte sie und Wahrsagekunst, weithin schaute sie, weithin über Welten.

30. Sie sah Walküren[19], die weither sich scharten, bereit zum Ritt. Skuld hielt den Schild, Skögul folgte, Gunnar, Hildr, Göndul und Geirskögul. Nun sind die Mädchen Herjans[20] aufgezählt, die Walküren, bereit über die Erde zu reiten.

Die vorige Strophe leitet über zu den Ereignissen des Weltendes.

31. Ich sah für Baldr[21] das blutige Opfer, für den Sohn Odins das Unheil bestimmt: Es wucherte heimlich, hoch über dem Erdengrund, schlank und rank der Mistelzweig[22].

32. Aus dem Zweig, der zart erschien, wurde ein Schmerzenspfeil durch Hödrs Schuß. Baldrs Bruder wurde bald geboren, ein Sohn Odins, der, erst eine Nacht alt, zu kämpfen begann [23].

35. Gefesselt sah sie eine Unheilsgestalt kauern, dem Loki gleich [24]; dort sitzt Sigyn, nicht froh über den Anblick ihres Gatten – wollt ihr noch weiteres wissen?

An das Bild des schmerzvoll gefesselten Loki knüpft die Seherin die Schilderung von Götterfeinden an. Dann geht sie über zu den eigentlichen endzeitlichen Ereignissen.

44. Laut heult Garm [25] vor Gnipahellir; der Strick wird zerreißen, der Wolf wird rennen. Viel weiß sie der Kunde, weit in die Zukunft schaue ich, sehe das Geschick der Ratmächte, der Schlachtengötter.

45. Brüder werden kämpfen, einander töten, Schwesterkinder werden Sippenbande brechen. Arg ist es auf Erden, viel Ehebruch, Beilzeit, Schwertzeit, die Schilde zerbersten, Sturmzeit, Wolfszeit, bevor die Welt einstürzt; es wird kein Mann den anderen schonen.

46. Die Riesen sind in Bewegung; das Weltende kündet allen Gjallarhorns [26] schriller Klang; laut bläst Heimdall, das Horn ragt empor; es spricht Odin mit dem Haupt Mimirs.

47. Es erbebt Yggdrasil, der uralte Baum, es ächzt sein Stamm, und der Riese reißt sich los.

48. Was gibt's bei den Asen, was gibt's bei den Alben? Es dröhnt das Riesenheim; die Asen versammeln sich zum Rat. Vor Felstoren stöhnen die Zwerge, die Weisen der Felsen – wißt ihr noch mehr?

49. Laut heult Garm vor Gnipahellir; der Strick wird zerreißen, der Wolf wird rennen. Viel weiß sie der Kunde, weit in die Zukunft schaue ich, sehe das Geschick der Ratmächte, der Schlachtengötter.

50. Von Osten kommt Hrym [27] gefahren, hoch hält er den Schild; in wildem Zorn wälzt sich die Midgardschlange [28], sie zerwühlt die Wogen; der lohfarbene Adler zerfleischt mit gellendem Schrei die Leichen; Naglfar [29] naht.

51. Ein Schiff fährt vom Osten her; es kommen Müspells Leute [30] zur See, und Loki steuert; die wilde Schar fährt mit dem Wolf zusammen, und bei ihnen ist Byleipts Bruder [31].

52. Surt [32] kommt vom Süden mit brennender Fackel; es gleißt der Götter Schwert in der Sonne. Felsen brechen, Riesinnen fallen; zur Hel [33] ziehn Helden, und der Himmel birst.

53. Da naht für Frigg [34] von neuem Leid [35], wenn Walvater auszieht, mit dem Wolf zu kämpfen, und gegen Surt der glänzende Freyr [36]; fallen wird da die Wonne der Frigg.

54. Dann kommt Siegvaters Sohn, der starke Vidar, zum Kampf mit dem Wolf; dem Untier stößt er das Schwert ins Herz: so rächt er den Vater.

Schöpfung und Urzeit

57. Die Sonne verlischt, ins Meer sinkt die Erde, vom Himmel stürzen die leuchtenden Sterne, Glutrauch rast wider das Feuer, die hohe Hitze lodert zum Himmel empor.

Nachdem die Seherin mit diesen Worten den Ragnarök, „das letzte Geschick der Götter", verkündet hat, prophezeit sie das Aufsteigen einer aufs neue ergrünenden Erde.

59. Sie sieht zum zweiten Male die Erde, aufs neue ergrünt, aus den Wassern auftauchen...
60. Die Asen finden sich auf dem Idafelde zusammen...
62. Ungesät werden die Äcker gedeihn, alles Böse wandelt sich in Segen, wenn Baldr wieder erscheint...

---

[1] Als „Nachkommen Heimdalls" werden die Menschen bezeichnet. Der kultisch nicht verehrte Heimdall galt offenbar als ein Gott des Anfanges.
[2] Beiname des Gottes Odin.
[3] Urzeitlicher Riese.
[4] Die ersten menschengestaltigen Wesen.
[5] Der „mittlere Hof"; die Lebenswelt der Menschen.
[6] Wiese in Asgard, der Wohnstätte der Asen.
[7] Germanisches Göttergeschlecht.
[8] Sonst unbekannte Eigennamen.
[9] Die Namensdeutung der ersten Menschen ist noch sehr umstritten.
[10] Herr des Göttergeschlechts der Asen.
[11] Nordgermanischer Gott, in Vogelgestalt vorgestellt.
[12] Ein anderer nordgermanischer Gott aus dem Geschlecht der Asen.
[13] Der immergrüne Weltenbaum des germanischen Mythos.
[14] Eine der Nornen.
[15] Eine Hexe, die als personale Verkörperung des Goldes auftritt; ihr zweiter Name ist Heid, die „Zauberin".
[16] Für die Mißhandlung Gullveigs verlangt offenbar das Göttergeschlecht der Vanen von den Asen Abgaben.
[17] Eine Anspielung auf den in anderen altnordischen Texten ausführlich beschriebenen Vanenkrieg, der mit einem Vergleich zwischen Asen und Vanen seinen Abschluß fand.
[18] Odin hatte dem Quellgeist Mimir eines seiner Augen verpfändet, um dafür prophetische Weisheit zu erhalten.
[19] „Totenwählerinnen", Dienerinnen Odins.
[20] Beiname Odins.
[21] Sohn Odins, Gott des Lichtes und der Gerechtigkeit.
[22] Es wird angespielt auf jenen Mistelzweig, mit dem der blinde Hödr seinen Bruder Baldr erschießt.
[23] Gemeint ist der Gott Váli, der den Hödr erschlägt.
[24] Loki hatte die Ermordung Baldrs veranlaßt; er war dann von dem Gotte Thor gefangen und in einer Höhle an Felsen gefesselt worden.
[25] Der Höllenhund.
[26] Das Horn des Gottes Heimdall.
[27] Offenbar der Anführer einer Abteilung von Riesen.
[28] Ungeheuer in Schlangengestalt, das Midgard, die Lebenswelt der Menschen, umschließt.
[29] Das Totenschiff.
[30] Riesen aus Muspelheim.
[31] Gemeint ist Loki.

[32] „Der Schwarze", ein götterfeindlicher Riese.
[33] Unterirdisches Totenreich.
[34] Gattin Odins.
[35] Neues Leid: Nach dem Tode ihres Sohnes Baldr.
[36] Zu den Asen gehöriger Gott der Fruchtbarkeit und des Reichtums.

Henry Adams Bellows, The Poetic Edda. New York 1923, S. 3 ff., 8 ff. – Hermann Güntert, Die Schau der Seherin. Ein Eddagedicht. Heidelberg 1944.

C. DIE SCHÖPFUNG DES MENSCHEN

78. *Die Schöpfung der Frau aus der Erdmutter (Maori)*

Tane, einer der großen Götter der Maori, formte aus einem Teil der Ur- und Erdgöttin Papa, mithin aus Erde, eine Figur in menschlicher Gestalt. Ein alter Eingeborener berichtet über den weiteren Vollzug dieser Schöpfung:

Seine nächste Aufgabe war, diese Figur mit Leben zu versehen, mit menschlichem Leben, so wie es die menschlichen Wesen kennen, und es ist bemerkenswert, daß bei der Beschreibung dieses Aktes von Tane te waiora[1] gesprochen wird. In die leblose Figur wurden *wairua* und *manawa ora*[2] eingepflanzt, die von Io, dem Höchsten Wesen, erworben waren. Der Atem Tanes wurde auf die Figur gerichtet, und die Wärme wirkte auf sie ein. Die Figur saugte Leben ein, ein schwaches Aufatmen wurde gehört, der Lebensgeist tat sich kund, und *Hine-ahu-one*, „das erderschaffene Mädchen", nieste, öffnete die Augen und stand auf als – eine Frau.

So war der Ursprung der Frau, die aus dem Stoff der Erdmutter gebildet, aber belebt wurde vom göttlichen Geist, der aus dem Höchsten Wesen ausströmte, aus Io dem Großen, Io mit verborgenem Gesicht, Io dem elterlichen Gott, Io dem Elternlosen.

---

[1] Tane (hawaiisch: Kane), „Mann", einer der großen polynesischen Götter.
[2] *Wairua:* Geist; *manawa ora:* Lebenshauch.

Elsdon Best, Maori Personifications. In: Journal of the Polynesian Society XXXII (1923) S. 110ff.

79. *Der Eine Alte und die fünf Frauen*
Mythos der Thompson-Indianer

Die Verbreitungsgebiete der Thompson-(River-)Indianer lagen an der Pazifischen Küste im kanadischen Britisch-Columbia und Washington.

Der Eine Alte oder Häuptling kam aus der oberen Welt auf einer Wolke herunter auf die Oberfläche des großen Sees oder der Wasserwüste, was alles war, was existierte. Die Wolke ruhte auf dem See. Der Eine Alte zog sich fünf Haare vom Kopf und warf sie hinunter: sie wurden zu fünf wohlgestalteten jungen Frauen. Er fragte sie der Reihe nach, was sie sein wollten.

Die erste antwortete: „Eine Frau, um Kinder zur Welt zu bringen. Ich werde schlecht und albern sein und mein eigenes Vergnügen suchen. Meine Nachkommen werden kämpfen, stehlen, töten und Ehebruch begehen." Häuptling antwortete, daß er traurig sei, denn durch ihre Wahl würden Tod und Not in die Welt kommen.

Die zweite antwortete: „Eine Frau, um Kinder zur Welt zu bringen. Ich werde gut und tugendhaft sein. Meine Nachkommen werden weise sein, friedlich, ehrenhaft, treu und rein." Häuptling lobte sie und sagte, daß ihr Weg am Ende triumphieren werde.

Die dritte wählte, zur Erde zu werden. Aus ihr, sagte der Eine Alte, würde alles wachsen, und zu ihr würde es im Tod zurückkehren.

Die vierte wählte, Feuer zu werden im Gras, den Bäumen und allem Holz, für das Wohl des Menschen. Die fünfte wurde Wasser, um die Leute „zu reinigen und weise zu machen". „Ich will auf Erden überall helfen, das Leben zu erhalten."

Dann verwandelte Häuptling sie: zunächst zur Erde, dann zum Wasser, dann zum Feuer. Er setzte die beiden Frauen (die gute und die böse) auf die Erde und befruchtete sie. Er sagte ihnen, sie würden die Eltern aller Menschen sein. Die bösen würden zuerst zahlreicher sein, verhieß er, aber die guten würden schließlich die Oberhand gewinnen. Dann werde das Ende kommen: alle Toten und Lebenden würden gemeinsam versammelt werden, Erde, Feuer und Wasser würden wieder ihre ursprünglichen Gestalten annehmen, und alles würde verwandelt und neu gestaltet.

Zusammenfassung von: James A. Teit, Mythology of the Thompson Indians. Leiden und New York 1912, S. 322ff.

80. Die Erschaffung des Menschen, ein Mythos der Thompson-Indianer

Ehe die Welt gebildet wurde, lebten Sterne, Mond, Sonne und Erde zusammen. Die Erde war eine Frau, die Sonne war ihr Mann. Sie hatte stets an ihm auszusetzen und sagte, er sei schmutzig, häßlich und zu heiß. Schließlich wurde die Sonne dieses Scheltens überdrüssig und verließ sie.

Der Eine Alte erschien und formte diese Leute um zu ihren gegenwärtigen Gestalten. Sonne, Mond und Sterne verwies er an den Himmel und befahl ihnen, niemals wieder die Erde im Stich zu lassen. Erd-Frau wurde zum festen Land: ihr Haar wurde zu Bäumen und Gras, ihr Fleisch zu Lehm, ihre Knochen zu

Felsen, ihr Blut zu Wasserbrunnen. „Du wirst die Mutter des Volkes sein, denn aus dir werden ihre Körper entstehen, und zu dir werden sie zurückkehren. Die Leute werden wie an deinem Busen leben und in deinem Schoß schlafen. Sie werden aus dir Nahrung ziehen und alle Teile deines Körpers nutzen."

Danach gebar die Erde Menschen, die uns in ihrer Gestalt sehr ähnlich waren; aber sie wußten nichts und brauchten weder Speise noch Trank. Sie hatten keinen Hunger, keine Wünsche oder Gedanken. Dann zog der Eine Alte über die Erde und unter die Leute und gab ihnen Hunger und Wünsche. Er ließ alle Arten Vögel und Fische erscheinen, denen er Namen und Aufgaben gab. Er lehrte die Frauen, Birkenkörbe zu machen, Matten und Hütten, und wie man Wurzeln ausgräbt, Beeren sammelt und sie trocknet. Er lehrte die Männer, wie Feuer zu machen ist, wie Fische zu fangen sind und wie man dem Wild Fallen stellt und es schießt usw. Er lehrte Ehepaare, miteinander zu verkehren und Kinder zur Welt zu bringen.

Als er damit fertig war, das Volk zu unterrichten, sagte er Lebewohl: „Ich verlasse euch jetzt, aber wenn ihr meine Hilfe benötigt, werde ich wieder zu euch kommen. Die Sonne ist euer Vater, die Erde ist eure Mutter. Mit ihrem Fleisch werdet ihr wie mit einer Decke überzogen, unter der eure Knochen in Frieden ruhen werden."

Zusammenfassung von: James A. Teit, Mythology of the Thompson Indians. Leiden und New York 1912, S. 321f.

81. Die Kornmutter führt die ersten Menschen zur Erdoberfläche

Ein Mythos der Pawnee-Indianer

Die Stammsitze der Pawnee liegen im Herzen von Nebraska.

Bevor die Welt war, waren wir alle im Innern der Erde.
Die Kornmutter schaffte Bewegung. Sie gab Leben.
Als uns Leben gegeben war, bewegten wir uns zur Oberfläche.
Wir werden als Menschen aufrecht stehen!
Das Wesen ist menschlich geworden! Es hat Eigenständigkeit!
Der persönlichen Gestalt wird Kraft gegeben.
Als Gestalt und Verstand zusammen sind, sind wir bereit hervorzutreten.
Aber Kornmutter läßt uns wissen, daß die Erde noch überschwemmt ist.
Jetzt verkündet Kornmutter, daß die Flut vorbei ist und die Erde jetzt grün.
Kornmutter befiehlt, daß die Leute zur Oberfläche hinaufsteigen.
Kornmutter hat sie versammelt, sie rücken halbwegs hinauf zur Oberfläche;
Kornmutter führt sie näher an die Erdoberfläche;
Kornmutter bringt sie an die Oberfläche. Das erste Licht erscheint!
Kornmutter führt sie voran. Sie sind bis zur Taille herausgekommen.

Schöpfung und Urzeit

Sie schreiten vorwärts auf die Erdoberfläche.
Nun sind alle herausgekommen. Kornmutter führt sie vom Osten zum Westen.
Kornmutter führt sie zu ihrem Wohnort...
Alles ist beendet! Alles ist vollkommen!

H. B. Alexander, The World's Rim. Lincoln, Neb. 1953, S. 89; nach dem Bericht von Dr. Melvin Gilmore.

82. *Die Erschaffung der Menschen nach dem Popol Vuh*

Der Text setzt die in Nr. 61 gegebene Weltschöpfungsgeschichte des Popol Vuh fort. Nachdem der Bericht an die Erschaffung der Erde zunächst diejenige der Tiere angeknüpft hatte, geht er über zur Schöpfung des Menschen, die als ein Versuch bezeichnet wird, „Wesen zu bauen, Wesen zu schaffen". Die Erschaffung der Menschen vollzieht sich in mehreren Akten, die als Experiment beschrieben werden. Die ersten Menschen wurden aus Lehm und Schlamm gebildet; aber dieses Gebilde

war nur da, um zu zerfallen, war ganz teigig, ganz breiig, ganz schlaff...
Da zerstören sie (die Götter) denn, zerkneteten ihren Bau, ihre Schöpfung.

Ein zweiter Versuch gilt einer Bildung der Menschen aus Holz.

Sie hatten Gesichter wie Menschen und redeten wie Menschen. Das war die Bevölkerung auf der Oberfläche der Erde. Töchter und Söhne hatten sie, die aus Holz verfertigten Menschenbilder.
Aber sie hatten keine Seele, keinen Verstand, auch keine Erinnerung an ihren Schöpfer und Bildner. Sinnlos gingen sie umher, auf allen vieren. Nicht einmal an das Herz des Himmels erinnerten sie sich. Sie wurden verworfen. Es war ja nur ein Versuch, eine Wegbereitung zum Menschen...
Darauf wurden sie ausgerottet und vernichtet, diese aus Holz Geschnitzten. Eine große Flut entstand, die kam auf das Haupt der Wesen aus Holz. Das war die zweite Zerstörung der zu Menschen Gestalteten, als Menschen Erschaffenen. Sie wurden vertilgt... Man sagt aber, ihre Nachkommen seien die Affen, die heutzutage in den Wäldern leben. An ihnen kann man diejenigen erkennen, denen Schöpfer und Bildner aus Holz das Fleisch machten. Daher sehen diese Affen wie Menschen aus, als Zeugen für eine Menschenschöpfung, für Menschen, die nichts waren als Zerrbilder aus Holz.

Ein dritter Versuch besteht in der Bildung der Menschen aus Mais, bekanntlich dem Hauptnahrungsmittel im indianischen Mesoamerika. Erst dieses Experiment gelingt; denn diese Menschen sind fähig, zu ihrem Schöpfer zu beten.

Leonhard Schultze Jena, Popol Vuh. Das heilige Buch der Quiché-Indianer von Guatemala. Stuttgart und Berlin 1944, Kap. 1 u. 10.

83. Die Erschaffung des Menschen in der Überlieferung der nilotischen Schilluk

Wenn wir uns Afrika zuwenden, so finden wir den Mythos von der Erschaffung der Menschheit bei den Schilluk des Weißen Nils, die sehr sinnreich das Aussehen der verschiedenen Rassen aus verschiedenfarbigem Lehm erklären, aus dem diese gebildet wurden. Sie sagen, daß der Schöpfer Juok alle Menschen aus Erde formte und daß er, während er mit dem Werk der Schöpfung befaßt war, durch die Welt wanderte. In dem Land der Weißen fand er reine weiße Erde oder Sand, und daraus formte er die Menschen. Dann kam er zum Land Ägypten, und aus dem Schlamm des Nils machte er rote oder braune Menschen. Zuletzt kam er zum Land der Schilluk, und da er dort schwarze Erde fand, schuf er daraus schwarze Menschen. Die Art, in der er Menschen formte, war so: Er nahm einen Klumpen Erde und sagte zu sich selbst: „Ich will einen Menschen machen, aber er muß imstande sein, umherzugehen, zu laufen und sich auf die Felder zu begeben; darum will ich ihm zwei lange Beine geben wie dem Flamingo." Nachdem er dies getan hatte, dachte er wiederum: „Der Mensch muß imstande sein, seine Hirse anzubauen; so will ich ihm zwei Arme geben, einen, um die Hacke zu halten, den anderen, um das Unkraut zu jäten." So gab er ihm zwei Arme. Dann dachte er wiederum: „Der Mensch muß imstande sein, seine Hirse zu sehen; und deshalb will ich ihm zwei Augen geben." Demgemäß handelte er. Danach dachte er: „Der Mensch muß imstande sein, seine Hirse zu essen, und deshalb will ich ihm einen Mund geben." Und einen Mund gab er ihm demgemäß. Danach dachte er bei sich: „Der Mensch muß imstande sein, zu tanzen, zu sprechen, zu singen und zu rufen, und für diese Zwecke muß er eine Zunge haben." Und eine Zunge gab er ihm demgemäß. Zuletzt sagte die Gottheit zu sich: „Der Mensch muß imstande sein, den Lärm des Tanzes zu hören und die Rede großer Männer, und dafür benötigt er zwei Ohren." So gab er ihm zwei Ohren und schickte ihn hinaus in die Welt als einen vollkommenen Menschen.

W. Hofmayr, Die Religion der Schilluk. In: Anthropos 6 (1906) S. 128ff.

D. DER URSPRUNG DES TODES

84. Das Chamäleon und die Eidechse
Die Entstehung des Todes nach einer Überlieferung der Kaffern

Ein großer Streit entstand unter den Großen der Erde darüber, ob es nicht zum Heil der Menschen wäre, wenn der Tod auf die Erde käme, da die Leute sich zu sehr vermehrten und bald nicht mehr Raum auf Erden hätten. Eine große Versammlung wurde berufen – damals starben die Menschen nämlich noch nicht –, um einen Weg zu finden für die Verminderung der Menschen, damit nicht einer den anderen erdrücke. Viel wurde gestritten, ehe man sich einigen konnte. Einige sagten: „Das einzige, was uns retten kann, ist, daß die Menschen sterben, damit wir Luft bekommen." Die anderen sagten: „Nimmermehr!" Endlich einigten sie sich dahin, zwei Männer nach der großen Residenz des Schöpfers zu schicken, dieser Schöpfer des Lebens in der Höhe möge entscheiden. Zwei Männer wurden als Boten abgesandt. Die eine Partei sagte, Herr Chamäleon solle mit der Botschaft geschickt werden: „Die Großen der Erde haben beschlossen, die Leute sollen nicht sterben." Die andere Partei ließ den Herrn Eidechse sagen: „Die Menschen sollen sterben." Da entstand großer Lärm. „Wie ist's möglich", riefen jene, „die Eidechse mit dem Chamäleon zu schicken, da dieses viel langsamer läuft als jene. Es ist ja klar, daß jene mit ihrer Botschaft dort ankommen wird, wenn dieses hier noch im Zweifel steht." Nach vielem Hin- und Herreden, bei dem es immer lauter wurde, einigte man sich endlich dahin, daß das Chamäleon bis zu einem gewissen Punkt vorausgehe und daß ihm dann die Eidechse folge. Gesagt, getan. Das Chamäleon geht hübsch langsam, indem es sich rechts und links an Fliegen sättigt und schläft an dem bestimmten Ort ein. Die Eidechse bricht auf und läuft an dem schlafenden Boten vorbei. Dieser erwacht, sperrt das Maul vor Verwunderung auf, als er die Eidechse dahinlaufen sieht. Trotzdem er seine Kraft zusammennimmt, hilft es ihm nichts. Die Eidechse, angekommen in der Residenz des Schöpfers, rief mit schriller Stimme: „Die Herrscher der Erde haben beschlossen, daß die Menschen sterben sollen!" Darauf langte das Chamäleon mit der entgegengesetzten Botschaft an. Eine Stimme ertönte vom Palast her: „Die Eidechse ist zuerst angekommen, ihre Stimme hat Geltung! Und von jetzt an werden die Menschen dem Tode unterworfen sein!" Von dieser Zeit an herrscht der Tod auf Erden. Beide Tiere werden gehaßt; das Chamäleon wird, wo man es findet, mit Tabaksaft vergiftet, und die Eidechse muß deshalb so flüchtig sein, denn kriegt sie der Buschmann, so verzehrt er sie mit zugekniffenen Augen und hält die Hand vor den Mund, damit kein Tropfen verlorengehe.

A. Kropf, Das Volk der Xosa-Kaffern. Berlin 1889, S. 156.

85. Die weggeworfene Haut: ein melanesischer Mythos

Zunächst starben die Menschen niemals. Wenn sie vielmehr fortgeschrittenen Alters waren, warfen sie ihre Häute ab wie Schlangen und Krebse, und sie kamen mit erneuter Jugend heraus. Nach einer Zeit ging eine altgewordene Frau zu einem Fluß, um ihre Haut zu wechseln. Sie warf ihre alte Haut in das Wasser und beobachtete, wie sie hinunterschwamm und an einem Zweig hängenblieb. Dann ging sie nach Hause, wo sie ihr Kind zurückgelassen hatte. Das Kind aber weigerte sich, sie wiederzuerkennen. Es rief, seine Mutter sei eine alte Frau und nicht diese junge Fremde. Um ihr Kind zu beruhigen, ging sie ihrer alten Hülle nach und zog sie wieder an. Seit jener Zeit hörten die Menschen auf, ihre Häute wegzuwerfen, und sie starben seitdem.

R. H. Codrington, The Melanesians. Oxford 1891, S. 265.

86. Der Stein und die Banane: ein indonesischer Mythos

Die Eingeborenen von Poso, einem Distrikt in Zentral-Celebes, sagen, daß am Anfang der Himmel der Erde sehr nahe war und daß der Schöpfer, der in ihm lebte, seine Gaben den Menschen am Ende eines Seiles hinabzulassen pflegte. Eines Tages ließ er auf diese Weise einen Stein hinab; aber unser erster Vater und unsere erste Mutter wollten keinen haben, und sie riefen zu ihrem Schöpfer hinauf: „Was haben wir mit diesem Stein zu tun? Gib uns irgend etwas anderes." Dem entsprach der Schöpfer und zog ihn mit dem Seil hinweg; der Stein stieg immer mehr in die Höhe, bis er außer Sicht kam. Alsbald sah man das Seil wieder vom Himmel herabkommen, und diesmal war eine Banane an seinem Ende anstelle des Steines. Unsere Urelrtern rannten zu der Banane und ergriffen sie. Dann kam eine Stimme vom Himmel und sagte: „Weil ihr die Banane gewählt habt, soll euer Leben wie ihr Leben sein. Wenn der Bananenbaum Nachkommen hat, stirbt der elterliche Stamm; so sollt ihr sterben, und eure Kinder sollen an eure Stelle treten. Hättet ihr den Stein gewählt, würde euer Leben wie das Leben des Steines gewesen sein, beständig und unsterblich." Der Mann und sein Weib beklagten ihre verhängnisvolle Wahl, aber es war zu spät. So ist durch das Essen einer Banane der Tod in die Welt gekommen.

J. G. Frazer, The Belief in Immortality I. London 1913, S. 74f.

87. Der Mond und die Wiedergeburt: ein australischer Mythos

In einer der Wotjobaluk-Legenden wird berichtet, daß zu der Zeit, als alle Tiere Männer und Frauen waren, einige starben, und der Mond pflegte zu sagen: „Ihr seid nochmals dran", und sie traten erneut ins Leben. Da gab es zu dieser Zeit einen alten Mann, der sagte: „Laßt sie tot bleiben." Dann kam niemand wieder ins Leben zurück, ausgenommen der Mond, der damit fortfuhr[1].

---

[1] Bezieht sich auf Ab- und Zunahme des Mondes.

A. W. Howitt, The Native Tribes of South-East Australia. London 1904, S. 429.

88. Der grausame Vogel

Bei den Aranda Zentral-Australiens herrscht die Vorstellung, daß die ersten Menschen, zunächst die Frauen, dann die Männer, aus einer Felsspalte in diese Welt gekommen seien.

Die Männer, die zuletzt herausgekommen waren, wurden alle zornig auf jenen Mann, der zuerst erschienen war, vielleicht weil er den Frauen zu dicht gefolgt war. Der zuerst geborene Mann entzündete ein großes Feuer, und die anderen richteten einen Zauberknochen gegen ihn. Der verurteilte Mann streckte sich aus; er lag zwei Nächte lang bewegungslos da. Dann starb er, und die anderen begruben ihn östlich der Felssohle. Einige der Frauen gingen in tiefem Gram nach Tjolankuta, andere gingen nach Lkebalinja, andere wiederum setzten sich an den Eingang der Schlucht, dorthin, wo das Ilkaknara-Flüßchen die Felskette durchbricht. Sie bewegten sich in einem Frauentanz, begleitet von den Ausrufen der Männer: bau! bau! bau!

Aber der tote Mann höhlte den Boden von unten aus. Dann tauchte seine Stirn durch die Erdkruste hindurch auf; als nächstes erschienen seine Schläfen, dann würde sein Kopf bis zum Hals sichtbar. Seine beiden Schultern aber blieben unten festgehalten.

Dann aber kam Urbara, die Elster, aus Urburakana. Sie hastete eilig heran; sie sah aus großer Entfernung, was sich ereignet hatte. „Sieh, er hat vor kurzem begonnen, wieder hervorzukommen; aber seine beiden Schultern werden noch festgehalten und pressen ihn zu Boden." Der tote Mann kam ein wenig höher. Die Frauen nahten sich mit tanzenden Schritten; sie umkreisten ihn. Die Elster, die voll Zorn war, flog sohnell zu einem nahegelegenen Berg, der Urburinka heißt. Dann ergriff sie einen schweren Mulga-Speer, stieß ihn tief in den Nacken des toten Mannes, stampfte ihn wieder in den Boden und trampelte wild auf ihm herum: „Bleib unten fest für alle Zeit verwurzelt; versuche nicht, noch einmal emporzukommen; bleib für immer in dem Grab!"...

Mein Informant fügte kurz hinzu, daß der tote Mann, wäre nicht die Grausamkeit der Elster gewesen, ein zweites Mal ins Leben gekommen wäre; und wenn er aus eigenem Antrieb aufgestanden wäre, würden alle Menschen, die seitdem gestorben sind, nach dem Tode auf die gleiche Weise wieder aufgestanden sein. Aber die Elster hatte den unglücklichen Mann endgültig vernichtet und seinen Kopf ein zweites Mal in das Grab gestampft: „Und jetzt sterben alle von uns und werden für immer ausgelöscht; es gibt für uns keine Auferstehung."

T.G.H.Strehlow, Aranda Traditions. Melbourne 1947, S.44f.

89. Maui und Hine-nui-te-Po

Maui gilt als polynesischer Kultur-Heros. Hine-nui-te-Po, „die große Nachtfrau", ist die Herrscherin des Totenreiches.

Maui hielt es nun für notwendig, das Dorf zu verlassen, wo (sein Schwager) Irawaru gelebt hatte, und so kehrte er zu seinen Eltern zurück. Als er eine Zeitlang bei ihnen gewesen war, sagte sein Vater eines Tages zu ihm: „Mein Sohn, ich habe von deiner Mutter und den anderen gehört, daß du sehr tapfer bist und daß du Erfolg hattest in allen Taten, die du in deinem eigenen Land unternommen hast, mögen sie klein oder groß gewesen sein. Aber nun, da du in deines Vaters Land gekommen bist, wirst du vielleicht schließlich überwältigt werden."

Dann fragte Maui ihn: „Was meinst du? Wodurch kann ich bezwungen werden?" Sein Vater antwortete ihm: „Durch deine große Ahnherrin, durch Hine-nui-te-Po, die du dort aufblitzen sehen kannst, wo der Horizont den Himmel berührt." Maui antwortete: „Gib solche müßigen Gedanken auf und laß uns beide furchtlos ergründen, ob die Menschen sterben müssen oder ewig leben." Sein Vater sagte: „Mein Kind, es hat da ein ungünstiges Vorzeichen für uns gegeben. Als ich dich taufte, ließ ich einen Teil des zugehörigen Gebetes aus, und ich weiß, daß dies der Grund unseres Scheiterns sein wird."

Dann fragte Maui seinen Vater: „Wie sieht meine Ahnherrin Hine-nui-te-Po aus?" Er antwortete: „Was du dort drüben so glänzend rot leuchten siehst, sind ihre Augen. Und ihre Zähne sind so scharf und so hart wie Stücke vulkanischen Glases. Ihr Körper ist wie der eines Mannes. Und was die Pupillen ihrer Augen angeht, so sind sie wie Jaspis. Und ihr Haar ist wie ein Gewirr aus langem Seetang. Und ihr Mund ist wie der Schlund eines Pfeilhechtes." Darauf antwortete ihm sein Sohn: „Meinst du, daß ihre Kraft so groß ist wie die von Tama-nui-te-Ra, der mit seinem wilden Ungestüm Menschen verzehrt und die Erde und selbst die Wasser? Wurde nicht ehemals die Welt am Leben gehalten durch die Geschwindigkeit, mit der er sich bewegte? Wenn er damals, in den Tagen seiner vollen Kraft und Macht, so langsam gegangen wäre, wie er jetzt tut, so würde nicht ein Rest der Menschheit auf der Erde am Leben geblieben sein, es würde überhaupt nichts überlebt haben. Aber ich zügelte Tama-nui-te-Ra, und jetzt geht er langsam, denn ich schlug ihn immer wieder, so daß er jetzt schwach ist und lange Zeit für seinen Weg braucht und wenig Ungestüm zeigt, weil ich ihn mit den Schlägen meiner Zauberwaffe geschwächt habe. Ich schlitzte ihn damals auch an vielen Stellen auf, und aus den so geschlagenen Wunden gehen viele Strahlen aus und verteilen sich in allen Richtungen[1]. Auch fand ich das Meer viel größer als die Erde, aber durch die Kraft deines letztgeborenen Kindes wurde ein Teil der Erde wieder emporgezogen, und trockenes Land kam hervor." Und sein Vater antwortete ihm: „Das ist alles gar zu wahr, o mein Letztgeborener, Stärke meines Alters. Also dann, sei kühn, geh und besuche deine große Ahnherrin, die dort so wild aufblitzt, wo der Rand des Horizontes den Himmel berührt."

Kaum war diese Unterredung mit seinem Vater beendet, als der junge Held aufbrach, um nach Gefährten auszuschauen, die ihn bei seinem Unternehmen begleiten sollten. Als Gefährten kamen zu ihm das kleine Rotkehlchen und das große Rotkehlchen und die Drossel und die Goldammer und alle Arten kleiner Vögel und die Bachstelze. Diese alle versammelten sich miteinander, und sie brachen mit Maui am Abend auf, und sie kamen beim Wohnsitz der Hine-nui-te-Po an, und sie fanden sie fest schlafend.

Dann wandte sich Maui an sie alle: „Meine kleinen Freunde, wenn ihr mich jetzt in diese alte Fürstin hineinkriechen seht, so lacht nicht über das, was ihr seht. Nein, tut es nicht, ich bitte euch, aber wenn ich alles in ihr zurecht bekommen habe und gerade dabei bin, aus ihrem Mund herauszukommen, dann könnt ihr, wenn ihr wollt, brüllen vor Lachen." Seine kleinen Freunde, die über das, was sie sahen, erschreckt waren, antworteten: „O Herr, ihr werdet sicher getötet werden." Er antwortete ihnen: „Wenn ihr, sobald ich in sie hineinkomme, in Lachen ausbrecht, so werdet ihr sie aufwecken, und sie wird mich sicher sofort töten, wenn ihr aber nicht lacht, bis ich ganz in ihr bin und schon dabei, wieder aus ihrem Mund herauszukommen, dann werde ich leben und Hine-nui-te-Po wird sterben." Seine kleinen Freunde antworteten: „Auf denn, tapferer Herr, aber bitte, paßt gut auf Euch auf."

Dann brach der junge Held auf. Er band die Stricke seiner Waffe fest um sein Handgelenk und ging ins Haus. Er zog seine Kleider aus, und die Haut an einen Hüften sah gesprengelt und schön aus wie die einer Makrele durch die Tätowierungen, die in sie mit dem Stichel des Uetonga geschnitten waren (Uetonga ist der Enkel von Ru, dem Gott der Erdbeben; Uetonga lehrte das Tätowieren dem Mataora, der es seinerseits den Menschen beibrachte), und er stieg in die alte Fürstin hinein.

Die kleinen Vögel reckten ihre Köpfchen und versuchten, ihr Lachen zu unterdrücken. Schließlich konnte der kleine Tiwakawaka[2] nicht länger an sich halten und lachte laut heraus mit seinem fröhlichen, heiteren Ton. Das weckte die alte Frau auf. Sie öffnete ihre Augen, fuhr empor und tötete Maui.

So starb dieser Maui, von dem wir gesprochen haben. Aber bevor er starb, hatte er Kinder, und Söhne waren ihm geboren worden. Einige seiner Nachkommen leben auf Hawaiki[3], einige auf Aotearoa[4] (oder auf diesen Inseln). Der größere Teil seiner Nachkommen blieb auf Hawaiki, aber einige von ihnen kamen hierher nach Aotearoa.

Nach den Überlieferungen der Maori war dies die Ursache für den Eintritt des Todes in diese Welt (Hine-nui-te-Po war die Göttin des Todes. Wenn Maui sicher durch sie hindurch gekommen wäre, dann würden keine menschlichen Wesen gestorben sein, denn der Tod selbst wäre zerstört worden). Wir drücken das so aus: „Als die Bachstelze über Maui-tiki-tiki-o Taranga[5] lachte, quetschte ihn Hine-nui-te-Po zu Tode." Und wir haben dieses Sprichwort: „Die Menschen erzeugen Erben, aber der Tod schafft sie hinweg."

---

[1] Anspielung auf einen Mythos über den Kampf Mauis mit dem Sonnengott.
[2] Die Bachstelze.
[3] Urheimat der Polynesier.
[4] „Weißes Licht", Maori – Bezeichnung für „Neuseeland".
[5] Beinamen Mauis.

Sir George Grey, Polynesian Mythology. London 1855, S. 56 ff.

E. SINTFLUTBERICHTE

90. Die Fluterzählung im Gilgamesch-Epos

Aus dem Zweistromland berichten alte sumerische Überlieferungen, daß um 2600 v. Chr. in der Stadt Uruk ein Fürst geherrscht habe, der Gilgamesch hieß; auch sei er der Erbauer der großen Mauer dieser Stadt gewesen. Um seine Gestalt rankten sich schon in sumerischer Zeit legendäre Erzählungen, die auch in anderen Ländern des Vorderen Orients weithin verbreitet waren. Doch erst in der babylonischen Epoche Mesopotamiens fanden sie ihren literarischen Abschluß in einer der größten epischen Dichtungen der Weltliteratur, im „Gilgamesch-Epos", das uns in einer späten Version, die der berühmten Bibliothek des Königs Assurbanipal in Ninive (ca. 650 v. Chr.) entstammt, in Keilschrift und babylonischer Sprache auf zwölf Tontafeln – als sogenanntes Zwölftafelepos – erhalten ist.

Einleitend schildert der Text Gilgamesch als einen äußerst kraftvollen Mann, aber auch als despotischen Herrscher, dessen Unterdrückung seiner Untertanen erst nachläßt, als ihm die Götter Enkidu senden, einen ebenbürtigen Gegner, der ihm bald zum treuen Freund wird. Zusammen mit ihm besteht Gilgamesch eine Reihe gefährlicher Abenteuer.

Schöpfung und Urzeit

Als aber Enkidu an einer Krankheit stirbt, bricht in Gilgamesch die Erkenntnis des Todes auf, und er verläßt seine Stadt, um sich auf die Suche nach der Unsterblichkeit zu begeben. Sein Ziel ist das Ende der Welt, wo er Utnapischtim aufsuchen will, einen seiner Vorfahren, der – ein mesopotamischer Noach – die Sintflut in einer Arche überlebte, woraufhin ihm die Götter Unsterblichkeit verliehen.

Die Sintfluterzählung des Utnapischtim findet sich auf der elften Tafel des Gilgamesch-Epos.

    Utnapischtim sprach zu Gilgamesch:
    Verborgenes, Gilgamesch, will ich dir eröffnen,
    Ein Geheimnis der Götter dir verkünden:
    Schurippak – eine Stadt, die du kennst,
    Am Ufer des Euphrats gelegen –
    Diese Stadt war alt, und die Götter waren in ihr.
    Eine Sintflut zu machen, beschlossen die großen Götter.
    Miteinander berieten ihr Vater Anu[1],
    Der tapfere Enlil[2], ihr Ratgeber,
    Ihr Minister Ninurta, Ennugi, ihr Wächter der Deiche.
    Ninigiku-Ea[3] war bei ihnen.
    Er gab ihre Worte einem Rohrhaus weiter:
    „Rohrhaus! Rohrhaus! Wand, Wand!
    Rohrhaus, höre! Wand, versteh!
    Mann von Schurippak, Sohn des Ubartutu,
    Reiß ab das Haus, baue ein Schiff,
    Gib auf den Besitz, suche das Leben,
    Laß fahren die Habe, erhalte dir dein Selbst.
    Nimm an Bord des Schiffes allerlei Lebewesen!
    Das Schiff, das du bauen sollst –
    Seine Maße sollen abgemessen sein.
    Breite und Länge sollen gleich sein.
    Wie das Apsu[4] sollst du es bedachen."

    Ich verstand, und ich sagte zu Ea, meinem Herrn:
    „Siehe, Herr, was du so angeordnet hast,
    Werde ich genau ausführen und danach handeln.
    Doch was soll ich der Stadt, den Bürgern und den Ältesten sagen?"
    Ea öffnete seinen Mund zum Reden,
    Er sagte zu mir, seinem Knecht:
    „Du sollst dann so zu ihnen sprechen:
    Offenbar ist Enlil mir ungnädig;
    Da kann ich in eurer Stadt nicht mehr wohnen,
    Meine Füße nicht mehr auf Enlils Grund setzen.
    Zum Apsu will ich daher hinabsteigen,

Sintflutberichte

Um bei meinem Herrn Ea zu bleiben.
Aber auf euch wird er dann Überfluß regnen lassen...
Das Land wird voll der reichsten Ernten sein."

Die folgenden, teilweise fragmentarisch erhaltenen Zeilen berichten vom Bau der Arche.

Was immer ich hatte, lud ich hinein,
Was ich an Silber hatte, lud ich hinein,
Was ich an Gold hatte, lud ich hinein,
Was ich an Lebewesen hatte, lud ich hinein.
Meine ganze Familie und Verwandtschaft ließ ich ins Schiff gehen.
Die Tiere des Feldes, das Wild
Und alle Handwerker ließ ich hineinsteigen.
Schamasch[5] hatte mir eine Frist gesetzt:
„Am Morgen werde ich Dattelbrot, am Abend Weizen regnen lassen[6] –
Dann geh an Bord und verschließ das Tor!"
Diese Frist kam heran:
Am Morgen ließ er Dattelbrot, am Abend Weizen regnen.
Ich beobachtete das Aussehen des Wetters –
Das Wetter war fürchterlich anzusehen.
Ich trat ins Schiff und verschloß das Tor.
Dem Schiffer Puzuramurri, der das Schiff verpicht hatte,
Übergab ich den Palast und seinen Inhalt.

Beim ersten Schimmer des Morgens
Kam eine schwarze Wolke am Horizont herauf.
In ihr donnerte Adad[7],
Während Schallat und Chanisch voranziehen[8],
Als Boten eilen sie über Berg und Land.
Eragal[9] reißt die Pfosten heraus,
Ninurta geht, läßt die Deiche ausströmen,
Die Anunnaki[10] hoben die Fackeln empor,
Erleuchteten mit grellem Glanz das Land.
Die Himmel überfiel wegen Adad Beklommenheit,
Ins Dunkel verwandelten sie, was licht gewesen war.
Das weite Land zerschlugen sie wie einen Tonkrug.
Einen ganzen Tag lang blies der Südsturm,
Raste daher, tauchte die Berge unter,
Überfiel die Menschen wie im Kampf,
Keiner sieht mehr den andern.

Vom Himmel her waren die Menschen nicht mehr zu erkennen.
Die Götter gerieten durch die Flut in Furcht,
Sie entwichen zum Himmel des Anu,
Kauern dort wie Hunde, lagern draußen.
Ischtar[11] schreit wie eine Frau in Wehen,
Es jammert laut die schönstimmige Herrin der Götter:
„Wäre doch jener Tag zu Lehm geworden[12],
Da ich Böses in der Schar der Götter gebot!
Wie konnte ich Schlimmes in der Versammlung der Götter gebieten,
Den Kampf der Vernichtung der Menschen befehlen!...
Wie Fischbrut erfüllen sie jetzt das Meer."
Die Anunnaki weinen mit ihr,
Die Götter, erniedrigt, weinen...
Sechs Tage und sieben Nächte
Wütet der Sturm, die Flut, ebnet der Südwind das Land.

Als der siebente Tag anbrach...,
Wurde ruhig das Meer, still der Sturm, die Flut war aus.
Ich schaute ins Wetter: Ruhe war eingekehrt,
Und die Menschheit war ganz zu Erde geworden,
Das Land war eingeebnet wie ein flaches Dach.
Ich öffnete eine Luke, Licht fiel auf mein Gesicht.
Niedergebeugt saß ich und weinte,
Tränen rannen über mein Antlitz.
Nach Küsten schaute ich aus in der Weite des Meeres...
Am Berge Nisir kam das Schiff zum Halten.
Der Berg Nisir hielt das Schiff fest, ließ es nicht schwanken,
Einen Tag, einen zweiten Tag hielt der Berg Nisir das Schiff fest, ließ es nicht schwanken,
Einen dritten Tag, einen vierten Tag hielt der Berg Nisir das Schiff fest, ließ es nicht schwanken,
Einen fünften, einen sechsten Tag hielt der Berg Nisir das Schiff fest, ließ es nicht schwanken.

Als der siebente Tag angebrochen war,
Sandte ich eine Taube aus;
Die Taube flog weg, aber sie kam zurück,
Es gab keinen Ruheplatz für sie, und sie kehrte um.
Dann sandte ich eine Schwalbe aus;
Die Schwalbe flog weg, aber sie kam zurück,
Es gab keinen Ruheplatz für sie, und sie kehrte um.
Dann sandte ich einen Raben aus;

Sintflutberichte

Der Rabe flog weg; er sah, daß die Wasser sich verliefen,
Er fraß, flatterte, krächzte – und kehrte nicht um.
Da ließ ich sie alle in die vier Winde hinausgehen und brachte ein Opfer dar.
Ich goß ein Trankopfer aus auf dem Gipfel des Berges.
Sieben und abermals sieben Räucherschalen stellte ich hin
Und füllte sie mit Süßrohr, Zedernholz und Myrte.
Die Götter rochen den Duft,
Die Götter rochen den süßen Duft,
Die Götter scharten sich wie Fliegen um das Opfer.

Der Sintflutbericht schließt mit der Verleihung der Unsterblichkeit an Utnapischtim und seine Frau.

[1] Himmelsgott.
[2] „Herr Wind", Gott des Luftraumes, auch Herr der Schicksalsbestimmung.
[3] Ein anderer Name für Enki, den Herrn des unterirdischen Süßwasserozeans.
[4] Unterirdischer Ozean.
[5] Der Sonnengott.
[6] Unklar.
[7] Wettergott.
[8] Herolde des Wettergottes.
[9] Unterweltsgott.
[10] Kollektivbezeichnung für die Götter.
[11] Göttin der Liebe, aber auch des Krieges.
[12] Wäre der Tag nie gewesen, an dem die Götter die Flut beschlossen!

E. A. Speiser in: Ancient Near Eastern Texts. Princeton 1950, S. 66 ff. – Hartmut Schmökel, Das Gilgamesch-Epos. 2. Aufl. Stuttgart 1971, S. 96 ff. – Albert Schott – Wolfram von Soden, Das Gilgamesch-Epos. Stuttgart 1958, S. 86 ff.

91. *Eine altindische Flutmythe*
Shatapatha-Brāhmana I, 8, 1–6

1. Am Morgen brachten sie dem Manu in üblicher Weise Wasser zum Händewaschen. Als er sich wusch, kam ihm ein Fisch in seine Hände.

2. Er sprach zu ihm: „Zieh mich auf! Dann will ich dich retten!" „Wovor willst du mich retten?" „Eine Flut wird alle diese Wesen fortreißen, davor will ich dich retten!" „Wie soll ich dich aufziehen?"

3. Er sagte: „Solange wir klein sind, herrscht unter uns eine große Vernichtung: ein Fisch verschlingt den anderen. Du wirst mich in einem Topf aufheben. Wenn ich diesem entwachse, dann sollst du eine Grube graben und mich in ihr bewahren. Wenn ich dieser entwachse, dann sollst du mich hinunter zum Meer bringen; denn dann werde ich jenseits aller Vernichtung sein."

4. Er wurde bald ein sehr großer Fisch; denn er wuchs enorm. Dann sagte

Schöpfung und Urzeit

er: „In dem und dem Jahr wird die Flut kommen. Du mußt dann auf mich hören und ein Schiff bauen, und wenn die Flut gestiegen ist, sollst du in das Schiff gehen, und ich will dich vor ihr retten."

5. Nachdem er den Fisch auf diese Weise aufgezogen hatte, brachte er ihn hinunter zum Meer. Und genau in dem Jahr, das der Fisch ihm angegeben hatte, folgte er dem Rat des Fisches und baute ein Schiff; und als die Flut gestiegen war, ging er in das Schiff hinein. Dann schwamm der Fisch zu ihm empor, und an seinem Horn befestigte er das Schiffsseil, und auf diese Weise fuhr er schnell zu dem nördlichen Gebirge dort drüben.

6. Der Fisch sagte dann: „Ich habe dich gerettet. Befestige das Schiff an einem Baum; aber laß dich nicht durch das Wasser losreißen, solange du auf dem Gebirge bist. Wenn sich das Wasser senkt, kannst du nach und nach hinabsteigen!" Dem entsprechend stieg er allmählich hinab, und daher wird dieser Abhang des nördlichen Gebirges „Manus Abstieg" genannt. Die Flut trieb dann alle diese Wesen hinweg, und nur Manu blieb allein hier.

Julius Eggeling, Sacred Books of the East XII. Oxford 1882, S. 216 ff.

92. Die deukalionische Flut
Ovid, Metamorphosen I, 260–415

Wegen der Bosheit der Menschen beschließt Jupiter deren Vernichtung, die er zunächst durch Blitzschlag und Feuer, dann aber durch eine Flut plant.

...er beschließt eine andere Strafe; jetzt will er vom ganzen
Himmel die Regen entsenden, das Menschengeschlecht zu ertränken.
Unverzüglich verschließt er den Nordwind in Aeolus' Höhen,
Auch die anderen Winde, die dichtes Gewölke verscheuchen,
Und entsendet den Süd: mit durchfeuchteten Schwingen entschwebt er.
Finsternis, schwarz wie Pech, überdeckt sein entsetzliches Antlitz;
Schwer ist von Wolken sein Bart: es triefen die Haare, die grauen;
Nebel umlagern die Stirn, und durchnäßt sind Flügel und Busen.
Und wie er jetzt mit der Hand die weithin hängenden Wolken
Preßt's, da erkracht's – und es stürzen die Regenmassen vom Himmel.
Iris, die Botin der Juno, in bunteste Farben gekleidet,
Zieht noch Wasser empor und spendet Nahrung den Wolken.
Niedergestreckt sind die Saaten; der Landmann jammert: die Hoffnung
Liegt am Boden; umsonst des langen Jahres Bemühen!

Nicht begnügt sich Jupiters Zorn mit den Waffen des Himmels:
Wogenhilfe entsendet der dunkellockige Bruder[1].

Sintflutberichte

Denn er beruft seine Ströme; als die in das Haus ihres Fürsten
Eingetreten, da sagt er: „Jetzt braucht es nicht langer Ermahnungs-
Reden. Entfaltet mit Macht eure Kräfte! So ist es vonnöten.
Öffnet die Häuser, durchstoßt die Dämme und lasset entzügelt
Eure Flüsse gewaltig entströmen!" So lautet des Gottes
Weisung. Sie kehren zurück und lockern den Quellen die Zäume,
Und in die Ebnen wälzen sie sich in entfesseltem Laufe.
Er erschütterte selbst mit dem Dreizack die Erde, und diese
Bebte: es öffnete weit der Stoß den Wassern die Wege.
Über die Ufer fluten die Flüsse durch offene Felder,
Reißen die Bäume hinweg mit den Saaten, das Vieh und die Menschen,
Häuser mitsamt den heiligen Räumen, darinnen die Bilder.
Bleibt ein Haus, vermag es dem riesigen Unheil zu trotzen,
Ohne zu stürzen, so steigen die Wogen ihm über den Giebel,
Decken es zu: auf verschwundenen Türmen lasten die Fluten.
Völlig verwischt sind die Grenzen, wo Meer und Erde sich scheiden:
Alles ist Meer, es fehlen sogar dem Meere die Küsten.

Dieser erklimmt einen Hügel, ein anderer sitzt im gekrümmten
Nachen und führt die Ruder daselbst, wo er jüngst noch gepflügt hat;
Der übersegelt sein Feld, wohl auch des versunkenen Hauses
Giebel, und dieser – er fängt einen Fisch im Wipfel der Ulme.
Wenn es der Zufall will, so haftet der Anker in grüner
Wiese, vielleicht auch streifen die krummen Kiele die Reben.
Und wo soeben noch zierliche Ziegen im Grase geweidet,
Lagern sich Robben und strecken die mißgestalteten Leiber.
Unter dem Wasser bewundern die Töchter des Nereus[2] die Haine,
Städte und Häuser; Delphine beleben die Wälder, es treiben die gelben
Löwen und Tiger dahin; nichts nützen dem Eber die jähen
Kräfte, dem Hirsch die Schenkel, die schnellen; es reißt ihn von dannen.
Lang hat vergeblich ein Plätzchen gesucht der schweifende Vogel,
Niederzusitzen: nun stürzt er ins Meer mit ermatteten Schwingen.
Hügel hat der gewaltige Aufruhr des Meeres verschüttet,
Und – unerhört! – es schlagen an Bergesgipfel die Wogen.
So ertrinken die meisten, und welche die Wellen verschonen,
Werden von Mangel an Nahrung gequält: sie müssen verhungern.

Phocis[3] trennt die Aionier von Oetas[4] Gefilden, ein fruchtbar
Land, solange es Land noch war, doch damals ein Meeres-
Teil, eine riesige Fläche hervorgebrochener Wasser.
Dort erhebt sich ein Berg zu den Sternen mit doppeltem Scheitel,
Namens Parnaß, und über die Wolken ragen die Gipfel.

Schöpfung und Urzeit

Dies ist das Land, wo Deucalion[5] fährt mit seiner Gemahlin
Und hier strandet sein Schifflein – das Meer überdeckte sonst alles.
An die corycischen Nymphen[6] sowie an die Götter des Berges
Wandten sie sich im Gebet, an die schicksalskündende Themis[7],
Die damals das Orakel besaß. Von den Männern war keiner
Besser, gerechter als er; sie war die frömmste der Frauen.

Als nun Jupiter sieht, daß die Erde ein stehend Gewässer
Sei, daß von allen den tausend Männern nur einer noch übrig,
Daß von allen den tausend Frauen nur eine noch lebe,
Beide unsträflichen Sinnes und beide Verehrer der Gottheit,
Da zersprengt er die Wolken – der Nord muß die Nebel verscheuchen –,
Und so zeigt er dem Himmel die Erde, der Erde den Äther.
Auch der Zorn des Meeres vergeht: der Beherrscher der Hochsee
Legt den Dreizack zur Seite und sänftigt die Wasser. Dann ruft er
Triton herbei, den bläulichen Gott, der über die Tiefe
Ragt, die Schultern bedeckt von hineingewachsenen Muscheln:
Blasen soll er in die tönende Schnecke und Fluten und Flüsse
Jetzt durch ein Zeichen zum Rückzug bewegen. Er greift nach der hohlen
Schneckentrompete – sie wächst von dem untersten Ring in die Breite;
Hat sie einmal in der Mitte des Meeres mit Luft sich durchdrungen,
Füllt ihr Ton die Gestade, wo Phoebus sich hebt und verschwindet[8].
So auch jetzt: es setzte der Gott sein Horn an die Lippen,
Die vom Barte noch feuchten, und blies, wie befohlen, zum Rückzug.
Und es vernahmen ihn all die Gewässer der See und der Erde:
Alle, soviele ihn hörten, gehorchten dem Klang der Trompete.

Schon hat das Meer eine Küste, es fassen die Betten die vollen
Ströme, es fallen die Fluten, man sieht die Hügel erscheinen,
Steigen den Boden: es wächst das Land, wie die Wasser sich senken.
Endlich tauchen die freigewordenen Wipfel der Wälder
Wieder empor: vom Schlamme bedeckt sind die Blätter der Bäume.
Wiedergeschenkt ist die Erde; doch wie Deucalion wahrnimmt
All die Leere, die Öde, das Schweigen, das überall lastet,
Steigen die Tränen ihm auf, und er redet zu Pyrrha[9] die Worte:
„O du Schwester und Gattin, du Weib, das einzig noch übrig
Erst durch Verwandtschaft, die Abkunft vom Oheim, und dann durch die Ehe
Mit mir verbunden, und jetzo Gefährtin in diesen Gefahren,
Hier auf der Erde, so weit sie sich dehnt von Osten nach Westen,
Gibt es nur uns als Bewohner: die anderen ruhen im Meere.
Und auch jetzt ist kein sicher Verlaß auf unsere Rettung:
Immer noch hat es Gewölk, vor dem wir uns ängstigen müssen.

Sintflutberichte

Wärst du allein ohne mich dem Verhängnis entronnen, wie würde
Dir zu Mute jetzt sein, du Arme? Wie könntest allein du
Alle die Angst ertragen? Wer würde im Leide dich trösten?
Hätten auch dich die Gewässer verschlungen, ich würde dir folgen
– Glaube es mir, o Gattin! – auch mich verschlängen die Wasser.
Könnte ich doch aufs neue die Völker der Menschen erschaffen
Und mit der Kunst des Vaters gestaltete Erde beseelen!
Doch jetzt ruht das Menschengeschlecht allein auf uns beiden
– Dies ist der Himmlischen Will –, wir sind die einzigen Menschen."
Also sprach er; sie weinten zugleich und beschlossen, die Gottheit
Anzuflehn und Hilfe in heil'gen Orakeln zu suchen.

Ohne zu säumen, enteilten sie beide zum Flusse Cephisus;
Klar war das Wasser noch nicht, doch es floß im gewöhnlichen Bette.
Daraus schöpften sie, ließen die Tropfen sich über die Kleider
Rinnen und über das Haupt und lenkten sodann ihre Schritte
Hin zu dem Tempel der heiligen Göttin; der Giebel stand glanzlos,
Häßlich entstellt vom Moos; der Altar entbehrte des Feuers.
Als sie die Stufen des Tempels erreichten, da sanken sie beide
Nieder zur Erde und küßten erbebend die eisigen Steine;
Und sie beteten so: „Wenn durch Bitten Gerechter die Gottheit
Je sich erweichen läßt, wenn der Himmlischen Zorn sich besänftigt,
Sag uns, Themis, du milde, das Mittel, des Menschengeschlechtes
Schaden zu heilen, und hilf der Erde, wo alles ertrunken!"
Gnädig erteilte die Göttin den Spruch: „Entfernt euch vom Tempel
Und verhüllet das Haupt und löset der Kleider Umgürtung,
Hinter euch werfet sodann der Mutter, der großen, Gebeine!"

Staunend stehn sie lange; zuerst bricht Pyrrha das Schweigen,
Angstvoll weigert sie sich, dem Gebote der Göttin zu folgen;
Um Vergebung bittet sie furchtsam: der Mutter Gebeine
Könne sie nicht durch Werfen entweihn; ihren Schatten verletzen.
Unterdes wiederholen sie sich die in Dunkel gehüllten
Worte des Spruchs, und auf und nieder gehn die Gedanken.
Endlich beruhigt der Sohn des Prometheus die Epimethide[10];
Freundlich spricht er zu ihr: „Entweder betrügt mich mein Scharfsinn,
Oder der Spruch ist fromm und verlangt keinen Frevel: die große
Mutter, das ist die Erde; die Steine im Leibe der Erde,
Glaube ich, sind die Gebeine: die sollen wir hinter uns werfen!"
Zwar gefiel der Titanin die Deutung des Gatten; doch gleichwohl
Schwankte die Hoffnung noch weiter: so sehr mißtrauten sie beide
Dem, was der Himmel verlangt; doch versuchen, was könnte es schaden?

Schöpfung und Urzeit

Und sie gehen, verhüllen das Haupt, entgürten die Kleider,
Alsdann entsenden sie hinter sich Steine, wie ihnen befohlen.

Siehe – wer sollte es glauben – wenn nicht das Alter der Sage
Es verbürgte? – Die Steine verlieren die Härte und Starrheit,
Bald wie sie wachsen, wie ihnen ganz sacht ein milderes Wesen
Wird verliehen, da kann man noch unscharf, aber doch sichtlich
Menschengestalten erblicken: sie gleichen den rohen Gebilden,
Welche, aus Marmor begonnen, noch ohne Vollendung geblieben.
Was an den Steinen zuvor durch irgend verborgene Säfte
Feucht und erdig gewesen, geht über in fleischige Teile;
Aber was hart ist und nicht zu biegen, erscheint nun als Knochen;
Was soeben noch Ader gewesen, bleibt fürderhin Ader.
Und so wurden in kürzester Frist nach dem Willen der Götter
Die von den Händen des Mannes geworfenen Steine zu Männern,
Und aus den Würfen des Weibes erwuchsen wiederum Weiber.
Darum sind wir ein hartes Geschlecht, das der Mühen gewohnt ist,
Und wir bekunden noch deutlich den Stoff, aus dem wir entstanden.

---

[1] Neptun (Poseidon).
[2] Ein Neptun untergeordneter Meeresgott.
[3] Landschaft im mittleren Griechenland.
[4] Gebirge im mittleren Griechenland.
[5] Sohn des Prometheus.
[6] Benannt nach einer Höhle bei Delphi.
[7] Weissagende Göttin, Herrin gesetzlicher Ordnung.
[8] Gleichsetzung von Phoebus Apollon mit der Sonne.
[9] Gattin des Deucalion.
[10] Tochter des Epimetheus.

Übersetzung von Hermann Breitenbach. Zürich 1958, ²1964.

DRITTES KAPITEL

Der Mensch und das Heilige

A. THEOPHANIEN

93. Die „Anschauung der kosmischen Gestalt" des göttlichen Krishna
Bhagavadgītā XI (Auswahl)

Der 11. Gesang der Bhagavadgita („Gesang des Erhabenen") schildert die Epiphanie Krishnas, die der Text mit „Anschauung der kosmischen Gestalt" bezeichnet. Einleitend begehrt der Fürst Arjuna, den Gott in seiner allumfassenden Gestalt zu sehen:

3. Was du von dir ausgesagt hast, o höchster Herr, ist wirklich so. Ich begehre nun, deine Gestalt in ihrer Göttlichkeit zu schauen, o höchster Geist!

4. Wenn du glaubst, o Herr, daß es von mir gesehen werden kann, o Fürst der Andacht, enthülle mir dein unsterbliches Selbst!

5. (Krishna:) So schaue denn, o Pritha-Sohn[1], meine Gestalten hundert- und tausendfach, verschieden in ihrer Art, wunderbar, in Farben und Formen vielfältig.

8. Doch kannst du mich mit diesen deinen eigenen Augen nicht sehen. Ich gebe dir ein übernatürliches Auge: Nun schaue meine wunderbare Macht als Gott.

9. So sprach er, und dann, o König, zeigte Hari[2] dem Pritha-Sohn seine überweltliche Gestalt als Gott.

12. Würde am Himmel das Licht von tausend Sonnen plötzlich hervorbrechen – dieses Licht könnte dem Glanz des Erhabenen gleichen.

14. Dann, ganz erfüllt von verwundertem Erstaunen, mit sich sträubenden Haaren, neigte Arjuna sein Haupt vor dem Gott und sprach mit gefalteten Händen:

15. Ich sehe alle Götter in deinem Körper, o Gott, sie alle, und Scharen anderer Wesen auch, Brahman, den Herrn, auf seinem Lotosthron, die Weisen alle und die Himmelsschlangen.

16. Mit vielen Armen, Bäuchen, Mündern und Augen seh' ich dich, unendliche Gestalt, aber weder Ende noch Mitte noch deinen Anfang sehe ich, o Gott, du allumfassender.

17. Mit Diadem, Keule und Diskus, ein Übermaß an Glanz, nach allen Seiten

leuchtend, so seh' ich dich, schwer zu erschauen im Glanz des flammenden Feuers und der Sonne, unmeßbar.

18. Du bist der Unvergängliche, des Wissens höchstes Ziel, du bist der letzte Ruhepunkt des Alls; du bist der unsterbliche Hüter des ewigen Gesetzes, du bist, so meine ich, der ewige Geist.

19. Ohne Anfang, Mitte oder Ende, unbegrenzt an Macht, mit zahllosen Armen, den Augen als Mond und Sonne, so seh' ich dich, dessen Antlitz flammendes Feuer ist, dessen Schein dieses ganze All verbrennt.

20. Denn dieser Raum zwischen Himmel und Erde wird allein von dir erfüllt, und jede Himmelsgegend. Wenn sie deine wundersam-schreckliche Gestalt erblicken, erzittern die drei Welten, o Erhabener.

21. Denn in dich treten Götterscharen ein, einige, voll Furcht, preisen dich mit gefalteten Händen; es rufen „Heil" die Scharen der Seher und Seligen, sie preisen dich im Überschwang mit Lobgesängen.

24. An den Himmel rührend, in mannigfachen Farben erstrahlend, mit weit geöffneten Münden und riesigen Flammenaugen, so seh' ich dich wahrhaftig; meine innerste Seele erzittert, ich finde weder Stetigkeit noch Ruhe, o Vishnu[3].

25. Wenn ich deine Münder, furchtbar mit großen Fangzähnen erblicke, dann verliere ich den Ortssinn und finde keine Zuflucht. Sei gnädig, Herr der Götter, du, in dem die Welt umschlossen liegt.

31. Sage mir, wer bist du in furchterregender Gestalt? Verehrung dir, du höchster Gott, sei gnädig. Ich sehne mich, dich zu verstehen, Uranfänglicher, denn nicht begreife ich dein Wirken.

Der Erhabene sprach:

32. Ich bin die Zeit, die alle Welten vernichtet, damit befaßt, auch diese fortzuraffen. Auch ohne dich sind sie dem Tod verfallen, die Kämpfer, die dort in gegnerischen Reihen stehen[4].

33. Darum erhebe dich, gewinne Ruhm, besieg die Feinde und erfreue dich des herrscherlichen Glücks. Durch mich sind diese alle früher schon getötet, sei du, linkshändiger Kämpfer, nur noch das Instrument.

Arjuna sprach:

36. Recht ist es, o Krishna, daß bei deinem Ruhmespreis die Welt frohlockt und sich erfreut. Die Dämonen fliehn erschreckt nach allen Seiten, und die Scharen der Vollkommenen verneigen sich vor dir.

37. Und warum sollten sie nicht dir, Erhabener, huldigen? Du bist größer selbst als Brahman, du bist der erste Schöpfer. Unendlicher Götterherr, von dem die Welt umschlossen ist, du bist der Unvergängliche, jenseits von Sein und Nicht-Sein.

38 Du bist der erste Gott, der Urgeist, die höchste Ruhestätte dieses Alls; du bist der Kenner und das höchste Ziel des Wissens. Von dir ist dieses All durchdrungen, deine Gestalt ist endlos.

42. Und wenn im Scherz ich dich nicht richtig ehrte, beim Spiel, beim Ruhen, Sitzen oder Essen, allein oder in Gegenwart anderer, o Unerschütterlicher, ich bitte dich um Vergebung, Unermeßlicher.

43. Du bist der Vater der beweglichen und der unbeweglichen Welt, verehrungswürdig, höchst ehrwürdiger Lehrer. Keiner ist dir gleich, erst recht nicht größer, in den drei Welten, du maßlos Großer.

44. Darum, mich verneigend und den Körper niederwerfend, bitte ich dich um Gnade, verehrungswürdiger Herr. Wie ein Vater seinem Sohne, wie ein Freund seinem Freunde, wie ein Liebender seiner Geliebten, so mögest du, o Gott, Verzeihung mir erweisen.

45. Gesehen habe ich nie zuvor Geschautes; mich durchläuft ein Schauer, und mein Herz bebt mir vor Furcht. Zeige mir, o Gott, deine frühere Gestalt, sei gnädig, Herr der Götter, Zuflucht der Welt.

---

[1] Pritha-Sohn: Arjuna.
[2] Hari: gemeint ist Krishna.
[3] Vishnu: identisch mit Krishna.
[4] Die Bhagavadgītā ist in die Rahmenhandlung des indischen Nationalepos Mahābhārata eingefügt, das vom Kampf zweier verfeindeter Fürstengeschlechter berichtet.

S. Radhakrishnan, The Bhagavadgītā; deutsch von Siegfried Lienhard, Baden-Baden 1958, S. 310–328. – Leopold von Schroeder, Bhagavadgita. Des Erhabenen Gesang, Düsseldorf-Köln 1955, S. 78–83.

94. Poseidon zertrümmert das Floß des Odysseus
Homer, Odyssee V, 282–323

Jetzo kam aus dem Lande der Aithiopen Poseidon
Und erblickte fern von der Solymer Berge Odysseus,
Welcher die Wogen befuhr. Da ergrimmt' er noch stärker im Geiste,
Schüttelt zürnend sein Haupt und sprach in der Tiefe des Herzens:
Himmel, es haben gewiß die Götter sich über Odysseus
Anders entschlossen, da ich die Aithiopen besuchte!
Siehe, da naht er sich schon den phaiakischen Lande, dem großen
Heiligen Ziele der Leiden, die ihm das Schicksal bestimmt hat!
Aber ich meine, er soll mir noch Jammer die Fülle bestehn!
Also sprach er, versammelte Wolken und regte das Meer auf
Mit dem erhobenen Dreizack; rief itzt allen Orkanen,
Aller Enden zu toben, verhüllt' in dicke Gewölke
Meer und Erde zugleich; und dem düsteren Himmel entsank die Nacht.

Unter sich stürmten der Ost und der Süd und der sausende Westwind,
Auch der hellfrierende Nord, und wälzte gewaltige Wogen.

Und dem edlen Odysseus erzitterten Herz und Knie;
Tiefaufseufzend sprach er zu seiner erhabenen Seele:
Weh mir, ich elender Mann! Was werd ich noch endlich erleben!
Ach ich fürchte, die Göttin hat lauter Wahrheit geweissagt,
Die mir im wilden Meere, bevor ich zur Heimat gelangte,
Leiden die Fülle verhieß! Das wird nun alles erfüllet!
Ha! Wie fürchterlich Zeus den ganzen Himmel in Wolken
Hüllt und das Meer aufregt! Wie sausen die wütenden Stürme
Aller Enden daher. Nun ist mein Verderben entschieden!
Dreimal selige Griechen und viermal, die ihr in Troias
Weite Gefilde sankt, der Atreiden Ehre verfechtend!
Wär ich doch auch gestorben und hätte die traurige Laufbahn
An dem Tage vollendet, als mich, im Getümmel der Troer,
Eherne Lanzen umflogen, um unseren erschlagenen Achilleus!
Dann wär ich rühmlich bestattet, dann sängen mein Lob die Achaier!
Aber nun ist mein Los, des schmählichen Todes zu sterben!

Also sprach er; da schlug die entsetzliche Woge von oben
Hochdrohend herab, daß im Wirbel der Floß sich herumriß:
Weithin warf ihn der Schwung des erschütterten Floßes und raubte
Ihm aus den Händen das Steu'r, und mit einmal stürzte der Mastbaum
Krachend hinab vor der Wut der fürchterlich brausenden Windsbraut.
Weithin flog in die Wogen die Stang und das flatternde Segel.
Lange blieb er untergetaucht und strebte vergebens,
Unter der ungestüm rollenden Flut sich empor zu schwingen;
Denn ihn beschwerten die Kleider, die ihm Kalypso geschenket.
Endlich strebt' er empor und spie aus dem Munde das bittre
Wasser des Meers, das strömend von seinem Scheitel herabtroff.

Übersetzung von Johann Heinrich Voß. Hamburg 1781.

95. *Athene läßt Odysseus das heimatliche Ithaka erkennen*
Homer, Odyssee XIII, 187–350

Odysseus, der schlafend nach Ithaka gebracht wurde, erkennt die Heimat zunächst nicht.

...Da erwachte der edle Odysseus,
Ruhend auf dem Boden der lange verlassenen Heimat.
Und er erkannte sie nicht; denn die Göttin umhüllt' ihn
Rings mit dunkler Nacht, Zeus' Tochter, Pallas Athene,

Theophanien

Ihn unkennbar zu machen und alles mit ihm zu besprechen:
Daß ihn weder Weib noch die Freund' noch die Bürger erkennten,
Bis die üppigen Freier für alle Frevel gebüßet.
Alles erschien daher dem ringsum schauenden König
Unter fremder Gestalt: Heerstraßen, schiffbare Häfen,
Wolkenberührende Felsen und hochgewipfelte Bäume.

Jetzo erhob er sich, stand, und da er sein Vaterland ansah,
Hub er bitterlich an zu weinen und schlug sich die Hüften
Beide mit flacher Hand und sprach mit klagender Stimme:
Weh mir! Zu welchem Volke bin ich nun wieder gekommen?
Sind's unmenschliche Räuber und sittenlose Barbaren
Oder Diener der Götter und Freunde des heiligen Gastrechts?
Wo verberg ich dies viele Gut? Und wohin soll ich selber
Irren? O wäre doch dies im phaiakischen Lande geblieben
Und mir hätte dagegen ein anderer mächtiger König
Hilfe gewährt, mich bewirtet und hingesendet zur Heimat!
Jetzo weiß ich es weder wo hinzulegen, noch kann ich's
Hier verlassen, damit es nicht anderen werde zur Beute.
Ach, so galt denn bei jenen Gerechtigkeit weder, noch Weisheit,
Bei des phaiakischen Volkes erhabenen Fürsten und Pflegern,
Die in ein fremdes Land mich gebracht! Sie versprachen so heilig,
Mich nach Ithakas Höhen zu führen! und täuschten mich dennoch!
Zeus vergelte es ihnen, der Leidenden Rächer, der aller
Menschen Beginnen schaut und alle Sünder bestrafet!
Aber ich will doch jetzo die Güter zählen und nachsehn,
Ob sie mir etwas geraubt, als sie im Schiffe davonflohn.

Also sprach er und zählte die Becken und schönen Geschirre
Mit drei Füßen, das Gold und die prächtig gewebten Kleider;
Und ihm fehlte kein Stück. Nun weint' er sein Vaterland wieder,
Wankt' umher am Ufer des laut aufrauschenden Meeres
Und wehklagt laut. Da nahte sich Pallas Athene,
Eingehüllt in Jünglingsgestalt, als Hüter der Herden,
Zart und lieblich an Wuchs, wie Königskinder einhergehen.
Diese trug um die Schultern ein wallendes feines Gewebe,
Einen Spieß in der Hand und Sohlen an glänzenden Füßen.
Als sie Odysseus erblickte, da freut' er sich, ging ihr entgegen,
Redete freundlich sie an und sprach die geflügelten Worte:
Lieber, weil du zuerst mir an diesem Orte begegnest,
Sei mir gegrüßt und nahe dich nicht mit feindlichem Herzen,
Sondern beschütze mich selbst und dieses. Wie einen der Götter

Fleh ich dir und umfasse die werten Knie voll Demut.
Auch verkündige aufrichtig, damit ich es wisse:
Wie benennt ihr das Land, die Stadt und ihre Bewohner?
Ist dies eine der Inseln voll sonnenreicher Gebirge
Oder die meerumlaufene Spitze der fruchtbaren Feste?

Ihm antwortete Zeus' blauäugichte Tochter Athene:
Fremdling, du bist nicht klug, oder ferne von hinnen gebürtig,
Da du nach diesem Lande mich fragst! Ich dächte, so gänzlich
Wär es nicht unberühmt, und sicherlich kennen es viele:
Alle, die morgenwärts und wo die Sonne sich umdreht,
Wohnen, oder da hinten, gewandt zum nächtlichen Dunkel.
Freilich ist es rauh und taugt nicht, Rosse zu tummeln,
Doch ganz elend auch nicht, wiewohl es an Ebnen ihm mangelt.
Reichlich gedeihet bei uns die Frucht des Feldes, und reichlich
Lohnet der Wein; denn Regen und Tau befeuchten das Erdreich.
Treffliche Ziegenweiden sind hier, auch Weiden der Rinder,
Waldungen jeglicher Art und immerfließende Bäche.
Fremdling, Ithakas Ruf ist selbst nach Troia gekommen,
Und das, sagen sie, liegt sehr fern vom achaiischen Lande.
Also sprach er; da freute der herrliche Dulder Odysseus
Sich im innersten Herzen des Vaterlandes, das jetzo
Pallas Athene ihm nannte, des Wetterleuchtenden Tochter.

Und er redete sie an und sprach die geflügelten Worte
(Doch vermied er die Wahrheit mit schlauabweichender Rede
Und sein erfindungsreicher Verstand war in steter Bewegung):
Ja, von Ithaka hört ich in Kretas weiten Gefilden,
Ferne jenseits des Meeres. Nun komm ich selber mit diesem
Gute hierher und ließ den Kindern noch eben so vieles,
Als ich entfloh. Ich nahm Idomeneus' Sohn das Leben,
Jenem hurtigen Helden Orsilochos, welcher in Kreta
Alle geübtesten Läufer an Schnelle der Füße besiegte.
Denn er wollte mich ganz der troischen Beute berauben,
Derenthalb ich so viel unnennbare Leiden erduldet,
Blutige Schlachten der Männer und tobende Fluten durchkämpfend,
Weil ich seinem Vater zu dienen nimmer gewillfahrt
In dem troischen Land und selbst ein Geschwader geführet.
Aber mit ehernem Speere erschoß ich ihn, als er vom Felde
Kam; ich laurte versteckt mit meinem Gefährten am Wege.
Eine düstere Nacht umhüllte den Himmel, und unser
Nahm kein Sterblicher wahr, und heimlich raubt ich sein Leben.

Theophanien

Dennoch, sobald ich jenen mit ehernem Speere getötet,
Eilt ich ans Ufer des Meeres zum Schiffe der stolzen Phöniker,
Flehte sie an und gewann sie mit einem Teile der Beute,
Daß sie an Pylos' Gestade mich auszusetzen versprachen,
Oder der göttlichen Elis, die von den Epeiern beherrscht wird.
Aber leider! sie trieb die Gewalt des Orkanes von dannen,
Ihnen zum großen Verdruß; denn sie dachten mich nicht zu betrügen.
Und wir irrten umher und kamen hier in der Nacht an.
Mühsam ruderten wir das Schiff in den Hafen, und niemand
Dachte der Abendkost, so sehr wir auch ihrer bedurften,
Sondern wir stiegen nur so ans Ufer und legten uns nieder.
Und ich entschlummerte sanft, ermüdet von langer Arbeit.
Jene huben indes mein Gut aus dem Raume des Schiffes,
Legten es auf dem Sande, wo ich sanft schlummerte, nieder,
Stiegen dann ein und steuerten der wohlbevölkerten Küste
Von Sidonia zu; ich blieb mit traurigem Herzen.

Also sprach er; da lächelte Zeus' blauäugichte Tochter,
Streichelt' ihn mit der Hand und schien nun plötzlich ein Mädchen,
Schöngebildet und groß und klug in künstlicher Arbeit.
Und sie redet' ihn an und sprach die geflügelten Worte:
Geist erforderte das und Verschlagenheit, dich an Erfindung
Jeglicher Art zu besiegen, und käme auch einer der Götter!
Überlistiger Schalk voll unergründlicher Ränke,
Also gebrauchst du noch selbst im Vaterlande Verstellung
Und erdichtete Worte, die du als Knabe schon liebtest?
Aber laß uns hiervon nicht weiter reden, wir kennen
Beide die Kunst; du bist von allen Menschen der erste
An Verstand und Reden, und ich bin unter den Göttern
Hochgepriesen an Rat und Weisheit. Aber du kanntest
Pallas Athene nicht, Zeus' Tochter, welche beständig,
Unter allen Gefahren dir beistand und dich beschirmte
Und dir auch die Liebe von allen Phaiaken verschaffte.
Jetzo komm ich hierher, um dir Anschläge zu geben
Und zu verbergen das Gut, so viel die edlen Phaiaken
Dir Heimkehrenden schenkten, durch meine Klugheit geleitet;
Auch zu verkünden, daß deiner im schöngebauten Palaste
Viele Drangsal noch harrt. Doch du ertrage sie standhaft
Und entdecke dich keinem der Männer oder Weiber,
Daß du von Leiden verfolgt hier ankamst, sondern erdulde
Schweigend dein trauriges Los und schmiege dich unter die Stolzen.

Ihr antwortete darauf der erfindungsreiche Odysseus:
Schwer, o Göttin, erkennt dich ein Sterblicher, dem du begegnest,
Sei er auch noch so geübt; denn du nimmst jede Gestalt an.
Dennoch weiß ich wohl, daß du vor Zeiten mir hold warst,
Als wir Achaier noch die hohe Troia bekriegten.
Aber seit wir die Stadt des Priamos niedergerissen
Und von dannen geschifft und ein Gott die Achaier zerstreuet,
Hab ich dich nimmer gesehen, Zeus' Tochter, und nimmer vernommen,
Daß du mein Schiff betratst, mich einer Gefahr zu entreißen;
Sondern immer, im Herzen von tausend Sorgen verwundet,
Irrt ich umher, bis die Götter sich meines Jammers erbarmten:
Außer daß du zuletzt in dem fetten phaiakischen Eiland
Mich durch Worte gestärkt und zu der Stadt mich geführt hast.
Jetzo fleh ich dich an bei deinem Vater (ich fürchte
Immer, ich sei noch nicht in Ithaka, sondern durchirre
Wieder ein anderes Land, und spottend habest du, Göttin,
Mir alles verkündet, um meine Seele zu täuschen):
Sage mir, bin ich denn wirklich im lieben Vaterlande?

Drauf antwortete Zeus' blauäugichte Tochter Athene:
Stets bewahrest du doch im Herzen jene Gesinnung;
Darum kann ich dich auch im Unglück nimmer verlassen,
Weil du behutsam bist, scharfsinnig und männlichen Herzens.
Jeder irrende Mann, der spät heimkehrt, wie freudig
Würd er zu Hause nun eilen, sein Weib und die Kinder zu sehen!
Aber dich kümmert das nicht, zu wissen oder zu fragen,
Eh du selber dein Weib geprüft hast, welche beständig
So im Hause sitzt; denn immer schwinden im Jammer
Ihre Tage dahin und unter Tränen die Nächte.
Zwar zweifelte ich nie an der Wahrheit, sondern mein Herz war
Überzeugt, du kehrtest ohn alle Gefährten zur Heimat;
Aber ich scheute mich, Poseidon entgegen zu kämpfen,
Meines Vaters Bruder, der dich mit Rache verfolgte,
Zürnend, weil du das Auge des lieben Sohnes geblendet.
Aber damit du mir glaubest, so zeig ich dir Ithakas Lage.
Phorkys, dem Greise des Meeres, ist dieser Hafen geheiligt;
Hier am Gestade grünt der weitumschattende Ölbaum;
Dieses ist die große gewölbte Grotte des Felsens,
Wo du den Nymphen oft vollkommene Opfer gebracht hast;
Jenes hohe Gebirg ist Neritons waldichter Gipfel.
Sprach's und zerstreute den Nebel, und hell lag vor ihm die Gegend.

Übersetzung von Johann Heinrich Voß. Hamburg 1781.

Theophanien

96. Athene verjüngt Odysseus
Homer, Odyssee XVI, 155–212

Athene verjüngt den nach seinen Irrfahrten zur heimatlichen Insel Ithaka zurückgekehrten Odysseus. Dieser gibt sich daraufhin seinem Sohn Telemach zu erkennen.

Athene ward des Hirten gewahr, der aus dem Gehege der Stadt ging,
Und sie nahete sich und schien nun plötzlich ein Mädchen,
Schöngebildet und groß und klug in künstlicher Arbeit,
Stand an der Tür des Hofs und erschien dem edlen Odysseus.
Aber Telemachos sah und merkte nichts von der Göttin;
Denn nicht allen sichtbar erscheinen die seligen Götter:
Nur die Hunde sahn sie und bellten nicht, sondern entflohn
Winselnd und zitternd vor ihr nach der anderen Seite des Hofes.
Und sie winkte. Den Wink verstand der edle Odysseus,
Ging aus der Hütte hinaus vor die hohe Mauer des Hofes.
Stellte sich vor die Göttin. Da sagte Pallas Athene:
Edler Laertiad, erfindungsreicher Odysseus,
Rede mit deinem Sohn und gib dich ihm zu erkennen,
Daß ihr beide, den Freiern ein blutiges Ende bereitend,
Zu der berühmten Stadt der Ithaker wandelt. Ich selber
Werd euch nicht lange verlassen, mich drängt die Begierde des Kampfes.

Also sprach die Göttin und rührt' ihn mit goldener Rute.
Plötzlich umhüllte der schöngewaschene Mantel und Leibrock
Wieder Odysseus' Brust, und Hoheit schmückt' ihn und Jugend;
Brauner ward des Helden Gestalt und voller die Wangen
Und sein silberner Bart zerfloß in finstere Locken.
Hierauf eilte die Göttin von dannen. Aber Odysseus
Ging zurück in die Hütte; mit Staunen erblickte der Sohn ihn,
Wandte die Augen hinweg und fürchtete, daß er ein Gott sei.
Und er redet' ihn an und sprach die geflügelten Worte:
Anders erscheinest du mir jetzt, o Fremdling, als vormals, auch hast du
Andere Kleider an; die ganze Gestalt ist verwandelt!
Wahrlich, du bist ein Gott, des weiten Himmels Bewohner!
Sei uns gnädig! Wir wollen auch liebliche Opfer dir bringen
Und Geschenke von köstlichem Gold! Erbarme dich unser!

Ihm antwortete drauf der herrliche Dulder Odysseus:
Wahrlich ich bin kein Gott und keinem Unsterblichen ähnlich,
Sondern ich bin dein Vater, um den du so herzlich dich grämest
Und so viele Schmach von trotzigen Männern erduldest.

Also sprach er und küßte den Sohn; und über die Wange
stürzten die Tränen zur Erde, die lange verhaltenen Tränen.
Aber Telemachos stand noch staunend und konnte nicht glauben,
Daß es sein Vater sei; und nun antwortet' er also:
Nein! Du bist nicht mein Vater Odysseus, sondern ein Dämon
Täuscht mich, daß ich noch mehr mein großes Elend beseufze.
Denn kein sterblicher Mann vermöchte mit seinem Verstande
Solch ein Wunder zu tun, ihm hülfe denn einer der Götter,
Welcher leicht, wie er will, zu Greisen und Jünglingen umschafft!
Siehe, nur eben warst du ein Greis und häßlich bekleidet,
Jetzo den Göttern gleich, die den weiten Himmel bewohnen!

Ihm antwortet drauf der erfindungsreiche Odysseus:
Deinen geliebten Vater, Telemachos, welcher nun heimkehrt,
Mußt du nicht allzusehr anstaunen oder bewundern.
Wahrlich, in Ithaka kommt hinfort kein andrer Odysseus,
Sondern ich bin der Mann, der nach vielem Jammer und Elend
Endlich im zwanzigsten Jahr in seine Heimat zurückkehrt.
Aber dies ist das Werk der siegenden Göttin Athene,
Welche mich, wie sie will, verwandelt; denn sie vermag es!
Darum erschien ich jetzo zerlumpt wie ein Bettler, und jetzo
Wieder in Jünglingsgestalt, mit schönen Gewanden bekleidet.
Denn leicht können die Götter, des weiten Himmels Bewohner,
Jeden sterblichen Mann erniedrigen oder erhöhen.

Übersetzung von Heinrich Voß. Hamburg 1781.

97. *Die numinose Aufforderung zur Überschreitung des Rubicon*
Sueton, De vita Caesarum 31–32

Er (Caesar) erreichte seine Kohorten am Flusse Rubicon, der die Grenze seiner Provinz bildete, machte dort einen kurzen Halt und überlegte die Größe seines Unternehmens. Dann sagte er, zu seiner nächsten Umgebung gewendet: „Jetzt können wir noch umkehren. Haben wir aber diese kleine Brücke überschritten, dann müssen alles die Waffen entscheiden."

Sein Zögern wurde durch die folgende Erscheinung unterbrochen: ein großgewachsener schöner Mann zeigte sich plötzlich den Blicken; er saß in der Nähe und blies auf einer Flöte. Als außer einigen Hirten auch viele Soldaten, unter ihnen auch Trompeter, aus ihren Reihen tretend, zu ihm liefen, um ihm zuzuhören, riß der Unbekannte plötzlich einem Soldaten die Trompete aus der Hand, sprang zum Fluß hinunter, begann mit gewaltigen Tönen das Signal zum Angriff zu blasen und ging aufs andere Ufer hinüber. Darauf rief Caesar: „Auf, laßt uns ziehen, wohin die Zeichen der Götter und die Ungerechtigkeit der Gegner uns rufen! Der Würfel ist gefallen!"[1]

---

[1] Das sprichwörtlich gewordene „Alea iacta est!"

98. Thor und Olaf Tryggvason
Oláfs saga Tryggvasonar 213

Als König Olaf[1] eines Tages südwärts bei schwachem und südlichem Wind an der Küste entlangsegelte, stand ein Mann auf einer Klippe und rief ihnen zu. Er bat um die Gefälligkeit, ihn südwärts an Land zu bringen. König Olaf steuerte den Orm[2] auf den Felsen zu, auf dem der Mann stand, und er stieg an Bord. Dieser Mann war stattlich an Wuchs und jugendlich, schön von Angesicht und rotbärtig[3] ... Die Königsmannen fragten ihn, ob er irgendwelche Geschichten, alte oder neue, erzählen könne. Er glaube, erklärte er, daß sie nichts fragen könnten, worüber er keine Auskunft zu geben vermöchte. Sie führten ihn vor den König und sagten, dieser Mann sei sehr weise. Der König sagte: „Erzähle mir irgendeine alte Geschichte, wenn du dich darauf verstehst." Er erwiderte: „Damit beginne ich, Herr, daß dieses Land, an dem wir nun entlangsegeln, in alten Zeiten von Riesen bewohnt war. Aber die Riesen kamen einmal raschen Todes um, so daß sie fast alle zugleich starben und niemand mehr übrigblieb als zwei Weiber. Danach siedelten sich Leute aus östlichen Landen hier an, aber die großen Weiber fügten ihnen schweren Verdruß und manche Gewalttätigkeit zu und bedrängten die Leute, die das Land besiedelt hatten, in ihrer Lage so lange, bis sie sich zuletzt entschlossen, diesen roten Bart um Hilfe anzurufen. Sogleich ergriff ich meinen Hammer und schlug sie beide tot, und das Volk dieses Landes blieb dabei, mich um Beistand anzurufen, wenn es not tat, bis du, König, alle meine Freunde vernichtet hast, was wohl der Rache wert wäre!" Dabei schaute er auf den König zurück und lächelte bitter, indem er sich so schnell über Bord stürzte, als wenn ein Pfeil ins Meer schösse, und niemals sahen sie ihn wieder.

---

[1] Olaf Tryggvason (995–1000) christianisierte Norwegen.
[2] „Schlange", der Name des königlichen Schiffes.
[3] Diese Personenbeschreibung mit Hinweis auf den roten Bart, die weitere Erzählung und besonders die Erwähnung seines Hammers kennzeichnen den fremden Mann als den Gott Thor.

Franz Rolf Schröder, Die Germanen. Religionswissenschaftliches Lesebuch 12 (Hrsg. Alfred Bertholet). Tübingen ²1929, S. 73 f.

99. Die keltische Todesbotin

Da sahen sie ein kraushaariges, schwarzes Mädchen in ihre Mitte kommen auf dem Rücken eines falben Maultieres, rauhe Riemen in der Hand, um das Tier anzutreiben. Rauh und unlieblich war ihr Aussehen: Gesicht und Hände schwärzer als das schwärzeste, pechüberzogene Eisen. Und doch war ihre Hautfarbe noch nicht das häßlichste an ihr, vielmehr ihre Gestalt: Die Wangenknochen saßen überhoch, während ihr Gesicht nach unten zu übermäßig lang war. Die Nase kurz mit auseinanderstehenden Nasenlöchern. Das eine Auge war scheckig, grau und durchbohrend, das andere schwarz wie Teer und tief in ihrem Kopfe liegend. Die Zähne lang und gelb, gelber als die Ginsterblüte. Der Bauch ragte über das Brustbein hinaus, höher als ihr Kinn. Ihr Rückgrat war wie ein Krummstab. Die Hüften waren breit und knochig. Von da an abwärts war sie ganz dürr, mit Ausnahme ihrer dicken Füße und Knie.

Wolfgang Krause, Die Kelten. Religionsgeschichtliches Lesebuch 13 (Hrsg. Alfred Bertholet). Tübingen ²1928, S. 25.

100. Das theophane Erlebnis des Pachacutic

Unter dem Inka Cusi Yupanqui (1338–1471), der sich den programmatischen Thronnamen Pachacutic, „Weltenwende", beilegte, begann der rasche Aufstieg des Inka-Reiches. Pachacutic war es auch, der die Verehrung des Sonnengottes Inti zur Staatsreligion erhob.

Einst wollte Inka Yupanqui, ehe er den Thron bestiegen hatte, seinen Vater, den Inka Uiracocha, besuchen, der in Sacsahuaman weilte, fünf Leguas von Cuzco entfernt. Als er zu der Quelle Sursurpuquio kam, sah er, wie eine Kristallscheibe hineinfiel, in der er die Gestalt eines Indianers gewahrte, der folgendermaßen aussah: Von seinem Hinterkopf liefen drei leuchtende Strahlen nach oben, denen der Sonne gleichend. Schlangen wanden sich um seine Achseln, und sein Kopf trug ein Llautu[1], ähnlich dem der Inka. Seine Ohren waren durchbohrt, und Ohrpflöcke, ebenfalls denen der Inka gleich, staken in den Löchern. Er trug auch die gleiche Tracht wie die Inka. Ein Pumakopf sah zwischen seinen Beinen hervor, und auf seinen Schultern lag ein anderer Puma, dessen Beine die beiden Schultern des Mannes umfaßten, während außerdem noch eine Art Schlange ihm von den Schultern herabhing. Als der Inka Yupanqui diese Gestalt gesehen hatte, floh er, aber die Gestalt rief ihn aus der Quelle herauf beim Namen und sprach: „Komm herbei, mein Sohn, und fürchte dich nicht, denn ich bin dein Vater, der Sonnengott. Wisse, du sollst dereinst viele Völker unterwerfen; trage daher Sorge, mir große Ehrfurcht zu erweisen, und gedenke mein bei deinen Opfern." Darauf verschwand die Erscheinung, und nur der Kristallspiegel blieb in der Quelle zurück. Der Inka nahm und bewahrte ihn sorgfältig auf, und es wird erzählt, daß er später darin alles sah, was er sehen wollte.

Sobald er den Thron bestiegen hatte, ließ er eine Statue des Sonnengottes machen, die so genau wie möglich der Gestalt, die er in dem Kristall erblickt hatte, glich.

[1] Stirnband als Hoheitszeichen des Inka-Herrschers.

Cristobal de Molina, Relación de las fábulas y ritos de los Ingas. Santiago 1913, S. 127f. – Übersetzung von Walter Krickeberg, Märchen der Azteken und Inkaperuaner, Maya und Muisca. Jena 1928; Nachdruck Düsseldorf – Köln 1968, S. 261f.

101. Eine südamerikanische Theophanie des Sonnengottes
Bericht eines Häuptlings der ostbrasilianischen Apinayé

Ich jagte in der Nähe der Quellen des Botica-Flüßchens. Den ganzen Tag über war ich beunruhigt gewesen und wurde ständig aufgeschreckt, ohne zu wissen, warum.

Plötzlich sah ich ihn unter den herabhängenden Zweigen eines mächtigen Steppenbaumes stehen. Er stand dort aufrecht. Seine Keule stützte er auf den Boden neben ihm, und seine Hand hielt er an ihrem Griff. Er war groß und hellhäutig, und sein Haar reichte hinter ihm fast bis zur Erde hinab. Sein ganzer Körper war bemalt, und an der Außenseite seiner Beine waren breite rote Streifen. Seine Augen glichen genau zwei Sternen. Er war sehr schön.

Ich erkannte sofort, daß er es war. Dann verlor ich allen Mut. Die Haare standen mir zu Berge, und meine Knie zitterten. Ich stellte mein Gewehr beiseite, denn ich sagte mir, daß ich ihn ansprechen müsse; aber ich konnte keinen Laut hervorbringen, weil er mich unentwegt ansah. Dann senkte ich meinen Kopf, um Halt zu gewinnen, und so stand ich lange Zeit. Als ich etwas ruhiger geworden war, hob ich wieder meinen Kopf. Er stand noch da und schaute mich an. Dann riß ich mich zusammen und ging einige Schritte auf ihn zu; aber ich konnte nicht weitergehen, denn meine Knie gaben nach. Ich blieb wieder lange Zeit stehen, senkte meinen Kopf und versuchte erneut, Fassung zu gewinnen. Als ich meine Augen wieder erhob, hatte er sich schon abgewandt und ging langsam durch die Steppe.

Nun wurde ich sehr traurig. Ich verblieb lange dort, nachdem er verschwunden war, und dann ging ich zu dem Baum, unter dem er gestanden hatte. Ich sah seine an den Rändern rot gefärbten Fußspuren; neben ihnen war der Abdruck seiner Keule. Ich nahm mein Gewehr und kehrte zum Dorf zurück. Unterwegs gelang es mir, zwei Hirsche zu töten, die sich mir ohne die geringste Scheu genähert hatten. Zu Hause erzählte ich meinem Vater alles. Dann schalten mich alle, daß ich nicht den Mut gehabt hätte, ihn anzusprechen.

Nachts, als ich schlief, erschien er mir wieder. Ich wandte mich zu ihm hin, und er sagte, er habe in der Steppe darauf gewartet, mit mir zu sprechen; da ich mich ihm aber nicht genähert habe, sei er weggegangen. Er führte mich in einige Entfernung hinter das Haus und zeigte mir eine Stelle am Boden, wo, wie er sagte, etwas für mich liege. Dann verschwand er.

Am nächsten Morgen ging ich unverzüglich dorthin, befühlte den Boden mit meiner Fußspitze und merkte, daß dort etwas Hartes vergraben war. Aber andere kamen und riefen mich zur Jagd. Ich wollte nicht zurückstehen und schloß mich ihnen an. Nach meiner Rückkehr ging ich sofort wieder an den Ort, den er mir gezeigt hatte, aber ich fand überhaupt nichts mehr.

Heute weiß ich, daß ich damals sehr töricht war. Ich würde von ihm gewiß eine große Selbstsicherheit empfangen haben, wenn ich imstande gewesen wäre, ihn anzusprechen. Aber ich war damals noch sehr jung; heute würde ich ganz anders handeln.

Curt Nimuendaju, The Apinayé. Washington 1939, S. 136 f.

102. Eine kultische Theophanie: das aztekische Fest Teotl eco

Dem Feste *Teotl eco,* „der Gott kommt an", oder *Teteo eco,* „die Götter kommen an", das die Azteken als zwölftes ihrer Jahresfeste feierten, lag die Vorstellung zugrunde, die Götter, die sich zwanzig Tage außerhalb Mexikos aufgehalten hätten, kehrten nunmehr in die Stadt zurück.

Das zwölfte Fest
ist das, das man Teotl eco nennt.
Wenn es (noch) fünf Tage sind (bis zum Fest),
dann beginnt das Niederlegen der grünen Zweige:
Der grüne Zweig, das sind Rohrstengel,
die man zu dreien zusammengebunden hat.
Die jungen unverheirateten Leute
legen sie nieder überall auf den Erdpyramiden,
im Tempel der Göttinnen
und überall in den Privathäusern,
wo man bewahrt
die Abbilder der Teufel[1].
Und die überall in den Privathäusern die grünen Stengel niederlegten,
denen schenkt man ein Körbchen Maiskörner
oder Mais in Kolben, vier Kolben
oder drei Kolben,
die sehr Armen schenken ihnen zwei Maiskolben;
das nennt man Maispizza,

denn die Körner aßen die jungen Leute geröstet.
Aber niemand aß unverdient seine gerösteten Körner,
nur die Fleißigen, die Angespannten,
die Sorgsamen, die Wachen,
die nicht Unbedachten,
die Fleißigen.

Und als es der dritte Tag war des Niederlegens der grünen Stengel,
da kam der Jüngling namens Tlamatzincatl[2].
Er kam als erster, er kam zuerst.
Er kam deshalb als erster,
weil er noch ein junger Mann, noch stark war,
ein Schnelläufer, einer der Waden hat,
darum kam er zuerst an.
Und sie brachten ihm Gaben dar,
sie brachten ihm Mohnsamen, zu Teig geknetet.
Erst rösten sie (die Samen) und zerbrechen sie im Tiegel,
dann mahlen sie sie,
und nachdem sie sie gemahlen haben,
kneten sie sie mit Wasser zu einem Teig,
einige kneten sie mit Honig.
Fünf oder vier Kugeln machen sie daraus,
die in einer Holzschale ihren Platz finden.
Dann bringt er sie, nachdem sie vor ihn gekommen,
legt sie hin, legt sie für ihn hin.
Und als es bereits Nacht war,
trinkt man Wein,
(nämlich) die alten Männer und Frauen[3].
Sie nannten dies, wie es heißt:
„sie waschen seine Füße".

Und als der vierte Tag gekommen war,
kommt das Hinlegen der grünen Zweige zu Ende,
sie werfen die Zweige auf den Boden.
Und als der fünfte Tag gekommen war,
als der eigentliche Festtag Teotl eco da war,
womit die zwanzig Tage zu Ende kamen,
bereiteten sie um Mitternacht etwas Maismehl,
preßten es sehr, drückten es zusammen,
gaben ihm die Gestalt einer Scheibe,
legten sie auf eine Matte.
Wenn alle Götter angekommen waren,

machten sie es bereit,
(wenn) sie insgesamt sich in Bewegung setzten, um zu kommen.
Und der Priester, sein alter (Priester), der sogenannte Hüter des Gottes,
kehrt fortwährend zurück,
schaut hin, schaut oft hin,
ohne sich jemals hinzusetzen,
auf nichts anderes bedacht als hinzusehen,
ohne es jemals aus den Augen zu lassen,
schaut er auf das Mahl, das „sein Fuß" heißt.
Und nachdem (der Gott) angekommen ist,
sah er dort einen kleinen Fuß,
der dort (mitten) auf dem Mehle steht,
oder auf dem Rand des Mehles steht,
(so daß) der Rand zerfällt.
Daraus geht hervor,
daß die Götter angekommen sind.
Darauf ruft der Hüter des Gottes ihnen zu:
„Der Herr hat geruht anzukommen!"
Als das gehört wurde, erheben sich (die Priester) und machen sich daran,
(ihre Muschelhörner) zu blasen.
Es erfüllt das ganze Land (der Schall dringt überall hin).
Da wußte man, die Götter sind angekommen.
Und alles Volk
geht nunmehr, man geht,
nach dem Tempel Opfergaben zu bringen,
nach den Tempeln der Teufel.
Alle bringen ihnen die Kugeln aus Teigmasse dar.
Und nachdem man die Gaben dargebracht hat,
wird alles still und leer.
Und als es Nacht geworden war, tun sie das gleiche (wie am Tag zuvor):
Es trinken Wein die alten Männer und Frauen;
man sagte: sie waschen die Füße
den Göttern, die angekommen sind.

Und am anderen Tag kommt an
Yacapitzauac[4], Yacatecutli[5],
der der Gott der Kaufleute war,
und Ixcoçauhqui[6],
das ist Xiuhtecutli (der Gott des Feuers),
der auch Gott der Kaufleute war.
Sie kamen als letzte,
sie kamen später,

sie kamen als letzte von allen,
weil sie alte (Götter) waren.
Und in dieser Zeit
da fing das Menschen-in-das-Feuer-Werfen an,
auf dem (Altar) Teccalo[7];
viele warf man in das Feuer von den armen Gefangenen.
Und wo man die Menschen in das Feuer warf,
dort tanzt in einem fort ein Eichhörnchen (ein Mensch in einer
Eichhörnchen-Maske).
Sein (des Eichhörnchens) Ausputz war:
Es besitzt einen kleinen Federkamm (Haarkamm),
es ist im Gesicht in verschiedener Weise bemalt,
es trägt eine kleine Kraxe auf dem Rücken,
darin befindet sich ein kleines gebackenes Kaninchen.
Wenn sie einen ins Feuer werfen,
so pfeift es (das Eichhörnchen) mit dem Finger im Mund.
Und eine Fledermaus, die sich dort befand, tanzt in einem fort,
genau wie eine Fledermaus ist sie ausgeputzt.
Sie hat zwei Kürbisrasseln,
auf jeder Seite hat sie eine Rassel,
Und nachdem man die Menschen ins Feuer geworfen hat,
stellen sich die Priester in einer Reihe auf
und kommen so herab.
Sie tragen bemalte Schultergirlanden.
Sie haben sich an den Händen gefaßt,
halten sich festgepackt...

Und nachdem man sich am anderen Tag versammelt hat,
tanzen alle insgesamt den Tanz in Schlangenwindungen;
mit Federn hat man sich bemalt (beklebt),
mit gelben, roten,
orangefarbenen und grünen,
so bemalen (bekleben) sie sich mit Federn,
alle (sogar die) kleinen Kinder,
selbst die noch in der Wiege liegen.
Alle insgesamt,
aber nur die männlichen Geschlechts.
Man beginnt, in Schlangenwindungen zu tanzen
am Mittag,
man hält sich (an den Händen), man singt,
einen beliebigen (Gesang) stimmen sie an,
einen Lustgesang,

und man hört auf in der Nacht,
und wenn einer große Freude daran hat,
bringt er damit die Nacht zu.
Und diese beiden Tage
nehmen sie schon von dem „Fest der Berggötter" ab (dazu).
Alles kommt hier zu Ende,
(was zu) dem Feste „Ankunft eines Gottes" (gehört).

---

[1] In diese nach der Conquista niedergeschriebenen Texte dringt allmählich die Bezeichnung „Teufel" für die aztekischen Götter ein.
[2] Chichimekischer Pulque-Gott.
[3] Nur diesen war bei den Azteken Alkoholgenuß gestattet.
[4] Synonym für Yacatecutli.
[5] „Der Herr an der Spitze".
[6] „Der mit dem gelben Gesicht", Beiname des Xiuhtecutli.
[7] Es handelte sich um einen großen Stufenaltar.

Eduard Seler, Einige Kapitel aus dem Geschichtswerk des Fray Bernardino de Sahagún. Stuttgart 1927, S. 185–189.

B. HEILIGE ZEIT, HEILIGE WELT, HEILIGES LEBEN

103. Die Weltzeitalter nach Hesiod
Hesiod, Opera 109–201

Golden war das Geschlecht der redenden Menschen zu Anfang,
Das die Unsterblichen schufen, die wohnen im Haus des Olympos.
Diese waren zu Kronos' Zeit, der im Himmel regierte,
Und sie lebten wie Götter, das Herz ohne drückende Sorgen,
Weit von Jammer und Arbeit fern; nicht schwächliches Alter
Gab es für sie: nein, immer sich gleich an Händen und Füßen
Freuten sie sich des Glückes, befreit von jeglichem Übel.
Wie vom Schlafe gebändigt starben sie. Freude und Wonne
War ihr Leben; es trug die nahrungsspendende Erde
Früchte von selbst in Hülle und Fülle. Aus eigenem Antrieb
Schafften sie ruhig ihr Werk im Überschwange der Güter.
Aber nachdem nun dieses Geschlecht die Erde verhüllt hat,
Sind sie Geister geworden nach Zeus', des gewaltigen, Ratschluß,
Gute, sie weilen auf Erden und hüten die sterblichen Menschen,
Spender des Segens; ein königlich Amt ist's, das sie erhielten.

Heilige Zeit, heilige Welt, heiliges Leben

Wieder ein anderes Geschlecht nach diesem, bei weitem geringer,
Schufen aus Silber die Götter, die wohnen im Haus des Olympos,
Weder an Wuchs zu vergleichen dem goldenen noch an Gesinnung.
Nein, ein ganzes Jahrhundert gepflegt bei der sorgsamen Mutter
Wuchs der verzärtelte Knabe, unmündig an Geist, in der Wohnung.
War er dann endlich erstarkt und zur Blüte der Jugend gekommen,
Lebte der Mensch nur kurz: durch Taten der eigenen Torheit
Hatten sie Leid; denn in Frevel und Übermut selbst aneinander
Legten sie Hand. Die ewigen Götter fromm zu verehren,
Das verlangten sie nie, noch auf heil'gen Altären zu opfern,
So wie Menschen gebührt nach den Satzungen. Darauf vertilgte
Diese Zeus, der Kronide, voll Zornes, daß sie die Ehren
Nicht gewährten den seligen Göttern des hohen Olympos.
Aber nachdem auch dieses Geschlecht die Erde verhüllt hat,
Heißen Selige unter der Erde bei sterblichen Menschen
diese zweiten, jedoch folgt dennoch Ehre auch diesen.

Wieder schuf ein drittes Geschlecht der redenden Menschen
Zeus, der Vater, aus Erz, in nichts dem silbernen ähnlich,
Aus dem Stamme von Eschen, gewaltsam, furchtbar; sie pflegten
Ares' traurige Werke und Taten des Übermuts; nimmer
Aßen sie Korn; von Stahl war ihr Herz und bereit zur Gewalttat,
Ungeschlacht; gewaltige Kräfte, unnahbare Hände
Wuchsen herab von den Schultern bei ungeheueren Gliedern.
Ihre Rüstung bestand aus Erz, aus Erz ihre Häuser,
Auch zur Arbeit nahmen sie Erz; noch fehlte das Eisen.
Diese nun, durch Stärke der eigenen Hände gebändigt,
Stiegen hinab ins modrige Haus des schaurigen Hades
Namenlos. So stark sie auch waren, das Dunkel des Todes
Raffte sie weg, sie verließen das Licht der leuchtenden Sonne.

Aber nachdem auch dieses Geschlecht die Erde verhüllt hat,
Schuf ein anderes wieder, das vierte, auf nährender Erde
Zeus, der Kronide, gerechter und besser: es war der Heroen
Göttlich Geschlecht, Halbgötter genannt von den jetzigen Menschen,
Sie, die vor uns gelebt auf der unermeßlichen Erde.
Manche von ihnen entraffte der Krieg und die schreckliche Feldschlacht,
Teils im Kadmeischen Land am siebentorigen Theben,
Während im Kampfe sie stritten um Oidipus' herrliche Herden,
Andere wieder führte der Krieg nach Troia
Über die Tiefen der See um der lockigen Helena willen,
Da umfing die einen der Tod, der dem Leben ein Ziel setzt,

Andern verlieh von den Menschen entfernt ein Leben voll Wonne
Zeus, der Kronide: sie setzte der Vater ans Ende der Erde,
Und sie bewohnen nunmehr, das Herz ohne drückende Sorgen,
An des Okeanos brandenden Wogen der Seligen Inseln,
Hochbeglückte Herzen, für welche die süßesten Früchte
Dreimal im Jahre trägt die nahrungsspendende Erde.

Müßt' ich doch unter dem fünften Geschlecht nicht leben auf Erden!
Wär ich doch früher gestorben, wo nicht, dann später geboren!
Denn jetzt lebt ein eisern Geschlecht; sie werden bei Tage
Oder bei Nacht hinfort nie frei von Mühsal und Elend,
Immer gequält; es spenden die Götter Kummer und Sorgen.
Nicht ist hold der Vater den Söhnen, die Söhne dem Vater,
Kein Gastgeber dem Gast, der Gefährte nicht dem Gefährten,
Auch wird der Bruder den Bruder nicht lieben, wie es zuvor war,
Bald versagen sie selbst den alternden Eltern die Ehrfurcht,
Ja, sie werden sie schelten und tadeln mit kränkenden Worten,
Mitleidslos, verachtend die Rache der Götter; nicht werden
Solche die Pflege vergelten den alt gewordenen Eltern.
Faustrecht herrscht: der eine zerstört des anderen Wohnsitz.
Nicht wer die Wahrheit schwört, wer gerecht und ehrlich gehandelt,
Erntet den Dank: wer Böses tut und Frevel verübet,
Der wird geehrt; die Faust spricht Recht, und Scham wird auf Erden
Nicht mehr sein; dem besseren Manne wird schaden der böse
Durch betrügliches Wort und wird es beschwören mit Meineid.
Scheelsucht folgt den Menschen, den unglückseligen, allen,
Boshaft und schadenfroh, Gehässigkeit führt sie im Blicke.
Dann zum Olympos empor von der weiten Straße der Erde
Eilen, den schönen Leib in weiße Gewänder gehüllet,
Zu der unsterblichen Götter Schar, die Menschen verlassend,
Scham und heilige Scheu; nur traurige Schmerzen verbleiben
Dann den sterblichen Menschen; nicht gibt es Schutz vor dem Bösen.

Martin P. Nilsson, Die Religion der Griechen. Religionswissenschaftliches Lesebuch 4 (Hrsg. Alfred Bertholet). Tübingen ²1927, S. 37 ff.

104. Die Weltzeitalter nach Ovid

Ovid, Metamorphosen I, 89–150

...es entstand die erste, die goldene Zeit: ohne Rächer,
Ohne Gesetz, von selber bewahrte man Treue und Anstand.
Strafe und Angst waren fern; kein Text von drohenden Worten

Heilige Zeit, heilige Welt, heiliges Leben

Stand an den Wänden auf Tafeln von Erz; es fürchtete keine
Flehende Schar ihre Richter: man war ohne Rächer gesichert.
Fichten fällte man nicht, um die Stämme hernieder von ihren
Höhn in die Meere zu rollen, nach fremden Ländern zu fahren;
Außer den ihrigen kannten die Sterblichen keine Gestade.
Keinerlei steil abschüssige Gräben umschlossen die Städte;
Keine geraden Posaunen, nicht eherne Hörner, gekrümmte,
Gab es, nicht Helme noch Schwert; des Soldaten bedurften die Völker
Nicht: sie lebten dahin sorglos in behaglicher Ruhe.

Selbst die Erde, vom Dienste befreit, nicht berührt von der Hacke,
Unverwundet vom Pflug, so gewährte sie jegliche Gabe,
Und die Menschen, zufrieden mit zwanglos gewachsenen Speisen,
Sammelten Früchte des Erdbeerbaums, Erdbeeren der Berge,
Kornelkirschen, in stachligen Brombeersträuchern die Früchte
Und die Eicheln, die Jupiters Baum, der breite, gespendet.
Ewiger Frühling herrschte, mit lauem und freundlichem Wehen
Fächelten Zephirlüfte die Blumen, die niemand gesäet.
Ja, bald brachte die Erde, von niemand gepflügt, das Getreide:
Ungewendet erglänzte das Feld von gewichtigen Ähren.
Hier gab's Ströme von Milch, dort ergossen sich Ströme von Nektar,
Und es troff von der grünenden Eiche der gelbliche Honig.

Aber nachdem man Saturn[1] in des Tartarus Dunkel geworfen,
Und die Welt unter Jupiter stand, erschien ein Geschlecht von
Silber, geringer als jenes von Gold, wertvoller als Bronze.
Jupiter kürzte den einstigen Frühling: durch Winter und heiße
Sommer, durch wetterwendische Herbste und einen gar kurzen
Frühling ließ er das Jahr in vier Perioden verlaufen.
Damals erglühte die Luft in der trockenen Hitze zum ersten
Mal, und es hingen Zapfen von Eis, von den Winden gefroren,
Jetzt erst suchte man Obdach: die Häuser bestanden aus Höhlen,
Auch aus dichtem Gesträuch und aus Ruten, von Rinde umkleidet;
Jetzt erst warf man die Samen der Ceres[2] in längliche Furchen,
Und es stöhnten die Stiere, die jungen, vom Joche geknechtet.
Drittens folgte auf dieses sodann ein ehern Geschlecht nach,
Grimmiger schon im Gemüt, zu den schaurigen Waffen bereiter,
Aber ohne Verbrechen. Das letzte Geschlecht ist von hartem

Eisen. Da brachen sogleich in die Zeit des geringen Metalls
Jegliche Frevel; es flohen die Scham, die Wahrheit, die Treue.
Dafür erwuchsen die Laster: Betrug und allerlei Ränke,

Hinterlist und Gewalt und die frevle Begier nach Besitztum.
Segel bot man den Winden – noch kannte der Schiffer sie wenig –,
Und die Kiele, die lang in den hohen Gebirgen gestanden,
Munter tanzten sie jetzt auf unbekannten Gewässern;
Und der Boden, der früher Gemeingut war wie die Lüfte
Und wie das Licht, jetzt ward er genau mit Grenzen bezeichnet.

Nicht nur Saaten verlangte der Mensch von dem üppigen Boden,
Nahrung, die zu gewähren er schuldete, nein, in der Erde
Tiefen drang man, die Schätze zu graben, Lockmittel des Bösen,
Die sie im Innern verwahrte, zunächst bei den stygischen Schatten[3].
Schon ist das schädliche Eisen erschienen und, schlimmer als Eisen,
Gold; nun erscheint auch der Krieg: er kämpft ja mit beiden Metallen,
Und er schüttelt mit blutiger Hand die klirrenden Waffen.
Also lebt man vom Raub: nicht trauen sich Wirte und Gäste,
Nicht der Schwäher dem Eidam, auch Bruderliebe ist selten.
Gatte und Gattin, sie trachten nach wechselseitigem Morde;
Für Stiefkinder mischen die Mütter entsetzliche Gifte;
Frühe erforscht der Sohn die Todesstunde des Vaters;
Ehrfurcht und Rechtlichkeit liegen zertreten, Astraea, die Jungfrau[4],
Hat, die letzte der Götter, die blutige Erde verlassen.

---

[1] Mit dem griechischen Kronos, dem Vater des Zeus (Jupiter), gleichgesetzt.
[2] Göttin der Feldfrucht.
[3] D.h. im Totenreich.
[4] Die Sternenjungfrau.

Nach der Übersetzung von Hermann Breitenbach. Zürich 1958, ²1964.

105. Die heilige Zeit der Ngaju-Dayak von Süd-Borneo

Die heilige Zeit dieser Welt, die von der Gottheit geschaffen und verliehen wurde, hat einen Anfang und auch ein Ende. Der Anfang war die Schöpfung, das Ende wird nach Ablauf der Zeit herbeigeführt. Streng genommen, dauert diese Zeit nur ein Jahr. Der Anfang tritt ein mit der Erscheinung von *patendo* (dem Sternbild des Orion) und mit dem Beginn der Arbeit auf den Feldern. Der Ablauf des Jahres wird in erster Linie von verschiedenartigen Arbeiten auf den Reisfeldern bestimmt, die etwa in der zweiten Hälfte des Mai begonnen werden. Zu dieser Zeit sehen sich die Männer unter Führung der Dorfvorsteher im Wald nach Plätzen um, auf denen sie ihre Felder anlegen können. Jede Familie bestellt ihr eigenes Feld, und die Rodung bestimmt ihren eigenen Besitz.

Heilige Zeit, heilige Welt, heiliges Leben

Zuerst werden Büsche und Lianen abgehackt, und die hohen Bäume werden gefällt. Von Mitte August bis Mitte September werden die gefällten Bäume, die in der Zwischenzeit ausgetrocknet sind, verbrannt, und die Erde wird mit ihrer Asche gedüngt. Der Reis wird von Mitte September bis Mitte Oktober gepflanzt. Die Ernte reift zwischen Februar und März. Während des heiligen Jahres sind Leben, Arbeit und Arbeitsteilung zwischen Männern und Frauen streng nach göttlichen Satzungen geregelt, und sie werden nach dem Willen der Gottheit ausgeführt.

Die schwersten Feldarbeiten – das Fällen und Verbrennen der Bäume, die Einfriedung und das Bauen von Feldhütten – werden nur von Männern ausgeführt. In Aussaat und Ernte teilen sich Männer und Frauen. Das Bewachen der Felder gegen Verwüstungen durch Tiere (Affen, Rotwild, Wildschweine) und Unkrautjäten sind Aufgaben der Frauen. Während dieser Zeit treiben die Männer Handel oder sammeln Waldfrüchte. Während des heiligen Jahres dürfen Arbeitsvereinbarungen nicht gebrochen werden. Die ganze Gemeinschaft bildet eine Einheit, und ein willkürlicher oder absichtlicher Bruch dieser Einheit würde nicht nur den Beteiligten, sondern auch den Ernten Schaden zufügen.

Das heilige Jahr (und mit ihm die Weltzeit) endet mit der Ernte. Die zwei oder drei Monate zwischen der Ernte und der Wiederaufnahme der Arbeit auf den Feldern werden *helat nyelo* genannt, die Zeit zwischen den Jahren. In diese Periode fällt für einige Wochen das Ernte- oder Neujahrsfest. Doch die Zeremonien, die dabei vollzogen werden, zeigen, daß dieses Fest eine weitaus tiefere Bedeutung hat: es bedeutet viel mehr als dies; denn eine ganze Ära in der Existenz dieser Welt ist verstrichen, eine Periode der Schöpfung ist beendet, und die Menschen kehren nicht nur von ihren Feldern ins Dorf zurück, sondern sie kehren auch zurück zur mythischen Urzeit und dem Anfang von allem. Die Menschen kehren zurück zum Lebensbaum und zur Fülle der Gottheit, in der sie leben und handeln. Dies wird am deutlichsten durch die Aufhebung aller weltlichen Ordnungen und der Unterstellung unter die Gebote der mythischen Urzeit und der ganzheitlichen, ambivalenten Gottheit.

Wir sollten dieser *helat-nyelo*-Periode besondere Aufmerksamkeit schenken. Es ist, wie gesagt, die Zeit, in der alle von den Feldern ins Dorf zurückkehren. Es ist die Zeit, in der die Repräsentanten der gesamten Gemeinschaft zusammentreffen und in der die Einwohner der verschiedenen Dörfer jedes Gebietes (die der früheren Einheit des Stammes entsprechen) gemeinsame Feste feiern, Rituale vollziehen, Wettkämpfe veranstalten und Fischerei sowie Jagdzüge unternehmen, für die sie ihre Speere und ihr Rüstzeug mit kultischen Ornamenten dekorieren (die Speere mit Bändern oder gewebten Gürteln, die Fischereiausrüstung mit kosmischen Farben). Diese Sitte offenbart die Totalität in ihrer kosmisch-göttlichen und sozialen Bedeutung. Es ist eine freudvolle und erhabene Zeit, in der die großen Opfer dargebracht werden, und nach dem Ablauf des einen Weltzeitalters (des alten Jahres) findet die Schöpfung wiederum statt, und der Kosmos wird erneuert. Es ist die Zeit, in der Jata[1] aus den Urwassern emporkommt und Mahatala[2] vom urzeitlichen Berg herabsteigt, in der beide in Person und mit ihren totemistischen Emblemen im Baum des Lebens vereinigt werden, von dem die neue Schöpfung ausgeht. (Die Errichtung des Baumes des Lebens ist einer der bedeutendsten Akte aller Zeremonien.) Es ist eine Zeit des Vergehens und des Werdens der kosmisch-göttlichen und sozialen Totalität. Das Leben und die Gesetze sind nicht aufgelöst, aber ausgesetzt; denn das Alte geht hinweg und das Neue tritt ins Dasein. Zweifellos herrscht keine Verwirrung (selbst wenn es uns so erscheinen mag), sondern eine andere Art von Ordnung. Während dieser heiligen Zeit vollzieht sich eine Rückkehr zur kosmisch-göttlichen, sozialen und sexuellen Einheit und Vollständigkeit. Die Menschen leben und handeln in der totalen ambivalenten Gottheit und im Baum des Lebens. Zu dieser Zeit sind sie die ambivalente Gottheit und der ambivalente Baum des Lebens, und sie bleiben dies bis zur Wiederinkraftsetzung der Schöpfung, bis zur Erneuerung der Welt, bis zur Trennung der Gruppen vom Baum des Lebens und bis zur Wiederherstellung der ganzen weltlichen, kosmisch-göttlichen und sozialen Ordnung. Wenn das Fest seinen Höhepunkt erreicht, findet zwischen den Teilnehmern sexueller Umgang und Austausch statt. Dieser gesamte und massenhafte sexuelle Umgang gilt nicht als ehebrecherisch oder im Widerspruch zur *hadat*[3] stehend, und er verletzt oder zerstört nicht die kosmisch-göttliche Ordnung; er ist die Vereinigung von Oberwelt und Unterwelt, von Mahatala und Jata, in einer persönlichen und sexuellen Einheit und Ganzheit. Er findet statt in Übereinstimmung mit den Geboten der totalen, ambivalenten Gottheit; und diejenigen, die ihn vollziehen, sind dann die totale Gottheit selbst. Dies als Unordnung oder Unkeuschheit zu beschreiben oder als ein Relikt einer früheren Promiskuität zu interpretieren heißt, es mit europäischen Augen und von einem europäischen Standpunkt aus zu sehen. Es geht streng nach den Gesetzen vor sich, die die „Periode zwischen den Jahren" regeln, und es ist nur zu verstehen unter Bezugnahme auf den Gottesbegriff und den Schöpfungsmythos. Darin liegen sein Ursprung und seine religiöse Bedeutung.

[1] Gottheit der Unterwelt und der urzeitlichen Gewässer.
[2] Gottheit der Oberwelt.
[3] Gesetz, numinoser Ordnungsbegriff.

Hans Schärer, Ngaju Religion. The Conception of God among a South Borneo People. Den Haag 1963, S. 94–97.

106. Die heilige Welt der Dayak auf Borneo

Der Raum, der von dem heiligen Volk bewohnt wird, ist das heilige Land. Es wurde ihnen von der Gottheit gegeben, die es aus den Überresten der Sonne und des Mondes gebildet hatte. Es liegt zwischen den Urwassern, zwischen

Oberwelt und Unterwelt und ruht auf dem Rücken der Wasserschlange. Es wird begrenzt von dem erhobenen Schwanz und dem Kopf der Gottheit der Unterwelt. Wir finden in den Mythen auch den Gedanken, daß die Welt in einen Kreis eingeschlossen sei, der von der sich in ihren eigenen Schwanz beißenden Wasserschlange gebildet werde. Die Welt wird somit getragen und umschlossen von der Gottheit, der Mensch lebt unter ihrem Schutz, in göttlichem Frieden und Wohlergehen. Der Mensch lebt in dem heiligen göttlichen Land des Mahatala und Jata. Die Berge des heiligen Landes reichen hinauf bis zur Oberwelt. Die Gottheit steigt auf sie hinab und trifft auf ihnen Menschen und gibt ihnen ihre heiligen Gaben. Der Mensch lebt im heiligen Land in Gemeinschaft mit den höchsten Gottheiten. Er besteigt den heiligen Berg und vollzieht dort asketische Übungen, *batapa*, und Matahala kommt nahe an ihn heran und beobachtet ihn. In der Stille der Nacht läßt er sich selbst auf einem kleinen Floß im Fluß treiben, und die Wasserschlange taucht auf und sieht ihn. Die Gottheit ist überall, und der Mensch kann überall vor ihr erscheinen; denn er ist im Land der Gottheit und unter ihrem Schutz, und die Gottheit hat ihm einen Zugang zur Oberwelt und zur Unterwelt geschaffen.

Die hier beschriebene Welt ist das urzeitliche Dorf Batu Nindan Tarong, über dessen Ursprung im Schöpfungsmythos berichtet und das in heiligen Zeichnungen dargestellt wird. Kopf und Schwanz der Wasserschlange werden auf diesen Skizzierungen gewöhnlich als Lebensbaum abgebildet, und diese Darstellung ist insofern bedeutsam, als die Wasserschlange und der Lebensbaum identisch sind. Die ersten menschlichen Wesen lebten in diesem urzeitlichen Dorf, und ihre drei Söhne wurden ihnen dort geboren. Wenn über diese Zeit gesprochen oder gesungen wird, dann heißt es in den heiligen Legenden und Gesängen: „Zu jener Zeit, am Anfang, als unsere Ahnen noch im Mund der gewundenen Wasserschlange lebten (die im Kreis um das Dorf herum lag), ereignete sich dieses und jenes", und in diesem Dorf wurden die heiligen Riten zuerst begründet.

Mit Ausnahme von Maharaja Sangen blieben die drei Brüder nicht in Batu Nindan Tarong. Sie verließen es und ließen sich in der Oberwelt und in unserer Welt nieder. Aber das heilige Volk blieb nicht zusammen in dieser Welt. Die Stammesorganisation brach zusammen, ihre Mitglieder entfernten sich zu anderen Flüssen und ließen sich unter Fremden nieder, und der Gedanke an das heilige Land schwächte sich ab. An die Stelle des Stammeslandes ist nun das Dorf getreten, mit seinen Nachbardörfern flußaufwärts und flußabwärts. Die Welt und die Menschheit *(kalunen)* oder der Mensch als Teil dieser Menschheit sind Synonyme, und der gleiche Begriff *kalunen* wird für beide gebraucht. Die Welt ist nichts außer dem heiligen Land, und das heilige Land wird nur von dem heiligen Volk bewohnt. Der Ngaju nennt seine Welt, d. h. heute: sein Dorf, mit verschiedenen Namen, z. B. *batu lewu*, Heimatdorf, *lewu danumku*, mein Dorf und mein heimischer Fluß. Der in Mythen und Gesängen stets gebrauchte

Name ist *lewu injam tingang*, das von der Wasserschlange geliehene Dorf; es wird auch bezeichnet als das Dorf, wo der Nashornvogel sich an der Wasserschlange erfreute. Das wirkliche Heimatdorf der Menschheit ist nicht in dieser Welt: es ist Batu Nindan Tarong in der Oberwelt. Der Mensch wohnt nur für eine Zeit in dieser Welt, die ihm „geliehen" wurde, und wenn die Zeit gekommen ist und er alt ist, dann kehrt er für immer in seine ursprüngliche Heimat zurück. Sterben heißt nicht tot sein; es wird vielmehr *buli* genannt, heimkehren. Der Gedanke hat nichts mit irgendeiner christlichen Beeinflussung zu tun; es ist eine althergebrachte Vorstellung der Dayak, die zu verstehen ist im Zusammenhang mit dem urzeitlichen heiligen Geschehen und der damit verbundenen Denkweise.

Der Dayak liebt die Welt, in die er geboren wird und in der er aufwächst. Sein Dorf ist der größte und schönste Platz in der ganzen Welt, und er würde es für kein anderes austauschen. Wenn er sein Dorf verläßt, packt er sich heilige Zaubermittel ein, die seine sichere Rückkehr garantieren werden, und sollte er selbst nicht zurückkommen, so werden doch seine Knochen und seine Asche in sein Dorf zurückgebracht, und dadurch findet er seinen letzten Ruheplatz in dem heiligen Land. Die Beschreibung des Dorfes und der Welt in Mythen und priesterlichen Gesängen hat poetische Kraft und Schönheit. Es gibt alte Leute, meistens Frauen, die niemals ihr eigenes Dorf verlassen haben, nicht etwa, weil sie niemals Gelegenheit dazu gehabt hätten, sondern weil sie nicht im geringsten ein Bedürfnis dazu verspürten. Warum sollte man das Dorf verlassen? Warum in der Ferne unter Fremden herumstreifen? Frieden, Sicherheit, Glück und ein gutes Leben könne nur im eigenen Dorf gefunden werden, nur in der eigenen Welt, in der man von der Gottheit beschützt wird, umgeben von der urzeitlichen mütterlichen Wasserschlange, wo man auf ihrem Körper ruht und von ihrem Kopf und Schwanz umschlossen wird.

Die Liebe zur eigenen Welt wird in dem Abschiedsgesang eines Verstorbenen ausgedrückt, der sein Dorf für immer verläßt, um in das Dorf der Toten einzutreten. Sein Boot hält vor dem Eingang. Der Verstorbene sieht noch einmal hinab auf die Welt, und er singt für sein Dorf und seinen Fluß und für alle, die er liebte:

„Ich kann mein innerstes Denken noch nicht gebührend ausdrücken.
Noch ist es mir möglich zu sagen, was mein Herz erfüllt.
Ich habe das vom Nashornvogel geliehene Dorf hinweggeworfen, wie man eine nutzlose Platte weglegt.
Ich habe den Platz hinweggeschoben, wo die Nashornvögel weit verstreut leben, so wie man eine nutzlose Speise verwirft,
Und ich bin selbst ein verworfener Stein geworden, um niemals zurückzukehren,
Ich bin wie ein weggeworfener Erdklumpen, niemals werde ich wieder nach Hause kommen."

Das ist nicht Hoffnungslosigkeit, das ist ganz einfach der Abschiedsgruß des Verstorbenen, und mit diesen Worten zieht das Boot zu der wahren und ewigen Heimat, in die der Tote zurückkehren darf und in der er von den Ahnen und allen, die diese Reise vor ihm unternommen haben, freudig begrüßt wird.

Die Welt, die vom Rücken der Wasserschlange getragen und von ihrem Körper umschlossen wird, ist das gute, heilige Land. Die Umgebung des Dorfes, d.h. das Land, das nicht vom Körper der Wasserschlange begrenzt und umfriedet ist, ist ein fremdes, schreckliches, fürchterliches Land, wo man sich nicht mehr daheim fühlt, wo man nicht bereitwillig ein Haus bauen wird, in das man nicht hineingeht, ohne ernste Vorsichtsmaßregeln zu treffen und sich mit schützenden Zaubermitteln zu versehen. Personen, die einen schlimmen Tod gestorben sind, liegen außerhalb des Dorfes. Dort werden auch Verbrecher beerdigt, jene, die aus dem heiligen Volk von der Gemeinschaft und von der Gottheit selbst ausgeschlossen werden. Sie ruhen nicht in der Mitte des heiligen Volkes und im heiligen Land und sind im Tode auch nicht von der Wasserschlange umschlossen, denn sie sind in unheiliger Erde begraben. Gott und Mensch haben nichts mehr mit ihnen zu tun, und sie sind für immer von ihnen getrennt, sie sind in Einsamkeit und Heimatlosigkeit geworfen, verbannt in eine unheilvolle Umgebung. Dort leben sie in Gesellschaft derer, die einen schlimmen Tod gestorben sind, d.h., daß sie ihr Leben auf unnatürliche Weise verloren haben oder durch besonders gefürchtete Krankheiten (Aussatz, Pocken), als Strafe für bekannte oder unbekannte Vergehen. Die Gottheit hat ihnen einen „unreifen Tod" *(matei manta)* bereitet, sie hat sie gezeichnet und sie für immer aus der Gemeinschaft der Lebenden und der Ahnen ausgestoßen. Die Gemeinschaft der unglücklichen und heimatlosen Seelen lebt weiter in der Existenzform böser Geister im Busch und in den Wäldern, die das Dorf umgeben. Als solche greifen sie die Leute an, machen sie krank oder nehmen ihnen das Leben...

Die eigene Welt ist die Mitte aller Welten, der Brennpunkt der göttlichen, harmonischen Ordnung des Kosmos. Dies trifft auch für das Dorf zu, das nach dem Zusammenbruch der urzeitlichen Stammesorganisation alles übernommen hat, was über das heilige Land gesagt wurde. Das Dorf repräsentiert auch die gesellschaftliche und kosmische Ordnung in ihrer Gesamtheit; es besitzt auch die Zweiteilung. Der obere Teil des Dorfes, der stromauf *(ngaju)* liegt, wird von der Oberschicht bewohnt, der untere Teil *(ngawa)* gehört der Unterschicht und den Sklaven.

Das heilige Land ist das Land der Gottheit. Von ihr wurde es nicht allein geschaffen und erhalten, es ist vielmehr die Gottheit selbst, und es repräsentiert die Totalität von Oberwelt und Unterwelt, von Mahatala und Jata. Der Mensch lebt nicht nur im göttlichen Land, nicht nur im Frieden der Gottheit, sondern tatsächlich in der Gottheit selbst; denn das heilige Land ist ein Teil des Lebensbaumes, es wurde aus Teilen von Sonne und Mond geschaffen, die den Lebensbaum umsäumen und die aus dem Goldberg und dem Juwelenberg hervorgingen und somit aus der Gottheit.

Hans Schärer, Ngaju Religion. The Conception of God among a South Borneo People. Den Haag 1963, S. 59–62, 65, 66.

107. Die Lebensstadien der Dayak auf Borneo

Das Leben ist kein sich ruhig und kontinuierlich vollziehender Prozeß, sondern es ist in verschiedene Stadien aufgeteilt. Da ist das Leben und der Tod, das Werden und Hinscheiden, und in diesem Wechsel wird der Mensch ständig zur Urzeit zurückgeführt, und deshalb ist er Gegenstand göttlicher Schöpfertätigkeit, wodurch er in ein neues Lebensstadium als ein neuer Mensch eintreten kann, bis er das höchste Stadium des wahren und vollkommenen Menschen erreicht hat, bis er stufenweise nicht allein einen gottähnlichen Zustand erreicht hat, sondern göttlich geworden ist. Alle Übergangsriten, wie Geburt, Initiation, Heirat und Tod, stehen insofern sehr eng miteinander in Beziehung, als sie jeweils das Drama der ursprünglichen Schöpfung wiederholen. Der Mensch geht in den Tod, und er kehrt zurück zur Gottheit und zum Lebensbaum, und dann vollzieht die Gottheit aufs neue die Schöpfung, und der Mensch kehrt vom Lebensbaum als ein neues Geschöpf zurück...

Heirat. Die Heiratszeremonie, die mit allen ihren Riten eine recht lange Zeit dauert, wird von den Ältesten begleitet, und sie sagen dem Paar jeweils, was es zu tun hat. Die Braut muß den Lebensbaum mit ihrer rechten Hand und erhobenem Zeigefinger berühren. Dann umschließt der Bräutigam den Finger seiner Braut und berührt ebenfalls den Lebensbaum mit seiner rechten Hand und erhobenem Zeigefinger...

Welche Bedeutung hat die Hochzeit tatsächlich? Von dem, was wir schon gesagt haben, ist deutlich, daß sie eine tiefere Bedeutung hat und irgendwie mit der Auffassung von Gott und der Schöpfung in Verbindung steht. Es ist nicht einfach eine soziale Angelegenheit; es ist auch nicht in erster Linie eine Sache der Verheiratung, sondern ein religiöser Vollzug von höchster Bedeutung. Verheiratet zu werden bedeutet, in ein neues Stadium des heiligen Lebens einzutreten. Es bedeutet, daß etwas Altes unwiderruflich vorbei ist und daß etwas Neues im Kommen ist, es ist Tod und Leben, Hinscheiden und erneut ins Dasein Eintreten. Es ist im Wesen dasselbe Ereignis wie Geburt, Initiation und Tod. Das junge Paar stirbt. Der Tod wird durch einen Stellvertreter erduldet, der mit einem Speer, dem Stamm des Lebensbaumes, durchstochen wird. Nach einer alten Relation von Schwaner war es üblich, daß das junge Paar zum Fluß gebracht wurde, der mit dem Blut eines sakral getöteten Sklaven vermischt war, und daß das Paar hineingetaucht wurde. Das Eintauchen in den Fluß bedeutete zu sterben, aber das Sterben wurde stellvertretend durch einen Sklaven vollzogen. Heute dient die Kokosnuß als Ersatz... Auf diese Weise wird das Paar zur mythischen Urzeit zurückgeführt. Sie kehren zum Lebensbaum zurück. Diese Rückkehr wird durch Berühren des Lebensbaumes seitens des Brautpaares angezeigt. Das Berühren bedeutet, im Lebensbaum zu sein, mit ihm eine Einheit zu bilden. Mit diesen rituellen Akten verwirklicht die Gottheit eine Neuschöpfung, und durch sie verläßt das junge Paar den Baum und tritt wieder ins Leben ein, beginnt eine neue Existenz in einer neuen Welt, einem neuen Stadium, einem neuen Leben. Die Heirat ist eine Wiederholung der Schöpfung, die Wiederholung der Schöpfung des ersten Menschenpaares, und mit seinen Funktionen, Pflichten und Rechten symbolisiert es auch die Gottheit... Die rituell geschlossene Ehe ist grundsätzlich monogam, so wie es die des ersten Ahnenpaares war. Aber was bedeutet eine Ehe auf Grund göttlichen Geheißes? Mit der Ehe ist die körperliche Vereinigung verbunden, der Geschlechtsverkehr und die Zeugung von Kindern. Wenn diese Erfordernisse nicht erfüllt werden, dann gleicht die Ehe nicht dem Lebensbaum, aus dem die Kinder kommen, dann ist es ein verwelkter Baum und keine Ehe. Und eine Ehe, die nicht Ehe ist, kann in Übereinstimmung mit den gültigen Gesetzen gebrochen werden, oder eine zweite Frau kann zu der ersten hinzugenommen werden, ohne daß dies ein Verstoß gegen Gesetz und Sitte *(hadat)* wäre, was es in der Tat darstellen würde, wenn die Frau ihres Alters wegen abgewiesen würde und der Ehemann sich in ein junges Mädchen verliebt hätte oder wenn der Mann mehr als zwei Frauen besäße. Auch in dieser Hinsicht ist die Auffassung von der Ehe sehr hochstehend. Die Arbeitsteilung zwischen Mann und Frau wie auch gegenseitige Rechte und Pflichten sind durch die Schöpfung und göttlichen Befehle geregelt, und diese Regelungen weisen ein bemerkenswert hohes Niveau auf. Die Dayakfrau ist gesetzlich in mancher Hinsicht besser geschützt als ihre europäische Schwester.

Geburt. Wir wollen hier davon Abstand nehmen, alle religiösen Verpflichtungen und Zeremonien zu beschreiben, die der Geburt vorangehen, sie begleiten und ihr folgen. Wir wollen uns nur fragen, was die Geburt in bezug auf die Gottesvorstellung bedeutet. Die Periode der Schwangerschaft ist eine heilige Zeit. Die Tabuvorschriften *(pali)* sind zahlreich, sie betreffen nicht nur die werdende Mutter, sondern auch den zukünftigen Vater, und diese Vorschriften verweisen uns auf die unzerbrechliche und organische religiöse Einheit von Mann und Frau. Sie sind die Gottheit und der Lebensbaum in ihrer Verbindung wie auch im Kommen des neuen Lebens als einer reifen Frucht des Lebensbaumes. Jeder Bruch dieser Einheit, jede Überschreitung der Tabuvorschriften verursacht die Zerstörung des Lebensbaumes und das Ende seiner Frucht. Das Kind kommt vom Lebensbaum... Diese Einheit und Totalität besteht nicht nur während der

Schwangerschaft, sondern auch während der Geburt, und sie dauert bis zum vierzigsten Tag nach der Entbindung.

Initiation. Zur Initiation des Kleinkindes gehört ein rituelles Bad, das entweder im Fluß oder im Hause stattfindet, einige Tage oder Wochen nach der Geburt. Das Kind wird in einem heiligen Boot in Gestalt der Wasserschlange, das prächtig mit Kleidern und Fahnen ausgeschmückt ist, zur Mitte des Flusses gebracht und dort, am Eingang zur Unterwelt, eingetaucht. Die Bedeutung des Ritus ist klar. Die gesamte Gemeinschaft kehrt in der Gottheit, d.h. dem Boot, zur Unterwelt zurück und übergibt das Kind der Gottheit, die ihm neues Leben verleiht, so daß es als ein neues menschliches Geschöpf zur Welt zurückkehren kann. Obwohl dies vornehmlich eine Angelegenheit von Jata, der Gottheit der Unterwelt, ist, so hat doch die Gottheit der Oberwelt Anteil an diesem rituellen Bad. Bevor das Ritual beginnt, ruft der Priester die höheren Gottheiten an und bittet sie, die Quelle des Lebenswassers zu öffnen und es in den Fluß fließen zu lassen, auf daß das Kind in das von der Oberwelt zur Unterwelt sprühende Wasser getaucht werde. Das Flußwasser an sich ist bedeutungslos, und das ganze Ritual wäre vergebens, wenn es nicht durch das von der Gottheit verliehene Lebenswasser geheiligt wäre. Das heilige Bad bedeutet stets eine Rückkehr zur Gottheit und eine Erneuerung des Lebens in der Gottheit und durch sie.

Andere Initiationsriten sind der erste Schritt des Kindes auf der Erde, das erste Berühren eines Fruchtbaumes usw.

Die eigentlichen Initiationszeremonien, die während oder nach dem Ende der Pubertät stattfinden, sind von großer Bedeutung. Früher verbrachten die Jünglinge die Nächte während dieser Zeit im Gesellschafts- oder Gästehaus *(balai)* und nicht in ihren eigenen Häusern. Dort befanden sie sich unter der Aufsicht eines der Ältesten, der verantwortlich dafür war, sie in Rechte und Pflichten der erwachsenen Männer einzuführen, die zu werden sie im Begriff waren. In dieser Zeit wurden sie im Recht unterrichtet, in den Geheimnissen der Kopfjagd und des Krieges, männlichen Aufgaben, Kriegstänzen und Spielen. Zu dieser Zeit wurden auch ihre Zähne angefeilt (wie übrigens auch die der jungen Mädchen), und sie beschnitten sich selbst im Verborgenen. Wir wissen nicht genug über die Bedeutungen dieser Handlungen. Animistische und dynamistische Interpretationen können schwerlich aufrechterhalten werden, und wir sollten vielleicht an ein partielles Selbstopfer in Verbindung mit der vollkommenen Erneuerung des Mannes denken; denn diese beiden Zeremonien stehen nicht für sich allein, sondern bilden mit anderen eine Einheit. Ein junger Mann wird durch die Initiationsriten zum vollen Mitglied der Gesellschaft, er nimmt zum ersten Mal an einem Menschenopfer und einer Kopfjagd teil, und er erwirbt kostbare Besitztümer, die zum *pusaka* gehören (heilige Gefäße, Gongs, Waffen).

Junge, in die Pubertät eintretende Mädchen wurden früher gelegentlich zwei oder drei Jahre in einen abgetrennten Raum über oder neben dem Schlafraum der Eltern eingeschlossen. Dieser Raum *(kowo)* wird mit dem *rahan* identifiziert, der in Mythen erwähnt wird, auf Karten der Priester verzeichnet ist und das Urgewässer repräsentiert. Alle mit dieser Periode verbundenen Riten zeigen uns, daß das junge Mädchen zur Unterwelt hinabgeführt wird. Sie verweilt dort eine gewisse Zeit und nimmt die Gestalt einer Wasserschlange an. Die Zeremonien bei der Beendigung der *kowo*-Periode sind eine Angelegenheit aller; die Leute versammeln sich aus benachbarten Dörfern, und gemeinsam demolieren sie das Zimmer *(kowo)* und bringen das Mädchen zum rituellen Bad an den Fluß. Nach diesem Bad kommt es aus der Unterwelt zur Erde zurück, und als ein neuer Mensch beginnt es sein neues Leben als soziales und religiöses Vollmitglied der Gesellschaft. Während der *kowo*-Periode wurde das junge Mädchen von einer alten und geachteten Sklavin versorgt, die es in den Rechten, Pflichten und Aufgaben einer Frau unterrichtete. Es gibt in der Überlieferung der Dayak zahlreiche Mythen, die uns berichten, wie nach einer Zerstörung der Welt (im allgemeinen durch menschliche Schuld) nur ein einziges Mädchen am Leben blieb, eingeschlossen in einen hohen Baum oder Felsen. Es war möglich, mit ihm durch ein schmales Loch in Verbindung zu treten, aber es konnte nicht gesehen werden. Ihm wurden Rohstoffe für handwerkliche Tätigkeiten gegeben, so Tuch zum Weben oder Rohr, und nach einiger Zeit wurden die wunderschön gefertigten Gegenstände zurückgegeben. Während der Initiationsperiode darf das junge Mädchen nicht berührt werden. Das würde nicht nur ihren Tod, d.h. ihr Verbleiben in der Unterwelt, verursachen, sondern auch den Untergang der ganzen Welt, wovor diese nur durch das Mittel des Menschenopfers bewahrt werden könnte. Auch dieses Ereignis wird deutlich in den Mythen berichtet. Im allgemeinen handelt es sich dabei um einen jungen Mann, der zu dem eingeschlossenen Mädchen in Liebe entbrannt ist. Er versucht, sie aus dem Baum oder Felsen zu befreien, und wenn dies erfolglos bleibt, schlägt er in Verzweiflung den Arm seines Liebchens ab. Dann schließt sich die Öffnung, und das Mädchen verschwindet für immer. Die *kowo*-Periode ist heilig. Das Mädchen lebt mit der Gottheit. Es lebt weder in dieser Welt noch in der Gegenwart, sondern in den Urgewässern und in der Urzeit, und in ihm werden die schöpferischen, wohltätigen Fähigkeiten dieser Zeit vervollkommnet, die nichts mehr zerstören darf; denn jede Störung bedeutet eine Einmischung in die jenseitige Welt, und sie wird von dem zornigen, rachsüchtigen göttlichen Richter mit der Zerstörung der Welt bestraft. Sobald die *kowo*-Periode abgeschlossen ist, untersteht das Mädchen wieder irdischen Gesetzen...

Tod. Das wichtigste und abschließende Stadium im Leben des Menschen ist der Tod. Er bedeutet kein Hinscheiden und Auslöschen des Lebens, sondern eine Heimkehr zur göttlichen Welt und eine Wiederaufnahme in die gesellschaftliche und heilige Einheit der mythischen Urzeit. Der Tod ist ein Durchgang zu einer neuen Existenz, der Übergang zu einem neuen und wahren Leben.

Er ist damit ein Ereignis von gleicher Art wie Geburt, Initiation und Heirat, und er ist nicht nur das wichtigste dieser Lebensstadien, sondern er erhält auch den umfangreichsten und ausführlichsten zeremoniellen Ausdruck: alle Lebensstadien erreichen in ihm ihren Höhepunkt und Abschluß.

Der Verstorbene wird der irdischen Zeit und den Gesetzen dieser Welt enthoben, und er wird in die mythische Vorzeit zurückversetzt. Dies zeigt sich an den beim Tod vollzogenen Riten und an der Vorbereitung des Sarges. Dem Sarg wird die Form eines Bootes gegeben. Aber es ist nicht nur ein Boot, und es ist nicht in erster Linie für die Reise des Toten zum Dorf der Toten bestimmt, für die Reise auf dem See und Fluß. Dies ist nicht die Erklärung für die Form. Der Sarg ist vielmehr nicht nur ein Boot, sondern auch der Nashornvogel oder die Wasserschlange. Der Nashornvogelsarg ist für verstorbene Frauen bestimmt, der Wasserschlangensarg für verstorbene Männer. Die Seiten des Sarges werden mit gemalten oder geschnitzten Lianen geschmückt, die den Lebensbaum darstellen und nach ihm benannt werden. Der ganze Sarg wird mit gemalten Punkten versehen. Sie stellen Gold und Juwelen dar und werden nach dem Goldberg und dem Juwelenberg der mythischen Zeit benannt. Der Sarg ist auch mit totemistischen Emblemen versehen: mit Stoffen für eine Frau, mit Blasrohr und Schwert für einen Mann.

Was ist die Bedeutung dieses Sarges? Er ist Boot, Lebensbaum, Gottheit und vorzeitlicher Berg. Wir möchten sagen, daß er eine materielle Repräsentation des Schöpfungsmythos ist. Die beiden Särge entsprechen den beiden Booten, in denen das erste Menschenpaar auf den Wassern des Lebens herumgetrieben wurde. Sie tragen auch die Namen jener Boote: *banama hintan* und *banama bulau*. Sie sind ferner identisch mit dem Lebensbaum (der Liane), denn sie entstammten ihm und sind somit der Baum selbst. Sie sind auch die Gottheit; denn die Gottheit ist eins mit dem Lebensbaum. Sie sind schließlich auch den beiden urzeitlichen Bergen gleich, denn aus deren Berührung entsprang der Kopfputz von Mahatala, aus dem der Lebensbaum hervorging. Der Sarg ist mithin die kosmisch-göttliche Totalität der Urzeit, und diese Totalität ist dem Schöpfungsmythos eng verwandt. Die Toten kehren zurück zur Gottheit und zum Heil der Urzeit und werden in beide hineingenommen.

Die Särge und manche wichtigen Rituale lassen uns klar erkennen, daß die Toten in zwei Kategorien fallen, von denen die eine mit der Oberwelt, die andere mit der Unterwelt verbunden ist. Diese Zweiteilung kann jedoch nicht einfach eine sexuelle Angelegenheit sein, vielmehr steht sie in Beziehung zur heiligen und gesellschaftlichen Zweiteilung. Wir können daher nicht einfach vom Männer- oder Frauensarg sprechen; denn beide Särge müssen früher einmal zu zwei Gruppen gehört haben, von denen die eine mit der Oberwelt verbunden war und den Nashornvogelsarg benutzte, während die andere mit der Unterwelt verbunden war und den Wasserschlangensarg benutzte...

Trotz dieser Zweiteilung, die auch beim Hindurchführen des Toten durch die funerären Riten eine bedeutsame Rolle spielt, wird heutzutage der Gedanke der Vereinigung am stärksten betont. Der Tote kehrt zur mythischen Urzeit zurück, zur Gottheit selbst und in das urzeitliche Dorf Batu Nindan Tarong. In der Urzeit findet er sich selbst wieder im Lebensbaum und in der Gottheit, und die Gottheit erschafft ihn aufs neue. Der Verstorbene wird wieder zum ersten Menschen, der im Boot, das seinerseits die Gottheit ist, auf den Urwassern umhertreibt, bis er in das Dorf der Toten gebracht wird, wo er mit seinen Ahnen für immer vereint bleibt. Die Gottheit hat ihn durch die verschiedenen Lebensstadien bis zum Tod geführt, bis er zur Gottheit zurückkehrt und ihm neues Leben und eine neue Seinsweise in der Oberwelt gegeben werden, von der er einst ausging und nun nicht mehr getrennt werden wird.

Hans Schärer, Ngayu Religion. The Conception of God among a South Borneo People. Den Haag 1963, S. 81 ff.

108. Gebet beim Neujahrsfest des Großhauses (Lenape)

Die nordamerikanischen Lenape-Indianer sind in Europa weniger unter ihrer Eigenbezeichnung „Lenape" als unter dem Namen „Delawaren" bekannt geworden, der sich von Lord de la Warre, einem englischen Reisenden und frühen Siedler in Virginia, herleitet. Die Lenape genossen unter den Indianern Nordamerikas eine Art Ehrenstellung.

Ihr zentrales Fest, das der rituellen Erneuerung der Welt diente, war das jährlich vollzogene „Neujahrsfest des Großhauses". Dabei symbolisierte eine eigens hierfür errichtete rechteckige Giebeldachhütte das Universum. Das nachstehend wiedergegebene Gebet, mit dem der Zeremonienleiter das Ritual des Festes eröffnete, richtete sich an Gischelemukaong, das Höchste Wesen der Lenape.

Wir sind dankbar, daß so viele von uns leben und noch einmal hier zusammenkommen können und daß wir bereit sind, unsere Feierlichkeiten gläubig zu vollziehen. Jetzt werden wir uns hier zwölf aufeinanderfolgende Nächte versammeln, um zu Gischelemukaong zu beten, der uns gelehrt hat, auf diese Weise Gottesdienst zu halten. Und diese zwölf Gesichter (auf die Pfosten des Großhauses geschnitzt) sind hier, um zu wachen und unsere Gebete zu Gischelemukaong in den höchsten Himmel zu tragen. Wir tanzen zu dieser Zeit, um unsere Gebete zu ihm zu erheben.

Wenn wir in dieses unser Haus kommen, sind wir froh und dankbar, daß wir uns wohl befinden, und für alles, das unser Wohlgefühl bewirkt und das der Schöpfer hier zu unserem Gebrauch gegeben hat. Wir kommen hierher, um ihn zu bitten, uns im kommenden Jahr gnädig zu sein und uns alles zu geben, um uns glücklich zu machen; mögen wir gute Ernten haben und keine gefahrvollen Stürme, Überschwemmungen oder Erdbeben. Wir wissen alle, was er während unseres ganzen Lebens vor uns hinlegt, und daß er uns einen Weg gewiesen hat, zu ihm zu beten und ihm zu danken. Wir sind dankbar für den

Osten; denn alle fühlen sich wohl am Morgen, wenn sie erwachen und das glänzende Licht aus dem Osten kommen sehen; und wenn die Sonne im Westen niedergeht, fühlen wir uns gut und froh; dann sind wir dem Westen dankbar. Und wir sind dem Norden dankbar; denn wenn die kalten Winde kommen, sind wir froh, so lange gelebt zu haben, um die Blätter wieder fallen zu sehen; und ebenso dem Süden; denn wenn der Südwind bläst und alles im Frühling aufsprießt, sind wir froh, daß wir leben, um zu sehen, wie das Gras wächst und alles wieder grünt. Wir danken den Donnern, denn sie sind die Wesen, die den Regen bringen, über den zu herrschen der Schöpfer ihnen Macht gegeben hat. Und wir danken unserer Mutter, der Erde, die wir als Mutter in Anspruch nehmen, weil die Erde uns und alles, was wir benötigen, trägt. Wenn wir essen und trinken und umherblicken, wissen wir, daß es Gischelemukaong ist, der bewirkt, daß wir uns auf diese Weise wohl fühlen. Wir sollten jeden Morgen zu ihm beten.

Der Mensch hat einen Geist, und der Körper erscheint wie eine Hülle jenes Geistes. Deshalb sollten die Menschen Sorge um ihren Geist tragen, um den Himmel zu erreichen und in des Schöpfers Wohnung eingelassen zu werden. Uns ist eine Spanne Zeit gegeben, auf Erden zu leben, und dann müssen unsere Geister hinweggehen. Wenn eines Menschen Zeit kommt, diese Erde zu verlassen, sollte er zu Gischelemukaong gehen, dann wird er sich wohl fühlen. Wir sollten alle zu ihm beten, uns für kommende Tage vorzubereiten, damit wir bei ihm sein können, wenn wir diese Erde verlassen haben.

Wir alle müssen unsere Gedanken auf dieses Treffen richten, damit Gischelemukaong auf uns sieht und uns gewährt, was wir erbitten. Ihr alle kommt hierhin, um zu beten; ihr müßt ihn während des ganzen Lebens erreichen. Denkt an nichts Böses; seid stets bestrebt, an das Gute zu denken, das er uns gegeben hat.

Wenn wir jenen Ort erreichen, werden wir nichts zu tun und uns um nichts zu sorgen haben, sondern nur ein glückliches Leben führen. Wir wissen, daß dort viele unserer Väter sind, die diese Erde verlassen haben und jetzt in diesem glücklichen Ort im Land der Geister sind. Wenn wir ankommen, werden wir dort unsere Väter, Mütter, Kinder und Schwestern sehen. Und wenn wir uns vorbereitet haben, dorthin gehen zu können, wo unsere Ahnen und Kinder sind, dann fühlen wir uns glücklich.

Alles erscheint dort schöner als hier, alles sieht neu aus, und lieblich sind die Gewässer und Früchte und alles andere.

Die Sonne scheint dort nicht, aber ein Licht, das glänzender ist als die Sonne; der Schöpfer läßt es durch seine Macht mehr erglänzen. Alle Menschen, die hier sterben, jung oder alt, werden dort gleichen Alters sein; und jene, die verwundet sind, verkrüppelt oder blind geworden, werden so gut aussehen wie die übrigen. Denn nur das Fleisch ist verwundet: der Geist ist so heil wie je. Deshalb werden die Menschen gelehrt, stets den Verkrüppelten oder Blinden zu helfen. Was immer ihr für sie tut, wird sicher belohnt werden. Was immer ihr für irgend jemand tut, wird euch hernach Ansehen bringen. Wenn wir nur immer die Gedanken denken, die Gischelemukaong uns gegeben hat, wird es gut mit uns stehen.

M. R. Harrington, Religion and Ceremonies of the Lenape. New York 1921, S. 87 ff.

109. Das Großhaus der Lenape als Symbol des Universums

Das Großhaus steht für das Universum; sein Boden ist die Erde, seine vier Wände sind die vier Seiten des Horizontes, sein Dach ist der Himmel, in dem der Schöpfer in seiner unbeschreiblichen Hoheit thront. Die Delawaren (Lenape) empfinden das Großhaus als Universum, den Mittelpfeiler als Stab des Großen Geistes, mit dem Fuß auf der Erde, und seiner Spitze, die bis zur Hand der höchsten Gottheit reicht. Der Boden des Großhauses ist die flache Erde, auf der die drei Gruppen der Menschheit auf den ihnen angemessenen Plätzen sitzen. Die östliche Tür ist die Stelle des Sonnenaufganges, wo der Tag beginnt, und zugleich das Symbol des Endes; die Nord- und Südwände haben die Bedeutung verschiedener Horizonte; das Dach des Tempels ist das sichtbare Himmelsgewölbe. Der Boden unter dem Großhaus ist das Reich der Unterwelt, während sich über dem Dach die ausgedehnten Flächen, zwölf an der Zahl, bis zur Wohnung des Großen Geistes, des Schöpfers, erstrecken. Wir sollten hier von den geschnitzten Gesichtern sprechen ... Die Darstellungen am Mittelpfahl sind sichtbare Symbole des Höchsten Wesens, diejenigen auf den Ständern der Längswände, drei an der Nordwand und drei an der Südwand, sind die Geister dieser Gegenden, diejenigen an den östlichen und westlichen Türpfosten die Geister des Ostens und Westens ... Doch die fesselndste Allegorie ist mit dem Begriff des Weißen Pfades verbunden, dem Symbol des Lebens als Übergang. Es ist ein ovaler, festgetretener Tanzpfad, dessen Umrisse auf dem Boden des Großhauses markiert sind, von der Osttür rechts an der Nordseite entlang zur Westtür und auf der Südseite zurück zum Anfang im Osten. Das ist der Pfad des Lebens, auf dem der Mensch seinen Weg zum Westen nimmt, wo alles endet. Ich nehme an, daß sein Gegenstück in der Milchstraße besteht, über die die Seele nach dem Tod in das Reich des Geistes geht. Wenn die Tänzer im Ritual des Großhauses bei ihrem würdevollen Gang dem Lauf des Weißen Pfades folgen, so treiben sie mit ihrem rhythmischen Schritt etwas an, nämlich die Existenz. Doch nicht nur der Übergang des irdischen Lebens, sondern auch die Reise der Seele nach dem Tode wird mit dieser Zeremonie symbolisch dargestellt.

Frank G. Speck, A Study of the Delaware Indians Big House Ceremony. Harrisburg 1931, S. 22 f.

110. Der Sinn des Lebens in der Sicht der Eingeborenen Australiens

Wir machen uns oft nicht genügend klar, welche geringe Bedeutung unsere Lebensart für die Eingeborenen besitzt, selbst für solche, die durchaus zivilisiert sind. Ich denke an Gegenden, wo sie mit uns seit sechzig Jahren in Berührung stehen und wo sie im Jahr für sechs Monate, der Trockenzeit des Nordens, eine sehr wertvolle Rolle in unserem Landleben spielen, vornehmlich auf den Stationen. Während dieser Zeit kleiden sie sich auf unsere Art, rasieren und waschen sich, finden Gefallen an unserer Nahrung und erscheinen recht ansehnlich. Am Ende dieser Zeit empfangen sie den kleinen Anteil ihres Lohnes, mit dem sie handeln dürfen, sie kaufen, oft zu einem übertriebenen Preis, einige Gegenstände, meist solche, die wir als lächerlich für erwachsene Männer ansehen, und dann gehen sie mit ihren Familien in den Busch und werfen alle ihre Kleider ab und alles andere, was zu unserer Zivilisation gehört. Sie malen sich an, leben in Lagern, jagen, führen dramatische Tanzkompositionen (Corroborees) auf und nehmen teil an Geheimriten, und dieses alles gelegentlich trotz der Tatsache, daß ihr soziales Leben durch die Verbindung mit den Weißen während der letzten fünfzig Jahre sehr entartet und demoralisiert wurde. Wir mögen natürlich denken, daß ihre jährliche Rückkehr zu diesem Buschleben etwas Unverständliches sei und einen Mangel an Wertschätzung des höheren Lebensstandards zeige, dem sie sich sechs Monate lang angleichen. Aber wir müssen uns auf zwei Dinge besinnen: an erster Stelle, daß der alleinige Teil unseres Lebens, mit dem diese eingeborenen Saisonarbeiter vertraut werden, ökonomische und materielle Aspekte betrifft, und sie deshalb nicht den Eindruck gewinnen, daß unsere Lebensart für sie wertvoller sei als ihre eigene; unsere Lebensart hat einiges Interesse für sie, hauptsächlich, weil sie es ihnen ermöglicht, uns zufriedenzustellen und auch einige Gegenstände zu erhalten, die sie nützlich oder reizvoll finden. Zweitens ist unser Wirtschaftsleben nicht das ihrige – es ist nur ein äußerliches Mittel oder ein Instrument, das sie instand setzt, etwas zu tun, das offensichtlich nützlich ist, aber es steht nicht in Verbindung mit den Riten und dem Glauben ihres Lebens. Anderseits aber ist die Zeit im Busch mit ihrer Bemalung, dem Jagen und den Riten ihr eigenes Leben, und dies hat einen Sinn für sie. Was sie dort tun, das tun sie für sich selbst, und im Ritual bewahren sie die Verbindung mit den Helden und Ahnen früherer Zeiten, verwirklichen ihr Gemeinschaftsleben und gewinnen Hoffnung für die Zukunft.

Dies hilft uns zu verstehen, warum sich die jungen Männer zur Initiation und zu esoterischen Überlieferungen hingezogen fühlen, statt zu den entgegengesetzten Attraktionen und Einflüssen missionarischer und anderer zivilisatorischer Vertreter. Das bedeutet jedoch, daß sie auf zwei Wege gezogen werden, die als unvereinbar erscheinen. Was ist dann das Ergebnis? Es gibt zwei Alternativen: der missionarische oder zivilisatorische Vertreter kann damit Erfolg ha-

Heilige Zeit, heilige Welt, heiliges Leben

ben, daß er der Initiation und anderen Geheimriten ein Ende setzt oder die aufwachsende Generation derart in den Griff bekommt, daß die alten Männer die Initiation nur formal vollziehen und nicht als Zugang zu esoterischen Stammesüberlieferungen. Doch bedeutet dies einen Zusammenbruch der Stammesautorität und, ganz zu schweigen von der Hochachtung für diese Ideale, einen Verlust des Wissens um Gefühle und sakrale Ordnungen, die wesentlich sind für den Zusammenhalt des Stammes; und in Australien ist ein derartiger Zustand die Begleiterscheinung – und die Ursache – für den Untergang der Stämme. Die andere Alternative ist, zumindest für eine Zeitlang, das Scheitern des missionarischen oder zivilisatorischen Vertreters. Die alten Männer und der Zauber der geheimen Riten obsiegen. Der Missionar braucht dies überhaupt nicht zu bemerken; denn er neigt dazu, sich auf äußerliche Anpassung an seine Forderungen und Lehren zu verlassen, und anders kann er sich nicht verhalten, wenn er nicht mit der Sprache und den Geheimnissen des Stammes vertraut ist. Aber langsam und sicher, Schritt für Schritt, geht der junge Mann auf dem geheimen Pfad voran und entfernt sich im Herzen mehr und mehr von des weißen Mannes Lehren und Lebensart. Man beobachte, wie er des Morgens seine Rolle äußerlich auf der Farm oder Missionsstation oder in der Kirche spielt. Aber man beobachte ihn auch nachmittags, wie er völlig in Anspruch genommen ist von der Darstellung eines Geheimkultes oder von der Erklärung eines heiligen Mythos durch die Ältesten – vielleicht nur etwa eine Meile von der Mission oder Farm entfernt, aber im Geist durch ein Zeitalter getrennt. Ja, man beobachte ihn dort, und man wird erkennen, wo er den Sinn des Lebens, die Heiligung seines Verhaltens und die Hoffnung für die Zukunft findet. Und wenn das Stammesleben nicht zusammenbricht, wird er früher oder später seine Zeit zu einem großen Teil darauf verwenden, die Wege und Orte aufzusuchen, die durch die Wanderungen und Taten der Helden der Vorzeit geheiligt sind, und die Riten zu vollziehen, von denen das Leben des Stammes und der Natur abhängt.

Und was ist dieses geheime Leben der Eingeborenen? Es ist ein besonderes Leben – ein Leben des Rituals und der Mythologie, der heiligen Handlungen und Gegenstände. Es ist das Leben, durch das der Mensch wirklich seinen Platz in der Gesellschaft und Natur findet und durch das er in Berührung gebracht wird mit den unsichtbaren Dingen der Welt in Vergangenheit, Gegenwart und Zukunft. Von Zeit zu Zeit finden wir, daß ein Stamm oder Gruppen von mehreren Stämmen aus der Alltagswelt hinaustreten. Ein besonderes Lager wird errichtet, in dem die Frauen bleiben, abgesehen von einigen, die zu Hilfsdiensten bei den Riten berufen werden. Dann gehen die Männer etwa eine Meile zu geheimen Plätzen, wo sie Stunden, Tage, Wochen oder sogar Monate verbringen, um Rituale zu singen oder aufzuführen. In einigen Fällen essen und schlafen sie auch an diesen Plätzen. Wenn sie später in die Welt irdischer Geschäfte zurückkehren, sind sie erquickt an Herz und Geist. Sie sehen nun den Wechselfällen des täglichen Lebens mit neuem Mut und einer Kraft entgegen, die sie aus der gemeinsamen Teilnahme an den Riten gewonnen haben, mit erneuter Wertschätzung ihrer sozialen und moralischen Ideale und Lebensformen und mit der sicheren Überzeugung, daß, da sie die Riten peinlich genau vollzogen haben, alles mit ihnen gut werden wird und mit jenem Teil der Natur, mit dem ihr Leben eng verbunden ist.

A. P. Elkin, The Australian Aborigines. 3. Aufl. Garden City, N. Y. 1964, S. 168 ff.

111. Der Lebenskreis der Eingeborenen Australiens

Für den Eingeborenen ist das Leben ein Zyklus, von dem er nicht immer zu sagen wagt, ob er fortdauernd ist oder nicht. Von seinem Vater in einem geistigen Erlebnis entdeckt, erhält er durch seine Mutter körperliche Gestalt und tritt so in das weltliche Leben ein. Aber wenige Jahre später tritt er durch das Tor der Initiation teilweise wieder in die heilige Traumzeit oder Himmelswelt ein, die er auf Zeit verlassen hat. Nachdem er, soweit es die Notwendigkeiten des weltlichen Lebens erlauben, mehr und mehr in sie zurückgekehrt ist, stirbt er und geht durch ein anderes Tor, den Übergangsritus des Begräbnisses, ganz zurück zu seinem geistigen Wesen im Himmel, der geistigen Heimat oder dem totemistischen Zentrum – vielleicht, um den Kreislauf später zu wiederholen, vielleicht, um aufzuhören zu existieren. Für Frauen besteht das Zentrum des Kreislaufes nicht, abgesehen davon, daß sie das Mittel sind für die Menschwerdung präexistenter Geister.

Es gibt einige interessante Symbole für diese Rückkehr zur geistigen Existenz. Im nordwestlichen Australien kam der Geist des einzelnen aus einem Wasserloch, das zu dem Geist der Fruchtbarkeit und des Lebens in Verbindung stand. Die Initiation vermittelt ihm eine bewußte Kenntnis über den Ursprung seines Lebens, und nach der abschließenden Trauerzeremonie werden seine Knochen in eine nahegelegene Höhle gelegt. In einigen Wüstengegenden wird ein Haargürtel, der aus des Verstorbenen Haar gefertigt wird und etwas von seinem Geist enthält, zuletzt zu der Höhle oder Wasserstelle der mythischen Schlange gebracht, von der aus der Geist in diese Welt kam. Im nordwestlichen Arnhemland werden die Knochen in einen Totemsarg gelegt und somit identifiziert mit dem Totem und folglich mit der Quelle des Lebens im Menschen und der Natur. In Teilen des östlichen Australiens schließlich geht der junge Mann bei seiner Initiation zur himmlischen Welt, die auf dem Initiationsgelände durch Bäume gekennzeichnet ist, und wenn er stirbt, symbolisiert sein Begräbnis ebenso die himmlische Welt, von der, wie man glaubt, alles Leben kommt und zu der es wieder zurückkehrt.

A. P. Elkin, The Australian Aborigines. 3. Aufl. Garden City, N. Y. 1964, S. 336 f.

Heilige Zeit, heilige Welt, heiliges Leben

112. Die Jagd als heilige Tätigkeit der Naskapi-Indianer von Labrador

Für die Montagnais-Naskapi (Jäger auf der untersten Existenzebene) existieren die Tiere des Waldes, der Tundra, der Binnen- und der Küstengewässer in einem bestimmten Bezugsverhältnis. Sie sind zum Gegenstand einer fesselnden magisch-religiösen Aktivität geworden; denn Jagen ist für die Naskapi eine heilige Beschäftigung. Die Tiere haben eine Existenz, die derjenigen des Menschen hinsichtlich der Gefühle und des Lebenszwecks entspricht. Der Unterschied zwischen dem Menschen und den Tieren, meinen sie, liegt hauptsächlich in der äußeren Gestalt. Zum Anfang der Welt, bevor die Menschen gebildet wurden, waren alle Tiere in „Stämme" ihrer jeweiligen Art zusammengefaßt. Sie konnten wie Menschen sprechen und waren in den gleichen Schutz eingehüllt. Wenn der Medizinmann mit seinen Gesängen Tiere auf übernatürliche Weise anredet oder wenn er die Trommel gebraucht, verwendet er einen Ausdruck, der, frei wiedergegeben, besagt, „ihr und ich tragen die gleiche Hülle und haben das gleiche Gemüt und dieselbe geistige Kraft". Diese Feststellung wurde nicht in dem Sinne verstanden, daß der Mensch einen Pelz habe und die Tiere Kleider trügen, sondern, daß ihre Gleichheit geistig sei und das Körperliche umfasse oder überrage.

Es hat keinen Wandel in diesem Leben der Eingeborenen gegeben, seitdem von ihnen erstmals mit den Worten französischer Priester berichtet wurde. „Sie glauben, daß viele Arten von Tieren verständige Seelen haben. Sie haben abergläubische Vorstellungen gegenüber dem Entweihen gewisser Knochen des Elchs, des Bibers und anderer Tiere und ihres Zerkauens durch Hunde. Sie bewahren sie sorgfältig oder werfen sie in Flüsse. Sie behaupten, daß die Seelen dieser Tiere kommen, um zu sehen, wie ihre Körper behandelt sind, und daß sie gehen und es lebenden und toten Tieren erzählen, so daß, wenn sie schlecht behandelt wurden, die Tiere der gleichen Art es nicht länger erlauben werden, in dieser oder in der nächsten Welt gefaßt zu werden" (Pater Le Clerq, 1691).

Einen Glauben gleicher Art unter den Zentral-Algonkin bekundet William James in prägnanter Weise: „Man nahm an, daß jedes lebende Geschöpf eine Seele besitze und daß, wer die Seele beherrsche, den Besitzer der Seele beherrsche. Diese Theorie lag zugrunde, wenn die Ojibwas das Wild jagten."

Die Tötung von Tieren erforderte daher sehr viel Verantwortungsbewußtsein in einem geistigen Sinn. Da die Geister der Tiere beim Tod in ihren eigenen Reichen zusammenkommen, um später wiederverkörpert zu werden, versetzt ihre Tötung den Jäger theoretisch in die Position ihres Feindes. Aber er ist dies nicht im gewöhnlichen Sinn des Wortes, sondern es handelt sich um die bestimmte Art des Vollzugs. Es existieren Verhaltensvorschriften gegenüber den Tieren, die der Jäger kennen und beachten muß. Sein Erfolg hängt von seinem Wissen ab… Deshalb werden ein Versagen auf der Jagd, das Verschwinden des Wildes aus den Bezirken des Jägers, mit nachfolgender Hungersnot und Hungertod, Schwäche, Krankheit und Tod alle der Unkenntnis des Jägers über die geheimen Grundsätze des Verhaltens gegenüber den Tieren oder ihrer absichtlichen Mißachtung zugeschrieben. Das erste ist Unwissenheit. Das letztere ist Sünde. Beide gehören zur Erziehung der Montagnais-Naskapi; und ihre Schulung ist sehr hart, wenn sie auch zivilisierteren Vorstellungen als Karikatur eines geistigen Trainings erscheinen mag.

F. G. Speck, Naskapi, the Savage Hunters of the Labrador Peninsula. Norman Oklahoma 1935.

113. Ahura Mazda unterrichtet Zarathustra über den Segen des Ackerbaus
Vendidat 3, 25–32

„Wer diese Erde bearbeitet, o Spitama Zarathustra, mit dem linken Arm und dem rechten, mit dem rechten Arm und dem linken, dem wird sie Frucht im Überfluß hervorbringen; gerade wie ein Liebender, der mit seiner geliebten Frau auf ihrem Lager schläft: die Frau wird Kinder zur Welt bringen, die Erde wird Frucht im Überfluß hervorbringen."

„Wer diese Erde bearbeitet, o Spitama Zarathustra, mit dem linken Arm und dem rechten, mit dem rechten Arm und dem linken, zu dem spricht so die Erde: ,O du Mann, der du mich bearbeitest mit dem linken Arm und dem rechten, mit dem rechten Arm und dem linken, hier werde ich immerfort tragen, werde alle Art Nahrung hervorbringen, werde dir das Korn zuerst bringen.'"

„Wer diese Erde nicht bearbeitet, o Spitama Zarathustra, mit dem linken Arm und dem rechten, mit dem rechten Arm und dem linken, zu dem spricht so die Erde: ,O du Mann, der du mich nicht bearbeitest mit dem linken Arm und dem rechten, mit dem rechten Arm und dem linken, immer wirst du an der Tür des Fremden stehen, unter denen, die um Brot betteln; der Abfall und die Brotkrümel werden dir gebracht, gebracht von jenen, die im Überfluß leben.'"

(Zarathustra fragte:) „O Schöpfer der körperlichen Welt, du Heiliger, welches ist die Nahrung, die der Religion Mazdas entspricht?"

Ahura Mazda antwortete: „Es ist wieder und wieder das Korn, o Spitama Zarathustra. Wer Korn sät, der sät das Gesetz; er fördert und pflegt die Religion der Mazdaanbeter...

Als die Gerste erschaffen wurde, schreckten die Daēvas[1] auf, als sie wuchs, wurden die Herzen der Daēvas schwach, als die Knospen kamen, stöhnten die Daēvas, als die Ähren kamen, flogen die Daēvas hinweg. Wo das Getreide verdirbt, dort wohnen die Daēvas. Es ist, als ob rotglühendes Eisen in ihren Kehlen herumgedreht würde, wenn Korn im Überfluß da ist."

[1] Bezeichnung für böse Geister.

James Darmesteter, The Zend-Avesta I. 2. Aufl. Oxford 1895, S. 29 ff.

C. SEELEN-, MANA- UND KARMAN-VORSTELLUNGEN; DAS BUDDHISTISCHE NIRVĀNA

114. Die Seele im Leben und Tod der australischen Murngin
(SO-Arnhem-Land)

Jeder Mann und jede Frau der Murngin hat zwei Seelen. Die eine wird als wesentlich und wirklich angesehen, sie wird als wahre Seele empfunden, als Seele im Innersten, während die andere als ein Trickster betrachtet wird, von geringem Wert und nur vage mit dem „wahren Menschen" verbunden. Die erste Seele ist der *birimbir* oder *warro*, die zweite ist der *mokoi* oder die Schattenseele. Der warro ist der totemistische Quellengeist. Er kann widergespiegelt im Wasser gesehen werden, wenn man hineinschaut. Er kommt zu einem in guten Träumen. Wenn ein Mensch stirbt, wird der warro „ganz wie ein Fisch". Er lebt mit und in den totemistischen Emblemen.

Die Trickster-Seele wird vor dem Tode Schattenseele genannt und mokoi, wenn sie den Körper verläßt und in den Dschungel und das Buschland geht. „Unsere alten Leute halten die Schattenseele ganz und gar für einen bösen Geist. Es ist das Ding, das mich krank macht. Mein Schatten begleitet mich stets. Die Schatten anderer Dinge und Geschöpfe (außer dem Menschen) sind keine Seelen, sondern bloße Schatten." Man nimmt an, daß die mokoi-Seele mehr oder weniger über dem Körper lebt. Sie ist eine Art vagen Duplikats desselben. Manchmal wird einem gesagt, daß nur der Kopf eines Menschen bei seinem Tode zum mokoi werde und daß der mokoi keinen Körper habe. Auf Bildern und in Darstellungen bei Tänzen besitzt der Mokoi immer einen Körper, aber er ist entstellt, um häßlich und widerlich zu erscheinen.

Der warro ist einem stetigen Wechsel seines Zustandes unterworfen. Er hat seinen Ursprung in der Totem-Quelle, er gelangt im Traum unter übernatürlichen Umständen zu seinem menschlichen Vater, von wo er zum Schoß seiner Mutter geleitet wird; dort wohnt er und wird nach einer normalen Anzahl von Monaten geboren; dann lebt er im Herzen des neuen menschlichen Wesens während dessen ganzer Lebenszeit, es sei denn, er wird von einem schwarzen Magier gestohlen. Nach dem Tode folgt eine Periode einer gewissen Unentschiedenheit zwischen dem Land der Lebenden und dem Land der Toten, aber schließlich kehrt er zu der totemistischen Quelle zurück, von der er kam. Im Symbol der Seele und ihrer Beziehungen zu heiligen und profanen Elementen in der Murngin-Kultur finden wir einen Spiegel der Struktur und der Werte der Gemeinschaft. Die Seele stellt das Ewige im geistigen Leben eines Murngin dar. Sie erhebt den Menschen über das nur profane und animalische Niveau und erlaubt ihm, voll teilzunehmen an den ewigen heiligen Werten der Kultur. Sie bindet den Menschen, dessen Herz sie in Besitz nimmt, auf ewig an sein

Totem, an das Symbol der Einheit des Clans in der Murngin-Kultur; denn die Seele ist nach dem Tode eines der hervorragendsten Elemente im totemistischen Wasser des Clans, in jenem Wasser, das die Essenz des Lebens ist. In ihm leben die großen Totem-Ahnen, die zur Zeit der Wawilak-Schöpferschwestern existierten, als die Wongar-Totems zur Erde gingen; ihre heiligen Namen werden von gewöhnlichen Lebewesen nur gebraucht, wenn diese durch die großen Rituale gereinigt worden sind, wenn sie Teil des Heiligen und Ewigen sind und der Mensch mit seinen Totems als Einheit an den totemistischen Ritualen teilnimmt. Hier in der Quelle liegen auch die Totem-Ahnen, die zu Beginn der Zeit starben, und die erst kürzlich Verstorbenen, deren gefühlsmäßige Bande mit den Lebenden noch eng sind. Diese jüngeren Ahnen, die durch das lange Totenreinigungsritual gegangen sind, das alle profanen Elemente der Persönlichkeit entfernte (deren mokoi-Geist zu seinen schlimmen Genossen in den Busch gegangen ist), sind in ihrem Wesen von einer solchen Heiligkeit, daß sie in dem Körper des Totems selbst aufgenommen werden können. Und wenn die totemistische Essenz der Totem-Tiere in das Symbol eingeführt wird, dann treten auch sie hinein und nehmen teil an dem geistlichen Leben der Murngin während der großen Zeremonien, und nachher kehren sie zu dem heiligen Wasserloch zurück. Nach den Ritualen wird das Symbol unter dem Schlamm der Totem-Quelle begraben, um dort zu verwittern, und die Geister der Ahnen und der Totem-Geist kehren zurück in die unterirdischen Tiefen. Der Mensch durchläuft genau den gleichen Kreis des Daseins wie der Totem-Geist. Der Totem-Geist geht in das heilige Wasserloch hinein und durch das gewöhnliche Wasser an der Oberfläche der Quelle in die unterirdischen Tiefen und schließlich in das Totem-Wasser darunter, in dem die Wongar-Ahnen leben, und so wird er ein Teil einer heiligen Konfiguration. Für die Seele gilt genau das gleiche.

Die Seele, der Totem-Geist, die Wongar oder totemistischen Ahnen sind alle Ausdruck einer fundamentalen sakralen Essenz, deren äußerstes Symbol die Totem-Quelle ist, das Gefäß aller einzelnen Gestaltungen, die im Menschen und seinen religiösen Gegenständen in Erscheinung traten oder treten werden.

W. Lloyd Warner, A Black Civilization. New York 1964, S. 435 ff.

115. Präexistenz und Inkarnation bei nordamerikanischen Indianern

Es ist öfters üblich, daß man annimmt, der Lebensatem gehe vom Schöpfer aus und kehre nach dem Tode zu ihm zurück. Auch ohne spezielle Verbindung mit dem Atem wird der Ursprung der Seele dem Schöpfer oder dem Kulturheros zugeschrieben. Die Bella Coola und die Wind-River-Schoschonen betrachten so das Höchste Wesen als Spender des Lebens und der Lebensseele. Der Sauk-Indianer bezieht sich auf seinen Schöpfer als den, „der uns Leben gab". Auch die Verwandten der Sauk, die Fox, glauben, daß die Lebensseele eine Gabe des Großen Geistes sei.

In der Mehrzahl der Fälle sprechen unsere Quellen von der Erschaffung der Lebensseele – oder vielmehr des Lebens –, aber wir haben auch Angaben, die den Ursprung der Freiseele betreffen. Das Höchste Wesen der Bella Coola „machte eine Seele für jeden derjenigen, die geboren werden sollten; einer der niederen Götter bildete ihr Gesicht; und eine Gottheit wiegte sie und sandte sie hinab, um geboren zu werden." Die Traumseele der Sinkaietk wird als von Gott gekommen vorgestellt – im Gegensatz zur übernatürlichen Macht, die von den Tieren erlangt wird. Die Fox glauben, daß so, wie das Höchste Wesen die Lebensseele gegeben hat, der Kulturheros die Freiseele gegeben habe... Der Himmelsgott Skan der Oglala hat dem Menschen seine ganze psychische Ausrüstung gegeben, einschließlich der Lebensseele und der Freiseele. Die Wind-River-Schoschonen beschreiben die Freiseele als eine Gabe des höchsten Gottes.

Wo direkte Feststellungen fehlen, greifen wir mit Gewinn auf die Bemerkungen in der mythologischen Tradition zurück, die die Schöpfung der ersten menschlichen Wesen betreffen: die Ereignisse der kosmischen Urzeit werden in vielen Punkten bei den Ereignissen späterer Epochen wiederholt, und die Seelen des ersten Menschen und des heutigen Menschen stellt man sich natürlich als gleichen Ursprunges vor; so wird in dem Navaho-Mythos, der die ersten menschlichen Wesen betrifft, erzählt: „Es war der Wind, der ihnen Leben gab. Es ist der Wind, der jetzt aus unserem Munde kommt, der uns Leben gibt..."

Wenn jedoch eine hohe Gottheit als Schöpfer der Welt begriffen wird, so ist natürlich zu erwarten, daß von ihm auch geglaubt wird, er habe dem Menschen seine Seele(n) gegeben, auch wenn dies nicht direkt festgestellt wird. Aber wir dürfen die Gefahr nicht vergessen, von logischen Voraussetzungen aus einen Glauben zu konstruieren, über dessen Existenz nichts gesagt worden ist. Sicher wird der Ursprung der Seele oft demjenigen Gott zugeschrieben, der auch Schöpfer der Welt ist. Aber auch untergeordnete Gottheiten können am Schöpfungsakt, zu dem die Seele gehört, mitarbeiten (Navaho).

Jedoch scheint es in ein paar Fällen – unter gewissen Umständen – gerechtfertigt, von den Charakterzügen des Höchsten Wesens seine Bedeutung für den Ursprung der Seele abzuleiten. Oft bezieht man sich auf es als den Atemmacher oder Herrn des Lebens. Der erste dieser Begriffe, der von einigen Muskogi-Völkern (Creek, Tschikasa, Seminolen) gebraucht wird, spricht natürlich für sich selbst. Der zweite Begriff, der Herr des Lebens, der in den meisten Fällen für den Schöpfer der Algonkin-Indianer verwendet wird (und der in der Literatur am häufigsten als Bezeichnung des höchsten Gottes der Lenape-Indianer vorgefunden wird), verweist vermutlich auf des Gottes Stellung als Geber und Hüter der Seele. In einigen Fällen wird die höchste Gottheit „Herr des Lebens und des Todes" genannt. Das verweist unter anderem darauf, daß er auch der Herr des Totenreiches ist – eine Funktion, die er auch dann ausfüllt, wenn man sich auf ihn nur als „Herrn des Lebens" bezieht.

So glauben die Indianer Nordamerikas in der Regel, daß des Menschen Geist einen letzten Ursprung in der Gottheit selbst habe, sei es durch die Schöpfung oder teilweise Emanation. Allerdings wird in ein paar Fällen angegeben, der Vater des Kindes habe die Seele ebenso gezeugt wie den Embryo. Aber das sind wenige Ausnahmen und wahrscheinlich Ergebnisse einer Spekulation, die versucht hat, eine Lücke in dem vorhandenen Wissen über die Seele oder Seelen zu schließen.

Eine Seele, von der im allgemeinen angenommen wird, sie stamme von den Göttern, ist *ipso facto* keine gewöhnliche profane Schöpfung. Sei es, daß sie als eine Gabe der Gottheit oder als eine Emanation ihres Wesens verstanden wird, sie gehört auf Grund ihres Ursprungs zur übernatürlichen Welt. Andererseits braucht sie in ihrer Wirksamkeit nicht in gleicher Weise übernatürlich zu sein wie die mystische Kraft.

Der übernatürliche Ursprung der menschlichen Seele findet besonders klaren Ausdruck in der Idee der Präexistenz. Wir nehmen hier nicht Bezug auf jene Präexistenz, die ein reinkarniertes Individuum in einem frühen irdischen Leben als Mensch oder Tier gehabt hat: wir verweisen auf die prä-inkarnierte Existenz, das Leben des Menschen, bevor er sich auf der Erde verkörperte. „Mensch" steht hier für die individuelle Realität, die vom psychologischen Standpunkt die außerkörperliche Seele ist, die Freiseele, die folglich das Ego des Menschen im prä-inkarnativen Zustand darstellt...

Wo der Glaube an eine Präexistenz in der hier beschriebenen Form vorkommt (und er ist aus praktisch allen Teilen Nordamerikas bezeugt), werden für die präinkarnative Existenz sehr unterschiedliche Orte angenommen. Unter den Pueblo-Völkern des Südwestens gilt das Reich der Toten in der Unterwelt als der Ort, wo die Ungeborenen sich aufhalten. Man kann natürlich vermuten, daß die Neugeborenen konsequenterweise reinkarnierte Verstorbene sind. Aber dies ist nicht immer der Fall, denn dem agrarischen Denken der Pueblo entsprechend, ist die Unterwelt auch der Ort für die Erneuerung des Lebens, und sie ist die ursprüngliche Heimat der Menschheit. Auch außerhalb des Pueblo-Bereiches finden wir die Unterwelt als ständigen Ort der Hervorbringung des Menschen angesehen. Dies ist beispielsweise der Fall bei den Hidatsa, die vielleicht zwischen diesem Platz und dem Reich der Toten unterscheiden...

Wo der vorgeburtliche Ursprungsort nicht mit dem Totenreich zusammenfällt, wird er trotzdem an Plätzen lokalisiert, die einen an die Wohnung der Toten gemahnen. Die Ingalik glauben, daß „da ein Platz ist, angefüllt mit Geistern kleiner Kinder, die alle ungeduldig sind, in dieses Leben ,gerufen', d. h. geboren zu werden". In den Tiefen des Waldes ist nach dem Glauben der Kwakiutl ein geheimnisvolles Haus. „Seit eine der Verrichtungen in diesem Haus das Gebären war, wurde wahrscheinlich geglaubt, daß von diesem Haus jede

Generation von Menschen, Tieren und Pflanzen ausgehe." Die Indianer im äußersten Nordwesten der USA haben ein „Babyland", in dem die ungeborenen Kinder leben und spielen, bevor sie zur Erde kommen. Die Tschinuk-Kinder lebten in „einer ganz bestimmten Seinsweise" vor ihrer Geburt, in der Sonne, dem Tageslicht. Die Montagnais-Tradition des Inhaltes, daß die Kinder aus den Wolken kommen, ist offensichtlich nur eine pädagogische Fiktion. Nach den östlichen Schawanesen leben die ungeborenen Kinder auf den kleinen Sternen der Milchstraße. Aber wir finden auch den Glauben, daß sie zusammen mit dem Schöpfergott leben, „unserer Großmutter"...

Erzählungen von Medizinmännern, die vor ihrer menschlichen Inkarnation Geisterwesen gewesen waren, sind aus vielen Teilen Nordamerikas bekannt. Le Mercier erzählt von einem huronischen Medizinmann, der erklärte, er habe als ein oki (Geist) unter der Erde zusammen mit einem weiblichen Geist gelebt. Beide, beherrscht von dem Wunsch, menschliche Wesen zu werden, hatten sich schließlich in der Nähe eines Pfades versteckt und ihren Aufenthalt in einer vorübergehenden Frau genommen. Sie gebar sie zu früh; der Medizinmann lebte, aber seine Partnerin, mit der er in dem Schoß gekämpft hatte, kam totgeboren zur Welt.

Die Zentral-Algonkin und die angrenzenden Sioux glauben, daß ihre Medizinmänner in einem früheren Leben Donnerwesen waren. So denken die Menomini, daß „einige Babies tatsächlich Manitus in menschlicher Gestalt sind, wie im Falle der Donnerjungen, die nichts weniger sind als diese machtvollen göttlichen Wesen, die für eine Weile zur Erde gekommen sind, oder Mädchen, die eine der heiligen Schwestern des östlichen Himmels verkörpern". Unter solchen Umständen ist auch der Name der in Frage stehenden Person präexistent, und kein anderer Name darf während ihrer irdischen Existenz an seine Stelle treten. Ein zurückhaltendes Wesen und ein nachdenkliches Verhalten eines Kindes ist ein sicheres Kriterium für seine übernatürliche Geburt...

Nirgends ist die Spekulation über die menschliche Präexistenz so feinsinnig und großartig wie in den Ideen über die Präexistenz von Medizinmännern, wie sie von den Dakota-Stämmen erwogen werden. Ponds glänzender Bericht über diesen Gegenstand verdient, zitiert zu werden. Er schreibt: „Das ursprüngliche Wesen dieser Männer und Frauen – denn sie erscheinen in beiden Geschlechtern – erwacht zur Existenz, während sie im Äther schweben. Wie der geflügelte Samen der Distel oder der Pappel in der Luft treibt, so werden sie von den ‚vier Winden' – ‚Taku-skan-skan' sanft durch die Regionen des Raumes getragen, bis sie, zu gebührender Zeit, sich in der Wohnung einer der Familien der oberen Götter befinden, in deren Gemeinschaft sie vertraut aufgenommen werden. Dort verweilt der embryonische Medizinmann, bis er vertraut ist mit den Charakteren, Fähigkeiten, Wünschen, Launen und der Beschäftigung der Götter. Er wird ihnen wesensmäßig angeglichen, indem er ihren Geist aufnimmt und vertraut wird mit allen Gesängen, Festen, Fastenzeiten, Tänzen und kultischen Riten, die man für notwendig hält, sie den Menschen aufzuerlegen"...

Wir finden einen Widerhall ähnlicher Gedanken in dem Glauben der Mohave-Schamanen, daß „sie in geistiger Gestalt am Anfang der Welt zugegen waren, zu der Zeit, als alle Macht, die schamanistische und andere, begründet und verteilt wurde"...

Dem zukünftigen menschlichen Wesen ist in seinem präexistenten Leben oft die Gelegenheit gegeben, das Volk zu wählen, unter dem er auf Erden leben will, und die Frau, von der er geboren zu werden wünscht. Ein Iowa-Schamane „überprüfte viele Stämme, bevor er beschloß, als ein Iowa geboren zu werden. Er lehnte die Winnebago ab, weil sie nach Fisch rochen, und so machte er die Runde, bis er die Iowa entdeckte. Sie sagten ihm zu, weil sie sauber waren, ihre Lager rein hielten und ihre Frauen zur Menstruation weit weg sandten. Er kam hinab und betrat eine dunkle Hütte mit einer Tür aus Bärenfell, und nach einem längeren Aufenthalt kam er hinaus" (d. h. wurde geboren). Der völkische Gesichtspunkt entscheidet auch die Elternwahl des zukünftigen Dakota-Schamanen: er wünscht nicht, von einer weißen Mutter geboren zu werden, teils, weil er Bräuche und Kleidung der Dakota erlangen möchte, teils, weil seine Verwandten, die Donnerer, ihn töten würden, wenn er weiß würde und damit ihre Lehren mißachtete...

Hinsichtlich des Eintrittes der Seele in den Embryo und ihrer Rolle während der Entwicklung des Embryos gibt es unter den nordamerikanischen Indianern unterschiedliche Ansichten...

Die folgende Zusammenstellung von Belegen zeigt, wie verschiedenartig die Vorstellungen über die Inkarnation der Seele (oder der Seelen) sind.

Manche Eskimos nehmen an, daß die Kinder wie Eier im Schnee leben und in den Schoß kriechen. Die Mackenzie-Eskimos haben viele einander widersprechende Ideen über die Inkarnation. Einer glaubt, daß die Seele *(nappan)* mit dem Wasser kommt, wenn die Mutter trinkt, oder aus dem Boden, wenn sie uriniert. Ein anderer glaubt, daß das Kind im Augenblick der Geburt eine Seele bekommt. Ein dritter glaubt, daß die Seele während der Schwangerschaft zu irgendeiner Zeit kommt, „wie oder wenn sie es nicht weiß". Der Atem eines werdenden Kindes tritt in eine Tanaia-Frau wie ein kalter Windstoß. Die (Frei-) Seele eines Tlingit-Indianers wird nicht reinkarniert, bevor nicht der Körper, mit dem sie vereinigt wird, geboren worden ist. Die Seele des Hisla-Indianers ist oft der Geist eines Onkels, der schon vor der Geburt des Individuums von dessen Körper Besitz ergreift. Bei den Sanpoil erscheint die Seele schon im Embryo. Bei den Plains Cree tritt die Freiseele bei der Geburt in den Körper. Der Naskapi-Indianer empfängt seinen „Großen Mann" im Embryo-Stadium. Jones schreibt, daß nach dem Glauben der Odschibwä „der Manitu auf der anderen Seite der Welt" den Menschen ihre Seele vor der Geburt übergibt. Die Fox nehmen an, daß die Lebensseele sich im menschlichen Embryo während dessen Entwicklung befinde, die Freiseele aber außerhalb der Mutter bleibe und nicht vor der Geburt in den Körper des Kindes eingehe...

Einen Beweis dafür, daß man glaubt, das Kind habe im Embryo-Stadium ein Seelenleben, bietet die indianische Vorstellung vom Bewußtsein des Fötus: das Kind fühlt und denkt während der Zeit, die es im Mutterleib verbringt. Manchmal wird dieses Bewußtsein zur Vorschau und prophetischen Sicht gesteigert.

Ein Bella-Coola-Kind, das im Schoß schreit, soll einen hervorragenden Verstand besitzen. Ein Schamane aus dem Great-Bear-Lake-Distrikt erklärte, er habe vor seiner Geburt einen Stern gesehen, der ihm alle Medizinen offenbarte, die Macht über den Menschen haben. Der Embryo eines Chipewyan warnt seine Mutter, wenn sich ihr ein böser Geist naht. Der noch ungeborene Lummi-Indianer hört, was seine zukünftigen Verwandten sagen, und er weiß, was sie denken; wenn sie in ihrem Geist böse Gedanken haben, verläßt er sie vor seiner Geburt. Ein kluger Lenape erklärte, er habe schon vor seiner Geburt übernatürliche Kenntnisse erlangt... Die Saulteaux berichten, daß in früheren Zeiten die Indianer während des Embryo-Stadiums Bewußtsein hatten und im Zusammenhang damit auch eine Sicherheit, die Zufriedenheit im irdischen Leben betraf, eine prophetische Fähigkeit, die ein Zeichen magischer Macht war. Ein Saulteaux erzählte Hallowell folgendes: „Vier Nächte vor meiner Geburt wußte ich, daß ich geboren würde. Mein Geist war, als ich geboren wurde, so klar wie jetzt. Ich sah meinen Vater und meine Mutter und wußte, wer sie waren. Ich kannte die Dinge, die ein Indianer braucht, ihre Namen und wofür sie gut sind"... Solche Sicherheit soll auf der Tatsache beruhen, daß die in Frage stehende Person ein früheres Leben unter menschlichen Wesen geführt hatte. Das ungeborene Fox-Kind versteht, was seine Mutter sagt, und es verläßt sie, wenn sie sich als zänkisch erweist. Der Winnebago-Medizinmann, der aus seiner Präexistenz herab in den Schoß einer Frau gesendet wurde, behält sein Bewußtsein während der Empfängnis und der ganzen embryonischen Zeit. Die Wahpeton-Schamanen wissen vor ihrer Geburt alles über ihre zukünftige Existenz...

Die Ereignisse nach der Inkarnation und speziell im Moment der Geburt sind auf dramatische Weise von einem reinkarnierten Winnebago-Schamanen beschrieben worden: „Dann wurde ich zur Erde herab gesandt. Ich trat nicht ein in den Schoß einer Frau, sondern wurde in einen Raum gebracht. Dort blieb ich während der ganzen Zeit bei vollem Bewußtsein. Eines Tages hörte ich den Lärm kleiner Kinder außerhalb und einige andere Laute. Ich dachte, ich würde hinausgehen. Dann erschien es mir, als ob ich durch eine Türe ginge, aber in Wirklichkeit wurde ich von einer Frau wiedergeboren. Als ich hinausging, wurde ich vom plötzlichen Brausen kalter Luft getroffen, und ich fing an zu schreien."

Åke Hultkrantz, Conceptions of the Soul among North American Indians. Stockholm 1954, S. 412–426.

116. Die Identifikation des Toten mit dem Gott Osiris und mit dem vegetativen Kreislauf der Natur

Coffin Texts IV, 330

Die altägyptischen Sargtexte (Coffin Texts) wurden seit dem Ende des Alten Reiches (ca. 2263 v. Chr.) auf den geweißten Wänden der Särge verzeichnet. Sie wurden in rein magischer Absicht niedergeschrieben; sie sollten dem Verstorbenen das Bestehen vor dem Jenseits-Gericht des Osiris und ein glückliches Fortleben sichern. Im vorliegenden Text treten zu den mythischen, den Gott Osiris betreffenden Bezügen Gedanken einer frühen „naturwissenschaftlichen Beobachtung".

Ob ich lebe oder sterbe, ich bin Osiris. Ich bin hervorgekommen aus dir, ich bin eingetreten in dich, ich bin gewachsen in dir, ich bin in dich gefallen, ich bin auf meine Seite gefallen. Die Götter leben von mir. Ich lebe, ich wachse als Nepre[1], der die Ehrwürdigen[2] (mit sich) herausnimmt. Geb[3] hat mich verborgen. Ich lebe, ich sterbe, ich bin die Gerste, nicht vergehe ich.

---

[1] Nepre: der Korngott.
[2] Die Ehrwürdigen: gemeint sind die Verstorbenen.
[3] Geb: ägyptischer Erdgott.

117. Mana: eine religiöse Kategorie Melanesiens

Das melanesische Denken wird vollkommen beherrscht von dem Glauben an eine übernatürliche Macht oder Beeinflussung, die fast überall *mana* genannt wird. Sie bewirkt alles, was jenseits der natürlichen Macht der Menschen wie außerhalb der gewöhnlichen Naturvorgänge liegt: sie ist gegenwärtig in der Lebenssphäre, verbindet sich mit Personen und Dingen und bekundet sich in Ereignissen, die nur ihrer Wirksamkeit zugeschrieben werden können. Wenn jemand sie erhalten hat, so kann er sie gebrauchen und lenken, aber ihre Kraft kann an irgendeiner neuen Stelle hervorbrechen; ihre Gegenwart wird durch Proben ermittelt. Ein Mann kommt zufällig an einen Stein, der seine Phantasie in Anspruch nimmt; seine Gestalt ist einzigartig, er ähnelt irgend etwas, er ist sicher kein gewöhnlicher Stein, es muß *mana* in ihm sein. So überlegt er bei sich, und er erprobt es; er legt den Stein an die Wurzel eines Baumes, mit dessen Frucht er eine gewisse Ähnlichkeit hat, oder er vergräbt ihn in den Boden, wenn er seinen Garten bepflanzt; eine überreiche Ernte auf dem Baum oder im Garten zeigt, daß er recht hatte, der Stein ist *mana*, er hat diese Kraft in sich. Da er diese Kraft hat, ist er ein Medium, um *Mana* auf andere Steine zu übertragen. Auf gleiche Weise haben gewisse Wortfiguren, im allgemeinen in Form eines Gesanges, Macht für gewisse Zwecke; ein Wortzauber wird *mana* genannt. Aber diese Macht, obwohl sie an sich unpersönlich ist, ist immer mit irgendeiner Person verbunden, die sie lenkt; alle Geister haben sie, Gespenster gewöhnlich, auch einige Menschen. Wenn erkannt wird, daß ein Stein übernatürliche Macht hat, so ist es, weil ein Geist sich mit ihm verbunden hat; eines toten Mannes Knochen hat *mana*, weil der Geist in dem Knochen ist; ein Mann kann eine so enge Verbindung mit einem Geist oder Gespenst haben, daß er auch in sich selbst *mana* hat und es lenken kann, daß es bewirkt, was er wünscht; ein Zauber ist machtvoll, weil der mit Worten gesprochene Name eines Geistes oder Gespenstes in ihn die Kraft hineinbringt, die das Gespenst oder der Geist ausüben. So ist jeder auffallende Erfolg ein Beweis dafür, daß ein Mann *mana* hat; sein Einfluß hängt ab von dem Eindruck auf die Meinung des Volkes, daß er es hat; durch seine Kraft wird er zum Häuptling. Daher ist eines Mannes Macht, ob ihrem Wesen nach politisch oder sozial, sein *mana;* das Wort wird natürlich gebraucht in Übereinstimmung mit der Eingeborenen-Vorstellung vom übernatürlichen Charakter jeder Macht und jedes Einflusses. Wenn ein Mann im Kampf erfolgreich gewesen ist, so ist das nicht die natürliche Kraft seines Armes gewesen, die Schnelligkeit des Auges oder seine Geistesgegenwart, daß er Erfolg hatte; er hat gewiß das *mana* eines Geistes erhalten oder eines abgeschiedenen Kriegers, das ihm Kraft gab; es wurde ihm durch das Amulett eines Steines an seinem Hals übermittelt oder durch ein Blätterbüschel in seinem Gürtel oder durch einen Zahn, der an einem Finger seiner Bogen-Hand hing, oder in der Form von Wörtern, durch die er den übernatürlichen Beistand auf seine Seite bringt. Wenn sich eines Mannes Schweine vermehren und sein Garten ertragreich ist, so ist das nicht, weil er arbeitsam ist und seinen Besitz pflegt, sondern wegen der mit *mana* angefüllten Steine, die er für Schweine und Yamsbohnen besitzt. Selbstverständlich wachsen Yamsbohnen, wenn sie gepflanzt sind, das ist nur zu bekannt, aber sie werden nicht sehr groß werden, wenn nicht *mana* ins Spiel kommt; ein Kanu wird nicht schnell sein, wenn nicht *mana* herbeigeschafft wird, um darauf einzuwirken, und ohne dies wird ein Netz nicht viele Fische fangen und ein Pfeil keine tödliche Wunde hervorrufen.

R. H. Codrington, The Melanesians. Oxford 1891, S. 118 ff.

118. Das unzerstörbare, ewige Selbst.
Bhagavadgītā II, 16–25, 47

Der Gott Krishna offenbart dem Arjuna die Unzerstörbarkeit des ewigen Selbst und fordert ihn, unter Bezugnahme auf die Seelenwanderung, zum Handeln, auch zum kriegerischen, auf.

16. Das Nichtseiende kann nicht sein, das Seiende kann nicht aufhören zu sein. Die Wahrheitsseher haben den Schluß aus diesen beiden entdeckt.
17. Wisse, daß unzerstörbar ist, von dem das alles durchdrungen wird. Niemand kann die Zerstörung dieses Unwandelbaren bewirken.

18. Ein Ende haben die Körper, unzerstörbar und unfaßbar aber ist das Ewige, welches in diese Körper eingegangen ist. Darum kämpfe, o Bhārata (Arjuna)!
19. Wer aber denkt, er tötet, wer glaubt, er werde getötet, sind beide im Irrtum. Nicht tötet dieser eine, noch wird er getötet.
20. Nicht wird er geboren, noch stirbt er jemals. Ins Sein gelangt, wird er nicht wieder aufhören zu sein. Er ist ungeboren, ewig, dauerhaft und uralt. Er wird nicht getötet, wenn der Körper getötet wird.
21. Wer ihn als unzerstörbar und ewig, ungeboren und unvergänglich kennt, wie könnte ein solcher Mensch, o Pārtha (Arjuna), irgendeinen töten, irgendeinen töten lassen?
22. Wie ein Mann abgetragene Kleider ablegt und andere, neue anzieht, so legt auch die Seele die abgetragenen Körper ab und geht in andere, neue, ein.
23. Nicht spalten ihn die Schwerter, nicht brennt ihn das Feuer, nicht benetzen ihn die Wasser, nicht trocknet ihn der Wind.
24. Er kann nicht gespalten, nicht verbrannt, nicht benetzt und nicht ausgetrocknet werden. Er ist ewig, allgegenwärtig, unwandelbar, unbeweglich, immerwährend.
25. Er wird unoffenbar, undenkbar, unveränderlich genannt. Darum sollst du nicht klagen, nachdem du ihn als solchen erkannt hast.
47. Deine Aufgabe liegt allein im Handeln, nicht in dessen Früchten. Lasse nicht die Früchte deines Tuns deinen Beweggrund sein; ergib dich nicht der Untätigkeit.

S. Radhakrishnan, Die Bhagavadgītā (deutsch von Siegfried Lienhard). Baden-Baden 1958, S. 120–123, 136.

119. *Das Gespräch auf dem Kaukasus*
Philostratos II, 5

Apollonius von Tyana in Kappadokien trat im 1. nachchristlichen Jahrhundert als charismatischer Wundertäter auf. Die Lehre, die er verkündete, war pythagoräisch orientiert. Die „Lebensbeschreibung des Apollonius von Tyana" verfaßte bald nach 200 n. Chr. Philostratos; eine deutsche Übersetzung erstellte 1883 E. Baltzer. Der folgende Text enthält ein Gespräch des Apollonius mit seinem Schüler Damis.

Als sie den Kamm des Gebirges überschritten und wegen des schroffen Weges zu Fuß gingen, fragte Apollonius den Damis und sprach: „Sag, wo waren wir gestern?" „In der Ebene", antwortete jener. „Und heute?" „Auf dem Kaukasus," sagte Damis, „wenn ich nicht irre." „Wann warst du also tiefer unten?" fragte Apollonius weiter. „Ei, das ist", erwiderte jener, „ja nicht des Fragens wert, denn gestern zogen wir tief unten auf Erden, heute aber sind wir dem Himmel nahe." „Glaubst du wirklich, Damis, daß unser Weg gestern erdentief lag, heute himmelhoch führt?" „Bei Gott, ja", erwiderte dieser, „wenn ich nicht von Sinnen bin." „Wie meinst du nun", fuhr Apollonius fort, „daß sich beide Wege unterscheiden oder was der heutige für dich vor dem gestrigen voraushabe?" „Gestern", sagte er, „gingen wir, wo viele, heute, wo wenige gehen." „Aber, Damis, kann man denn nicht auch in der Stadt, die volkbelebten Gassen meidend, unter wenigen wandeln?" „Nicht so meinte ich's", erwiderte Damis, „sondern gestern wandelten wir durch Dörfer und unter Menschen, heute aber haben wir ein unbetretenes göttliches Land erstiegen, denn du hörst ja vom Führer, daß die Leute dies hier „das Götterhaus" nennen!" und dabei wandte er den Blick zum Gipfel des Berges. Apollonius aber lenkte ihn auf die erste Frage zurück und sprach: „Kannst du, Damis, mir nun also sagen, was du von der Gottheit begriffen hast, indem du dem Himmel so nahe wandelst?" „Nichts," erwiderte er. „Und doch sollst du," fuhr Apollonius fort, „hier, auf einem so gewaltigen, so göttlichen Baue stehend, bessere Ansichten vom Himmel und von Sonne und Mond mitnehmen, da du hier, dem Himmel so nahe, meinen möchtest, sie mit dem Stabe berühren zu können!?" „Was ich gestern von göttlichen Dingen gewußt habe, weiß ich heute auch," erwiderte Damis, „aber eine neue Ansicht habe ich nicht gewonnen." „Nun also, Damis", sagte Apollonius, „bist du nicht also noch in der Tiefe unten und hast von der Höhe nichts gewonnen und bist dem Himmel so fern wie gestern? Meine erste Frage war also ganz berechtigt, aber du hieltest sie für lächerlich." „Nun ja", sagte Damis, „ich hoffe freilich, weiser hinabzusteigen, da ich hörte, daß Anaxagoras der Klazomenier auf dem Berge Mimas in Ionien den Himmel beobachtete und Thales der Milesier vom nachbarlichen Mykale. Einige aber sollen ja sogar das ganze Erdenrund zu ihrer Studierstube benutzt haben, andere wenigstens den Athos; ich bin nun höher als sie alle gestiegen, aber weiser als zuvor werde ich nicht hinabsteigen." „Auch jene taten's nicht", fuhr Apollonius schnell fort, „denn solche Warten zeigen zwar den Himmel blauer und die Sterne größer und die Sonne, wie sie aus der Nacht emporsteigt, was indes auch Schäfer und Ziegenhirten wissen: wie aber die Gottheit sorgt für das menschliche Geschlecht und wie sie von ihm verehrt sein möchte, was Tugend, was Sittlichkeit, was Selbstbeherrschung ist, das zeigt weder der Athos denen, die ihn besteigen, noch der Olymp denen, die ihn besingen, es sei denn, daß die Seele es durchschaut, von der ich darum – sofern sie rein und klar dies faßt – meinesteils sagen möchte, sie erhebt sich unendlich höher als hier der Kaukasus."

120. *Die Karman-Lehre der Upanishaden*
Brihadāranyaka-Upanishad III, 2,13

In der indischen Upanishad-Zeit tritt die Lehre von der Vergeltungskausalität der Tat *(karman)* als bestimmender Faktor für zukünftige Existenzweisen in den Mittelpunkt religionsphilosophischer Spekulationen. Daß diese Gedanken zunächst als esoterische Lehre überliefert wurden, zeigt ein Gespräch, das mit einer Frage des Ārtabhāga vom Stamme der Jaratkāru an Yājñavalkya beginnt:

„Yājñavalkya, wenn nach dem Tode dieses Menschen seine Rede zum Feuer eingeht, zum Wind sein Atem, sein Auge zur Sonne, sein Geist zum Mond, zu den Himmelsgegenden sein Ohr, zur Erde sein Leib, zum Äther sein Ātman (Seele), zu den Kräutern sein Körperhaar, zu den Bäumen sein Haupthaar, in den Wassern sein Blut und sein Samen ihre Stätte finden: wo bleibt dann der Mensch selbst?"

„Gib deine Hand her, Freund Ārtabhāga. Davon müssen wir beide wissen, diese Leute dürfen es nicht hören."

Da gingen die beiden hinaus und redeten miteinander. Und was sie da redeten: von der Tat (oder dem Werk: *karman*) redeten sie. Und was sie priesen: die Tat priesen sie. Wahrlich, gut wird er durch gute Tat, böse durch böse.

Hermann Oldenberg, Die Lehre der Upanishaden und die Anfänge des Buddhismus. Göttingen 1915, S. 109.

121. Yājñavalkya und seine Frauen: Unterweisung der Maitreyī
Brihadāranyaka-Upanishad 4,5

Yājñavalkya hatte zwei Gattinnen, Maitreyī und Kātyāyanī; von ihnen war Maitreyī der Rede vom Brahman kundig, Kātyāyanī hingegen wußte nur, was die Weiber wissen. Nun wollte Yājñavalkya in den anderen Lebensstand (aus dem Stande des Hausvaters in den des Einsiedlers) übergehen.

„Maitreyī!" so sprach Yājñavalkya, „ich werde nun aus diesem Stande ausziehen; wohlan! so will ich zwischen dir und der Kātyāyanī Teilung halten."

Da sprach Maitreyī: „Wenn mir nun, o Herr, diese ganze Erde mit allem ihrem Reichtume angehörte, würde ich etwa dadurch unsterblich sein, oder nicht?" „Mitnichten", sprach Yājñavalkya, „sondern wie das Leben der Wohlhabenden, also würde dein Leben sein; auf Unsterblichkeit aber ist keine Hoffnung durch Reichtum."

Da sprach Maitreyī: „Wodurch ich nicht unsterblich werde, was soll ich damit tun? Lege mir lieber, o Herr, das Wissen aus, welches du besitzest!"

Yājñavalkya sprach: „Lieb warst du uns wahrlich schon, o Herrin, und hast die Liebe noch vergrößert; wohlan denn, o Herrin, ich will dir erklären; du aber merke auf das, was ich dir sage."

Und er sprach: „Fürwahr, nicht um des Gatten willen ist der Gatte lieb, sondern um des Selbstes willen ist der Gatte lieb; fürwahr nicht um der Gattin willen ist die Gattin lieb, sondern um des Selbstes willen ist die Gattin lieb; fürwahr nicht um der Söhne willen sind die Söhne lieb, sondern um des Selbstes willen sind die Söhne lieb; fürwahr, nicht um des Reichtums willen ist der Reichtum lieb, sondern um des Selbstes willen ist der Reichtum lieb; fürwahr nicht um der Tiere willen sind die Tiere lieb, sondern um des Selbstes willen sind die Tiere lieb; fürwahr, nicht um des Brahmanenstandes willen ist der Brahmanenstand lieb, sondern um des Selbstes willen ist der Brahmanenstand lieb; fürwahr, nicht um des Kriegerstandes willen ist der Kriegerstand lieb, sondern um des Selbstes willen ist der Kriegerstand lieb; fürwahr, nicht um der Welten willen sind die Welten lieb, sondern um des Selbstes willen sind die Welten lieb; fürwahr, nicht um der Götter willen sind die Götter lieb, sondern um des Selbstes willen sind die Götter lieb; fürwahr, nicht um der Veden willen sind die Veden lieb, sondern um des Selbstes willen sind die Veden lieb; fürwahr, nicht um der Wesen willen sind die Wesen lieb, sondern um des Selbstes willen sind die Wesen lieb; fürwahr, nicht um des Weltalls willen ist das Weltall lieb, sondern um des Selbstes willen ist das Weltall lieb.

Das Selbst, fürwahr, soll man sehen, soll man hören, soll man verstehen, soll man überdenken, o Maitreyī; fürwahr, von wem das Selbst gesehen, gehört, verstanden und erkannt worden ist, von dem wird diese ganze Welt gewußt.

Der ganze Brahmanenstand wird dem preisgegeben, der den Brahmanenstand außerhalb des Selbstes weiß. Der Kriegerstand wird dem preisgegeben, der den Kriegerstand außerhalb des Selbstes weiß; die Welten werden dem preisgegeben, der die Welten außerhalb des Selbstes weiß; die Götter werden dem preisgegeben, der die Götter außerhalb des Selbstes weiß; die Veden werden dem preisgegeben, der die Veden außerhalb des Selbstes weiß; die Wesen werden dem preisgegeben, der die Wesen außerhalb des Selbstes weiß; das Weltall wird dem preisgegeben, der das Weltall außerhalb des Selbstes weiß. Dieses ist der Brahmanenstand, dieses ist der Kriegerstand, dieses die Welten, dieses die Götter, dieses die Veden, dieses alle Wesen, dieses das Weltall, was dieses Selbst (diese Seele) ist.

Mit diesem ist es, wie, wenn eine Trommel gerührt wird, man die Töne da draußen nicht greifen kann; hat man aber die Trommel gegriffen oder auch den Trommelschläger, so hat man (auch) den Ton ergriffen.

Mit diesem ist es, wie, wenn eine Muschel geblasen wird, man die Töne da draußen nicht greifen kann; hat man aber die Muschel gegriffen oder auch den Muschelbläser, so hat man (auch) den Ton gegriffen.

Mit diesem ist es, wie, wenn eine Laute gespielt wird, man die Töne da draußen nicht greifen kann; hat man aber die Laute gegriffen oder auch den Lautenspieler, so hat man (auch) den Ton gegriffen.

Mit diesem ist es, wie, wenn man ein Feuer mit feuchtem Holz anlegt, die Rauchwolken sich rings umher ausbreiten; ebenso, fürwahr, ist aus diesem großen Wesen ausgehaucht worden der Rigveda, der Yajurveda, der Sāmaveda, die (Lieder) der Atharvans und der Angiras, die Erzählungen, die Geschichten, die Wissenschaften, die Geheimlehren, die Verse, die Sinnsprüche, die Auseinandersetzungen und Erklärungen, das Geopferte und Gespendete, die Speisung und die Tränkung, diese Welt und jene Welt und alle Wesen – alle diese sind aus ihm ausgehaucht worden.

Dieses ist – gleichwie der Eingangsort der Gewässer der Ozean ist – ebenso der Eingangsort aller Tastempfindungen als Haut, und ebenso der Eingangsort aller Geschmacksempfindungen als Zunge, und ebenso der Eingangsort aller Gerüche als Nase, und ebenso der Eingangsort aller Gestalten als Auge, und ebenso der Eingangsort aller Töne als Ohr, und ebenso der Eingangsort aller Strebungen als Manas, und ebenso der Eingangsort aller Erinnerungen als Herz, und ebenso der Eingangsort aller Werke als Hände, und ebenso der Eingangsort aller Lüste als die Scham, und ebenso der Eingangsort aller Entleerungen als der After, und ebenso der Eingangsort aller Gänge als die Füße, und ebenso der Eingangsort aller Wissenschaften als die Rede.

Mit diesem ist es wie mit einem Salzklumpen, der kein (unterschiedliches) Inneres oder Äußeres hat, sondern durch und durch ganz aus Geschmack besteht; also, fürwahr, hat auch dieser Ātman kein (unterschiedliches) Inneres oder Äußeres, sondern besteht durch und durch ganz aus Erkenntnis: aus diesen Elementen (Erde, Wasser, Luft, Feuer, Äther) erhebt er sich, und in sie geht er wieder mit (dem Leibe) unter; nach dem Tode ist kein Bewußtsein, so, fürwahr, sage ich." – Also sprach Yājñavalkya.

Da sprach Maitreyī: „Damit, o Herr, hast du mich in einen Zustand der Verwirrung gesetzet; diesen (Ātman) begreife ich freilich nicht." Er aber sprach: „Nicht Verwirrung, wahrlich, rede ich; unvergänglich, wahrlich, ist dieser Ātman, unzerstörbaren Wesens.

Denn wo eine Zweiheit gleichsam ist, da siehet einer den anderen, da riecht einer den andern, da schmeckt einer den andern, da hört einer den andern, da redet einer den andern an, da versteht einer den andern, da betastet einer den andern, da erkennt einer den andern; wo hingegen einem alles zum eigenen Selbste geworden ist, wie sollte er da irgendwen sehen, wie sollte er da irgendwen riechen, wie sollte er da irgendwen schmecken, wie sollte er da irgendwen anreden, wie sollte er da irgendwen hören, wie sollte er da irgendwen verstehen, wie sollte er da irgendwen betasten, wie sollte er da irgendwen erkennen? Durch welches er dieses alles erkennt, wie sollte er den erkennen? – Er, der Ātman, ist nicht so und ist nicht so; er ist ungreifbar, denn er wird nicht ergriffen, unzerstörbar, denn er wird nicht zerstört, unhaftbar, denn es haftet nichts an ihm, er ist nicht gebunden, er wankt nicht, er leidet keinen Schaden. – Wie sollte einer doch den Erkenner erkennen? –

Nun weißt du die Lehre, o Maitreyī; dieses, fürwahr, reichet hin zur Unsterblichkeit."

Also sprach Yājñavalkya und zog von dannen.

Paul Deussen, Sechzig Upanishad's des Veda. Darmstadt ⁴1963, S. 481–485.

Das buddhistische Nirvāna

122. Lehrrede über das Nirvāna
Udana VIII, 1–4

Also habe ich gehört. Einst weilte der Herr zu Sāvatthi im Jetahaine im Garten des Anāthapindika. Zu der Zeit aber geschah es, daß der Herr die Mönche mit einer auf das Nirvāna bezüglichen Rede über die Lehre belehrte, anregte, anfeuerte und erfreute; und die Mönche lauschten der (Rede über die) Lehre mit gespannter Aufmerksamkeit, achtgebend, sie ihrem Geiste einprägend und alle ihre Gedanken auf sie richtend. Als nun der Herr diese Sachlage erkannte, tat er zur selben Stunde folgenden bedeutsamen Ausspruch:

„Es gibt, ihr Mönche, eine Stätte, wo es weder Erde noch Wasser noch Feuer noch Luft gibt. Es ist nicht die Stätte der Raumunendlichkeit noch die der Bewußtseinsunendlichkeit noch die des Nichtseins noch auch die Stätte, wo es weder ein Vorstellen noch ein Nichtvorstellen gibt. Es ist nicht diese Welt noch jene Welt, sei es der Mond oder die Sonne. Ich nenne es, ihr Mönche, weder ein Kommen noch ein Gehen noch ein Stehen, weder ein Vergehen noch ein Entstehen. Es ist ohne Stütze, ohne Anfang, ohne Grundlage – das eben ist das Ende des Leidens..."

„Schwer einzusehen ist die Lehre vom Nicht-Ich, denn die Wahrheit ist nicht leicht zu begreifen. Besiegt ist die Gier in dem Wissenden. Für den Schauenden aber gibt es nichts..."

„Es gibt, ihr Mönche, ein Nichtgeborenes, ein Nichtgewordenes, ein Nichtgemachtes, ein Nichtverursachtes. Wenn es, ihr Mönche, dieses Nichtgeborene, Nichtgewordene, Nichtgemachte, Nichtverursachte nicht gäbe, so ließe sich für das Geborene, das Gewordene, das Gemachte, das Verursachte kein Ausweg finden. Weil es aber, ihr Mönche, ein Nichtgeborenes, ein Nichtgewordenes, ein Nichtgemachtes, ein Nichtverursachtes gibt, darum findet sich auch ein Ausweg für das Geborene, das Gewordene, das Gemachte, das Verursachte..."

„Bei dem, was von anderem abhängig ist, gibt es Bewegung, bei dem, was von nichts anderem abhängig ist, gibt es keine Bewegung, wo keine Bewegung ist, da ist Ruhe, wo Ruhe ist, da ist kein Verlangen, wo kein Verlangen ist, da gibt es kein Kommen und Gehen, wo es kein Kommen und Gehen gibt, da gibt es kein Sterben und Wiederentstehen, wo es kein Sterben und Wiederentstehen gibt, da gibt es weder ein Diesseits noch ein Jenseits noch ein Dazwischen – das eben ist das Ende des Leidens."

M. Winternitz, Der ältere Buddhismus. Religionsgeschichtliches Lesebuch 11 (Hrsg. Alfred Bertholet). Tübingen ²1929, S. 108 f.

D. TYPEN DES OPFERS

123. Das Opfer der Nuer

Die Nuer sind ein Hirtenvolk des Sudans. Ihre religiösen Bräuche und Glaubensformen wurden mit großer Sorgfalt von E. E. Evans-Pritchard untersucht. Die Ergebnisse dieser fünfundzwanzigjährigen Forschungstätigkeit wurden unter dem Titel „Nuer Religion" veröffentlicht. Auszüge aus diesem Werk vermittelt der folgende Text.

Die Nuer opfern zu sehr vielen Gelegenheiten: wenn ein Mensch krank ist, wenn eine Frau unfruchtbar ist, manchmal bei der Geburt des ersten Kindes, bei der Geburt von Zwillingen, bei der Initiation von Söhnen, bei Heiraten, Begräbnissen und Totenzeremonien, nach Morden und der Schlichtung von Fehden, bei den periodisch vollzogenen Riten zur Ehre des einen oder anderen der zahlreichen Geister eines verstorbenen Vaters, vor kriegerischen Handlungen, wenn Personen oder Eigentum vom Blitz getroffen wurden, wenn sie von Seuchen oder Hungersnot bedroht oder heimgesucht werden, gelegentlich vor ausgedehnten Fischereiunternehmungen, wenn ein Geist lästig wird usw.

Wenn wir diese Vielfalt von Anlässen überprüfen, sehen wir, daß die Opfer der Nuer in zwei große Klassen fallen. Die meisten Opfer werden vollzogen, um eine den Menschen drohende Gefahr zu verhüten, beispielsweise wegen einer Sünde, um einen zornigen Geist zu beruhigen, oder bei der Geburt von Zwillingen; auch um ein Unglück, das sich schon ereignet hat, abzukürzen und zu beenden, so in Zeiten einer Seuche oder bei akuter Krankheit. Bei allen derartigen Gelegenheiten ist oder kann, zum Besseren und öfter zum Schlechteren, ein Geist in den menschlichen Dingen im Spiel sein, und sein Eingriff ist stets gefahrvoll. Unglück und ernste Gefahr ist immer ein Zeichen der Aktivität von Geistern. Derartige Opfer werden für eine oder mehrere Personen dargebracht und nicht für gesellschaftliche Gruppen, und sie stehen im Zusammenhang mit Gedanken der Versöhnung, der Buße und ähnlichen Intentionen. Da sie die häufigsten und in spezifischer Weise religiösen Opfer sind, werde ich ihnen in erster Linie Aufmerksamkeit schenken. Es gibt andere Opfer, die verschiedene gesellschaftliche Ereignisse begleiten, meist solche vom Charakter der *rites de passage,* wie Initiation, Heirat und Tod. Wir können keine absolute Unterscheidung zwischen beiden Arten des Opfers treffen. Ein Opfer vom Typ *rites de passage* kann charakteristische Sinnelemente des anderen Typs enthalten. Opfer bei Ehezeremonien – bei der Verlobung, bei der Heirat, beim Vollzug der Ehe – sind die besten Beispiele des zweiten Typs. Ein Opfer am Ende der Trauerzeit ist ein Beispiel für die Vermischung beider Typen. Es ist ein routinemäßiges Opfer im Zusammenhang mit den *rites de passage,* aber es soll auch von der Verunreinigung durch den Tod befreien. Um die Bedeutung oder die Bedeutungen des Opfers zu diskutieren, ist es notwendig, diese Unterscheidung zu treffen, auch wenn es Überschneidungen gibt. Ich werde von dem einen Typ als dem persönlichen und vom anderen als dem kollektiven Opfer sprechen. Diese Begriffe lenken die Aufmerksamkeit auf die formale Unterscheidung zwischen Opfern, die für Personen dargebracht werden, und solchen, die zugunsten gesellschaftlicher Gruppen vollzogen werden. Doch werden wir sehen, daß sie sich auch in der Intention unterscheiden, da den ersteren vornehmlich eine entsündigende Absicht zugrunde liegt, den zweiten eine bestätigende; oder, um die Terminologie von Hubert und Mauss zu gebrauchen, die ersten sind Opfer der „Desakralisation" (sie machen das Sakrale profan, sie befreien den Menschen von einem Geist), und die zweiten sind Opfer der „Sakralisation" (sie machen das Profane sakral, sie versehen den Menschen mit einem Geist).

Die primäre Absicht und hauptsächliche Funktion kollektiver Opfer ist es, einen Wandel in der gesellschaftlichen Stellung – des Knaben zum Mann, des Mädchens zur Frau – des lebenden Menschen zum Geist – zu bestätigen, ihm Geltung zu verschaffen und Kraft zu verleihen oder eine neue Beziehung zwischen sozialen Gruppen herzustellen, indem man Gott oder die Geister, die direkt mit dem stattfindenden Wandel verbunden sind, zu seinen Zeugen macht. Die Zeremonien sind unvollständig und unwirksam ohne Opfer, doch braucht das Opfer nur ein Vorgang in einem Komplex von Zeremonien, Tänzen und Riten verschiedener Art zu sein, die selbst keinen religiösen Sinn haben. Seine Bedeutung beruht auf der Tatsache, daß es das soziale Ereignis und die damit hergestellten neuen Beziehungen sakralisiert. Es verleiht dem Wandel des Standes oder der Beziehungen Feierlichkeit und religiöse Geltung. Bei solchen Gelegenheiten hat das Opfer meist einen ausgesprochen festlichen und sakramentalen Charakter...

Es ist bezeichnend für das religiöse Denken der Nuer, daß diese Opfer, die als Teil gesellschaftlicher Aktivitäten vollzogen werden, Beziehungen innerhalb der sozialen Ordnung betreffen und nicht solche zwischen den Menschen und ihrer natürlichen Umgebung. Uns wird oft von den afrikanischen Völkern berichtet, daß ihre Opfer das Wetter betreffen, den Regen, die Fruchtbarkeit des Bodens, die Aussaat, die Frucht, die Ernte, das Fischen und Jagen. Im allgemeinen vollziehen die Nuer keinerlei Ritus im Zusammenhang mit diesen Vorgängen, bestimmt keinen regelmäßigen und obligatorischen Ritus; und wenn ein solcher unter gewissen Umständen, wie vor längeren Fischzügen, vollzogen wird, ist es selten ein Opfer, und wenn es ein Opfer ist, wird es weder als notwendig noch als bedeutsam angesehen. Das mag bis zu einem gewissen Grad einem mangelnden Interesse an Landwirtschaft und Jagd zuzuschreiben sein, aber auch der Tatsache, daß die Nuer die Natur als selbstverständlich hinnehmen und sich ihr gegenüber passiv und ergeben verhalten. Sie denken nicht daran, sie zu ihrem eigenen Vorteil beeinflussen zu können, da sie nur unwissende Menschen sind. Was dort geschieht, ist der Wille Gottes, und der muß hingenommen werden. Daher sind die Nuer wenig daran interessiert, ein Regenritual zu vollziehen, und sie sehen es sogar als vermessen an, Gott vor der Aussaat um Regen zu bitten. Diese Denkweise wird in einer ihrer Geschichten veranschaulicht, die erzählt, wie der Tod zu einem Mädchen kam, das bat, der Sonnenuntergang möge hinausgeschoben werden, bis sie ihre Arbeit vollendet hätte. Die Nuer wenden ihre Augen daher ins Innere, in die kleine, in sich geschlossene soziale Welt, in der sie leben, sie und ihr Vieh. Ihre Opfer betreffen moralische und geistige, nicht naturhafte Krisen.

Wir haben nun zunächst zu fragen, wem Opfer dargebracht werden. Dies wirft nochmals das Problem des einen und der vielen auf. Wenn eine Sünde gesühnt oder eine Verunreinigung durch ein Opfer getilgt werden soll, wird es allein Gott dargebracht. Das gilt auch für ein größeres Unheil, so für menschliche und tierische Seuchen. Ebenso, wenn eine Person vom Blitz getroffen wurde, bei Todesfällen und Krankheiten, denen keine spezifische Ursache zugeschrieben wird. Wir haben es hier mit allgemein menschlichen Dingen zu tun – mit dem moralischen Gesetz, das für alle Menschen gilt, mit Einflüssen, die von öffentlichem Interesse und allgemeiner Bedeutung sind, und mit Gefahren und Unglücksfällen, die alle gleichermaßen betreffen. Opfer können auch zu manchen Gelegenheiten dem einen oder anderen Geist gebracht werden, beispielsweise einem Geist der Luft vor einer Schlacht oder wenn angenommen wird, er habe einem Menschen Krankheit gebracht, oder wenn angenommen wird, er werde dies tun... Dennoch können diese Geister, wie ich früher erläutert habe, als Hypostasen, Stellvertreter oder Qualitäten Gottes angesehen werden, und dann können wir sagen, daß ein Opfer für irgendeinen von ihnen auch ein Opfer für Gott ist...

Das Opfertier *par excellence* ist ein Ochse, und bei wichtigen gesellschaftlichen Zeremonien wie Heiraten und Beilegung von Fehden muß das Opfer ein Ochse sein. Ochsen werden auch in Zeiten allgemeinen Unheils geopfert, gelegentlich wenn das Volk gefährlich krank ist, und dann zuweilen auch für Geister. Eine unfruchtbare Kuh kann an die Stelle eines Ochsen treten. Bullen werden nur in einer der Riten geopfert, die eine Todfehde beenden, und gelegentlich, wenn auch nur als alte Tiere, zur Ehre eines gestorbenen Vaters. Mit Ausnahme dieser Fälle muß ein männliches Tier geschlechtslos sein. Wenn es dies nicht ist, wird es kastriert, bevor die Riten beginnen. Fruchtbare Kühe werden nur bei Begräbnisriten geopfert, und auch dann nur bei älteren Leuten, als eine Anerkennung für ihre Stellung in der Gemeinschaft. Die Farbe des Opfers spielt keine Rolle, obwohl bei bestimmten Opfern gewisse Kennzeichen der Tiere bevorzugt werden...

Wir haben besprochen, wem ein Opfer dargebracht wird und was geopfert wird. Wir haben nun danach zu fragen, wer das Opfer vollzieht und wann und wo. Zunächst müssen wir unterscheiden zwischen einerseits der Person (oder sozialen Gruppe), für die das Opfer vollzogen wird und von der wir als Opferer sprechen können, wenn auch mit einer gewissen Gefahr des Mißverständnisses, weil der Opferer keinen aktiven Anteil an dem für ihn ausgeführten Ritus zu nehmen braucht, und andererseits jenen, die für ihn tätig sind, den Akteuren des Dramas. Es können dies mehrere sein. Einige nehmen an der Weihehandlung teil und andere rezitieren Bittgebete. Ein Mann kann das Opfer überreichen, ein anderer es weihen und das Gebet über es sprechen und wieder ein anderer es töten. Aber es gibt immer einen oder mehrere Hauptakteure, diejenigen nämlich, die die Weihe- und Gebetsformeln sprechen, welche für die Nuer weit mehr als die tatsächliche Tötung die vornehmsten Akte im Ritual eines Opfers darstellen. Als eigentlicher Offiziant ist daher derjenige anzusprechen, der das Opfer konsekriert. Normalerweise kann jeder ältere Mann, gewöhnlich das Familienoberhaupt des Opferers, bei persönlichen Opfern amtieren. Im allgemeinen wird es einer von den väterlichen Verwandten des Opferers sein, aber er braucht es nicht zu sein. Das Opfer gilt Gott und nicht Geistern, und daher spielt es keine Rolle, wer amtiert. Ein Jüngling wird nicht amtieren, wenn ein älterer Mann da ist; doch ist dies nur eine Angelegenheit gesellschaftlichen Brauchs; es gibt kein Ritual, das er nicht vollziehen darf. Frauen opfern nicht. Sie können am Akt der Konsekration teilnehmen und beten, aber sie töten kein Opfer. Weder der Opferer noch der Offiziant müssen sich im Zustand kultischer Reinheit befinden. Das ist eine Vorstellung, die die Nuer nicht kennen...

Fast alle Opfer, persönliche wie kollektive, tragen die gleichen Züge. Eine Beschreibung eines Opfers ist daher, von Einzelheiten abgesehen, eine Beschreibung fast aller. Das Opfer wird zum Opferplatz gebracht, und dort werden nacheinander die vier Akte vollzogen, die das Opferdrama bilden: die feierliche Übergabe, die Weihe, das Bittgebet und die Opferung. Andere Handlungen können hinzukommen, so die Libationen und Besprengungen und, meistens bei Opfern für Geister, das Singen von Hymnen; doch sind dies zusätzliche Akte. Die wesentlichen Riten des eigentlichen Opfers sind die vier von mir genannten. Sie können als Opferkanon bezeichnet werden...

Gott nimmt das Leben *(yiegh)*. Der Mensch nimmt das Fleisch *(ring)*, das nach dem Opfer übriggeblieben ist. Sobald das Tier fällt, wird der Körper aufgeschnitten und enthäutet. Bei den meisten Opfern wird das Fleisch von den Gliedern der Familie und den Verwandten desjenigen verzehrt, für den das Opfer vollzogen wurde. Bei Heiraten und den meisten anderen kollektiven Opferungen wird es unter den väterlichen und mütterlichen Verwandten in herkömmlicher Weise aufgeteilt; Altersgenossen des Tierbesitzers und Vertreter von Seitenlinien seiner Familie haben auch das Recht an Anteilen. Wenn der Hauptoffiziant kein Glied der Familie oder der nahen Verwandtschaft ist, sondern ein Zeremonienmeister der Familie oder ein Priester oder ein Prophet, so erhält er auch seinen Anteil. Dieser Teil des Verfahrens ist von allgemeinem Interesse, nicht nur für jene, die direkt mit den Riten befaßt sind. Es ist eine öffentliche Angelegenheit, und die Leute, ob sie damit befaßt sind oder nicht, versammeln sich rundherum und beobachten, wie das Fleisch abgeschnitten und denen übergeben wird, denen es zukommt; da gibt es oft viel Geschrei und Auseinandersetzung, wenn die Verteilung in froher Stimmung erörtert wird, und die Leute zerren an dem Tier und schnappen oder erbitten Fleischstücke. Auch Außenstehende, die vorüberkommen und hartnäckig genug bitten, erhalten Stücke davon. Je nach den Umständen nehmen diejenigen, die bei dieser Gelegenheit Fleisch erhalten haben, es mit zu ihren Heimstätten, möglicherweise in verschiedene Dörfer, um es zu kochen und zu essen, oder es wird von Frauen des Ortes, an dem das Opfer stattfand, gekocht und in Gruppen, gegliedert nach Geschlecht, Alter und Verwandtschaft, verzehrt. Das Fleisch wird gekocht, aufgetragen und gegessen genau wie das eines wilden Tieres, das auf der Jagd getötet wurde. Es wird gekocht, jedoch werden Leckerbissen in der Asche eines Feuers gebraten. Ich möchte klarstellen, daß das zerlegen des Opfers, die Vorbereitung seines Fleisches und der Verzehr nicht Teile des sakralen Opfers sind. Aber wenn es auch keinen Teil des Ritus bildet und keine sakramentale Bedeutung hat, so gehört es im weiteren Sinn doch zu der gesamten Zeremonie und hat eine soziale Bedeutung. Wir müssen stets bedenken, daß ein Opfer, auch ein Sühneopfer, ein Fest bildet und daß in den Verhältnissen, in denen die Nuer leben, und ihren Bräuchen entsprechend, dies bedeutet, daß auch die Nachbarn auf ein oder die andere Weise daran teilhaben.

E. E. Evans-Pritchard, Nuer Religion. Oxford 1956, S. 197–215.

124. Das Bärenritual der Ainu auf Hokkaido

Die Bärenjäger der Ainu sind sehr stolz, wenn sie sich ein oder zwei Bärenjunge beschaffen und sie nach Hause bringen können, um ein großes Bärenfest zu veranstalten. Es ist bekannt, daß Männer ihr Leben riskieren, um eines zu erlangen, und wenn sie ein Junges fangen, bringen sie es mit großer Freude nach Hause und betrinken sich natürlich mächtig zur Ehre dieses Ereignisses. Gelegentlich können ganz junge Bären gesehen werden, die in den Hütten mit den Menschen zusammen leben, mit den Kindern spielen und mit großer Zuneigung umsorgt werden. Tatsächlich werden sie zuweilen sogar besser als die Kinder behandelt, und mir sind Fälle bekannt, wo die Leute bitterlich geweint haben, wenn das Junge gestorben ist. Aber sobald sie groß und stark genug geworden sind, um wehe zu tun, wenn sie jemanden umarmen, oder wenn ihre Klauen zu mächtig geworden sind, um angenehm zu sein, dann werden sie in einen festen Holzkäfig gebracht. Dort bleiben sie im allgemeinen bis zu einem Alter von zwei oder drei Jahren, in dem sie für das Fest getötet werden...

Am Tage bevor das für uns grausame und barbarische Fest der Tötung eines Bären stattfindet, läßt der Besitzer zu allen Leuten seines Dorfes schicken und sie einladen, zu kommen und an den Festlichkeiten teilzunehmen... Die letzte

Form der Einladung, die ich hörte, war folgende: „Ich, der und der, habe vor, das liebe, kleine göttliche Ding zu opfern, das in den Bergen wohnt. Freunde und Herren, kommt zu dem Fest; wir wollen uns versammeln in der großen Freude, den Gott fortzuschicken. Kommt!"...

Wenn die Gäste am Opferplatz eintreffen, gehen sie in die Hütte und setzen sich um die Feuerstelle, vorn die Männer, dahinter die Frauen. Hirseknödel werden gekocht und geröstet, und aus Hirse wird eine Art weißes, dickes Bier gebraut. Die Frauen bekommen zu trinken, was ihre Ehemänner ihnen zu geben belieben, und dies ist, wie ich bemerkt habe, tatsächlich sehr wenig, so als ob der Trank der teuerste Sake und nicht Hirsebier sei. Aber dies ist noch nicht das eigentliche Fest, sondern eine Art vorläufiger Bruch des Fastens.

Wenn die Gäste alle hereingekommen sind, verfertigen die Männer eine Anzahl hölzerner Stäbe *(inao)* und stecken sie auf die Feuerstelle, und ein Kult wird vollzogen. Alle Götter werden verehrt und eingeladen, mit ihnen an dem Fest teilzunehmen. Wenn dies getan ist, werden die meisten *inao* ehrfurchtsvoll genommen und zu dem für sie außerhalb bestimmten Platz *(nusa)* gebracht und dort aufgestellt. Dann werden zwei lange und dicke Pfähle davor gelegt. Die Männer kommen nun aus der Hütte, geschmückt mit ihren Totemkränzen, und nähern sich feierlich dem Käfig, in dem sich der Bär befindet. Die Frauen und Kinder folgen und singen, tanzen und klatschen in die Hände. Nach und nach werden alle zum *nusa*-Platz beordert, wo man sie sich in einem großen Kreis hinsetzen läßt, die alten Männer vorn. Hiernach wird ein Ainu ausgewählt, der, nachdem er sich dem Bären genähert hat, sich vor ihm niedersetzt und ihm berichtet, daß sie dabei seien, ihn zu seinen Ahnen zu senden. Er bittet um Verzeihung für das, was sie zu tun beabsichtigen, hofft, daß er nicht zornig sein werde, sagt ihm, welche Ehre ihm zuteil werde, und tröstet ihn mit der Versicherung, daß eine große Anzahl *inao*, viel Wein, Kuchen und andere gute Speisen mit ihm abgesandt werden. Er teilt ihm auch mit, daß, wenn er ein guter und richtiger Bär sei, er wieder erscheinen werde, um in der gleichen Weise behandelt zu werden. Die letzte Anrede hörte ich so: „O du Göttlicher, du wurdest in diese Welt gesandt, damit wir dich jagen. O du kostbare kleine Gottheit, wir verehren dich; bitte, höre unser Gebet. Wir haben dich ernährt und dich aufgezogen mit Mühe und Last, alles, weil wir dich so sehr lieben. Nun, da du groß geworden bist, sind wir dabei, dich zu deinem Vater und deiner Mutter zu senden. Wenn du zu ihnen kommst, sprich bitte gut von uns und sage ihnen, wie freundlich wir gewesen sind; bitte, komm wieder zu uns, und wir werden dich wieder opfern."

Wenn das Gebet gesprochen ist, geht ein anderer Ainu zum Käfig des jungen Bären und faßt den Kopf des Opfers mit einem Seil, in das zu diesem Zweck eine Schlinge gemacht worden ist. Die Schlinge wird dann um den Hals und unter die Vorderbeine so gelegt, daß sie das Tier nicht würgt, wenn es zappelt. Eine andere Schlinge wird mit einem zweiten Seil gemacht, das in der gleichen

Weise über den Kopf gezogen wird, nur daß das Ende auf die andere Seite des Bären kommt. Auf diese Art wird das Tier, wenn es aus dem Käfig kommt, von zwei Männern, einem auf jeder Seite, geführt. Gelegentlich jedoch, wenn es ein großer Bär ist, wird ein Seil über das Hinterteil gelegt, und ein Mann schreitet hinter ihm, der ihn festhält und darauf achtet, einem Zornesausbruch zu begegnen.

Sobald das arme Tier aus dem Käfig ist, klatschen die Menschen, die einen Kreis gebildet haben, in die Hände, während es in ihre Mitte geführt wird, und nach seiner Ankunft nehmen sie grobe Pfeile, die sie *hepere-ai*, „Kelchpfeile", nennen, und schießen damit auf es, um zu versuchen, es in Wut zu versetzen. Das Schießen wird ohrenbetäubend und der Bär manchmal rasend. Aber je wilder der Bär wird, desto fröhlicher werden die Menschen. Sollte sich jedoch das Tier nicht bewegen, so wird es mit einem Stock niedergeschlagen, der *Takusa* genannt wird. Wenn das erregte und sich sträubende Tier Zeichen der Erschöpfung zeigt, wird ein Pfahl in der Mitte des Kreises der Anwesenden in den Boden getrieben, und der Bär wird darangebunden.

Sobald alles sicher ist, werden die groben Pfeile mit erneuter Stärke geschossen, und das Tier zerrt und wütet, bis es vollständig erschöpft ist. Sogleich stürmt ein tapferer junger Ainu nach vorn und ergreift das Tier bei den Ohren und im Pelz des Gesichtes, während ein anderer plötzlich hervorkommt und es am Hinterteil ergreift. Diese Männer ziehen das Tier mit aller Macht. Dadurch öffnet es sein Maul. Dann kommt ein anderer Mann mit einem etwa zwei Fuß langen, runden Holzstück hervor, das er zwischen die Kinnbacken des Bären wirft. Das arme Tier beißt in seiner Wut darauf und hält es zwischen den Zähnen fest. Danach kommen zwei Männer, einer auf jeder Seite des Bären; sie ergreifen seine Vorderbeine und ziehen sie so weit wie möglich auseinander. Zwei andere tun das gleiche mit den Hinterbeinen. Wenn dies alles zufriedenstellend erledigt wurde, werden die beiden langen Pfähle, die *ok numba ni*, „Erwürgungspfähle", genannt werden, herbeigebracht. Der eine wird unter seinen Rachen gebracht, der andere auf den Nacken.

Ein Bogenschuß, der vorher von den Männern festgelegt wurde, wird nun abgegeben und schießt den Pfeil in das Herz des Tieres, und so endet sein Elend. Sorgfältig wird darauf geachtet, daß das Tier nicht geschlagen und kein Blut vergossen wird; denn aus irgendeinem Grund wird es als verhängnisvoll angesehen, nur etwas Blut auf die Erde fallen zu lassen...

Sobald der Bär ins Herz geschossen worden ist, wird er zu den beiden Pfählen geschleppt, die zu diesem Zweck vorsorglich auf den Boden gelegt wurden, und sein Kopf wird auf einen von ihnen gelegt, während der andere über seinen Hals gelegt wird. Nun schreien alle und eilen voran, jeder erpicht darauf, das Tier zu erdrosseln, bis sein Leben ganz erloschen ist. Es heißt, sie müßten sorgfältig darauf achten, daß das arme Vieh während seines Todeskampfes keine Schreie ausstoße, denn das wird als sehr unheilvoll angesehen; ich konnte nicht erfahren, warum. Während der Zeit der Erdrosselung des jungen Bären werden die Leute derart erregt, daß sie manchmal aufeinander herumtrampeln in ihrem Eifer, eine Hand an das tote Tier zu legen. So also wird das arme Vieh getötet, und der erste Teil des kultischen Aktes ist geschlossen.

Sobald er erwürgt ist, wird der Bär gehäutet, und sein Kopf wird abgeschnitten, dessen Haut jedoch daran belassen. Dieser wird zum östlichen Fenster gebracht und auf eine Matte gelegt, die *inao-so* heißt; er wird mit *inao*-Pinseln, Ohrringen, Perlen und anderen Sachen geschmückt; tatsächlich sah ich einmal einen, der mit alten Schwertgriffen und einem japanischen Spiegel geschmückt war. Nachdem man ihn dort hingelegt hat, wird ein Stück seines eigenen Fleisches abgeschnitten und ihm vor die Schnauze gelegt. Dies wird *not-pok-omap* genannt, „das unter dem Kinnbacken".

Dann wird ein Stück getrockneten Fisches und ein Schnurrbartheber, säuberlich zu einem Bündel gepackt, vor ihn gelegt, auch einige Hirseknödel, eine Schale mit seinem eigenen gekochten Fleisch und etwas Sake. Der getrocknete Fisch wird *sat-chep shike* genannt, „das Bündel getrockneten Fisches". Die Schüssel, die das gekochte Fleisch enthält, heißt *marapto itangi*, „die Festschüssel". Wenn dies getan worden ist, sagt ein Mann verehrungsvoll: „Junger Bär, wir geben dir diese *inao*, Kuchen und getrockneten Fisch, bring sie deinen Eltern und sage: Ich bin lange Zeit von einem Ainu-Vater und einer Ainu-Mutter aufgezogen worden und allem Ärger und Leid ferngehalten worden. Da ich nun groß geworden bin, komme ich zu euch. Ich habe auch diese *inao*, Kuchen und Fisch mitgebracht. Möget ihr euch daran erfreuen. – Wenn du dies zu ihnen sagst, werden sie sehr froh sein."

Ein anderes Gebet lautet so: „Mein lieber junger Bär, bitte hör mich an. Ich habe lange Zeit für dich gesorgt, und nun bringe ich dich dar mit *inao*, Kuchen, Wein und anderen köstlichen Dingen. Reite du auf den *inao*, und gelange mit den anderen guten Sachen, die dir geschenkt wurden, zu deinem Vater und deiner Mutter. Geh glücklich, und mache sie froh. Wenn du ankommst, rufe eine Menge göttlicher Gäste zusammen und veranstalte ein großes Fest. Komme aber wieder in diese Welt, damit ich, der ich dich aufzog, dir wieder begegnen und dich wieder als Opfer darbringen möge. Ich grüße dich, mein lieber Jungbär, reise in Frieden."

Nachdem dieses Ritual vollzogen ist, werden Hirseknödel auf die Stöcke aufgereiht und neben seinen Kopf gelegt. Von ihnen wird gesagt, sie seien für das Fest in der neuen Welt bestimmt; denn er darf nicht vor seinen Ahnen ohne ein kleines Geschenk, ohne ausreichende Lebensmittel für eine Mahlzeit, erscheinen. Sie werden *imoka-shike*, „Festrede", genannt. Die Männer setzen sich auf und richten ihre Totemkränze aus; denn sie wurden entweder beiseite gelegt oder während des Strangulierens des Bären abgeschlagen. Wenn dies geschehen ist, tanzen sie alle zusammen... Nach dem Tanz kehren sie zu der Hütte zurück und verfertigen eine große Menge von *inao*, die sie sorgfältig auf den Kopf des

Bären legen. In der Zwischenzeit wurde einiges Fleisch des Bären gekocht. Eine Schüssel voll wird nun vor die Schnauze des Tieres gestellt; man sagt, er nehme teil am *marapto itangi*, der „Festschüssel".

Nachdem ein wenig Zeit vergangen ist, sagt der Mann, der dem Fest vorsteht: „Die kleine Gottheit hat nun aufgehört zu essen; kommt, ihr Freunde, laßt uns verehren." Dann nimmt er die Schüssel, grüßt sie und teilt ihren Inhalt – eine sehr kleine Portion für jeden – unter die versammelten Gäste auf; denn es ist unbedingt erforderlich, daß jeder, jung und alt gleichermaßen, ein wenig erhält. Außer dem Namen „Festschüssel" wird diese Schüssel auch *ipuni itangi*, „Opferschüssel", genannt. Dieser Name verweist auf die Tatsache, daß sie der soeben rituell getöteten Gottheit als Opfer dargebracht wurde.

Nachdem die Schüssel aufgeteilt worden ist, werden noch mehr *inao* gemacht, während der Rest des Tieres in Töpfen schmort. Die Eingeweide werden sorgsam herausgeschnitten, mit Salz bestreut und roh gegessen. Man sagt, daß dies, ebenso wie das Trinken des Blutes, dem Zweck diene, die Tapferkeit und andere gute Eigenschaften des Bären zu erwerben. Ich muß bemerken, daß auch einige der Männer sich und ihre Kleider mit Blut beschmieren. Es wird behauptet, es geschehe, um sich auf der Jagd Erfolg zu verschaffen. Diese scheußliche Sitte wird *yai-isho-ushi* genannt, „sich mit Vergnügen beschmieren" oder „erfolgreiches Jagen".

Sobald das Fleisch ausreichend gekocht ist, wird es unter die Anwesenden verteilt, und jeder erhält etwas, wie wenig es auch sein mag. Auf diese Weise tritt er in enge Verbindung mit der lieben kleinen Gottheit, wie er das Opfer nennt; und dies scheint mir die besondere Art zu sein, auf die er seine soziale und religiöse Gemeinschaft mit seinem Totengott und seinem Volk zeigt. Nicht an diesem Fest teilzunehmen und keine *inao* zu machen, würde gleichbedeutend sein, sich bekenntnismäßig außerhalb der Grenzen der Ainu-Gemeinschaft zu stellen. Früher mußte jeder Teil des Bären, abgesehen von den Knochen, aufgegessen werden, auch die Eingeweide; diese Regel ist jetzt gelockert...

Der Kopf des Bären wird schließlich enthäutet und zu dem *nusa*-Haufen gebracht, wo er zwischen die anderen Knochen gelegt wird. Ein großer Pfahl mit einer Gabelung in der Spitze wird dort aufgerichtet; seine Zacken werden mit *inao* geschmückt. Der Pfahl wird *keomande-ni* genannt, „der Pfahl des Absendens".

John Batchelor, The Ainu and Their Folk-Lore. London 1901, S. 483–495.

Typen des Opfers

125. Pferdeopfer und Himmelsreise des Schamanen bei den Altaiern

Radlovs klassische Darstellung des altaischen Rituals beruht nicht nur auf seinen eigenen Beobachtungen, sondern auch auf den Texten der Gesänge und Anrufungen, die zu Beginn des 19. Jahrhunderts von Altai-Missionaren überliefert und später von dem Priester V. L. Verbitsky herausgegeben wurden. Das Opfer wird von Zeit zu Zeit von jeder Familie gefeiert, und die Zeremonie wird zwei oder drei Abende lang fortgesetzt.

Der erste Abend ist der Vorbereitung des Ritus gewidmet. Der *kam* (Schamane) errichtet, nachdem er einen Platz auf einer Wiese ausgesucht hat, dort eine neue Jurte, darin stellt er eine junge Birke auf, deren untere Äste entfernt sind und in deren Stamm neun Stufen *(tapty)* eingekerbt sind. Das obere Laub der Birke, die an ihrem Wipfel eine Flagge trägt, ragt aus der oberen Öffnung der Jurte hervor. Ein kleiner Zaun aus Birkenstöcken wird rund um die Jurte errichtet, und ein Birkenstock mit einem Knoten aus Pferdehaar wird an den Eingang gesteckt. Dann wird ein hellfarbiges Pferd ausgewählt, und nachdem der Schamane festgestellt hat, daß es der Gottheit wohlgefällig ist, vertraut er es einem der Anwesenden an, der nun deshalb *bas-tut-kan-kiski*, „Kopfhalter", heißt. Der Schamane schwenkt einen Birkenzweig über dem Rücken des Pferdes, um die Seele des Tieres zum Austritt zu zwingen und ihren Flug zu Bai Ülgän vorzubereiten. Er wiederholt dieselbe Geste über dem „Kopfhalter"; denn seine Seele muß des Pferdes Seele auf ihrer Himmelsreise begleiten und von jetzt an für den *kam* verfügbar sein.

Der Schamane kehrt in die Jurte zurück, wirft die Zweige in das Feuer und beräuchert seine Trommel. Er beginnt, die Geister anzurufen, und bittet sie, in die Trommel zu gehen; er wird jeden von ihnen bei seiner Hinauffahrt brauchen. Bei jeder Namensnennung antwortet der Geist: Hier bin ich, *kam*, und der Schamane bewegt seine Trommel, als ob er den Geist einfangen wolle. Nachdem er seine Hilfsgeister, die alle himmlische Geister sind, versammelt hat, kommt der Schamane aus der Jurte heraus. Einige Schritte entfernt befindet sich eine Vogelscheuche in Gestalt einer Gans; er setzt sich rittlings darauf, rudert heftig mit den Händen, als ob er fliegen wolle, und singt:

> Unter dem weißen Himmel,
> Über der weißen Wolke,
> Unter dem blauen Himmel,
> Über der blauen Wolke,
> Steig auf zum Himmel, Vogel!

Auf diese Anrufung antwortet die Gans schnatternd: „*Ungaigakgak ungaigak kaigaigakgak, kaigaigak.*" Natürlich ist es der Schamane selbst, der den Vogelschrei nachahmt. Auf der Gans sitzend, verfolgt der *kam* die Seele des Pferdes *(pura)*, von der angenommen wird, daß sie geflohen ist, und er wiehert wie ein Roß.

Mit Hilfe der Anwesenden treibt er die Seele des Pferdes in die Hürde und mimt angestrengt, wie es eingefangen wird: er wiehert, schlägt aus und tut so, als ob die Schlinge, die man zum Fang des Tieres ausgeworfen hat, ihm den Hals zuschnüre. Manchmal läßt er seine Trommel fallen, um anzudeuten, daß die Seele des Tieres entflohen sei. Schließlich wird sie wieder eingefangen, der Schamane beräuchert sie mit Wacholder und verabschiedet die Gans. Dann segnet er das Pferd und tötet es mit Hilfe einiger der Anwesenden auf grausame Weise, indem er ihm die Wirbelsäule derart bricht, daß kein Blutstropfen auf die Erde fällt oder die Opfernden bespritzt. Haut und Knochen werden an einer langen Stange aufgehängt und ausgestellt. Nach Opfern für die Ahnen und die Schutzgeister der Jurte, wird das Fleisch zubereitet und rituell gegessen, wobei der Schamane die besten Stücke bekommt.

Der zweite und wichtigste Teil der Zeremonie findet am folgenden Abend statt. Jetzt entfaltet der Schamane seine schamanistischen Fähigkeiten auf seiner ekstatischen Himmelsreise zum Sitz von Bai Ülgän. Das Feuer brennt in der Jurte. Der Schamane opfert Pferdefleisch für die Meister der Trommel, die Geister, die die Schamanenkräfte seiner Familie verkörpern, und er singt:

> Nimm es, o Kaira Kan,
> Herr der Trommel mit sechs Buckeln!
> Komm du klingelnd her zu mir!
> Ruf ich: „Tschok!", verneige dich!
> Ruf ich: „Mai!", so nimm es an!

In gleicher Weise wendet er sich an den Meister des Feuers, der die heilige Kraft des Besitzers der Jurte, des Organisators des Festes, symbolisiert. Der Schamane hebt einen Becher und imitiert mit seinen Lippen das Geräusch einer Versammlung unsichtbarer Gäste, die eifrig trinken. Dann schneidet er Stücke vom Pferd ab und verteilt sie unter den Anwesenden (die die Geister repräsentieren), welche sie geräuschvoll essen. Daraufhin beräuchert der Schamane die neun Gewänder, die als Opfer des Hausherrn für Bai Ülgän an einem Seil aufgehängt sind, und singt:

> Gaben, die kein Pferd tragen kann,
> Alas, alas, alas!
> Die kein Mann heben kann,
> Alas, alas, alas!
> Kleider mit dreifachen Kragen,
> Dreimal wendend schaut auf sie!
> Mögen sie Decken für den Renner sein,
> Alas, alas, alas!
> Fürst Ülgän, du Freudenvoller,
> Alas, alas, alas!

Typen des Opfers

Darauf zieht der *kam* seine Schamanentracht an, setzt sich auf eine Bank und beginnt, während er seine Trommel beräuchert, eine Menge Geister, große und kleine, anzurufen, die der Reihe nach antworten: „Ich bin hier, *kam!*" Auf diese Weise ruft er an: Yaik Kan, den Herrn der See, Kaira Kan, Paisyn Kan, dann die Familie Bai Ülgäns (die Mutter Tasygan mit neun Töchtern zur Rechten und sieben zu ihrer Linken) und schließlich die Meister und Heroen des Abakan und des Altai (Mordo Kan, Altai Kan, Oktu Kan usw.) Nach dieser langen Anrufung wendet er sich an die Märküt, die Vögel des Himmels:

> Himmelsvögel, fünf Märküt,
> Ihr mit mächtigen Kupferkrallen,
> Kupfer ist die Mondeskralle,
> Und von Eis der Mondesschnabel.
> Mächtigen Schwungs die breiten Flügel,
> Fächergleich der lange Schwanz,
> Deckt den Mond dein linker Flügel,
> Und die Sonne dein rechter Flügel.
> Du, die Mutter der neun Adler,
> Die nicht irrt, den Yaik durchfliegend,
> Die nicht um Edil ermattet,
> Singend komme du zu mir!
> Spielend komm zu meinem rechten Auge,
> Setz dich auf meine rechte Schulter!

Um die Gegenwart des Vogels anzuzeigen, ahmt der Schamane seinen Schrei nach: Kazak, kak, kak! Hier bin ich, *kam!* Und wenn er dies tut, beugt er seine Schultern wie erliegend unter dem Gewicht des riesigen Vogels.

Das Herbeirufen der Geister dauert an, und die Trommel wird schwer. Ausgerüstet mit diesen zahlreichen und machtvollen Schutzgeistern, umkreist der Schamane mehrmals die Birke, die in der Jurte steht, und er kniet vor der Türe, um von dem Pförtner-Geist einen Führer zu erbitten. Wenn er eine günstige Antwort erhält, kehrt er ins Innere der Jurte zurück, schlägt seine Trommel, fällt in Zuckungen, wobei er unverständliche Wörter murmelt. Dann reinigt er die ganze Versammlung mit seiner Trommel, wobei er mit dem Hausherrn beginnt. Es ist eine lange und verwickelte Zeremonie, an deren Ende der Schamane in einen ekstatischen Zustand gerät. Es ist auch das Zeichen für die eigentliche Auffahrt; denn bald nachher stellt sich der Schamane plötzlich auf die erste Einkerbung *(tapty)* der Birke, schlägt dabei heftig die Trommel und schreit: „Tschok! Tschok!" Er macht auch Bewegungen, die anzeigen sollen, daß er zum Himmel aufsteigt. In Ekstase umkreist er die Birke und das Feuer, wobei er das Grollen des Donners nachahmt, dann rast er zu einer Bank, die mit einem Pferdefell bedeckt ist. Dieses stellt die Seele des *pura* dar, des geopferten Pferdes. Der Schamane steigt darauf und ruft:

> Ich habe eine Stufe erstiegen,
> Aihai, aihai!
> Ich habe eine Schicht erreicht,
> Sagarbata!
> Ich habe den Kopf des *tapty* erklettert,
> Sagarbata!
> Ich habe mich zum Vollmond erhoben,
> Sagarbata!

Der Schamane wird immer erregter, und während er dauernd seine Trommel schlägt, befiehlt er dem *bas-tut-kan-kisi*, sich zu beeilen. Denn die Seele des Kopfhalters verläßt ihren Körper gleichzeitig mit der Seele des Opferpferdes. *Bas-tut-kan-kisi* beklagt sich über die Schwierigkeit des Weges, und der Schamane ermutigt ihn. Indem er dann den zweiten *tapty* besteigt, tritt er symbolisch in den zweiten Himmel ein, und er schreit:

> Ich habe den zweiten Grund durchbrochen,
> Ich habe die zweite Schicht erklommen.
> Seht, in Trümmern liegt der Grund.

Und dann, indem er wiederum Donner und Blitz nachahmt, verkündet er:

> Sagarbata! Sagarbata!
> Nun habe ich zwei Stufen erstiegen!

Im dritten Himmel wird der *pura* sehr müde, und um ihn zu entlasten, ruft der Schamane die Gans. Der Vogel erscheint: „Kagak! Kagak! Ich bin hier, *kam!*" Der Schamane besteigt sie und setzt seine Himmelsreise fort. Er beschreibt die Fahrt und imitiert das Schnattern der Gans, die sich ihrerseits über die Schwierigkeiten der Reise beschwert. Im dritten Himmel wird haltgemacht. Der Schamane berichtet von der Müdigkeit des Pferdes und seiner eigenen. Er gibt auch Auskünfte über Wetteraussichten, über drohende Epidemien und Unglücksfälle und über Opfer, die sie gemeinsam darbringen sollen. Wenn sich der *bas-tut-kan-kisi* gut ausgeruht hat, geht die Reise weiter. Der Schamane ersteigt die Einkerbungen der Birke nacheinander und gelangt so nach und nach in die anderen himmlischen Regionen. Um die Vorstellung zu beleben, sind verschiedene Episoden eingeschoben; einige von ihnen sind ziemlich grotesk: der *kam* bietet *karakus*, dem Schwarzen Vogel im Dienst des Schamanen, Tabak an, und Karakus jagt den Kuckuck; der Schamane tränkt den *pura* und imitiert dabei das Geräusch eines trinkenden Pferdes. Der sechste Himmel ist Schauplatz einer letzten komischen Episode: einer Hasenjagd. Im fünften Himmel hat der Schamane ein langes Gespräch mit dem mächtigen *Yayutschi*, dem „Höchsten Schöpfer", der ihm verschiedene Geheimnisse der Zukunft enthüllt; einige davon macht der Schamane laut bekannt, anderes wird nur gemurmelt. Im sechsten

Typen des Opfers

Himmel verneigt sich der Schamane vor dem Mond, und im siebten vor der Sonne. Er durchreist einen Himmel nach dem anderen bis zum neunten und, wenn er große Macht besitzt, bis zum zwölften und noch höher; der Aufstieg hängt vollkommen von den Fähigkeiten des Schamanen ab. Wenn er so hoch hinaufgelangt ist, wie es seine Kraft zuläßt, hält er an und richtet demütig an Bai Ülgän die Worte:

> Fürst, zu dem drei Leitern führen,
> Bai Ülgän mit den drei Herden,
> Blauer Abhang, der erschienen ist,
> Blauer Himmel, der sich zeigt!
> Blaue Wolke, die dahinschwebt,
> Blauer Himmel, unerreichbar,
> Weißer Himmel, unerreichbar,
> Wasserstelle, die ein Jahr entfernt ist!
> Vater Ülgän, dreifach Erhabener,
> Den des Mondbeils Schneide meidet,
> Der den Pferdehuf benützt!
> Du schufest alle Menschen, Ülgän,
> Alles, was uns lärmend umgibt.
> Alles Vieh hast du verliehen, Ülgän!
> Übergib uns nicht dem Unglück,
> Laß uns dem Bösen widerstehn!
> Zeige uns nicht Körmös (den bösen Geist),
> Gib uns nicht in seine Hand!
> Du, der du den Sternenhimmel
> Tausendmal tausendmal gedreht hast,
> Verurteile mich nicht ob meiner Sünden!

Der Schamane erfährt von Bai Ülgän, ob das Opfer günstig aufgenommen wurde, und er erhält Voraussagen, die das Wetter und die kommende Ernte betreffen; er erfährt auch, welche weiteren Opfer die Gottheit erwartet. Diese Episode ist der Kulminationspunkt der „Ekstase": der Schamane bricht zusammen, völlig erschöpft. Der *bas-tut-kan-kisi* kommt herbei, und er nimmt die Trommel und den Stock aus seinen Händen. Der Schamane bleibt bewegungslos und stumm. Nach einiger Zeit reibt er sich die Augen, er scheint aus tiefem Schlaf zu erwachen, und er begrüßt die Anwesenden wie nach langer Abwesenheit.

M. Eliade, Shamanism. Archaic Techniques of Ecstasy. New York 1964, S. 190–197; deutsch: Schamanismus und archaische Ekstasetechnik. Zürich und Stuttgart 1957, S. 185–192. Nach: Wilhelm Radlov, Lose Blätter aus dem Tagebuch eines reisenden Linguisten II. Leipzig 1884, S. 20–50.

126. Ein Totenopfer der Homerischen Zeit
Homer, Odyssee XI, 20–50

Odysseus spricht:

Und wir zogen das Schiff an den Strand und nahmen die Schafe
Schnell aus dem Raum; dann gingen wir längs des Ozeans Ufer,
Bis wir den Ort erreichten, wovon uns Kirke[1] gesaget.
Allda hielten die Opfer Eurylochos und Perimedes.
Aber nun eilt' ich und zog das geschliffene Schwert von der Hüfte,
Eine Grube zu graben von einer Ell ins Gevierte.
Hierum gossen wir rings Sühnopfer für alle Toten:
Erst von Honig und Milch, von süßem Weine das zweite,
Und das dritte von Wasser, mit weißem Mehle bestreuet.
Dann gelobt' ich flehend den Luftgebilden der Toten,
Wann ich gen Ithaka[2] käm, eine Kuh, unfruchtbar und fehllos,
In dem Palaste zu opfern und köstliches Gut zu verbrennen
Und für Teiresias[3] noch besonders den stattlichsten Widder
Unserer ganzen Herde, von schwarzer Farbe, zu schlachten.
Und nachdem ich flehend die Schar der Toten gesühnet,
Nahm ich die Schaf' und zerschnitt die Gurgeln über der Grube;
Schwarz entströmte das Blut, und aus dem Erebos[4] kamen
Viele Seelen herauf der abgeschiedenen Toten.
Jüngling' und Bräute kamen und kummerbeladene Greise,
Und aufblühende Mädchen, im jungen Grame verloren.
Viele kamen auch, von ehernen Lanzen verwundet,
Kriegerschlagene Männer mit blutbesudelter Rüstung.
Dicht umdrängten sie alle von allen Seiten die Grube
Mit grauenvollem Geschrei; und bleiches Entsetzen ergriff mich.
Nun befahl ich und trieb aufs äußerste meine Gefährten,
Beide liegenden Schafe, vom grausamen Erze getötet,
Abzuziehen und ins Feuer zu werfen und anzubeten
Aides'[5] schreckliche Macht und die strenge Persephoneia[6].
Aber ich eilt' und zog das geschliffene Schwert von der Hüfte,
Setzte mich hin und ließ die Luftgebilde der Toten
Sich dem Blut nicht nah'n, bevor ich Teiresias fragte.

---

[1] Zauberin, zu der Odysseus auf seinen Irrfahrten u. a. gelangte.
[2] Heimat des Odysseus.
[3] Seher, den Odysseus über seine Heimkehr befragt.
[4] Bezeichnung für das Totenreich.
[5] Aides: Hades, Gott des Totenreiches.
[6] Gemahlin des Hades.

Übersetzung: Johann Heinrich Voß. Hamburg 1781.

Typen des Opfers

127. Entsühnung einer umbrischen Stadt

Der folgende Text, dessen Original im umbrischen Dialekt verfaßt ist, entstammt Bronzetafeln aus Gubbio, dem alten Iguvium.

Das Opfer muß nach Beobachtung der Vögel beginnen, wenn Eule und Krähe günstig sind und die Spechte, männlich wie weiblich, sich zur rechten Hand befinden. Derjenige, der die Vögel beobachten wird, muß in einer Umzäunung sitzen und den Priester auffordern: „Bestimme, daß ich beobachte: günstige Eulen, günstige Krähen, einen männlichen Specht zur Rechten, einen weiblichen Specht zur Rechten, Vögel zur Rechten, Vogelstimmen zur Rechten, gesandt von den Göttern." Der Priester soll demgemäß auffordern: „Beobachte dort günstige Eulen, günstige Krähen, einen männlichen Specht zur Rechten, einen weiblichen Specht zur Rechten, Vögel zur Rechten, Vogelstimmen zur Rechten, gesandt von den Göttern für mich, für die Gemeinde von Iguvium, zu dieser bestimmten Zeit." Wenn er auf seinem Sitz sitzt – derjenige, der die Vogelstimmen beobachten wird –, dann soll kein Geräusch gemacht werden, und niemand soll dazwischentreten, bis er nicht zurückgekehrt ist, nämlich derjenige, der ging, um die Vogelstimmen zu beobachten. Wenn irgendein Geräusch gemacht wird oder jemand dazwischensitzt, wird es ungültig sein...

Wenn die Vogelstimmen gehört wurden, soll es der in der Umzäunung Sitzende anzeigen und dabei den Priester beim Namen rufen: „(Ich zeige an:) günstige Eulen, günstige Krähen, ein männlicher Specht zur Rechten, ein weiblicher Specht zur Rechten, Vögel zur Rechten, Vogelstimmen zur Rechten für dich, für die Gemeinde von Iguvium, zu dieser bestimmten Zeit." Für alle diese heiligen Handlungen, für den Umgang um das Volk, für die Entsühnung der Stadt soll er den heiligen Stab führen. Den Opferherd am Treblanischen Tor, der für die Entsühnung der Stadt aufgestellt wird, sollst du so ausrichten, daß Feuer von Feuer entflammt wird. So auch an den anderen Toren, dem Tesenakischen und dem Veiineischen.

Vor dem Treblanischen Tor sollen drei Rinder für Jupiter Grabovius geopfert werden. Man soll bei der Darbringung sprechen: „Vor dich bringe ich drei Gebete, o Jupiter Grabovius, für die Fisische Burg [1], für die Stadt Iguvium, für den Namen der Burg, für den Namen der Stadt, sei freundlich, sei gnädig der Fisischen Burg, der Stadt Iguvium, dem Namen der Burg, dem Namen der Stadt, o Heiliger, zu dir bitte ich flehentlich, o Jupiter Grabovius. O Jupiter Grabovius, für dich sollen diese fetten Rinder sein (als ein Sühnopfer) für die Fisische Burg, für die Stadt Iguvium, für den Namen der Burg, für den Namen der Stadt.

O Jupiter Grabovius, durch dieses Opfer... wenn in der Fisischen Burg ein Feuer ausbricht, wenn in der Stadt Iguvium die gebührenden Riten vernachlässigt werden, (sieh es an), als ob es ungewollt geschehen sei. O Jupiter Grabovius, wenn bei deinem Opfer (irgend etwas) verfehlt ist, vernachlässigt oder ausgelassen wurde oder zurückbehalten wurde oder fehlerhaft war, wenn an deinem Opfer, gesehen oder ungesehen, irgendein Makel ist, Jupiter Grabovius, laß es mit diesen fetten Rindern als Sühnopfer, wie es Rechtens ist, gesühnt sein. Jupiter Grabovius, entsühne die Fisische Burg, die Stadt Iguvium; die Vollbürger, die heiligen Handlungen, Sklaven, Vieh, die Früchte des Feldes – entsühne! Sei freundlich, sei gnädig mit deiner Gunsterweisung für die Fisische Burg, die Stadt Iguvium, den Namen der Burg, den Namen der Stadt. O Jupiter Grabovius, behüte die Fisische Burg, behüte die Stadt Iguvium, behüte den Namen der Fisischen Burg, der Stadt Iguvium; Vollbürger, heilige Handlungen, Sklaven, Vieh, Früchte des Feldes – behüte sie! Sei freundlich, sei gnädig mit deiner Gunsterweisung der Fisischen Burg, der Stadt Iguvium, dem Namen der Burg, dem Namen der Stadt. O Jupiter Grabovius, mit diesen fetten Rindern als Entsühnung für die Fisische Burg, für die Stadt Iguvium, für den Namen der Burg, für den Namen der Stadt, Jupiter Grabovius, rufe ich dich an."

[1] Die Burg von Iguvium.

Frederick C. Grant, Ancient Roman Religion. New York 1957, S. 4 ff.

128. Ein Opfer für Jupiter vor der Aussaat
Cato, De agricultura, 132

Das Werk des Römers Marcus Porcius Cato (234–149 v. Chr.) „Über die Landwirtschaft" enthält eine Fülle von Nachrichten über die römische Religion.

Ein Opfermahl muß folgendermaßen vollzogen werden: Opfere dem Jupiter Dapalis[1] einen Becher Wein, so groß du willst. Beachte den Tag als einen (arbeitsfreien) Feiertag für die Rinder, die Hirten und die Teilnehmer am Opfer. Wenn du das Opfer vollziehst, sprich folgendermaßen: „Jupiter Dapalis, da es sich gebührt, daß dir in meinem Hause und in meiner Familie zu deinem heiligen Festmahl ein Becher Wein dargebracht wird, deshalb sei durch dieses dir gegebene Festmahl geehrt."

Wasche deine Hände, nimm dann den Wein und sprich: „Jupiter Dapalis, Heil sei dir durch dieses Festmahl, das dir gegeben wird, Heil sei dir durch den Wein, der dir dargebracht wird." Wenn du willst, opfere auch Vesta[2]. Das Festmahl für Jupiter besteht aus gebratenem Fleisch und einem Krug Wein... Nach dem Vollzug des Opfers säe Hirse, Knoblauch und Linsen.

[1] Das Beiwort Dapalis bezeichnet Jupiter, den obersten Gott des römischen Pantheons, als Empfänger des Opfermahles (lat.: daps).
[2] Göttin des häuslichen Herdfeuers.

Frederick C. Grant, Ancient Roman Religion. New York 1957, S. 34.

Typen des Opfers

129. Ein römisches Ernteopfer
Cato, De agricultura 134

Vor der Ernte soll ein Ferkel als Voropfer in folgender Weise dargebracht werden: Bringe der Ceres[1] als Voropfer ein weibliches Ferkel dar, bevor du erntest: Spelt, Weizen, Gerste, Bohnen und Rübsamen. Richte, mit Weihrauch und Wein, ein Gebet an Janus[2], Jupiter[3] und Juno[4], bevor du das weibliche Ferkel opferst. Bringe Janus einen Opferkuchen dar, und sprich: „Vater Janus, indem ich dir diesen Opferkuchen darbringe, bitte ich demütig, du mögest geneigt und gnädig sein mir und meinen Kindern, meinem Haus und meinem Gesinde." Dann bringe Jupiter ein Opfergebäck dar mit diesen Worten: „Indem ich dir dieses Gebäck darbringe, o Jupiter, bitte ich dich demütig, daß du, zufrieden mit diesem Opfer, geneigt und gnädig sein mögest mir und meinen Kindern, meinem Haus und meinem Gesinde." Dann reiche Janus Wein und sprich: „Vater Janus, wie ich bei der Darbringung des Opferkuchens demütig zu dir gebetet habe, so magst du in gleicher Weise durch diesen Wein geehrt werden, der jetzt vor dich gestellt wird." Dann bete so zu Jupiter: „Jupiter, Heil dir mit diesem Opferkuchen, Heil dir mit diesem dargebrachten Wein." Dann opfere das Ferkel als Voropfer. Wenn die Eingeweide entfernt worden sind, dann bringe Janus einen Opferkuchen dar, und bete ebenso, wie du es vorher getan hast. Bringe Jupiter einen Opferkuchen dar, und bete wie vorher. Gleicherweise opfere Wein für Janus, und opfere Wein für Jupiter wie vorher bei der Darbringung des Opfergebäcks. Danach gib Ceres die Eingeweide und Wein.

[1] Göttin der Feldfrucht.
[2] Gott der Tore und Torbogen; Gott des Anfanges, der bei Gebeten und Opfern als erster angerufen wurde.
[3] Oberster Gott der Römer.
[4] Gattin des Jupiter, Patronin der Ehe.

Frederick C. Grant, Ancient Roman Religion. New York 1957, S. 34f.

130. Devotion: der Opfertod des Decius
Livius, Geschichte Roms VIII

Livius berichtet ein Ereignis aus dem Samniterkrieg (328–304 v. Chr.), in dem die Römer Kampanien gewannen.

Bevor die römischen Konsuln ihre Truppen in den Kampf führten, brachten sie Opfer dar. Es wird berichtet, daß der Opferbeschauer den (Konsul) Decius auf einen Einschnitt auf der Glücksseite der Leber hingewiesen habe; im übrigen sei das Opfertier den Göttern willkommen und das Opfer günstig gewesen. „Es genügt", sagte Decius, „wenn mein Kollege günstige Vorzeichen erhalten hat." In der oben beschriebenen Formation rückten sie auf das Schlachtfeld. Manlius kommandierte den rechten Flügel, Decius den linken. Zunächst wurde die Schlacht auf beiden Seiten mit gleicher Stärke und Heftigkeit ausgefochten, bald aber konnte auf dem linken Flügel das vorderste Treffen der Römer dem Druck der Latiner nicht mehr standhalten und zog sich auf das zweite Treffen zurück. In diesem bestürzenden Augenblick rief der Konsul Decius mit lauter Stimme dem Marcus Valerius zu: „Wir brauchen die Hilfe der Götter, Marcus Valerius! Pontifex des römischen Volkes, sprich mir die Formel vor, mit der ich mich für die Legionen weihen kann."

Der Pontifex ließ ihn die Toga praetexta [1] anlegen und mit verhülltem Haupte, die Hand unter der Toga ans Kinn haltend, mit den Füßen auf einem Speer stehend, also sprechen: „Janus, Jupiter, Vater Mars, Quirinus, Bellona, Laren, ihr neuen und ihr heimischen Götter [2], Götter, in deren Macht sowohl wir als auch unsere Feinde sind, und ihr Totengeister – zu euch bete und flehe ich, eure Gunst erbitte ich flehentlich, ihr möget dem römischen Volk der Quiriten Macht und Sieg verleihen und den Feinden des römischen Volkes der Quiriten Schrecken, Furcht und Tod. Wie ich diese Formel ausgesprochen habe, so weihe ich hiermit für den Staat des römischen Volkes der Quiriten, für das Heer, die Legionen und die Hilfstruppen des römischen Volkes der Quiriten die Legionen und Hilfstruppen des Feindes – zusammen mit mir – den Totengeistern und der Herrin der Erde."

Nachdem er diese Gelübde abgelegt hatte, befahl er einem Liktor, sofort zu Titus Manlius zu gehen und ihm zu melden, daß er sich für das Wohl des Heeres geweiht habe. Dann gürtete er sich nach Gambinischem Ritus [3], sprang bewaffnet auf sein Pferd und stürzte sich mitten unter die Feinde, den Blick auf beide Heere gerichtet, um sich eine Aura des Erhabenen verbreitend, so, als ob er vom Himmel gesandt wäre, um den Zorn der Götter zu sühnen und von seinem Volk Vernichtung abzuwenden und sie auf die Feinde zu übertragen. So begleiteten ihn Furcht und Schrecken, und er brachte die Front der Latiner bis tief in ihr Heer hinein in Unordnung. Wo er auch immer ritt, zitterten die Männer wie getroffen von einem unheilvollen Stern; und als er unter einem Hagel von Wurfgeschossen fiel, da konnte an der Bestürzung der Latinertruppen kein Zweifel mehr sein; sie liefen vom Feld und ergriffen die Flucht... Nach der Schlacht wurde ihr Lager eingenommen, und viele Männer wurden dort ergriffen und getötet. Die Leiche des Decius konnte an diesem Tag nicht gefunden werden. Am folgenden Tag wurde sie in einem Berg toter Feinde entdeckt, mit Wurfgeschossen bedeckt, und dann in einer diesem Tod gebührenden Weise bestattet.

Es scheint an dieser Stelle angebracht, hinzuzufügen, daß der Konsul, Diktator oder Prätor, wenn er die Legionen des Feindes dem Tode weiht, sich nicht selbst in gleicher Weise weihen muß, sondern an seiner Stelle jeden Bürger einer regulär ausgehobenen römischen Legion weihen kann. Wird dieser Mann getö-

Typen des Opfers

tet, so ist Genüge geschehen. Wenn dieser Mann nicht getötet wird, dann wird ein Abbild von ihm sieben Fuß oder noch tiefer in den Erdboden vergraben und ein Sühnopfer wird dargebracht. Auf die Stätte (den Tumulus), wo das Abbild vergraben ist, darf ein römischer Beamter rechtens nicht treten.

Wenn er jedoch beschließt, sich selbst zu weihen, wie Decius es tat, und dann nicht fällt, so darf er fortan weder für sich selbst noch für das Volk ein Opfer darbringen, weder ein blutiges noch ein anderes. Der Geweihte soll seine Waffen dem Volcanus oder einem anderen Gott, den er wählt, übereignen. Der Speer, auf dem der Konsul betend gestanden hatte, darf nicht in die Hände der Feinde fallen. Ereignet es sich doch, so soll dem Mars ein Opfer dargebracht werden.

---

[1] Amtsgewand mit breitem Purpurbesatz.
[2] Unterscheidung zwischen den ursprünglich römischen Gottheiten *(di indigetes)* und den von den anderen Völkern übernommenen *(di novensides)*.
[3] Zur Opfertracht gehörige Art, die Toga zu gürten.

Frederick C. Grant, Ancient Roman Religion. New York 1957, S. 23 ff.

131. Das kosmische Opfer
Rigveda X, 90

Neben anderen indischen Kosmogonien findet sich eine relativ späte, die die Welt und ihre Teile aus dem Urwesen Purusha („Mann", „Person") hervorgehen läßt, das von den Göttern als Opfer dargebracht wurde. Der folgende Text, der diese Kosmogonie enthält, sakralisiert zugleich die indische Kastenordnung, indem er deren vier Gruppen als Teile des Purusha versteht.

1. Tausend Köpfe hatte Purusha, tausend Augen, tausend Füße.
   Er bedeckte die Erde allerseits und überragte sie um zehn Finger.
2. Dieser Purusha ist alles, was geworden ist und was werden wird.
   Der Unsterblichkeit Herr ist er und Herr über das, was durch Speise aufwächst[1].
3. So gewaltig ist seine Größe, ja größer noch ist Purusha.
   Alle Wesen sind ein Viertel nur von ihm; drei Viertel sind im Himmel unsterblich.
4. Mit drei Vierteln stieg Purusha empor, ein Viertel von ihm entstand wieder hier.
   Dann schritt er allseits aus, über alles, was nicht ist und was ist.
5. Aus ihm ward Virāj[2] geboren, aus Virāj dann wieder dieser Purusha.
   Sobald er geboren, erstreckte er sich nach Osten und nach Westen über die ganze Erde.
6. Als die Götter das Opfer bereiteten mit Purusha als Opfergabe,

Da war der Frühling sein Öl, die heilige Gabe war der Herbst, der Sommer war das Brennholz.

7. Sie salbten das Opfer auf der Opferstreu, den Purusha, den in Urzeiten Geborenen.

   Mit ihm vollzogen die Götter und alle Sādhyas[3] und Rishis[4] das Opfer.

8. Von diesem großen vollständigen Opfer wurde das tropfende Fett gesammelt.

   Man machte daraus die Geschöpfe der Luft, die wilden und die zahmen Tiere.

9. Aus diesem großen und vollständigen Opfer entstanden die Rig- und Sāma-Lieder,

   Die Metren entstanden daraus, die Yajurveda-Sprüche[5].

10. Aus ihm entstanden die Pferde, aus ihm alle Geschöpfe mit doppelter Zahnreihe,

    Die Rinder auch entstanden aus ihm, die Ziegen und die Schafe.

11. Als sie den Purusha zerstückelten, wie viele Teile machten sie aus ihm?

    Was ward sein Mund, was wurden seine Arme, was seine Schenkel, seine Füße?

12. Der Brahmane ward sein Mund, aus seinen Armen wurde der Rājanya[6] gemacht,

    Seine Schenkel wurden zum Vaishya[7], zum Shūdra[8] seine Füße.

13. Der Mond entstand aus seinem Geist, und die Sonne ward aus seinem Auge,

    Indra und Agni[9] aus seinem Mund, der Wind[10] aus seinem Hauch.

14. Aus seinem Nabel ward der Luftraum, der Himmel wurde aus seinem Haupt gestaltet,

    Die Erde aus seinen Füßen, die Weltteile aus seinem Ohr. Auf diese Weise bildeten sie die Welten.

15. Sieben Umlegehölzer hatte er[11], dreimal sieben Brennhölzer wurden gemacht,

    Als die Götter, das Opfer darbringend, den Purusha festbanden[12].

16. Die Götter, opfernd, opferten das Opfer; das waren die ersten heiligen Riten.

    Die Großmächtigen gelangten nun zur Höhe des Himmels, dorthin, wo die Sādhyas, frühere Götter, wohnen.

---

[1] Das Sterbliche.
[2] Weibliches Urwesen und Schöpfungsprinzip.
[3] Eine Klasse himmlischer Wesen.
[4] Die heiligen Seher der Vorzeit.
[5] Die verschiedenen heiligen Texte Altindiens.
[6] Auf den Brāhmana, den Priester, folgt als Angehöriger der zweiten Kastengruppe der Rājanya, der Herrscher und der Krieger.
[7] Dorfbewohner, Bauer.
[8] Sklave.

[9] Altindische Götter.
[10] Oder der Windgott Vayū.
[11] Die um das Opfer gelegten Holzscheite.
[12] An den Opferpfahl.

Ralph T. H. Griffith, The Hymns of the Rigveda IV. Benares 1892, S. 289 ff. – Herman Lommel, Gedichte des Rig-Veda. München-Planegg 1955, S. 114 ff.

E. RITUALE, ORAKEL, RELIGIÖSES HANDELN

132. Australischer Regenzauber

Die Karamundi-Stämme am Darling River glauben übereinstimmend, daß der Regen durch die folgende Zeremonie herbeigeführt werden kann. Eine Ader im Arm eines Mannes wird geöffnet, und man läßt das Blut auf ein Stück hohle Baumrinde tropfen, bis darin eine kleine Lache ist. Da hinein wird eine bestimmte Menge feingemahlenen Gipses getan und gerührt, bis er die Festigkeit einer dicken Paste hat. Eine Anzahl Haare werden aus dem Bart des Mannes gezogen und mit dieser Paste vermischt, die dann zwischen zwei Rindenstücke getan und unter die Oberfläche des Wassers in einem Fluß oder Tümpel gelegt wird, wo sie mit Hilfe spitzer, in den Grund getriebener Pfähle festgehalten wird. Wenn die Mischung sich gänzlich aufgelöst hat, sagen die beim Zauber Anwesenden, daß eine große Wolke kommen und Regen bringen wird. Von der Zeit des zeremoniellen Vollzuges bis zum Kommen des Regens sind die Männer in bezug auf die Frauen tabuisiert, da sonst der Zauber verdorben würde, und die alten Männer sagen, daß, wenn dieses Verbot peinlich beachtet wird, der Regen stets kommt, wenn der Zauber ausgeführt wird. In Zeiten der Dürre, wenn Regen bitter nötig ist, versammelt sich der ganze Stamm und vollzieht diese Zeremonie.

A. W. Howitt, The Native Tribes of South-East Australia. London, 1904, S. 396 f.

133. Das Kalumet

Nach den Überlieferungen der Sioux wurde das Kalumet, die heilige, bei vielen rituellen Anlässen verwendete Pfeife, dem Stamm von einem in der Prärie geheimnisvoll aufgetauchten jungen Mädchen übergeben. Dies hielt dabei verschiedene Ansprachen.

Es nahm die Pfeife, erhob sich und sprach: „Meine Verwandten, Brüder und Schwestern: Wakantanka[1] hat herabgeschaut, und er lächelt heute auf uns herab, weil wir uns, wie zu einer einzigen Familie gehörig, zusammengefunden haben. Das beste in einer Familie ist das wohlwollende Verhalten zu jedem Familienmitglied. Ich bin stolz, ein Glied euerer Familie zu werden – eine Schwester von euch allen. Die Sonne ist euer Großvater, und er ist auch der meine. Euer Stamm zeichnet sich dadurch aus, daß er stets treu zu seinen Versprechen steht und den heiligen Dingen große Hochachtung und Ehrerbietung zollt. Es ist auch bekannt, daß nur gute Gesinnung im Stamm herrscht und daß, wenn irgendein Mitglied schuldig befunden worden ist, Unrecht getan zu haben, dieses Mitglied ausgeschlossen und ihm nicht erlaubt wurde, sich unter die übrigen Stammesgenossen zu mischen. Wegen dieser guten Eigenschaften des Stammes seid ihr des Empfanges guter Gaben für würdig befunden worden. Ich vertrete den Büffel-Stamm, der euch diese Pfeife gesandt hat. Ihr sollt diese Pfeife im Namen von allem Volk (allen Indianern) empfangen. Nehmt sie und verwendet sie nach meinen Anweisungen. Der Pfeifenkopf ist aus rotem Stein – einem seltenen, nur an bestimmten Plätzen zu findenden Stein[2]. Diese Pfeife soll als Friedenstifter verwendet werden. Es wird die Zeit kommen, zu der ihr Feindseligkeiten gegen andere Völker einstellen werdet. Wenn auch immer Friede zwischen zwei Stämmen oder Parteien vereinbart wird, soll diese Pfeife ein verbindendes Mittel sein. Mit dieser Pfeife soll auch der Medizinmann herbeigerufen werden, um den Kranken Hilfe zu leisten."

Zu den Frauen gewandt, sagte das Mädchen:

„Meine lieben Schwestern, ihr Frauen: Ihr habt in dieser Welt ein hartes Leben, doch ohne euch würde dieses Leben nicht das sein, was es ist. Wakantanka hat bestimmt, daß ihr viel Leid ertragt – tröstet andere in Zeiten des Leidens. Eure Hände fördern das Familienleben. Euch ist das Wissen über die Anfertigung von Kleidern und die Ernährung der Familie gegeben. Wakantanka ist mit euch in euren Sorgen und trägt mit euch euren Kummer. Er hat euch die große Gabe gegen jedes auf Erden lebende Wesen verliehen. Euch hat er erwählt, mit den Toten zu fühlen, die von uns gegangen sind. Er weiß, daß ihr die Toten länger im Gedächtnis behaltet als die Männer. Er weiß, daß ihr eure Kinder von Herzen liebt."

Sich zu den Kindern wendend:

„Meine kleinen Brüder und Schwestern: Eure Eltern waren einst kleine Kinder wie ihr, aber im Lauf der Zeit wurden sie Männer und Frauen. Alle lebenden Wesen waren einst klein, und hätte sie niemand besorgt, so wären sie niemals aufgewachsen. Eure Eltern lieben euch, und sie haben für euch manches Opfer gebracht, damit Wakantanka sie hören möge und auf euch, wenn ihr groß werdet, nur Gutes kommen möge. Ich habe ihnen diese Pfeife gebracht, und ihr sollt daraus Nutzen ziehen. Lernt, diese Pfeife zu achten und zu verehren und, vor allem, führt ein makelloses Leben!"

Sich zu den Männern wendend:

„Und nun, meine lieben Brüder: Wenn ich euch diese Pfeife gebe, erwarte ich, daß ihr sie nur für gute Zwecke gebraucht. Der Stamm als Ganzes soll von ihr in seinen Bedürfnissen abhängig sein. Ihr wißt wohl, daß alle Erfordernisse eures Lebens von der Erde unten, dem Himmel oben und den vier Winden kommen. Wenn ihr irgend etwas Böses gegen diese natürlichen Grundlagen tut, werden sie stets Rache an euch nehmen. Ihr solltet ihnen Verehrung darbringen. Opfert mit dieser Pfeife. Wenn ihr Mangel an Büffelfleisch habt, so raucht diese Pfeife und bittet um das, was euch fehlt, und so wird es euch gegeben werden. An euch liegt es, den Frauen eine starke Stütze beim Aufziehen der Kinder zu sein. Teilt die Sorgen der Frauen. Wakantanka ist dem Mann wohlgesonnen, der seiner Frau gütige Gefühle entgegenbringt; denn die Frau ist schwach. Nehmt diese Pfeife und bringt sie Wakantanka täglich dar. Seid gütig und freundlich zu den kleinen Kindern."

Sich zum Häuptling wendend:

„Mein älterer Bruder: Du bist von diesen Leuten auserwählt, im Namen des ganzen Sioux-Stammes diese Pfeife in Empfang zu nehmen. Wakantanka ist heute froh und zufrieden, weil du getan hast, was von jedem guten Führer gefordert und erwartet wird. Durch diese Pfeife soll der Stamm leben. Deine Pflicht ist es, darauf zu achten, daß diese Pfeife respektiert und verehrt wird. Ich bin stolz, deine Schwester genannt zu werden. Möge Wakantanka mit Erbarmen auf uns herabsehen und uns mit dem versorgen, was wir benötigen. Und jetzt werden wir die Pfeife rauchen."

Dann nahm sie den Splitter eines Büffelknochens, der am Boden lag, entzündete die Pfeife, wies mit dem Stiel der Pfeife zum Himmel und sagte: „Ich opfere dies für Wakantanka für alles Gute, das von oben kommt." (Auf die Erde weisend:) „Ich opfere dies den vier Winden, von denen alle guten Dinge kommen." Dann nahm sie einen Zug aus der Pfeife, blies ihn zum Häuptling und sagte: „Nun, meine lieben Brüder und Schwestern, habe ich die Aufgabe erfüllt, für die ich hierher gesandt war, und jetzt will ich fortgehen, aber ich wünsche keinerlei Geleit. Ich will nur, daß der Weg vor mir hell sei."

Dann erhob sich das Mädchen, brach auf und überließ die Pfeife dem Häuptling, der befahl, daß sich alle ruhig verhalten sollten, bis ihre Schwester außer Sicht sei. Sie kam auf der linken Seite aus dem Zelt und ging sehr langsam; sobald sie außerhalb des Einganges war, verwandelte sie sich in ein weißes Büffelkalb.

---

[1] Wakantanka, „das große Geheimnis", der auch mit Wakonda bezeichnete Hochgott der Sioux.
[2] Es handelt sich um Catlinit, einen Tonschiefer, der beim Ausgraben weich und daher leicht zu bearbeiten ist, sich später rasch härtet.

H. B. Alexander, World's Rim. University of Nebraska Press, Lincoln 1953, S. 155 ff.

134. Die konfuzianischen Riten (Li)
Aus dem Werk des Hsün Tse, Kapitel 19

Hsün Tse (ca. 305–235 v. Chr.) war einer der bedeutendsten Gelehrten des Konfuzianismus.

Die Riten *(li)* haben drei Wurzeln: Himmel und Erde sind die Wurzel ihres Lebens; die Vorfahren sind die Wurzel ihrer Arten; die Edlen und Lehrer sind die Wurzel ihrer Ordnung. Wenn es nicht Himmel und Erde gäbe, woher würde das Leben kommen? Wenn es keine Vorfahren gäbe, woher würden die Nachfahren kommen? Wenn es nicht Edle und Lehrer gäbe, woher würde die Ordnung kommen? Sollte eine der drei Wurzeln fehlen, würde es entweder keine Menschen geben oder die Menschen würden friedlos sein. Daher dienen die Riten dem Himmel in der Höhe und der Erde unten, sie geben den Vorfahren Ehre, und sie heben die Edlen und Lehrer empor. Darin liegt die dreifache Wurzel der Riten ...

Im allgemeinen beginnen die Riten mit einfachen Bräuchen, erreichen dann gesittete Formen und führen schließlich zu Schönheit und Glückseligkeit.

Die Riten bewirken, daß sich Himmel und Erde in Harmonie befinden, daß Sonne und Mond leuchten, daß die vier Jahreszeiten geordnet sind und daß die Sterne ihre Bahn ziehen, daß die Flüsse fließen und daß die menschlichen Angelegenheiten gedeihen, daß Liebe und Haß gezügelt sind, ebenso wie Freude und Ärger. Sie bewirken, daß der Niedrigstehende unterwürfig und der Hochgestellte erhaben ist. Derjenige, der sich an die Riten hält, wird inmitten mannigfachen Wechselns nicht verwirrt; derjenige, der von ihnen abweicht, ist verloren. Die Riten – sind sie nicht der Höhepunkt der Kultur?

Die Riten verlangen von uns, sowohl das Leben als auch den Tod mit Sorgfalt zu behandeln. Das Leben ist der Anfang des Menschen, der Tod ist sein Ende. Wenn ein Mensch am Ende und am Anfang mit beiden gut versehen ist, dann hat sich der Weg des Menschen erfüllt. Daher achtet der Edle den Anfang und betrachtet mit Sorgfalt das Ende. Gleiche Aufmerksamkeit dem Ende wie dem Anfang zu widmen, das ist der Weg des Edlen und die Schönheit der Riten und Rechtschaffenheit ...

Die Riten dienen dazu, zu verkürzen, was zu lang ist, und zu längen, was zu kurz ist, zu vermindern, was zu viel ist, und zu vermehren, was zu wenig ist, die Schönheit von Liebe und Verehrung auszudrücken und die Anmut des richtigen Benehmens zu pflegen. Daher werden in den Riten schöner Schmuck und grobes Sackleinen, Musik und Weinen, Freude und Sorge, obwohl Gegensatzpaare, gleichermaßen verwertet und wechselseitig angewendet. Schöner Schmuck, Musik, Freude sind für glückliche Anlässe geeignet; grobes Sackleinen, Weinen und Sorge sind für unglückliche Anlässe geeignet. Die Riten geben Raum für schönen Schmuck, jedoch nicht, um in dessen Bann zu geraten, und für grobes Sackleinen, jedoch nicht bis zur Entbehrung und Selbstkränkung, und für Musik und Freude, jedoch nicht bis zur Unzüchtigkeit und Lässigkeit, und für Weinen und Sorge, jedoch nicht bis zur Depression und Verletzung. Solcherart ist der mittlere Weg der Riten...

Bestattungsriten sind solche, bei denen die Lebenden die Verstorbenen ehren. Den Verstorbenen wird ein Geleit gegeben, so, als ob sie lebten. Auf diese Weise wird den Toten wie den Lebenden gedient, den Abwesenden wie den Anwesenden. Gleiche Beachtung wird damit dem Ende wie dem Anfang des Lebens geschenkt...

So wie die Riten bei der Geburt die Freude verschönen sollen, so sollen jene beim Todesfall das Leid verschönen, jene beim Opfer sollen die Verehrung verschönen, jene bei militärischen Angelegenheiten die Würde. In dieser Hinsicht sind alle Riten gleich, das Altertum und die Gegenwart stimmen überein, und keiner weiß, woher sie kamen...

Die Könige der Vorzeit führten die Riten ein, und seitdem ist das Prinzip des Ausdrucks von Ehre für den Geehrten und Liebe für den Geliebten vollkommen verwirklicht. Was die Sinnfülle von Treue und Zuneigung, den Reichtum des Rituals und der Schönheit anbelangt – dies kann niemand außer dem Weisen verstehen. Verzichten ist etwas, das der Weise deutlich versteht, der Edle bereitwillig vollzieht, die Beamten als Pflicht ansehen und das gewöhnliche Volk als eine feste Sitte betrachtet. Unter den Edlen wird es als der Weg des Menschen angesehen; unter dem einfachen Volk wird es wie etwas betrachtet, das mit Geistern zu tun hat.

Wm. Theodore de Bary (Hrsg.), Sources of Chinese Tradition. New York 1960, S. 123f.

135. Die Gründung des Heiligtums von Ise
Nihongi I, 175f.

Der Tempel von Ise ist das Haupttheiligtum der japanischen Sonnengöttin Amaterasu. Er gilt als irdische Wohnung ihres Gottesleibes, und dort werden ihre Embleme aufbewahrt. Die Gründung des Heiligtums von Ise erfolgte unter Kaiser Sujin, vermutlich im Jahre 5 v.Chr.

Dritter Monat, zehnter Tag. Die große Göttin Amaterasu wurde (der Prinzessin) Toyo-suki-iri-hime der (Prinzessin) Yamato-hime no Mikoto anvertraut. Nun suchte Yamato-hime einen Platz, an dem sie die große Göttin in einen Schrein einschließen könne. So ging sie nach Sasahata in Uda. Von dort kehrte sie zurück, betrat das Land Omi und wandte sich ostwärts nach Mino, von wo sie in die Provinz Ise gelangte.

Nun unterwies die große Göttin Amaterasu (die Prinzessin) Yamato-hime und sagte: „Die Provinz Ise ist das Land des göttlichen Windes, wohin die Wogen der ewigen Welt, die unablässig rauschenden Wogen strömen. Es ist ein

abgelegenes und freundliches Land. In diesem Land wünsche ich zu wohnen."
In Befolgung des Auftrages der großen Göttin wurde deshalb für sie in der Provinz Ise ein Schrein errichtet.

Wm. Theodore de Bary, Sources of Japanese Tradition. New York 1958, S. 34.

136. Zeremonielles Bad des Neugeborenen bei den Azteken

Der Priester wendet sich mit folgenden Worten an die Göttin der fließenden Gewässer:

Gnädige Herrin Chalchiuhtlicue[1], dein hier anwesender Diener ist in diese Welt gekommen, gesendet von unserem Vater und unserer Mutter, Ometecutli und Omeciuatl[2], die im neuten Himmel[3] wohnen. Wir wissen nicht, welche Gaben er mit sich bringt; wir wissen nicht, was ihm zugeteilt wurde vor Anbeginn der Welt, mit welchem verhüllten Schicksal er kommt. Wir wissen nicht, ob dieses Schicksal gut oder schlecht ist, auch nicht, zu welchem Ende ihn ein Unglück führen wird. Wir wissen nicht, welche Fehler oder Schwächen er von seinem Vater oder seiner Mutter geerbt haben mag. Sieh auf ihn zwischen deinen Händen! Wasche ihn und befreie ihn nach deinem Wissen von Unreinheit, denn deiner Macht ist er unterworfen. Reinige ihn von Verunreinigung, die er von seinen Eltern empfangen hat; laß das Wasser Schmutz und Makel hinwegnehmen, und laß ihn befreit sein von aller Befleckung. Mag es dir, o Göttin, gefallen, daß sein Herz und sein Leben gereinigt seien, auf daß er in dieser Welt in Frieden und Weisheit lebe. Möge dieses Wasser alle Übel hinwegnehmen; deshalb ist dieses Kindchen in deine Hände gelegt, du, die du Mutter und Schwester der Götter bist und die du allein würdig bist, es zu besitzen und es zu geben und von ihm zu waschen das Böse, das es mit sich trägt seit vor Anbeginn der Welt. Geruhe zu tun, was wir bitten, wo jetzt dieses Kind bei dir ist.

[1] Im alten Mexiko galt Chalchiuhtlicue, „die mit dem Edelsteinrock", als Göttin der fließenden Gewässer.
[2] „Herr der Zweiheit" und „Herrin der Zweiheit", oberste, elterliche Gottheit der Azteken.
[3] Nach dem mythischen Weltbild der Azteken ist der neunte der oberste Himmel.

Bernardino de Sahagún, Historia de las Casas de la Nueva España. Mexiko 1946, Buch VI, Kap. 32.

137. Aztekische Beichte und Bußfertigkeit

Der Beichtvater spricht zu dem Büßer: „O Bruder, du bist zu einem Ort großer Gefahr gekommen ... du bist zu einem Ort gekommen, an dem Schlingen und Netze sich verstricken und aufeinander gehäuft sind, so daß niemand vorübergehen kann, ohne in sie zu fallen ... Dies sind deine Sünden, die nicht nur Schlingen und Netze und Löcher sind, in die du gefallen bist, sondern auch wilde Tiere, die den Körper und die Seele töten und zerreißen... Als du erschaffen und hierher gesandt wurdest, da hat dich dein Vater und deine Mutter Quetzalcoatl[1] wie einen Edelstein gemacht... doch durch dein eigenes Wollen und Wählen wurdest du beschmutzt... und jetzt hast du gebeichtet... du hast alle deine Sünden aufgedeckt und offenkundig gemacht vor unserem Herrn, der alle Sünder beschützt und reinigt; und nimm das nicht zum Spott, denn in Wahrheit bist du in die Quelle der Gnade eingetreten, die wie klares Wasser ist, mit dem unser Herr Gott, der uns alle schützt und beschirmt, den Schmutz von deiner Seele hinwegwäscht... nun bist du aufs neue geboren, nun beginnst du zu leben; und eben jetzt gibt dir unser Herr Gott Licht und eine neue Sonne; jetzt also beginnst du zu blühen und auszusprießen wie ein ganz reiner Edelstein, der hervorkommt aus deiner Mutter Schoß, wo du geschaffen wurdest... Es ist angemessen, daß du Buße tust und ein Jahr im Haus des Gottes arbeitest, und dort sollst du dir Blut abzapfen und deinen Körper mit Kaktusdornen stechen... und dies nicht allein als Buße für deine schon erwähnten fleischlichen Sünden, sondern auch für Worte und Beleidigungen, mit denen du deine Nachbarn beschimpft und verletzt hast, mit deiner bösen Zunge... Es wird deine Pflicht sein, Opferpapiere und Kopal zu opfern und auch Almosen zu geben für die Bedürftigen, die hungern und nichts haben, um zu essen, zu trinken und sich zu kleiden, damit du lernst, selbst Speise zu entbehren, um sie ihnen zu geben; und tue dein Bestes, jene zu kleiden, die nackt und in Lumpen umhergehen; bedenke, daß ihr Fleisch wie deines ist und daß sie Menschen sind wie du.

---

[1] Der Gott Quetzalcoatl, die „grüne Federschlange", wird hier als elterliche Gottheit angesprochen und als Schöpfer der Menschen angesehen.

Laurette Séjourné, Burning Water. London 1957, S. 9f. (nach Sahagún).

138. Eine chinesische Vorzeichentheorie
Tung Chung-shu, Ch'un-ch'iu fan-lù § 30

Tung Chung-shu (ca. 170–90 v. Chr.) war ein bedeutender konfuzianischer Gelehrter der Han-Zeit. Der folgende Textabschnitt ist seinen Ausführungen über die „Frühlings- und Herbstannalen (Ch'un Ch'iu)" des Konfuzius entnommen.

Die Geschöpfe des Himmels und der Erde erfahren zu Zeiten ungewöhnliche Wechselfälle, und diese werden Wunder genannt. Unbedeutendere Erscheinungen werden drohende Vorzeichen genannt. Die Vorzeichen kommen stets zuerst, und auf sie folgen die Wunder. Vorzeichen sind des Himmels Warnungen, Wunder sind des Himmels Drohungen. Der Himmel sendet zuerst Warnungen, und wenn die Menschen verständnislos bleiben, dann sendet er Wunder, um ihnen Furcht einzuflößen. Das ist es, was das „Buch der Lieder"[1] meint, wenn es sagt: „Wir erbeben vor der ehrfurchtgebietenden Macht und Furchtbarkeit des Himmels!" Die Entstehung aller derartigen Vorzeichen und Wunder geht unmittelbar auf Fehler im Staat zurück. Wenn erste Anzeichen von Fehlern im Staat zu erscheinen beginnen, sendet der Himmel drohende Vorzeichen und unheilvolle Ereignisse, um die Menschen zu warnen und auf die Tatsache (von Fehlern) hinzuweisen. Wenn trotz dieser Ankündigungen und Warnungen die Menschen noch nicht einsehen, daß sie Unrecht getan haben, dann sendet der Himmel Wunder, um sie zu erschrecken. Wenn auch nach diesen Schrecknissen die Menschen noch nicht Scheu und Furcht empfinden, dann werden sie von Mißgeschick und Unglück heimgesucht werden. Hieraus können wir ersehen, daß der Wille des Himmels gütig ist; denn er hat nicht die Absicht, die Menschheit hineinzulegen und zu betrügen.

Wenn wir diese Wunder und Vorzeichen sorgfältig prüfen, können wir den Willen des Himmels erkennen. Der Wille des Himmels ist es, daß wir gewisse Dinge tun und andere nicht tun. Was jene Dinge anbetrifft, die der Himmel wünscht oder nicht wünscht, so wird der Mensch, wenn er sich selbst erforscht, sicher Warnungen vor ihnen in seinem eigenen Herzen empfinden, und wenn er sich in den öffentlichen Angelegenheiten des täglichen Lebens umschaut, so wird er im Staat Bestätigungen dieser Warnungen entdecken. Auf diese Weise können wir den Willen des Himmels in Vorzeichen und Wundern entdecken. Wir sollten diese Zeichen nicht hassen, sondern ihnen in Ehrfurcht gegenüberstehen und bedenken, daß der Himmel unsere Fehler wiedergutmachen und uns vor Irrtümern bewahren will. Deshalb warnt er uns auf diese Weise.

---

[1] Eines der fünf kanonischen Bücher des Konfuzianismus.

Wm. Theodore de Bary (Hrsg.), Sources of Chinese Tradition. New York 1960, S. 187.

139. Das Orakel des Trophonios in Lebedaia

Pausanias, Beschreibung Griechenlands IX, 39

Der weitgereiste Kleinasiate Pausanias (um 175 n. Chr.) beschreibt den unterirdischen Kult und das Orakel des Gottes Trophonios in der westböotischen Höhle von Lebedaia.

Was das Orakel betrifft, so wird es folgendermaßen vollzogen. Wenn ein Mann beschließt, in das Heiligtum des Trophonios hinabzusteigen, wird er zunächst eine vorgeschriebene Zahl von Tagen in einem Gebäude untergebracht, das dem Agathos Daimon und der Agathe Tyche geweiht ist[1]. Während er dort lebt, befolgt er gewisse Reinheitsvorschriften; besonders sind ihm keine warmen Bäder gestattet; zum Bad dient ihm der Fluß Herkyna. Er erhält reichlich Fleisch von den Opfern; denn jeder, der beabsichtigt, den Hinabstieg zu unternehmen, opfert sowohl dem Trophonios selbst wie den Söhnen des Trophonios, ferner dem Apollon, dem Kronos und Zeus mit Beinamen Basileus[2], der Hera Henioche[3] und der Demeter, die sie unter dem Beinamen Europe[4] als Amme des Trophonios bezeichnen. Bei jedem Opfer ist ein Wahrsager zugegen, der die Eingeweide der Opfertiere beschaut und danach dem Manne, der hinabzusteigen beabsichtigt, voraussagt, ob Trophonios ihn freundlich und gnädig empfangen wird. Die Eingeweide der übrigen Opfertiere geben den Willen des Trophonios nicht so deutlich kund wie die eines Widders. Diesen opfern sie in der Nacht, in der jemand hinabsteigen will, über einem Graben, wobei sie Agamedes[5] anrufen. Mögen auch alle vorhergehenden Opfer günstig gewesen sein, so bedeutet dies nichts, wenn die Eingeweide des Widders nicht dasselbe besagen. Aber wenn sie übereinstimmen, dann geht jedermann hoffnungsvoll hinab. Die Art des Hinabstiegs ist so: Zunächst, wenn die Nacht eingebrochen ist, führen ihn zwei ungefähr dreizehnjährige Knaben aus bürgerlichen Familien zum Flusse Herkyna; dort salben sie ihn mit Olivenöl und waschen ihn. Diese Knaben werden Hermen genannt; sie waschen den Besucher des Trophonios und verrichten für ihn alle notwendigen Dienste. Danach wird er von den Priestern nicht sofort zum Orakel geführt, sondern zu zwei nahe beieinander liegenden Wasserquellen. Hier hat er von dem Lethe[6] genannten Wasser zu trinken, um alles, was er vorher gedacht hat, zu vergessen. Darauf trinkt er ein anderes Wasser, das Wasser der Mnemosyne[7]; dadurch behält er alles im Gedächtnis, was er beim Hinabsteigen gesehen hat. Dann sieht er ein Standbild, das angeblich ein Werk des Daidalos sein soll und das die Priester niemand anderem zeigen außer denen, die zu Trophonios hinabgehen wollen. Und wenn er dieses Standbild gesehen und ihm Verehrung und Gebet dargebracht hat, nähert er sich dem Orakel; dabei trägt er ein leinenes, mit Bändern gegürtetes Hemd und Schuhe, wie sie dort üblich sind.

Das Orakel liegt über dem Hain auf dem Berge. Ringsherum läuft eine weiße Marmorfassung, deren Umfang der Größe einer ganz kleinen Tenne entspricht; die Höhe beträgt knappe drei Fuß. Auf der Einfassung stehen spitze Säulen, ebenso wie die Bänder zwischen ihnen aus Bronze, und Türen gehen hindurch. Innerhalb der Umzäunung ist eine Erdöffnung, nicht ein natürlicher Spalt, sondern ein sorgfältig und geschickt angelegtes Bauwerk. In seiner Gestalt gleicht es einem Backofen. Seine Breite im Durchmesser dürfte ungefähr sechs Fuß betragen, und seine Tiefe wird man nicht über zwölf Fuß einschätzen. Es führen auf den Boden keine Stufen hinab, aber wenn ein Mann hinabgeht, um Trophonios zu besuchen, bringen sie ihm eine schmale, leichte Leiter. Wenn er hinabgestiegen ist, findet er eine Öffnung zwischen dem Erdboden und dem Mauerwerk, deren Breite zwei und deren Höhe eine Spanne zu betragen schien. Er legt sich auf den Erdboden, wobei er Honigkuchen in den Händen hält; er streckt seine Füße in die Öffnung und schiebt sich vorwärts, wobei er versucht, seine Knie in die Öffnung zu bringen. Der übrige Körper wird sogleich hinter-

Der Mensch und das Heilige

hergezogen und folgt seinen Knien nach, als ob ein großer und schneller Strom einen Mann in einem Strudel ergriffen hätte und ihn hinabziehen würde. Wenn man in das Innere des Heiligtums gekommen ist, so wird man nicht durchweg in gleicher Weise über die Zukunft aufgeklärt; einige bekommen etwas zu hören, andere etwas zu sehen. Der Rückweg erfolgt durch die gleiche Öffnung, mit den Füßen zuerst.

Man sagt, daß niemand auf Grund seines Hinabstieges gestorben sei, mit Ausnahme eines Mannes von der Leibwache des Demetrios, und was ihn betrifft, so hatte er keines der am Heiligtum vorgeschriebenen Rituale ausgeführt, auch war er nicht hinuntergegangen, um den Gott zu befragen, sondern in der Hoffnung, sich Gold und Silber im Allerheiligsten zu verschaffen...

Wenn ein Mann aus der Behausung des Trophonios hervorgekommen ist, übernehmen ihn wieder die Priester und setzen ihn auf den sogenannten Sitz der Mnemosyne, der nicht fern vom Heiligtum ist, und während er dort sitzt, fragen sie ihn nach allem, was er gesehen und erfahren habe. Wenn sie das gehört haben, übergeben sie ihn der Obhut seiner Freunde, die ihn aufheben und ihn zum Haus der Agathe Tyche und des Daimon Agathos bringen, wo er schon vorher geweilt hat; denn er ist noch ganz von Furcht ergriffen und seiner selbst und derer um ihn herum nicht bewußt. Später aber werden seine Lebensgeister ungeschmälert zu ihm zurückkommen, und er wird auch wieder lachen können. Ich schreibe dies nicht vom Hörensagen, denn ich selbst habe Trophonios befragt und auch gesehen, wie andere es taten.

---

[1] Guter Geist, gutes Glück.
[2] König.
[3] Wagenlenkerin.
[4] Europa.
[5] Zwillingsbruder des Trophonios.
[6] Das Wasser des Vergessens.
[7] Erinnerung.

W. K. C. Guthrie, The Greeks and Their Gods. London 1950, S. 225 ff.

---

140. „Wir haben Soma getrunken, wir sind Unsterbliche geworden."

Rigveda VIII, 48

Soma hieß der kultische Rauschtrank Altindiens.

1. Vom süßen Lebenselixier habe ich verständig genossen,
   Das gute Gedanken anregt und Nöte vertreibt,
   An dem sich Götter und Sterbliche gemeinsam ergötzen,
   Die die süße Nahrung „Honig" nennen.
3. Wir haben Soma getrunken, wir sind Unsterbliche geworden,

Wir sind zum Licht gelangt, wir haben die Götter gefunden,
Was kann Feindschaft uns antun?
Was, o Unsterblicher (Trank), eines sterblichen Mannes böse Absicht?

4. Freude für unser Herz, seiest du, wenn getrunken, o Saft,
   Wie der Vater zu einem Sohn sei freundlich, o Soma,
   Wie der Freund zum Freund, du, dessen Ruhm weit reicht,
   Verlängere unsere Jahre, auf daß wir leben mögen, o Soma.
5. Diese herrlich befreienden Tropfen, von mir getrunken,
   Halten meine Gelenke zusammen wie Riemen einen Wagen;
   Vor Beinbruch mögen die Tropfen des Soma mich beschützen,
   Mögen sie mich von jeder Krankheit fernhalten.
8. Sei gnädig uns zum Heil, König Soma;
   Wir sind deine Verehrer, dessen sei gewiß.
   Wenn sich Gewalt und Zorn ausbreiten, o Saft,
   Gib uns nicht den Feinden preis.
9. Der Hüter unseres Leibes bist, o Soma, du,
   In jedes Glied bist du als Wächter eingegangen.
   Wenn wir deine Gebote verletzen, sei gnädig,
   Sei unser guter Freund, o Gott, zu unserem Besten.
11. Leiden entflohen, Krankheiten entschwanden,
    Die Mächte der Finsternis sind erschreckt.
    Mit Macht ist Soma in uns emporgestiegen;
    Jenen Anfang haben wir erreicht, wo sich der Menschen Leben verjüngt.
13. Verbunden mit den Vätern, hast du, o Soma,
    Dich über Himmel und Erde ausgedehnt.
    Dir, du Saft, wollen wir mit Opfern dienen,
    Auf daß wir Herren der Reichtümer werden.
14. Beschirmende Götter, leiht uns euren Schutz;
    Weder Schlaf noch Geschwätz überwältige uns.
    Mögen wir als Freunde des Soma,
    Als Meister weise Worte reden.
15. Soma, du bist unsere allseitge Stärkung,
    Lichtfinder bist du; gehe in uns ein,
    Schütze du, o Saft, mit deinen Helfern
    Uns von vorn und von hinten.

H. D. Griswold, The Religion of the Rigveda. London 1923, S. 210f.

141. „Vollbringe die notwendige Tat!"

Bhagavadgītā III, 8–9, 19–24, 31, 35
(Zur Bhagavadgītā vgl. Nr. 93.)

8. Vollbringe die notwendige Tat; denn Handeln ist besser als Nichthandeln. Auch den Körper kannst du dir nicht ohne Handeln aufrecht halten.

9. Abgesehen von dem Opfer, ist die Welt an die Werke gebunden. Darum vollziehe dein Werk als Opfer, Sohn der Kuntī (Arjuna), ohne am Werk zu hängen.

19. Vollbringe ohne Hang zur Welt das Werk, das getan werden muß. Denn durch Handeln ohne Hang zur Welt erreicht der Mensch das höchste Ziel.

20. Denn nur durch Handeln erreichten Janaka[1] und andere Vollkommenheit. Auch für die Erhaltung der Weltordnung solltest du handeln.

21. Was immer der Edelste vollbringt, das tun die anderen Menschen auch. Was er zur Richtschnur erhebt, dem folgt die Welt nach.

22. Für mich, o Pārtha (Arjuna), ist in den drei Welten nichts auszuführen noch zu erlangen, was mir fehlte. Und doch fahre ich fort zu handeln.

23. Denn wenn ich nicht unermüdlich fortführe zu handeln, meinen Wegen würden doch die Menschen allseits folgen, Pārtha.

24. Diese Welten würden in Trümmer fallen, hörte ich auf zu handeln; ich würde der Urheber der Verwirrung sein und diese Wesen hier zu Grunde richten.

31. Die meiner Lehre beständig nachfolgen, gläubig und ohne Murren, sie werden von (der Bindung an) ihre Taten befreit.

35. Es ist besser, die eigene Pflicht unvollkommen zu erfüllen als fremde Pflicht vollkommen. Es ist besser, in eigener Pflichterfüllung zu sterben. Fremde Pflicht bringt nur Gefahr.

---

[1] Berühmter Herrscher der Upanishad-Zeit.

Leopold von Schroeder, Bhagavadgītā. Des Erhabenen Sang. Jena 1922; Neudruck Düsseldorf – Köln 1955, S. 41 ff. – S. Radhakrishnan, Die Bhagavadgītā, deutsch von Siegfried Lienhard. Baden-Baden 1958, S. 153 ff.

142. Zoroastrische Sonnenverehrung

Yasht 6, 1–5

1. Wir verehren die unsterbliche, leuchtende, schnelle Rosse besitzende Sonne[1]. Wenn das Licht der Sonne wärmer wird, wenn der Glanz der Sonne wärmer wird, dann stehen die himmlischen Yazata[2] zu Hunderten und Tausenden auf; sie sammeln ihren Glanz, sie lassen ihren Glanz herabkommen, sie gießen ihren Glanz aus auf diese von Ahura[3] geschaffene Erde, um die Welt des Heiligen

zu fördern, um heilige Wesen zu fördern, um die unsterbliche, leuchtende, schnelle Rosse besitzende Sonne zu fördern.

2. Denn wenn die Sonne aufgeht, wird die von Ahura geschaffene Erde geläutert, das fließende Wasser wird geläutert, die Quellwasser werden geläutert, die Meereswasser werden geläutert, die stehenden Gewässer werden geläutert; alle rechtgläubigen Geschöpfe, Geschöpfe des guten Geistes, werden geläutert.

3. Würde die Sonne nicht aufgehen, dann würden die Daēvas[4] alles zerstören, was in den sieben Erdteilen ist, und die himmlischen Yazata würden ihnen in dieser stofflichen Welt nicht widerstehen und sie nicht zurücktreiben können.

4. Wer die unsterbliche, leuchtende, schnelle Rosse besitzende Sonne verehrt, um der Finsternis zu widerstehen, um den der Finsternis entstammenden Daēvas zu widerstehen, um Räubern und Banditen zu widerstehen, um Zauberern und Hexen zu widerstehen, um dem sich ungesehen einschleichenden Tod zu widerstehen – der verehrt Ahura Mazda, er verehrt die Amesha Spenta[5], verehrt die eigene Seele. Es erfreut sich der himmlischen und irdischen Yazata, wer die unsterbliche, leuchtende, schnelle Rosse besitzende Sonne verehrt.

5. Ich will Mithra[6] verehren, den Herrn weiten Weidelandes, der tausend Ohren, tausend Augen hat.
Ich will die Keule des Mithra verehren, des Herrn des weiten Weidelandes, mit der gut auf die Schädel der Daēvas geschlagen wird.
Ich will die Freundschaft verehren, die beste aller Freundschaften, die zwischen dem Mond und der Sonne besteht.

---

[1] Zugrunde liegt wahrscheinlich die mythische Vorstellung von Rossen, die den Sonnenwagen ziehen.
[2] „Verehrungswürdige", Gottheiten der vorzarathustrischen Zeit.
[3] Ahura (mazda): „der (weise) Herr", der von Zarathustra verkündete Gott.
[4] Böse, widergöttliche Wesen.
[5] „Unsterbliche Heilige", nach der Verkündigung Zarathustras Prinzipien, die für Wesen und Wirken Ahura Mazdas charakteristisch sind; sie gewinnen später eine den Erzengeln vergleichbare Stellung.
[6] Mithra, der „Vertrag", indoiranischer Gott des Rechtes, in parthischer Zeit oft mit der Sonne identifiziert.

James Darmesteter, The Zend-Avesta II. Oxford 1883, S. 85ff. – Fritz Wolff, Avesta. Straßburg 1910, S. 183.

143. Taten und Belohnungen der Verehrung des Buddha
Shikshāsamuccaya 299–301

Wahrlich, der wird in zahllosen Weltzeitaltern nicht blind oder lahm wiedergeboren, der, nachdem er beschlossen hat, die Erleuchtung zu gewinnen, einen Stūpa[1] des Lehrers verehrt.

Fest in Ausdauer und Stärke, ein Held, festen Mutes, erlangt er schnell das Glück, wenn er einen Stūpa nach rechts hin umwandelt hat.

Wenn einer in diesem letzten Zeitalter, diesem schrecklichen Zeitalter, einen Stūpa verehrt, ist sein Verdienst größer,

Als wenn er Hunderttausende von Äonen hindurch eine ähnliche Anzahl von Buddhas verehrt hätte.

Denn der Buddha ist überragend, unvergleichlich, höchst würdig der Opfergaben, er, der den edelsten, überragenden Weg gegangen ist.

Einer, der diesen Herrn der Menschen verehrt, erhält die beste und unvergleichbare Belohnung.

Wenn er hier unter den Menschen hingeschieden ist, geht er zu den Himmeln der Dreiunddreißig.

Und dort erhält er einen strahlenden Palast aus Edelsteinen.

Bringt er hier einen spitzen Turm dar, so wird er dort von Apsaras[2] bedient werden.

Wenn er eine Girlande auf einen Stūpa legt, so wird er unter den dreiunddreißig Göttern wiedergeboren.

Und er erhält dort einen himmlischen Lotosteich, voll von köstlichem Wasser,

Mit Goldsand auf dem Boden und bedeckt mit Edelsteinen und Kristallen.

Und wenn der weise Mann die himmlischen Freuden genossen und seine dortige Lebensspanne vollendet hat,

Wird er, nachdem er aus der Welt der Götter herabgestiegen ist, als wohlhabender Mann wiedergeboren.

In den Hunderttausenden von Äonen von Wiedergeburten wird er überall Geehrt sein, weil er eine Girlande auf ein Heiligtum gelegt hat.

Wenn er auch nur einen Stoffstreifen dem Erretter der Welt, dem Beschützer gegeben hat,

Werden alle seine Pläne gelingen, unter Göttern und unter Menschen,

Er wird von niederen und unglücklichen Lebensweisen ausgeschlossen und wird in ihnen nicht wiedergeboren.

Wenn er eine Laube aus Girlanden über den Reliquien des Erretters der Welt errichtet hat,

Wird er ein mächtiger König mit ergebenem Gefolge.

Er wird geliebt und geschätzt, geehrt und gepriesen.

Von Göttern und Nāgas[3] und von den Weisen dieser Welt.

Wo auch immer dieser Held geboren wird, berühmt durch den Ruhm seines Verdienstes,

Da wird seine Familie geehrt, sein Land und seine Stadt.

Hört mir zu, wie ich seine Vorteile darlege: wenn er nur ein bißchen Weihrauch, kleiner als ein Senfkorn, nimmt

Und verbrennt es an Heiligtümern des Herrn: Heiteren Herzens wird er alle Hindernisse und Unreinheiten von sich weisen;

Rituale, Orakel, religiöses Handeln

In welcher Gegend er auch immer ist, dort ist er voller Verdienst, ganz und gar gesund, starken Verstandes und munter;
Er verscheucht die Sorge, er geht seinen Weg, lieb und angenehm für viele.
Und sollte er ein Königreich gewinnen, so ehrt er den höchsten Jina[4] und wird ein weiser, weltbeherrschender Fürst von großer Macht,
Golden seine Farbe, geschmückt mit Kennzeichen, strömt sein Körper angenehmen Wohlgeruch in alle Welten.
Schon bei seiner Geburt erhält er die besten Kleider, seidene Gewänder, himmlische, prächtige, wohl gefertigte.
Er wird gesegnet mit einem schönen Körper, wenn er die Heiligtümer des Erretters mit Gewändern bekleidet hat.
Weil er mit Gewändern Verehrung erwiesen hat an den Heiligtümern des unvergleichlichen Erretters,
Deshalb wird sein Körper in dieser Welt unvergleichlich und versehen mit den zweiunddreißig Kennzeichen.

---

[1] Reliquienbehälter, aus dem sich die Pagode entwickelte.
[2] Elfenartige Wesen.
[3] Schlangengeister.
[4] „Sieger"; hier als Bezeichnung des Buddha.

Edward Conze (Hrsg.), Buddhist Texts through the Ages. Oxford 1954; deutsch: Im Zeichen Buddhas. Buddhistische Texte. Frankfurt a. M. – Hamburg 1957, S. 151 ff.

144. Ein Bekenntnis zum Islam
Koran III, 78–84.

Sprich: Wir glauben an Allah und an das, was uns herabgesandt wurde und herabgesandt wurde auf Abraham und Ismael, Isaak und Jakob und die Stämme, und an das, was Moses und Jesus und den Propheten gegeben wurde von ihrem Herrn; wir machen keinen Unterschied zwischen einem von diesen, und ihm (Allah) sind wir ergeben.
Wer eine andere Religion als den Islam begehrt – er möge sie nicht annehmen –, der wird im Jenseits zu den Verlorenen gehören.
Wie soll Allah ein Volk leiten, das ungläubig wurde, nachdem es glaubte und bezeugte, daß der Gesandte wahrhaftig sei, und nachdem deutliche Zeichen zu ihnen kamen? Aber Allah führt nicht ein Volk der Frevler.
Jene – ihr Lohn ist, daß der Fluch Allahs und der Engel und der Menschen auf ihnen liegen soll.
Ewig bleiben sie in ihm; die Strafe wird ihnen nicht erleichtert, und kein Aufschub wird ihnen gegeben.
Aber jene, die bereuen und sich bessern: Allah ist verzeihend und barmherzig.

145. Die islamische Pilgerfahrt

Koran XII, 27–38

Gedenke, daß wir Abraham zur Wohnung die Stätte des Hauses[1] gaben (mit den Worten): Geselle mir nichts zu, aber reinige mein Haus für die, die es umschreiten, die betend stehen oder sich beugen.

Und verkünde unter den Menschen die Pilgerfahrt. Laß sie zu Fuß ankommen, auch auf abgemagerten Kamelen, aus jeder tiefen Schlucht.

Damit sie Zeugnis ablegen von den Vorurteilen, die sie dadurch haben, und an den festgelegten Tagen den Namen Allahs auszusprechen über den Tieren der Herden, die er ihnen zur Versorgung gegeben hat. So eßt von ihnen und speist den Dürftigen und den Armen.

Dann laß sie ihre Vernachlässigung beenden[2], laß sie ihre Gelübde erfüllen und laß sie das alte Haus[1] umwandeln.

So (möge man handeln). Und wer Allahs Gebote ehrt, dem wird es gut ergehen bei seinem Herrn. Erlaubt ist euch das Vieh (als Speise) mit Ausnahme dessen, was euch gesagt wurde[3]. Meidet Verunreinigung durch Götzendienerei, und meidet das Wort der Unwahrheit.

Seid Rechtgläubige vor Allah, gebt ihm keine Gefährten. Denn wer Allah Gefährten zugesellt, der gleicht dem, was vom Himmel fällt und von den Vögeln erhascht oder vom Wind zu einem fernen Platz geweht wird.

So ist es. Wer aber Allahs Opfergebräuche ehrt, der zeigt Reinheit des Herzens. Ihr könnt sie[4] bis zu einem festgesetzten Zeitpunkt nutzen, dann aber ist ihr Opferplatz bei dem alten Haus. Allen Völkern haben wir Opferriten bestimmt, damit sie Allahs Namen aussprächen über den Herden, die er ihnen zur Nutzung gab. Euer Gott ist ein einziger Gott; deshalb ergebt euch ihm. Und verkünde du[5] Freude denen, die sich vor ihm demütigen,

Deren Herzen bei der Erwähnung Allahs von frommer Scheu bewegt werden und denen, die standhaft erdulden, was ihnen widerfährt, und denen, die das Gebet verrichten und Almosen geben von dem, was wir ihnen verliehen.

Und die Opfertiere haben wir euch für Allah gegeben, nachdem ihr Gutes an ihnen gehabt habt. Sprecht über sie den Namen Allahs, wenn ihre Füße in gehöriger Ordnung stehen. Und wenn sie auf ihre Seite niedergefallen sind, dann eßt von ihnen und speist den Bescheidenen und den Bittenden.

So haben wir sie euch unterworfen. Möget ihr dankbar sein.

Ihr Fleisch erreicht nicht Allah noch ihr Blut, aber eure Frömmigkeit erreicht ihn.

---

[1] Die Kaaba in Mekka.
[2] Sie sollen sich wieder Haar, Bart und Nägel schneiden lassen, was dem Pilger zunächst verboten ist.
[3] z. B. Schweinefleisch.
[4] Die Opfertiere.
[5] Mohammed.

F. HYMNEN UND GEBETE

146. Ein Buschmann erbittet die Hilfe seines Gottes

Gauwa muß uns helfen, ein Tier zu töten.
Gauwa, hilf uns. Wir sterben vor Hunger.
Gauwa gibt uns keine Hilfe.
Er betrügt uns. Er macht uns irre.
Gauwa wird uns etwas zu töten geben, am nächsten Tag,
Nachdem er selbst gejagt und Fleisch gegessen hat,
Wenn er voll ist und sich wohlfühlt.

Lorna Marshall, Kung Bushman Beliefs, in: Africa 31 (1962) S. 247.

147. Hilferuf an Imana

Die Bantu-Stämme von Ruanda-Urundi, dem Gebiet der heutigen ostafrikanischen Staaten Rwanda und Burundi, verehren Imana als große Schutzgottheit.

Imana ist der große Schöpfer, die erste Ursache alles Guten. Er tritt im täglichen Leben praktisch überhaupt nicht in Erscheinung, und doch ist er ständig in den Gedanken der Menschen. Alle seine Taten entspringen seinem eigenen Entschluß, und er kann durch die Menschen nicht beeinflußt werden. Er wird verehrt, aber nicht gefürchtet, da er keine Macht hat, Schaden zuzufügen; es gibt für ihn keinen Kult wie für Ryangombe...

Selten oder überhaupt nicht wird zu Imana gebetet. Aller Gottesdienst gilt Ryangombe. Es gibt jedoch einen Hilferuf, der als *Kwambaza* bekannt ist. Ein Mensch in großer Not, wo immer er sich auch befinde, kann aufschreien zu Imana und ihn um Hilfe bitten. Ungeachtet der sprachlichen Unterschiede ist dieser Aufschrei inhaltlich in beiden Ländern (Ruanda-Burundi) der gleiche:

„O Imana von Urundi (Ruanda), wenn nur du mir helfen mögest! O Imana des Erbarmens, du Imana vom Haus (oder Land meines Vaters), wenn nur du mir helfen mögest! O Imana, wenn nur du mir einen *rugo*[1] und Kinder geben mögest! Ich werfe mich nieder vor dir, Imana von Urundi (Ruanda). Ich schrei' zu dir: gib mir Nachkommenschaft, gib mir, wie du anderen gibst! Imana, was soll ich tun, wo soll ich hingehen? Ich bin in Not, wo ist Platz für mich? O Barmherziger, o Imana der Barmherzigkeit, hilf dieses eine Mal!

---

[1] Rugo ist die Einfriedung, die die Heimstätte umgibt, und, auf Grund metonymischen Sprachgebrauchs, auch die Heimstätte selbst.

Rosemary Guilleband, The Idea of God in Ruanda-Urundi, in: Edwin W. Smith (Hrsg.), African Ideas of God. London 1950, S. 186, 192f.

148. Hymnus auf Mwari, den Gott der Maschona Süd-Rhodesiens

Großer Geist!
Der du Felsen aufschichtest in hochragenden Gebirgen!
Wenn du Steine zertrittst,
Erhebt sich der Staub und füllt das Land.
Härte des Abgrunds;
Wasserlachen werden,
Wenn aufgewühlt, zu dunstigem Regen.
Gefäß, überfließend von Öl!
Vater des Runji,
Der du die Himmel nähst wie ein Tuch:
Laß ihn verbinden, was unten ist.
Der du die verzweigten Bäume hervorrufst:
Du bringst hervor die Schößlinge
und läßt sie aufrecht stehen.
Du hast das Land mit Menschen gefüllt,
Der Staub erhebt sich zur Höhe, o Herr!
Wunderbarer, du lebst
Inmitten schützender Felsen,
Du gibst den Menschen den Regen:
Wir beten zu dir,
Hör uns, Herr!
Sei gnädig, wenn wir dich anflehen, Herr!
Du bist hoch oben mit den Geistern der Großen.
Du erhebst grasbedeckte Hügel
Über die Erde und erschaffst die Flüsse,
Gnadenreicher.

Edwin W. Smith (Hrsg.), African Ideas of God. London 1950, S. 127 f.

149. Dank sei der Mutter Erde!

Gebetshymne der Pawnee-Indianer

Seht! Unsere Mutter Erde liegt hier.
Seht! Sie gibt uns ihre Fruchtbarkeit.
Wahrlich, ihre Kraft gibt sie uns.
Dank sei der Mutter Erde, die hier liegt.

Seht die sprießenden Felder auf Mutter Erde!
Seht die Verheißung ihrer Fruchtbarkeit!

Hymnen und Gebete

Wahrlich, ihre Kraft gibt sie uns.
Dank sei der Mutter Erde, die hier liegt.

Seht die Bäume, die sich ausbreiten auf Mutter Erde!
Seht die Verheißung ihrer Fruchtbarkeit!
Wahrlich, ihre Kraft gibt sie uns.
Dank sei Mutter Erde, die hier liegt.

Wir sehen auf Mutter Erde die eilenden Flüsse;
Wir sehen die Verheißung ihrer Fruchtbarkeit.
Wahrlich, ihre Kraft gibt sie uns.
Wir danken Mutter Erde, die hier liegt!

Alice C. Fletcher, The Hako, a Pawnee Ceremony, in: Twenty-second Annual Report part 2, Bureau of American Ethnology. Washington, D.C. 1904, S. 334.

150. Tahitisches Gebet

Der Text dieses alten Gebetes wurde in früheren Zeiten jede Nacht gesprochen.

Beschütze mich! Beschütze mich! Es ist die Nacht der Götter. Wache dicht bei mir, mein Gott *(atua)!* Dicht bei mir, o mein Herr *(fatu)!* Behüte mich vor Verzauberung, plötzlichem Tod, schlechtem Verhalten, vor übler Nachrede oder Verleumdung, vor Intrige und vor Streitigkeiten über die Grenzen der Äcker. Laß Frieden um uns herrschen, o mein Gott! Beschütze mich vor dem wilden Krieger, der Schrecken verbreitet, dessen Haar sich sträubt! Mögen ich und mein Geist leben und in Frieden ausruhen während dieser Nacht, o mein Gott.

E. S. Craighill, Polynesian Religion. Honolulu 1927, S. 201.

151. Ein hawaiisches Klagelied

Was ist meine große Schuld, o Gott?
Vielleicht habe ich unbedacht gegessen,
Ohne Danksagung,
Oder dieses, mein Volk hat
Ungebührlich gegessen.
Ja, das ist Schuld, o Kane des Lebenswassers[1].
O laß Gnade walten, laß mich leben, deinen Verehrer,
Sieh nicht gleichgültig auf mich.
Ich rufe dich, o antworte du mir,
O du Herr meines Leibes, der du im Himmel bist.

O Kane, laß den Blitz aufleuchten, laß den Donner krachen,
Laß die Erde beben.
Ich bin gerettet; mein Gott hat auf mich herabgesehen,
Ich bin gereinigt. Der Gefahr bin ich entgangen.

---

[1] Der polynesische Hochgott Tane wird auf Hawaii unter dem Namen Kane verehrt.

E. S. Craighill Handy, Polynesian Religion. Honolulu 1927, S. 242.

152. Sumerisches „Herzberuhigungslied" für jeden Gott

Das „Herzberuhigungslied" *(erschachunga)* stellt eine in der religiösen sumerischen Literatur verbreitete Gattung von Individualgebeten dar.

Möge sich der Zorn im Herzen meines Herrn mir gegenüber beruhigen,
möge sich der Gott, den ich nicht kenne, mir gegenüber beruhigen,
möge sich der Gott, den ich kenne oder nicht kenne, mir gegenüber beruhigen,
möge sich die Göttin, die ich kenne oder nicht kenne, mir gegenüber beruhigen.

Möge sich das Herz meines Gottes mir gegenüber beruhigen,
möge sich das Herz meiner Göttin mir gegenüber beruhigen,
mögen mein Gott und meine Göttin sich mir gegenüber beruhigen.
Möge der Gott, der zornig auf mich geworden ist, sich mir gegenüber beruhigen,
möge die Göttin, die zornig auf mich geworden ist, sich mir gegenüber beruhigen...

In Unwissenheit habe ich von meinem Gott Verbotenes gegessen,
in Unwissenheit habe ich meinen Fuß gesetzt auf das, was von meiner Göttin verboten ist.

O Herr, meine Übertretungen sind zahlreich, und groß sind meine Sünden,
o mein Gott, meine Übertretungen sind zahlreich, und groß sind meine Sünden,
o meine Göttin, meine Übertretungen sind zahlreich, und groß sind meine Sünden.
O Gott, den ich kenne oder nicht kenne, meine Übertretungen sind zahlreich, und groß sind meine Sünden,
o Göttin, die ich kenne oder nicht kenne, meine Übertretungen sind zahlreich, und groß sind meine Sünden.

Die Übertretung, die ich begangen habe, kenne ich wirklich nicht.
Die Sünde, die ich getan habe, kenne ich wirklich nicht.
Das Verbotene, das ich gegessen habe, kenne ich wirklich nicht.
Das Untersagte, auf das ich meinen Fuß gesetzt habe, kenne ich wirklich nicht.

Hymnen und Gebete

Der Herr sah mit Zorn im Herzen auf mich,
der Herr begegnete mir mit Wut im Herzen,
die Göttin, die zornig auf mich war, machte mich krank.
Der Gott, den ich kenne oder nicht kenne, hat mich bedrückt,
die Göttin, die ich kenne oder nicht kenne, hat mich leiden lassen.

Obwohl ich ständig nach Hilfe ausschaue, nimmt mich niemand bei der Hand,
wenn ich weine, treten sie mir nicht zur Seite.
Ich stoße Klagen aus, aber niemand hört mich,
ich bin unruhig, bedrückt, ich kann nicht sehen.

O mein Gott, barmherziger, an dich richte ich das Gebet: wende dich mir zu;
ich küsse die Füße meiner Göttin, ich krieche vor dir ...
Bis wann, o meine Göttin, die ich kenne oder nicht kenne, wird sich dein feindliches Herz beruhigen?

Der Mensch ist taub, er weiß nichts;
die Menschen, soviel ihrer sind, was wissen sie?
Ob jemand Sünde begeht oder Gutes tut, er weiß es selbst nicht.
O mein Herr, wirf deinen Diener nicht zu Boden;
er ist ins Sumpfwasser getaucht, nimm ihn bei der Hand.

Die Sünde, die ich getan habe, wende sie zum Guten.
Die Übertretung, die ich begangen habe, laß den Wind wegtragen.
Meine Vergehen streife ab wie ein Kleid.

O mein Gott, meine Sünden sind sieben mal sieben, nimm sie hinweg.
O meine Göttin, meine Sünden sind sieben mal sieben, nimm sie hinweg.
O Gott, den ich kenne oder nicht kenne, meine Sünden sind sieben mal sieben, nimm sie hinweg.
O meine Göttin, die ich kenne oder nicht kenne, meine Sünden sind sieben mal sieben, nimm sie hinweg.
Nimm meine Sünden hinweg, und ich will dein Lob singen.

Möge dein Herz, wie das Herz einer wahrhaftigen Mutter, mir gegenüber beruhigt sein,
wie das Herz einer wahrhaftigen Mutter und eines wahrhaftigen Vaters möge es mir gegenüber beruhigt sein.

Isaac Mendelsohn, Religions of the Near East. New York 1955, S. 175 ff. – A. Falkenstein – W. von Soden, Sumerische und akkadische Hymnen und Gebete. Zürich – Stuttgart 1953, S. 225 ff.

Der Mensch und das Heilige

153. Babylonisches „Klagelied zur Herzensberuhigung" einer erzürnten Gottheit

Meine Missetat sei vergeben, die Sünde vergessen,
Der Bann gelöst und abgeworfen die Bande;
In die sieben Winde werde mein Seufzen verweht!
Abreißen will ich mein Unheil,
Daß der Vogel gen Himmel es trage,
Der Fisch meine Not mitnehme,
Der Strom sie fortspüle ...!
Wie eine Goldschnur laß mich erglänzen,
Wie Edelmetall sei ich dir kostbar!
Treib aus mein Unheil, rette mein Leben –
Dann wach' ich im Vorhof und betrete die heilige Stätte ...!

Franz M. Th. de Liagre Böhl, Die Religion der Babylonier und Assyrer, in: Franz König (Hrsg.), Christus und die Religionen der Erde II. Wien ²1956, S. 479.

154. Der große Schamasch-Hymnus

Der in akkadischer Sprache überlieferte Hymnus besingt den babylonischen Sonnengott Schamasch. Der Text entstammt der Bibliothek des Königs Assurbanipal (668–631 v. Chr.), geht aber auf ältere Überlieferungen zurück. Die folgende Übersetzung gibt die wichtigsten Abschnitte des nicht ganz vollständig erhaltenen, rund 200 Zeilen umfassenden Textes wieder.

21. Du besteigst die Berge, um die Erde zu überschauen.
23. Du betreust die Menschen der Länder allesamt,
24. Und alles, was Ea[1], der König der Fürsten, geschaffen hat, ist dir anvertraut.
25. Alle, die Lebensodem haben, hütest du ohne Ausnahme,
26. Du bist ihr Hirte droben und drunten.
27. Regelmäßig und ohne Rast durchziehst du die Himmel,
28. Täglich überschreitest du die weite Erde.

33. Hirte des Unteren, Hüter des Oberen.
34. Du, Schamasch, bewahrst das Licht des Alls.
35. Nie versäumst du, weitausgedehnte Meere zu überschreiten,
36. Deren Tiefe selbst die Igigi[2] nicht kennen.
37. Schamasch, dein Glanz dringt in die tiefsten Wasser,
38. So daß die Meeresungeheuer dein Licht erblicken.

Hymnen und Gebete

47. Wenn du aufgehst, versammeln sich die Götter des Landes,
48. Dein wilder Glanz bedeckt die Erde.
49. Von allen Ländern vieler Sprachen
50. Kennst du die Pläne, erforschest ihren Wandel.
51. Die ganze Menschheit verneigt sich vor dir,
52. Schamasch, nach deinem Licht sehnt sich das All.

95. Du zerstörst die Anschläge der Schurken,
96. Wer tückisch handelt, dem wird der Boden weggezogen.
97. Dem ungerechten Richter legst du Fesseln an
98. Und bestrafst den, der Bestechung nimmt und Unrecht tut.
99. Wer jedoch Geschenk ablehnt und die Partei des Schwachen wählt,
100. Ist angesehen dem Schamasch, der ihm sein Leben verlängern wird.

124. Die Nachkommen der Übeltäter werden untergehen.
125. Jene, die lügen – ihr Fall liegt vor dir –
126. Sofort erkennst du, was sie sagen;
127. Du hörst und prüfst sie; du erkennst die Rechtslage des Missetäters.
128. Jeder einzelne ist dir anvertraut.
129. Du lenkst ihre Vorzeichen, Verworrenes lösest du auf.

130. Du, Schamasch, überwachst Gebet, Flehen und Segnen,
131. Huldigung, Niederknien, heiliges Flüstern und Prostration.
132. Der schwache Mann ruft dich aus tiefster Kehle an,
133. Der Elende, der Schwächliche, der Betrübte, der Arme,
135. Er, dessen Familie fern ist, dessen Stadt weit weg liegt,
136. Der Hirt begegnet dir im Schrecken der Steppe,
137. Der Viehhüter in Wirrsal und Feindesnot.

138. Schamasch, an dich wenden sich, die in Furcht reisen,
139. Der reisegewohnte Kaufherr, der Händler, der den Beutel trägt.
140. Schamasch, auch der Fischer mit seinem Netz wendet sich an dich,
141. Der Jäger, der Bogenschütze, der das Wild erlegt,
142. Der Vogelfänger mit dem Fangnetz wendet sich an dich.
143. Der herumschleichende Dieb, der Feind des Schamasch,
144. Der Plünderer, auf der Straße, in der Steppe begegnet er dir.

145. Der umherschweifende Tote, die ruhelose Seele,
146. Sie alle begegnen dir, Schamasch, und du hörst sie alle.
147. Du verwirfst sie nicht, die sich an dich wenden...
165. Sie loben ehrfürchtig deinen Namen
166. Und verehren deine Majestät für immer...

176. Erleuchter des Düsteren, Erheller der Finsternis,
177. Vertreiber der Dunkelheit, der du der weiten Erde Licht gibst.

---

[1] Babylonischer Gott der Fruchtbarkeit, der Weisheit und Beschwörung.
[2] Die großen Himmelsgötter.

W. G. Lambert, Babylonian Wisdom Literature. Oxford 1960, S. 127 ff. – A. Falkenstein und W. von Soden, Sumerische und akkadische Hymnen und Gebete. Zürich – Stuttgart 1953, S. 240 ff. – Hartmut Schmökel, in: W. Beyerlin, Religionsgeschichtliches Textbuch zum Alten Testament. Göttingen 1975, S. 126 ff.

155. An den Gott Varuna gerichtete Beichte des vedischen Sehers Vasishtha
Rigveda VII, 86

1. Weisheit haben durch seine Macht[1] die Geschlechter der Menschen, durch ihn, der auseinanderstemmte Himmel und Erde, der den hohen und mächtigen Himmel antrieb und die Sterne, der die Erde ausbreitete.

2. Und mich selber frage ich dieses: wann werde ich wieder bei Varuna in Gunst sein? Welche meiner Gaben wird er ohne Groll annehmen? Wann werde ich beruhigt seine Gnade schauen?

3. Ich frage mich nach meiner Schuld, o Varuna. Ich suche die Weisen auf und frage sie. Immer die gleiche Antwort gaben die Kundigen mir: Sicher ist, daß Varuna dir grollt.

4. Was, Varuna, ist meine größte Übertretung, daß du deinen Freund verderben willst, der dir zum Lobe singt? Sage es mir, Untrüglicher, ehrfürchtig und von Schuld befreit will ich dir nahen.

5. Erlöse uns von den Sünden unserer Väter, erlöse uns von jenen auch, die wir selbst verschuldet. Löse, o König, den Vasishtha, löse ihn wie einen Dieb, der Vieh gestohlen, wie ein Kalb von seinem Strick.

6. Nicht ist die Verfehlung unser eigner Wille; es ist der Branntwein, der Zorn, die Würfel und der Unverstand; der Ältere verführt den Jüngeren; sogar der Traum hält nicht vom Unrecht ab.

7. Wie ein Sklave will ich dem Gnadenvollen dienen, frei von Sünde, dem eifernden Gott. Der edle Herr gibt Weisheit dem Einfältigen, der weisere Herr spornt den Klugen zum Reichtum an.

8. O Herr, o Varuna, mag dieses Loblied dir so ganz ans Herz gelegt sein. Gut möge es mit uns sein, in der Ruhe, bei der Arbeit. Schützt uns immerdar, ihr Götter, mit euren Segnungen!

---

[1] Die Macht des Gottes Varuna.

Ralph T. H. Griffith, The Hymns of the Rigveda III. Benares 1891, S. 106 f. – Herman Lommel, Gedichte des Rig-Veda. München-Planegg 1955, S. 68.

156. „Mache mich unsterblich" –
Hymne an Soma, den kultischen Rauschtrank Altindiens
Rigveda IX 113, 7–11

7. O du klar fließender (Soma), setze mich in jene unsterbliche, unvergängliche Welt, in der das Licht des Himmels leuchtet, wo ewiger Glanz erstrahlt. Fließe, Soma, fließe um Indras willen.

8. Mache mich unsterblich in jenem Reich, in dem des Vivasvants Sohn[1] König ist, wo der geheime Ort des Himmels ist, wo jene jungen, frischen Wasser fließen. Fließe, Soma, fließe, um Indras willen.

9. Mache mich unsterblich in jenem Reich, wo sie nach Wunsch in der dritten Sphäre des innersten Himmels wandeln, wo die Lichtwelten sind. Fließe, Soma, fließe, um Indras willen.

10. Mache mich unsterblich in jenem Reich begehrlicher Wünsche und heftigen Verlangens, im Land der goldenen Sonne, wo Nahrung und Seligkeit gefunden werden. Fließe, Soma, fließe, um Indras willen.

11. Mache mich unsterblich in jenem Reich, wo Glück und Entzücken, Freuden und Seligkeiten beieinander sind und sehnliche Wünsche erfüllt werden. Fließe, Soma, fließe, um Indras willen.

---

[1] Gemeint ist Yama, der erste Mensch und Herrscher im Totenreich.

Ralph T. H. Griffith, The Hymns of the Rigveda. Benares 1892, S. 105 f.

157. An den indischen Gott Agni
Rigveda I, 1–2, 7–9

1. Ich preise Agni, den Hauspriester, den göttlichen Opferherrn, den Herbeirufer der Götter, den größten Schenker des Reichtums.

2. Wohl kommt es Agni zu, von den Sehern, lebenden und früheren, gepriesen zu werden; er wird nach hier die Götter bringen.

7. Zu dir, Vertreiber der Nacht, kommen wir täglich mit Gebeten und bringen dir Verehrung dar.

8. Herr der Opfer, Hüter des Rechts, Ewiger, Strahlender, der du an Größe zunimmst an deinem Ort.

9. Laß für uns dich leicht zu erreichen sein, wie ein Vater für seinen Sohn; Agni sei mit uns, uns zum Wohl.

Rigveda II, 1, 1.2.9

1. Du, Agni, der du täglich in deinem Glanz erstrahlst, bist zum Leben gekommen aus den Wassern, aus dem Stein, aus Bäumen und Sträuchern des Waldes, die am Boden wachsen; du, höchster Herr der Menschen, bist rein erzeugt[1].

2. Dein ist des Herolds Amt, und du reinigst zur rechten Zeit. Ein Führer bist du und Feuerspender des Frommen. Du bist der Leiter, du der Opferpriester, du der Brahmane[2], der Herr und Meister in unserem Haus.

9. Agni, dich suchen die Menschen wie einen Vater mit ihren Gebeten; bringe du sie, Glanzvoller, zur Bruderschaft durch den heiligen Kult. Du bist ein Sohn dem, der dich recht verehrt, und als getreuer Freund bewahrst du vor dem Unfall.

Rigveda VII, 5, 4.8.10.13.15

4. Ich habe diesen neuen Lobgesang erdacht für Agni, den Adler des Himmels: will er uns nichts von seinem Reichtum geben?

8. Leuchte weiter nachts und morgens: durch dich sind wir mit Feuer wohlversorgt. Du, an Helden reich, bist unser Freund.

10. Strahlend, der du läuterst, komm zum Lob, Unsterblicher mit glänzender Glut. Agni vertreibt die Dämonen.

13. Agni, bewahre uns vor Pein, verzehre, o ewiger Gott, unsere Feinde mit deinen heißesten Flammen.

15. Bewahre du uns, abends und morgens, vor Sorgen, vor boshaften Menschen, Tag und Nacht, Unfehlbarer!

---

[1] Der Feuergott Agni, der Herr vor allem des vedischen Opferfeuers, wird als Blitz entflammt in den atmosphärischen Wassern, d.h. in den Gewitterwolken, ferner als Funken beim Aneinanderschlagen von Steinen oder dem Reiben zweier Holzstücke. – In den vorliegenden Hymnen sind die Qualitäten Agnis weit über die des ursprünglichen Feuergottes hinaus erweitert.

[2] D.h. derjenige Priester, der die Opferhandlung überwacht. Auch die voranstehenden Aussagen beziehen sich auf Agnis Rolle beim Opferkult.

Ralph T.H. Griffith, The Hymns of the Rigveda I–III. Benares 1889–1891.

158. Griechisches Chorgebet

Sophokles, Oedipus 159–165

Dir mein erstes Gebet, Zeus' himmlische Tochter Athena, und deiner
                                       Schwester Artemis,
die am Rande des Marktes als Landbeschützerin thronet,
ach, und Phoibos dem Bogner.
Ihr drei Helfer der Not,
jüngst als über dem Volke
schon die Flamme des Todes
aufschlug, triebt ihr sie fort: erscheinet, rettet auch heute.

Übersetzung von Ulrich Wilamowitz-Moellendorff.

Hymnen und Gebete

159. Das Gebet des Scipio Africanus
Livius, Geschichte Roms XXIX, 27, 1–4

Als Scipio Africanus, der Besieger Hannibals, im Jahre 204 v.Chr. von Sizilien nach Afrika übersetzte, um Karthago anzugreifen, sprach er auf seinem Flaggschiff das folgende Gebet.

Götter und Göttinnen, die ihr in Meeren und Ländern waltet, euch flehe ich an und bitte euch inständig, daß, was immer unter meinen Befehlen geschehen ist, jetzt geschieht oder später geschehen wird, zum Nutzen sein werde für mich, für das Staatsvolk und die Gemeinen von Rom, die Bundesgenossen und die Latiner, die zu Lande, zur See oder auf Flüssen mir folgen unter der Führung, der Autorität und den Auspizien des römischen Volkes. Möget ihr alles unterstützen und fördern mit euerer Hilfe. Und ihr möget gewähren, daß, sicher behütet und siegreich, über den Feind, beladen mit Beute und reichem Gewinn, ihr sie im Triumph zu ihren Heimen zurückkehren lasset. Ihr möget uns die Kraft geben, Rache zu nehmen an unseren Widersachern und Feinden, und ihr möget mir und dem römischen Volk die Kraft geben, den Karthagern als Strafe das zwangsweise aufzuerlegen, was sie gegen unsere Stadt zu tun geplant hatten.

160. Gebetsvorschrift Mohammeds
Koran XVII, 80–83

Verrichte das Gebet bei Sonnenuntergang bis zum Dunkel der Nacht, und auch das Gebet bei Tagesanbruch; denn das Gebet bei Tagesanbruch wird bezeugt.
   Und wache auch einen Teil der Nacht; das dient dir als Überschuß der Frömmigkeit; vielleicht erweckt dich dein Herr zu hohem Rang.
   Und sprich: „Mein Herr, laß meinen Eingang und meinen Ausgang gerecht sein, und gewähre mir deine helfende Machtvollkommenheit."
   Und sprich: „Die Wahrheit ist gekommen, und das Nichtige verschwindet; sicherlich vergeht das Nichtige."

161. Gebete des ʿAlī ibn Abī Tālib

ʿAlī ibn Abī Tālib war der Schwiegersohn des Propheten Mohammed und der erste Imam des schiitischen Islam. Er wurde 661 n.Chr. im irakischen Kufa ermordet.

O Sonne von herrlicher Gestalt und unnachahmlicher Schöpfung, die gemacht ward als Leuchte für die Augen, zum Nutzen für die Bewohner der Städte zu taugen! Dein Aufgang ist Leben, dein Untergang Tod.

Wenn du aufgehst durch ein mächtiges Wort und wenn du zurückkehrst zu einem befestigten Ort: ich bitte ihn, der mit dir den Himmel geschmückt und dich mit Licht bekleidet hat, der dir die Säulen am Aufgangsplatz geöffnet und dich mit glänzenden Strahlen verhüllt hat, so daß niemand dich betrachte, er zerschmelze denn, und keiner dich ansehe, er verbrenne denn – daß er uns durch dich Gesundheit gebe und Krankheit abwehre, Einsamkeit abwende und Kummer ablenke, daß er uns bewahre vor Irrtümern und davor, daß wir den Lüsten folgen und dem Übel anhangen, daß er uns verleihe längstmögliches Leben und bestmögliche Taten und daß er dich zu einer neuen glücklichen Fügung mache, die Gesundheit ankündigt und Abwehr des Mißgeschickes garantiert!

Mein Gott, du bist es, der meinem Ruf in der Not antwortet, und du bist es, der mich in Kummer und Sorgen aufatmen läßt, und du bist es, der mich von den Feinden löst, wenn ich unterdrückt bin. Ich habe dich nie fern von mir gefunden, und ich werde dich nie fern finden, wenn ich dich suche, nicht verschlossen, wenn ich dich bitte, nicht ablehnend, wenn ich dich rufe!

O Gott, ich bitte dich um weniges aus vielem, obgleich mein Bedürfen nach dir sehr groß ist, während du von Ewigkeit her meiner nicht bedarfst. Für mich ist dies gewaltig, und für dich ist es ein Kleines und ein Leichtes. O Gott, der du meine Schuld vergibst und meine Fehler übersiehst und meine gewaltigen Sünden – seien sie läßlich oder willentlich – vergibst, ist in mir die Begierde erwacht, dich um etwas zu bitten, was ich nicht von dir verdiene – von dir, der du mich mit deiner Stärke und Barmherzigkeit genährt hast und mich mit deiner Macht aufgezogen hast und mich deine Erhörung gelehrt hast: so habe ich begonnen, dich vertrauensvoll zu rufen, und habe mich dir mit Zutrauen genähert, nicht mit Furcht und Zittern, indem ich dich hinweise auf das, wonach ich strebe. Wenn du es mir vorenthältst, so tadele ich meine Unwissenheit hinsichtlich deiner Weisheit; denn vielleicht ist es besser für mich, daß du es mir vorenthältst, weil du weißt, was das beste aller Dinge ist; denn ich habe keinen gütigen Herrn gesehen, der geduldiger mit einem elenden Diener sein könnte, als du es mit mir bist. O Gott, du hast mich gerufen, und ich habe mich von dir abgewendet; du hast mir Güte erwiesen, und ich habe mich dir verhaßt gemacht; du hast dich liebreich gezeigt, und ich bin dir nicht nähergekommen, da ich zu anmaßend war. Und doch hat dies alles dich nicht daran gehindert, mir Güte zu erzeigen, Barmherzigkeit und Wohltat. So erbarme dich deines Dieners und sei großherzig in deiner Huld, denn du bist großmütig und großzügig.

O mein Licht in aller Finsternis! O mein Vertrauter in aller Einsamkeit! O meine Hoffnung in allem Kummer! O mein Vertrauen in allem Schweren! O mein Führer in der Verirrung! Du bist mein Führer, wenn die Führung aller endet; denn deine Führung höret nimmer auf, und wen du leitest, der geht nicht irre.

Du hast mir Gnade erwiesen, hast mich reichlich beschenkt und mich genährt, du hast mir überreich gegeben und mich ernährt, du hast mir gute Nahrung gegeben und hast mir großmütig geschenkt ohne mein Verdienst.

Du gabst mir zuerst durch deine Großmut und Güte: da wurde ich durch deine Güte stark zum Ungehorsam gegen dich und wurde durch deine Nahrung kräftig, so daß ich mein Leben verwüstete mit Taten, die du nicht liebst.

Doch weder meine Dreistigkeit gegen dich noch mein Begehen verbotener Taten oder meine Beschäftigung mit unerlaubten Dingen hielten dich davon ab, mir wiederum Gnade zu erweisen; und deine Milde und wiederholten Gnadenbeweise hinderten mich nicht, dir wiederum ungehorsam zu sein; denn du bist es, der immer wieder gnadenvoll ist, und ich, der immer wieder ungehorsam ist.

O du Huldvollster, dem man die Schuld bekennt, o Starker, vor dem man sich erniedrigt! Bei deiner Huld – ich bekenne meine Schuld, und bei deiner Stärke – ich erniedrige mich. Was immer du tun willst in deiner Huld bei diesem Bekenntnis meiner Schuld und bei meiner Demütigung – tu alles, wozu du fähig bist, doch tu nichts, wozu ich nicht fähig bin!

O Gott, ich bitte dich als Armseliger, Elender, und suche nach dir als ein Unglücklicher, Armer, und flehe zu dir als Schwacher, Blinder, und bettele zu dir als niedriger Sünder, und bitte dich als einer, dessen Seele sich vor dir demütigt, dessen Angesicht vor dir mit Staub bedeckt ist, dessen Tränen vor dir fließen und dessen Zähren vor dir überströmen: ich bekenne dir meine Vergehen als einer, der keinen Ausweg mehr hat und keinen Beweis zu seinen Gunsten vorbringen kann.

O Gott, erbarme dich meiner, wenn meine Spur aus der Welt zurückgezogen und meine Erinnerung unter den Geschöpfen ausgelöscht ist und ich vergessen bin unter den Vergessenen! Mein Gott, ich bin alt geworden, meine Haut ist dünn geworden und meine Knochen mürbe, die Zeit hat auf mich gewirkt, und mein Ende naht; meine Tage sind erschöpft, meine Lüste sind vergangen, und meine Erschöpfung ist geblieben. Mein Gott, erbarme dich meiner, wenn sich meine Gestalt verformt und meine Schönheit verschwindet, mein Leib alt wird, meine Gelenke sich lösen und meine Glieder sich abtrennen! O Gott, meine Sünden haben mich zum Schweigen gebracht, und mein Wort ist abgeschnitten, denn ich habe keinen Beweis für mich und keine Entschuldigung, sondern ich bin einer, der seine Schuld gesteht, der für seine Übeltaten bekannt ist, dessen Leib gebunden ist, der seinen Taten ausgeliefert ist, zusammengebrochen ist in dem Meer seiner Vergehen...

Mein Gott, wenn immer du mir eine Wohltat erwiesen hast, habe ich dir zu wenig gedankt, und wenn du mich heimgesucht hast, bin ich nicht geduldig genug gewesen.

O du, der mir seine Wohltaten nicht entzogen hat, obgleich ich zu wenig dankbar gewesen bin.

O du, der mich nicht verlassen hat, obgleich ich zu wenig Geduld gezeigt habe.

O du, der mich trotz meines Ungehorsams nicht entehrt hat.

O du, der mich trotz meiner Sünden nicht gestraft hat – vergib mir meine Schuld und heile mich von meiner Krankheit, denn du bist allmächtig!

Du bist der Herr, ich der Diener; du bist es, der besitzt, ich, den du besitzest. Du bist der Hochmächtige, und ich bin niedrig; du bist der Reiche, und ich bin arm; du bist der Lebendige, und ich bin tot; du bist der Ewige, und ich bin vergänglich; du bist der Wohltäter, und ich der Übeltäter; du bist der Vergebende, und ich der Sünder; du bist der Barmherzige, und ich der Irrende; du bist der Schöpfer, und ich das Geschöpf; du bist der Starke, und ich bin schwach; du bist der Geber, und ich der Bittende; du bist der treue Wächter, und ich der Furchtsame; du bist der Ernährer, und ich der Ernährte.

Du bist der, dem es am meisten zukommt, daß ich zu ihm klage, zu ihm um Hilfe rufe, zu ihm hoffe. Du – wie viele Sünden hast du schon vergeben, wie viele Übeltäter hast du schon entschuldigt! So vergib mir und entschuldige mich, verzeih mir und befreie mich von dem, was mich befallen hat, decke nicht meine Sünden auf, die ich begangen habe – ergreife mich, meine Eltern und meine Kinder an der Hand und vergib uns allen durch deine Barmherzigkeit, o Gewaltiger!

O Gott, ich bitte dich um Beständigkeit, um Eifer in der Rechtleitung, um Dank für deine Wohltaten. Ich suche Zuflucht bei dir vor der Übeltat jedes Übeltäters, vor der Tyrranei jedes Tyrannen, vor dem Neid jedes Neiders!

O Gott, wie einsam ist der Weg, wenn mein Gefährte nicht das Hoffen auf dich ist, und wie weit ist die Reise, wenn mein Führer nicht die Hoffnung auf dich ist.

Wer sich auf einen anderen als dich stützt, wird enttäuscht, und wer sich an eine Säule außer der deinen anlehnt, ist schwach.

O mein Gott, ich bitte dich als einer, der um die tiefste Tiefe deines Wissens weiß, um alles Gute, das der Gläubige vollziehen muß, und nehme Zuflucht zu dir vor allem Bösen und aller Versuchung, vor der du deine Freunde bewahrst. Denn du bist allmächtig.

Hymnen und Gebete

Gepriesen sei er,
dessen Schätze unerschöpflich sind,
Gepriesen sei er,
dessen Wissen unauslotbar ist,
Gepriesen sei er,
dessen Besitz nicht vergänglich ist,
Gepriesen sei er,
an dessen Befehl niemand teilhat,
Gepriesen sei er,
dessen Ruhm sich nicht abschwächt,
Gepriesen sei er,
dessen Zeit niemals zu Ende geht!

Annemarie Schimmel, Denn Dein ist das Reich. Gebete aus dem Islam. Freiburg 1978, S. 53, 57 ff., 73 ff., 88 ff., 98 f.

162. *Gebete des Dhū'n-Nūn*

Dhū'n-Nūn (gest. 859 n. Chr.), ein Ägypter nubischer Herkunft, zählt zu den bedeutendsten Mystikern des Islam.

O du, den die Sünder anrufen und ihn nahe finden; o du, zu dem die Asketen streben und ihn als Freund finden; o du, mit dem die nachts Betenden vertraut sind und ihn rasch gewährend finden!

O Gott, mein Vermittler, bei dir sind die Gnaden, die du mir erwiesen hast, und mein Fürsprecher, bei dir die Wohltaten, die du mir erzeigt hast.

O Gott, ich rufe dich in der Menge, wie man einen Herrn anruft, und ich rufe dich in der Einsamkeit, wie man einen Geliebten anruft. In der Menge sage ich: „O mein Gott!" und in der Einsamkeit: „O mein Freund!" Ich sehne mich nach dir und bezeuge dein Herrschertum, indem ich bekenne, daß du mein Herr bist und der, zu dem ich zurückkehre. Deine Barmherzigkeit für mich begann, ehe ich noch erwähnt ward: du schufest mich aus Staub, dann ließest du mich in den Lenden weilen und brachtest mich in den Mutterschoß. Du formtest mich und ließest mich in der Finsternis zwischen Blut und Fleisch wohnen und bildetest mich in der Form eines Mannes. Dann brachtest du mich in die Welt, wohlgeformt und heil, und beschütztest mich in der Wiege als winziges Kind und ernährtest mich mit trinkbarer Milch. Du bereitetest mir den Schoß der Mutter und ließest in ihrem Herzen Liebe und Zärtlichkeit für mich wachsen. Du zogest mich aufs beste auf und leitetest mich aufs schönste. Du beschütztest mich vor den Anschlägen der bösen Geister und hütetest mich vor teuflischen Menschen. Du bewahrtest mich vor einem Zuviel am Leibe, das mir hätte schaden können, und vor einem Zuwenig, das mir hätte Schande machen können.

Geheiligt bist du und erhaben, mein Herr, o Erbarmer – wenn ich auch alle Worte aufbrauchte, so könnte ich doch deine übergroßen Wohltaten nicht aufzählen!

Du schenktest mir jedes Jahr neue Leitung, Erhabener, Herr der Majestät und Größe, bis du mich meine Stellung einnehmen ließest, die Elemente meines Leibes gestärkt und meinen Verstand vervollkommnet hattest. Dann nahmst du den Schleier der Nachlässigkeit von meinem Herzen und gabest mir ein, die Wunder deiner Werke und die Herrlichkeiten deiner Schöpfung zu erblicken. Du gabst mir einen starken Beweis für deine Existenz und wiesest mich zu dir, du lehrtest mich, was deine Propheten gebracht haben. Du nährtest mich mit mannigfachem Lebensunterhalt und mit verschiedenen Beigaben durch deine große Güte und deine urewige Gnade und formtest mich recht. Dann ließest du es nicht bei einer Wohltat bewenden, sondern warst nicht zufrieden, bis du mir alle Wohltaten geschenkt, alles Übel von mir abgewendet hattest. Du zeigtest mir die Sünden, damit ich sie vermeiden, und die Fehler, damit ich sie verabscheuen kann, und leitetest mich zu dem, das mich dir näher bringt. Wenn ich dich rief, so hast du geantwortet; wenn ich dich bat, so hast du mir gegeben; wenn ich dich lobte, so hast du mir gedankt; und wenn ich dir dankte, so hast du mich noch mehr beschenkt.

O mein Gott, welche deiner Wohltaten könnte ich aufzählen und für welche deiner Gaben könnte ich genug danken für all das Gute, das du mir so reichlich geschenkt, für all das Böse, das du von mir abgewendet hast!

Gott, nie lausche ich auf die Stimme eines Tieres oder das Rauschen eines Baumes, das Sprudeln von Wasser oder den Sang eines Vogels, das Brausen des Windes oder das Dröhnen des Donners, ohne zu finden, daß sie deine Einzigkeit bezeugen, und darauf hinzuweisen, daß es keinen gleich dir gibt, daß du der Herrscher bist, der nicht beherrscht werden kann, der Weise, der keine Unwissenheit kennt, der Milde, der nicht entehrt, der Gerechte, der nicht grausam ist, der Vertrauenswürdige, der nicht lügt!

O mein Gott, dich preist jeder Baum, und deine Heiligkeit kündet ein jedes Stück Erde mit heimlicher Stimme und klaren Melodien. O Gott, ich stehe vor dir, meine Augen erhoben zu dir, und breite die Hände aus zu deinen Wohltaten, und meine Stimme schreit zu dir. Du bist es, der nicht durch den Ruf verärgert wird und der den Bittenden nicht enttäuscht.

Mein Gott, schenke mir einen Blick, der sich in Aufrichtigkeit zu dir erhebt; denn wer mit dir vertraut ist, wird nicht verkannt, und wer zu dir fleht, wird nicht beschämt, wer sich in dir freut, ist beglückt, und wer bei dir Schutz sucht, findet Hilfe und Sieg.

Annemarie Schimmel, Denn Dein ist das Reich. Gebete aus dem Islam. Freiburg 1978, S. 13, 16 ff., 20 f., 63.

Hymnen und Gebete

163. Erntegebet Väinämöinens

Väinämöinen ist der Kulturheros des finnischen Nationalepos Kalevala. Der folgende Text findet sich im zweiten Gesang des Epos.

Alte unter dieser Erde, Ackermutter, Erdenherrin!
Bring die Blüte jetzt zum Treiben, fetten Boden bring zum Sprießen;
Denn es fehlt an Kraft der Krume nie im langen Lauf der Zeiten,
Wenn die Geberinnen Gnade, Huld die Schöpfungstöchter schenken.

Erde, stehe auf vom Schlafe, von dem Schlummer, Flur des Schöpfers,
Laß die Halme sich erheben und die Pflanzenstengel steigen,
Hebe tausendfach die Triebe, spreite hundertfach die Sprossen
Durch mein Pflügen, durch mein Säen, meine mühevolle Arbeit.

Ukko du, o Herr der Höhe, du, o Vater in dem Himmel,
Der du in den Wolken waltest, der du lenkst die Lämmerwölkchen!
Halt im Wolkenreich Beratung, weisen Rat in weiten Räumen,
Schick vom Osten eine Wolke, aus Nordwest ein Wolkenfetzchen,
Andre sende aus dem Westen, schicke schnell vom Süden eine,
Sprühe Wasser aus den Wolken, laß vom Himmel Honig träufeln
Auf die Keime, welche wachsen, auf die Saat, die rauschend stehn wird.

Kalevala (aus dem finnischen Urtext übertragen von Lore und Hans Fromm). München 1979, S. 14.

G. INITIATIONEN

Mit „Initiation" bezeichnet man die „Einführung" (lateinisch: *initium*) in einen neuen Lebensstand, die mit der Übermittlung religiöser Lehren verbunden ist und rituell vollzogen wird. Generell kann somit jeder Akt der Aufnahme in eine religiöse Gemeinschaft mit Initiation bezeichnet werden. In besonderer Weise ist der Vollzug von Initiationsriten charakteristisch für den Eintritt in Mysteriengemeinschaften, Geheimbünde und totemistische Gruppen. Bei Naturvölkern ist die häufigste Form der Initiation mit dem Abschluß der Pubertät und dem Eintritt in die Gemeinschaft der Erwachsenen verbunden; hierbei werden der Jugend, vornehmlich der männlichen, Übergangsriten (französisch: *rites de passage*) auferlegt.

164. Eine australische Stammesinitiation

Der zentrale Initiationsritus der australischen Kurnai wird „Das Zeigen des Großvaters" genannt.

„Das Zeigen des Großvaters" ist ein geheimer Ausdruck, der verwendet wird zur Umschreibung des zentralen Mysteriums, das tatsächlich das Bekanntmachen der Novizen mit dem Tundun betrifft und die Enthüllung, die ihnen über die alten Glaubensinhalte zuteil wird. Der Ausdruck wird beispielsweise von den Bullawangs gegenüber ihren Schützlingen gebraucht, wenn sie zu ihnen sagen: „Heute nachmittag werden wir euch beiseite nehmen und euch euren Großvater zeigen."

Die Kurnai haben zwei Schwirrhölzer, ein größeres, das *Tundun* oder „der Mann" heißt, und ein kleineres, das *Rukat-tundun,* „die Frau" oder „die Frau des Tundun", genannt wird. Das größere wird auch „Großvater" genannt, *Wehntwin* oder *Mukbrogan.* In dieser Beziehung unterscheiden sich die Kurnai von den Murring, die nur ein Schwirrholz haben, aber sie stimmen mit verschiedenen anderen australischen Stämmen überein. Ich nehme an, bin aber nicht sicher, daß dort, wo zwei Schwirrhölzer verwendet werden, dies auf Zeremonien deutet, an denen die Frauen einen gewissen Anteil haben, während in Stämmen, wo, wie bei den Murring, nur eines verwendet wird, die Frauen vollkommen ausgeschlossen sind.

Während die Novizen an dem auf die Schlafzeremonie folgenden Tag ganz unter Aufsicht standen und die meisten Männer sich auf der Jagd befanden, gingen die Häuptlinge und einige andere hinweg, um die große Zeremonie des Großvaters vorzubereiten... Als sie eine Stunde vor Sonnenuntergang bereit waren, wurde dies den Bullawangs mitgeteilt, die ihre Schützlinge zu dem bezeichneten Platz brachten, unter dem Vorwand „Laßt uns einen Gang machen, ihr müßt vom Sitzen während des ganzen Tages ermüdet sein".

Als sie den Platz, der sich am Rand eines dichten Gestrüpps befand, vor dem eine offene Fläche von etwa fünfzig Morgen lag, erreicht hatten, wurde den Novizen befohlen, anzuhalten, in einer Reihe niederzuknien und ihre Decken eng über ihre Köpfe zu ziehen, um sie daran zu hindern, irgend etwas zu sehen. Einer der Bullawangs kniete vor jedem, und ein anderer stand dahinter. Der erste Häuptling stand in der Nähe und hielt seinen Wurfspeer in der Hand. Als dies zufriedenstellend erledigt war, begann die Zeremonie. Der zweite Häuptling aus dem Gestrüpp in etwa 150 Yards Entfernung stand auf, er hielt sein Schwirrholz, ein „Mann-Tundun", in der Hand und fing an, damit herumzuwirbeln, was ein dumpf klingendes Dröhnen hervorrief. Der Mann, der ihm unmittelbar folgte, hatte ein „Frau-Tundun"; und auf diese Weise kamen sechzehn Männer langsam hervor, von denen jeder, wenn er ins Freie trat, sein Instrument herumwirbelte und somit zu dem dröhnenden und kreischenden Lärm beitrug. Als der letzte Mann in die Lichtung getreten war, hatte der Leiter einen Platz auf der gegenüberliegenden Seite der Tutnurrings eingenommen, und die Männer hatten einen Halbkreis gebildet und erzeugten noch einmal ihre unharmonischen Geräusche. Als diese aufhörten, befahl der Häuptling den Novizen, aufzustehen und ihre Gesichter zum Himmel zu erheben. Dann wies er mit seinem Wurfspeer nach oben, die Decken wurden vom Kopf eines jeden Jünglings von seinem Bullawang hinweggezogen und die Augen der Novizen auf den Wurfspeer gerichtet. Dann sagte der Häuptling: „Seht dahin! Seht dahin! Seht dahin!" Dabei zeigte er zunächst zum Himmel, dann tiefer hinunter und zuletzt zu den Tundun-Männern. Zwei alte Männer rannten sogleich von einem Novizen zum anderen, wobei sie mit ernster Miene sagten: „Du darfst dies niemals berichten. Du darfst dies weder deiner Mutter noch deiner Schwester noch irgend jemandem erzählen, der nicht Jeraeil ist." In alten Zeiten wurden die Speere in diesem Augenblick auf die Novizen gerichtet, um die Drohungen zu unterstreichen, die für den Fall angekündigt worden waren, daß sie die Geheimnisse unrechtmäßig preisgeben würden. Daraufhin enthüllte der alte Häuptling in eindrucksvoller Weise den Novizen die alten Glaubensinhalte, die ich folgendermaßen zusammenfasse:

Vor sehr langer Zeit gab es ein großes Wesen, das *Mungan-ngaua* hieß; es lebte auf der Erde und lehrte die Kurnai jener Zeit, Werkzeuge, Netze, Kanus, Waffen herzustellen – also alle Kunstfertigkeiten, die sie jetzt kennen. Es gab ihnen auch die Namen, die sie tragen. Mungan-ngaua hatte einen Sohn, der Tundun hieß; er war verheiratet, und er ist der Ahnherr der Kurnai. Mungan-ngaua rief das Jeraeil ins Leben, das von Tundun geleitet wurde, der die Instrumente verfertigte, die seinen und seiner Frau Namen tragen.

Irgendein Verräter des Stammes gab die Geheimnisse des Jeraeil freventlich den Frauen preis und erregte dadurch den Zorn Mungans auf die Kurnai. Er sandte Feuer, das den ganzen Raum zwischen Himmel und Erde erfüllte. Die Menschen wurden irre vor Furcht, sie spießten sich gegenseitig auf, Väter töteten ihre Kinder, Männer ihre Frauen und Brüder einander gegenseitig. Dann stürzte das Meer über das Land, und fast die gesamte Menschheit wurde fortgetrieben. Diejenigen, die überlebten, wurden die Ahnen der Kurnai. Einige von ihnen verwandelten sich in Tiere, Vögel, Reptilien, Fische; und Tundun und seine Frau wurden Delphine. Mungan verließ die Erde und stieg auf zum Himmel, wo er noch jetzt verweilt.

Seit jener Zeit, so sagen die Kurnai, ist das Wissen um das Jeraeil und seine Geheimnisse vom Vater dem Sohn übergeben worden, zusammen mit der Strafandrohung für freventliches Offenbaren und Brechen der Ordnung des Mungan – nämlich der Zerstörung durch sein Feuer oder den Tod durch Männer, denen seine Gesetze übermittelt wurden.

Nachdem die Novizen solcherart unterrichtet worden waren, ließ man sie das Tundun in die Hand nehmen und es dröhnen lassen, was sie mit offensichtlicher Scheu und Besorgnis taten.

A. W. Howitt, The Native Tribes of South-East Australia. London 1904, S. 628 ff.

165. Dukduk – eine melanesische Geheimgesellschaft

Es gibt da eine höchst merkwürdige und interessante Einrichtung, mittels deren die alten Männer des Stammes sich zusammenschließen und, den Aberglauben der übrigen ausnutzend, sich selbst ein angenehmes Alter und schrankenlosen Einfluß sichern ... Der Dukduk ist ein Geist, der sichtbare und vermutlich greifbare Gestalt annimmt und zu gewissen festgesetzten Zeiten erscheint. Seine Ankunft ist unveränderlich festgelegt auf den Tag, an dem der Neumond sichtbar wird. Er wird von den alten Männern einen Monat vorher angekündigt, und es heißt immer, daß er einen von ihnen gehöre. Während dieses Monats werden große Vorbereitungen an Speisen getroffen, und sollte irgendein junger Mann versäumt haben, bei Gelegenheit seines letzten Erscheinens einen angemessenen Vorrat zu beschaffen, erhält er einen recht kräftigen Hinweis auf die Unzufriedenheit des Dukduk, den er nicht zum zweitenmal beleidigen wird. Wenn man bedenkt, daß die alten Männer, die allein die Macht haben, den Dukduk aus seinem Haus auf dem Grund der See herbeizurufen, zu schwach sind, um zu arbeiten und sich selbst mit Nahrung zu versorgen, so scheint mir der Grund für diesen Hinweis völlig deutlich zu sein. Am Tage vor der erwarteten Ankunft des Dukduk verschwinden gewöhnlich die Frauen, oder sie bleiben auf alle Fälle in ihren Häusern. Es bedeutet für eine Frau den unmittelbaren Tod, diesen unruhigen Geist zu sehen.

Vor Tagesanbruch versammeln sich alle Männer am Strand, wobei die meisten der jüngeren recht verschüchtert aussehen. Sie haben während der nächsten vierzehn Tage viele unangenehme Erlebnisse durchzustehen, und der Dukduk ist dafür bekannt, eine außerordentliche Vertrautheit mit all ihren Fehlern im vorhergehenden Monat zu besitzen. Beim ersten Lichtstrahl der Dämmerung ist Singen und Trommelschlagen draußen auf der See zu hören, und sobald genug Licht ist, um sie zu sehen, werden fünf oder sechs Kanus, die durch eine über ihnen errichtete Plattform miteinander verbunden sind, entdeckt, wie sie langsam auf den Strand zukommen. Zwei ganz außergewöhnliche Gestalten erscheinen tanzend auf der Plattform und stoßen schrille Schreie aus, die dem Gekläff eines kleinen Hundes ähneln. Sie scheinen ungefähr zehn Fuß hoch zu sein, aber ihre Bewegungen sind derart schnell, daß es schwer ist, sie sorgfältig zu beobachten. Jedoch soll die äußere und sichtbare Gestalt, die sie angenommen haben, einen riesigen Kasuar darstellen. Der aus Blättern gefertigte Anzug sieht wie der Körper dieses Vogels aus, aber der Kopf ist ganz und gar der eines Dukduk. Es ist ein kegelförmig gestalteter Aufbau, ungefähr fünf Fuß hoch, aus feinem Korbwerk verfertigt, und ganz und gar verklebt, um eine Oberfläche zu bilden, auf die ein diabolisches Gesicht gemalt ist. Weder Arme noch Hände sind sichtbar, und die Verkleidung reicht hinab bis zu den Knien. Die alten Männer kennen zweifellos das Geheimnis, aber an den bestürzten Mienen der anderen ist leicht zu erkennen, daß diese annehmen, es sei nichts Menschliches an diesen schrecklichen Besuchern. Sobald die Kanus den Strand berühren, springen die zwei Dukduks heraus, und sogleich ziehen sich die Eingeborenen zurück, um eine Berührung mit ihnen zu vermeiden. Wenn ein Dukduk, selbst durch Zufall, berührt wird, erschlägt er sehr oft den unglücklichen Eingeborenen auf der Stelle. Nachdem sie gelandet sind, tanzen die Dukduks um einander herum, sie ahmen dabei die plumpe Bewegung des Kasuars nach und stoßen ihre schrillen Schreie aus. Während ihres ganzen Aufenthaltes geben sie keinen anderen Laut von sich. Es wäre für sie durchaus nicht angebracht zu sprechen, denn in diesem Fall könnten sie an ihren Stimmen erkannt werden. Bis zum Abend ist nichts mehr zu tun, und sie verbringen ihre Zeit damit, am Strand hin und her zu rennen, in das Dorf und den Busch zu laufen, und sie scheinen sehr darauf erpicht zu sein, sich in höchst ungewöhnlicher Weise aufzuführen und die Eingeborenen zu Tode zu erschrecken. Während des Tages hat man für die Dukduks im Busch ein kleines Haus gebaut. Niemand außer den alten Männern weiß genau, wo sich dieses Haus befindet, denn dies bleibt streng geheim. Wir möchten annehmen, daß sich dort der ruhelose Geist bis zu einem gewissen Grade entspannt und auch seine Mahlzeiten einnimmt. Sicher würde niemand wagen, ihn zu stören. Abends wird eine große Menge Nahrungsmittel gesammelt, und von den alten Männern in den Busch getragen, wobei jeder Mann seinen Anteil zu der Mahlzeit beiträgt. Der Dukduk wahrt vollkommenes Schweigen, wenn er zufrieden ist; aber wenn er die gesammelte Menge für unzureichend hält, zeigt er seine Mißbilligung durch Kläffen und Springen.

Wenn die Nahrung fortgeschafft worden ist, haben die jungen Männer eine sehr unangenehme Prüfung zu bestehen, von der angenommen wird, sie solle ihren Geist darauf vorbereiten, daß ihnen zu einem viel späteren Zeitpunkt die Geheimnisse des Dukduk erklärt werden. Sie stehen in Reihen zu sechs oder sieben und halten ihre Arme hoch über ihre Köpfe. Wenn die Dukduks aus ihrem Haus im Busch erscheinen, hat einer von ihnen ein Bündel kräftigen Rohrs, ungefähr sechs Fuß lang, und der andere hat eine große Keule. Der Dukduk mit dem Rohrbündel wählt ein Rohr aus, geht tanzend auf einen der jungen Männer zu und erteilt ihm einen fürchterlichen Schlag, der das Blut aus vielen Stellen seines Körpers hervortreten läßt. Auf seiten des jungen Mannes gibt es jedoch kein Zurückweichen oder Zeichen des Schmerzes. Nach dem Schlag mit dem Rohr hat er sich niederzubücken, was höchst unangenehm sein muß. Jeder der jungen Männer hat diese Prozedur im Lauf des Abends einige zwanzig Mal über sich ergehen zu lassen; danach humpeln sie nach Hause auf ihr Lager. Nichtsdestoweniger muß er für die nächsten vierzehn Tage bereit sein, sich jede Nacht in dieselbe Lage zu begeben. Die Zeit der Initiation eines Mannes darf und kann oft zwanzig Jahre andauern, und da der Dukduk gewöhnlich in jedem Ort sechsmal im Jahre erscheint, hat der Novize eine ansehnliche Menge Prügel zu ertragen, um seine Freiheit von dieser Geheimgesellschaft zu erkaufen. Obwohl ich dabei niemals zugegen war, hat der Dukduk das Recht, und er übt es oft aus, jeden Mann auf der Stelle zu töten. Er tanzt dabei lediglich auf ihn zu und erschlägt ihn mit einem Tomahawk oder einer Keule. Kein Mann würde wagen, dieses Recht in Frage zu stellen, noch würde es sich jemand erlauben, den Körper nachher zu berühren. Die Dukduks heben in diesem Fall den Körper empor und tragen ihn in den Busch, wo er untergebracht wird; wie, kann man nur vermuten. Frauen, die zufällig im Busch aufgefunden werden, werden weggeschleppt und erscheinen niemals wieder, und keine Nachforschungen werden vorgenommen. Es ist kein Zweifel, daß diese Macht, die die Dukduks besitzen, ungestraft Männer und Frauen zu töten, sie so gefürchtet macht. Es ist vor allen Dingen notwendig, das Geheimnis zu bewahren, und die Art und Weise, wie das geschieht, ist sehr raffiniert. Der Mann, der den Dukduk darstellt, geht zu seinem Haus zurück, nimmt seine Kleidung und mischt sich unter den Rest des Stammes, um nicht vermißt zu werden; er wird dann seinen Anteil an Nahrung zur allgemeinen Darbringung beisteuern und so sich selbst ein Geschenk machen. Am letzten Tag, an dem der Mond sichtbar ist, verschwinden die Dukduks, ihr Haus im Busch wird verbrannt, und die Kleider, die sie getragen haben, werden zerstört. Große Sorgfalt wird darauf verwendet, alles, was sie berührt haben, zu zerstören; die Rohre und Keulen werden von den alten Männern verbrannt.

H. Romilly, The Western Pacific and New Guinea. London 1886, S. 27 ff.

Initiationen

166. Der Berserker

Mit „Berserker" (altnordisch: *berserkr*, Plural: *berserkir*), „Bärengewandeter, Bärenhäuter", wird der fellvermummte, männerbündische Krieger der nordgermanischen Sage bezeichnet, der während des Kampfes in wilde Raserei verfällt. Durch rituellen Gestaltwechsel hat er die Kräfte des Tieres, meist eines Bären, erworben, in dessen Fell er gekleidet ist. Die *berserkir* galten als Gefolgsleute des Gottes Odin. Sie werden in einem oft zitierten Abschnitt der Ynglingasaga folgendermaßen beschrieben:

> Sie gingen schutzlos in den Kampf und waren toll wie Hunde oder Wölfe; sie bissen in ihre Schilde und waren stark wie Bären oder Stiere; sie mähten ohne Unterschied nieder, und weder Feuer noch Eisen konnten ihnen etwas antun. Das ist es, was die Wut des Berserkers genannt wird.

Die Volsungasaga (Kapitel 7–8) hat einige der martialischen Prüfungen überliefert, die typisch sind für die Aufnahme unter die Berserker.

Durch Verrat fallen die Volsunger, seine neun Schwäger, in die Hand des Königs Siggeir. An einen Balken gefesselt, werden sie alle von einer Wölfin gefressen, ausgenommen Sigmund, der durch eine List seiner Schwester Signy gerettet wird. Er erwartet die Stunde der Rache, verborgen in einer Hütte in der Tiefe der Wälder, wohin ihm Signy sein Essen bringt. Als ihre ersten beiden Söhne zehn Jahre alt geworden sind, sendet sie sie zu Sigmund, damit er sie prüfe. Sigmund findet, daß sie Feiglinge seien, und auf seinen Rat tötet Signy sie. Signy bekam einen dritten Sohn, Sinfjotli. Als er nahezu zehn Jahre alt war, unterwarf seine Mutter ihn einer ersten Prüfung: sie nähte sein Hemd bis zu den Armen an die Haut fest. Siggeirs Söhne, die der gleichen Prüfung unterworfen worden waren, hatten vor Schmerz geheult, aber Sinfjotli blieb unerschüttert. Dann reißt ihm seine Mutter das Hemd vom Leib, wobei sie die Haut abzieht, und fragt ihn, ob er irgend etwas empfinde. Der Junge antwortet, daß ein Volsung von einer derartigen Kleinigkeit nicht belästigt werde. Seine Mutter schickt ihn daraufhin zu Sigmund, der ihn derselben Prüfung unterwirft, die Siggeirs zwei Söhne nicht bestanden hatten: er befiehlt ihm, Brot zu backen aus einem Sack Mehl, in dem eine Schlange ist. Als Sigmund in der Nacht zurückkommt, findet er das Brot gebacken vor, und er fragt Sinfjotli, ob er in dem Mehl nicht irgend etwas gefunden habe. Der Junge antwortet, er erinnere sich, etwas gesehen zu haben, dem er jedoch keine Aufmerksamkeit schenkte, vielmehr alles ineinanderknetete. Nach dieser Mutprobe nimmt Sigmund den Jungen mit in den Wald. Eines Tages finden sie zwei Wolfsfelle, die von der Wand einer Hütte herabhängen. Die beiden Söhne eines Königs waren in Wölfe verwandelt worden, und sie konnten nur jeden zehnten Tag aus den Fellen herauskommen. Sigmund und Sinfjotli ziehen die Felle an und können nicht wieder hinauskommen. Sie heulen wie Wölfe und verstehen deren Sprache. Dann trennen sie sich und vereinbaren, daß sie einander nur dann zu Hilfe rufen wollen, wenn sie es mit mehr als sieben Männern zu tun haben. Eines Tages wird Sinfjotli zu Hilfe gerufen, und er tötet alle Männer, die Sigmund angegriffen haben. Ein anderes Mal wird Sinfjotli selbst von elf Männern angegriffen, und er tötet sie, ohne Sigmund zu Hilfe zu rufen. Dann stürzt sich Sigmund auf ihn und beißt ihn in die Kehle, doch gelingt es ihm, bald nachher die Wunde zu heilen. Schließlich kehren sie zu ihrer Hütte zurück, um den Augenblick zu erwarten, an dem sie ihre Wolfsfelle ablegen können. Als diese Zeit gekommen ist, werfen sie die Felle ins Feuer. Damit ist Sinfjotlis Einweihung beendet, und er kann die Ermordung der Volsunger rächen.

Nach der Zusammenfassung bei Eliade, Birth and Rebirth. New York 1958, S. 81 ff.

167. Cúchulainns Initiation
Táin bó Cualnge

Die Táin bó Cualnge ist die wichtigste literarische Quelle für den Sagenkreis von Ulster, in dessen Mittelpunkt König Conchobar und sein Neffe, der junge Held Cúchulainn, stehen. Der folgende (gekürzte) Text beginnt mit dem Kampf des noch im Knabenalter sich befindenden Cúchulainn gegen Feinde des Königreiches Ulster.

Cúchulainn sprang auf, bat seinen Onkel um Waffen und einen Streitwagen und brach auf zum Schloß der drei Söhne der Necht, der schlimmsten Feinde des Königreiches Ulster. Obwohl diese Helden für unbesiegbar gehalten wurden, überwand sie der Knabe und schnitt ihnen die Köpfe ab. Aber die Tat erhitzte ihn derart, daß eine Hexe den König davor warnte, daß der Knabe, wenn keine Vorsichtsmaßregeln ergriffen würden, alle Krieger in Ulster töten werde. Der König beschloß, eine Schar nackter Frauen zur Begegnung mit Cúchulainn auszusenden.

Der Text fährt dann fort:

Darauf erhoben sich die jungen Frauen und gingen hinaus ... und sie erkannten ihre Nacktheit, und sie schämten sich vor ihm. Der Bursche verbarg sein Gesicht vor ihnen und wandte seinen Blick zum Streitwagen, um nicht die Nacktheit und Blöße der Frauen zu sehen. Dann wurde der Bursche aus dem Streitwagen herausgehoben. Er wurde in drei Bottiche kalten Wassers getaucht, um seinen Zorn zu löschen. Beim ersten Faß zerbarsten die Reifen, als ob Nüsse aufgeknackt würden. Im nächsten Faß, in das er kam, kochte es in faustgroßen Blasen. Schließlich wurde er in ein drittes Faß gesetzt und erwärmte es, bis seine Hitze und Kälte ausgeglichen waren. Dann legte sich der Zorn des Knaben ... und festliche Gewänder wurden ihm angezogen.

Joseph Dunn, Tain Bo Cualnge. London 1914, S. 60 ff. – Susanne Schaub, Der Rinderraub. Altirisches Epos. München 1976, S. 176 f.

Initiationen

168. Dionysos und die Bacchantinnen
Euripides, Die Bacchantinnen, 677 ff.

Der Kult des seiner Herkunft nach wahrscheinlich nichtgriechischen Gottes Dionysos trug ekstatischen Charakter. Im folgenden Text beschreibt ein Hirte dem thebanischen König Pentheus einen Angriff der weiblichen Verehrerinnen des Dionysos, der Bacchantinnen oder Mänaden, auf die königliche Herde.

Ich trieb nur eben meine Rinderherde
Den Berg hinan, als Helios[1] das Land
Mit seinen Strahlen glühend schon erwärmte.
Da sah ich Weiberhaufen, drei an der Zahl;
Den einen führt' Autonoë, die andern
Agaue, deine Mutter selbst, und Ino.
Noch schliefen sie, beisammen hingelagert,
Die Rücken an der Tanne Stamm gelehnt,
Oder ins Eichenlaub am Boden nur
Das Haupt geschmiegt, doch züchtig, nicht berauscht,
Von Wein und Flötenschall, wie du wohl glaubst,
Einsam im wilden Wald nach Liebe jagend. –

Als meines Hornviehs Brüllen sie vernahm,
Da jauchzt' in ihrer Mitte deine Mutter
Die müden Leiber aus dem Schlummer auf:
Rasch warfen sie den zarten Schlaf vom Auge,
Sprangen empor, ein Wunder holder Zucht,
Vermählt' und Unvermählte, jung und alt,
Und um die Schultern schüttelnd ihre Locken
Zogen sie fest, wo sich das Band gelöst,
Das Hirschfell, das gefleckte, das die Natter,
Ins Antlitz ihnen züngelnd, zahm umschlingt.
Rehzicklein auch und wilde Wölfchen trugen
Die jungen Mütter an der vollen Brust
Und säugten sie mit ihrer weißen Milch,
Wonach daheim die eig'nen Kinder schreien.

Das Haupt bekränzt mit Eichenlaub und Efeu
Und blühnden Eibenzweigen, schlägt ein Weib
Den Thyrsos[2] schwingend wider einen Felsen:
Da springt des klaren Wassers Quell hervor!
Ein andres stößt ihn auf den Boden nieder,
Und eine Weinflut schickt der Gott empor;

Doch die des weißen Tranks der Herde gehrten,
Die ritzen mit den Fingern nun den Grund
Und hatten Milch in Strömen. Aus dem Efeu
Der Thyrsen tropfte süßer Honigsaft,
Daß, wenn du da warst, den verhöhnten Gott
Du selbst bei solchem Anblick angebetet! –

Da liefen Schäfer denn und Rinderherden
Zum Wechselaustausch all des Staunenswerten
Und Furchtbaren, das sie gesehen, zusammen.
Zu denen sprach ein wohlberedter Mann,
Der aus der Stadt gekommen: „Ihr, der heil'gen
Berghöh'n Bewohner, wollt ihr, jagen wir
Des Pentheus Mutter aus dem Bacchenschwarme,
Des Königs Dank verdienen wir damit!"
Das schien uns gut, und im Gebüsch verborgen
Spähten wir ihnen nach. Die Stunde kam,
Und ihre Thyrsen schwangen sie zum Festtanz,
Mit lautem Mund den Iacchos[3], Gottes Sohn,
Und Bronnos[3] preisend, daß der ganze Berg
Und all sein Wild einstimmt' in ihren Jubel,
Und von dem Tanz erschütterte der Grund! –
Da kommt Agaue mir, sich schwingend, nahe;
Ich spring hervor – schon will ich nach ihr greifen,
Den Busch verlassend, der so lang mich barg –,
Da ruft sie: „Los, ihr meine flücht'gen Hunde!
Dort auf die Männer, die uns jagen, los!
Den Thyrsosstab geschwungen, nach! mir nach!" –

Nun flohn wir, daß wir uns noch retteten
Vor der Zerreißung; doch die Herd' auf der Weide,
Die fiel in ihre waffenlose Hand.
Hier fängt die eine sich die beste Milchkuh,
Schlägt ihr den Kopf mit Brüllen mitten durch,
Dort reißen sie das Jungvieh dir in Stücke –
Da fliegen Rippen hoch, gespalt'ne Hufe,
Und von den Tannen blutet frisches Fleisch!
Die Stiere, denen eben wilder Grimm
Noch strotzt im Horne, stürzen auf den Grund,
Hinabgezerrt von tausend Jungfraunhänden;
Und schneller gar, als dir die Wimper zuckt,
Die Haut vom Leibe, für die Königstöchter. –

Nun hob sich, Vögeln gleich, der Schwarm zum Flug,
Zur Eb'ne nieder, an Asopos' Fluten;
In Thebens fruchtgesegnet Ährenfeld,
Erythra, Hysiai, drunten am Kithairon,
In all die Siedelungen brechen sie
Verwirrend und verwüstend feindlich ein
Und rauben sich die Kinder aus den Häusern
Und tragen ungefesselt auf den Schultern
Sie hoch dahin, und keines fällt herab.
Dabei kein Erz, – kein Eisen! Nur im Haar
Flammt eine Glut, die nichts verbrennt. Erbittert
Durch solch Treiben, läuft man zu den Waffen:
Und, Herr, nun gab's ein traurig Ding zu sehn!
Der Männer Speer ward nie mit Blut befleckt;
Die Frauen aber, nur mit Thyrsoswürfen,
Verwundeten und trieben in die Flucht
Die Männerschar, nicht ohne Götterhilfe! –
Dann kehrten sie zurück, woher sie kamen,
An jene Quellen, die der Gott gesandt,
Und wuschen sich das Blut von ihren Wangen,
Sich von der Haut der Schlangen Geifer ab. –

Solch einen Gott, o König, wer er sei,
Nimm auf in deiner Stadt; denn er ist groß,
Und was er uns gebracht, wie man erzählt,
Das ist der Wein, der allen Kummer löst.
Gibt's keinen Wein, so gibt's auch keine Liebe,
Kein ander Labsal für die Menschen mehr.

---

[1] Griechischer Sonnengott.
[2] Der mit Efeu und Weinlaub umwundene Stab des Dionysos.
[3] Mit Dionysos gleichgesetzt.

Übersetzung von Hans von Wolzogen. Leipzig o. J.

169. Die eleusinischen Mysterien

Die nach der attischen Stadt Eleusis benannten Mysterien haben bereits in der vor-hellenistischen Zeit Griechenlands Bedeutung besessen und später im römischen Reich viele Anhänger in ihren Bann gezogen. Zugrunde lag ihnen die Kultlegende vom Raub des Kornmädchens Kore durch den Gott Hades und von seiner durch Demeter bewirkten Rückkehr auf die Erde. Dieser ursprüngliche Charakter eines Vegetationsmythos und seiner kultischen Repräsentation trat später ganz zurück gegenüber dem beherrschenden

Ziel einer Beseligung des Mysten und der Sicherung eines glücklichen Jenseitsschicksals. Da es sich um einen Geheimkult handelte, über dessen Hergang von den Mysten strenges Schweigen bewahrt wurde, geben die erhaltenen Texte kaum Auskunft über den eigentlichen Vollzug der Mysterien.

Selig ist der von den Menschen auf Erden, der solches gesehen!
Doch wer an den heiligen Weihen nicht teilhat, wird niemals
Gleichen Glückes teilhaftig, auch wenn er gestorben, im modrigen Hades.
Homerischer Demeter-Hymnus 480–482

Dreimal glücklich sind jene Sterblichen, die,
nachdem sie diese Riten gesehen haben, zum
Hades gehen; denn nur ihnen ist dort ein
wahres Leben sicher, für die übrigen ist es dort
schlimm. *Sophokles, Fragm. 719*

Glücklich, wer dies gesehen hat, ehe er unter die Erde geht; denn er kennt das Ende des Lebens, und er weiß um einen gottgegebenen Anfang.
Pindar, Fragm. 102

Wundervoll ist fürwahr das Mysterium, das uns von den seligen Göttern gegeben wurde; der Tod ist für die Sterblichen nicht länger ein Übel, sondern ein Segen. *In Eleusis gefundene Inschrift*

S. Angus, The Mystery. Religions and Christianity. London 1925, S. 140.

Es war in Athen allgemeiner Glaube, daß, wer immer in die Mysterien eingeweiht war, würde, wenn er starb, göttlichen Glanzes für wert erachtet werden. Daher waren wir alle auf Einweihung begierig.
Scholion zu Aristophanes, Die Frösche, 158

Ich beabsichtigte, das Thema weiter zu verfolgen und alle Gegenstände in dem Eleusinion genannten Heiligtum in Athen zu beschreiben, aber ich wurde davon durch ein Traumgesicht abgehalten. Deshalb will ich mich dem zuwenden, was rechtens jedermann gesagt werden kann. *Pausanias I, 14, 3*

Mein Traum verbot mir zu beschreiben, was sich innerhalb der Mauern des Heiligtums befindet; und sicherlich ist es klar, daß die Uneingeweihten rechtens nichts von dem hören dürfen, dessen Anblick ihnen versagt ist.
Pausanias, I, 38, 7

Initiationen

170. Der Tod und die Mysterienweihe
Plutarch, „Über die Seele"

(Im Augenblick des Todes) hat die Seele die gleiche Erfahrung wie jene, die in die großen Mysterien eingeweiht wurden... Zuerst wandert man und eilt ermüdend hin und her, und man zieht mißtrauisch durch das Dunkel wie ein Uneingeweihter. Dann kommen die Schrecken vor der endgültigen Einweihung: Schauder, Erzittern, Schwitzen, Erstaunen. Daraufhin wird man von einem wundervollen Licht getroffen, man wird zu reinen Gefilden und Wiesen zugelassen, mit Stimmen und Tänzen und der Erhabenheit heiliger Laute und Formen. Derjenige, der die Mysterienweihe erhalten hat, wandert dazwischen frei herum, er ist erlöst, und seine Ehrenkrone tragend, gesellt er sich zu der göttlichen Gemeinschaft und verkehrt mit reinen und heiligen Menschen. Er erblickt auch diejenigen, die hier uneingeweiht leben, eine unreine Horde, von seinen Füßen getreten, zusammengedrängt im Schlamm und Dunst; so verbleiben sie in ihrem Elend, in Todesfurcht und Argwohn gegenüber den Segnungen der Eingeweihten.

George E. Mylonas, Eleusis and the Eleusinian Mysteries. Princeton 1961, S. 246 ff.

171. Das Taurobolium der Kybele-Mysterien
Prudentius, Peristephanon X, 1011–1050

Die Verehrung der kleinasiatischen Göttermutter, der Kybéle oder Magna Mater, war in Rom im Jahre 204 v. Chr. in der Notzeit des 2. Punischen Krieges offiziell eingeführt worden. Im Dienst dieser Göttin stand der Vollzug des Tauroboliums, einer taufähnlichen Handlung, die mit dem Blut eines über der Opfergrube getöteten Stieres vorgenommen wurde. Der christliche, aus Spanien stammende Dichter Prudentius (348–405) hat eine Schilderung dieses Rituals überliefert, die als zuverlässig gilt. Die negative Wertung des kultischen Aktes entspricht der christlichen Sicht des Autors.

Der Hohepriester, der geweiht werden soll, wird hinab in eine tief ausgegrabene Grube gebracht, er ist prächtig geschmückt mit einem Haarband, das seine Schläfen wie ein Kranz umgibt, sein Haar ist unter einer goldenen Krone zurückgekämmt, und er trägt eine seidene Toga.

Darüber errichten sie einen Holzrost mit weiten Zwischenräumen, der aus netzartig zusammengefügten Bohlen besteht; dann trennen oder durchbohren sie diese Fläche und durchstechen das Holz wiederholt mit einem spitzen Werkzeug, so daß es voll von kleinen Löchern erscheint.

Hierhin wird ein mächtiger Bulle von wildem und struppigem Aussehen gebracht; er ist mit Blumengirlanden festgebunden, seine Hörner sind umkleidet. Wahrhaftig, die Stirn des Opfers funkelt golden, und das Aufblitzen von Metallplatten färbt sein Haar.

Dem Ritus gemäß muß das Tier hier getötet werden, und sie durchstechen seine Brust mit einem heiligen Speer. Die aufklaffende Wunde läßt eine Welle heißen Blutes ausströmen, das sich dampfend auf den Holzrost darunter ergießt und weit verbreitet.

Dann regnet der Erguß durch die Tausende von Öffnungen in den Gittern hernieder wie ein ekelhafter Tau, den der in der Grube eingeschlossene Priester schamlos auffängt, indem er seinen Kopf unter alle Tropfen hält, die seine Kleidung und darunter seinen Körper beschmutzen.

Er wirft wahrhaftig sein Gesicht zurück, er bringt seine Wangen auf den Weg des Blutes, hält seine Ohren und Lippen darunter, ebenso seine Nasenlöcher, er wäscht selbst seine Augen mit dieser Flüssigkeit, und er läßt auch seine Kehle nicht aus, sondern befeuchtet seine Zunge und trinkt tatsächlich das dunkle Blut.

Nachher, wenn sie überzeugt sind, daß alles Blut herausgeflossen ist, tragen sie den toten Körper von dem Gitter hinweg, und der Hohepriester, fürchterlich in seinem Aussehen, kommt hervor und zeigt seinen nassen Kopf, seinen vom Blut schweren Bart, seine tropfenden Haarbänder und durchweichten Kleider.

Diesen Mann, der derart besudelt ist und ekelerregend durch das Blut des kürzlichen Opfers, begrüßen und verehren alle von weitem, denn gewöhnliches Blut und ein toter Ochse haben ihn in einer schmutzigen Grube gewaschen.

C. K. Barrett, The New Testament Background. London 1956, S. 96f.

172. *Platon über die Mysterienweihe*

Platon, Phaidon 69c

Wenn man jene betrachtet, die die Mysterienweihen bei uns eingeführt haben, so waren sie keine törichten Leute; denn es ist ein geheimnisvoller Sinn in ihrer Lehre, daß, wer ohne Weihen in den Hades kommt, in einem Pfuhl liegen muß, während der Gereinigte und Eingeweihte im Jenseits bei den Göttern wohnen darf. Denn es ist wahr, wenn jene, die die Mysterien verstehen, sagen: „Zwar tragen viele den Stab, doch werden wenige Bakchoi." Nun sind diese letzteren meiner Meinung nach keine anderen als jene, die ihr Leben der wahren Philosophie gewidmet haben.

Frederick C. Grant, Hellenistic Religions. New York 1953, S. 136f.

Initiationen

173. Die Isis-Mysterien

Apuleius, Metamorphosen XI, 15, 23–25

Die Verehrung der ägyptischen Göttin Isis war zur Zeit Sullas (138–78 v. Chr.) nach Rom gekommen und hatte sich dort zu einem der bedeutendsten Mysterienkulte der Spätantike entwickelt. In ihm gewann Isis die Bedeutung einer Universalgöttin. Apuleius (ca. 125–180 n. Chr.) gibt in seinem meist unter der Bezeichnung „Der goldene Esel" bekannt gewordenen „Metamorphosen" eine als zuverlässig angesehene Schilderung der Isis-Verehrung, die er seinen Helden Lucius erleben läßt.

O Lucius, nachdem du so viele Mühen erduldet hast und so zahlreichen Stürmen des Schicksals entronnen bist, hast du endlich die Zuflucht und den Hafen der Ruhe und Gnade gefunden. Weder deine edle Abstammung noch dein hoher Rang, noch deine große Gelehrsamkeit hat dir irgendwie geholfen; sondern weil du dich niedrigen Vergnügungen zuwandtest, ward dir durch eine kleine jugendliche Torheit für deine unselige Neugier ein grausamer Lohn[1]. Und obwohl dich das blinde Geschick mit mannigfachen Gefahren plagte, brachte es dich gerade durch deine eigene Bosheit zur Seligkeit dieser Religion. Laß nun das Schicksal anderswohin gehen und in wilder Wut rasen und jemand anders finden, um ihn zu quälen. Denn das Schicksal hat keine Macht über diejenigen, die sich dem Dienst der Majestät unserer Göttin geweiht haben. Denn alle Anfechtungen – Räuber, wilde Tiere, Sklaverei, mühselige und vergebliche Reisen, die endeten, wo sie begannen, wie auch tägliche Todesfurcht – halfen dem bösen Schicksal nichts. Nun bist du in Sicherheit unter dem Schutz jenes Schicksals, das nicht blind ist, sondern sehen kann, und das mit seinem hellen Licht die anderen Götter erleuchtet. Sei du daher froh, blicke fröhlich drein, wie es zu deinem weißen Gewande paßt, und folge heiteren Schrittes dem Zug der rettenden Göttin. Mögen alle diejenigen, die nicht ergebene Anhänger der Göttin sind, dies sehen und ihren Irrtum erkennen: „Sehet, hier ist Lucius, frei von früherer Pein durch die Vorsehung der großen Isis, voller Freude über sein Schicksal!" Damit du jedoch noch sicherer und geschützter leben mögest, widme dich ganz dem heiligen Kriegsdienst[2] – denn vor kurzem wurdest du aufgefordert, den Eid zu leisten –, und weihe dich dem Gehorsam unserer Religion, und nimm das freiwillige Joch des Dienstes auf dich. Denn wenn du begonnen hast, der Göttin zu dienen, dann wirst du in noch reicherem Maße die Früchte deiner Freiheit genießen.

Im folgenden berichtet Lucius über seine Weihe:

Höre denn und glaube, denn was ich erzähle, ist wahr. Ich kam nahe an die Grenze des Todes und betrat die Schwelle der Proserpina[3]. Ich wurde durch alle Elemente getragen und kehrte zur Erde zurück. In tiefer Nacht sah ich die Sonne hell scheinen. Ich näherte mich den Göttern droben und drunten und diente ihnen von Angesicht zu Angesicht. Siehe, ich habe dir Dinge gesagt, die du nun gehört hast und doch nicht verstehen kannst. Deshalb will ich nur so viel erzählen, wie dem Verstande des Uneingeweihten, ohne eine Sünde zu begehen, mitgeteilt werden darf.

Sobald es Morgen wurde und die feierlichen Riten vollzogen waren, kam ich heraus, bekleidet mit den zwölf Gewändern des Eingeweihten, einem Aufzug, der wirklich höchst heilig ist, über den zu berichten jedoch kein heiliger Bann verbietet, zumal es zu jener Zeit viele waren, die ihn mich tragen sahen. Denn genau in der Mitte des Heiligtums, vor dem Bild der Göttin, war eine hölzerne Plattform, auf die zu treten ich geführt wurde, bekleidet mit einem Gewand, das, obwohl es nur aus Leinen war, durch seinen reich bestickten Schmuck die Blicke auf sich zog. Ein kostbarer Mantel hing von meinen Schultern abwärts bis zum Boden, und er war, wohin du auch immer blicktest, mit Tierfiguren in unterschiedlichsten Farben geschmückt. Darauf waren indische Drachen, hyperboreische Greifen, wie Vögel mit Flügeln versehen, aber einer anderen Welt entstammend. Das nennen die Eingeweihten das Himmelsgewand. In meiner rechten Hand hielt ich eine flammende Fackel, mein Kopf war mit einer Krone aus weißem Palmblättern geschmückt, die wie Strahlen ausgebreitet waren. Als ich so wie ein Bild der Sonne geschmückt und wie ein Götterbild aufgestellt war, wurde plötzlich der Vorhang hinweggerissen, und das Volk drängte sich, um mich zu sehen.

Der Bericht schließt mit einem Gebet, das Lucius an die Göttin Isis richtet.

Heilige, nie rastende Helferin des Menschengeschlechts, huldvolle Förderin der Sterblichen, du zeigst mütterliches Erbarmen allen Unglücklichen. Nicht Tag, nicht Nacht, ja nicht der kleinste Augenblick verstreicht, der deiner Gnadentaten leer sei, wo du nicht zu Meer und Land Menschen beschirmst, des Lebens Stürme sänftigst und deine Hand zur Rettung bietest. Sie löst des Schicksals unentwirrbar verschlungene Fäden, sänftigt des Unglücks Sturm und hemmt schadenbringenden Lauf der Gestirne. Dich lieben des Himmels und verehren der Unterwelt Götter; du wirkst des Himmels Drehung und der Sonne Licht, du herrschest im Himmel und betrittst die Unterwelt. Auf dein Wort hören die Sterne, ihm folgt der Zeiten Wiederkehr, die Götter freuen sich seiner, und die Elemente dienen ihm. Auf deinen Wink atmet des Windes Hauch, bringt die Wolke nahrungsspendendes Naß, keimt auf der Samen, wächst empor der Keim. Vor deiner Majestät erbebt der Vogel, der am Himmel seine Bahn zieht, das Wildtier, das den Berg durchirrt, die Schlange, die im Erdloch lauert.

Ich bin zu schwach an Geist, dich würdig zu preisen, zu arm an Hab und Gut, dir Opfer darzubringen. Meiner Rede Fluß reicht nicht aus, auszudrücken, wie ich deine Erhabenheit empfinde, noch reichten dazu ein tausendfacher Mund, tausend Zungen und nimmermüden Lobpreises ununterbrochene Folge. So will ich das Eine tun, was ich tun kann: dein göttliches Antlitz und dein heiliges Wesen will ich tief in des Herzens Schrein bergen und stets vor Augen haben.

---

[1] Durch seine die Zauberei betreffende Neugier war Lucius zeitweise in einen Esel verwandelt worden.
[2] D.h.: tritt dem Isis-Kult bei.
[3] Römische Unterweltsgöttin, der griechischen Persephone entsprechend.

Frederick C. Grant, Hellenistic Religions. New York 1953, S. 136ff.

174. Kūkais Initiation in den esoterischen Buddhismus

Kōbō Daishi Zenshu I, 98ff.

Der Japaner Kūkai (774–835), der später unter seinem posthumen Namen Kōbō Daishi, „der große Meister der großen Lehre", bekannt wurde, begründete in Japan die Shingon-shū, die Mantra-Lehre des Buddhismus. Er übertrug damit auf Japan eine esoterische und magische Form des Buddhismus, in die er, wie der folgende Text, ein von ihm verfaßter Bericht, zeigt, von einem Lehrer der chinesischen Mi-tsung, einer dort bereits verbreiteten buddhistischen Geheimlehre, eingeweiht worden war.

Während des sechsten Monats des Jahres 804 segelte ich, Kūkai, nach China an Bord des Schiffes Nummer eins und in Gesellschaft von Fürst Fujiwara, der als Gesandter an den Hof der T'ang ging. Wir erreichten die Küste von Fukien im achten Monat, und vier Monate später kamen wir in der Hauptstadt Ch'ang-an an, wo wir im offiziellen Gästehaus untergebracht wurden. Die Gesandtschaftsdelegation reiste am 15. März 805 wieder nach Japan ab, aber in Erfüllung eines kaiserlichen Edikts blieb ich allein zurück im Hsi-ming-Tempel, wo früher der Abt Yung-chung residiert hatte.

Eines Tages ereignete es sich zufällig, daß ich im Verlauf meiner Besuche hervorragender buddhistischer Lehrer der Hauptstadt den Abt der östlichen Pagode des Großen Drachen-Tempels traf. Dieser große Priester, dessen buddhistischer Name Hui-kuo war, war der Lieblingsschüler des indischen Meisters Amoghavajra gewesen. Seine Tugend vermehrte die Ehrerbietung seines Alters; seine Lehren waren erhaben genug, um Kaiser anzuleiten. Drei Herrscher verehrten ihn als ihren Meister und wurden von ihm geweiht. Die vier Klassen der Gläubigen sahen auf ihn, um Einweisung in die Geheimlehren zu erhalten.

Ich besuchte den Abt in Gesellschaft von fünf oder sechs Mönchen des Hsi-ming-Tempels. Sobald er mich sah, lächelte er gefällig und sagte freudig: „Ich wußte, daß du kommen würdest! Ich habe so lange Zeit darauf gewartet. Welches Vergnügen bereitet es mir, dich heute endlich zu sehen! Mein Leben geht dem Ende zu, und bevor du kamst, war niemand da, dem ich die Lehren übermitteln konnte. Gehe ohne Aufschub mit Weihrauch und einer Blume zum Altar der Ordination." Ich kehrte zu dem Tempel, wo ich gewohnt hatte, zurück und bekam die Dinge, die für die Zeremonie notwendig waren. Es geschah dann zu Anfang des sechsten Monats, daß ich den Ordinationsraum betrat. Ich stand vor dem Garbha Mandala[1] und warf meine Blume in der vorgeschriebenen Weise. Zufällig fiel sie auf den Körper des Buddha Vairocana[2]. Der Meister rief freudig aus: „Wie erstaunlich! Wie außerordentlich erstaunlich!" Er wiederholte dies drei- oder viermal in Freude und Verwunderung. Ich erhielt dann die fünffache Taufe und empfing die Einweisung in die drei Geheimnisse. Daraufhin wurde ich die Sanskrit-Formeln für das Garbha Mandala gelehrt, und ich lernte die Kontemplation des Yoga.

Zu Anfang des siebten Monats betrat ich den Ordinationsraum des Vajra Mandala[3] für eine zweite Taufe. Als ich meine Blume warf, fiel sie wieder auf Vairocana, und der Abt erstaunte sich darüber, wie er es zuvor getan hatte. Ich erhielt auch im nächsten Monat die Ordination als ācārya[4]. Am Tag meiner Ordination stattete ich ein Fest aus für fünfhundert Mönche. Die Würdenträger des Grünen Drachen-Tempels nahmen alle an dem Fest teil, und jedermann fand daran Gefallen.

Später studierte ich das „Sūtra der Diamantkrone" und verwandte einige Zeit darauf, Sanskrit und Sanskrit-Hymnen zu lernen. Der Abt unterrichtete mich darüber, daß die esoterischen Schriften derart tiefgründig seien, daß ihr Sinn nur durch die Kunst übermittelt werden könne. Aus diesem Grund befahl er dem Hofkünstler Li Chen und etwa einem Dutzend anderer Maler, zehn Rollen des „Mutterleib"- und des „Edelstein-Mandala" herzustellen, und er berief mehr als zwanzig Schreiber, um Abschriften des „Sūtra der Diamantkrone" und anderer wichtiger esoterischer Schriften zu verfertigen. Er befahl auch dem Bronzeschmied Chao Wu, fünfzehn Ritualgeräte zu gießen. Diese Befehle zum Malen der religiösen Bilder und zum Abschreiben der Sūtras wurden zu verschiedenen Zeiten erteilt.

Eines Tages sagte mir der Abt: „Vor langer Zeit, als ich noch jung war, sah ich den großen Meister Amoghavajra. Vom ersten Augenblick an behandelte er mich wie einen Sohn, und bei einem Besuch am Hofe und seiner Rückkehr zum Tempel war ich unzertrennlich bei ihm wie sein Schatten. Er vertraute mir an: ‚Du wirst das Gefäß esoterischer Lehren werden. Tu dein Bestes! Tu dein Bestes!' Dann wurde ich in die Lehren sowohl des ‚Mutterleib'- als auch des ‚Edelstein-Mandala' eingeweiht und ebenso in das Geheimnis der Mudrās[5]. Seine übrigen Schüler, sowohl Mönche als auch Laien, studierten nur eines der Mandalas oder ein Ritual, aber nicht alle, wie ich es tat. Wie sehr ich in seiner Schuld stehe, werde ich niemals hinreichend ausdrücken können."

Nun nähert sich meine irdische Existenz dem Ende, und ich kann nicht mehr lange verweilen. Ich bitte dich daher dringend, die beiden Mandalas und die hundert Bände esoterischer Lehren zusammen mit den Ritualgeräten und diesen Gaben, die mir von meinem Meister überlassen wurden, an dich zu nehmen. Kehre in dein Land zurück, und verkünde dort die Lehren.

Als du zuerst ankamst, fürchtete ich, nicht mehr genug Zeit zu haben, dich alles zu lehren, aber nun ist meine Lehre vollendet, und das Werk der Abschrift der Sūtras und der Verfertigung der Bilder ist auch abgeschlossen. Eile zurück in dein Land, überreiche diese Dinge dem Kaiserhof, und verbreite die Lehren überall in deinem Land, um das Glück des Volkes zu erhöhen. Dann wird das Land Frieden haben, und jeder wird zufrieden sein. Auf diese Weise wirst du Buddha und deinem Lehrer Dank abstatten. Dies ist auch der Weg, deinem Land und deiner Familie Ergebenheit zu zeigen. Mein Schüler I-ming wird die Lehren hierher bringen. Deine Aufgabe ist es, sie dem östlichen Land zu übermitteln. Tu dein Bestes! Tu dein Bestes!" Dies waren seine letzten Unterweisungen, die er mir, freundlich und geduldig wie immer, gab. In der Nacht des letzten Vollmondes des Jahres reinigte er sich in einem rituellen Bad, legte sich auf seine rechte Seite, vollzog die Handhaltung des Vairocana und atmete zum letzten Mal.

In jener Nacht, als ich meditierend in der Halle saß, erschien mir der Abt und sagte: „Du und ich, wir haben uns verpflichtet, die esoterischen Lehren zu verbreiten. Wenn ich in Japan wiedergeboren werde, dann will ich dein Schüler sein."

Ich bin nicht auf alle Einzelheiten dessen eingegangen, was er sagte, aber die Grundbedeutung der Lehren des Meisters habe ich gegeben. 5. Dezember 806.

---

[1] „Mandala des Mutterleibes"; Mandala („Kreis") ist ein mystisches Kreis- und Vieleckbild, das im Buddhismus als Hilfsmittel zur Meditation verwendet wird.
[2] Der „sonnenhafte" Buddha, der als Vorgänger des historischen Gautama Buddha angesehen wird.
[3] „Edelstein-Mandala".
[4] Sanskrit: „Verkünder, Lehrer".
[5] Symbolische Handhaltung.

Wm. Theodore de Bary, Sources of Japanese Tradition. New York 1958, S. 137 ff.

VIERTES KAPITEL

Tod, jenseitiges Leben, Universaleschatologie

A. GOTTHEITEN UND HELDEN IM ANGESICHT DES TODES

175. Ischtars Hinabstieg in die Unterwelt

Der babylonische Mythos vom Hinabstieg der Göttin Ischtar in die Unterwelt geht teilweise auf sumerische Vorlagen zurück, die von Inanna, der sumerischen Entsprechung der babylonischen Ischtar, handeln.

Ischtar, die Göttin der Liebe und der Fruchtbarkeit, beschließt, ihre Schwester Ereschkigal, die Königin der Unterwelt, aufzusuchen.

Zum Land ohne Rückkehr, dem Reich der Ereschkigal,
Richtete Ischtar, die Tochter des Sin[1], ihren Sinn,
Wahrlich, die Tochter des Sin richtete ihren Sinn
Zu dem düsteren Haus, der Wohnung der Ereschkigal,
Zum Haus, das niemand verläßt, der es betrat,
Zur Straße, von der kein Weg zurückführt,
Zum Haus, dessen Bewohner des Lichtes beraubt sind,
In welchem Staub ihre Kost und Erde ihre Nahrung ist,
Wo sie kein Licht sehen und in Finsternis verweilen...

Um in die Unterwelt zu gelangen, muß Ischtar sieben Tore durchschreiten. An jedem dieser Tore werden ihr Kleidungsstücke und Schmuckgegenstände abgenommen, und jeder Torwächter erklärt ihr, daß dies gemäß den Gesetzen der Herrin der Unterwelt geschehe. Entkleidet und gedemütigt erscheint schließlich Ischtar vor ihrer feindlichen Schwester Ereschkigal.

Als Ischtar hinabgestiegen war in das Land ohne Rückkehr,
Erblickte Ereschkigal sie und geriet in Wut über ihre Gegenwart.
Ischtar aber eilte blindlings auf sie zu.
Da öffnete Ereschkigal ihren Mund und sprach,
Zu Namtar, ihrem Minister, sagte sie diese Worte:
„Auf, Namtar, schließe sie ein in meinen Palast!
Entfessele gegen sie, gegen Ischtar, die sechzig Krankheiten:

Die Krankheit der Augen gegen ihre Augen,
Die Krankheit der Hüften gegen ihre Hüften,
Die Krankheit der Füße gegen ihre Füße,
Die Krankheit des Kopfes gegen ihren Kopf –
Gegen jeden Teil von ihr, gegen ihren ganzen Körper!"

Als Ischtar, die Göttin der Liebe und der Fruchtbarkeit, sich in der Unterwelt befindet, hört auf der Erde jede Fortpflanzung auf. Da greift der Gott Ea ein. Sein „Wasser des Lebens" wird über Ischtar ausgegossen, und Ereschkigal wird gezwungen, ihre Schwester aus der Unterwelt zu entlassen. Diese muß allerdings als Ersatz den Gott Tammuz stellen, der von Dämonen in die Unterwelt geschleppt wird.

[1] Mondgott.

E. A. Speiser, Ancient Near Eastern Texts. Princeton 1950, S. 106 ff.

176. Gilgamesch auf der Suche nach der Unsterblichkeit
Gilgamesch-Epos IX, 1 – XI, 307 (gekürzt)
(Zum „Gilgamesch-Epos" vgl. Nr. 90)

Gilgamesch – um Enkidu, seinen Freund,
Weint er bitterlich, laufend hin in die Steppe:
„Werd ich nicht, sterbe ich, sein wie auch Enkidu?
Harm hielt Einzug in mein Gemüte,
Todesfurcht überkam mich, nun lauf ich hin in die Steppe;
Zu Utnapischtim hin, dem Sohn Ubar-Tutus,
Hab den Weg ich genommen, zieh eilig dahin
Zu den Pässen des Berges gelangt ich des Nachts.
Löwen sah ich und fürchtete mich,
Hob empor mein Haupt, betend zu Sin[1]..."

Beschädigter Text und Lücke von 32 Zeilen. Gilgamesch kommt zu einem Berge:

Des Berges Benennung ist Māschu.
Sowie er zum Berg Māschu gelangt war: –
Die täglich Auszug und Einzug[2] bewachen,
Über die nur die Himmelhalde hinwegragt,
Denen unten die Brust an den Höllengrund stößt –
Skorpionmenschen halten am Bergtor Wacht,
Deren Furchtbarkeit ungeheuer ist, deren Anblick Tod ist,
Deren großer Schreckensglanz Berge umhüllt,
Die beim Auszug und Einzug der Sonne die Sonne bewachen –
Da Gilgamesch diese sah, umwölbte sich sein Angesicht vor der Furchtbarkeit
und Ungeheuerlichkeit.

Er faßte sich und neigte sich vor ihnen.
Der Skorpionmensch ruft seinem Weibe zu:
„Der zu uns da gekommen – sein Leib ist Götterfleisch!"
Das Weib des Skorpionmenschen antwortet ihm:
„Zwei Teile sind Gott an ihm – Mensch ist sein dritter Teil!"
Der Skorpionmensch, das Mannsbild, ruft,
Zum Sprößling der Götter sagt er die Worte:
„Weshalb zogst du so fernen Weges,
Kamst du hierher, bis vor mich hin,
Quertest du mühsam zu querende Ströme?
Gerne wüßt' ich, worum es dir geht."

Lücke von 28 Zeilen. Gilgamesch antwortet:

„Um Utnapischtims, meines Ahnen willen...!
der trat in die Götterschar, nachging dem Leben –
Nach Tod und Leben will ich ihn fragen!"
Der Skorpionmensch tat den Mund auf
Und sprach zu Gilgamesch:
„Nicht gab es, Gilgamesch, Menschen, die's konnten!
Des Berges Inneres hat niemand durchschritten,
Auf zwölf Doppelstunden ist finster sein Inneres!
Dicht ist die Finsternis, kein Licht ist da!
Zum Sonnenaufgang lenkt sich der Weg,
Zum Sonnenuntergang gleichermaßen."

Lücke von 73 Zeilen. Anscheinend hat Gilgamesch durch Jammern und Klagen den Skorpionmenschen die Erlaubnis, durch den Berg zu ziehen, abgenötigt.

Der Skorpionmensch tat den Mund auf,
Zu Gilgamesch sprach er die Worte:
„Zieh hin, Gilgamesch, fürchte dich nicht!
Die Berge von Māschu geb' ich dir frei,
Die Berge, die Gebirge, durchschreite getrost!
Heil mögen heim deine Füße dich bringen!"
Kaum hatte Gilgamesch dies vernommen,
Als des Skorpionmenschen Worte er befolgte,
Auf dem Wege des Schamasch[3] trat er ins Bergtor ein.
Als er eine Doppelstunde weit gedrungen:
Dicht ist die Finsternis, kein Licht ist da,
Nicht ist ihm vergönnt zu sehen, was hinten liegt.

Lücke von 15 Zeilen. Gilgamesch ist zehn Doppelstunden lang in völliger Finsternis vorangegangen.

Als er elf Doppelstunden weit gedrungen, kommt er heraus vor Sonnenaufgang.
Als er zwölf Doppelstunden weit gedrungen, herrscht die Helle.
Er strebt, die Edelsteinbäume zu sehen:
Der Karneol, er trägt seine Frucht,
Eine Traube hängt daran, zum Anschauen bestimmt.
Der Lasurstein trägt Laubwerk,
Auch er trägt Frucht, lustig anzusehen.

Im folgenden verweist der Sonnengott Schamasch den Gilgamesch auf die Nutzlosigkeit seines Unterfangens.

Schamasch betrübte sich, machte sich auf zu ihm
Und sprach zu Gilgamesch:
„Gilgamesch, wohin läufst du?
Das Leben, das du suchst, wirst du nicht finden!"
Gilgamesch sprach zu ihm, zu Schamasch, dem Helden:
„Ward seit dem Laufen und Rennen über die Steppe hin
Auf der Erde des Ausruhens viel?
Und doch schlief ich alle die Jahre!
Möge mein Auge die Sonne erblicken, ich am Licht mich ersättigen!
Ist die Finsternis fern, wieviel Helligkeit ist da?
Wann könnte ein Toter den Sonnenglanz sehen?"

Gilgamesch ist an die Küste des Meeres gelangt, wo ein Wirtshaus steht. Deren Besitzerin, der „Schenkin" Siduri, erklärt Gilgamesch sein Vorhaben.

Gilgamesch sprach zu ihr, zur Schenkin:
„Mein Freund, den ich über die Maßen liebte,
Der mit mir durch alle Beschwernisse zog;
Enkidu, den ich über die Maßen liebte,
Der mit mir durch alle Beschwernisse zog –
Er ging dahin zur Bestimmung der Menschheit[4].
Um ihn hab ich Tag und Nacht geweint,
Ich gab nicht zu, daß man ihn begrübe –
Ob mein Freund nicht doch aufstünde von meinem Geschrei –
Sieben Tage und sieben Nächte,
Bis daß der Wurm sein Gesicht befiel.
Seit er dahin ist, fand ich das Leben nicht,
Strich umher wie ein Räuber inmitten der Steppe.
Nun, Schenkin, hab' ich dein Antlitz erblickt –
Möchte ich den Tod, den ich fürchte, nicht ersehen!"
Die Schenkin sprach zu ihm, zu Gilgamesch:
„Gilgamesch, wohin läufst du?
Das Leben, das du suchst, wirst du nicht finden!

Als die Götter die Menschheit erschufen,
Teilten den Tod sie der Menschheit zu,
Nahmen das Leben für sich in die Hand.
Du, Gilgamesch, dein Bauch sei voll,
Ergötzen magst du dich Tag und Nacht!
Feiere täglich ein Freudenfest!
Tanz und spiel bei Tag und Nacht!
Deine Kleidung sei rein, gewaschen dein Haupt,
Mit Wasser sollst du gebadet sein!
Schau den Kleinen an deiner Hand,
Die Gattin freu' sich auf deinem Schoß!
Solcher Art ist das Werk der Menschen!"

Gilgamesch ist zu Utnapischtim gelangt und hat ihm sein Anliegen vorgetragen. Doch dieser antwortet ihm:

Utnapischtim sprach zu ihm, zu Gilgamesch:
„Der grimme Tod ist unerbittlich:
Irgendwann errichten wir ein Haus!
Irgendwann siegeln wir (ein Testament)!
Irgendwann teilen die Brüder!
Irgendwann herrscht Haß im Land!...
Ein Antlitz, das in die Sonne sehen könnte,
Gibt es seit jeher nicht.
Der Schlafende und der Tote, wie gleichen sie einander..."
Gilgamesch sprach zu ihm, zum fernen Utnapischtim:
„Schau ich auf dich, Utnapischtim,
So sind deine Maße nicht anders – wie ich bist du!
Ja, du bist nicht anders – wie ich bist du!
Mein Herz ist ganz darauf gerichtet, mit dir zu kämpfen,
Und doch ist mein Arm untätig gegen dich!
Daher sage mir: wie tratest du in die Schar der Götter und gingst dem Leben
nach?"
Utnapischtim sprach zu ihm, zu Gilgamesch:
„Ein Verborgenes, Gilgamesch, will ich dir eröffnen,
Und der Götter Geheimnis will ich dir sagen..."

Es folgt zunächst der Sintflutbericht des Utnapischtim (siehe Nr. 90). Am Ende der Sintflut verleiht der Gott Enlil Utnapischtim und seiner Frau die Unsterblichkeit:

„Da hat Enlil das Schiff bestiegen,
Meine Hand gefaßt, mich einsteigen lassen,
Lassen einsteigen, knien mein Weib neben mir,

Hat berührt unsere Stirn, zwischen uns stehend, uns segnend:
‚Ein Menschenkind war zuvor Utnapischtim;
Uns Göttern gleiche fortan
Utnapischtim und sein Weib!
Wohnen soll Utnapischtim
Fern an der Ströme Mündung!'
Da nahmen sie mich und ließen mich fern an der Ströme Mündung wohnen."

Nach diesem Bericht wendet sich Utnapischtim direkt an Gilgamesch:

„Wer aber wird nun zu dir die Götter versammeln,
Daß du findest das Leben, welches du suchst?
Auf, begib des Schlafs dich sechs Tage und sieben Nächte!"
Als er sich nun zu Boden gesetzt –
Wie ein Nebel haucht der Schlaf ihn an.

Utnapischtim sprach zu ihr, zu seiner Gattin:
„Sieh den Mann, der Leben verlangte!
Wie ein Nebel haucht der Schlaf ihn an!"
Seine Gattin sprach zu ihm, zu Utnapischtim:
„Faß ihn an, daß der Mensch erwache!
Den Weg, den er kam, kehr' er in Frieden,
Durchs Tor, da er auszog, kehr' er zur Heimat!"

Utnapischtim sprach zu ihr, zu seiner Gattin:
„Trügerisch sind die Menschen; er wird auch dich betrügen.
Auf, back ihm Brote, leg sie ihm zu Häupten,
Und die Tage, die er schlief, vermerk an der Wand!"
Sie buk ihm Brote, legte sie ihm zu Häupten,
Und die Tage, die er schlief, bezeichnet sie ihm an der Wand.
Sein Brot ist trocken, sein erstes,
Das zweite geschrumpft, das dritte noch feucht,
Das vierte war weiß – sein Röstbrot!
Verfärbt sich das fünfte, das sechste schon gar gebacken,
Das siebte – gleichzeitig rührt' er ihn an,
Da erwachte der Mensch.

Gilgamesch sprach zu ihm, zum fernen Utnapischtim:
„Sowie der Schlaf auf mich niederquoll,
Hast du unverweilt mich angerührt und mich gestört!"
Utnapischtim sprach zu ihm, zu Gilgamesch:
„Auf, zähle, Gilgamesch, zähl deine Brote!
Was auf der Wand eingezeichnet ist, möge dir kund werden!
Dein Brot ist trocken, dein erstes,

Das zweite geschrumpft, das dritte noch feucht,
Das vierte ward weiß – dein Röstbrot,
Verfärbt ist das fünfte, das sechste schon gar gebacken,
Das siebente – gleichzeitig wachtest du auf!"

Gilgamesch sprach zu ihm, zu Utnapischtim:
„Ach, wie soll ich handeln? Wo soll ich hingehen?
Da der Raffer das Innere mir schon gepackt hat!
In meinem Schlafgemach sitzt der Tod,
Und wohin ich den Fuß setzen mag, ist er – der Tod!"

Utnapischtim sprach zu ihm, zum Schiffer Urschanabi:
„Urschanabi, der Landeplatz mißachte dich,
Die Übergangstelle verschmähe dich!
Der du einhergingst an seiner Küste,
Entbehre nun seiner Küste!
Der Mensch, den du hergeführt,
Von Schmutz ist befangen sein Leib,
Die Schönheit seiner Glieder haben Felle entstellt.
Nimm ihn, Urschanabi, bring ihn zum Waschort,
Daß er wasche mit Wasser seinen Schmutz – wie Schnee!
Seine Felle werfe er ab, daß das Meer sie entführe!
Sein schöner Leib werde benetzt!
Seines Hauptes Binde werde erneuert!
Ein Gewand zieh' er an, seine Blöße zu decken!
Bis daß er kommt zu seiner Stadt,
Bis er gelangt auf seinen Weg,
Verfärbe sich nicht sein Gewand, neu bleib' es, neu!"
Es nahm ihn Urschanabi, bracht' ihn zum Waschort,
Er wusch mit Wasser seinen Schmutz – wie Schnee!
Seine Felle warf er ab, daß das Meer sie entführte,
Sein schöner Leib wurde benetzt.
Seines Hauptes Binde wurde erneuert.
Ein Gewand zog er an, seine Blöße zu decken:
Bis daß er komme zu seiner Stadt,
Bis daß er gelange auf seinen Weg,
Sollt' es sich nicht verfärben, neu sollt' es bleiben, neu!
Gilgamesch und Urschanabi stiegen ins Schiff,
Setzten das Schiff auf die Wogen, und sie fuhren dahin.

Seine Gattin sprach zu ihm, zum fernen Utnapischtim:
„Gilgamesch kam, hat sich abgemüht, abgeschleppt –
Was gibst du hin, daß er kehrt in die Heimat?"

Gottheiten und Helden im Angesicht des Todes

Er aber, Gilgamesch, hob die Schiffstange,
Brachte das Schiff an das Ufer heran.

Utnapischtim sprach zu ihm, zu Gilgamesch:
„Du, Gilgamesch, kamst, hast dich abgemüht, abgeschleppt –
Was geb ich dir, daß du kehrst in die Heimat?
Ein Verborgenes, Gilgamesch, will ich dir enthüllen,
Und ein Unbekanntes will ich dir sagen:
Es ist ein Gewächs, dem Stechdorn ähnlich,
Wie die Rose sticht dich sein Dorn in die Hand.
Wenn dies Gewächs deine Hände erlangen,
Wirst das Leben du finden!"
Kaum hatte Gilgamesch das gehört...
Da band er schwere Steine an die Füße,
Und als zum Apsu[5] sie ihn niederzogen,
Da nahm er's Gewächs, ob's auch stach ihm die Hand,
Schnitt ab von den Füßen die schweren Steine,
Daß die Flut ihn ans Land warf.

Gilgamesch sprach zu ihm, zum Schiffer Urschanabi:
„Urschanabi, dies Gewächs ist das Gewächs gegen die Unruhe,
Durch welches der Mensch sein Leben erlangt!
Ich will's bringen nach Uruk-Gart, es dort zu essen geben und dadurch das
                                            Gewächs erproben!

Sein Name ist ‚Jung wird der Mensch als Greis';
Ich will davon essen, daß mir wiederkehre die Jugend." –
Nach zwanzig Doppelstunden nahmen sie einen Imbiß ein,
Nach dreißig Doppelstunden schickten sie sich zur Abendrast.

Da Gilgamesch einen Brunnen sah, dessen Wasser kalt war,
Stieg er hinunter, sich mit dem Wasser zu waschen.
Eine Schlange roch den Duft des Gewächses.
Verstohlen kam sie herauf und nahm das Gewächs;
Bei ihrer Rückkehr warf sie die Haut ab[6]!
Zu der Frist setzte Gilgamesch weinend sich nieder,
Über sein Antlitz flossen die Tränen,
Er sprach zum Schiffer Urschanabi:
„Für wen, Urschanabi, mühten sich meine Arme?
Für wen verströmt mein Herzblut?
Nicht schaff' ich Gutes mir selbst –
Für den Erdlöwen[7] wirkte ich Gutes!
Jetzt steigt zwanzig Doppelstunden weit die Flut,
Und ich ließ, als ein Kanälchen ich grub, das Werkzeug fallen!

Welches könnte ich finden, das an meine Seite ich legte?
Wäre ich doch zurückgewichen und hätte das Schiff am Ufer gelassen!"
Nach zwanzig Doppelstunden nahmen sie einen Imbiß ein,
Nach dreißig Doppelstunden schickten sie sich zur Abendrast.

Als sie hinein nach Uruk-Gart kamen,
Sprach Gilgamesch zu ihm, zum Schiffer Urschanabi:
„Steig einmal, Urschanabi, auf die Mauer von Uruk, geh fürbaß,
Prüfe die Gründung, besieh das Ziegelwerk,
Ob ihr Ziegelwerk nicht aus Backsteinen ist,
Ihren Grund nicht legten die sieben Weisen!
Ein Sar[8] der Stadt, ein Sar der Palmgärten,
Ein Sar die Flußniederung, dazu das (heilige) Gebiet des Ischtartempels:
Drei Saren nebst dem (heiligen) Gebiet von Uruk umschließt sie!"

---

[1] Mondgott.
[2] Auszug und Einzug der Sonne.
[3] Sonnengott.
[4] D. h., er ist gestorben.
[5] Süßwasserozean, in dem die Erdscheibe ruht.
[6] D. h., durch die Kraft des Gewächses verjüngte sie sich.
[7] Für die Schlange?
[8] Die Maßbenennung ist nicht mit Sicherheit zu ermitteln.

Albert Schott – Wolfram von Soden, Das Gilgamesch-Epos. Stuttgart 1958, S. 77–99 (gekürzt).

177. Odysseus im Hades

Homer, Odyssee XI, 1–640 (mit leichten Kürzungen)

Als wir jetzo das Schiff und des Meeres Ufer erreichten,
Zogen wir erstlich das Schiff hinab in die heilige Meersflut,
Stellten die Masten empor und die Segel im schwärzlichen Schiffe,
Brachten darauf die Schafe hinein und traten dann selber
Herzlich bekümmert ins Schiff und viele Tränen vergießend.
Jene sandte vom Ufer dem blaugeschnäbelten Schiffe
Günstigen segelschwellenden Wind zum guten Begleiter,
Kirke, die schöngelockte, die hehre melodische Göttin.
Eilig brachten wir jetzt die Geräte des Schiffes in Ordnung,
Saßen dann still und ließen vom Wind und Steuer uns lenken.
Und wir durchschifften den Tag mit vollem Segel die Wasser,
Und die Sonne sank und Dunkel umhüllte die Pfade.
Jetzo erreichten wir des Ozeans Ende.
Allda liegt das Land und die Stadt der kimmerischen Männer.
Diese tappen beständig in Nacht und Nebel, und niemals

Schauet strahlend auf sie der Gott der leuchtenden Sonne.
Weder wenn er die Bahn des sternichten Himmels hinansteigt,
Noch wenn er wieder hinab vom Himmel zur Erde sich wendet:
Sondern schreckliche Nacht umhüllt diese elenden Menschen.

Hier folgt der Text, der bereits oben, Nr. 126, angeführt ist. Odysseus fährt in seiner Erzählung folgendermaßen fort:

Erstlich kam die Seele von unserem Gefährten Elpenor.
Denn er ruhte noch nicht in der weitumwanderten Erde,
Sondern wir hatten den Leichnam in Kirkes Wohnung verlassen,
Weder beweint noch begraben; uns drängten andere Sorgen.
Weinend erblickt ich ihn und fühlte herzliches Mitleid,
Und ich redet ihn an und sprach die geflügelten Worte:
Sag, Elpenor, wie kamst du hinab ins nächtliche Dunkel?
Gingst du schneller zu Fuß als ich im schwärzlichen Schiffe?

Also sprach ich, und drauf begann er mit schluchzender Stimme:
Edler Laertiad, erfindungsreicher Odysseus,
Ach, mein feindlicher Geist und der Weinrausch war mein Verderben!
Schlummernd auf Kirkes Palast, vergaß ich in meiner Betäubung,
Wieder hinab die Stufen der langen Treppe zu steigen,
Sondern ich stürzte mich grad vom Dache hinunter; der Nacken
Brach aus seinem Gelenk und die Seele fuhr in die Tiefe.
Doch nun fleh ich dich an bei deinen verlassenen Lieben,
Deiner Gemahlin, dem Vater, der dich als Knaben gepfleget,
Und bei dem einzigen Sohne Telemachos, welcher daheim blieb
(Denn ich weiß es, du kehrst zurück aus Aides' Herrschaft
Und dein rüstiges Schiff erreicht die Insel Aiaia),
Dort, begehr ich von dir, gedenke meiner, o König:
Laß nicht unbeweint und unbegraben mich liegen,
Wann du scheidest, damit dich der Götter Rache nicht treffe,
Sondern verbrenne mich mitsamt meiner gewöhnlichen Rüstung,
Häufe mir dann am Gestade des grauen Meeres ein Grabmal,
Daß die Enkel noch hören von mir unglücklichem Manne!
Dieses richte mir aus und pflanz auf den Hügel das Ruder,
Welches ich lebend geführt in meiner Freunde Gesellschaft.

Also sprach er; und ich antwortet wieder und sagte:
Dies, unglücklicher Freund, will ich dir alles vollenden.
Also saßen wir dort und redeten traurige Worte,
Ich an der einen Seite, der über dem Blute das Schwert hielt,
Und an der anderen der Geist des kummervollen Gefährten.

Tod, jenseitiges Leben, Universaleschatologie

Jetzo kam die Seele von meiner gestorbenen Mutter,
Antikleia, des großgesinnten Autolykos Tochter,
Welche noch lebte, da ich zur heiligen Ilios schiffte.
Weinend erblickt ich sie und fühlete herzliches Mitleid;
Dennoch verbot ich ihr, obgleich mit inniger Wehmut,
Sich dem Blute zu nahn, bevor ich Teiresias fragte.

Jetzo kam des alten Thebaiers Teiresias Seele,
Haltend den goldenen Stab; er erkannte mich gleich und begann so:
Edler Laertiad, erfindungsreicher Odysseus,
Warum verließest du doch das Licht der Sonne, du Armer,
Und kamst hier, die Toten zu schaun und den Ort des Entsetzens?
Aber weiche zurück und wende das Schwert von der Grube,
Daß ich trinke des Blutes und dir dein Schicksal verkünde.

Also sprach er; ich wich und steckte das silberbeschlagene
Schwert in die Scheid. Und sobald er des schwarzen Blutes getrunken,
Da begann er und sprach, der hoch erleuchtete Seher:
Glückliche Heimfahrt suchst du, o weitberühmter Odysseus:
Aber sie wird dir ein Gott schwer machen; denn nimmer entrinnen
Wirst du dem Erderschütterer! Er trägt dir heimlich Groll nach,
Zürnend, weil du den Sohn des Augenlichtes beraubt hast.
Dennoch kämet ihr einst, obzwar unglücklich, zur Heimat,
Möchtest du nur dein Herz und das deiner Freunde bezähmen,
Wann du jetzo, den Schrecken des dunklen Meeres entfliehend,
Mit dem rüstigen Schiff an der Insel Thrinakia landest
Und die weidenden Rinder und feisten Schafe da findest,
Heilig dem Sonnengotte, der alles siehet und höret.
Denn so du, eingedenk der Heimkunft, diese verschonest,
Könnet ihr einst, obzwar unglücklich, gen Ithaka kommen.
Aber verletzest du sie, alsdann weissag ich Verderben
Deinem Schiff und den Freunden. Und wenn du selber entrinnest,
Wirst du doch spät, unglücklich, und ohne Gefährten zur Heimat
Kommen, auf fremden Schiff, und Elend finden im Hause,
Übermütige Männer, die deine Habe verschlingen
Und dein göttliches Weib mit Brautgeschenken umwerben:
Aber kommen wirst du und strafen den Trotz der Verräter.
Hast du jetzo die Freier, mit Klugheit oder gewaltsam
Mit der Schärfe des Schwerts, in deinem Palaste getötet,
Siehe, dann nimm in die Hand ein geglättetes Ruder und gehe
Fort in die Welt, bis du kommst zu Menschen, welche das Meer nicht
Kennen und keine Speise gewürzt mit Salz genießen,

Welchen auch Kenntnis fehlt von rotgeschnäbelten Schiffen
und von geglätteten Rudern, den Fittichen eilender Schiffe.
Deutlich will ich sie dir bezeichnen, daß du nicht irrest.
Wenn ein Wanderer einst, der dir in der Fremde begegnet,
Sagt, du tragst eine Schaufel auf deiner rüstigen Schulter,
Siehe, dann steck in die Erde das schöngeglättete Ruder,
Bringe stattliche Opfer dem Meerbeherrscher Poseidon,
einen Widder und Stier und einen mutigen Eber.
Und nun kehre zurück und opfere heilige Gaben
Allen unsterblichen Göttern, des weiten Himmels Bewohnern,
Nach der Reihe herum. Zuletzt wird außer dem Meere
Kommen der Tod und dich vom hohen behaglichen Alter
Aufgelöseten sanft hinnehmen, wann ringsum die Völker
Froh und glücklich sind. Nun hab ich dein Schicksal verkündet.

Also sprach er, und ich antwortete wieder und sagte:
Ja, Teiresias, selbst die Götter beschieden mir solches!
Aber verkünde mir und sage die lautere Wahrheit.
Dort erblick ich die Seele meiner gestorbenen Mutter:
Diese sitzet still bei dem Blut und würdigt dem Sohne,
Weder ein Wort zu sagen noch grad ins Antlitz zu schauen.
Wie beginn ich es, Herrscher, daß sie als Sohn mich erkenne?
Also sprach ich, und schnell antwortete jener und sagte:
Leicht ist es, was du mich fragst, ich will dir's gerne verkünden.
Wem du jetzo erlaubst der abgeschiedenen Toten,
Sich dem Blute zu nahen, der wird dir Wahres erzählen;
Aber wem du es wehrst, der wird stillschweigend zurückgehn.
Also sprach des hohen Teiresias Seele und eilte
Wieder in Aides' Wohnung, nachdem sie mein Schicksal geweissagt.

Aber ich blieb dort sitzen am Rande der Grube, bis endlich
Meine Mutter kam, des schwarzen Blutes zu trinken.
Und sie erkannte mich gleich und sprach mit trauriger Stimme:
Lieber Sohn, wie kamst du hinab ins nächtliche Dunkel,
Da du noch lebst? Denn schwer wird Lebenden, dieses zu schauen.
Große Ströme fließen und furchtbare Fluten dazwischen,
Und vor allem der Strom des Ozeans, welchen zu Fuße
Niemand, sondern allein im rüstigen Schiffe durchwandert.
Schweifst du jetzo hierher, nachdem du vom troischen Ufer
Mit dem Schiff und den Freunden so lange geirret? Und kamst du
Noch gen Ithaka nicht und sahst zu Hause die Gattin?

Also sprach sie; und ich antwortete wieder und sagte:
Meine Mutter, mich trieb die Not in Aides' Wohnung,
Um des thebaiischen Greises Teiresias Seele zu fragen.
Denn noch hab ich Achaia, noch hab ich unsere Heimat
Nicht berührt, ich irre noch stets von Leiden zu Leiden,
Seit ich zuerst mit dem Heere des göttlichen Agamemnon
Hin gen Ilion zog, zum Kampfe mit den Reisigen Troias.
Aber verkünde mir und sage die lautere Wahrheit:
Welches Schicksal bezwang dich des schlummergebenden Todes?
Zehrte dich Krankheit aus? Oder traf dich die Freundin der Pfeile
Artemis unversehens mit ihrem sanften Geschosse?
Sage mir auch von dem Vater und Sohne, den ich daheim ließ.
Ruht noch meine Würde auf ihnen, oder empfing sie
Schon ein anderer Mann? Und glaubt man, ich kehre nicht wieder?
Melde mir auch die Gesinnung von meiner Ehegenossin:
Bleibt sie noch bei dem Sohne und hält die Güter in Ordnung,
Oder ward sie bereits die Gattin des besten Achaiers?

Also sprach ich; mir gab die teure Mutter zur Antwort:
Allerdings weilt jene mit treuer duldender Seele
Noch in deinem Palast; und immer schwinden im Jammer
Ihre Tage dahin und unter Tränen die Nächte.
Deine Würde empfing kein anderer, sondern in Frieden
Baut Telemachos noch des Königs Erbe und speiset
Mit am Mahle des Volkes, wie es des Landes Richter gebührt;
Denn sie laden ihn alle. Dein Vater lebt auf dem Lande,
Wandelt nie in die Stadt und wählet nimmer zum Lager
Bettgestelle, bedeckt mit Mänteln und prächtigen Polstern,
Sondern im Winter schläft er bei seinen Knechten im Hause
Neben dem Feuer im Staube, mit schlechten Gewanden umhüllet.
Und in den milden Tagen des Sommers und reifenden Herbstes
Bettet er überall im fruchtbaren Rebengefilde
Auf der Erde sein Lager von abgefallenen Blättern.
Seufzend liegt er darauf, bejammert dein Schicksal und häufet
Größeren Schmerz auf die Seele; und schwer drückt ihn das Alter.
Denn so starb auch ich und fand mein Todesverhängnis.
Sohn, mich tötete nicht die Freundin der treffenden Pfeile
Artemis, unversehens mit ihrem sanften Geschosse.
Auch besiegten mich nicht Krankheiten, welche gewöhnlich
Mit verzehrendem Schmerze den Geist den Gliedern entreißen.
Bloß das Verlangen nach dir und die Angst, mein edler Odysseus,
Dein holdseliges Bild nahm deiner Mutter das Leben!

Also sprach sie; da schwoll mein Herz vor inniger Sehnsucht,
Sie zu umarmen, die Seele meiner gestorbenen Mutter.
Dreimal sprang ich hinzu, an mein Herz die Geliebte zu drücken,
Dreimal entschwebte sie leicht wie ein Schatten oder ein Traumbild
Meinen umschlingenden Armen; und stärker ergriff mich die Wehmut.
Und ich red'te sie an und sprach die geflügelten Worte:
Meine Mutter, warum entfliehst du meiner Umarmung?
Wollen wir nicht in der Tiefe, mit liebenden Händen umschlungen,
Unser trauriges Herz durch Tränen einander erleichtern?
Oder welches Gebild hat die furchtbare Persephoneia
Mir gesandt, damit ich noch mehr mein Elend beseufze?

Also sprach ich; mir gab die treffliche Mutter zur Antwort:
Mein geliebtester Sohn, Unglücklichster aller, die leben!
Ach, sie täuschet dich nicht, Zeus' Tochter Persephoneia!
Sondern dies ist das Los der Menschen, wann sie gestorben.
Denn nicht Fleisch und Gebein wird mehr durch Nerven verbunden,
Sondern die große Gewalt der brennenden Flamme verzehret
Alles, sobald der Geist die weißen Gebeine verlassen.
Und die Seele entfliegt wie ein Traum zu den Schatten der Tiefe.
Aber nun eile geschwinde zum Lichte zurück und behalte
Alles, damit du es der liebenden Gattin erzählest.

Also besprachen wir uns miteinander. Siehe, da kamen
Viele Seelen, gesandt von der furchtbaren Persephoneia,
Alle Gemahlinnen einst und Töchter der edelsten Helden.
Diese versammelten sich um das schwarze Blut in der Grube.
Jetzo sann ich umher, wie ich jedwede befragte,
Aber von allen Entwürfen gefiel mir dieser am besten:
Eilend zog ich das lange Schwert von der nervichten Hüfte
Und verwehrte den Seelen, zugleich des Blutes zu trinken.
Also nahten sie nacheinander; jede besonders
Meldete mir ihr Geschlecht; und so fragt ich sie alle.

Jetzo erblickt ich zuerst die edelentsprossene Tyro,
Welche sich Tochter nannte des tadellosen Salmoneus
Und die Ehegenossin von Kretheus, Aiolos' Sohne.
Diese liebte vordem den göttlichen Strom Enipeus,
Der durch seine Gefilde, der Ströme schönster, einherwallt.
Einst lustwandelte sie an Enipeus' schönen Gewässern,
Siehe, da nahm der Erderschütterer seine Gestalt an
Und beschlief sie im Sand, an der Mündung des wirbelnden Stromes.

Tod, jenseitiges Leben, Universaleschatologie

Rings um die Liebenden stand wie ein Berg die purpurne Woge,
Hochgewölbt, und verbarg den Gott und die sterbliche Jungfrau.
Schmeichelnd löst' er den Gürtel der Keuschheit und ließ sie entschlummern...

Hierauf kam Alkmene, Amphitryons Ehegenossin,
Welche den Allbesieger, den löwenherzten Herakles
hatte geboren, aus Zeus' des großen Kroniden Umarmung.
Auch Megare, die Tochter des übermütigen Kreions
Und des nimmerbezwungenen Amphitryoniden Gemahlin.
Hierauf kam Epikaste, die schöne, Ödipus' Mutter,
Welche die schrecklichste Tat mit geblendeter Seele verübet:
Ihren leiblichen Sohn, der seinen Vater ermordet,
Nahm sie zum Mann! Allein bald rügten die Götter die Schandtat.
Ödipus herrschte, mit Kummer behäuft, in der lieblichen Thebai
Über Kadmos' Geschlecht, durch der Götter verderblichen Ratschluß.
Aber sie fuhr hinab zu den festen Toren des Todes,
Denn sie knüpft' an das hohe Gebälk, in der Wut der Verzweiflung
Selbst das erdrosselnde Seil und ließ unnennbares Elend
Jenem zurück, den Fluch der blutgeschändeten Mutter.

Jetzo nahte sich Chloris, die schöne Gemahlin von Neleus.
Mit unzähligen Gaben gewann er die schönste der Jungfraun,
Sie, die jüngste Tochter des Jasiden Amphions,
Welcher der Minyer Stadt Orchomenos mächtig beherrschte...
Jetzo erblickt ich Leda, Tyndareos' Ehegenossin,
Welche ihrem Gemahl zween mutige Söhne geboren:
Kastor, durch Rosse berühmt, und Polydeikes im Faustkampf...
Drauf kam Iphimedeia, die Ehegenossin Aloeus',
Rühmend, sie habe geruht in Poseidons Umarmung.
Und sie gebar zween Söhne, wiewohl ihr Leben nur kurz war:
Otos, voll göttlicher Kraft, und den ruchbaren Ephialtes...
Drauf kam Phaidra und Prokris und Ariadne, die schöne,
Jene Tochter Minos' des allerfahrnen, die Theseus
Einst aus Kreta entführte zur heiligen Flur von Athenai.
Aber er brachte sie nicht; denn in der umflossenen Dia
Hielt sie Artemis an, auf Dionysos' Verkündung.
Maira und Klymene kam und das schändliche Weib Eryphyle
welche den teuren Gemahl um ein goldnes Kleinod verkaufte.

Hier folgt ein Stück der Rahmenerzählung. Auf Bitten des Alkinoos, des Königs der Phaiaken, berichtet Odysseus von der Begegnung mit den Seelen seiner in der Schlacht um Troja gefallenen Gefährten:

Als sich auf den Befehl der schrecklichen Persephoneia
Alle Seelen der Weiber umher in die Tiefe zerstreuet,
Siehe, da kam die Seele von Atreus' Sohn Agamemnon
Trauernd daher, umringt von anderen Seelen, die mit ihm
In Aigistos' Palast das Ziel des Todes erreichten.
Dieser erkannte mich gleich, sobald er des Blutes gekostet.
Und nun weint' er laut und vergoß die bittersten Tränen,
Steckte die Hände nach mir und strebte mich zu umarmen.
Aber ihm mangelte jetzo die spannende Kraft und die Schnelle,
Welche die biegsamen Glieder des Helden vormals belebte.
Weinend erblickt' ich ihn und fühlete herzliches Mitleid;
Und ich redet' ihn an und sprach die geflügelten Worte:
Atreus' rühmlicher Sohn, weitherrschender Held Agamemnon,
Welches Schicksal bezwang dich des schlummergebenden Todes?
Tötete dich auf der Fahrt der Erderschüttrer Poseidon,
Da er den wilden Orkan lautbrausender Winde dir sandte?
Oder ermordeten dich auf dem Lande feindliche Männer,
Als du die schönen Herden der Rinder und Schafe hinwegtriebst
Oder indem sie die Stadt und ihre Weiber verfochten?

Also sprach ich, und drauf antwortete jener und sagte:
Edler Laertiad, erfindungsreicher Odysseus,
Nein, mich tötete nicht der Erderschüttrer Poseidon,
Da er den wilden Orkan lautbrausender Winde mir sandte,
Noch ermordeten mich auf dem Lande feindliche Männer,
Sondern Aigistos bereitete mir das Schicksal des Todes,
Samt dem heillosen Weibe! Er lud mich zu Gast und erschlug mich
Unter den Freuden des Mahles: so erschlägt man den Stier an der Krippe!
Also starb ich den kläglichsten Tod, und alle Gefährten
Stürzten in Haufen umher, wie hauerbewaffnete Eber,
Die man im Hause des reichen gewaltigen Mannes zur Hochzeit
Oder zum Feiergelag abschlachtet oder zum Gastmahl.
Schon bei vieler Männer Ermordung warst du zugegen,
Die in dem Zweikampf blieben und in der wütenden Feldschlacht,
Doch kein Anblick hätte dein Herz so innig gerühret,
Als wir um den Kelch und die speisebeladenen Tische
Lagen im weiten Gemach und rings der Boden in Blut schwamm!
Jämmerlich hört ich vor allen Kassandra, Priamos' Tochter,
Winseln, es tötete sie die tückische Klytaimnestra
Über mir; da erhub ich die Hände noch von der Erde
Und griff sterbend ins Schwert der Mörderin. Aber die Freche
Ging von mir weg, ohn einmal die Augen des sterbenden Mannes

Zuzudrücken, noch ihm die kalten Lippen zu schließen.
Nichts ist scheußlicher doch, nichts unverschämter auf Erden,
Als ein Weib, entschlossen zu solcher entsetzlichen Schandtat,
Wie sie jene verübt, die Grausame, welche den Liebling
Ihrer Jugend mit List hinrichtete! Ach, wie entzückte
Mich die Hoffnung, daheim, von meinen Leuten und Kindern
Freudig begrüßt zu werden! Doch jene, das Scheusal an Bosheit,
Hat ihr eignes Gedächtnis und alle Weiber der Nachwelt
Ewig entehrt, wenn eine sich auch des Guten befleißigt!

Also sprach er, und ich antwortete wieder und sagte:
Wehe! Wie fürchterlich hat Kronions waltende Vorsicht
Durch arglistige Weiber den Samen Atreus' von Anfang
Heimgesucht! Wie viele sind Helenens halber gestorben!
Und du verlorst, heimkehrend, durch Klytaimnestra dein Leben!

Also sprach ich; und drauf antwortet jener und sagte:
Laß deshalben auch du von dem Weibe nimmer dich lenken
Und vertrau ihr nicht aus Zärtlichkeit jedes Geheimnis,
Sondern verkünde dies und jenes halte verborgen!
Aber, Odysseus, du wirst nicht sterben durch deine Gemahlin;
Denn sie ist rechtschaffen, und Weisheit adelt die Seele
Von Ikarois' Tochter, der klugen Penelopeia.
Ach, wir verließen sie einst als junge Frau im Palaste,
Da wir zum Streit auszogen, und ihr unmündiges Knäblein
Lag an der Brust, der nun in den Kreis der Männer sich hinsetzt.
Glücklicher Sohn! Ihn schaut einst wiederkehrend sein Vater
Und er begrüßt den Vater mit frommer kindlicher Liebe!
Aber mir hat mein Weib nicht einmal den freudigen Anblick
Meines Sohnes erlaubt; sie hat zuvor mich ermordet.
Höre nun meinen Rat und bewahr' ihn sorgsam im Herzen:
Lande mit deinem Schiff ans vaterländische Ufer
Heimlich, nicht öffentlich an; denn nimmer ist Weibern zu trauen!
Aber verkündige mir und sage die lautere Wahrheit:
Habt ihr etwa gehört von meinem noch lebenden Sohne
In Orchomenos oder vielleicht in der sandigen Pylos,
Oder bei Menelaos in Spartas weiten Gefilden?
Denn noch starb er nicht auf Erden, der edle Orestes.

Also sprach er; und ich antwortete wieder und sagte:
Warum fragst du mich das, Sohn Atreus'? Ich weiß nicht, ob jener
Tot sei oder noch lebe; und Eitles schwatzen ist unrecht.

Gottheiten und Helden im Angesicht des Todes

Also standen wir beide mit trauervollen Gesprächen
Herzlich bekümmert da, und viele Tränen vergießend.

Siehe, da kam die Seele des Peleiden Achilleus
Und die Seele Patroklos', des tapfern Antilochos Seele
Und des gewaltigen Ajas, des ersten an Wuchs und Bildung
In dem achaiischen Heer nach dem tadellosen Achilleus.
Und sie begann wehklagend und sprach die geflügelten Worte:
Edler Laertiad, erfindungsreicher Odysseus,
Welche noch größere Tat, Unglücklicher, wagest du jetzo?
Welche Kühnheit, herab in die Tiefe zu steigen, wo Tote
Nichtig und sinnlos wohnen, die Schatten gestorbener Menschen!

Also sprach er; und ich antwortet wieder und sagte:
Peleus' Sohn, o Achilleus, du trefflichster aller Achaier,
Wegen Teiresias mußt ich herab, wenn etwa der Seher
mir weissagte, wie ich zur felsichten Ithaka käme.
Denn noch hab ich Achaia, noch hab ich unsere Heimat
Nicht berührt; ich leide noch stets! Doch keiner, Achilleus,
Glich an Seligkeit dir und keiner wird jemals dir gleichen.
Vormals im Leben ehrten wir dich wie einen der Götter,
Wir Achaier, und nun, da du hier bist, herrschest du mächtig
Unter den Geistern; drum laß dich den Tod nicht reuen, Achilleus!

Also sprach ich; und drauf antwortete jener und sagte:
Preise mir jetzt nicht tröstend den Tod, ruhmvoller Odysseus.
Lieber möcht ich fürwahr dem unbegüterten Meier,
Der nur kümmerlich lebt, als Tagelöhner das Feld baun
Als die ganze Schar ermordeter Toten beherrschen.
Aber verkündige mir von meinem trefflichen Sohne,
Ob an der Spitze des Heeres er schaltete oder daheim blieb.
Melde mir auch, wo du Kunde vom großen Peleus vernahmest,
Ob er noch weitgeehrt die Myrmidonen beherrsche
Oder ob man ihn schon durch Hellas und Phtia verachte,
Weil vor hohem Alter ihm Händ' und Schenkel erbeben.
Denn ich wandle nicht mehr ein Helfer im Lichte der Sonnen,
Wie ich war, da ich einst in Troias weitem Gefilde,
Für die Danaer streitend, die tapfersten Völker erlegte.
Käm ich in jener Kraft nur ein wenig zum Hause des Vaters,
Schaudern vor der Gewalt der unüberwundenen Hände
Sollte, wer ihn antastet, des Königs Ehre zu rauben.

Also sprach er; und ich antwortet wieder und sagte:
Keine Kunde hab ich vom großen Peleus vernommen.
Aber von deinem Sohne Neoptolemos, deinem geliebten,
Will ich, wie du verlangst, dir lautere Wahrheit verkünden.
Denn ich selber hab ihn im gleichgezimmerten Schiffe
Her von Skyros gebracht zu den schöngeharnischten Griechen.
Wann wir Achaier vor Ilions Stadt uns setzten zum Kriegsrat,
Redet' er immer zuerst und sprach nicht flatternde Worte:
Nur der göttliche Nestor und ich besiegten den Jüngling...

Also sprach ich; da ging die Seele des schnellen Achilleus
Zur Asphodeloswiese mit großen Schritten hinunter,
Freudenvoll, daß ich ihm des Sohnes Tugend verkündigt.
Aber die anderen Seelen der abgeschiedenen Toten
Standen trauernd und sprachen von ihrer Betrübnis.
Nur allein die Seele des telamonischen Ajas
Blieb von ferne stehn und zürnte noch wegen des Sieges,
Den ich einst vor den Schiffen, mit ihm um die Waffen Achilleus'
Rechtend, gewann; sie setzte zum Preis die göttliche Mutter,
Und die Söhne der Troer entschieden und Pallas Athene.
Hätt ich doch nimmermehr in diesem Streite gesieget!
Denn ein solches Haupt birgt ihrethalben die Erde:
Ajas, der an Gestalt und Edeltaten der größte
Unter den Danaern war nach dem tadellosen Achilleus.
Diesen redet' ich an und sagte mit freundlicher Stimme:
Ajas, Telamons Sohn, des herrlichen, mußtest du also
Selbst nach dem Tode den Groll forttragen wegen der Rüstung,
Welche der Götter Rat zum Verderben der Griechen bestimmte?
Denn du sankst, ihr Turm, in der Feldschlacht; und wir Achaier
Müssen, wie um das Haupt des Peleiden Achilleus,
Stets um deinen Verlust leidtragen! Doch keiner ist hieran
Schuldig als Zeus, der, entbrannt vom schrecklichen Eifer, Achaias
Kriegerscharen verwarf und dein Verhängnis dir sandte!
Aber wohlan, tritt näher zu mir, o König, und höre
Meine Red und bezwinge den Zorn des erhabenen Herzens.

Also sprach ich; er schwieg und ging in des Erebos Dunkel
Zu den übrigen Seelen der abgeschiedenen Toten.
Dennoch hätte mich dort der Zürnende angeredet
Oder ich ihn; allein mich trieb die Begierde des Herzens,
Auch die Seelen der andern gestorbenen Helden zu schauen.

Und ich wandte den Blick auf Minos, den göttlichen, Zeus' Sohn!
Dieser saß, in der Hand den goldenen Zepter, und teilte
Strafe den Toten und Lohn; sie richteten rings um den König
Sitzend und stehend, im weitgeöffneten Hause des Ais.
Nach diesem erblickte ich den ungeheuren Orion.
Auf der Asphodeloswiese verfolgt' er die drängenden Tiere,
Die er im Leben einst auf den wüsten Gebirgen getötet,
In den Händen die eherne, nie zerbrechende Keule.

Auch den Tityos sah ich, den Sohn der gepriesenen Erde.
Dieser lag auf dem Boden und maß neun Hufen an Länge,
Und zween Geier saßen ihm links und rechts und zerhackten
Unter der Haut ihm die Leber: vergebens verscheuchte der Frevler
Weil er Leto entehrt, Zeus' heilige Lagergenossin,
Als sie gen Pytho ging, durch Panopeus' liebliche Fluren.

Auch den Tantalos sah ich, mit schweren Qualen belastet.
Mitten im Teiche stand er, das Kinn von der Welle bespület,
Lechzte hinab vor Durst und konnte zum Trinken nicht kommen.
Denn sooft sich der Greis hinbückte, die Zunge zu kühlen,
Schwand das versiegende Wasser hinweg, und rings um die Füße
Zeigte sich schwarzer Sand, getrocknet vom feindlichen Dämon.
Fruchtbare Bäume neigten um seine Scheitel die Zweige,
Voll balsamischer Birnen, Granaten und grüner Oliven
Oder voll süßer Feigen und rötlich gesprenkelter Äpfel.
Aber sobald sich der Greis aufreckte, der Früchte zu pflücken,
Wirbelte plötzlich der Sturm sie empor zu den schattigen Wolken.

Auch den Sisyphos sah ich, von schrecklichen Mühen gefoltert,
Einen schweren Marmor mit großer Gewalt fortheben.
Angestemmt, arbeit' er stark mit Händen und Füßen,
Ihn von der Au aufwälzend zum Berge. Doch glaubt' er ihn jetzo
Auf den Gipfel zu drehn, da mit einemal stürzte die Last um;
Hurtig mit Donnergepolter entrollte der tückische Marmor.
Und von vorn arbeit' er, angestemmt, daß der Angstschweiß
Seinen Gliedern entfloß und Staub sein Antlitz umwölkte.

Und nach diesem erblick ich die hohe Kraft Herakles',
Seine Gestalt; denn er selber feiert mit den ewigen Göttern
Himmlische Wonnegelag und umarmt die blühende Hebe,
Zeus des gewaltigen Tochter und Heres mit goldenen Sohlen.
Ringsum schrie, wie Vögelgeschrei, das Geschrei der gescheuchten

Flatternden Geister um ihn; er stand der graulichen Nacht gleich,
Hielt den entblößten Bogen gespannt und den Pfeil auf der Sehne,
Schauete drohend umher und schien beständig zu schnellen.
Seine Brust umgürtet' ein fürchterlich Wehrgehenke,
Wo, getrieben aus Gold, die Wunderbildungen strahlten:
Bären und Eber voll Wut und grimmig funkelnde Löwen,
Treffen und blutige Schlachten und Niederlagen und Morde.
Immer feire der Künstler, auf immer von seiner Arbeit,
Der ein solches Gehenke mit hohem Geiste gebildet!
Dieser erkannte mich gleich, sobald er mit Augen mich sahe,
Wandte sich seufzend zu mir und sprach die geflügelten Worte:

Edler Laertiad, erfindungsreicher Odysseus,
Armer, ruht auch auf dir ein trauervolles Verhängnis,
Wie ich weiland ertrug, da mir die Sonne noch strahlte?
Zeus des Kroniden Sohn war ich und duldete dennoch
Unaussprechliches Elend; dem weit geringeren Manne
Dient ich, und dieser gebot mir die fürchterlichsten Gefahren.
Selbst hier sandte er mich her, den Hund zu holen, denn dieses
Schien dem Tyrannen für mich die entsetzlichste aller Gefahren.
Aber ich brachte den Hund empor aus Aides' Wohnung;
Hermes geleitete mich und Zeus' blauäugichte Tochter.
Also sprach er und ging zurück in Aides' Wohnung.

Ich aber blieb und harrete dort, ob etwa noch jemand
Von den gestorbenen Helden des Altertums sich nahte.
Und noch manchen vielleicht, den ich wünschte, hätt ich gesehen:
Theseus und seinen Freund Peirthaos, Söhne der Götter;
Aber es sammelten sich unzählige Scharen von Geistern
Mit grauenvollem Getös, und bleiches Entsetzen ergriff mich.
Fürchtend, es sende mir jetzo die strenge Persephoneia
Tief aus der Nacht die Schreckensgestalt des gorgonischen Unholds,
Floh ich eilend von dannen zum Schiffe, befahl den Gefährten,
Hurtig zu steigen ins Schiff, und die Seile vom Ufer zu lösen.
Und sie stiegen hinein und setzten sich hin auf die Bänke.
Also durchschifften wir die Flut des Ozeanstromes,
Erst vom Ruder getrieben und drauf vom günstigen Winde.

Übersetzung von Johann Heinrich Voß. Hamburg 1781.

B. TOD UND ZWISCHENZUSTAND

178. Der Augenblick des Todes, wie ihn die Upanishaden beschreiben
Brihadāranyaka-Upanishad IV, 4,2

Er[1] wird eins[2], darum sieht er nicht mehr, wie man sagt; er wird eins, er riecht nicht mehr, wie man sagt; er wird eins, er schmeckt nicht mehr, wie man sagt; er wird eins, er redet nicht mehr, wie man sagt; er wird eins, er hört nicht mehr, wie man sagt; er wird eins, er denkt nicht mehr, wie man sagt; er wird eins, er fühlt nicht mehr, wie man sagt; er wird eins, er erkennt nicht mehr, wie man sagt. Die Spitze seines Herzens wird erleuchtet, und bei diesem Licht geht der Ātman (aus dem Körper) hinaus, entweder durch das Auge oder durch den Kopf oder durch andere Körperöffnungen. Und wenn er so hinausgeht, geht das Leben mit ihm hinweg. Und wenn das Leben so hinweggeht, geht nach ihm aller Lebenshauch hinweg. Er wird eins mit dem Bewußtsein. Was Bewußtsein hat, geht mit ihm hinweg. Sein Wissen und sein Werk und auch sein vergangenes Leben ergreifen ihn.

Brihadāranyaka-Upanishad V, 11,1

Fürwahr, wenn der Mensch von dieser Welt scheidet, dann gelangt er in die Luft. Sie öffnet sich ihm wie die Öffnung eines Wagenrades. Dort hindurch geht er aufwärts. Er gelangt zur Sonne. Diese tut sich ihm so weit auf wie die Öffnung einer Trommel[3]. Dort hindurch geht er aufwärts. Er erreicht den Mond. Dieser tut sich ihm so weit auf wie die Öffnung einer Pauke. Dort hindurch geht er aufwärts. Er gelangt zu der Welt, die frei ist von Kummer, frei von Kälte[4]. Dort bleibt er für ewige Jahre.

---

[1] Der Ātman, die Einzelseele.
[2] Mit den Gegenständen der sinnlichen Wahrnehmung.
[3] Zu ergänzen: die nicht bespannt ist.
[4] Wörtlich: von Schnee.

S. Radhakrishnan, The Principal Upanishads. New York 1953, S. 269f., 296.

179. Buddhistische Beschreibung des Zwischenzustandes
Nach der chinesischen Version des 34. Kapitels des Saddharma-smrityupasthāna-Sūtra

Wenn ein Mensch stirbt und als Mensch wiedergeboren werden soll... sieht er, wenn die Zeit seines Todes naht, die folgenden Zeichen: er sieht, wie ein großes Felsengebirge sich auf ihn wie ein Schatten herabsenkt. Er denkt bei sich:

Dieses Gebirge könnte mir auf den Kopf fallen, und er macht eine Handbewegung, als ob er dieses Gebirge abwehren wolle. Seine Brüder und Verwandten und Nachbarn sehen, wie er dies tut; aber es erscheint ihnen, als ob er seine Hand nur ins Leere ausstrecke. Bald danach scheint der Berg aus weißem Stoff zu bestehen, und er erklimmt diesen Stoff. Dann scheint er aus rotem Stoff zu bestehen. Schließlich, wenn die Zeit seines Todes naht, sieht er ein helles Licht, und da er zur Zeit seines Todes nicht daran gewöhnt ist, ist er bestürzt und verwirrt. Er sieht alles, wie es in Träumen gesehen wird, denn sein Geist ist verworren. Er sieht seine (zukünftigen) Eltern im Liebesakt, und während er sie sieht, geht ein Gedanke durch den Sinn, eine Perversität steigt in ihm auf... In diesem Augenblick wird der Zwischenzustand zerstört, und Leben und Bewußtsein erwachen wieder, und der Kausalzusammenhang stellt sich wieder ein. Es ist wie der Aufdruck eines Prägestempels; der Prägestempel wird dann zerstört, aber der Abdruck bleibt.

Edward Conze (Hrsg.), Buddhist Texts throught the Ages. Oxford 1954; deutsch: Im Zeichen Buddhas. Buddhistische Texte. Frankfurt a. M. – Hamburg 1957, S. 233f.

180. Aus dem tibetischen Totenbuch

Im Unterschied zum ägyptischen Totenbuch, dessen Texte dem Verstorbenen ein Bestehen vor dem Totengericht sichern sollen, ist es die Aufgabe des tibetischen Totenbuches, den sterbenden Menschen zu wappnen für seine Wanderung durch den Zwischenzustand (Sanskrit *antarābhava*, tibetisch *bar-do*), dessen Dauer im allgemeinen auf 49 Tage veranschlagt wird. Dieser Zielsetzung entspricht auch der originale Name dieses Totenbuches, das im Tibetischen *Bar-do thos-grol*, „Befreiung aus dem Zwischenzustand", heißt. Von den umfangreichen Texten, die ein Lama dem Sterbenden bzw. soeben Verstorbenen ins Ohr zu flüstern hat, werden im folgenden einige Beispiele aufgeführt.

O Edelgeborener, nun ist für dich die Zeit gekommen, den Pfad aufzusuchen. Dein Atmen beginnt aufzuhören. Dein Meister hat dich von Angesicht zu Angesicht vor das reine Licht gesetzt: und nun wirst du in seiner Realität den Bardo-Zustand erfahren, in dem alle Dinge wie der leere und wolkenlose Himmel sind, und der nackte, fleckenlose Intellekt ist wie unter einer durchsichtigen Leere ohne Umfang oder Mittelpunkt. Erkenne dich in diesem Augenblick selbst und verweile in diesem Zustand. Auch ich sitze dir zu dieser Zeit von Angesicht zu Angesicht gegenüber.

O Edelgeborener, hör zu. Du erfährst jetzt die Strahlung des klaren Lichtes des reinen Seins. Erkenne sie. O Edelgeborener, dein gegenwärtiger Geist, seiner wahren Natur nach leer ... ist die wirkliche Realität, das umfassende Gut. –

Dein eigenes Bewußtsein, glänzend, leer und untrennbar von dem großen Strahlungskörper, hat weder Geburt noch Tod, es ist das unwandelbare Licht – der Buddha Amitābha.

Dies zu wissen genügt. Zu erkennen, daß die Leere deines eigenen Geistes die Buddhaschaft ist, und auf sie wie auf dein eigenes Bewußtsein zu blicken, wird dich im heiligen Zustand des Buddha bewahren. –

O Edelgeborener, das, was Tod genannt wird, ist nun gekommen. Du scheidest von dieser Welt, aber du bist nicht der einzige; der Tod kommt zu allen. Hänge nicht in Torheit und Schwäche an diesem Leben. Selbst wenn du aus Schwäche daran festhältst, hast du nicht die Macht, hier zu bleiben. Du wirst nichts anderes gewinnen als die Wanderung im Kreislauf der Wiedergeburten. –

O Edelgeborener, was immer auch an Furcht und Entsetzen im Zwischenzustand über dich kommen mag, vergiß nicht diese Worte und, indem du ihren Sinn bewahrst, geh vorwärts, in ihnen liegt das lebendige Geheimnis der Erkenntnis:

Ach, wenn die ungewisse Erfahrung der Wirklichkeit hier über mir anbricht, mit jedwedem Gedanken von Furcht oder Entsetzen oder Scheu gegenüber allen gespenstischen Erscheinungen, dann möge ich, welche Gesichte auch erscheinen, sie als Widerspiegelung meines eigenen Bewußtseins erkennen, dann möge ich wissen, daß sie zum Wesen der Erscheinungen im Zwischenzustand gehören..., dann möge ich die Scharen friedvoller und zorniger Geister nicht fürchten, da sie meinen eigenen Gedanken entspringen.

W. Y. Evans-Wentz, The Tibetan Book of the Dead. Oxford ³1957, S. 90ff.

181. *Aztekische Unterweltsvorstellungen*

Neben einem himmlischen Jenseitsreich und dem Reich des Regengottes kannten die Azteken als dritte Jenseitsvorstellung das in der Unterwelt lokalisierte Totenreich Mictlan, das von dem Herrn des Totenreiches, Mictlantecutli, und seiner Gattin, Mictlanciuatl, beherrscht wurde.

Mictlantecutli, Mictlanciuatl
essen in der Unterwelt Füße und Hände.
Und ihre Pfeffersoße ist der rote Käfer.
Ihre Frühstückssuppe ist Eiter,
sie trinken aus einer Hirnschale.
Wer (im Leben) viel Krapfen aß,
ißt sie in der Unterwelt durchstochen,
mit dem roten Käfer sind die Krapfen durchstochen...
Und alle Giftkräuter werden gegessen.
Und alle, die nach der Unterwelt gehen,
essen Stachelmohn.
Und alles, was hier auf Erden nicht gegessen wird,
wird in der Unterwelt gegessen.

Und man sagt, es wird nichts anderes gegessen.
In der Unterwelt herrscht große Armut und Not.
Obsidianmesser werden herumgewirbelt,
Sand wird herumgewirbelt,
Bäume werden herumgewirbelt,
Stachelpflanzen,
Feuersteinmesser werden herumgewirbelt,
wilde Agaven,
Erdkakteen,
es ist sehr kalt.
Und Arbeit lastet auf dem Volk...
Und da, wo alles Volk geht, sagt man,
ist die Stelle, wo die Berge zusammenstoßen.
Wenn der Berg über ihm zusammenstößt,
geht er dort zugrunde,
wird nirgends mehr gesehen, dort in der Unterwelt...
Und wer hier auf der Erde
Maiskörner auf den Boden streut,
den verachten sie in der Unterwelt:
die Augen stechen ihm aus Mictlantecutli und Mictlanciuatl.

Eduard Seler, Einige Kapitel aus dem Geschichtswerk des Fray Bernardino de Sahagún. Stuttgart 1927, S. 302 ff.

C. TOD UND AUFERSTEHUNG NACH ALTÄGYPTISCHEN VORSTELLUNGEN

182. Die Auferstehung des Pharao

Aus den Pyramidentexten

Die 1881 entdeckten Pyramidentexte sind die ältesten Auferstehungstexte der Welt. König Unas, der letzte Herrscher der 5. Dynastie, und die Könige der 6. Dynastie, die das Alte Reich um 2263 v. Chr. beschloß, hatten diese Texte in der Sargkammer ihrer Pyramiden und den Gängen und Räumen, die zu ihr führen, aufzeichnen lassen. Diese Texte dienten der Sicherung des ewigen Lebens des Pharao und seiner Aufnahme in die Gesellschaft der Götter. Wahrscheinlich wurden diese Texte bei der Bestattung des Königs, der Einführung seines Sarges in die Pyramide, rituell verlesen. Die Aufgliederung der Texte nach Paragraphen und Sprüchen wurde in der Ägyptologie der leichteren Zitation halber eingeführt.

Deine beiden Flügel sind ausgebreitet wie die eines Falken mit starkem Gefieder, wie ein Habicht, der gesehen wird, wie er am Abend den Himmel durchzieht (§ 1048).

Wer fliegt, der fliegt; dieser König Phiops fliegt hinweg von euch, ihr Sterblichen. Er gehört nicht zur Erde, er gehört zum Himmel...

Dieser König Phiops fliegt wie eine Wolke zum Himmel, wie ein Reiher; dieser König Phiops küßt den Himmel wie ein Falke... (§ 890f.)

Du gehst hinauf zum Himmel als Falke, deine Federn sind wie die der Gänse (§ 913).

König Unas ist auf dem Weg zum Himmel, König Unas ist auf dem Weg zum Himmel, mit dem Winde, mit dem Winde! Nicht wird er am Zutritt gehindert, nicht gibt es jemand, durch den er am Zutritt gehindert werden könnte (§ 309).

Eine Treppe zum Himmel ist ihm gerichtet, damit er aufsteige zum Himmel (§ 365).

König Unas steigt hinauf auf der Leiter, die sein Vater Re[1] für ihn gemacht hat (§ 390).

Wie schön ist es zu sehen, wie erfreulich zu schauen, sagen die Götter, wenn dieser Gott[2] zum Himmel aufsteigt. Das Grauen ist an seinem Haupt, sein Schrecken zu seiner Seite, seine Zauberkräfte sind vor ihm... Es kommen zu ihm die Götter und Seelen von Buto, die Götter und Seelen von Hierakonpolis, die Götter des Himmels und die Götter, die auf Erden wohnen. Sie heben König Unas empor auf ihren Armen. Du steigst empor zum Himmel, o König Unas. Steige empor in diesem seinen Namen „Leiter" (§§ 476–479).

Deine Boten gehen, deine schnellen Boten eilen, deine Herolde hasten. Sie verkünden Re[1], daß du angekommen bist, daß dieser König Phiops angekommen ist (§ 1539f.).

O Re-Atum, dieser König Unas kommt zu dir, unvergänglich und ruhmreich, ein Herr am Ort der vier Pfeiler³. Dein Sohn kommt zu dir. Dieser König Unas kommt zu dir (Spruch 217).

Wie er⁴ lebt, so lebt dieser König Unas; wie er nicht stirbt, so stirbt dieser König Unas nicht; wie er nicht zugrunde geht, so geht dieser König Unas nicht zugrunde (Spruch 219).

O König Phiops! Wie schön ist dies! Wie schön ist das, was dein Vater Osiris für dich getan hat! Er hat dir seinen Thron gegeben, du herrschest über die mit verborgenen Sitzen⁵, du führst ihre Ehrwürdigen, alle Verklärten folgen dir (§§ 2022–2023).

---

¹ Der Sonnengott.
² Der verstorbene König.
³ Am Himmel.
⁴ Der Gott Osiris.
⁵ Die Verstorbenen.

J. H. Breasted, Development of Religion and Thought in Ancient Egypt. Chicago 1912, S. 109 ff., 118 f., 146 f.

183. Fortleben nach Analogie irdischer Verhältnisse

Du wirst ein- und ausgehen, dein Herz erfreuend, in der Gunst des Herrn der Götter, da dir ein gutes Begräbnis zuteil wurde nach einer verehrungswürdigen Lebenszeit, als das Alter gekommen war, du deinen Platz im Sarg einnahmst und dich zum Hügel im Westen¹ gesellstest.

Du, wirst dich in einen lebenden Ba² verwandeln, und sicher wird er Macht haben, Brot und Wasser und Luft zu erlangen; und du wirst die Gestalt eines Reihers oder einer Schwalbe, eines Falken oder einer Rohrdommel annehmen, was immer du wünschest.

Du wirst auf der Fähre kreuzen und nicht umkehren lassen, du wirst auf den Überschwemmungswassern segeln, und dein Leben wird von neuem beginnen. Dein Ba wird nicht von deinem Körper weichen, und dein Ba wird ein Gott werden mit den seligen Toten. Die vollendeten Bas werden zu dir sprechen, und du wirst mit ihnen empfangen, was es auf Erden gibt. Du wirst Macht haben über das Wasser, wirst die Luft einatmen und dich mit den Wünschen deines Herzens überfüllen. Deine Augen werden dir zum Sehen, deine Ohren zum Hören, dein Mund zum Sprechen und deine Füße zum Schreiten gegeben werden. Deine Arme und deine Schultern werden sich für dich bewegen, dein Fleisch wird fest sein, deine Muskeln geschmeidig, und du wirst frohlocken in allen deinen Gliedern. Du wirst deinen Körper prüfen und ihn heil und gesund finden, und kein Übel wird dir anhaften. Dein eigenes Herz wird mit dir sein, wahrlich, du wirst dein früheres Herz haben. Du wirst auffahren zum Himmel und die Unterwelt betreten in allen Gestalten, die du wünschest.

---

[1] Der Westen als Totenland.
[2] Ägyptische Seelenvorstellung in Vogelgestalt.

A. Gardiner, The Attitude of the Ancient Egyptians to Death and the Dead. Cambridge 1935, S. 29f.

184. Das ägyptische „Land der Stille und Dunkelheit"
Totenklage aus einem ramessidischen Grab

Wie traurig ist das Hinabsteigen in das Land der Stille. Der Wachsame schläft, und der des Nachts nicht schlummerte, liegt still für immer. Die Spötter sagen: „Das Haus der Bewohner des Westens[1] ist tief und dunkel. Es hat keine Tür, kein Fenster, kein Licht, um es zu erleuchten, keinen Nordwind, um das Herz zu erquicken. Die Sonne geht dort nicht auf, sondern sie liegen jeden Tag in Dunkelheit... Abgeschieden sind die im Westen, und ihr Dasein ist Elend. Man verabscheut es, zu ihnen zu gehen. Keiner kann von seinem Ergehen erzählen, sondern er ruht an einem Platz ewiglich in Finsternis.

---

[1] Das Totenreich wird im Westen lokalisiert.

Nach Henri Frankfort, Ancient Egyptian Religion, New York 1948. – Hermann Kees, Ägypten. Religionsgeschichtliches Lesebuch 10. Tübingen ²1928, S. 55.

D. GRIECHISCHE UND RÖMISCHE VORSTELLUNGEN VON TOD UND UNSTERBLICHKEIT

185. Der Geist des Patroklos erscheint dem Achilleus
Homer, Ilias XXII, 59–81, 93–108

Peleus' Sohn[1] am Gestade des weitaufrauschenden Meeres
Legte sich seufzend vor Gram, mit umringenden Myrmidonen[2],
Dort, wo rein der Strand von der steigenden Welle gespült war,
Als ihn der Schlummer umfing und, der Seel' Unruhen zerstreuend,
Sanft umher sich ergoß; denn es starrten die reizenden Glieder,
Ihm, der Hektor verfolgt' um Ilios'[3] luftige Höhen:

Jetzo kam die Seele des jammervollen Patroklos[4],
Ähnlich an Größ' und Gestalt und lieblichen Augen ihm selber,
Auch an Stimm, und wie jener den Leib mit Gewanden umhüllet;
Ihm zum Haupt nun trat und sprach anredend die Worte:
Schläfst du, meiner so ganz uneingedenk, o Achilleus?
Nicht des Lebenden zwar vergaßest du, aber des Toten!
Auf, begrabe mich schnell, daß Aides Tor' ich durchwandle!
Fern mich scheuchen die Seelen hinweg, die Gebilde der Toten,
Und nicht über den Strom vergönnen sie mich zu gesellen,
Sondern ich irr' unstet um Aides' mächtige Tore.
Und gib mir die Hand, ich jammere! Nimmer hinfort ja
Kehr ich aus Aides' Burg, nachdem ihr der Glut mich gewähret!
Ach, nie werden wir lebend, von unseren Freunden gesondert,
Sitzen und Rat aussinnen; denn mich verschlang das Verhängnis
Jetzt in den Schlund, das verhaßte, das schon dem Gebornen bestimmt ward;
Und dir selbst ist geordnet, o göttergleicher Achilleus,
Unter der Mauer zu sterben der wohlentsprossenen Troer ...
Ihm antwortet darauf der mutige Renner Achilleus:
Was, mein trautester Bruder, bewog dich herzukommen
Und mir solches genau zu verkünden? Gerne gelob ich,
Alles dir zu vollziehen, und gehorche dir, wie du gebietest.
Aber wohlan, tritt näher, damit wir, beid uns umarmend,
Auch nur kurz, die Herzen des traurigen Grams erleichtern.
Als er dies geredet, da streckt' er verlangend die Händ' aus.
Aber umsonst; denn die Seele, wie dampfender Rauch in die Erde
Sank sie hinab, hellschwirrend. Bestürzt nun erhob sich Achilleus,
Schlug die Hände zusammen und sprach mit jammernder Stimme:
Götter, so ist denn fürwahr auch noch in Aides Wohnung
Seel und Schattengebild, allein ihr fehlt die Besinnung!
Diese Nacht ja stand des jammervollen Patroklos
Seele mir selbst am Lager, die klagende, herzlich betrübte,
Und gebot mir manches und glich zum Erstaunen ihm selbst!
Sprach's und erregt' in allen des Grams wehmütige Sehnsucht.

---

[1] Achill(eus), der erste der griechischen Helden im Kampf um Troja.
[2] Gefolgsleute des Achill.
[3] Ilios: Troja.
[4] Patroklos: Freund des Achill.

Übersetzung von Johann Heinrich Voß. Hamburg 1793.

186. Hermes führt die Seelen der toten Freier in die Unterwelt
Homer, Odyssee XXIV, 1–18

Aber Hermes, der Gott von Kyllene, nahte sich jetzo,
Rief die Seelen der Freier und hielt in der Rechten den schönen
Goldnen Herrscherstab, womit er die Augen der Menschen
Zuschließt, welcher er will, und wieder vom Schlummer erwecket;
Hiermit scheucht' er sie fort, und schwirrend folgten die Seelen.
So wie die Fledermäus' im Winkel der graulichen Höhle
Schwirrend flattern, wenn eine des angeklammerten Schwarmes
Nieder vom Felsen sinkt, und darauf aneinander sich hangen:
Also schwirrten die Seelen und folgten im drängenden Zuge
Hermes, dem Retter in Not, durch dumpfe, schimmlichte Pfade.
Und sie gingen des Ozeans Flut, den leukadischen Felsen,
Gingen das Sonnentor und das Land der Träume vorüber
Und erreichten nun bald die graue Asphodeloswiese,
Wo die Seelen wohnen, die Luftgebilde der Toten.
Und sie fanden die Seele des Peleiden Achilleus
Und die Seele Patroklos', des tapferen Antilochos Seele
Und des gewaltigen Aias, des Ersten an Wuchs und Bildung
In dem achaiischen Heer, nach dem tadellosen Achilleus.

Übersetzung von Johann Heinrich Voß. Hamburg 1781.

187. Der Traum des Scipio
Cicero, De re publica VI, 14–26

Scipio der Jüngere erzählt einen Traum, in dem ihm sein Großvater, der ältere Scipio Africanus, erschien.

Als ich ihn erkannte, erschrak ich sehr, aber er sagte: „Mut, Scipio, fürchte dich nicht, sei aber dessen eingedenk, was ich dir zu sagen habe."

Unterdessen war ich völlig verängstigt, nicht so sehr aus Furcht vor dem Tode als vor eigener Treulosigkeit. Trotzdem fragte ich Africanus, ob er selbst noch lebe und auch mein Vater Paulus und die anderen, die wir längst als hingeschieden glauben.

„Natürlich leben sie", antwortete er. „Sie sind den Fesseln des Körpers entflogen wie einem Gefängnis. Euer sogenanntes (irdisches) Leben ist in Wahrheit der Tod. Siehst du nicht deinen Vater Paulus auf dich zukommen?"

Beim Anblick meines Vaters brach ich zusammen und weinte. Aber er umarmte und küßte mich und sagte, daß ich nicht weinen solle. Sobald ich Herr meines Schmerzes war und ich wieder sprechen konnte, hub ich an: „Warum, o Bester und Erhabenster der Väter, da hier, was ich eben von Africanus gehört habe, nur dem Namen nach Leben ist, warum muß ich ein sterbliches Leben auf Erden leben? Warum kann ich mich nicht schnell zu euch gesellen?"

„Nein, wirklich nicht", antwortete er. „Wenn nicht Gott, dessen Tempel das ganze sichtbare Universum ist, dich aus dem Gefängnis des Körpers erlöst, kannst du hier keinen Zutritt finden. Denn den Menschen wurde das Leben gegeben, um diese Erde zu bestellen, die du als Mitte dieses Tempels siehst. Jedem Menschen ist eine Seele gegeben, ein Funke dieser ewigen Feuer, die ihr Gestirne nennt, kugelförmig, rund und belebt durch göttlichen Geist, kreisen sie mit wunderbarer Schnelligkeit in ihren festgelegten Bahnen. Deshalb, mein Publius, mußt du, wie alle gottesfürchtigen Menschen, die Seele in der Hut des Körpers lassen, und du darfst aus dem Leben auf Erden nicht scheiden, bevor du nicht von dem gerufen wirst, der es dir gab. Sonst würdest du als einer angesehen, der sich der von Gott auferlegten Menschenpflicht entziehen wolle.

Doch, Scipio, wie dein Großvater hier, wie ich selbst, der dein Vater war, so pflege Gerechtigkeit und frommen Sinn, die von großer Bedeutung sind gegenüber Eltern und Verwandten, von größerer noch in bezug auf das Vaterland. Ein solches Leben ist ein hehrer Weg zum Himmel, in die Gemeinschaft derer, die ihr irdisches Leben vollendet haben, vom Körper befreit sind und an jenem Ort wohnen, den du dort drüben schaust" – es war eine Bahn von blendendem Glanz, die zwischen den Sternen erstrahlte –, „den ihr, mit einem von den Griechen übernommenen Begriff, die Milchstraße nennt."

Als ich mich von diesem hohen Aussichtspunkt umschaute, erschien mir alles wundervoll und herrlich schön. Dort waren Sterne, die wir von der Erde niemals sehen, und ihre Ausmaße waren größer, als wir je vermutet hatten. Der kleinste unter ihnen war, der dem Himmel am entferntesten und der Erde am nächsten war und mit geborgtem Licht aufleuchtete[1]. Die Größe der Sterne aber überschritt bei weitem diejenige der Erde. Diese, in der Tat, erschien so klein, daß ich mich unseres Imperiums schämte, weil, was es bedeckt, nur wie ein Punkt ist...

Als ich mich von meinem Erstaunen über diesen mächtigen Rundblick erholt hatte und wieder zu mir gekommen war, fragte ich: „Sag mir, was ist diese mächtige süße Harmonie, die meine Ohren erfüllt?"

Er antwortete: „Diese Musik wird von Regung und Bewegung dieser Sphären selbst hervorgerufen. Die ungleichen Abstände zwischen ihnen sind streng geordnet, und so mischen sich hohe Töne aufs angenehmste mit tiefen, und es entstehen verschiedene, wundervolle Harmonien. Solche gewaltige Bewegungen können selbstverständlich nicht lautlos vor sich gehen, und es ist nur natürlich, daß, was zu äußerst schwingt, einerseits tiefe, andererseits hohe Töne erzeugt. Daher bringt die äußerste Sphäre des Himmels, die die Sterne trägt und deren Bewegung sehr schnell ist, einen hohen, durchdringenden Laut hervor, während die unterste Sphäre, diejenige des Mondes, sich mit tiefem Ton bewegt. Die Erde allerdings, die neunte Sphäre, bleibt fest und unbeweglich im Mittelpunkt des Universums. Aber die anderen acht Sphären, von denen sich zwei mit gleicher Geschwindigkeit bewegen, bringen sieben unterschiedliche Laute hervor – eine Zahl übrigens, die der Schlüssel zu nahezu allem ist. Kunstfertige Menschen, die diese himmlische Musik durch Saitenspiel wiedergeben, haben sich den Weg zum Himmel geöffnet, wie es andere Menschen hohen Geistes getan haben, indem sie ihr irdisches Leben dem Studium göttlicher Dinge weihten..."

Im folgenden sagt Scipio Africanus zu seinem Enkel:

„Setze deine besten Kräfte ein, und sei sicher, daß nicht du sterblich bist, sondern nur dein Leib. Nicht deine äußere Gestalt stellt sich in Wirklichkeit dar. Dein Geist ist dein wahres Selbst, nicht diese körperliche Form, auf die man mit Fingern zeigen kann. Deshalb wisse, daß du ein göttliches Wesen bist, insofern ein Gott ein Wesen ist, das lebt, fühlt, sich erinnert und voraussieht, das ordnet und herrscht, das seinen Körper, über den es gesetzt ist, bewegt – genau wie der höchste Gott über uns diese Welt regiert. Und gerade wie dieser ewige Gott das Universum bewegt, das zum Teil sterblich ist, so bewegt ein unsterblicher Geist den gebrechlichen Körper."

---

[1] Gemeint ist der Mond.

188. Empedokles über die Seelenwanderung

Fragmente 115, 117

Es gibt einen Spruch der Ananke, einen uralten Beschluß der Götter, der mit breiten Schwüren ewig versiegelt ist: wenn einer seine Hände mit Mordblut befleckt in Sündenverstrickung oder im Gefolge eines Streites einen Meineid schwört, der muß dreimal zehntausend Jahre fern von den Seligen umherschweifen, um in dieser Zeit unter allen möglichen Gestalten sterblicher Geschöpfe geboren zu werden und des Lebens unheilvolle Pfade zu wechseln. Die Macht der Luft jagt ihn zu Meere, das Meer speit ihn aus auf das dürre Land, die Erde wirft ihn in die Strahlen der brennenden Sonne, und die Sonne in die Wirbel der Luft. Einer nimmt ihn vom anderen, aber alle verabscheuen ihn gleichermaßen. Von diesen bin ich auch jetzt einer, fliehend vor den Göttern, ein Umherirrender, der ich dem tobenden Streit vertraue.

Ich war bereits einmal Knabe, Mädchen, Pflanze, ein Fisch und ein Vogel und ein stummer Seefisch.

Walther Kranz, Vorsokratische Denker. Berlin 1939, S. 94 f.

189. Eine Botschaft aus dem Jenseits: die Erzählung des Er
Platon, Staat X, 614b

Ich will dir aber nicht eine Geschichte wie die des Alkinoos[1] erzählen, sondern die Geschichte eines kühnen Kriegers, des Er, des Sohnes des Armenios, eines Mannes aus Pamphylien. Dieser wurde eines Tages in einer Schlacht getötet, und als nach zehn Tagen die schon verwesenden Leichen aufgesammelt wurden, fand man ihn noch unversehrt und brachte ihn nach Hause. Im Augenblick seiner Bestattung, am zwölften Tage, als er schon auf dem Scheiterhaufen lag, kehrte er ins Leben zurück und berichtete, was er in der jenseitigen Welt gesehen hatte. Er sagte, nachdem seine Seele aus dem Körper gefahren sei, wanderte sie mit vielen anderen, und sie seien an einen geheimnisvollen Ort gekommen, wo in der Erde zwei aneinandergrenzende Öffnungen gewesen seien und ihnen gegenüber am Himmel zwei andere. Zwischen diesen hätten Richter gesessen, und nach jedem Urteil hätten sie den Gerechten befohlen, rechts nach oben durch den Himmel zu gehen, nachdem sie ihnen Zeichen des Urteils vorn angehängt hätten, die Ungerechten aber den Weg zur Linken und abwärts nehmen lassen; auch diese hätten Zeichen von allen ihren Handlungen getragen, aber hinten. Als er selbst näher herangekommen sei, hätten sie ihm gesagt, er müsse der Menschheit Botschaft von dem jenseitigen Leben bringen, und sie beauftragten ihn, alles an diesem Ort zu hören und zu beobachten. Und er sagte, er habe dort gesehen, wie durch eine jener Öffnungen des Himmels und der Erde die Seelen nach dem Urteil hindurch gegangen seien, von den beiden anderen aber seien, aus der in der Erde Seelen voll Schmutz und Staub, aus der anderen aber ein Umzug sauberer und reiner Seelen vom Himmel herabgekommen. Und jene, die eintrafen, schienen von einer langen Reise zu kommen; freudig seien sie zu der Wiese gezogen und hätten sich dort wie zu einem Fest gelagert, und Bekannte hätten sich gegenseitig begrüßt. Jene, die aus der Erde kamen, befragten die anderen nach den dortigen Verhältnissen, und jene, die vom Himmel kamen, fragten, wie es jenen anderen ergehe. Und sie hätten sich gegenseitig ihre Geschichten erzählt, die einen klagend und jammernd, als sie berichteten, wie viele und schreckliche Dinge sie erlitten und auf ihrer Unterweltsreise gesehen hätten, die tausend Jahre dauere; die aus dem Himmel aber hätten von ihren Freuden und Gesichten einer überirdischen Schönheit berichtet. Alles zu erzählen, Glaukon, würde unsere ganze Zeit in Anspruch nehmen, aber das Wesentliche, was er sagte, war dies: Für alles Unrecht, das sie jemals getan und irgend jemandem zugefügt hätten, wäre ihnen eine zehnfache Strafe für jeden einzelnen Fall zuteil geworden, immer jeweils nach hundert Jahren, da dies die dem menschlichen Leben angemessene Dauer sei: so müßten sie sich einer zehnfachen Buße für das Unrecht unterziehen. So wenn beispielsweise jemand den Tod vieler Menschen verschuldet oder Städte und Heere verraten und sie in Sklaverei gebracht hätte oder an irgendeiner anderen Schandtat beteiligt gewesen wäre, so müßten sie für jedes dieser Vergehen zehnfach leiden; andererseits aber, wenn sie Wohltaten erwiesen hätten und gerechte und fromme Menschen gewesen seien, würden sie im gleichen Maß die ihnen zustehende Belohnung erhalten. Noch andere Dinge, die nicht wert sind, berichtet zu werden, sagte er über die Neugeborenen, die nur kurze Zeit lebten. Über noch größere Vergeltungen wußte er zu berichten hinsichtlich der Pietät oder des Frevels gegenüber Göttern und Eltern und bezüglich des Selbstmordes.

---

[1] Die „Geschichte des Alkinoos" bezieht sich auf Odyssee IX–XII, wobei hier offensichtlich speziell auf die Hadesschilderung (Odyssee XI) Bezug genommen worden ist. Damit wird die Erzählung des Er als wahrer Bericht der Dichtung Homers gegenübergestellt.

190. Sokrates über die Seele im Hades
Platon, Phaidon 57

Folgendes aber, ihr Männer, ist wohl zu bedenken. Wenn die Seele unsterblich ist, so bedarf sie der Fürsorge nicht nur für diese Zeit allein, die wir Leben nennen, sondern für die gesamte Zeit, und so erschiene nun eben erst recht wohl die Gefahr als sehr schlimm, wenn jemand sie vernachlässigen wollte. Denn wenn der Tod eine Trennung von allem wäre, so wäre es ein Gewinn für die Schlechten, wenn sie sterben, ihren Leib loszuwerden, aber auch ihre Schlechtigkeit zugleich mit der Seele. So aber, da sich diese als unsterblich erweist, kann es ja für sie keinen anderen Schutz vor dem Übel und keine andere Rettung geben als das Streben, so gut und vernünftig wie möglich zu werden. Denn nichts anderes kann sie doch bei sich haben, wenn sie in den Hades kommt, als ihre Bildung und Zucht, die ja auch, wie man sagt, dem Verstorbenen den größten Nutzen oder Schaden bringt, gleich zu Beginn der Wanderung dorthin. Denn man sagt ja, daß einen jeden Gestorbenen sein Dämon, der ihn schon bei Lebzeiten in seinem Schutze hatte, an einen Ort zu führen sucht, von wo die dort Versammelten, nachdem sie sich haben richten lassen, in den Hades wandern mit jenem Führer, der den Auftrag hat, die Verstorbenen von hier dorthin zu führen. Nachdem sie dann dort erhalten haben, was ihnen gebührt, und die gehörige Zeit dort geblieben sind, bringt sie ein anderer Führer wieder von dort hierher zurück in vielen und langen Zeitabschnitten. Die Wanderung ist aber wohl nicht so, wie der Telephos des Aischylos sie beschreibt. Jener sagt nämlich, es führe ein einfacher Steig in den Hades; ich aber glaube, daß er weder einfach noch daß es bloß einer ist. Sonst würde man ja keine Führer brauchen, denn nirgendshin kann man ja fehlgehen, wo es nur einen Weg gibt. Tatsächlich aber teilt und windet er sich oftmals ... Die gesittete und vernünftige Seele folgt willig, und nicht fremd ist ihr, was ihr widerfährt. Die Seele aber, die begehrlich am Körper haftet, flattert, wie oben gesagt, noch lange um ihn und den unsichtbaren Ort herum, und erst nach vielem Sträuben und vielerlei Leiden wird sie endlich nur mit Mühe und gewaltsam von dem damit beauftragten Dämon weggeführt. Kommt sie nun dahin, wo auch die anderen sich befinden, so flieht ein jeder die ungeläuterte Seele, die etwas dergleichen verübt hat, mag sie sich nun mit ungerechten Mordtaten befaßt oder anderes dergleichen begangen haben, was dem verwandt und verwandter Seelen Werk ist, und weicht ihr aus und will weder ihr Reisegefährte noch ihr Führer werden; sie selbst aber irrt umher in völliger Ratlosigkeit, bis eine gewisse Zeit um ist, nach deren Verlauf sie mit Gewalt an die ihr gebührende Stätte gebracht wird. Diejenige Seele aber, die ihr Leben rein und maßvoll zugebracht hat, bekommt Götter zu Reisegefährten und Führern, und eine jede wohnt an dem ihr gebührenden Ort.

Übersetzung von Friedrich Schleiermacher. Berlin 1855.

191. Platon über die Unsterblichkeit der Seele
Menon 81b

Menon: Aber was? Und wer waren, die es sagten?

Sokrates: Die es sagen, sind Priester und Priesterinnen, denen daran gelegen ist, von dem, was sie tun, Zeugnis zu geben. Auch Pindar[1] sagt es und viele andere Dichter, die göttlich inspiriert sind. Was sie sagen, ist dies – erwäge, ob du meinst, daß sie die Wahrheit sprechen. Sie sagen, daß die Seele des Menschen unsterblich ist. Eines Tages gelangt sie zu einem Ende – das ist, was der Tod genannt wird –, wird aber dann wiedergeboren und geht niemals zugrunde. Deshalb muß ein Mensch sein Leben so rechtschaffen wie möglich verbringen.

> „Denn von wem Buße für alte Schuld Persephone[2] annimmt,
> Im neunten Jahr wieder entsendet sie
> Deren Seelen zur oberen Sonne.
> Sie auferstehen dann als edle Fürsten,
> Als schnellste an Stärke und größte an Weisheit,
> Und für kommende Zeiten
> Heißen sie Heroen, heilig den Menschen."[3]

Da nun die Seele unsterblich ist und oftmals geboren wurde und hier und in der Unterwelt alle Dinge geschaut hat, so hat sie alles gelernt, was es gibt.

---

[1] Pindar (ca. 518–446 v.Chr.), griechischer Lyriker.
[2] Persephone, griechische Unterweltsgöttin, Tochter des Zeus und der Demeter, Gemahlin des Hades.
[3] Pindar, Fragment 133.

E. DER WEG INS JENSEITS – DIE ENTRÜCKUNG

192. Orphische Unterweltsvorstellungen

Auf Goldblättchen verzeichneter Text aus Gräbern in Petelia und Thurii (Unteritalien; 4. bis 3. Jahrhundert v. Chr.).

Du wirst links im Haus des Hades eine Quelle finden
Und neben ihr eine weiße Zypresse.
Dieser Quelle komme nicht näher.
Aber du wirst eine andere finden, die dem See der Mnemosyne
Als kühlendes Wasser entspringt. Doch sind dort Wächter vor ihr.
Sage: „Ich bin ein Sohn der Erde und des bestirnten Himmels;
Doch bin ich himmlischer Herkunft. Das wißt ihr selber.
Aber ich verschmachte vor Durst und vergehe. Gebt mir schnell
Kühlendes Wasser, das dem See der Mnemosyne entströmt."
Sie selbst werden dir aus der heiligen Quelle zu trinken geben.
Dann wirst du hinfort mit anderen Heroen herrschen.

Rein komm' ich von den Reinen, Königin der Unterwelt,
Eukles und Eubuleus[1] und ihr anderen Götter.
Denn auch ich rühme mich eurer Herkunft.
Aber das Schicksal oder unsterbliche Götter stürzten mich hinab.
Ich bin dem sorgenbeladenen Kreis entflogen
Und schnellen Fußes zum Kranz der Sehnsucht gelangt.
An den Busen der Herrin, der Königin der Unterwelt, bin ich gesunken
Und komme als Bittender zur heiligen Persephone.
„Glücklich und selig bist du, sollst Gott sein statt Sterblicher."
Wie ein Zicklein bin ich in die Milch gefallen.

---

[1] Euphemismen für „Hades".

W. K. C. Guthrie, Orpheus and Greek Religion. London 1935, S. 172f.

193. Parsistische Individualeschatologie
Vendidad 19,28–33

Und es sprach Ahura Mazda[1]: „Nachdem der Mensch gestorben ist, nachdem des Menschen Zeit abgelaufen ist, schneiden hernach die falschen, die bösen Devs[2] seinen Lebensfaden ab[3]. Wenn in der dritten Nacht der Morgen graut und die leuchtende Morgenröte aufgeht und der Mithra[4] mit den schönen Waffen über den Bergen heraufkommt, auf denen die wahre Glückseligkeit wohnt, und die herrliche Sonne aufgeht, da führt der Dev namens Vīzaresha, o Spitama Zarathustra, die Seele der falschgläubigen Devverehrer... gebunden fort. Sie geht den in der Urzeit gemachten Weg, der sowohl für den Falschgläubigen als auch für den Rechtgläubigen ist, zur Richterbrücke, der von Mazda gemachten, und sie fordern von dem Bewußtsein und der Seele Rechenschaft über das Leben und Tun der Wesen in der körperlichen Welt.

Die schöne, (wohl)geformte, tapfere (Maid)[5] mit schönem Antlitz kommt mit einem Hund[6], mit einem Brusttuch und einer Krone geschmückt, mit scharfen Sinnen und mit Anstand. Sie schleppt die böse Seele der Falschgläubigen in die Finsternis[7]. Sie führt die Seelen der Rechtgläubigen über die hohe Harā[8], sie hält sie über die Brücke des Richters[9], auf dem Steg der himmlischen Heiligen.

Es erhebt sich Vohu manah[10] von seinem goldenen Sitz. Es spricht Vohu manah: ,Wie bist du hierher gekommen, du Rechtgläubiger, aus dem leidvollen Leben zu dem leidlosen Leben?' Für gut befunden, gehen die Seelen der Rechtgläubigen weiter zu den goldenen Thronen des Ahura Mazda und der Unsterblichen Heiligen[11], zum Paradies, der Wohnung des Ahura Mazda, der Wohnung der Unsterblichen Heiligen, der Wohnung der anderen Rechtgläubigen. Rein befunden wird der Rechtgläubige nach dem Tod. Die falschgläubigen, bösen Devs fürchten seinen Geruch, wie ein Schaf, das die Witterung eines Wolfes bekommt, sich vor dem Wolf fürchtet."

---

[1] „Der weise Herr", in der Verkündigung Zarathustras der gute und höchste Gott.
[2] Dämonen.
[3] An dem die Seele während der drei ersten Tage nach dem Tode noch hängt.
[4] Altiranischer Gott.
[5] Verkörperung des religiösen Gewissens.
[6] Womit sie die Dämonen verjagt.
[7] Wahrscheinlich ist es nicht die ursprüngliche Vorstellung, daß dies durch das Mädchen geschieht.
[8] Elburzgebirge.
[9] Von der die Falschgläubigen herabstürzen.
[10] „Gutes Denken"; hier ein Erzengel. [11] Hier: Erzengel.

Karl F. Geldner, Die zoroastrische Religion (Das Avesta). Religionsgeschichtliches Lesebuch 1 (Hrsg. Alfred Bertholet). Tübingen ²1926, S. 45.

194. Aztekisches Totenritual

Wenn ein Azteke eines natürlichen Todes starb[1], sprach der Priester vor der Leiche folgende Worte: „Unser Sohn, du hast die Leiden und Mühen dieses Lebens beendet. Es hat unserem Herrn gefallen, dich von hier hinwegzunehmen; denn du hast kein ewiges Leben in dieser Welt; unser Dasein ist wie ein Strahl der Sonne. Er hat dir die Gnade verliehen, uns kennenzulernen und an unserem gemeinsamen Leben teilzunehmen. Nun lassen dich der Gott Mictlantecutli und die Göttin Mictlanciuatl[2] an ihrem Aufenthaltsort teilhaben. Wir alle werden dir folgen, denn das ist unser Geschick, und der Wohnort (in der Unterwelt) ist groß genug, alle aufzunehmen. Man wird dich nicht mehr unter uns hören. Siehe, du bist in das Reich der Dunkelheit gegangen, wo es weder Licht noch Fenster gibt. Niemals wirst du wieder hierher zurückkommen, noch brauchst du dich um deine Rückkehr zu sorgen; denn deine Abwesenheit ist ewig. Du verlässest deine Kinder arm und verwaist, und du weißt nicht, was ihr Ende sein wird noch wie sie die Mühen dieses Lebens ertragen werden. Was uns betrifft, wir werden nicht zögern, zu gehen und uns dort mit dir zu verbinden, wo du sein wirst."

Dann läßt der Priester einige Tropfen Wasser auf das Haupt des Toten herabfallen und stellt neben es eine Wasserschale: „Siehe, das Wasser, von dem du in diesem Leben Gebrauch gemacht hast, dies ist für deine Reise." Und wie ein Totenbuch werden in gebührender Ordnung einige Papiere auf den mumienförmigen Körper gelegt: „Siehe, hiermit wirst du die beiden zusammenstoßenden Berge durchschreiten... Hiermit wirst du die Straße durchschreiten, auf der die Schlange dich erwartet... Hiermit wirst du das Lager der grünen Eidechse durchschreiten... Siehe, damit wirst du die acht Wüsten durchkreuzen... Und die acht Hügel... Und sieh zu, womit du den Platz der Winde überqueren kannst, die mit Obsidianmessern schlagen."

So mußten die Gefahren der Unterwelt bestanden werden und die Seele vor Mictlantecutli kommen. Nach einer Reise von vier Jahren würde er, wenn man an seinem Grab opfert, mit der Hilfe seines Hundes[3] den neunfachen Strom überqueren, und dann würde der Hund mit seinem Herrn in das ewige Haus der Toten, in Chicomemictlan, die neunfache Unterwelt, eintreten.

---

[1] Durch Krankheit und nicht als Krieger im Kampf oder als sakral Geopferter.
[2] Der Herr und die Herrin der Unterwelt.
[3] Die aztekische Bestattung derjenigen, die eines natürlichen Todes gestorben waren, erfolgte zusammen mit einem getöteten Hund.

H. B. Alexander, The World's Run (nach Bernardino de Sahagún). (University of Nebraska Press, Lincoln 1953) 201 f.

195. Eine sibirische Totenzeremonie: der Schamane führt die Seele in die Unterwelt

Die Golden haben zwei Totenzeremonien: das *nimgan*, das sieben Tage oder länger (zwei Monate) nach dem Tod stattfindet, und das *kazatauri*, die große Zeremonie, die einige Zeit nach der ersten vollzogen und an deren Ende die Seele in die Unterwelt geführt wird. Während des *nimgan* tritt der Schamane mit seiner Trommel in das Haus des Toten ein, sucht dessen Seele, fängt sie und bannt sie in eine Art Kissen *(fanya)*. Es folgt ein gemeinsames Essen, an dem alle Verwandten und Freunde des Verstorbenen teilnehmen, der hierbei in dem *fanya* anwesend ist; der Schamane bringt ihm Branntwein. Das *kazatauri* beginnt ebenso. Der Schamane legt seine Tracht an, nimmt seine Trommel und macht sich auf, die Seele in der Umgebung der Jurten zu suchen. Die ganze Zeit über tanzt er und berichtet über die Schwierigkeiten des Weges in die Unterwelt. Schließlich fängt er die Seele und bringt sie wieder ins Haus, wo er sie in das *fanya* bannt. Das gemeinsame Essen setzt sich bis spät in die Nacht hinein fort, und Lebensmittel, die übrigblieben, werden vom Schamanen ins Feuer geworfen. Die Frauen bringen ein Bett in die Jurte, der Schamane legt das *fanya* hinein, bedeckt es mit einer Decke und sagt dem Toten, er solle schlafen.

Am folgenden Tag zieht er wieder seine Tracht an und weckt den Verschiedenen mit Trommelgeräusch. Es folgt ein weiteres Essen, und abends – die Zeremonie kann mehrere Tage dauern – legt er das *fanya* wieder ins Bett und deckt es zu. Schließlich beginnt der Schamane eines Morgens seinen Gesang und rät dem Toten, gut zu essen, aber mäßig zu trinken; denn die Reise in die Unterwelt ist für einen Betrunkenen außerordentlich schwierig. Bei Sonnenuntergang werden die Vorbereitungen für die Abreise getroffen. Der Schamane singt, tanzt und beschmiert sein Gesicht mit Ruß. Er ruft seine Hilfsgeister herbei und bittet sie, ihn und den Toten ins Jenseits zu führen. Er verläßt die Jurte für einige Minuten und steigt auf einen Baum mit Einkerbungen, der vorher errichtet wurde; von dort sieht er den Weg in die Unterwelt. (Er hat dabei den Weltenbaum erstiegen und befindet sich auf dem Gipfel der Welt.) Zugleich sieht er viele andere Dinge: reichlich Schnee, erfolgreiches Jagen und Fischen usw.

Nachdem er zur Jurte zurückgekehrt ist, ruft er zwei mächtige Schutzgeister zu Hilfe: *butchu*, eine Art einbeiniges Monstrum mit menschlichem Gesicht und Federn, und *koori*, einen langhalsigen Vogel. Ohne die Hilfe dieser beiden Geister könnte der Schamane nicht aus der Unterwelt zurückkommen; er vollzieht den schlimmsten Teil des Rückweges sitzend auf *kooris* Rücken.

Nachdem er bis zur Erschöpfung schamanisiert hat, setzt er sich, nach Westen blickend, auf ein Brett, das einen sibirischen Schlitten darstellt. Das *fanya*, das die Seele des Toten enthält, und ein Korb mit Lebensmitteln werden neben ihn gestellt. Der Schamane bittet die Geister, die Hunde vor den Schlitten zu spannen, und er verlangt auch einen „Diener" zur Gesellschaft auf der Reise. Nach einigen Augenblicken reist er ab in das Land der Toten.

Die Gesänge, die er anstimmt, und die Worte, die er mit dem „Diener" wechselt, lassen seinen Reiseweg verfolgen. Zunächst ist der Weg leicht, doch die Schwierigkeiten wachsen, je näher man dem Land der Toten kommt. Ein großer Fluß versperrt den Weg, und nur ein guter Schamane kann sein Gefährt ans andere Ufer bringen. Etwas später bemerkt man Spuren von Menschen: Fußspuren, Asche, Holzstücke – das Dorf der Toten ist also nicht mehr weit. Und jetzt ist tatsächlich Hundegebell zu hören, der Rauch aus den Jurten ist zu sehen, das erste Rentier erscheint. Der Schamane und der Tote haben die Unterwelt erreicht. Sofort versammeln sich die Toten und fragen den Schamanen nach seinem Namen und nach dem des Neuangekommenen. Der Schamane hütet sich, seinen wahren Namen zu sagen; er sucht unter der Menge der Geister die nahen Verwandten der Seele, die er bringt, damit er sie ihnen anvertrauen kann. Wenn er das getan hat, beeilt er sich, auf die Erde zurückzukehren, und wenn er angekommen ist, gibt er einen ausführlichen Bericht über alles, was er im Land der Toten gesehen hat samt den Eindrücken des Toten, den er begleitet hat. Er bringt jedem der Anwesenden Grüße ihrer verstorbenen Verwandten, und er verteilt sogar kleine Geschenke von ihnen. Am Ende der Zeremonie wirft der Schamane das *fanya* ins Feuer. Damit enden die strengen Verpflichtungen der Lebenden gegenüber den Toten.

M. Eliade, Schamanism. Archaic Techniques of Ecstasy. New York 1964, S. 210–212; deutsch: Schamanismus und archaische Ekstasetechnik. Zürich – Stuttgart 1957, S. 203–205. Zusammenfassung aus: Uno Harva, Die religiösen Vorstellungen der altaischen Völker. Helsinki 1938, S. 334–345.

196. Der Weg ins Jenseits der Winnebago-Indianer

Bevor der Geist des Abgeschiedenen zu seiner Reise ins Jenseits aufbricht, wird er sorgfältig über die Überraschungen und Gefahren der Reise informiert und darüber, wie er ihnen begegnen muß:

Ich nehme an, daß du nicht weit von mir entfernt bist, sondern direkt hinter mir. Hier ist der Tabak, und hier ist die Pfeife, die du sorgfältig bewahren mußt, solange du vorwärts gehst. Hier sind auch das Feuer und die Nahrung, die deine Verwandten für deine Reise bereitet haben.

Morgens bei Sonnenaufgang mußt du aufbrechen. Du wirst nicht sehr weit gegangen sein, bevor du zu einer breiten Straße kommst. Das ist die Straße, die du einschlagen mußt. Wenn du entlang gehst, wirst du etwas auf deiner Straße bemerken. Nimm deine Kriegskeule, schlag darauf und wirf es hinter dich. Dann geh weiter, ohne zurückzusehen. Wenn du weitergehst, wirst du erneut auf ein Hindernis stoßen. Schlag darauf, wirf es hinter dich, und sieh nicht zurück. Im weiteren wirst du einige Tiere treffen. Auch auf diese mußt du schlagen und sie hinter dich werfen. Geh dann weiter und sieh nicht zurück. Was du hinter dich wirfst, wird zu jenen Verwandten gelangen, die du hinter dir auf der Erde zurückgelassen hast. Es wird für sie Sieg im Krieg bedeuten, ferner Reichtümer und Tiere zur Nahrung.

Wenn du nur eine kurze Strecke von dem letzten Ort, an dem du Gegenstände hinter dich warfst, gegangen bist, wirst du zu einem runden Häuschen gelangen, und dort wirst du eine alte Frau finden. Sie soll dir weitere Auskünfte geben. Sie wird dich fragen: „Mein Enkel, wie heißest du?" Dies mußt du ihr dann sagen. Und dann mußt du zu ihr sagen: „Großmutter, als ich im Begriff war, von der Erde hinwegzugehen, wurden mir die folgenden Gegenstände gegeben, mit denen ich als Mittler zwischen dir und den menschlichen Wesen wirken soll (d. h. Pfeife, Tabak, Nahrungsmittel)." Dann mußt du den Pfeifenstiel in den Mund der alten Frau stecken und sagen: „Großmutter, ich habe alle meine Verwandten einsam gemacht, meine Eltern, meine Brüder und alle anderen. Ich würde es deshalb begrüßen, wenn sie Sieg im Krieg und Ehren gewännen. Das war mein Wunsch, als ich sie niedergeschlagen auf der Erde verließ. Ich möchte, daß sie all das Leben haben könnten, das ich auf der Erde zurückließ. Das ist es, worum sie baten. Auch baten sie mich, in nächster Zeit nicht diese Straße entlangziehen zu müssen. Sie baten auch, mit jenen Dingen gesegnet zu sein, an deren Besitz die Menschen gewöhnt sind. Als ich von der Erde aufbrach, wünschten sie mir, daß ich dich um alles dieses bitten möchte. Sie sagten mir, ich solle den vier Fußstapfen folgen, die mit blauen Zeichen versehen seien, Großmutter!" – „Gut, mein Enkel, du bist jung, aber du bist verständig. Ich will dir nun etwas zu essen kochen."

So wird sie zu dir sprechen, dann einen Kessel aufs Feuer stellen und dir etwas Reis kochen. Wenn du ihn issest, wirst du Kopfschmerzen bekommen. Dann wird sie sagen: „Mein Enkel, dir schmerzt dein Kopf, laß ihn dir hohl machen." Dann wird sie deinen Schädel aufbrechen und dein Gehirn herausnehmen. Und du wirst alles über dein Volk auf der Erde und woher du kamst vergessen. Du wirst dir keine Sorgen mehr um deine Verwandten machen. Du wirst ein guter Geist werden. Deine Gedanken werden nicht zur Erde gehen, denn nichts Fleischliches wird mehr an dir sein...

Dann wirst du weitergehen und in die vier Fußstapfen treten, die zuvor erwähnt wurden und die mit blauer Erde gezeichnet sind. Du mußt die vier Fußstapfen wählen, weil die Straße sich dort gabelt. Wenn du weiterreisest, wirst du zu einem Feuer kommen, das sich über die Erde von einem Ende zum anderen ausbreitet. Darüber wird eine Brücke sein, aber es wird schwer sein, sie zu überschreiten, weil sie dauernd schwankt. Doch du wirst imstande sein, sie sicher zu überschreiten; denn du hast die Führer, über die die Krieger zu dir sprachen. Sie werden dich hinübertragen und sich um dich sorgen.

Wohlan, wir haben dir eine gute Straße geraten. Wenn du einer Lüge über die Geisterstraße folgst, wirst du von der Brücke fallen und verbrannt werden. Doch brauchst du dich nicht zu sorgen; denn du wirst sicher hinüberkommen. Wenn du von dort fortschreitest, werden die Geister dir entgegenkommen und dich zu dem Dorf bringen, in dem der Häuptling lebt. Dort wirst du ihm den Tabak geben und um jene Dinge bitten, über die wir sprachen, die gleichen, die du von der alten Frau erbatest. Dort wirst du alle Verwandten treffen, die vor dir starben. Sie werden in einer großen Hütte leben. In diese mußt du eintreten.

Paul Radin, The Winnebago Tribe, in: Thirty-eighth Annual Report. Bureau of American Ethnology. Washington, D. C. 1923, S. 143 f.

*197. Die Straße zum Reich der Seelen
in der Vorstellung der Thomson-River-Indianer*

Das Land der Seelen ist unterhalb von uns, gegen Sonnenuntergang; der Weg führt durch düsteres Zwielicht. Die Spuren von Menschen, die zuletzt über ihn gingen, und diejenigen ihrer Hunde sind sichtbar. Der Pfad windet sich entlang, bis er auf eine andere Straße stößt, die eine von den Schamanen benutzte Abkürzung ist, wenn sie versuchen, einer abgeschiedenen Seele den Weg zu versperren. Der Pfad wird nun gerader und glatter, und er ist mit Ocker rot gefärbt. Nach einer Weile wendet er sich westwärts, führt einen langen, sanften Abhang hinab und endet an einem breiten, flachen Fluß mit sehr klarem Wasser. Er wird von einem langen, schmalen Baumstamm überbrückt, auf dem die Spuren der Seelen gesehen werden können. Nachdem er ihn überschritten hat, findet sich der Reisende wieder auf einem Pfad, der nun zu einer Höhe emporsteigt, die mit einem riesigen Stapel von Kleidern überhäuft ist – den Habseligkeiten, die die Seelen aus dem Land der Lebenden mitgebracht haben und die sie hier zurücklassen müssen. Von hier aus ist der Weg eben und wird zunehmend heller. Drei Wächter sind an diesem Weg postiert, je einer auf beiden Seiten des Flusses und der dritte am Ende des Weges; ihre Aufgabe ist es, jene Seelen zurückzuschicken, deren Zeit für den Eintritt in das Land der Toten noch nicht gekommen ist. Einige Seelen passieren die ersten beiden von ihnen, um dann vom dritten zurückgeschickt zu werden, der ihr Häuptling ist und ein Sprecher, der manchmal durch die zurückkehrenden Seelen den Lebenden Botschaften sendet. Diese Männer sind alle sehr alt, grauhaarig, weise und verehrungswürdig. Am Ende des Weges steht eine große Hütte, die die Form eines Erdhügels hat, mit Türen an der östlichen und der westlichen Seite und zwei Reihen von Feuern, die sich durch sie erstrecken. Wenn die abgeschiedenen Freunde eines Menschen die Ankunft seiner Seele erwarten, versammeln sie sich hier und sprechen über seinen Tod. Wenn der Verstorbene den Eingang erreicht, hört er auf der anderen Seite Leute sprechen, lachen, singen und Trommeln schlagen. Einige stehen an der Tür, um ihn zu begrüßen und seinen Namen auszurufen. Wenn er eintritt, breitet sich vor ihm ein weites Land von verschiedenartigem Aussehen aus. Dort ist ein süßer Geruch von Blumen und eine Unmenge Gras, und überall sind Beerensträucher, die mit reifen Früchten beladen sind. Die Luft ist angenehm und ruhig, und überall ist es hell und warm. Über die Hälfte der Leute tanzen und singen unter Trommelbegleitung. Alle sind nackt, scheinen es aber nicht zu bemerken. Die Leute sind erfreut, den Neuankömmling zu sehen, sie nehmen ihn auf ihre Schultern, rennen mit ihm herum und machen viel Lärm.

H. B. Alexander, North American Mythology. Boston 1916, S. 147 ff.

198. Reise in das Land des Großvaters
Jenseitsvorstellungen der Guarayú Boliviens

Bald nach dem Begräbnis begann die freigewordene Seele des Verstorbenen eine lange und gefahrvolle Reise in das Land des mythischen Ahnherrn, des Tamoi oder Großvaters, der irgendwo im Westen lebte. Die Seele hatte zunächst zwischen zwei Wegen zu wählen. Der eine war breit und bequem. Der andere war eng und durch Unkraut und Tabakpflanzen blockiert, aber sie folgte diesem, wenn sie weise und mutig war. Bald gelangte die Seele zu einem großen Fluß, den sie auf dem Rücken eines wilden Alligators zu überqueren hatte. Der Alligator setzte die Seele nur dann über, wenn sie es verstand, den Gesang des Alligators durch rhythmisches Schlagen ihres Bambusstabes zu begleiten. Sie kam dann zu einem anderen Fluß, den sie nur überqueren konnte, indem sie auf einen Baumstamm sprang, der mit großer Geschwindigkeit zwischen den beiden Ufern hin- und hertrieb. Sollte die Seele dabei fallen, so würde sie ein Palometa-Fisch in Stücke reißen. Kurz danach näherte sie sich dem Aufenthaltsort von Izoi-tamoi, dem Großvater der Würmer, der von weitem riesig aussah, aber immer kleiner wurde, wenn man sich ihm näherte. Wenn jedoch der Verstorbene ein schlechter Mensch gewesen war, vollzog sich der Vorgang umgekehrt; der Großvater der Würmer wuchs in gigantischen Ausmaßen und zerspaltete den Sünder in zwei Teile. Daraufhin mußte die Seele durch eine dunkle Gegend reisen, in der sie den Weg durch das Abbrennen eines Strohbündels erleuchtete, das ihr Verwandte ins Grab gelegt hatten. Jedoch hatte sie ihre Fackel hinter ihrem Rücken zu tragen, damit das Licht nicht von riesigen Fledermäusen ausgelöscht würde. Wenn die Seele in die Nähe eines wunderschönen Kapokbaumes kam, der voll von summenden Vögeln war, wusch sie sich in einem Bach und schoß einige der Vögel, ohne sie zu verletzen, und zupfte ihre Federn für Tamois Haarschmuck. Die Seele trat gegen den Stamm des Kapokbaumes, um ihre Verwandten wissen zu lassen, daß sie diesen Ort erreicht hatte. Das nächste Hindernis war der Itacaru, zwei Felsen, die auf ihrem Weg hin- und herprallten. Die Steine erlaubten der Seele, in einem knappen Zwischenraum durch sie hindurchzugehen, sofern sie es verstand, sie anzureden.

An einer Kreuzung wurde die Seele von einem Gallinazo-Vogel geprüft, der sicherstellte, daß sie, wie alle guten Guarayú, Lippen und Ohren perforiert hatte. Wenn sie diese Verstümmelung nicht besaß, wurde sie von dem Vogel in die Irre geführt. Zwei weitere Prüfungen erwarteten die reisende Seele: sie hatte es ohne Lachen zu ertragen, von einem Affen gekitzelt zu werden, und sie mußte hinter einem verzauberten Baum hergehen, ohne den Stimmen zu lauschen, die aus ihm kamen, und ohne überhaupt auf ihn zu sehen. Der Baum war mit einer vollständigen Kenntnis über das vergangene Leben der Seele versehen. Um diesen Versuchungen zu widerstehen, stieß die Seele ihr Stanzrohr auf den Boden. Eine weitere Gefahr boten gefärbte Gräser, die die Seele blendeten und bewirken konnten, ihren Weg zu verfehlen. Schließlich erreichte die Seele eine große Straße, die von Blütenbäumen mit singenden Vögeln eingefaßt war, und sie wußte, daß sie nun das Land des Großvaters erreicht hatte. Sie kündete ihre Ankunft an, indem sie mit ihrem Bambusstock auf die Erde stieß. Der Großvater hieß die Seele mit freundlichen Worten willkommen und wusch sie mit Zauberwasser, das ihre Jugend und ihr gutes Aussehen wiederherstellte. Von da an lebte die Seele glücklich, trank Chicha und setzte die Tätigkeit ihres früheren Lebens fort.

Alfred Métraux, The Native Tribes of Eastern Bolivia and Western Matto Grosso. Bureau of American Ethnology, Bulletin 134. Washington, D. C. 1942, S. 105 f.

199. Eine polynesische Jenseitsreise

Die folgende Erzählung wurde Edward Shortland von einem seiner Diener namens Te Wharewera berichtet.

Eine Tante dieses Mannes starb in einer einsamen Hütte in der Nähe des Ufers des Rotorua-Sees. Da sie eine Dame von hohem Rang war, wurde sie in ihrer Hütte gelassen, Türe und Fenster wurden fest geschlossen, und die Wohnung wurde verlassen, da ihr Tod sie tabu gemacht hatte. Aber genau zwei Tage später sah Te Wharewera, der mit einigen anderen in einem Kanu in der Nähe dieses Ortes am frühen Morgen paddelte, am Ufer eine Gestalt, die ihnen zunickte. Es war die Tante, die wieder zum Leben gekommen war, jedoch schwach und kalt und verhungert aussah. Als sie durch ihre rechtzeitige Hilfe wieder genügend hergestellt war, erzählte sie ihre Geschichte. Als ihr Geist den Körper verlassen hatte, war er zum Nordkap geflogen und am Eingang von Reigna angekommen. Da sie dort vom Stamm einer Pflanze aufgehalten wurde, stieg sie die Klippe hinunter und kam an das sandige Ufer eines Flusses. Sie sah sich um und entdeckte in einiger Entfernung einen riesigen Vogel, größer als ein Mensch, der mit schnellen Schritten auf sie zukam. Das fürchterliche Ding erschreckte sie derart, daß es ihr erster Gedanke war, auf die steile Klippe zurückzukehren; dann aber sah sie einen alten Mann, der in einem kleinen Kanu auf sie zupaddelte, und sie lief, um ihn zu treffen, und so entging sie dem Vogel. Als sie sicher hinübergesetzt worden war, fragte sie den alten Charon, dem sie den Namen ihrer Familie nannte, wo die Geister ihrer Verwandten wohnten.

Als sie dem Weg folgte, den der alte Mann anzeigte, war sie überrascht, gerade so einen Weg zu finden, wie sie ihn auf Erden benutzt hatte; das Gesicht der Landschaft, die Bäume, Sträucher und Pflanzen waren ihr alle vertraut. Sie erreichte das Dorf, und unter der dort versammelten Menge fand sie ihren Vater und viele nahe Verwandte; sie grüßten sie und hießen sie willkommen mit dem Klagegesang, den die Maoris stets an Leute richten, die sie nach langer Abwesenheit wieder treffen. Aber als ihr Vater sie über seine lebenden Verwandten befragt hatte und besonders über ihr eigenes Kind, da sagte er ihr, daß sie wieder zur Erde zurückkehren müsse, denn dort sei niemand verblieben, um für seinen Enkel zu sorgen. Auf seinen Befehl weigerte sie sich, die Nahrung anzurühren, die die Toten ihr anboten, und trotz deren Anstrengung, sie zurückzuhalten, brachte sie ihr Vater sicher in das Kanu, setzte mit ihr über und gab ihr beim Abschied aus seinem Mantel zwei riesige süße Kartoffeln, die sie zu Hause als besondere Nahrung für seinen Enkel anpflanzen sollte. Aber als sie anfing, die Klippe wieder zu ersteigen, verfolgten sie zwei kleine Geister und stießen sie zurück, und sie entkam nur dadurch, daß sie die Knollen gegen sie warf, worauf sie anhielten, um sie zu essen. Derweil erklomm sie den Felsen, erreichte die Erde und flog dorthin zurück, wo sie ihren Körper verlassen hatte. Als sie zum Leben zurückkehrte, fand sie sich in Dunkelheit, und was geschehen war, erschien wie ein Traum, bis sie erkannte, daß sie einsam und allein und die Türe fest verschlossen war, daß sie wirklich tot gewesen und zum Leben zurückgekehrt war. Als der Morgen dämmerte, kam durch die Spalten des verschlossenen Hauses ein schwaches Licht, und sie sah auf dem Fußboden eine Kalabasse, die zum Teil mit rotem Ocker, vermischt mit Wasser, gefüllt war. Diese leerte sie bis zur Neige. Daraufhin fühlte sie sich ein wenig kräftiger. Es gelang ihr, die Türe zu öffnen und hinunter zum Ufer zu kriechen, wo sie ihre Freunde bald fanden. Jene, die ihrer Erzählung lauschten, glaubten fest an die Tatsächlichkeit ihrer Abenteuer, nur wurde es lebhaft bedauert, daß sie nicht wenigstens eine der riesigen süßen Kartoffeln mitgebracht hatte als Beweis für ihren Besuch im Lande der Geister.

Edward Shortland, Traditions and Superstitions of the New Zealanders. London 1854, S. 150ff.

200. Die Apotheose des Romulus

Die Sage von dem Ende des Romulus berichtet von einer Entrückung, die u.a. Livius (Ab urbe condita I, 16) überliefert hat. Als der Gründer Roms eines Tages auf dem Marsfeld Heerschau hielt, erhob sich plötzlich ein Sturm, ein schweres Gewitter ging hernieder, und eine schwarze Wetterwolke umhüllte des Königs Gestalt und entzog sie den Blicken des Volkes. Als es wieder hell wurde, war der königliche Stuhl leer, und Romulus war hinfort auf Erden verschwunden. Proculus Julius aber, einer der Senatoren, wußte später zu berichten, ihm sei Romulus in verklärter Gestalt erschienen und habe ihm die künftige Weltmachtstellung der Stadt vorausgesagt, als er die Worte an ihn gerichtet habe:

Die Entrückung

Gehe hin und künde den Römern, die Himmlischen wollen, daß meine Roma das Haupt der Welt sei. Darum sollen die Römer das Militärwesen kennen und pflegen und den Nachkommen verkünden, daß keine menschliche Macht den römischen Waffen widerstehen kann.

Eine dichterische Gestaltung dieser Apotheose findet sich bei Ovid (Metamorphosen XIV, 806-828):

... Zum Vater der Götter und Menschen
Sagte nun Mavors[1] – er hatte den Helm vom Haupte genommen:
„Vater, der römische Staat ruht stark auf mächtigem Grunde,
Nicht mehr hängt er am Fürsten allein: die Zeit ist gekommen,
Mir und dem würdigen Enkel den Preis, den verheißnen, zu schenken:
Ihn von der Erde zu nehmen, im Himmel ihm Sitz zu gewähren.
Einstmals hast du verkündet im Rate der lauschenden Götter
– Denn ich entsinne mich wohl: ich behielt die Worte des Vaters –:
Einen darfst du zum strahlenden Blau des Himmels erheben!
Denke der Worte! Bekräftige sie! Das Versprechen erfülle!"
Und der Allmächtige nickte Gewährung: er hüllte in dunkle
Wolken den Himmel und schreckte die Erde mit Donner und Blitzen.
Doch Gradivus[2] erkennt den Moment der versprochnen Entraffung,
Schwingt sich, der mutige Gott, am Speer auf den Wagen; die Rosse,
Die an die blutige Deichsel geschirrten, umwirbelt ein Peitschen-
Knall, und es gleitet der Wagen hinab durch die Lüfte in steilem
Flug und hält auf Palatiums Höhe, des waldigen Hügels.
Während der Ilia Sohn seinem Volk, den Quiriten, gerechte
Sprüche erteilt, entrafft ihn der Gott: es zerstäubt durch die feinen
Lüfte der sterbliche Leib, wie die bleierne Kugel, von breiter
Schleuder entsandt, inmitten des Himmels sich häufig verflüchtigt.
Siehe dafür die Wundergestalt, der göttlichen Polster
Wert: so zeigt sich Quirinus[3], vom herrlichen Mantel umkleidet.

[1] Mars.
[2] Beiname des Mars.
[3] Vergöttlichter Romulus, wird später zum Kriegsgott, dem Mars verwandt.

Übersetzung von Hermann Breitenbach. Zürich 1958, ²1964.

201. Die Apotheose Caesars
Ovid, Metamorphosen XV, 799–819; 840–851

Aber die Winke der Götter vermochten den nahenden Anschlag
Nicht zu vereiteln: schon trug man gezogene Schwerter in einen
Heiligen Raum; denn man fand in der Stadt keine andere Stätte
Für das Verbrechen des gräßlichen Mordes, als gerade die Curie.
Jetzt schlug gar die cytherische Göttin[1] die Brust sich mit beiden
Händen und wollte den Sproß des Aeneas in schützender Wolke
Bergen, wie einst sie den Paris entriß den ergrimmten Atriden,
Oder wie damals Aeneas entkam Diomedes' Gewaffen.
„Willst du allein, o Tochter, das unüberwindliche Schicksal
Meistern?" so sagte der Vater; „du magst die Behausung der Schwestern
Selbst betreten, der drei[2]! Dort wirst du aus Erz und massivem
Eisen ein riesiges Werk, die Weltenarchive, erblicken,
Die kein Beben des Himmels bedroht, kein wütender Blitzstrahl,
Die nicht Einsturz befürchten, gesichert auf immer und ewig:
Allda, wirst du, gehauen in dauernden Stahl, die Geschicke
Deines Geschlechtes entdecken. Ich las sie selbst und behielt sie
Wohl und künde die Zukunft, damit du sie endlich erfahrest.
Jener, um den du dich mühst, Cytherea[3], er hat seine Laufbahn,
Die ihm auf Erden bestimmt war, erfüllt, seine Jahre vollendet.
Daß er als Gott im Himmel erscheint und in Tempeln verehrt wird,
Das wirkst du und sein eigener Sohn...
Aus dem gemordeten Leib indessen entraffe die Seele!
Wandle zum Licht sie, daß immer der göttliche Julius unsre
Burg Capitol und das Forum aus himmlischer Helle beschaue!"
Kaum sind die Worte gesprochen, so steht sie, die gütige Venus,
Mitten im Saal des Senats, für niemanden sichtbar; des teuren
Caesars entweichende Seele entführt sie dem Körper. Sie will nicht,
Daß in die Luft sie schwinde: sie trägt sie empor zu den Sternen.
Aber beim Tragen wird licht sie und feurig; sie spürt es und läßt sie
Los vom Busen: da schwingt sie sich über die Mondregionen,
Zieht einen langen flammenden Schweif und funkelt als Stern jetzt,
Und beim Blick auf die Taten des Sohnes gesteht sie, sie ragen
Über die eignen: sie freut sich, von ihm übertroffen zu werden.

---

[1] Venus.
[2] Parzen, den griechischen Moiren entsprechend.
[3] Venus.

Übersetzung von Hermann Breitenbach. Zürich 1958, ²1964.

F. ORPHEUS UND AUSSERGRIECHISCHE ORPHEUS-GESTALTEN

202. *Orpheus*

Orpheus, der Sohn des Oiagros und der Kalliope, einer der Musen, war König der Makedonier und des Landes Odrysai. Er war bewandert in der Musik und besonders im Spiel der Leier, und da die Thraker und Makedonier musikliebende Völker sind, stand er bei ihnen in hoher Gunst.

Nach dem Tod seiner geliebten Gattin Eurydike steigt Orpheus hinab in die Unterwelt, und er erreicht von Hades die Rückgabe seiner Gemahlin. Da Orpheus jedoch die Bedingung des Hades, sich erst an der Oberwelt nach Eurydike umzusehen, nicht erfüllt, wird sie ihm wieder entrissen. In der Trauer hierüber wird er zum Verächter der Frauen, die ihn daraufhin töten.

Die Art seines Todes war so: er wurde von den Frauen Thrakiens und Makedoniens in Stücke gerissen, weil er ihnen nicht gestatten wollte, an seinen religiösen Riten teilzunehmen. Es mögen auch andere Gründe vorgelegen haben, denn sie sagten, daß er nach dem Unglück mit seiner eigenen Frau ein Feind des ganzen weiblichen Geschlechtes geworden sei. Nun pflegte sich an festgelegten Tagen eine Menge Thraker und Makedonier in Leibethra zu versammeln und in einem gewissen Gebäude zu treffen, das groß und gut geeignet war für die Veranstaltung von Initiationsriten; und wenn sie eintraten, um an den Riten teilzunehmen, legten sie ihre Waffen an der Türe ab. Die Frauen warteten hierauf und ergriffen, voll Zorn über die ihnen widerfahrene Nichtachtung, die Waffen, schlugen auf die, die sie zu überwältigen versuchten, rissen dem Orpheus die Glieder einzeln vom Leib und warfen die verstreuten Teile ins Meer. Da von den Frauen keine Vergeltung gefordert wurde, befiel eine Seuche das Land. Als sie Erleichterung von ihren Nöten suchten, erhielten die Einwohner einen Orakelspruch, nach dem sie das Haupt des Orpheus finden und begraben sollten; dann würden sie Ruhe haben. Nach viel Mühe fanden sie es mit Hilfe eines Fischers an der Mündung des Flusses Meles. Es sang noch immer und war in keiner Weise vom Meer beschädigt, auch hatte es keine jener scheußlichen Veränderungen erfahren, die tote Körper von Menschen erleiden. Noch nach so langer Zeit wirkte es gesund und lebendig. So nahmen sie es und begruben es unter einem großen Erdhügel und umzäunten um diesen einen Bezirk, der zuerst ein Heroon war und später zu einem Tempel wurde. In ihm wurden Opfer dargebracht wie den Göttern. Kein weiblicher Fuß darf ihn je betreten.

W. K. C. Guthrie, Orpheus and the Greek Religion. London 1935, S. 61 f.

Tod, jenseitiges Leben, Universaleschatologie

203. Ein polynesischer Orpheus

Hutu, ein Held der Maori, stieg in die Unterwelt hinab, um die Seele der Prinzessin Pare zu suchen, die Selbstmord begangen hatte, nachdem sie von ihm erniedrigt worden war. Diese Erzählung erinnert an den Hinabstieg des Orpheus in den Hades, um von dort seine Gattin Eurydike zurückzuholen.

Einst, als der Speer, den er geworfen hatte, Hutu an die Türe von Pare führte, offenbarte ihm die junge Edelfrau, deren Herz durch des Jünglings Gewandtheit und Erscheinung erobert worden war, ihre Bewunderung und Liebe, und sie forderte ihn auf, in ihr Haus einzutreten. Er aber sagte ihr ab und ging hinweg. Aufs höchste beschämt, befahl sie ihrer Dienerschaft, alles im Hause in Ordnung zu bringen. Als dies getan war, setzte sie sich abseits allein, und sie weinte, dann stand sie auf und erhängte sich. Hutu, reumütig und in Furcht vor dem Zorn des Volkes, beschloß, ihre Seele aus der Unterwelt zu erretten. Zunächst setzte er sich nieder und sang die priesterlichen Beschwörungen, die den Tod und den Aufenthalt der Verstorbenen betreffen; dann stand er auf und machte sich auf die Reise. Er traf Hine-nuite-Po, die „große Nachtfrau", die im Reich der Schatten herrscht. Als Hutu sie nach dem Weg fragte, zeigte sie, übelgelaunt, wie gewöhnlich, ihm den Pfad, den die Geister der Hunde in die unteren Sphären benutzen; aber ihre Gunst wurde schließlich durch das Geschenk der Grünstein-Handkeule des Suchenden gewonnen. Besänftigt durch diese Gabe, zeigte ihm die Göttin den richtigen Weg, kochte ihm Farnkrautwurzeln und tat sie in einen Korb, wobei sie ihn ermahnte, mäßig davon zu essen, denn sie müßten für die ganze Reise genügen. Würde er die Nahrung der Unterwelt essen, so würde das bedeuten, daß er, anstatt imstande zu sein, Pares Geist zur Welt des Lichtes zurückzubringen, seine eigene Seele der Verdammnis anheim gäbe, und auf immer in den unteren Sphären verbleiben müsse. Die Göttin riet ihm ferner: „Wenn du aus dieser Welt fliegst, beuge dein Haupt so, wie du zur Welt des Dunkels hinabsteigst; doch wenn du in der Nähe der Unterwelt bist, wird von unten ein Wind gegen dich wehen, und du wirst deinen Kopf wieder erheben und dich auf deine Füße stellen können..." Hutu kam sicher in der Unterwelt an, und als er nach dem Aufenthaltsort von Pare fragte, wurde ihm gesagt, sie sei „im Dorf". Obwohl das Mädchen wußte, daß Hutu gekommen war und sie suchte, versteckte sie sich aus Schamgefühl. In der Hoffnung, sie aus ihrem Haus zu locken, veranstaltete er Wettkämpfe im Kreisel- und Speerwerfen, Spiele, von denen er wußte, daß sie sie gern sah. Aber sie erschien niemals. Schließlich, mit wundem Herzen, sagte Hutu zu den anderen: „Bringt einen sehr langen Baum und laßt uns seine Zweige abschlagen." Als dies getan war, wurden Seile geflochten und an die Spitze gebunden, und dann wurde die Krone des Baumes bis zur Erde hinabgebeugt, indem die Leute an den Seilen zogen. Hutu kletterte in die Spitze, und ein anderer Mann setzte sich hinter ihn. Dann rief Hutu: „Los!" Und der Baum schleuderte die jungen Abenteurer hoch in die Luft. Entzückt von diesem Schauspiel, schrieen die Leute vor Freude. Das war zu viel für Pare, und sie kam, um das neue Spiel mit anzusehen. Schließlich sagte sie: „Laß mich auch schwingen, aber laß mich auf deinen Schultern sitzen."

Hutu antwortet überschwenglich: „O Pare, halte dich an meinem Hals fest!" Nachdem die Baumspitze wieder heruntergezogen war, wurde sie auf ein Zeichen losgelassen und flog so stürmisch himmelwärts, daß die Seile gegen die Unterseite der Oberwelt geschleudert wurden, wo sie im Grase am Eingang zum Reich der Schatten hängenblieben. Hutu kletterte mit Pare auf dem Rücken an den Seilen empor und kam wieder in die Welt des Lichtes. Er ging geradewegs zu der Siedlung, in der der tote Körper Pares lag, und der Geist der jungen Adligen trat wieder in ihren Körper ein, und er bekam von neuem Leben.

E. S. Craighill Handy, Polynesian Religion. Honolulu 1927, S. 81 ff.; vgl. M. Eliade, Schamanismus und archaische Ekstasetechnik. Zürich – Stuttgart 1957, S. 351.

204. Ein indianischer Orpheus

Ein Tachi-Mann hatte eine gute Frau, die starb und begraben wurde. Ihr Mann ging zu ihrem Grab und grub dort ein Loch. Er blieb da und wartete, aß nichts und rauchte nur. Nach zwei Nächten sah er, daß sie heraufkam, die Erde von sich streifte, und aufbrach, um zur Insel der Toten zu gehen. Der Mann versuchte, sie zu ergreifen, aber er konnte sie nicht festhalten. Sie ging nach Südosten, und er folgte ihr. Jedesmal, wenn er versuchte, sie festzuhalten, entging sie ihm. Trotzdem versuchte er weiterhin, sie zu ergreifen, aber er verfehlte sie.

Die Erzählung berichtet im folgenden von weiteren vergeblichen Versuchen des Mannes, und sie fährt dann fort:

Sie kamen zu einem Fluß, der westwärts fließt... Dort holte der Mann seine Frau ein, und sie blieben dort den ganzen Tag über. Am Abend ging sie wieder weiter, jetzt nordwärts. Etwas westlich vom Tachi-Land holte er sie wieder ein, und sie verbrachten dort den Tag. Abends brach die Frau auf, und sie ging nordwärts über den San Joaquin-Fluß, nach Norden oder Osten von ihm. Wiederum holte er seine Frau ein. Da sagte sie: „Was hast du vor? Ich bin jetzt nichts. Wie willst du meinen Körper zurückerlangen? Meinst du, dazu imstande zu sein?" Er sagte: „Ich meine es." Sie sagte: „Ich glaube nicht. Ich gehe jetzt zu einem ganz anderen Ort." Seit Tagesanbruch verweilte der Mann dort. Abends brach die Frau wiederum auf und ging den Fluß entlang; aber er holte sie wieder ein. Sie sprach nicht mit ihm. Dann blieben sie dort den Tag über, und nachts gingen sie wieder weiter. Jetzt waren sie der Insel der Toten ganz nahe. Sie war mit dem Land durch eine steigende und fallende Brücke verbunden, die *ch'eleli* hieß. Unter dieser Brücke floß ein Fluß sehr rasch dahin. Die Toten überquerten ihn. Wenn sie auf der Brücke waren, flatterte plötzlich ein Vogel neben ihnen auf und erschreckte sie. Viele fielen in den Fluß, wo sie zu Fischen wurden. Jetzt sagte der Häuptling der Toten: „Irgend jemand ist gekommen." Sie sagten ihm: „Dort sind zwei. Einer von ihnen lebt; er stinkt." Der Häuptling sagte: „Laßt ihn nicht überqueren." Als die Frau auf die Insel kam, fragte er sie: „Du hast einen Gefährten?" und sie sagte zu ihm: „Ja, meinen Mann." Er fragte sie: „Kommt er hierher?" Sie sagte: „Ich weiß nicht. Er lebt." Sie fragten den Mann: „Wünschest du, in dies Land zu kommen?" Er sagte: „Ja." Dann sagten sie ihm: „Warte, ich werde den Häuptling aufsuchen." Sie sagten dem Häuptling: „Er sagt, er wünsche, in dieses Land zu kommen. Wir glauben, er sagt nicht die Wahrheit." „Nun gut, laßt ihn herüberkommen." Sie beabsichtigten nun, ihn auf der Brücke zu erschrecken. Sie sagten: „Komm mit. Der Häuptling sagt, daß du hinüberkommen könntest." Da flog der Vogel auf und versuchte, ihn zu erschrecken, aber es gelang ihnen nicht, ihn ins Wasser fallen zu lassen. So brachten sie ihn also vor den Häuptling. Der Häuptling sagte: „Dies ist ein schlechtes Land. Du hättest nicht kommen sollen. Wir haben nur die Seele deiner Frau, sie hat ihre Knochen mit ihrem Körper zurückgelassen. Ich glaube nicht, daß wir dir sie zurückgeben können." Abends tanzten sie; es war ein Rundtanz, und sie schrien laut. Der Häuptling sagte zu dem Mann: „Betrachte deine Frau inmitten der Menge. Morgen wirst du niemanden sehen." Nun blieb der Mann dort drei Tage. Dann sagte der Häuptling zu einigen Leuten: „Bringt diese Frau. Ihr Mann wünscht sie zu sprechen." Sie brachten die Frau zu ihm. Er fragte sie: „Ist dies dein Mann?" Sie sagte: „Ja." Er fragte sie: „Glaubst du, daß du zu ihm zurückgehen wirst?" „Ich glaube es nicht. Was meinst du?" Der Häuptling sagte: „Ich glaube es nicht. Du mußt hierbleiben. Du kannst nicht zurückkehren, Du bist jetzt unwürdig." Dann sagte er zu dem Mann: „Möchtest du mit deiner Frau schlafen?" Er sagte: „Ja, eine Zeitlang. Ich möchte mit ihr schlafen und mit ihr reden." Dann wurde ihm erlaubt, diese Nacht mit ihr zu schlafen, und sie sprachen miteinander. Bei Tagesanbruch war die Frau verschwunden, und er schlief in der Nähe einer gestürzten Eiche. Der Häuptling sagte zu ihm: „Steh auf. Es ist spät." Er öffnete seine Augen und sah eine Eiche anstelle seiner Frau. Der Häuptling sagte: „Du siehst, daß wir deine Frau nicht so machen können, wie sie war. Sie hat jetzt keinen Wert. Es ist am besten, wenn du zurückgehst. Dort lebst du in einem guten Land." Aber der Mann sagte: „Nein, ich will bleiben." Der Häuptling sagte ihm: „Nein, tue ich nicht. Komm nach hier zurück, wann immer du willst, aber geh jetzt." Trotzdem blieb der Mann sechs Tage dort. Dann sagte er: „Ich gehe nun zurück." Dann brach er morgens auf, um nach Hause zu gehen. Der Häuptling sagte zu ihm: „Wenn du ankommst, dann verbirg dich. Komm nach sechs Tagen hervor und führe einen Tanz auf." Nun kehrte der Mann zurück. Er sagte zu seinen Eltern: „Macht mir eine kleine Hütte. In sechs Tagen werde ich herauskommen und tanzen." Dann verweilte er darin fünf Tage. Da erfuhren seine Freunde, daß er zurückgekommen war. „Unser Verwandter ist zurückgekommen," sagten sie alle. Nun war der Mann zu sehr in Eile. Schon nach fünf Tagen kam er heraus. Am Abend fing er an zu tanzen und tanzte die ganze Nacht über und erzählte, was er gesehen hatte. Des Morgens, als er aufgehört hatte zu tanzen, badete er. Da biß ihn eine Klapperschlange. Er starb. So ging er zu der Insel zurück. Dort ist er nun. Durch ihn wissen die Menschen, wie es dort ist. Alle zwei Tage wird die Insel voll. Dann versammelt der Häuptling das Volk. „Ihr müßt jetzt schwimmen", sagt er. Das Volk hört auf zu tanzen und badet. Dann erschreckt der Vogel sie, und manche werden zu Fischen und zu Enten; nur wenige kommen wieder aus dem Wasser als Menschen heraus. So wird Platz geschaffen, wenn die Insel zu voll ist. Der Name des dortigen Häuptlings ist Kandjidji.

A. L. Kroeber, Indian Myths of South Central California, in: American Archaeology and Ethnology IV, 4 (1906 f.) S. 216 ff.

G. PARADIESE

205. Sukhāvatī, das Paradies des Mahāyāna-Buddhismus
Sukhāvatīvyūha 15–18

Die Welt Sukhāvatī, o Ānanda[1], die die Welt des erhabenen Amitābha[2] ist, die ist reich und blühend, behaglich, fruchtbar, entzückend und angefüllt mit vielen Göttern und Menschen. Und in dieser Welt, Ānanda, da gibt es keine Höllen, keine Tiergeburten, keine Gespenster, keine Dämonen und überhaupt keine unheilvollen Wiedergeburten. Und in dieser unserer Welt erscheinen nicht solche Edelsteine, wie sie in der Welt Sukhāvatī existieren.

Und jene Welt Sukhāvatī, Ānanda, läßt viele köstliche Düfte ausströmen, sie ist reich an einer großen Vielzahl von Blumen und Früchten, geschmückt mit Juwelenbäumen, die aufgesucht werden von Scharen verschiedenster Vögel mit süßen Stimmen, die die Wunderkraft des Tathāgata[3] hervorgezaubert hat. Und diese Juwelenbäume, Ānanda, haben verschiedene Farben, viele Farben, viele hunderttausend Farben. Sie sind verschieden zusammengesetzt aus den sieben Pretiosen: aus Gold, Silber, Beryll, Kristall, Korallen, Perlmutter und Smaragd. Solche Juwelenbäume und Massen von Bananenbäumen und Reihen von Palmen wachsen überall in diesem Buddha-Land. An allen Seiten ist es von goldenen Netzen umgeben und bedeckt mit Lotosblumen aus allen diesem Pretiosen.

Einige der Lotosblumen haben einen Umfang von einer halben Meile, andere bis zu zehn Meilen. Von jedem Edelsteinlotos gehen sechsunddreißighunderttausend Millionen von Strahlen aus. Und am Ende eines jeden Strahles gehen sechsunddreißighunderttausend Millionen von Buddhas hervor, mit goldfarbigen Körpern, die die zweiunddreißig Merkmale des Übermenschen tragen und die nach allen zehn Richtungen in zahllose Welten gehen, um dort die Lehre zu verkünden.

Und weiterhin, o Ānanda, gibt es in diesem Buddha-Land keinerlei Gebirge, – keine schwarzen Berge, Edelsteinberge, Sumerus[4], Rundgebirge, große Rundgebirge. Sondern dieses Buddha-Land ist überall eben, entzückend wie die Fläche einer Hand, und überall besteht der Boden aus einer großen Vielzahl von Edelsteinen und Pretiosen.

Und viele verschiedenartige Flüsse fließen in dieser Welt Sukhāvatī. Dort gibt es große Flüsse, eine Meile breit und bis zu fünfzig Meilen breit und zwölf Meilen tief. Und diese Flüsse fließen ruhig dahin, duftend in den verschiedensten angenehmen Wohlgerüchen, in ihnen sind Blumensträuße mit verschiedenen Edelsteinen und sie tönen in verschiedenen süßen Lauten. Und der Klang, der von diesen großen Flüssen ausgeht, ist so lieblich wie derjenige eines Musikinstrumentes, das aus hunderttausend Millionen von Stimmen besteht und das, kunstvoll gespielt, eine himmlische Musik von sich gibt. Sie ist tief, eindrucksvoll, deutlich, klar, angenehm für das Ohr, das Herz rührend, entzückend, süß, angenehm, und niemand wird müde, sie zu hören, und jeder hört, was er zu hören wünscht, so die Worte „unbeständig, friedvoll, ruhig und Nicht-Ich". Solcherart ist der Klang, der die Ohren jener Wesen erreicht.

Und, Ānanda, die Ufer dieser großen Flüsse werden von verschiedenartig duftenden Juwelenbäumen eingefaßt, und von ihnen hängen Bündel von Blumen, Blättern und Zweigen aller Art herab. Und wenn jene Wesen sich an jenen Flußufern himmlischen Vergnügungen hingeben möchten, dann, nachdem sie in das Wasser getreten sind, steigt das Wasser in jedem Fall so hoch, wie sie es wünschen – bis zu den Knöcheln oder den Knien oder den Hüften oder beiden Körperseiten oder ihren Ohren. Und himmlische Wonnen entstehen. Außerdem, wenn Wesen das Wasser kalt wünschen, dann wird es für sie kalt; wenn sie es heiß wünschen, dann wird es für sie heiß; wenn sie es heiß und kalt wünschen, dann wird es für sie heiß und kalt, ganz nach ihrem Belieben. Und jene Flüsse fließen dahin, voll von Wasser, duftend nach den feinsten Wohlgerüchen, und bedeckt mit wunderschönen Blumen, widerhallend von den Lauten vieler Vögel, leicht zu durchschreiten, frei von Schmutz und mit goldenem Sand im Flußbett. Und alle Wünsche, an die jene Wesen denken mögen, sie werden erfüllt, wenn sie rechtmäßig sind.

Und was den lieblichen Klang betrifft, der aus dem Wasser kommt, so erreicht er alle Teile des Buddha-Landes. Und jedermann hört, was er als lieblichen Klang zu hören wünscht; so hört er von Buddha, von der Lehre, vom Orden ...

Paradiese

Und wenn er dies hört, erlangt er edle Lust und Freude, die verbunden ist mit Losgelöstsein, Leidenschaftslosigkeit, Ruhe, Stillstand, mit der Buddha-Lehre, und die jenen Geisteszustand schafft, der zur vollkommenen Erleuchtung führt. Und nirgendwo in dieser Welt Sukhāvatī hört man etwas Schändliches, nichts von Hindernissen, nichts von Bestrafungen, von Elend und schlechtem Geschick, nichts von Leiden. Selbst von Gefühlen der Leidlosigkeit und Freudlosigkeit hört man nichts, geschweige denn vom Leiden. Und deshalb, o Ānanda, wird diese Welt „das Glücksland" (Sukhāvatī) genannt. Doch all dies beschreibt es nur in Kürze, nicht im einzelnen. Ein Weltzeitalter möchte wohl zu Ende gehen, während die Gründe zum Glück in der Welt Sukhāvatī verkündet werden, und doch würde man nicht alle Gründe für das Glück nennen können.

---

[1] Lieblingsjünger Buddhas.
[2] Buddha des unendlichen Lichtglanzes.
[3] Selbstbezeichnung Buddhas.
[4] Berge im Mittelpunkt eines Weltsystems.

206. Islamische Paradieses-Vorstellung

Hammad b. Sulaiman sagte: Wenn die Heiligen am Tor des Garten Edens ankommen, wird ihnen ein Engel vorausgehen und mit ihm die Leute des Paradieses, und alle werden rufen: „Gruß sei euch, o ihr Engel unseres Herrn." Dann wird ihnen ein Tor geöffnet, zwischen dessen Flügeln ein Abstand besteht wie hier auf Erden zwischen Ost und West. Dies Tor ist aus grünem Smaragd, und darüber sind Vorhänge aus Licht von einer solchen Helligkeit, daß sie fast jede Sicht verhindern. Sie werden eintreten und zu einem Talbett strömen, dessen ungeheure Größe, sowohl in der Länge als auch in der Breite nur Ihm bekannt ist, der es durch seine Macht schuf und durch seine Weisheit bildete. Sein Boden ist aus feinstem Moschus und Safran und Ambra, seine Steine sind Hyazinthen und Juwelen, seine Steinchen und sein Geröll sind aus Gold, während an seinen Ufern Bäume stehen, deren Äste herabhängen, deren Zweige tief, deren Früchte leicht erreichbar sind, deren Vögel lieblich singen, deren Farben hell leuchten, deren Blumen in voller Pracht blühen und von denen ein so herrlicher Duft ausgeht, daß er alle anderen Wonnen zur Bedeutungslosigkeit herabsetzt; ein Nadelkopf von ihm, würde er zur Erde gesandt, könnte alle Krankheiten heilen.

Unter diesen Bäumen sind Stühle und Bänke aus Licht, das strahlt, Stühle und Bänke aus Hyazinthen, aus Juwelen und gleichermaßen aus rotem Gold, aus grünem Smaragd, aus Moschus und Ambra, die dort hingestellt sind für die Propheten, die Boten, dann für die Heiligen und die Frommen, dann für die Märtyrer und Gerechte und für die Gesegneten unter allen übrigen Menschen. Über diesen Sitzen sind Tücher aus Brokat und Satin und grüner Seide, die sehr kostbar ist, verwebt und gesäumt mit Hyazinthen und mit Juwelen, und auf ihnen liegen Kissen aus rotem Brokat. Auf diese sich zu setzen, erhält jeder Erlaubnis in Übereinstimmung mit dem Ehrenrang, den er besitzt. Sie werden dann mit Beifall und Willkommensrufen empfangen, die ihrer Ehre und ihrem Verdienst gelten. So wird jeder seinen Platz einnehmen, gemäß dem Grad des Ansehens, den er bei seinem Herrn hat, der Nähe zu Ihm und Seiner Gnade, während die Engel ihm große Ehrerbietung erweisen, wenn sie ihn niedersetzen. Dann, wenn jedermann sich niedergelassen und seinen Platz seinem Rang gemäß eingenommen hat, werden Befehle erteilt, ihnen die feinsten Speisen darzureichen. Sie werden essen und mit solchem Vergnügen genießen, daß sie jedwede Speise vergessen, die sie bislang gegessen haben, und alles, was sie in dieser Hinsicht vorher gekannt haben, wird ihnen bedeutungslos erscheinen. Es wird ihnen auf Platten dargereicht werden, dergleichen sie zuvor niemals gesehen haben, und auf Tischen, wie sie noch niemals gesehen haben. Dann werden Befehle erteilt werden, ihnen die feinsten Arten von Früchten zu bringen, solche die sie niemals zuvor gesehen haben, und sie werden diese Früchte essen, und sich nach Belieben daran erfreuen. Dann werden Befehle erteilt werden, ihnen die beste Auswahl von Getränken zu bringen, solche, die sie noch niemals zuvor getrunken haben, sie ihnen darzureichen in Gefäßen aus Perlen und Hyazinthen, die glänzend leuchten, die ein Licht ausstrahlen, dessen Pracht und Lieblichkeit sie niemals zuvor gesehen haben. Dann werden sie trinken und genießen, und dann werden Befehle ausgegeben werden, sie mit Wohlgerüchen, deren sie sich niemals zuvor erfreut haben, zu parfümieren. Dann werden Befehle ausgegeben werden, sie mit Gewändern zu bekleiden, wie sie sie auch im Paradies noch nicht gesehen haben, von solchem Glanz und solcher Schönheit, woran sie sich bisher nicht erfreuten.

In dieser Lage werden sie sich befinden, ihr Glück und ihre Freude steht außer Frage; denn alles, was sie zuvor hatten, erscheint ihnen nun bedeutungslos. Dann wird Allah – Ehre sei Ihm – sagen: „O meine Heiligen, meine Diener, habe ich euch erfüllt, was ich euch auf der Welt versprochen habe? Habe ich mein Versprechen reichlich erfüllt?" Sie werden antworten: „Ja, o unser Herr, durch Deine Macht hast Du uns Dein Versprechen erfüllt und hast reichlich erfüllt, was Du uns versprochen hast." Dann wird Er – Ehre sei Ihm – sagen: „Nein, bei Meiner Macht, es bleibt für euch noch eines, was ihr noch mehr begehrt und das in eurer Wertschätzung einen noch höheren Platz einnimmt. Was bleibt, nachdem ihr zu mir gekommen seid, als auf Mich zu sehen, auf daß eure Seligkeit vollkommen sei?" Dann wird Er – Ehre sei Ihm – befehlen, daß die Lichtschleier hochgezogen werden. Dann wird Er – Ehre sei Ihm – sich selbst ihnen offenbaren und sie werden zu Ihm emporsehen. Dann werden sie vor Ihm niederfallen und in tiefer Ehrerbietung sagen: „Ehre sei Dir, o unser Herr. Du bist erhaben, und gesegnet sei Dein Name."

Arthur Jeffery, Islam. Muhammad and his Religion. New York 1958, S. 99 ff.

Paradiese

207. Aztekische Paradiesesvorstellungen

Die Azteken des alten Mexiko kannten drei unterschiedliche Jenseitsreiche, von denen *Tlalocan*, das „Reich des Regengottes", und *In ichan tonatiuh ilhuicac*, das „Haus der Sonne am Himmel", mit positiven Prädikaten versehen wurden, während *Mictlan*, das „Totenland" in der Unterwelt, in den dunkelsten Farben geschildert wurde.

Tlalocan

In Tlalocan war man sehr reich und glücklich, litt niemals Not.
Niemals fehlten die grünen Maiskolben, die Kürbisse,
das Kürbisblütengemüse, das Baumhaar,
die grünen Pfefferschoten, die Tomaten, die grünen Bohnen,
die gelben Tagetesblüten.
Und dort wohnen die Tlaloque (Regengötter),
die den Priestern, den Langhaarigen, gleichen,
die wie Räucherpriester sind.
Und dorthin gehen die vom Blitz Erschlagenen,
die Ertrunkenen, und die im Wasser sterben, und die Aussätzigen,
und die an Hautkrankheiten und an nicht heilenden Vereiterungen leiden,
und die Gichtkranken
und die, die Aufschwellungen des Leibes dahinraffen,
die an ansteckenden Krankheiten sterben...
Und in Tlalocan sagt man, ist es immer grün,
immer sproßt es,
immer ist es Sommer.

In ichan tonatiuh ilhuicac

Der dritte Ort, wohin man ging,
war das Haus der Sonne am Himmel.
Die im Kriege Gefallenen gingen dorthin,
die entweder gleich im Kriege starben,
daß es auf dem Schlachtfelde sie dahinraffte,
daß dort der Atem ihnen ausging,
daß dort das Geschick sie ereilte,
oder die heimgebracht werden,
um später geopfert zu werden...
Man sagt, sie alle treten ein in eine Art Hochtal.
Wenn die Sonne kommt,
empfangen sie sie mit dem Kriegsruf, rasseln ihr,
schlagen an ihre Schilde.
Und wessen Schild an zwei oder drei Stellen vom Pfeil durchbohrt ist,

so kann er die Sonne sehen.
Aber wessen Schild an keiner Stelle durchschossen ist,
kann die Sonne nicht sehen.
Kann ihr nicht ins Auge (Gesicht) sehen.
Und wo die im Kriege Gefallenen wohnen,
da gibt es wilde Agaven, Dornengewächse und Haine von Akazien.
Und alle Opfergaben, die man ihnen bringt,
das kann er sehen, das kann zu ihm dringen.
Und nachdem sie vier Jahre so verbracht haben,
verwandeln sie sich in Vögel von glänzendem Gefieder:
Kolibri, Blumenvögel, in gelbe Vögel mit schwarzer, grubiger Vertiefung
                                                                           um die Augen;
in kreideweiße Schmetterlinge, in Daunenfederschmetterlinge,
in Schmetterlinge (groß) wie Trinkschalen,
den Honig zu saugen, dort in ihrer Wohnung,
und sie kommen hierher zur Erde,
den Honig zu saugen aus allen Arten von Blumen.

Eduard Seler, Einige Kapitel aus dem Geschichtswerk des Fray Bernardino de Sahagún. Stuttgart 1927, S. 300 ff.

H. DAS WELTENDE

208. Yima und der Weltwinter

Vendidad 2, 22–31.

Nach diesem iranischen Mythos verkündet der Gott Ahura Mazda dem Yima, dem Urmenschen und Urkönig, den Einbruch eines furchtbaren Winters, der alles Leben zerstören kann. Yima wird aufgefordert, einen *Vara*, einen unterirdischen Raum, zu bauen und in ihm Vertretern der Menschen, der Tiere und Pflanzen Schutz zu bieten.

Da sprach Ahura Mazda zu Yima: „Schöner Yima, Sohn des Vivahvant! Über die schlechte körperliche Welt werden Winter hereinbrechen mit grimmigem, tödlichem Frost. Über die schlechte körperliche Welt werden Winter hereinbrechen mit dickflockigen Schneefällen auf die höchsten Berge und in die Niederungen der Ardvi[1].

Und die Tiere, die in der Wildnis leben, und jene, die auf den Gipfeln der Berge leben, und jene, die in tiefen Tälern leben, werden Schutz suchen.

Das Weltende

Vor diesem Winter gab das Land dem Vieh reichlich Weide, bevor die Wasser es überflutet hatten. Nach der Schneeschmelze aber, o Yima, wird eine Stelle, an der die Fußspur eines Schafes zu erblicken ist, ein Wunder sein.

Darum mache einen Vara, eine Rennbahn lang im Geviert. Dahin bringe einen Stamm von Klein- und Großvieh, von Menschen, Hunden und Vögeln und roten, leuchtenden Feuern. Und mache den Vara eine Rennbahn lang im Geviert, damit er ein Schutz für die Menschen sei, eine Rennbahn lang im Geviert als Stallung für Groß- und Kleinvieh.

Dorthin laß Wasser fließen in ein Flußbett, das ein hāthra[2] lang ist. Dort lege Wiesen an ... Dort errichte Häuser und Keller, eine Vorhalle und eine Schutzwehr und Gartenmauer.

Dorthin bringe einen Stamm von Männern und Frauen, die auf Erden die größten und besten und schönsten sind. Dorthin bringe einen Stamm aller Tierarten, die auf Erden die größten und besten und schönsten sind.

Dorthin bringe den Samen von allen Pflanzen, die auf Erden die größten und wohlriechendsten sind. Dorthin bringe den Samen von allen Früchten, die auf Erden die besten im Geschmack und die süßesten an Duft sind. Laß sich die Paare nicht vermindern, solange diese Menschen im Vara sind.

Dort soll weder ein Buckliger sein noch ein Aufgeschwellter noch Impotenter noch Wahnsinniger, keine Bösewicht, kein Lügner, kein Gehässiger, kein Neider, kein Zahnloser, kein Aussätziger, kein Isolierter – niemand mit einem Brandmale, die Angra Mainyu[3] den Menschen aufprägt.

Mache im größten Teil dieses Ortes neun Gänge, sechs im mittleren, drei im kleinsten. In die ersten Gänge bringe den Stamm von tausend Männern und Frauen, in die mittleren sechshundert, in die kleinsten dreihundert. Diesen Vara, das Tor und das Fenster sollst du mit deinem goldenen Siegel verschließen."

Da meinte Yima: „Wie soll ich jenen Vara machen, den zu bauen Ahura Mazda mir befohlen hat?"

Da sprach Ahura Mazda zu Yima: „Schöner Yima, Sohn des Vivahvant, zerstampfe die Erde mit deinen Füßen, zerknete sie dann mit deinen Händen, wie jetzt die Menschen aufgeweichte Erde aushöhlen."[4]

---
[1] Mythisches Meer.
[2] Iranische Meile.
[3] Der Widersacher Ahura Mazdas; Verkörperung des bösen Prinzips.
[4] Die Angaben sind reichlich unklar.

James Darmesteter, The Zend-Avesta I (Sacred Books of the East IV). Oxford 1895, S. 15 ff. – Geo Widengren, Iranische Geisteswelt. Baden-Baden 1961, S. 271 f.

209. Buddha sagt den schrittweisen Verfall seiner Religion voraus
Anāgatavamsa

Lob sei dem Herrn, dem Heiligen, dem vollkommenen Buddha.

So habe ich gehört: Einst wohnte der Herr in der Nähe von Kapilavatthu in dem Banyan-Kloster am Ufer des Flusses Rohani. Da befragte der ehrwürdige Sāriputta den Herrn über den zukünftigen Eroberer:

> Der Held, der dir nachfolgen wird
> Der Buddha – wie wird er sein?
> Ich möchte alles über ihn hören.
> Möchte der Allsehende ihn beschreiben.

> Als er des Ehrwürdigen Rede vernommen,
> Sprach der Herr also:
> Ich will es dir sagen, Sāriputta,
> Lausche meiner Rede.

> In diesem glücklichen Zeitalter
> Gab es drei Führer:
> Kakusandha, Konāgamana
> Und auch den Führer Kassapa.

> Ich bin jetzt der vollkommene Buddha;
> Und auch Metteya wird dasein,
> Bevor dieses glückliche Zeitalter
> Zum Ende seiner Jahre eilt.

> Der vollkommene Buddha, Metteya
> Beim Namen, der Höchste der Menschen.

Es folgt eine Geschichte von der früheren Existenz des Metteya, dann die Beschreibung des schrittweisen Verfalls des Buddhismus:

Wie wird er sich ereignen? Nach meinem Hinscheiden werden zunächst fünf Dinge verschwinden. Welche fünf? Das Verschwinden des Erlangens (der Lehre), das Verschwinden des richtigen Verhaltens, das Verschwinden der Gelehrsamkeit, das Verschwinden der äußeren Form, das Verschwinden der Reliquien. Diese fünf Dinge werden verschwinden.

Das „Erlangen" bedeutet hier, daß nur tausend Jahre nach dem vollständigen Nirvāna des Herrn Mönche imstande sein werden, analytische Einsichten zu üben. Wenn die Zeit fortschreitet, sind diese meine Jünger Nichtwiederkehrer, Einmalwiederkehrer und Stromerreicher. Für sie wird es kein Verschwinden des Erlangens geben. Aber mit dem Erlöschen des Lebens des letzten Stromerreichers wird das Erlangen verschwunden sein.

Dies, Sāriputta, ist das Verschwinden des Erlangens.

Das Weltende

Das Verschwinden des richtigen Verhaltens bedeutet, daß sie, unfähig noch Versenkung und Einsicht zu üben, die Wege und ihre Früchte zu erlangen, nicht mehr die vier vollständigen Reinheiten des moralischen Wandels bewahren werden. Wenn die Zeit fortschreitet, werden sie sich nur noch vor den vier Vergehen hüten, die die Niederlage zur Folge haben. Solange es nur noch hundert oder tausend Mönche gibt, die sich vor den vier die Niederlage nach sich ziehenden Vergehen hüten und sie im Gedächtnis behalten, wird es noch kein Verschwinden des richtigen Verhaltens geben. Mit dem Bruch des moralischen Verhaltens durch den letzten Mönch oder mit dem Erlöschen seines Lebens wird das richtige Verhalten verschwunden sein.

Dies, Sāriputta, ist das Verschwinden des richtigen Verhaltens.

Das Verschwinden der Gelehrsamkeit bedeutet, daß, solange die Texte und Kommentare in den drei Pitaka[1], die das Wort des Buddha betreffen, noch fest bestehen, es kein Verschwinden der Gelehrsamkeit geben wird. Wenn die Zeit fortschreitet, wird es Könige von niedriger Geburt geben, die nicht Menschen des Dhamma[2] sind; ihre Minister und dergleichen werden keine Dhamma-Menschen sein und konsequenterweise werden auch die Bewohner ihrer Königreiche keine Dhamma-Menschen sein. Weil sie keine Dhamma-Menschen sind, wird es nicht ordentlich regnen. Deshalb werden die Ernten nicht gedeihen, und daher werden die Spender der Lebensnotwendigkeiten für die Mönchsgemeinde außerstande sein, ihnen diese Erfordernisse zu geben. Wenn die Mönche keine Lebensnotwendigkeiten erhalten, werden sie keine Schüler bekommen. So wird im Laufe der Zeit die Gelehrsamkeit verfallen.

Im folgenden zählt der Buddha eine Fülle von heiligen Texten auf, die nach und nach in Verfall geraten werden. Und er fährt dann fort:

Solange noch eine vierzeilige Strophe unter den Menschen existiert, ist die Gelehrsamkeit noch nicht verschwunden. Wenn jedoch ein gläubiger König eine Börse mit tausend Münzen in einem goldenen Kästchen auf den Rücken eines Elefanten hat legen und die Trommel in der Stadt hat zwei- oder dreimal schlagen lassen mit der Verkündigung: „Wer immer eine von den Buddhas ausgesprochene Strophe kennt, dem sollen die tausend Münzen mitsamt dem königlichen Elefanten zuteil werden" – dann aber keiner gefunden wird, der eine vierzeilige Strophe kennt, und der Beutel mit tausend Münzen wieder in den Palast zurückgebracht werden muß – dann wird die Gelehrsamkeit verschwunden sein.

Dies, Sāriputta, ist das Verschwinden der Gelehrsamkeit.

Wenn die Zeit fortschreitet, wird jeder von den letzten Mönchen sein Gewand, seine Eßschale und seinen Zahnstocher so wie die Einsiedler der Jainas tragen, er wird aus einem Flaschenkürbis eine Schale für Almosenspeise machen, er wird mit ihr umherziehen und sie in der Hand halten oder an einem Stück Strick hängen lassen. Und wenn die Zeit weiter fortschreitet, wird er denken:

„Was ist der Nutzen dieses gelben Gewandes?", und er wird davon ein Stückchen abschneiden und es sich auf die Nase oder das Ohr oder das Haar stecken, und umherziehend, wird er Frau und Kinder durch Ackerbau, Handel oder dergleichen unterhalten. Dann wird er der südlichen Gemeinde (des Buddhismus) ein Geschenk für jene (von schlechter moralischer Führung) geben. Ich sage, daß ihm das Geschenk unzählbare Früchte einbringen wird. Und wenn die Zeit weiterfortschreitet, wird er denken: „Was nützt uns das alles?", und nachdem er den Rest des gelben Gewandes weggeworfen hat, wird er Tiere und Vögel im Walde quälen. Zu dieser Zeit wird die äußere Form verschwunden sein.

Dies, Sāriputta, wird das Verschwinden der äußeren Form genannt.

Dann, wenn die Lehre des Vollkommenerleuchteten 5000 Jahre alt ist, werden die Reliquien, da sie kein Ansehen und keine Ehrerbietung mehr erhalten, zu Stätten gehen, wo sie diese erhalten können. Wenn die Zeit fortschreitet, wird es für sie nirgendwo mehr Ansehen und Ehrerbietung geben. Zur Zeit, wenn die Lehre gänzlich in Vergessenheit gerät, werden alle Reliquien von überall her zusammenkommen: aus der Schlangenbehausung, aus der Götter-Welt, aus der Brahma-Welt, und sie werden, nachdem sie sich im Raum rund um den Bo-Baum[3] versammelt und eine Buddha-Figur gebildet haben..., die Lehre verkünden. Aber kein menschliches Wesen wird an jenem Ort zu finden sein. Alle Götter aus allen Welten werden sich versammeln, sie werden die Lehre hören, und viele Tausende von ihnen werden die Lehre annehmen. Und diese werden laut ausrufen: „Seht, ihr Gottheiten, heute in einer Woche wird einer von uns das vollkommene Nirvāna erreichen." Und weinend werden sie sagen: „Von nun an wird es für uns dunkel sein." Dann werden die Reliquien Hitze erzeugen, und jenes (Buddha-)Bild ohne Rückstände verbrennen.

Dies, Sāriputta, wird das Verschwinden der Reliquien genannt.

---

[1] Die drei Körbe *(tripitaka)*, die drei kanonischen Schriftensammlungen des südlichen Buddhismus.
[2] Die Lehre Buddhas.
[3] Baum, unter dem Buddha die Erleuchtung gewann.

Edward Conze (Hrsg.), Buddhist Texts through the Ages. Oxford 1954; deutsch: Im Zeichen Buddhas. Buddhistische Texte. Frankfurt a. M. – Hamburg 1957, S. 46ff.

210. Die Eschatologie des Parsismus

Bundahishn 30 (Auswahl)

Der dem 9. nachchristlichen Jahrhundert entstammende, in der Pehlevi-Sprache verfaßte Bundahishn („Grundlegung") geht inhaltlich auf verlorenes avestisches Material zurück.

Über das Wesen der Auferstehung der Toten und das zukünftige Leben heißt es in der heiligen Schrift... Zehn Jahre, bevor Sōshyans[1] erscheint, leben die

Menschen ohne Speise und sterben doch nicht. Nach der Ankunft des Sōshyans bereiten sie die Auferstehung der Toten vor, so wie gesagt ist, daß Zarathustra den Ormazd[2] fragte:

„Woraus kann der Körper wiederhergestellt werden, den der Wind forttrug oder das Wasser entführte, und wie wird die Auferstehung vor sich gehen?"

Ormazd antwortete: „Wenn ich den Himmel ohne Säulen, in geistigem Bestand, fernbegrenzt, leuchtend, aus Stahl geschaffen habe, wenn durch mich die Erde besteht, welche das leibliche Leben trägt, und keiner sonst ist, der die Kreatur erhält, wenn durch mich Sonne, Mond und Sterne am Firmament mit leuchtendem Körper sich bewegen, wenn von mir das Korn so erschaffen ist, daß es, in die Erde gesät, hernach wächst und sich vervielfältigt, wenn ich verschiedne Farben in den Pflanzen erzeugt habe, wenn in die Pflanzen und andere Dinge Feuer gelegt habe, ohne sie zu verbrennen, wenn durch mich im Mutterleib das Kind erzeugt und gebildet ward und die besondere Form der Haut, Nägel, des Blutes, der Füße, Augen, Ohren und anderer Dinge hervorgebracht ward, wenn ich dem Wasser Beine gemacht habe, so daß es weiterfließt, wenn ich die Wolke geschaffen habe, die das Wasser der Welt bringt und da regnet, wo es ihr Wunsch ist, wenn ich die Luft geschaffen habe, welche augenscheinlich durch die Gewalt des Windes von unten nach oben fährt, wie sie will, ohne daß man sie mit den Händen greifen kann – so war jedes von diesen, als es von mir geschaffen wurde, schwieriger als die Auferstehung zu machen; denn bei der Auferstehung kommt mir zu Hilfe, daß sie vorhanden sind; aber als sie gebildet wurden, da war nichts da, aus dem es geworden wäre. Merke: wenn das, was noch nicht war, damals geschaffen wurde, warum sollte man nicht das wieder hervorbringen können, was schon war? Denn zu dieser Zeit wird man die Gebeine vom Geist der Erde, das Blut vom Wasser, die Haare von den Pflanzen, das Leben vom Feuer zurückfordern, weil sie bei der Schöpfung diesen zugesprochen waren."

Zuerst werden die Gebeine des Gayōmart[3] auferstehen, dann die des Māshya und Māshyoi[4], dann die der übrigen Menschen. In 57 Jahren werden die Sōshyans alle Toten wiederherstellen. Alle Menschen stehen auf, sowohl der Gerechte als auch der Gottlose, ein jedes menschliche Wesen wird da auferstehen, wo sein Leben von ihm gegangen war. Dann, wenn die ganze leibliche Welt ihre Leiber und Gestalt zurückbekommt, wird man ihnen eine einzige Klasse zuweisen[5].

Die Hälfte des Lichtes, das mit der Sonne ist, wird den Gayōmart erleuchten und die andere Hälfte die übrige Menschheit, so daß sie Seelen und Leiber erkennen: „Dies ist mein Vater, dies ist meine Mutter, dies ist mein Bruder und dies meine Frau und dies irgendein anderer von meinen Verwandten."

Dann findet die Versammlung der Sadvāstarān statt, in welcher alle Menschen zu dieser Zeit zugegen sein werden. In dieser Versammlung sieht jeder seine guten Werke und seine bösen Werke. Dann wird in dieser Versammlung ein gottloser Mensch so offenkundig werden wie ein weißes Schaf unter lauter schwarzen. In dieser Versammlung wird, so ein Gerechter in der Welt der Freund eines Gottlosen war, der Gottlose vor dem Gerechten klagen: „Warum hast du, als wir in der Welt waren, mich mit den guten Werken, die du selbst übtest, nicht bekannt gemacht?" Wenn der Gerechte ihn nicht unterwiesen hat, dann muß er in der Versammlung Scham empfinden.

Dann wird man die Gerechten von den Gottlosen trennen, dann wird der Gerechte für das Paradies bestimmt, und den Gottlosen werden sie zurück in die Hölle werfen. Drei Tage und drei Nächte werden sie in der Hölle körperlich die Strafen abbüßen, dann wird (der Gottlose) im Paradies körperlich die Seligkeit dieser drei Tage (mit-)ansehen. Wie gesagt ist; an dem Tag, wenn der Gerechte von den Gottlosen getrennt wird, da stürzen jedem die Tränen auf die Füße herab. Wenn sie dann einen Vater von der Gattin, einen Bruder von dem Bruder und ein Freund von dem Freund trennen, dann empfängt jeder den Lohn seiner Taten, und sie weinen, der Gerechte über den Gottlosen und der Gottlose über sich selbst. Denn es wird vorkommen, daß der Vater gerecht und der Sohn gottlos ist; es wird vorkommen, daß ein Bruder gerecht und einer gottlos ist...

Wenn Gōcīhar[6] am Himmel von einem Mondstrahl zur Erde fällt, so wird die Erde in so großer Angst sein, wie ein Schaf, wenn ein Wolf es anfällt. Alsdann schmelzen das Feuer und das Metall des Shatvaīr[7] in den Gebirgen und Bergen, und es steht auf der Erde wie ein Strom. Dann werden alle Menschen in das geschmolzene Metall steigen und rein werden. Wenn einer gerecht ist, so kommt es ihm gerade so vor, als ob er beständig in warmer Milch ginge; aber wenn er gottlos ist, dann scheint es ihm ebenso, als wenn er in der Welt beständig in geschmolzenem Metall ginge.

Dann kommen in höchster Freude alle Menschen zusammen, Vater und Sohn und Bruder und Freund, und sie fragen einander: „Wo bist du diese vielen Jahre über gewesen, und was war der Richterspruch über deine Seele? Bist du ein Gerechter oder ein Gottloser gewesen?" Zuerst sieht die Seele den Leib und erkundigt sich bei ihm mit diesen Worten. Alle Menschen werden einstimmig und zollen lauten Preis dem Ormazd und den Erzengeln.

Ormazd vollendet zu dieser Zeit sein Werk, und die Geschöpfe werden so, daß er ihretwegen keine Anstrengungen mehr zu machen braucht, und für die, welche die Toten wiederherstellen, ist keine Anstrengung nötig. Sōshyans und seine Gehilfen vollziehen ein Opfer, während sie die Toten wiederherstellen, und schlachten den Stier Hadhayōsh bei dem Opfer. Von dem Fett dieses Stieres vom weißen Hōm[8] bereiten sie das Lebenselixier und geben es allen Menschen, und alle Menschen werden unsterblich für immer und ewig. Und dies ist gesagt: Wer die Größe eines Mannes besaß, den werden sie dann im Zustand eines vierzigjährigen Mannes herstellen. Welcher klein gestorben war, den werden sie im Zustand eines Fünfzehnjährigen herstellen. Und sie geben jedem sein Weib, und sie zeigen ihm die Kinder von seinem Weib. Sie (die Auferstandenen) tun jetzt wie in der Welt, aber Kindererzeugung findet nicht mehr statt.

Alsdann werden Sōshyans (und seine Gehilfen) nach dem Befehl des Ormazd jedem seinen verdienten Lohn nach seinen Tagen geben. Das ist der Zustand der Gerechten, von dem gesagt ist: man wird sie ins Paradies führen, in das Garōdmān[9] des Ormazd, wie sie es verdienen. Seinen Leib bringt er mit für alle Ewigkeit, und er wird immer in Reinheit wandeln.

Alsdann schlägt Ormazd den Ahriman[10], Vohuman den Akōman[11], Ashavahisht den Inder, Shatvaïr den Sāvar, Spendarmad die Tarōmat, Horvadat und Amerōdat den Tārev und Zārīk, wahre Rede die lügnerische Rede, Srōsh den Aeshm. Dann bleiben zwei böse Geister übrig, Ahriman und Āz[12]. Ormazd wird in die Welt kommen, er selbst als Opferpriester und Srōsh als sein Ministrant, und er hält den heiligen Gürtel in der Hand, und durch die Worte der Gāthās[13] werden Ahriman und Āz hilflos und ohnmächtig werden. Und auf dem Weg, auf welchem er in den Himmel eingedrungen war, stürzt er zurück in die Finsternis und das Dunkel (der Hölle).

Gōcīhar verbrennt die Schlange[14] in dem geschmolzenen Metall, und der Gestank und die Unreinigkeit, die in der Hölle waren, werden in diesem Metall verbrannt, und sie wird ganz rein werden. Und das Versteck, in das Ahriman floh, wird er[15] in das Metall stecken, und das Land der Hölle gibt er der Glückseligkeit der Welt zurück. Die Erneuerung findet in den Welten statt nach seinem Willen, und die Welt wird unsterblich für immer und ewig. Es ist auch gesagt: Die Erde wird eine eislose Fläche ohne Unebenheiten sein.

---

[1] Avestisch: Saoshyant, endzeitliche Erlösergestalt des Parsismus.
[2] Avestisch: Ahura Mazda, „der weise Herr", in der Verkündigung Zarathustras der gute und höchste Gott.
[3] Gayōmart, aus: Gayō mortā, „sterbliches Leben", einer der iranischen Urmenschengestalten.
[4] Namen eines ersten Menschenpaares.
[5] Vielleicht: jeder Klassenunterschied wird aufhören.
[6] Wohl ein Meteor.
[7] Engel der Metalle.
[8] Avestisch: Haoma, kultischer Rauschtrank der altiranischen Zeit, dessen Genuß Zarathustra verwarf, der jedoch später im Parsismus erneut kultische Bedeutung gewann.
[9] Paradiesesbezeichnung, wohl Zusammenziehung von Garō demānā, „Haus des Gesanges".
[10] Avestisch: Angra Mainyu, „der böse Geist", Verkörperung des bösen Prinzips.
[11] Es vernichtet jeweils ein Erzengel seinen teuflischen Widersacher.
[12] Der Dämon der Gier.
[13] Die auf Zarathustra zurückgehenden Offenbarungen.
[14] Wohl den Āz.
[15] Ormazd.

Karl F. Geldner, Die zoroastrische Religion. Das Avesta. Religionsgeschichtliches Lesebuch 1 (Hrsg. Alfred Bertholet). Tübingen ²1926, S. 47–50.

Tod, jenseitiges Leben, Universaleschatologie

211. Mohammed verkündet das endzeitliche Gericht

Koran 81

Wenn die Sonne sich verschleiert und die Sterne erblassen,
Wenn die Berge schwanken, Kamelstuten sind verlassen,
Wenn die wilden Tiere sich rotten, wenn das Meer aufgejagt,
Wenn die Seelen sich paaren, wenn man die getöteten Töchter fragt,
Um welcher Schuld sie ermordet, wenn Rechnung ist vorgebracht,
Wenn der Himmel enthüllt ist, das höllische Feuer entfacht,
Wenn nahe der Paradiesesgarten, dann erkennt sie Seele, was sie gemacht.
Fürwahr, ich schwöre bei den Planeten,
den wandernden, unsteten,
Bei der Nacht, wenn sie dunkelt,
Und beim Morgen, wenn er funkelt,
Es ist das Wort eines, den Gott gesandt,
Der beim Herrn des Thrones Geltung fand,
Dem Gehorsam gebührt, der treu gewesen;
Nein, euer Genosse ist nicht besessen!
Er sah ihn doch am Horizont so klar.
Er trügt nicht in dem, was ihm offenbar.
Es ist auch nicht eines Teufels Wort!
Wo bleibt ihr nun, hier oder dort?
Es ist nur ein Mahnwort für die Welt,
Für den von euch, der das Rechte erwählt!
Doch ihr könnt nicht wollen, wenn's nicht Gott dem Herrn gefällt.

Koran 82

Wenn die Himmel sich spalten
Und die Sterne zerstieben,
Wenn die Meere sich öffnen
Und die Gräber sich wenden,
Dann erkennt die Seele, was sie getan und versäumt.
O Mensch, was hat an deinem hohen Herrn dich irr gemacht,
Der dich geschaffen und gestaltet, nach seinem Will' in Form gebracht?
Und doch ihr leugnet den Tag, da er richtet!
Aber über euch werden Wächter schreiben,
Die wissen, was ihr verrichtet.
Den Frommen des Paradieses Grund!
Die Frevler schmachten im Höllenschlund!
Dort brennen sie am großen Gericht

Das Weltende

Und entkommen ihm ewig nicht.
Was lehrt dich, was, das jüngste Gericht?
Was lehrt dich, was, das jüngste Gericht?
Da keiner dem andern weiß Hilfe und Rat
Und Gott allein zu befehlen hat.

Koran 99

Wenn die Erde erbebt im furchtbaren Beben
Und die Lasten aus ihrem Grund sich erheben
Und der Mensch wird fragen: Was ist ihr doch?
Dann wird sie Kunde von sich geben;
Denn dein Herr hat es ihr eingegeben.
Dann kommen die Menschen in Scharen, ihre Werke zu schauen.
Und wer nur ein Körnchen Gutes getan, wird es sehen.
Und wer nur ein Körnchen Böses getan, wird es sehen.

Koran 69,13–18

Und wenn in die Posaune gestoßen wird mit einem einzigen Stoß,
Und von hinnen gehoben werden die Erde und die Berge
Und zerstoßen werden mit einem einzigen Stoß,
Dann wird an jenem Tag eintreffen die Eintreffende (Stunde)
Und spalten wird sich der Himmel, denn an jenem Tag wird er zerreißen;
Und die Engel werden zu seinen Seiten sein,
Und acht werden den Thron des Herrn ob ihnen tragen an jenem Tage.
An jenem Tage werdet ihr vorgeführt werden;
Nichts Verborgenes von euch soll verborgen sein.

Richard Hartmann, Die Religion des Islam. Berlin 1944, S. 7 f. (Sure 81, 82, 99). – Der Koran. Übertragen von Max Henning. Leipzig 1901, S. 562 (Sure 69, 13 ff).

I. PROPHETIEN –
HEILSERWARTUNGSBEWEGUNGEN

212. Die Weissagung auf Maitreya, den zukünftigen Buddha
Maitreyavyākarana

Sāriputta fragte den Herrn: „Vor einiger Zeit habt ihr zu uns über den zukünftigen Buddha gesprochen, der die Welt in einem zukünftigen Zeitalter führen wird und der den Namen Maitreya tragen wird. Ich würde jetzt gern mehr über seine Kräfte und Wundergaben hören. Darüber, o Bester der Menschen, sprecht zu mir!"

Der Herr antwortete: „Zu jener Zeit wird das Meer viel von seinem Wasser verlieren, und es wird dort weniger sein als jetzt. Folglich wird ein Weltbeherrscher keine Schwierigkeiten haben, es zu durchqueren. Indien, diese Insel Jambu, wird überall ganz eben sein, sie wird zehntausend Meilen messen, und alle Menschen werden das Vorrecht haben, auf ihr zu leben. Sie wird unzählige Bewohner haben, die alle weder Verbrechen noch schlechte Taten begehen, sondern Freude am Tun des Guten haben werden. Das Land wird dann auch von Dornen frei und mit frischem, grünen Gras bedeckt sein; wenn man auf es springt, gibt es nach und wird sanft wie die Blätter eines Baumwollbaumes sein. Es duftet köstlich, und ohne Arbeit wächst auf ihm ein schmackhafter Reis. Die Bäume werden Blätter, Blüten und Früchte zugleich tragen; sie sind so hoch wie die Stimme reichen kann, und sie halten sich acht Myriaden Jahre. Die menschlichen Wesen sind dann völlig makellos, moralische Vergehen sind ihnen unbekannt, und sie leben heiter und froh. Ihre Körper sind sehr groß, und ihre Haut hat eine schöne Färbung. Ihre Kräfte sind ganz außergewöhnlich groß. Nur drei Übel sind bekannt – die Menschen müssen ihren Darm entleeren, sie müssen essen, sie müssen alt werden. Erst mit fünfhundert Jahren heiraten die Frauen.

Die Stadt Ketumatī wird zu jener Zeit Hauptstadt sein. In ihr wird der Weltbeherrscher namens Shankha residieren, der über die Erde bis zu den Grenzen des Weltmeeres herrschen wird; und er wird das Recht obsiegen lassen. Er wird ein großer Held sein, der auf seinen Platz von hunderten verdienstvollen Werken emporgehoben sein wird. Sein geistlicher Rat wird ein Brahmane namens Subrahmana sein, ein äußerst gelehrter Mann, wohl bewandert in den vier Veden und geprägt von der Lehre der Brahmanen. Und dieser Brahmane wird eine Frau haben, Brahmavatī mit Namen, die schön, anziehend, geschickt und berühmt ist.

Maitreya, der beste der Menschen, wird dann den Tushita-Himmel verlassen und zu seiner letzten Wiedergeburt in den Schoß dieser Frau eingehen. Ganze zehn Monate wird sie mit seinem strahlenden Körper schwanger sein. Dann wird sie zu einem mit wundervollen Blumen angefüllten Hain gehen und dort, weder sitzend noch liegend, sondern aufrecht stehend und sich am Zweig eines Baumes festhaltend, den Maitreya gebären. Er, der höchste der Menschen, wird aus ihrer rechten Seite heraustreten, wenn strahlender Sonnenschein über eine Wolkenbank obsiegt hat. Von den Unreinheiten des Schoßes nicht mehr befleckt als ein Lotos durch Wassertropfen, so wird er die ganze dreifache Welt mit seinem Glanz erfüllen. Sofort nach seiner Geburt wird er sieben Schritte vorwärts gehen, und dort, wo er seine Füße aufsetzt, wird ein Juwel oder ein Lotos entspringen. Er wird seine Augen nach den zehn Richtungen erheben, und er wird diese Worte sagen: „Dies ist meine letzte Geburt. Nach dieser wird es keine Wiedergeburt geben. Niemals werde ich nach hier zurückkehren, sondern in voller Reinheit das Nirvāna gewinnen!"

Und wenn sein Vater sieht, daß sein Sohn die zweiunddreißig Merkmale eines Wunderwesens hat und er ihre Bedeutung im Lichte der heiligen Mantras betrachtet hat, wird er mit Freude erfüllt sein, denn er wird erkennen, daß, wie die Mantras zeigen, zwei Wege seinem Sohn offenstehen: entweder wird er ein universaler Weltbeherrscher werden oder ein höchster Buddha. Aber wenn Maitreya aufwächst, wird die Lehre *(dharma)* mehr und mehr von ihm Besitz ergreifen, und er wird erkennen, daß alles Leben dem Leiden unterworfen ist. Er wird eine himmlische, weitreichende Stimme besitzen, seine Haut wird goldfarben sein, ein starker, leuchtender Glanz wird von seinem Körper ausstrahlen, seine Brust wird breit sein, seine Glieder wohlgeformt und seine Augen wie Lotosblätter. Sein Körper ist achtzig Ellen hoch und zwanzig Ellen breit. Er wird ein Gefolge von 84000 Personen haben, die er belehren wird. Mit diesem Gefolge wird er eines Tages in die Hauslosigkeit gehen. Ein Drachenbaum *(Dracaena draco)* wird dann der Baum sein, unter dem er die Erleuchtung gewinnen wird. Unter ihm wird Maitreya, der beste aller Menschen, die Erleuchtung gewinnen – darüber kann kein Zweifel sein. Und er wird seine Erleuchtung genau am gleichen Tag gewinnen, an dem er in die Hauslosigkeit gegangen ist.

Und dann wird er als vollkommen Erleuchteter mit vollendeter Stimme die wahre Lehre predigen, die glückverheißend ist und alles Leiden beseitigt: die Lehre von der Tatsache des Leidens, von der Entstehung des Leidens, von der Vernichtung des Leidens und von dem edlen, achtteiligen Pfad, der zur Sorglosigkeit, der zum Nirvāna führt. Er wird diese vier Wahrheiten erklären, weil er gesehen hat, daß jene, die seiner Lehre lauschen, Fortschritte in der Religion machen. Sie werden versammelt werden in einem Park voll wundervoller Blumen, und diese Versammlung wird sich über hundert Meilen ausdehnen. Unter Maitreyas Führung werden Hunderttausende lebender Wesen in den heiligen Lebenswandel eintreten.

Und daraufhin überblickt Maitreya, der mitleidsvolle Lehrer, jene, die sich um ihn versammelt haben, und er spricht zu ihnen folgendermaßen: „Shākyamuni[1] hat euch alle gesehen, er, der beste der Weisen, der Retter, der treue Beschützer der Welt, das Gefäß der wahren Lehre. Er war es, der euch auf den Pfad der Erlösung gestellt hat, doch bevor ihr ihn endgültig erreichen konntet, mußtet ihr auf meine Lehrunterweisung warten. Weil ihr Shākyamuni mit Sonnenschirmen, Fahnen, Flaggen, Duftstoffen, Blumengewinden und Salben verehrt habt, deshalb konntet ihr hierher kommen und meine Lehrunterweisung hören. Weil ihr den Tempeln Shākyamunis Salben aus Sandelholz oder pulverisiertem Safran dargebracht habt, deshalb konntet ihr hierher kommen und meine Lehrunterweisung hören. Weil ihr stets eure Zuflucht zu Buddha, der Lehre *(dharma)* und dem Orden *(sangha)* genommen habt, deshalb konntet ihr hierher kommen und meine Lehrunterweisung hören. Weil ihr, gemäß den Vorschriften Shākyamunis, es unternommen habt, die moralischen Gebote zu beachten und nach ihnen zu handeln, deshalb konntet ihr hierher kommen und meine Lehrunterweisung hören. Weil ihr den Mönchen Gaben gegeben habt – Gewänder, Essen, Trinken und mancherlei Medizinen – deshalb konntet ihr hierher kommen und meine Lehrunterweisung hören. Weil ihr stets die Festtage beachtet habt, deshalb konntet ihr hierher kommen und meine Lehrunterweisung hören."

Sechzigtausend Jahre lang wird der Maitreya, der beste der Menschen, die wahre Lehre predigen, die allen lebenden Wesen Mitleid schenkt. Und wenn er in seiner wahren Lehre Hunderte und Aberhunderte von Millionen lebender Wesen unterrichtet hat, dann wird dieser Führer zuletzt ins Nirvāna eingehen. Und nachdem dieser große Weise ins Nirvāna eingegangen ist, wird seine wahre Lehre noch zehntausend Jahre lang bestehen.

Erhebt deshalb eure Gedanken gläubig zu Shākyamuni, dem Sieger! Denn dann werdet ihr Maitreya sehen, den vollkommenen Buddha, den besten aller Menschen! Wessen Seele könnte so dunkel sein, daß sie nicht durch klaren Glauben erleuchtet würde, wenn er diese wundervollen Dinge hört, so überzeugend im Hinblick auf zukünftiges Heil! Daher laßt diejenigen, die nach geistiger Größe streben, der wahren Lehre Ehrfurcht erweisen, laßt sie stets eingedenk sein der Religion der Buddhas!"

---

[1] Der historische Gautama Buddha.

Edward Conze, Buddhist Scriptures. Penguin Books 1959, S. 238 ff.

213. Nichiren sieht in Japan das Zentrum einer Erneuerung des Buddhismus

Nichiren (1222–1282) – sein Name bedeutet „Sonnenlotos" – war der intolerante Prophet eines bewußt national-japanischen Buddhismus und Begründer einer nach ihm benannten buddhistischen Sekte.

Wenn in einer zukünftigen Zeit die Verbindung des Staatsgesetzes mit der buddhistischen Wahrheit hergestellt und die Harmonie beider vollkommen sein wird, dann werden Herrscher und Untertanen gleicherweise den Großen Geheimnissen gläubig anhängen. Dann wird das goldene Zeitalter so wie die Zeiten unter der Herrschaft der weisen Könige von ehedem in diesen Tagen des Verfalls und der Verderbnis als Epoche des Letzten Gesetzes verwirklicht werden. Dann wird die Errichtung des Heiligen Stuhles durch kaiserliche Bewilligung und den Erlaß des Diktators als ein Ort verwirklicht sein, der in seinem Glanz dem Paradies vergleichbar ist. Wir müssen nur die Ankunft dieser Zeit erwarten. Dann wird das moralische Gesetz im täglichen Leben der Menschheit verwirklicht werden. Der Heilige Stuhl wird der Sitz sein, wo alle Menschen der drei Länder (Japan, China und Indien) und der ganzen Welt in die Geheimnisse von Bekenntnis und Buße eingeführt werden, und selbst die großen Gottheiten, Brahma und Indra, werden in das Heiligtum herabkommen und teilnehmen an der feierlichen Initiation.

Masaharu Anesaki, Nichiren, the Buddhist Prophet. Cambridge, Mass. 1916, S. 110.

214. Die Ghost-Dance-Religion

Die grundlegende Idee der Ghost-Dance-Religion ist die, daß eine Zeit kommen wird, zu der die ganze indianische Rasse, Lebende und Tote, auf einer verjüngten Erde wiedervereint sein wird, um ein Leben ursprünglichen Glückes zu führen, für immer frei von Tod, Krankheit und Elend...

Verschiedene Daten sind zu unterschiedlichen Zeiten für die Erfüllung dieser Prophetie angegeben worden. Unbeschadet des Jahres ist aus sehr natürlichen Gründen im allgemeinen angenommen worden, daß sich die Verjüngung der Erde und die Erneuerung alles Lebens im frühen Frühling ereignen würden. In einigen Fällen war der Juli und besonders der 4. Juli der erwartete Zeitpunkt. Dies war, was bemerkt werden mag, ungefähr die Festzeit, zu der die große jährliche Zeremonie der Sonnentänze früher unter den Prärie-Stämmen stattfand. Der Prophet selbst hatte, als eine Voraussage nach der anderen sich nicht erfüllte, von Zeit zu Zeit verschiedene Daten festgelegt, und in seiner Botschaft an die Cheyenne und Arapaho vom August 1891 läßt er die ganze Angelegenheit offen. Das allgemein unter den Stämmen unmittelbar vor dem Sioux-Aufstand anerkannte Datum war der Frühling des Jahres 1891. Als die Frühlingszeit kam und ging, der Sommer heraufkam und wieder verschwand, der Herbst in den Winter überging – ohne Erfüllung ihrer Hoffnungen und Sehnsüchte, da gewann die Lehre allmählich ihre gegenwärtige Gestalt – daß nämlich eines Tages in unbekannter Zukunft die Indianer mit ihren verstorbenen Freunden vereint werden, um für immer äußerst glücklich zu sein, und daß dieses Glück vorweggenommen werden kann in Träumen und, wenn auch nicht wirklich beschleunigt, in ernster und häufiger Teilnahme am heiligen Tanz...

Die Geistertanz-Religion war 1889 von einem 1856 geborenen Indianer ins Leben gerufen worden, der dem im westlichen Nordamerika beheimateten Stamm der Paiute angehörte. Er hieß mit seinem indianischen Namen Wovoka.

Auf Grund von Visionen rief Wovoka die Stämme zu ekstatischen Tänzen auf. Über diese Tänze führte er aus:

„Wenn ihr nach Hause gekommen seid, müßt ihr einen Tanz von fünf Tagen tanzen. Tanzt vier aufeinanderfolgende Nächte, und in der letzten Nacht tanzt bis zum Morgen des folgenden Tages. Dann müßt ihr alle im Fluß baden und euch danach in eure Wohnungen zerstreuen. Ihr müßt das alle in gleicher Weise tun."

Die Ghost-Dance-Religion trug anfänglich keine fremdenfeindlichen Züge. Sie gewann diese erst, als unter dem Einfluß von Sitting Bull, einer der größten Häuptlingsgestalten in der indianischen Geschichte Nordamerikas, der Stamm der Sioux der Bewegung beitrat.

Die Sioux waren, unter dem Einfluß von Sitting Bull, äußerst erregt über den nahen Anbruch eines vorausgesagten indianischen Millenniums, einer Rückkehr der Geister, der Vernichtung des weißen Mannes und einer indianischen Oberhoheit, von der die Medizinmänner versprochen hatten, sie werde eintreten, sobald das Gras im Frühling grüne... Ihre dezimierten Reihen sollten nun durch alle jemals verstorbenen Indianer verstärkt werden, und diese Geister seien bereits auf dem Weg, um jene Erde, die ursprünglich den Indianern gehört hatte, erneut zu bevölkern; auch trieben sie riesige Herden von Büffeln und Ponys vor sich her. Der Große Geist, der seine roten Kinder so lange im Stich gelassen hatte, sei nun aufs neue bei ihnen und gegen die Weißen, und des weißen Mannes Schießpulver würde nicht länger die Kraft haben, eine Kugel durch die Haut eines Indianers zu jagen. Die Weißen selbst würden bald überwältigt und unter einem gewaltigen Erdrutsch erstickt sein, und die wenigen, die entkommen könnten, würden zu kleinen Fischen in den Flüssen werden. Die Indianer müßten, um dies glückliche Ergebnis herbeizuführen, daran glauben und den Geistertanz veranstalten.

Das von der Regierung erlassene Verbot des Geistertanzes wurde von den Sioux mißachtet. Daraufhin erfolgte ein Einschreiten der Regierungstruppen. Hierbei wurde Sitting Bull beim Versuch seiner Festnahme getötet.
Der Tod dieses Mannes wurde zum Fanal des Aufstandes, stand aber zugleich am Beginn des raschen Niederganges der Geistertanz-Religion. Denn die schlecht ausgerüsteten Indianer wurden am 28. Dezember 1890 von dem amerikanischen General Miles in der Schlacht von Wounded Knee vollständig geschlagen. Die letzten aufständischen Sioux ergaben sich am 16. Januar 1891.

James Mooney, The Ghost-Dance-Religion and the Sioux Outbreak of 1890. Fourteenth Annual Report 2. Bureau of American Ethnology, Washington, D. C. 1896, S. 641 ff.

215. Die John-Frum-Bewegung auf Tanna (Neue Hebriden)

Erste Anzeichen der Bewegung waren zu Beginn des Jahres 1940 festzustellen.

Es fanden Zusammenkünfte statt, von denen die Weißen ausgeschlossen waren, ebenso die Frauen. Diese Zusammenkünfte dienten dem Zweck, die Botschaft eines gewissen John Frum zu empfangen, der als ein geheimnisvoller kleiner Mann mit gebleichenem Haar und schriller Stimme beschrieben wurde, der einen Anzug mit glänzenden Knöpfen trug. Er zeigte schauspielerische Erfindungsgabe, erschien zur Nachtzeit im fahlen Licht eines Feuerscheins vor Männern, die unter dem Einfluß von Kawa standen. John Frum erließ friedliche Verfügungen gegen Müßiggang, ermutigte zur Zusammenarbeit beim Gartenbau und trat für Tanzen und Kawa-Trinken ein...

Der Prophet wurde als Repräsentant oder irdische Manifestation von Karaperamun angesehen, dem Gott des höchsten Berges der Insel, des Mount Tukosmeru. Karaperamun erschien nun als John Frum, der verborgen gehalten werden mußte vor den Weißen und den Frauen.

John Frum prophezeite den Einbruch einer verheerenden Umwälzung, durch die Tanna flach werde; die vulkanischen Berge würden einstürzen und die Flußbetten füllen, um fruchtbare Ebenen zu bilden, und Tanna würde zusammen mit den Nachbarinseln Eromango und Aneytin eine neue Insel bilden. Dann würde John Frum sich selbst offenbaren und eine Herrschaft des Glücks eröffnen, die Eingeborenen würden ihre Jugend zurückerhalten, es würde keine Krankheiten mehr geben und keine Notwendigkeit, sich um Gärten, Bäume oder Schweine zu kümmern. Die Weißen würden abziehen. John Frum würde Schulen gründen zum Ersatz für die Missionsschulen, und er würde die Lehrer bezahlen.

Nur eine Schwierigkeit stand der unmittelbaren Erlangung dieses Glückszustandes entgegen – die Anwesenheit der Weißen, die zunächst auszuweisen seien. Auch die Verwendung europäischen Geldes sei einzustellen. Demgegenüber sei die Erneuerung vieler alter Sitten, die die Missionare verboten hatten, zu fordern: das Kawa-Trinken vor allem, aber auch die alten Tänze, die Polygamie usw. – Einwanderer von anderen Inseln seien nach Hause zu schicken.

Es war dies nicht einfach ein Programm der Regression. Nur einige alte Sitten sollten neu belebt werden, und es waren dies jene, die die Missionare verboten hatten. Und die ins Auge gefaßte Zukunft betraf nicht die Wiederherstellung eines primitiven Stammessystems und der landwirtschaftlichen Handarbeit, sondern ein neues Leben mit allen materiellen Reichtümern der Europäer, die den Eingeborenen zufallen sollten. John Frum würde das hierfür notwendige Geld verschaffen.

Die Eingeborenen begannen nunmehr mit einer wahren Orgie des Geldausgebens in europäischen Geschäften, um das europäische Geld loszuwerden. Einige warfen sogar ihre lange gehüteten Ersparnisse ins Meer, da sie glaubten, die weißen Händler müßten, wenn kein Geld mehr auf der Insel sei, abreisen. Auch wurden verschwenderische Feste gefeiert, um die Nahrungsmittel aufzubrauchen. Es war keine puritanische oder mittelalterlich-europäische Askese in dieser fröhlichen Erwartung von Reichtum. Eher wurde mit dieser Verbrauchsorgie eine Solidarität zwischen Reichen und Armen ausgedrückt, da der bestehende Reichtum bedeutungslos war im Hinblick auf die gewaltigen Güter, die eintreffen sollten. Der Freitag, der Tag, an dem das Millennium erwartet wurde, wurde Feiertag, während sonnabends Tänze und Kawa-Trinken veranstaltet wurden. Eine gewisse Zügellosigkeit begleitete die Feste. Wir können sicher sein, daß dies einen gewissen Bruch mit bestehenden sozialen Konventionen darstellte.

Die Bewegung wurde von Boten organisiert, die „Seile des John Frum" genannt wurden. Die Schwärmer verließen die bestehenden christlichen Dörfer, die die Missionen unter christlichen Häuptlingen errichtet hatten, und zogen in kleine Familienverbände, die in primitiven Schutzhütten lebten, oder sie schlossen sich heidnischen Gruppen im Innern der Insel an.

Die erste John-Frum-Welle im April 1940 verursachte geringe Unruhe, aber das erneute Aufflammen der Bewegung im Mai 1941 rief erhebliche Bestürzung hervor. Riesige Geldmengen wurden plötzlich von den Eingeborenen herbeigebracht. Selbst Goldmünzen, die seit 1912 nicht mehr gesehen worden waren, tauchten auf. Kühe und Schweine wurden getötet, Kawa getrunken und jede Nacht Tänze veranstaltet. Am Sonntag, dem 11. Mai, blieben die Gottesdienste der presbyterianischen Missionen unbesucht. Einer der einflußreichsten Häuptlinge hatte befohlen, die Mission und ihre Schulen zu verlassen. Die Gottesdienste der Dominikaner blieben gleichfalls unbeachtet.

Hierauf erfolgte das Einschreiten des britischen Gouverneurs Nicol und die Festnahme von John Frum.

Im Gerichtsverfahren wurde bekannt, daß John Frum ein Eingeborener namens Manehivi war, im Alter von Mitte dreißig Jahren. Er war Analphabet, obwohl er vorgab, lesen zu können. Manehivi wurde zu drei Jahren Internierung und zu fünf Jahren Verbannung von Tanna verurteilt.

Die Bewegung gedieh trotz ihrer Unterdrückung. Es verbreitete sich im Volk die Meinung, Manehivi sei nicht der wirkliche John Frum; dieser befinde sich noch in Freiheit. In der Person eines Joe Nalpin trat ein zweiter John Frum auf. Als neues Thema wurde das Gerücht verbreitet, John Frum sei König von Amerika.

Wahrscheinlich verursachten auf Patrouille befindliche australische Flugboote das Gerücht, drei Söhne des John Frum – Isaac, Jacob und Lastuan – seien im Flugzeug auf der anderen Seite der Insel gelandet. Tag und Nacht wurden Feste gefeiert, und man glaubte, John Frums Ankunft stehe unmittelbar bevor. Das Auftreten der ersten Amerikaner und zahlreicher Flugzeuge goß Öl ins Feuer.

Im Norden der Insel erklärte ein neuer Führer namens Neloaig, er sei König von Amerika und von Tanna. Obwohl er im April 1948 in ein Irrenhaus eingeliefert wurde, erlosch die Bewegung nicht vollständig.

Peter Worsley, The Trumpet Shall Sound: A Study of „Cargo" Cults in Melanesia. London 1957, S. 153–159 (gekürzt).

216. Die Malamala-Bewegung auf Espiritu Santo (Neue Hebriden)

Um 1944 oder 1945 entstand auf Espiritu Santo eine eigenartige Bewegung, deren Anhänger mit *malamala*, „Nackte", bezeichnet werden.

Es ist nicht leicht, die ungefähre Anzahl aktiver Anhänger zu schätzen, doch möchte ich mindestens 500 annehmen. Dies stellt einen Anteil von etwa einem Drittel der heidnischen Bevölkerung jener Teile von Santo dar, die von der Bewegung erreicht wurden. Obwohl wir Dörfer mit mehr als 100 Anhängern besuchten, drangen wir nicht weit genug in das westliche Hochland vor, um zum Zentrum der Bewegung zu gelangen. Was hier folgt, ist jedoch das Zeugnis eingeborener Häuptlinge, die entweder nach kurzer Teilnahme von diesem Kult abgeschreckt wurden oder seinen Sendboten Widerstand leisteten, wenn sie ihre Dörfer besuchten...

Letztes Jahr war alles, was ich in Beantwortung von Fragen feststellen konnte, daß ein Mann namens Tieka die bewegende Kraft des Kultes war. Wenn ich danach fragte, wo er lebe, erhielt ich die vage Antwort: „auf dem Gipfel", was im Pidgin-Englisch bedeutet: „fernes Inland". In diesem Jahr erhielt ich mehr Informationen über ihn. Er lebt am Bierai-Fluß auf den östlichen Abhängen des Tava Masana und hat zwei etwa sechs Meilen voneinander entfernt liegende Dörfer, die Naku und Lori heißen. Er ist ein junger Mann, den ich, nach meinen Erkundigungen, zwischen fünfunddreißig und vierzig einschätze. Er hat niemals, soweit dies meine Informanten wußten, für einen Weißen gearbeitet, aber einige seiner Leute haben dies früher getan. Er ist mit zwei Frauen verheiratet; doch sagt ein Informant: nur mit einer.

Es war gegen Ende des Krieges, als er seinen Kult begann, indem er dreißig seiner Leute zu einem Werbezug in die Dörfer des inneren Santo entsandte. Sie kamen überall mit der gleichen Botschaft:

1. Legt eure Lendentücher ab. Die Frauen sollen ihre Blätterhüllen ablegen. Legt eure Perlenhalsketten und eure Armbänder ab. Alle diese Dinge machen euch schmutzig.

2. Zerstört alles Eigentum, das ihr von dem weißen Mann habt – Baumwollstoff, Geld, Werkzeuge; zerstört zusätzlich eure Buschgewerbe wie das Verfertigen von Körben und Matten. Es ist am besten, von diesen Dingen frei zu sein.

3. Brennt eure gegenwärtigen Häuser nieder, und baut nach dem folgenden neuen Plan:

a) Zwei große Gemeinschaftshäuser sollen in jedem Dorf errichtet werden, eines, in dem die Männer nachts schlafen, ein anderes, in dem die Frauen nachts schlafen. Kein Beischlaf während der Nacht.

b) Baut eine große Küche für jedes Gemeinschaftshaus. In den Gemeinschaftshäusern darf nicht gekocht werden.

4. Alles Essen muß morgens gekocht werden. Nachts kein Kochen.

5. Arbeitet nicht für den weißen Mann.

6. Vernichtet alle Tiere in euren Dörfern: Hunde, Katzen, Schweine usw.

7. Anscheinend wurde ihnen versprochen, daß bald „Amerika" käme; sie würden dann alle Güter erhalten; sie würden niemals sterben; sie würden ewig leben.

8. Eine allgemeine Sprache, die „Maman" genannt wurde, wurde von allen Anhängern des Kultes angenommen, obwohl die Dörfer zu sehr verschiedenen Sprachgruppen gehören.

9. Viele alte Tabus wurden verworfen, so das Verbot der Heirat innerhalb einer Totem-Gruppe, die Absonderungsperiode nach Geburten, der Zwang des Brautkaufs; die Begräbnissitten wurden dahingehend geändert, daß nunmehr die Leiche auf einer hölzernen Plattform im Busch ausgesetzt wird anstelle des Begräbnisses unter dem Hausboden des Verstorbenen, was auf Santo Tradition war.

J. Graham Miller, Naked Cult in Central West Santo, in: The Journal of the Polynesian Society 57 (1948) S. 330 ff.

FÜNFTES KAPITEL
Typen religiöser Autorität

A. MEDIZINMÄNNER UND SCHAMANEN

217. Die Initiation eines Medizinmannes der Binbinga

Die Binbinga Zentral-Australiens nehmen an, daß Medizinmänner von den Geistern Mundadji und Munkaninji (Vater und Sohn) geweiht worden sind. Der Zauberer Kurkutji erzählte, wie er eines Tages, als er in eine Höhle trat, den alten Mundadji traf, der ihn am Hals ergriff und ihn tötete.

Mundadji schnitt ihn (Kurkutji) der Länge nach auf, nahm alle seine Eingeweide heraus und tauschte sie mit solchen von sich selbst, die er in den Körper von Kurkutji legte. Gleichzeitig legte er eine Anzahl heiliger Steine in seinen Körper. Nachdem alles vorüber war, kam Munkaninji, der jüngere Geist, machte ihn wieder lebendig, sagte ihm, daß er nun ein Medizinmann sei, und zeigte ihm, wie Knochen und andere Gegenstände der schädlichen Magie aus den Menschen herauszuholen seien. Dann nahm er ihn hinweg in den Himmel und brachte ihn wieder hinunter zur Erde in die Nähe seines eigenen Lagers, wo er hörte, wie die Eingeborenen um ihn trauerten, da sie dachten, er sei tot. Lange Zeit blieb er in einem mehr oder weniger betäubten Zustand, aber allmählich kam er wieder zu sich, und die Eingeborenen wußten nun, daß er ein Medizinmann geworden war. Wenn er operiert, wird angenommen, der Geist Munkaninji sei ganz nahe bei ihm und überwache ihn, natürlich ohne von dem gewöhnlichen Volk gesehen zu werden. Wenn er bei einer Operation, die gewöhnlich im Schutze der Dunkelheit vorgenommen wird, einen Knochen herausnimmt, saugt Kurkutji zunächst sehr stark in der Magengegend des Patienten und entnimmt ihm eine gewisse Menge Blut. Dann schreitet er über den Körper, schlägt, stößt und saugt, bis zuletzt der Knochen herauskommt, der dann sofort, und ehe er von den Zuschauern gesehen werden kann, in die Richtung jenes Platzes geworfen wird, auf dem Munkaninji sitzt und ruhig beobachtet. Dann sagt Kurkutji den Eingeborenen, er müsse gehen und Munkaninji fragen, ob er so freundlich sein wolle, ihm, Kurkutji, zu erlauben, daß er ihnen den Knochen zeige. Wenn die Erlaubnis gegeben worden ist, geht er zu dem Ort, an dem er vermutlich zuvor einen Knochen hingelegt hat, und kommt mit ihm zurück.

B. Spencer – F. J. Gillen, The Northern Tribes of Central Australia. London 1904, S. 487f.

218. Die Initiation eines zentralaustralischen Medizinmannes des Unmatjera-Stammes

Als er (Ilpailurkna) zu einem Medizinmann gemacht wurde, kam eines Tages ein sehr alter Medizinmann und warf mit einem Speerwerfer einige seiner *atnongara*-Steine[1] nach ihm. Einige verletzten ihn an der Brust, andere durchschlugen seinen Kopf von einem Ohr zum anderen und töteten ihn. Der alte Mann schnitt dann sein ganzes Inneres heraus, Gedärme, Leber, Herz, Lungen – wirklich alles, und ließ ihn die ganze Nacht über auf dem Erdboden liegen. Am Morgen kam der alte Mnnn, sah nach ihm und legte einige *atnongara*-Steine in seinen Körper, in seine Arme und Beine und bedeckte sein Gesicht mit Blättern. Dann sang er über ihm so lange, bis sein Körper vollständig aufgeschwollen war. Als dies eingetreten war, versorgte er ihn mit einer vollständigen Kollektion von Eingeweiden, legte noch eine Menge *atnongara*-Steine in ihn und klopfte ihn an den Kopf, was bewirkte, daß er lebendig aufsprang. Der alte Medizinmann ließ ihn dann Wasser trinken und eine Fleischspeise essen, die auch *atnongara*-Steine enthielt. Als er aufwachte, hatte er keine Ahnung, wo er war, und er sagte: „Tju, tju, tju – ich glaube, ich bin umgekommen." Als er sich umsah, erblickte er den alten Medizinmann neben sich stehend, und der alte Mann sprach: „Nein, du bist nicht umgekommen; ich tötete dich lange Zeit zuvor." Ilpailurkna hatte völlig vergessen, wer er war, und auch alles über sein früheres Leben. Nach einiger Zeit führte ihn der alte Mann zu seinem Lager zurück und zeigte es ihm. Sein Zurückkommen auf diese Weise und sein seltsames Verhalten zeigten den anderen Eingeborenen sofort, daß er zu einem Medizinmann gemacht worden war.

---

[1] Steine, die der Medizinmann als Kraftträger benutzt.

B. Spencer – F. J. Gillen, The Northern Tribes of Central Australia. London 1904, S. 480f.

219. Das Werden eines südostaustralischen Medizinmannes
Wiradjuri-Stamm

Mein Vater ist Yibai-dthulin. Als ich ein kleiner Junge war, nahm er mich mit in den Busch und übte mit mir, damit ich ein Medizinmann würde. Er setzte zwei große Quarzkristalle gegen meine Brust, und sie verschwanden in mir. Ich weiß nicht, wie das vor sich ging, aber ich fühlte sie durch mich hindurchgehen, und ich empfand Wärme. Es geschah dies, um mich klug zu machen und zu erziehen. Er gab mir auch einige Dinge, die wie Quarzkristalle im Wasser erschienen. Sie sahen wie Eis aus, und das Wasser schmeckte süß. Danach konnte ich Dinge sehen, die meine Mutter nicht sehen konnte. Wenn ich mit ihr aus war, sagte ich manchmal: „Was ist das dort – wie gehende Männer?" Sie sagte dann: „Kind, dort ist nichts." Es waren aber die *Jir*[1], die ich zu sehen begann.

Als ich ungefähr zehn Jahre alt war, wurde ich zum *Burbung*[2] gebracht, und ich sah, was die alten Männer von sich aus vollbringen konnten. Als mein Zahn heraus war, jagten mich die alten Männer und riefen mit den *Wallungs*[3] in ihren Mündern: „Ngai, Ngai!", und sie bewegten ihre Hände auf mich zu. Ich ging für eine Zeit in den Busch, und mein alter Vater kam zu mir heraus. Er sagte: „Komm her zu mir", und dann zeigte er mir in seiner Hand ein Stück Quarzkristall, und als ich es ansah, ging er hinab in den Boden, und ich sah ihn, ganz bedeckt mit rotem Staub, wieder heraufkommen. Ich wurde sehr ängstlich. Dann sagte er: „Komm zu mir", und ich ging zu ihm, und er sagte zu mir: „Versuche es, einen Wallung heraufzubringen." Ich versuchte es auch und brachte einen empor. Dann sagte er zu mir: „Komm mit mir zu jenem Platz." Ich sah ihn neben einem Loch im Boden stehen, das zu einem Grab führte. Ich ging hinein und sah einen toten Mann, der mich überall einrieb, um mich wissend zu machen, und der mir einen Wallung gab. Als wir hinauskamen, zeigte mein Vater auf einen *Gunr*[4] und sagte: „Das ist unser *budjan*[5]; es ist auch meines." Es war ein Strick an den Schwanz der Schlange gebunden, der bis zu uns reichte.

Er nahm ihn und sagte: „Laßt uns ihr folgen." Die Tigerschlange führte uns durch einige Baumstümpfe. Dann kamen wir zu einem großen Currajong-Baum, und wir gingen durch ihn hindurch, und danach zu einem Baum mit einer großen Wölbung rund um seine Wurzeln. An solchen Orten lebt Daramulun[6]. Hier ging der Gunr hinab in den Boden, und wir folgten ihm und kamen in den Baum hinein, der hohl war. Dort sah ich eine Anzahl kleiner Daramuluns, Söhne von Baiame[7]. Nachdem wir wieder herausgekommen waren, nahm uns die Schlange mit in ein großes Erdloch, in dem sich eine Anzahl Schlangen befanden, die sich an mir rieben, mich aber nicht verletzten, da sie meine Budjan waren. Sie taten dies, um mich zu einem wissenden Mann zu machen. Dann sagte mein Vater zu mir: „Wir wollen hinaufgehen zu Baiames Lager." Er kam rittlings auf einem Faden und setzte mich auf einen anderen, und wir hielten uns gegenseitig fest. Am Ende des Fadens war Wombu, der Vogel Baiames. Wir gingen durch die Wolken, und auf der anderen Seite war der Himmel. Wir gingen durch die Stelle, durch die die Medizinmänner gehen, und sie öffnete und schloß sich sehr schnell. Mein Vater sagte, wenn ein Medizinmann beim Hindurchgehen berührt werde, würde sein Geist verletzt, und wenn er nach Hause zurückgekehrt sei, würde er kränkeln und sterben. Auf der anderen Seite sahen wir Baiame in seinem Lager sitzen. Er war ein sehr großer alter Mann, mit einem langen Bart. Er saß mit seinen Beinen unter ihm, und von seinen Schultern reichten zwei riesige Quarzkristalle bis zum Himmel über ihm. Es waren dort viele Kinder Baiames und sein Volk, das aus Vögeln und Wildtieren besteht.

[1] Geister.
[2] Initiationsriten.
[3] Quarzkristalle.
[4] Tigerschlange.
[5] Geheimtotem.
[6] Name eines Gottes.
[7] Name des Hochgottes.

A. W. Howitt, The Native Tribes of South-East Australia. London 1904, S. 406 ff.

220. Die „Erleuchtung" des Schamanen bei den Iglulik-Eskimos

Während der Initiation des Schamanen hilft der Meister dem Schüler, den „Blitz" oder die „Erleuchtung" zu erlangen, die *angákoq* oder auch *quamanek* genannt wird.

Der *angákoq* besteht „in einem geheimnisvollen Licht, welches der Schamane plötzlich in seinem Körper, im Herzen seines Hirns verspürt, ein unerklärlicher Leuchtturm, ein leuchtendes Feuer, das ihn in den Stand setzt, im Dunkeln zu sehen, und zwar im wörtlichen und im übertragenen Sinn, denn fortan ist es ihm möglich, sogar mit geschlossenen Augen durch die Finsternisse zu gehen und künftige Dinge und Ereignisse wahrzunehmen, die den anderen Menschen verborgen sind; so kann er ebensowohl die Zukunft erkennen wie die Geheimnisse der Mitmenschen."

Der Kandidat erhält dieses mystische Licht nach langen Stunden des Wartens, wo er auf einer Bank in seiner Hütte sitzt und die Geister anruft. Wenn er es das erste Mal ausprobiert, ist es, „wie wenn das Haus, in dem er ist, sich auf einmal in die Höhe heben würde; er sieht sehr weit, durch die Berge hindurch, gerade, wie wenn die Erde eine große Ebene wäre, und seine Augen berühren die Grenzen der Erde. Nichts ist mehr vor ihm verborgen. Er kann nicht nur sehr weit sehen, sondern sogar die entflogenen Seelen entdecken, ob sie in fremden, fernen Gegenden bewacht und verborgen sind, oder nach oben oder nach unten ins Tal der Toten entführt."

M. Eliade, Schamanismus und archaische Ekstasetechnik. Zürich – Stuttgart 1957, S. 70; nach Knud Rasmussen, Intellectual Culture of the Iglulik Eskimos. Kopenhagen 1930, S. 112 f.

221. Der Initiationstraum eines samojedischen Schamanen

A. A. Popov erzählt das Folgende von einem avam-samojedischen Schamanen. Dieser bekam die Pocken und war drei Tage bewußtlos, fast tot, so daß man ihn beinahe am dritten Tage begraben hätte. Während dieser Zeit fand seine

Initiation statt. Er erinnerte sich, daß er mitten auf einen See getragen wurde. Dort hörte er die Stimme der Krankheit (also der Pocken) zu ihm sprechen: „Du erhältst von dem Herrn des Wassers die Gabe zu schamanisieren. Dein Schamanenname ist *huottarie* (Taucher)." Darauf wühlte die Krankheit das Wasser des Sees auf. Er stieg aus dem Wasser und kletterte einen Berg hinan. Dort begegnete er einer nackten Frau und begann, ihre Brust zu saugen. Die Frau, wahrscheinlich die Herrin des Wassers, sagte zu ihm: „Du bist mein Kind, darum lasse ich dich meine Brust saugen. Du wirst vielen Schwierigkeiten begegnen und es sehr schwer haben." Der Gatte der Herrin des Wassers, der Herr der Unterwelt, gab ihm nun zwei Führer, ein Hermelin und eine Maus, die ihn in die Unterwelt führten. Als sie auf einem hochgelegenen Ort angekommen waren, zeigten seine Führer ihm sieben Zelte mit zerrissenen Dächern. Er trat in das erste ein und traf dort die Bewohner der Unterwelt und die Männer der Großen Krankheit (der Pocken). Diese rissen ihm das Herz heraus und warfen es in einen Kochtopf. In den anderen Zelten lernte er die Herrin des Wahnsinns kennen und die Herren aller Nervenkrankheiten, auch diejenigen der bösen Schamanen. Auf diese Weise lernte er die verschiedenen Krankheiten, welche die Menschen quälen[1].

Darauf kam der Kandidat, immer hinter seinen Führern, in das Land der Schamaninnen, welche ihm Kehle und Stimme kräftigten[2]. Von dort wurde er zu den Ufern der Neun Seen getragen. In der Mitte eines dieser Seen fand er eine Insel, und in der Mitte der Insel erhob sich eine junge Birke bis zum Himmel. Das war der Baum des Herrn der Erde. In seiner Nähe wuchsen neun Kräuter, die Ahnen von allen Pflanzen der Erde. Der Baum war von Seen umgeben, und in jedem See schwamm eine Vogelart mit zugehörigen Jungen; da gab es verschiedene Arten von Enten, einen Schwan, einen Sperber. Der Kandidat besuchte alle diese Seen; einige davon waren salzig, andere wieder so heiß, daß er sich ihrem Ufer nicht nähern konnte. Als er damit fertig war, hob der Kandidat den Kopf und gewahrte im Wipfel des Baumes Menschen aus mehreren Nationen[3]: Tavgy-Samojeden, Russen, Dolganen, Jakuten und Tungusen. Er hörte Stimmen: „Es ist beschlossen, daß du ein Tamburin (das heißt einen Trommelstock) aus den Ästen dieses Baumes bekommen sollst", worauf der Kandidat mit den Seevögeln fortflog. Als er sich vom Ufer entfernte, rief ihm der Herr des Baumes zu: „Mein Ast ist eben heruntergefallen, nimm ihn und mach dir daraus eine Trommel, sie soll dir dein Leben lang dienen." Der Zweig hatte drei Gabelungen, und der Herr des Baumes befahl ihm, sich drei Trommeln zu machen, die von drei Frauen bewacht werden müßten, jede Trommel für eine spezielle Zeremonie: eine zum Schamanisieren bei den Wöchnerinnen, die zweite für die Heilung der Kranken und die letzte zum Auffinden der im Schnee Verirrten.

Ebenso gab der Herr des Baumes auch allen andern Männern im Baumwipfel einen Ast. Dann aber stieg er in Menschengestalt bis zur Brust aus dem Baum hervor und rief: „Einen einzigen Ast gebe ich den Schamanen nicht, sondern behalte ihn für die übrigen Menschen. Sie dürfen sich aus diesem Ast Wohnungen machen und ihn auch sonst verwenden. Ich bin der Baum, der allen Menschen das Leben gibt." Der Kandidat drückte den Ast an sich und wollte eben seinen Flug wieder aufnehmen, als er von neuem eine menschliche Stimme hörte, die ihm die medizinischen Kräfte der sieben Pflanzen kundtat und Anweisungen für die Kunst des Schamanisierens gab. Doch müsse er drei Frauen heiraten (was er übrigens auch tat; er heiratete drei Waisen, die er von den Pocken geheilt hatte).

Darauf kam er an einen unendlich großen See und fand dort Bäume und sieben Steine. Die Steine sprachen der Reihe nach mit ihm. Der erste hatte Zähne wie ein Bär und eine Höhlung in Form eines Korbes und eröffnete ihm, daß er der Stein der Erdpressung sei; er beschwere mit seinem Gewicht die Felder, damit sie nicht vom Wind davongetragen würden. Der zweite diente zum Schmelzen des Eisens. Er blieb sieben Tage bei diesen Steinen und lernte so, wozu sie den Menschen dienen konnten.

Die beiden Führer, die Maus und das Hermelin, führten ihn nun auf ein rundes, hohes Gebirge. Er sah eine Öffnung vor sich und drang in eine leuchtende Höhle ein; sie war mit Spiegelglas ausgekleidet, und in der Mitte war etwas, das wie ein Feuer aussah. Er bemerkt zwei nackte, aber mit Haaren bedeckte Frauen wie Rentiere[4], und er sieht, daß keines von den Feuern brennt, sondern daß das Licht von oben durch eine Öffnung hereinkommt. Eine von den beiden Frauen teilt ihm mit, daß sie schwanger ist und zwei Rentiere zur Welt bringen wird; das eine werde das Opfertier der Dolganen und Evenken, das andere der Tavgy sein. Sie gibt ihm noch ein Haar, das ihm von Wert sein werde, wenn er für die Rentiere zu schamanisieren habe. Die andere Frau bringt ebenfalls zwei Rentiere zur Welt, Symbole der Tiere, die dem Menschen bei der Arbeit helfen und ihm auch zur Nahrung dienen sollen. Die Höhle hatte zwei Öffnungen, eine nach Norden, eine nach Süden; zu jeder schickten die Frauen ein junges Rentier hinaus, das den Waldleuten (den Dolganen und Evenken) helfen sollte. Auch die zweite Frau gab ihm ein Haar; wenn er schamanisiert, wendet er sich im Geist nach dieser Höhle.

Nun kommt der Kandidat in eine Wüste und sieht in weiter Ferne ein Gebirge. Nach dreitägigem Marsch ist er dort angelangt, dringt durch eine Öffnung ein und begegnet einem nackten Mann, der mit einem Blasebalg arbeitet. Über dem Feuer befindet sich ein Kessel, „so groß wie die halbe Erde". Der Nackte erblickt den Novizen und ergreift ihn mit einer riesigen Zange; der kann gerade noch denken: „Ich bin tot!" Der Mann schneidet ihm den Kopf ab, teilt seinen Körper in kleine Stücke, wirft alles in den Kessel und kocht den Körper darin drei Jahre lang. Dort waren auch drei Ambosse, und der Nackte schmiedete seinen Kopf auf dem dritten, auf dem die besten Schamanen geschmiedet würden. Dann warf er den Kopf in einen von den drei Töpfen, die dort standen, in dem das Wasser am kältesten war. Bei dieser Gelegenheit entdeckte er ihm folgendes: Wenn er zu jemandem gerufen werde, um ihn zu heilen, und das Wasser sei sehr heiß, dann sei es nutzlos zu schamanisieren, der Mensch sei schon verloren; bei lauwarmem Wasser sei er krank, werde aber gesund, und das kalte Wasser sei das Kennzeichen für einen gesunden Menschen.

Der Schmied fischte nun seine Gebeine auf, die in einem Fluß schwammen, setzte sie zusammen und bedeckte sie mit Fleisch. Er zählte sie und teilte ihm mit, er habe drei Stück zuviel, er müsse sich also drei Schamanenkostüme beschaffen. Er schmiedete seinen Kopf und zeigte ihm, wie man die Buchstaben darin lesen kann. Er wechselte ihm die Augen aus, deshalb sieht er, wenn er schamanisiert, nicht mit seinen fleischlichen, sondern mit diesen mystischen. Er durchstach ihm die Ohren und setzte ihn damit in den Stand, die Sprache der Pflanzen zu verstehen. Darauf fand sich der Kandidat auf dem Gipfel eines Berges und erwachte endlich in seiner Jurte bei den Seinen. Jetzt kann er singen und schamanisieren ohne Ende, ohne jemals müde zu werden.

---

[1] Gemeint ist: er lernte sie kennen und heilen.
[2] Wahrscheinlich: sie lehrten ihn singen.
[3] Es handelt sich um die Stammväter der Völker, welche sich zwischen den Ästen des Weltenbaumes befinden.
[4] Personifikationen der „Mutter der Tiere" oder „Herrin der Tiere", einer mythischen Gestalt.

M. Eliade, Schamanismus und archaische Ekstasetechnik. Zürich–Stuttgart 1957, S. 48–52; nach A. A. Popov, Tavgytsy. Materialy po etnografi avamskikh i vedeyevkikh tavgytsev. Moskau–Leningrad 1936, S. 84ff.

222. Die Heirat als schamanistisches Erlebnis

Die sibirischen Golden, die am unteren Amur als Fischer und Jäger leben, unterscheiden zwischen dem Schutzgeist *(áyami)*, der den Schamanen wählt, und den Hilfsgeistern *(sywén)*, die ihm untergeordnet sind und die ihm die *áyami* selbst gegeben hat. Nach Sternberg (Divine Election, S. 475) erklären die Golden die Beziehungen zwischen dem Schamanen und seiner *áyami* als einen sexuell-emotionalen Komplex. Darüber berichtet im folgenden ein goldischer Schamane.

Eines Tages schlief ich auf meinem Schmerzenslager, als sich mir ein Geist näherte. Es war eine sehr schöne Frau, winzig klein, nicht größer als ein halber *arshin* (71 cm). An Gesicht und Schmuck glich sie ganz und gar einer von unseren goldischen Frauen. Die Haare fielen in kleinen schwarzen Zöpfen auf die Schultern herab. Andere Schamanen sagen, sie hätten die Vision einer Frau mit halb schwarzem, halb rotem Gesicht gehabt. Sie sagte zu mir: „Ich bin die *áyami* deiner Ahnen, der Schamanen. Ich habe sie das Schamanisieren gelehrt, jetzt werde ich es dich lehren. Die alten Schamanen sind einer nach dem andern gestorben, und jetzt gibt es niemanden mehr, der die Kranken heilt. Du wirst Schamane werden."

Dann sagte sie: „Ich liebe dich. Ich habe jetzt keinen Mann. Du wirst mein Mann sein, und ich werde deine Frau sein. Ich werde dir Hilfsgeister geben. Mit ihrer Hilfe sollst du heilen. Ich werde dich heilen lehren und dir selber dabei helfen. Die Leute werden uns zu essen bringen."

Ich war bestürzt und wollte Widerstand leisten. Daraufhin sagte sie: „Wenn du nicht gehorchen willst, um so schlimmer für dich. Ich werde dich töten."

Seitdem kam sie immer zu mir, und ich schlafe mit ihr wie mit meiner eigenen Frau; aber wir haben keine Kinder. Sie lebt ganz allein, ohne irgendwelche Verwandte, in einer Hütte auf einem Berg. Doch wechselt sie ihren Aufenthaltsort oft. Manchmal erscheint sie in Gestalt einer alten Frau, manchmal in der eines Wolfes; dann ist sie nur mit Schrecken anzusehen. Andere Male wieder nimmt sie das Aussehen eines geflügelten Tieres an und trägt mich fort, um mir verschiedene Gegenden zu zeigen. Ich habe Berge gesehen, wo nur alte Männer und Frauen wohnen, und Dörfer, wo es nur ganz junge Männer und Frauen gibt. Sie gleichen den Golden und sprechen ihre Sprache; manchmal werden sie in Tiger verwandelt.

Jetzt kommt meine *áyami* nicht mehr so oft wie früher. In der Zeit, in der sie mich unterwies, kam sie jede Nacht. Sie hat mir drei Helfer gegeben: den *jarga* (Panther), den *doonto* (Bär) und den *amba* (Tiger). Sie besuchen mich im Traum und erscheinen mir, sooft ich sie beim Schamanisieren herbeirufe. Wenn einer von ihnen nicht kommen will, zwingt ihn die *áyami* dazu, aber es soll solche geben, die sogar ihren Befehlen Widerstand leisten. Wenn ich schamanisiere, bin ich von der *áyami* und den Hilfsgeistern besessen; ob sie groß oder klein sind, sie durchdringen mich wie Rauch oder Dampf. Wenn die *áyami* in mir ist, spricht allein sie durch meinen Mund, und sie lenkt alles. Wenn ich die *sukdu* (Opfergaben) esse oder Schweineblut[1] trinke, bin ich es nicht, der ißt und trinkt, sondern meine *áyami* allein.

---

[1] Das Blut von Schweinen wird nur von Schamanen getrunken; den Laien unter den Golden ist es verboten.

M. Eliade, Schamanismus und archaische Ekstasetechnik. Zürich–Stuttgart 1957, S. 81 f.; nach Leo Sternberg, Divine Election in Primitive Religion. Göteborg 1924, S. 476 ff.

223. Ein „allmächtiger" Schamane der Apachen

Zu Albert B. Reagan sagte ein Schamane der Apachen:

„Mein weißer Bruder, wahrscheinlich wirst du es nicht glauben, aber ich bin allmächtig. Ich werde niemals sterben. Würdest du auf mich schießen, so würde die Kugel nicht in mein Fleisch eindringen oder, sollte sie eindringen, so würde sie mich nicht verletzen... Wenn du mir ein Messer in die Kehle stoßen und es nach oben ziehen würdest, käme es aus meinem Schädel oben aus meinem Kopf heraus... Ich bin allmächtig. Wenn ich jemand töten will, so ist alles, was ich zu tun brauche, meine Hand auszustrecken und ihn zu berühren, und er stirbt. Meine Macht ist der eines Gottes gleich."

Albert B. Reagan, Notes on the Indians of the Fort Apache Region. American Museum of Natural History, Anthropological Papers 35,5 (1930) S. 391.

224. Eine schamanistische Sitzung bei den Jukagiren

Der Schamane setzt sich auf den Boden, und nachdem er lange getrommelt hat, ruft er seine Schutzgeister an, indem er Tierstimmen nachahmt. „Meine Ahnen", ruft er, „kommt zu mir! Kommt mir zu Hilfe, meine jungen Geistermädchen! Kommt her!"... Er beginnt wieder zu trommeln, richtet sich, unterstützt von seinen Gehilfen, auf, begibt sich zur Türe und atmet tief ein, um die Seelen der Ahnen und der anderen Geister, die er beschworen hat, sich einzuverleiben. „Die Seele des Kranken hat sich, scheint es, auf den Weg zum Reich der Schatten begeben", verkünden durch einen Mund die Geister der Ahnen. Die Verwandten des Patienten ermuntern ihn: „Sei stark! sei stark!" Der Schamane legt seine Trommel nieder und streckt sich bäuchlings auf der Rentierhaut aus; er bleibt unbeweglich, das Zeichen dafür, daß er seinen Körper verlassen hat und sich auf einer Jenseitsreise befindet. Er ist ins Schattenreich hinabgestiegen, „durch seine Trommel wie durch einen See". Er blieb lange Zeit, ohne sich zu rühren, und alle Anwesenden warteten geduldig auf sein Erwachen. Zwei junge Mädchen massieren seine Beine und dann, nachdem er wieder vollständig zu sich gekommen ist, setzt er die Seele wieder in den Körper des Patienten. Dann geht er zur Türe und entläßt seine Hilfsgeister.

Nach dem Ende einer solchen Sitzung erzählte der Schamane Jochelson den Verlauf seiner ekstatischen Reise. Begleitet von seinen Hilfsgeistern, war er den Weg gegangen, der zum Reich der Schatten führt. Er kam vor ein kleines Haus und traf auf einen Hund, der zu bellen anfing. Eine alte Frau, die Hüterin des Weges, kam heraus aus dem Haus und fragte ihn, ob er für immer gekommen sei oder nur für einige Zeit. Der Schamane gab ihr keine Antwort, statt dessen sagte er zu seinen Geistern: „Hört nicht auf die Worte der alten Frau, geht weiter ohne Aufenthalt." Bald kam er zu einem Fluß. Dort war ein Boot, und auf dem anderen Ufer bemerkte der Schamane Zelte und Menschen. Begleitet von seinen Hilfsgeistern, bestieg der Schamane das Boot und überquerte den Fluß. Er traf die Seelen der toten Verwandten des Patienten, und als er in ihr Zelt trat, fand er dort auch die Seele des Patienten. Da die Verwandten sie ihm nicht herausgeben wollten, sah der Schamane sich gezwungen, sie mit Gewalt mitzunehmen. Um sie sicher auf die Erde zurückzubringen, atmete der Schamane die Seele des Patienten ein und verstopfte sich die Ohren, damit sie nicht entkommen konnte.

M. Eliade, Schamanismus und archaische Ekstasetechnik. Zürich–Stuttgart 1957, S. 238 f.; nach Waldemar Jochelson, The Yükaghir and the Yukaghirize Tungus. Leiden–New York 1924 f., S. 196 f.

225. Ein Eskimo-Schamane steigt hinab auf den Grund des Meeres

Der Abstieg zu Takánakapsâluk, der Mutter der Seetiere, wird auf Verlangen einer einzelnen Person wegen Krankheit oder schlechtem Jagdglück unternommen; nur im letzteren Fall wird der Schamane bezahlt. Doch manchmal kommt es auch vor, daß das Wild ganz und gar ausbleibt und das ganze Dorf von einer Hungersnot bedroht ist; dann kommen alle Einwohner in dem Haus zusammen, in dem die Sitzung stattfindet, und die ekstatische Reise des Schamanen geschieht im Namen der ganzen Gemeinschaft. Die Anwesenden müssen ihre Gürtel und Schnürbänder lösen und schweigend mit geschlossenen Augen verharren. Eine Zeitlang atmet der Schamane tief und schweigt, bevor er seine Hilfsgeister herberuft. Wenn sie kommen, beginnt der Schamane zu murmeln: „Der Weg ist mir bereitet! Der Weg öffnet sich vor mir!", und die Anwesenden antworten im Chor: „So soll es sein!" Und nun öffnet sich die Erde, und der Schamane kämpft lange Zeit mit unbekannten Kräften, bevor er schließlich ausruft: „Jetzt ist der Weg offen!" Und die Anwesenden rufen im Chor: „Daß der Weg ihm offen sei, daß der Weg ihm offen sei!" Dann, zuerst unter dem Bett, später weiter entfernt, hört man den Schrei: „Halala-he-he-he, Halala-he-he-he!"; das ist das Zeichen, daß der Schamane abgereist ist. Der Schrei klingt immer ferner, bis er nicht mehr zu hören ist.

Während dieser Zeit singen die Anwesenden mit geschlossenen Augen im Chor, und es kommt vor, daß die Kleider des Schamanen – die er vor der Sitzung abgelegt hat – sich beleben und über die Köpfe hinweg durchs Haus zu fliegen anfangen. Man hört auch Seufzer und tiefes Atmen von Leuten, die längst gestorben sind; das sind die abgeschiedenen Schamanen, die gekommen sind, um ihrem Kollegen auf seiner gefährlichen Reise zu helfen. Und die Seufzer und das Atmen scheinen von sehr weit unter dem Wasser zu kommen, als ob es Meerestiere wären.

Auf dem Meeresgrund angekommen, findet sich der Schamane vor drei großen Steinen, die in ständiger Bewegung sind und ihm den Weg versperren; er muß zwischen ihnen hindurch auf die Gefahr, zermalmt zu werden ... Nachdem er dieses Hindernis erfolgreich passiert hat, folgt der Schamane einem Pfad und gelangt an eine Art Bucht; auf einem Hügel steht das Haus Takánakapsâluks, aus Stein erbaut und mit einem engen Eingang versehen. Der Schamane hört die Seetiere schnaufen und keuchen, sieht sie aber nicht. Ein zähnebleckender Hund verwehrt den Eintritt; er ist gefährlich für alle, die Angst vor ihm haben, aber der Schamane schreitet über ihn hinweg, und der Hund merkt, daß er es mit einem sehr mächtigen Zauberer zu tun hat. (Alle diese Hindernisse erwarten nur den gewöhnlichen Schamanen; die wirklich starken kommen direkt auf den Meeresgrund und zu Takánakapsâluk, indem sie unter ihr Zelt oder ihre Schneehütte tauchen, wie wenn sie in ein Rohr glitten.)

Wenn die Göttin den Menschen zürnt, erhebt sich eine große Mauer vor ihrem Haus. Der Schamane muß sie mit einem Schulterstoß niederschlagen. Andere sagen, das Haus Takánakapsâluks habe kein Dach, damit die Göttin von ihrem Feuerplatz aus die Taten der Menschen besser sehen könne. Alle Arten von Meerestieren sind beisammen in einem Teich rechts von der Feuerstelle; man hört ihre Schreie und ihr Schnaufen. Das Gesicht der Göttin ist von ihren Haaren verhangen, und sie ist schmutzig und ungepflegt; die Sünden der Menschen haben sie fast krank gemacht. Der Schamane muß sich ihr nähern, sie bei den Schultern fassen und ihr Haar kämmen (denn die Göttin hat keine Finger und kann sich nicht selber kämmen). Bevor er dies tun kann, gilt es noch, ein anderes Hindernis zu überwinden. Der Vater Takánakapsâluks hält ihn für einen Toten auf dem Weg zum Schattenreich und will seine Hand auf ihn legen; aber der Schamane ruft: „Ich bin von Fleisch und Blut!" und kann weitergehen.

Während er Takánakapsâluks Haar kämmt, sagt ihr der Schamane, daß die Menschen keine Robben mehr haben. Und die Göttin antwortet ihm in der Geistersprache: „Die heimlichen Fehlgeburten der Frauen und die Verletzungen des Tabu durch Essen von gekochtem Fleisch haben den Tieren den Weg versperrt." Der Schamane muß nun alles in seiner Macht Stehende tun, um die Göttin zu besänftigen; schließlich öffnet sie den Teich und läßt die Tiere frei. Die Anwesenden hören ihre Bewegungen auf dem Meeresgrund und bald danach das keuchende Atmen des Schamanen, wie wenn er an der Wasseroberfläche auftauchte. Ein langes Schweigen folgt. Schließlich redet der Schamane: „Ich habe etwas zu sagen." Alle antworten: „Laßt uns hören! Laßt uns hören!" Und der Schamane verlangt in der Geistersprache das Bekenntnis der Sünden. Nacheinander bekennen sie ihre Fehlgeburten und ihre Tabu-Verletzungen, und sie bereuen.

M. Eliade, Schamanismus und archaische Ekstasetechnik. Stuttgart–Zürich 1957, S. 282–284; nach Knud Rasmussen, Intellectual Culture of the Iglulik Eskimos. Kopenhagen 1930, S. 124ff.

B. HERRSCHER UND PRIESTER

226. Der altägyptische Gottkönig

Die Göttlichkeit des ägyptischen Pharao wird in den Pyramidentexten des Alten Reiches in mannigfacher Weise zum Ausdruck gebracht; in einer knappen Formulierung findet sie sich Pyr. 809, wo der Pharao angeredet wird mit den Worten:

Deine Väter sind keine Menschen, deine Mütter sind keine Menschen.

Für das Mittlere Reich sind neben anderen Zeugnissen die Worte des Sinuhe aufschlußreich. Dieser, ein hochgestellter Höfling, war nach der Ermordung Amenemhets I. (1991–1962 v. Chr.) nach Syrien geflohen und kehrte erst im Alter nach Ägypten zurück. Als er auf seiner Flucht von einem Beduinen über die Verhältnisse in Ägypten befragt wurde, sprach er von der Thronbesteigung Sesostris' I., des Sohnes Amenemhets I., in hymnenartiger Weise:

Es ist ja sein Sohn in den Palast eingetreten; er hat das Erbe seines Vaters ergriffen. Ein Gott ist er ja ohnegleichen, kein anderer übertrifft ihn.

Die Idee vom Sakralherrschertum ist für die Dauer der altägyptischen Geschichte charakteristisch geblieben. Sie findet Ausdruck in einer trefflichen Formulierung der Autobiographie des Rechmirē, der unter Thutmosis III. (1491–1436 v. Chr.) Vezier war:

Was ist der König von Oberägypten? Was ist der König von Unterägypten? Er ist ein Gott, durch dessen normative Handlungen man lebt; er ist Vater und Mutter aller Menschen, einzig durch sich, ohne seinesgleichen.

227. Der „Kannibalenhymnus"

Die Pyramidentexte heben den altägyptischen Gott-König weit über den irdischen Bereich hinaus. In den Sprüchen 273 und 274, dem sogenannten „Kannibalenhymnus", findet dies einen gewaltigen, aber auch noch sehr urtümlichen und von grausamen Zügen nicht freien Ausdruck. Die wesentlichen Aussagen des Textes, die sich auf König Unas, den letzten Herrscher der 5. Dynastie des Alten Reiches, beziehen, sind die folgenden:

Der Himmel ist wolkenschwer, die Sterne sind verfinstert, das Himmelsgewölbe erbebt, die Knochen des Erdgottes erzittern – nachdem sie König Unas gesehen haben, glänzend und machtvoll als der Gott, der von seinen Vätern lebt und seine Mütter verspeist.

Die Herrlichkeit des Königs Unas ist im Himmel, seine Macht im Lichtreich wie die seines Vaters (des Gottes) Atum. Der hat ihn geschaffen, aber er (Unas) ist mächtiger als er.

König Unas ist der Stier des Himmels, der einst Mangel litt und sich darum entschloß, von der Gestalt jedes Gottes zu leben, und ihre Eingeweide verzehrte, als sie, den Leib mit Zauberkraft gefüllt, von der Flammeninsel kamen. König Unas ist einer, der wohlversehen ist, der sich die Götter einverleibt hat.

König Unas ist einer, der Menschen ißt und von Göttern lebt, der Boten besitzt und Befehle erteilt.

(Der Gott) Chonsu, der die Herren schlachtet, schneidet ihnen die Kehle für König Unas ab und nimmt ihre Eingeweide heraus, der Keltergott zerlegt sie für König Unas und kocht von ihnen eine Mahlzeit auf seinen Abendkochherden. König Unas ist es, der ihre Zauberkräfte ißt und ihre Geister verschluckt. König Unas ist die große Macht, die Macht hat über die Mächte. Wer von König Unas gefunden wird auf seinem Weg, den ißt er auf, Stück für Stück. König Unas ist ein Gott, älter als die Ältesten.

Nicht werden die Würden des Königs Unas von ihm genommen werden, da er das Wesen jedes Gottes verschluckt hat. Die Lebenszeit des Königs Unas wird die Ewigkeit sein, seine Grenze die Unendlichkeit.

228. Das Königtum nach der altägyptischen „Lehre für König Merikare"

Das Königtum ist ein schönes Amt. Auch wenn es keinen Sohn und keinen Bruder hat, der die Erinnerung daran fortdauern ließe, so stellt doch einer (das Denkmal) des anderen wieder her. Es tut es ein jeder für einen Vorgänger, weil er wünscht, daß das, was er selbst gemacht hat, auch von einem anderen, der nach ihm kommt, hergestellt werde.

Adolf Erman, Die Literatur der Ägypter. Leipzig 1923, S. 117.

229. Aus der großen Weihinschrift des Tempels von Abydos

Die Höflinge begrüßen Ramses II.:

Wir kommen zu dir, Herr des Himmels, Herr der Erde, du lebende Sonne des ganzen Landes, Herr der Lebensdauer, mit geregelter Umlaufzeit, du Atum[1] der Menschheit, Herr des Geschickes, der die Nährschlange[2] entstehen ließ, du Chnum[3], der die Untertanen bildete, du, der den Windhauch in jedermanns Nase gibt, der die gesamte Götterschar belebt, du Säule des Himmels, Balken der Erde, Ausgleicher, der die beiden Landhälften gleichmacht, Herr vielfacher Speisung, an dessen Fußstapfen sich der Segen der Nährschlange heftet. Du, der die Fürsten macht und die Waisen aufbaut, dessen Rede alle heilige Speise entstehen ließ, der wacht, wenn alles schläft, dessen Kraft Ägypten errettet, der über die Fremdländer obsiegt und triumphierend heimkehrt, dessen Stärke Ägypten schützt, Geliebter der Wahrheit, der in seinen Gesetzen in ihr lebt, der die beiden Länder[4] behütet, mächtig an Jahren, groß an Gewalt, dessen Schrecken die Fremdländer weichen läßt, du unser König, unser Herr, unsere Sonne, von dessen Aussprüchen alles lebt.

Siehe, wir sind hier vor deiner Majestät, daß du uns Leben, das du uns geben kannst, gewährst, Pharao, der lebt, heil und gesund ist, Luft unserer Nasen, du, bei dessen Erscheinen alle Welt zu leben beginnt!

---

[1] Urgott.
[2] Die Erntegöttin Thermuthis.
[3] Schöpfergott, Bildner der Menschen, die er auf seiner Töpferscheibe formt.
[4] Ober- und Unterägypten.

Hermann Kees, Ägypten. Religionsgeschichtliches Lesebuch 10 (Hrsg. Alfred Bertholet). Tübingen ²1928, S. 41.

230. Lobpreisung eines ptolemäischen Herrschers

Auf der Rosettana, dem im westlichen Nildelta bei Rosette gefundenen Stein, dessen Inschriften bekanntlich die Entzifferung der ägyptischen Hieroglyphen durch Champollion ermöglichten, ließ sich im Jahre 196 v. Chr. der junge Ptolemäus V. Epiphanes mit Prädikationen griechischer und ägyptischer Götter bezeichnen als denjenigen,

welcher Ägypten Ordnung gebracht hat..., der das Leben der Menschen aufgerichtet hat, das lebendige Abbild des Zeus, der Sohn des Helios, der ewig lebende Ptolemäus, Liebling des Ptah, Gott auf Erden, der, Gott von Gott und Göttin stammend, gehandelt hat wie Horus, der Sohn der Isis und des Osiris, der seinen Vater Osiris rächte, der Ägypten den Frieden gebracht hat, der allen ihr Recht gab, wie Hermes, der höchste Gott, der die Stadt Lykopolis mit Sturm nahm und alle Frevler in ihr vertilgte, so wie Hermes und Horus die Abtrünnigen in derselben Gegend früher gezüchtigt haben, der Heiligtümer, Tempel und Altäre gründete und die, welche der Hilfe bedurften, wieder aufrichtete und so eines wohltätigen Gottes Sinn bewies in dem, was die Religion angeht.

231. Die Verehrung des Kaisers Augustus
Nach einer in Halikarnassos gefundenen Inschrift

Da die ewige und unsterbliche Vorsehung ihre unermeßlichen Wohltaten für die Menschheit vervollkommnet hat, indem sie uns als größte Wohltat für unser Glück und Wohlergehen Caesar Augustus verlieh, den Vater seines eigenen Vaterlandes, der göttlichen Roma, als Vater Zeus und Heiland aller Menschen, mit dem die Vorsehung die Gebete aller Menschen nicht allein erfüllt, sondern übertroffen hat: Land und Meer sind im Frieden, die Städte blühen unter der Herrschaft des Rechtes in wechselseitigem Einklang und Gedeihen; alles befindet sich auf dem Gipfel des Glücks und in reichem Überfluß; die Menschheit ist voll froher Zukunftshoffnungen und zufrieden mit der Gegenwart – (so ist es angebracht, den Gott zu ehren) mit öffentlichen Spielen und mit Standbildern, mit Opfern und mit Lobgesängen.

Frederick C. Grant, Ancient Roman Religion. New York 1957, S. 174f.

232. Aus dem altindischen „Gesetzbuch des Manu"
Mānava Dharma Shāstra VII, 8

Ein Herrscher, selbst wenn er noch Knabe ist, darf nicht mit Verachtung behandelt werden, als ob er nur ein Mensch wäre; er ist eine große Gottheit in menschlicher Gestalt.

233. Altindischer Königssegen
Atharva-Veda IV, 22, 1–7

Den Herrscher hier erhöhe mir, o Indra,
zum Mann der Männer mach du ihn im Volke,
Entmanne alle die, die ihn befehden,
bei ihrem Wettstreit laß sie ihm erliegen.
Ihm teile zu Gemeinde, Roß und Rinder,
und seinen Feind laß ohne Anteil ausgehn;
Als König steht er an der Herrscher Spitze,
jedweden Feind laß, Indra, ihm erliegen!
Er und kein andrer sei der Schätze Schatzherr,
er sei der Stämme Stammesherr, der König;
Verleih ihm mächtig, Indra, Glanzeskräfte
und glanzlos mache seinen Widersacher!
Strömt diesem reichlich Gut zu, Erd und Himmel,
zwei Kühen gleich, die warmen Trank ergießen.
Der soll als König Indras Liebling werden,
den Rindern lieb, den Kräutern und den Tieren.
Den überlegnen Indra ein' ich mit dir,
mit dem man Sieger wird und nicht Besiegter.
Der mach zum Mann der Männer dich im Volke,
zum Obersten der Könige der Menschen.
Du oben, unter dir der Nebenbuhler,

Als Mann der Männer, Indras Bündner, siegreich
bring an dich deiner Gegner Gut und Habe!
Dem Löwen gleich verschling die ganze Heerschar,
dem Tiger gleichend jag in Flucht die Feinde;
Als Mann der Männer, Indras Bündner, siegreich
reiß an dich deiner Gegner Gut und Habe!

Julius Grill, Hundert Lieder des Atharva-Veda. Stuttgart 1888, S. 67f.

234. Ein afrikanischer Gottkönig in Njassaland (Malawi)

Mbande ist ein Hügel in der Ebene des nördlichen Njassalandes mit einem beherrschenden Rundblick auf das umgebende Land, hervorragend zur Verteidigung geeignet. Es ist ein heiliger Platz, der viele Generationen hindurch von dem Gottkönig bewohnt wurde, dem Kyungu. Er wurde von einer Gruppe Erbadliger aus einem von zwei verwandten Geschlechtern ausgewählt, wobei, wenn brauchbare Kandidaten zur Verfügung standen, das Amt zwischen beiden Geschlechtern abwechselte. Man suchte einen starken Mann, einen, der Kinder gezeugt hatte und dessen Söhne schon verheiratet waren, keinen jungen Mann, denn, so sagten die Adligen, „junge Männer wollen immer Krieg, und sie zerstören das Land". Er mußte ein weiser Mann sein und sein Volk freigebig ernähren.

Das Leben des Kyungu wurde von Tabus bestimmt. Er durfte nicht krank werden oder eine Verletzung erleiden, ja nicht einmal eine Schramme und ein wenig bluten; denn seine schlechte Gesundheit oder sein auf die Erde fallendes Blut würden Krankheit über das ganze Land bringen. Wenn er Kopfschmerzen hatte, rieten ihm seine Frauen, sofern sie ihn liebten, es nicht zu erwähnen, sie verbargen seine Krankheit. Aber wenn die Edlen eintraten und ihn krank vorfanden, dann gruben sie ihm das Grab und legten ihn hinein, indem sie sagten: „Er ist der Herrscher, es ist tabu für ihn, krank zu sein."

Wenn der Kyungu krank wurde, wurde er von den Edlen, die in seiner Nähe auf dem Mbande lebten, erstickt und in großer Heimlichkeit begraben – zusammen mit etwa zwanzig Sklaven, einer oder zwei seiner Frauen und Söhnen von Rangniederen. Dann brachten die Edlen ein Schaf herbei, das in das Grab sehen mußte, ob der tote Kyungu so sanft wie ein Schaf sei.

Vom lebenden Kyungu wurde angenommen, daß er Nahrung und Regen schaffe, und sein Atem sowie die veränderlichen Teile seines Körpers – sein Haar, seine Nägel und der Nasenschleim – wurden in magischer Weise mit der Fruchtbarkeit der Ebene von Ngonde in Verbindung gebracht. Wenn man ihn getötet hatte, wurden seine Nasenlöcher verschlossen, auf daß er „mit dem Atem in seinem Körper" begraben werde; Teile seines Haares, der Nägel und des Nasenschleimes wurden von den Edlen im schwarzen Schlamm in der Nähe des Flusses begraben. Dies geschah, um das Land gegen Hunger zu schützen, es so reich und fruchtbar zu erhalten, als ob er selbst noch darin lebe.

Sein Tod wurde geheimgehalten – eine ziemlich leichte Aufgabe, da er in Abgeschiedenheit lebte –, und einer der Edlen verkörperte ihn, indem er seine Kleider trug. Nach ein oder zwei Monaten, wenn die Edlen beschlossen hatten, wer zum neuen Kyungu zu wählen sei, wurde der Unglückliche zum Mbande-Hügel gerufen: „Dein Vater ruft dich!" Dann kam er mit seinen Genossen und betrat gehorsam das Haus; sie ergriffen ihn und bekleideten ihn mit dem heiligen Gewand, setzten ihn auf den Stuhl Kisumbi und sagten: „Du bist Kyungu, du bist hier", und so wurde er zum Kyungu. Dann schlugen sie die Trommel, und jedermann wußte, daß der Kyungu gestorben und ein anderer eingeführt worden war. Die Männer fürchteten aufs höchste, als Kyungu ergriffen zu werden; denn das Leben eines Gottkönigs war kurz. Eine Anzahl von Fällen wird berichtet, in denen die Söhne eines Kyungu flohen, um ihrer Inthronisierung zu entgehen; waren sie einmal auf den herrscherlichen Stuhl gesetzt, wagten sie nicht zu fliehen, um nicht zu sterben.

Monica Wilson, Communal Rituals of the Nyakyusa. London 1959, S. 40ff. (gekürzt).

235. Die Priester der Ägypter
Herodot, Historien II, 37

Die Priester scheren jeden Tag den ganzen Leib ab, damit sie keine Laus und kein anderes Ungeziefer bei sich haben, wenn sie den Göttlichen dienen. Als Kleidung tragen die Priester nur ein weißes Linnenkleid und Bastschuhe. Ein anderes Kleid und andere Schuhe zu tragen ist ihnen nicht erlaubt. Sie waschen sich mit kaltem Wasser zweimal am Tag und zweimal in der Nacht. Und noch andere religiöse Vorschriften haben sie zu beachten, geradezu unzählige. Sie haben aber auch davon nicht wenig Vorteile. Denn sie brauchen nichts aus ihrem Eigentum zu verzehren und davon Abgabe zu machen, sondern sogar das Brot wird für sie im Tempel gebacken, und dazu bekommt ein jeder Rindfleisch und Gänse in großer Menge, auch Wein wird ihm jeden Tag gegeben. Nur Fische dürfen sie nicht essen. Auch pflanzen die Ägypter nirgends im Lande Bohnen an, und wo sie wachsen, essen sie diese nicht, auch nicht gekocht; ja die Priester können sie nicht einmal sehen; denn sie halten die Hülsenfrüchte für etwas Unreines. Jeder Gott hat nicht einen einzigen Priester, sondern viele, von denen einer der Oberpriester ist. Stirbt er, so folgt ihm sein Sohn in dieser Würde.

Heinrich Gassner – Wilhelm Krause, Herodot, Historien. München 1958, S. 101f.

236. Der wahre Brahmane
Chāndogya-Upanishad 4,4,1-5

In der Frühzeit der indogermanischen Entwicklung Indiens waren allmählich die Priester, die Brahmanen, an die Spitze des Kastensystems getreten und hatten bedeutende Privilegien erlangt. Der folgende Text zeigt, daß nicht durchweg die ererbte Kastenzugehörigkeit als Qualifikation für den Beruf des Priesters angesehen, ihr vielmehr die Wahrheit als überwertige Größe entgegengesetzt wurde. Darauf verweist in dieser Erzählung auch der symbolisierte Name des jungen Brahmanenschülers, denn Satyakāma bedeutet „die Wahrheit begehrend".

Satyakāma Jābāla sprach zu seiner Mutter Jābāla: „Ich will, Verehrliche, als Brahmanenschüler eintreten; sage mir, aus welcher Familie ich bin."

Sie sprach zu ihm: „Das weiß ich nicht, mein Junge, aus welcher Familie du bist; in meiner Jugend kam ich viel herum als Magd; da habe ich dich bekommen; ich weiß es selbst nicht, aus welcher Familie du bist; so nenne dich denn (statt nach dem Vater) Satyakāma, Sohn der Jābāla."

Da ging er zu Hāridrumata, dem Gautamer, und sprach: „Ich möchte bei Ew. Ehrwürden als Brahmanenschüler eintreten, Ew. Ehrwürden wollen mich aufnehmen!"

Er sprach zu ihm: „Aus welcher Familie bist du, mein Lieber?" Er sprach: „Das weiß ich nicht, Herr Lehrer, aus welcher Familie ich bin; ich habe die Mutter gefragt, die hat mir geantwortet: In meiner Jugend kam ich viel herum als Magd; da habe ich dich bekommen; ich weiß es selbst nicht, aus welcher Familie du bist; ich heiße Jābāla, und du heißest Satyakāma. So nenne ich mich denn Satyakāma, den Sohn der Jābāla, Herr Lehrer."

Er sprach zu ihm: „Nur ein Brahmane kann so offen sprechen; hole das Brennholz herbei (das zur Zeremonie erforderlich ist), ich werde dich aufnehmen, weil du nicht von der Wahrheit abgegangen bist."

Paul Deussen, Sechzig Upanishad's des Veda. Leipzig 1921; Nachdruck: Darmstadt 1963, S. 121 f.

Der bengalische Dichter und Denker Rabindranath Tagore (1861–1941), der Nobelpreisträger des Jahres 1913, hat dieses Upanishad-Motiv, das in der Zeit der Verselbständigung Indiens im Hinblick auf die Kastenlosen aktuelle Bedeutung besaß, zum Inhalt eines Gedichtes gemacht, dessen formschöne Diktion auch noch in der Übersetzung deutlich wird.

Die Sonne war niedergegangen hinter dem westlichen Rand des Flusses zwischen dem Dickicht des Waldes.

Die Klosterknaben hatten das Vieh heimgetrieben und saßen rings um das Feuer, Gautama, dem Meister, zu lauschen, als ein fremder Knabe kam und ihn grüßte mit Früchten und Blumen und, sich tief verneigend zu seinen Füßen, sprach mit vogelgleicher Stimme: „Herr, ich bin zu dir gekommen, aufgenommen zu werden auf den Pfad der höchsten Wahrheit. Mein Name ist Satyakāma."

„Segen auf dein Haupt", sagte der Meister. „Aus welchem Stamme bist du, mein Kind? Es ziemt nur einem Brahmanen, nach der höchsten Wahrheit zu streben."

„Meister", antwortete der Knabe, „ich weiß nicht, aus welchem Stamm ich bin, ich werde gehen und meine Mutter fragen."

So sprechend, nahm Satyakāma Abschied, und den seichten Strom durchwatend, kam er heim zu seiner Mutter Hütte, die stand am Ende der Sandwüste tend, kam er heim zu seiner Mutter Hütte, die stand am Ende der Sandwüste am Saum des schlafenden Dorfes.

Die Lampe brannte verschleiert in der Stube, und die Mutter stand in der Tür, wartend auf ihres Sohnes Heimkehr.

Sie schloß ihn an ihre Brust, küßte ihn aufs Haar und fragte ihn nach seinem Gang zum Meister.

„Wie ist der Name meines Vaters, liebe Mutter?" fragte der Knabe. „Es ziemt nur einem Brahmanen, nach der höchsten Weisheit zu streben, sagte Gautama, der Herr, zu mir."

Das Weib senkte ihre Augen und sprach flüsternd:

„In meiner Jugend war ich arm und hatte viele Herren. Du bist gekommen in die Arme deiner Mutter Jābāla, die keinen Mann hatte."

Die ersten Strahlen der Sonne glitzerten auf den Baumspitzen des Waldklosters.

Die Schüler, das wirre Haar noch naß vom Morgenbad, saßen unter dem alten Baum vor dem Meister.

Da kam Satyakāma.

Er verneigte sich tief zu den Füßen des Weisen und stand schweigend.

„Sage mir", fragte ihn der große Lehrer, „aus welchem Stamme bist du?"

„Mein Herr", antwortete er, „ich weiß es nicht. Meine Mutter sprach, als ich sie fragte: Ich habe in meiner Jugend vielen Herren gedient, und da bist du gekommen in die Arme deiner Mutter Jābāla, die keinen Mann hatte."

Da erhob sich ein Gemurmel gleich dem zornigen Gesumm von Bienen, aufgescheucht in ihrem Stock, und die Schüler murrten über die schamlose Dreistigkeit dieses Ausgestoßenen.

Meister Gautama stand auf von seinem Sitz, streckte seine Arme aus, nahm den Knaben an seine Brust und sprach:

„Der beste von allen Brahmanen bist du, mein Kind. Du hast das edelste Erbe der Wahrheit."

Rabindranath Tagore, Fruchtlese (Übersetzung von Annemarie von Puttkamer) 64. Leipzig 1918, S. 105 ff.

237. Die religiöse Gesetzgebung des Königs Numa
Livius I, 20

Darauf wandte Numa seine Aufmerksamkeit der Wahl von Priestern zu, obgleich er selbst die meisten gottesdienstlichen Handlungen persönlich vollzog, besonders die, die heute den Flamen Dialis angehen. Aber er rechnete damit, daß es in diesem kriegslustigen Staate mehr Könige nach dem Vorbilde des Romulus als dem des Numa geben würde und daß diese selbst ins Feld ziehen würden. Damit nun die gottesdienstlichen Verrichtungen, die zum Amte des Königs gehörten, nicht vernachlässigt würden, wählte er einen Flamen als ständigen Jupiterpriester und verlieh ihm eine auszeichnende Amtstracht und den kurulischen Sessel des Königs. Ihm stellte er zwei Flamines zur Seite, einen für Mars, einen für Quirinus, ferner wählte er die Vestalischen Jungfrauen aus, eine aus Alba stammende und der Familie des Gründers nicht fernstehende Priesterschaft. Für sie setzte er, um sie zu dauernden Wärterinnen des Tempels zu machen, einen Ehrensold aus der Staatskasse aus und sicherte ihnen durch die Vorschrift der Jungfräulichkeit und andere Weihen Verehrung und Unverletzlichkeit. Ebenso wählte er die zwölf Salier (Springer) für den Mars Gradivus und verlieh ihnen als Amtstracht die gestickte Tunika und ein bronzenes Brustschild über der Tunika. Ihnen gab er das Amt, mit den heiligen Schilden, die *ancilia* genannt wurden, unter Absingen von Liedern und im feierlichen Dreischritt-Tanz Umzüge durch die Stadt zu veranstalten. Darauf wählte er aus den Patriziern den Numa Marcius, Sohn des Marcius, zum Oberpriester (Pontifex) und übergab ihm ein genaues schriftliches Verzeichnis aller gottesdienstlichen Einrichtungen, worin angegeben war, mit welchen Opfertieren an welchen Tagen und bei welchen Tempeln die Opfer stattzufinden hätten und aus welcher Kasse die dafür zu veräusgabenden Mittel zu entnehmen seien. Auch alle übrigen öffentlichen und privaten Kulte unterwarf er den Verfügungen des Pontifex. Hier sollte die Stelle sein, an die sich das Volk mit Anfragen wenden könnte, damit keine Bestimmung des Sakralrechtes durch Vernachlässigung der althergebrachten und Aufnahme neuer Kultgebräuche verletzt würde. Und nicht allein über die Verehrung der Himmelsgötter sollte der Oberpriester Auskunft erteilen, sondern auch über die Bestattungsgebräuche und die Versöhnung der Totengottheiten, ferner auch darüber, welche durch Blitzschlag oder andere Erscheinungen gesandten Vorzeichen amtlich berücksichtigt und gesühnt werden müßten. Um solche Willensäußerungen den Göttern zu entlocken, weihte er dem Jupiter Elicius (Herauslocker) einen Altar auf dem Aventin und ließ den Gott durch Auguren befragen, welche Vorzeichen zu berücksichtigen seien.

238. Vorschriften für den Flamen Dialis
Aulus Gellius, Attische Nächte X, 15

Sehr viele religiöse Pflichten sind dem Flamen Dialis[1] auferlegt und auch viele Beschränkungen, über die wir in den Büchern über die Staatspriestertümer und im ersten Buch des Werkes des Fabius Pictor[2] lesen. Daraus rufe ich die nachfolgenden in Erinnerung: Es ist dem Flamen Dialis aus religiösen Gründen verboten, auf einem Pferd zu reiten; ebenso ist es ihm verboten, das bewaffnete Heer außerhalb des Weichbildes der Stadt (Rom) zu erblicken. Daher ist nur selten ein Flamen Dialis zum Konsul gewählt worden, da den Konsuln die Führung der Kriege obliegt. Ebenso darf ein Flamen Dialis niemals schwören; auch ist es nicht Rechtens, daß er einen Ring trägt, es sei denn, daß dieser durchlöchert oder hohl[3] ist. Feuer darf aus der Flaminia, d. h. dem Hause des Flamen, nur zu heiligen Zwecken entnommen werden. Wenn ein Gefesselter sein Haus betritt, muß er entfesselt werden und die Fesseln durch das Impluvium aufs Dach gezogen und von dort auf die Straße geworfen werden. Er darf keinen Knoten in seiner Kopfbedeckung oder seinem Gürtel oder sonst irgendwo an seiner Kleidung haben. Wenn jemand zur Geißelung geführt wird und sich hilfeflehend ihm zu Füßen wirft, so wäre es Frevel, ihn noch am selben Tag zu geißeln. Das Haar des Dialis darf nur von einem freien Mann geschnitten werden. Es ist Sitte, daß der Flamen eine Ziege, rohes Fleisch, Efeu und Bohnen weder berührt noch mit Namen nennt.

Er darf nicht unter einem Spalier von Weinreben hindurchgehen. Die Füße des Bettes, in dem er schläft, müssen einen dünnen Lehmüberzug haben, und er darf nicht länger als drei Nächte außerhalb dieses Bettes schlafen; auch ist es verboten, daß irgendein anderer in diesem Bett schläft. Am Fußende seines Bettes muß ein Kästchen mit Opferkuchen stehen. Die abgeschnittenen Nägel und Haare des Dialis müssen unter einem gesunden Baum begraben werden. Jeder Tag ist für den Dialis ein Feiertag. Er darf sich nicht ohne Kopfbedeckung unter freiem Himmel aufhalten – erst seit einiger Zeit ist ihm dies in bedeckten Räumen durch den Oberpriester gestattet worden, wie Masurius Sabinus[4] feststellt; auch sollen sonst Erleichterungen seiner Verpflichtungen eingetreten sein.

Mit Sauerteig hergestelltes Brot darf er nicht berühren. Die Untertunika zieht er nur in bedeckten Räumen aus, um nicht unter freiem Himmel nackt dazustehen, was dasselbe ist wie unter den Augen des Jupiter. Niemand außer dem Opferkönig *(rex sacrificulus)* hat in der Sitzordnung beim Gastmahl einen höheren Rang als er. Wenn er seine Frau verliert, muß er sein Amt aufgeben. Seine Ehe kann nicht gelöst werden außer durch den Tod. Er betritt niemals einen Begräbnisplatz, noch berührt er einen Toten. Jedoch darf er an einem Begräbnis teilnehmen.

---

[1] Opferpriester des Jupiter.

[2] Römischer Annalist zur Zeit des 2. Punischen Krieges.
[3] Ohne einen Edelstein?
[4] Jurist zur Zeit des Tiberius.

Frederick C. Grant, Ancient Roman Religion. New York 1957, S. 30ff.

239. Die Sibylle von Cumae
Ovid, Metamorphosen XIV, 103–153

... Er (Aeneas) fährt ans Gestade von Cumae, Gelände
Ganz von Sümpfen geschwängert; zur Grotte der alten Sibylle
Kommt er und bittet, zur Seele des Vaters gelangen zu dürfen
Durch den Avernus[1]. Sie hält das Gesicht zur Erde gewendet
Lang, jetzt fährt sie empor, von dem Gotte besessen, und rasend
Ruft sie: „Gewaltiges willst du, o Held von gewaltigen Taten,
Der mit dem Schwerte die Kraft, in den Flammen die Treue bewährt hat.
Bleibe jedoch, Troianer, getrost! Was du wünschest, erfüllt sich
Dir! Ich führe dich selbst: du sollst das Elysium schauen,
Letzte Bereiche der Welt, und den Schatten des teueren Vaters!
Jeglicher Weg steht offen der Tugend des Helden!" Sie sprach es,
Zeigt' ihm im Wald der Avernischen Juno[2] den Zweig, der von Golde
Glänzte, und gab ihm die Weisung, ihn loszureißen vom Stamme.
Und Aeneas gehorchte: er sah des entsetzlichen Orcus
Schätze, er sah seine Ahnen, er sah den Schatten des greisen
Mutigen Helden Anchises; auch lernt er die Satzungen drunten
Kennen und was ihm an neuen Gefahren und Kriegen bevorstand.
Alsdann steigt er ermüdet empor; mit dem Weibe aus Cumae,
Welches ihn führt, verkürzt er sich plaudernd die Mühe des Weges.
Während den schaurigen Pfad er begeht durch düsteres Zwielicht:
„Magst eine Göttin du sein, eine hilfreich erscheinende, oder
Liebling der Götter", so spricht er, „ich werde als Gottheit dich ehren,
Immer verkünden: Ich bin dein Geschöpf; du hast mich zur Todes-
Tiefe geführt, du hast der geschauten mich wieder entrissen!
Kehr' ich zurück zu den Lüften, so werd' ich zum Dank für diesen
Dienst einen Tempel dir bauen, des Weihrauchs Ehre dir spenden."
Doch die Seherin schaute zurück nach dem Helden; sie stöhnte
Schwer und sagte: „Ich bin keine Göttin, und irdischem Haupte
Spende du nicht die Ehre des heiligen Weihrauchs! Die Wahrheit
Höre! Es ward mir das ewig unendliche Leben versprochen,
Hätt' ich der Jungfrau Schoß der Liebe des Phoebus[3] geöffnet.
Während Gewährung er hoffte, bemüht, mich mit Gaben zu ködern,
Sprach er: Du magst einen Wunsch dir ersinnen, o Mädchen von Cumae;

Sicher, er wird dir erfüllt! Ich Törin erblickt' einen Haufen
Körnigen Staubes: ich zeigte darauf und wünschte mir so viel
Male Geburtstag zu feiern, als Körner der Haufen enthielte;
Doch ich vergaß, mir hinfort auch ein jugendliches Leben zu wünschen.
Dennoch, er wollte die Jahre mir schenken mit ewiger Jugend,
Wenn ich ihm Liebe gewährte: die Gabe des Phoebus verschmähe ich,
Jungfrau bleib' ich! Doch bald sind die heiteren Zeiten verstrichen,
Zitternden Schrittes erscheint das Alter, das schwache, und lange
Muß ich es tragen: schon sieben Jahrhunderte lebt' ich, du siehst es,
Aber es fehlen noch drei zur Zahl jener Körner: dreihundert
Ernten muß ich noch sehen, dreihundertmal herbstliche Keltern!
Und es erscheint die Zeit, da ich bin, die Stattliche, schließlich
Winzig geworden: die Glieder, vom Alter verbraucht, sind zur leichten
Bürde geschrumpft. Man glaubt es mir nicht, daß ich jemals geliebt ward,
Daß einem Gott ich gefiel: selbst Phoebus, er wird mich vielleicht dann
Nicht mehr erkennen, vielleicht auch bestreiten, daß er einst mich liebte.
Völlig verwandelt, so heißt es von mir; für niemand mehr sichtbar,
Kennt man mich doch an der Stimme; denn sie nur läßt mir das Schicksal."

---

[1] See in Kampanien; hier für Unterwelt.
[2] Gemeint ist Proserpina, die Königin der Unterwelt.
[3] Beiname des Gottes Apollon.

Übersetzung von Hermann Breitenbach. Zürich 1958, [2]1964.

240. Julian Apostata über die Pflichten der Priester
Aus einem Brief des Kaisers an den Oberpriester
der Provinz Asien

Die Priester sollen sich rein halten nicht nur von unheiligen Werken und unzüchtigen Handlungen, sondern auch davon, derartiges zu sprechen oder zu hören. Verboten sollen alle unziemlichen Scherze sein und jeder unsittliche Umgang. Damit du weißt, was ich meine, ein Priester soll weder Archilochos lesen noch Hipponax, noch einen verwandten Schriftsteller. Er soll auch meiden, was von der alten Komödie in diesem Stil geschrieben ist, oder besser alles. Geziemend wäre nur die Philosophie, die die Götter als Führer ihrer Bildung wählt, Pythagoras, Platon, Aristoteles und die Stoiker. Denn man darf nicht allen noch aller Lehren Gehör schenken, sondern nur diesen und von ihnen nur den Schriften, die fromm machen.

Wie sich nicht jeder Weg für die Priester ziemt, sondern auch dafür Ordnungen bestehen müssen, so auch nicht jede Lektüre. Denn die Gedanken schaffen eine Disposition in der Seele und wecken bald die Begierden, und dann entzündet sich plötzlich eine furchtbare Flamme, gegen die man meines Erachtens gut tut, sich schon früh vorzusehen. Also soll weder eine epikureische noch eine skeptische Darlegung zugelassen werden. Die Götter haben sie ja erfreulicherweise bereits beseitigt, so daß die meisten dieser Werke nicht mehr aufzutreiben sind.

Die Hymnen auf die Götter sollen sie auswendig lernen; es gibt viele schön geschriebene aus alter und neuer Zeit. Vor allem soll man versuchen, die zu kennen, die in den Tempeln gesungen werden. Denn die meisten davon wurden von den Göttern selbst auf Gebete hin angegeben, einige wenige auch von Menschen zu Ehren der Götter verfaßt auf göttliche Eingebung hin aus einer Seele, in der das Böse keine Stätte hatte.

So soll er leben und oft zu den Göttern beten, in eigener und staatlicher Sache, am besten dreimal am Tage, oder wenigstens morgens und abends. Denn es ist nicht recht, daß der Priester einen Tag oder eine Nacht verbringt, ohne zu opfern[1]; der Morgen aber ist der Beginn des Tages, der Abend der der Nacht. Es ist vernünftig, von beiden Zeitabschnitten den Anfang den Göttern zu widmen, wenn man nicht gerade den priesterlichen Dienst versieht. Denn im Heiligtum ziemt es, den überlieferten Brauch zu wahren und nicht mehr und nicht weniger zu tun, als er gebietet. Denn ewig sind die Götter, deshalb sollen wir ihr Wesen nachahmen, um sie dadurch uns gnädiger zu stimmen.

Während seiner ganzen Dienstzeit soll er im Nachdenken über die Zusammenhänge der Welt im Tempel bleiben, weder nach Hause gehen noch auf den Markt, keinen Beamten sehen, es sei denn im Tempel, und für den Gottesdienst durch persönliche Aufsicht und Anordnung Sorge tragen; nach Ablauf seiner Zeit soll er den Dienst einem anderen übergeben. Wenn er zum bürgerlichen Leben zurückkehrt, darf er einen Freund besuchen und eine Einladung zum Mahl annehmen, nicht zu jedem, sondern nur zu den Besten. In dieser Zeit ist es auch unanstößig, daß er auf den Markt geht, aber selten, daß er den Präfekten oder Beamten des Landes aufsucht und daß er denen hilft, die begründete Bitten an ihn haben.

Den unsittlichen Schauspielen soll der Priester unter keinen Umständen beiwohnen und sie auch nicht in sein Haus bringen. Wäre es möglich, sie gänzlich aus dem Theater zu vertreiben und diese gereinigt dem Dionysos zurückzugeben, so hätte ich gern den Versuch gemacht, das durchzusetzen. Da ich aber der Meinung bin, daß das weder möglich noch, wäre es möglich, nützlich wäre, habe ich diesen Ehrgeiz aufgegeben. Aber ich verlange, daß die Priester sich davon fernhalten und die Ausschweifungen des Theaters dem Volk überlassen. Kein Priester soll das Theater betreten, mit einem Musikanten oder Wagenlenker befreundet sein, kein Tänzer oder Mime soll in sein Haus kommen. Nur den heiligen Wettspielen dürfen sie, wenn sie wollen, beiwohnen, bei denen den Frauen nicht nur die aktive Beteiligung, sondern auch das Zuschauen untersagt ist. Was soll ich von den Tierhetzen sprechen, die in den Städten im Theater gegeben werden; ihnen sollen nicht nur die Priester, sondern auch die Kinder fernbleiben.

[1] Verständnis des Gebetes als eines geistlichen Opfers.

Kurt Latte, Die Religion der Römer. Religionsgeschichtliches Lesebuch 5 (Hrsg. Alfred Bertholet). Tübingen 1927, S. 86ff.

241. Caesar über die Druiden, die Priester der keltischen Gallier

Caesar, De Bello Gallico VI, 13

In ganz Gallien gibt es zwei Stände von Menschen, die irgendwelche Ehre genießen... der eine ist der der Druiden, der andere der der Ritter. Die Druiden versehen den Gottesdienst, besorgen die öffentlichen und privaten Opfer und legen die Religionssatzungen aus. Bei ihnen finden sich in großer Zahl junge Männer zur Unterweisung ein, und sie genießen hohe Verehrung. Denn sie entscheiden bei fast allen öffentlichen und privaten Streitigkeiten. Sie sprechen das Urteil, wenn ein Verbrechen begangen wurde, ein Mord geschah, Erbschafts- oder Grenzstreitigkeiten ausbrechen; sie setzen Belohnungen und Strafen fest. Fügt sich ein Privatmann oder ein Volksstamm ihrem Entscheid nicht, so schließen sie die Betroffenen vom Gottesdienst aus. Dies stellt bei ihnen die härteste Strafe dar. Die so Ausgeschlossenen gelten als gottlose Verbrecher, ihnen gehen alle aus dem Wege, ihre Annäherung und ihr Gespräch meidet man, um nicht aus der Berührung mit ihnen Nachteil zu erleiden. Ihnen wird, auch wenn sie um ihn nachsuchen, kein Rechtsbescheid erteilt, noch wird ihnen irgendwelche Ehrung erwiesen.

242. Germanische Seherinnen

Tacitus, Germania 8

Sie glauben, den Frauen eigne sogar etwas Heiliges und Seherisches; ihre Ratschläge verwerfen sie daher nicht, noch mißachten sie ihre Bescheide. Wir haben unter dem seligen Vespasian die Veleda gesehen, die lange Zeit bei sehr vielen (Germanen) wie ein göttliches Wesen betrachtet wurde. Aber auch früher schon haben sie eine Albruna und mehrere andere verehrt; freilich nicht in Kriecherei und ohne sie gleichsam zu Göttinnen zu machen.

243. Über das aztekische Priestertum

Der folgende Text enthält Ausführungen, die einst aztekische Adlige in einem Religionsgespräch zur Zeit der Conquista den franziskanischen Missionaren Mexikos machten.

Noch sind vorhanden, die uns führen, die uns tragen, uns regieren wegen des Dienstes an unseren Göttern, deren Untertanen das Volk ist: Priester, Räucherpriester und Federschlangen[1] heißen sie, Wisser des Wortes. Und ihre Pflicht, mit der sie sich nachts und täglich befassen, ist das Niederlegen von Kopal, das Räuchern, die Kasteiung, das Sich-Blutabzapfen.

Sie beobachten, sie sorgen sich um die Bahn, den weisen Lauf des Himmels; wie die Nacht eingeteilt wird. Und sie forschen, sie zählen, sie legen auf die Bücher, die Schriften, die Bildmalereien, die sie mit sich führen. Sie sind es, die uns tragen, uns führen, uns den Weg weisen. Sie sind es, die ordnen, wie ein Jahr fällt, wie die Tageszählung verläuft, und die Zählung von zwanzig Tage-Einheiten.

Das ist es, was sie besorgen. Sie sind die Beauftragten, ihnen ist es anvertraut, sie sind die Träger der Gottesworte.

---

[1] Titel der beiden höchsten Priester des aztekischen Mexiko.

Walter Lehmann, Sterbende Götter und christliche Heilsbotschaft. Wechselreden indianischer Vornehmer und spanischer Glaubensapostel in Mexiko 1524 (Hrsg. Gerd Kutscher). Stuttgart 1924, S. 96 f. – G. Lanczkowski, Aztekische Sprache und Überlieferung. Berlin–Heidelberg–New York 1970, S. 82.

C. PROPHETEN UND RELIGIONSSTIFTER

244. Zarathustra

Yasht 13, 88

(Wir verehren den Zarathustra,) der als erster das Gute gedacht hat, der als erster das Gute gesagt hat, der als erster das Gute getan hat, den ersten Priester, den ersten Krieger, den ersten viehzüchtenden Bauern, den ersten Offenbarer, der als erster teilhaftig ist, der als erster teilhaftig macht: das Rind und die rechte Ordnung und das Wort und den Gehorsam des Wortes und das Reich und alles mazdāgeschaffene ashaentstammende Gute[1]. Der der erste Priester, der der erste Krieger, der der erste viehzüchtende Bauer ist, der zuerst sein Gesicht abkehrte von dem Daēva[2] und Menschengezücht, der als erster der stofflichen Schöpfung das Asha anbetete, die Daēvas verwünschte, das Glaubensgelübde als Mazdāanbeter ablegte, den Daēvas feind, Ahuras Lehre zugetan. Der als erster der stofflichen Schöpfung das gegen die Daēvas gerichtete, Ahuras Lehre enthaltende Wort sagte, der als erster der stofflichen Schöpfung das gegen die Daēvas gerichtete, Ahuras Lehre enthaltende Wort kundtat, der als erster der stofflichen Schöpfung die gesamte Daēvaschaft unwürdig verehrt, unwürdig gepriesen zu werden nannte, welcher der gewaltige Spender alles Lebensglückes und der erste Glaubenslehrer der (iranischen) Länder wurde... Bei dessen Geburt und Wachstum die Wasser und Pflanzen sich wieder erholten, bei dessen Geburt und Wachstum die Wasser und Pflanzen wuchsen, bei dessen Geburt und Wachstum sich alle vom Heiligen geschaffenen Geschöpfe Glück und Erfolg verhießen: „Glück uns, geboren ist der Priester Spitama Zarathustra... von nun an wird sich die gute mazdayasnische Religion über alle sieben Erdteile verbreiten."

Yasht 17, 19

Bei dessen Geburt und Wachstum sich Angra Mainyu[3] zurückzog von der Erde, der breiten, runden fernbegrenzten. Also sprach dieser, er, der arglistige, vielverderbliche Angra Mainyu: Nicht alle Engel zusammen konnten mich wegschleppen gegen meinen Willen; aber der einzige Zarathustra schafft mich gegen meinen Willen fort. Er schlägt mich mit dem Ahura Vairya[4], einer ebenso großen Waffe wie ein haushoher Stein. Er brennt mich mit dem Asha Vahishta[5] wie mit geschmolzenem Metall. Er bewirkt, daß es für mich besser ist, mich von der Erde zurückzuziehen, er, der mich allein zum Zurückweichen bringt, er, der Spitama Zarathustra.

Typen religiöser Autorität

Yasht 19,79

Wir verehren den gewaltigen herrscherlichen Glorienschein, der dem rechtgläubigen Zarathustra zu eigen war: gemäß der Religion zu denken, gemäß der Religion zu reden, gemäß der Religion zu handeln, so daß er von der gesamten stofflichen Menschheit an rechtem Glauben der Rechtgläubigste war, der bestherrschende an Herrschaft, der reichste an Reichtum, der herrlichste an Herrlichkeit, der siegreichste durch Sieg. Sichtbar trieben sich vor ihm die Daēvas umher, sichtbar schleppten sie die Weiber von den Sterblichen fort, und ihnen, den schreienden, jammernden, taten die Daēvas Gewalt an. Und ein einziges Ahuna-Vairya-Gebet, das der echtgläubige Zarathustra mit viermaliger Wiederholung vortrug, vertrieb alle Daēvas, unwürdig, verehrt, unwürdig, gepriesen zu werden, die sich in die Erde verkrochen.

[1] Ahura Mazda ist der von Zarathustra als Schöpfer verkündete Gott. Asha, die „Rechte Ordnung", ist ein für Wesen und Wirken Ahura Mazdas charakteristisches Prinzip.
[2] Bezeichnung von Dämonen.
[3] „Der böse Geist"; Verkörperung des bösen Prinzips.
[4] Heiliges Gebet des Zarathustra.
[5] Ebenfalls ein heiliges Gebet.

Fritz Wolff, Avesta. Die heiligen Bücher der Parsen. Straßburg 1910, S. 242 f., 279 f., 295.

245. Prophetisches Leid: Zarathustra

Zu Zarathustra und den Texten des Avesta vgl. Nr. 37.

Yasna 43,11

Habe ich doch als den Heiligen dich erkannt, allweiser Herr, als mir der gute Sinn[1] erschien, als ich zuerst durch eure Worte unterwiesen wurde. Leid aber brachte mir unter den Menschen mein Eifer, das zu wirken, was ihr mir als Bestes nanntet.

[1] Vohu Manah, ein für das Wesen Ahura Mazdas, des „allweisen Herrn", charakteristisches Prinzip.

Das prophetische Leid Zarathustras kommt am stärksten zum Ausdruck in den Versen 1 und 2 von Yasna 46, der sogenannten „Krisen-Gatha":

In welches Land, um zu entfliehen, soll ich gehen? Der Familie und dem Stamm entfremden sie mich. Nicht stellt mich zufrieden die Landgemeinde, um die ich mich bemühe, noch des Landes lügenknechtische Fürsten.
Ich weiß, o Herr, warum ich machtlos bin: Mein ist nur wenig Vieh, ich habe nur wenige Leute. An dich richte ich meine Klage, o Herr, und bitte dich um Unterstützung, wie sie ein Freund dem Freunde gewährt.

Auf ein spezielles Erlebnis Zarathustras spielt Yasna 51,12 an:

Nicht wohlgesonnen war der lügenknechtische Herr Vaēpya dem Zarathustra, als er ihn im härtesten Winter abwies, ebenso seine beiden vor Kälte zitternden Zugpferde.

246. Mohammeds Berufung
Aus der Traditionssammlung des al-Buchārī (gest. 870)

Die erste Offenbarung, die der Prophet erhielt, begann mit guten Traumgesichten im Schlaf; jeder Traum, den er sah, pflegte ihm (so deutlich) wie der Anbruch des Morgens zu kommen. Dann empfand er Liebe zur Einsamkeit und pflegte sich in die Höhle des (Berges) Hirā zurückzuziehen, sich in ihr eine (bestimmte) Anzahl von Nächten religiösen Übungen zu widmen, bevor er zu seiner Familie zurückkehrte, und sich dafür zu verproviantieren, dann zu Chadīdscha[1] zurückzukehren und sich für ein weiteres Mal zu verproviantieren, bis die Wahrheit zu ihm kam, während er in der Höhle des Hirā war. Da kam der Engel zu ihm und sagte: „Rezitiere!", aber er antwortete: „Ich kann nicht rezitieren." Er berichtete: Da ergriff er mich und preßte mich, bis ich es nicht mehr aushalten konnte. Dann ließ er mich los und sagte: „Rezitiere!", aber ich antwortete: „Ich kann nicht rezitieren." Da ergriff er mich und preßte mich zum zweiten Mal, bis ich es nicht mehr aushalten konnte. Dann ließ er mich los und sagte: „Rezitiere!", aber ich antwortete: „Ich kann nicht rezitieren." Da ergriff er mich und preßte mich zum dritten Mal. Dann ließ er mich los und sagte: „Rezitiere im Namen deines Herrn, der erschaffen hat, der den Menschen aus einem Blutklümpchen erschaffen hat. Rezitiere, denn dein Herr ist der Allgütige." Da kehrte der Prophet damit zurück, während sein Herz zitterte, trat bei Chadīdscha, der Tochter des Chuwailid, ein und sagte: „Wickelt mich ein, wickelt mich ein!", und man wickelte ihn ein, bis ihn die Furcht verlassen hatte. Da erzählte er der Chadīdscha und teilte ihr das Erlebnis mit: „Ich fürchte für mein Leben." Da erwiderte Chadīdscha: „Nein, bei Allah, nie wird Allah dich in Schande kommen lassen; du pflegst die Verwandtschaftsbande, unterhältst die Abhängigen, spendest den Armen, nimmst die Gäste auf und hilfst bei den Unglücksfällen, die das Recht treffen." Chadīdscha nahm ihn mit und brachte ihn zu Waraqa ibn Naufal ibn Asad Abdaluzzā, einem Vetter der Chadīdscha; das war ein Mann, der in der Heidenzeit Christ geworden war, hebräisch schreiben konnte und (sogar) etwas vom Evangelium hebräisch zu schreiben verstand; er war hochbetagt und blind. Zu dem sagte Chadīdscha: „Mein Vetter, höre deinen Neffen[2] an", und Waraqa sagte zu ihm: „Mein Neffe, was möchtest du?" Da erzählte ihm der Prophet, was er erlebt hatte. Da antwortete ihm Waraqa: „Das ist der Nāmūs[3], den Allah zu Moses hat hinabsteigen lassen; o wäre ich doch dann[4] ein junger Mann, o wäre ich doch am Leben, wenn dein Volk dich vertreibt!" Da fragte der Prophet: „Werden sie mich etwa vertreiben?" Er erwiderte: „Ja, niemand hat jemals dasselbe wie du gebracht, ohne daß er Feindschaft erfuhr. Wenn ich deinen Tag erlebe, werde ich dir kräftig helfen." Danach dauerte es nicht lange, bis Waraqa starb, und die Offenbarung[5] erlitt eine Unterbrechung... Während ich einherging, hörte ich eine Stimme vom Himmel; da blickte ich auf, und da saß der Engel, der auf dem Hirā zu mir gekommen war, auf einem Thron zwischen Himmel und Erde. Da fürchtete ich mich vor ihm, kehrte zurück und sagte: „Wickelt mich ein, wickelt mich ein!" Da offenbarte Allah (die Koranverse): „Du Eingewickelter, steh auf und warne" usw. bis: „Und den Schmutz gib auf"[6]. Dann kamen die Offenbarungen häufig.

---

[1] Mohammeds erste Frau.
[2] D.h. Mohammed.
[3] Eigentlich „Gesetz" (griechisch: nómos); als der Überbringer der Offenbarung (Gabriel) erklärt.
[4] D.h. zur Zeit deiner Prophetie.
[5] An Mohammed.
[6] Koran 74,1–5.

Joseph Schacht, Der Islam. Mit Ausschluß des Qor'ans. Religionsgeschichtliches Lesebuch 16 (Hrsg. Alfred Bertholet). Tübingen ²1931, S. 1f.

247. „Mohammed ist der Gesandte Allahs"
Koran 48,29

Mohammed ist der Gesandte Allahs, und seine Anhänger sind strenge wider die Ungläubigen, barmherzig untereinander. Du siehst sie sich verneigen und niederwerfen, Huld begehrend von Allah und Wohlgefallen. Ihre Merkzeichen auf ihren Angesichtern[1] sind die Spur der Niederwerfung. Solches ist ihr Gleichnis in der Thora und im Evangelium: Sie sind gleich einem Samenkorn, welches seinen Schößling treibt und stark werden läßt; dann wird er dick und richtet sich auf auf seinem Halm, dem Sämann zur Freude: Auf daß sich die Ungläubigen über sie ärgern. Verheißen hat Allah denen von ihnen, die da glauben und das Rechte tun, Verzeihung und gewaltigen Lohn.

---

[1] Nämlich der Staub des Bodens.

Der Koran. Übersetzung von Max Henning. Leipzig 1901, S. 505.

248. Der Koran, „das Buch, daran kein Zweifel ist"
Koran 2, 1–23

Im Namen Allahs, des Erbarmers, des Barmherzigen,

1. Dies Buch, daran kein Zweifel ist, ist eine Leitung für die Gottesfürchtigen.
2. Die da glauben an das Verborgene und das Gebet verrichten und von unserer Gabe spenden:
3. Und die da glauben an das, was auf dich herabgesandt ward und herabgesandt ward vor dir, und fest aufs Jenseits vertrauen.
4. Diese folgen der Leitung ihres Herrn, und ihnen wird's wohl ergehen.
5. Siehe, den Ungläubigen ist's gleich, ob du sie warnst oder mich warnst, sie glauben nicht.
6. Versiegelt hat Allah ihre Herzen und Ohren, und über ihren Augen ist eine Hülle, und für sie ist schwere Strafe.
7. Etliche der Menschen sprechen wohl: „Wir glauben an Allah und an den jüngsten Tag"; doch sind sie keine Gläubigen.
8. Betrügen wollen sie Allah und die Gläubigen, und nur sich selber betrügen sie und wissen es nicht.
9. Ihre Herzen sind krank, und Allah mehrt ihre Krankheit, und für sie ist schwere Strafe für ihre Lügen.
10. Spricht man zu ihnen: „Stiftet nicht Verderben auf der Erde", – so sprechen sie: „Wir sind ja die Rechtschaffenen."
11. Ist's aber nicht, daß sie die Verderbensstifter sind? Doch wissen sie's nimmer.
12. Spricht man zu ihnen: „Glaubet, wie die Leute gläubig wurden", – so sprechen sie: „Sollen wir glauben, wie die Toren glaubten?" Ist's aber nicht, daß sie die Toren sind? Doch begreifen sie's nicht.
13. Wenn sie mit den Gläubigen zusammentreffen, so sprechen sie: „Wir glauben"; sind sie jedoch allein mit ihren Satanen, so sprechen sie: „Siehe, wir stehen zu euch und treiben nur Spott."
14. Allah wird sie verspotten und weiter in ihrer Rebellion verblendet irregehen lassen.
15. Sie sind's, die erkauft haben den Irrtum für die Leitung, doch brachte ihr Geschäft ihnen keinen Gewinn und nimmer waren sie geleitet.
16. Sie gleichen dem, der ein Feuer anzündet; und so es alles ringsum erleuchtet, nimmt Allah ihr Licht von hinnen und läßt sie in Finsternissen, daß sie nicht sehen.
17. Taub, stumm und blind, so tun sie nicht Buße.
18. Oder gleich einer Wetterwolke am Himmel, geschwängert von Finsternissen, Donner und Blitz ... ihre Finger stecken sie in ihre Ohren vor den krachenden Schlägen in Todesgrausen, aber Allah umgibt die Ungläubigen.
19. Der Blitz benimmt ihnen fast das Augenlicht, so oft er aufflammt, wan-

deln sie in ihm, erlischt er jedoch über ihnen, so stehen sie da; und so Allah wollte, raubte er ihnen Gehör und Gesicht, denn Allah hat Macht über alle Dinge. O ihr Menschen, dienet eurem Herrn, der euch und die Früheren erschaffen; vielleicht fürchtet ihr ihn.

20. Der euch die Erde zu einem Bett gemacht und den Himmel darüber erbaut, und vom Himmel Wasser herniedersandte und durch dieses Früchte hervorbrachte zu eurer Nahrung. Stellt ihm daher nicht Götter zur Seite, wo ihr's wisset.

21. Und so ihr in Zweifel seid über das, was wir auf unseren Diener herniedersandten, so bringt eine gleiche Sure hervor und rufet eure Götzen zu Zeugen, so ihr wahrhaft seid.

22. Wenn ihr's jedoch nicht tut und ihr vermögt es nimmer –, so fürchtet das Feuer, dessen Speise Menschen und Steine[1] sind, und das bereitet ward für die Ungläubigen.

23. Verheiße aber denen, die glauben und das Rechte tun, daß Gärten für sie bestimmt sind, durcheilt von Bächen; und so oft sie gespeist werden mit einer ihrer Früchte als Speise, sprechen sie: „Dies war unsere Speise zuvor"; und ähnliche werden ihnen gegeben; und darinnen werden sie reine Gattinen empfangen und sollen ewig darinnen verweilen.

---

[1] Steinerne Götzen.

Der Koran. Übersetzung von Max Henning. Leipzig 1901, S. 37–40.

249. Mohammeds mekkanische Gegner

Bajhaki, Beweis für das Prophetentum

(Handschrift in der Universitäts-Bibliothek zu Uppsala)

Amr-Ibn el-As wurde gefragt, was das Schwerste gewesen sei, das der Prophet von den Kuraischiten zu erdulden hatte. Er antwortete:

Ich war einmal Zeuge, wie sich die vornehmsten der Götzendiener bei der Ka'ba versammelten. Sie sprachen von Allahs Apostel und sagten: Nie haben wir von jemand erdulden müssen, was wir von diesem Manne erduldet haben. Er schmäht unsere Väter, tadelt unsere Religion, zersplittert unser Volk und lästert unsere Götter, und so schwere Dinge haben wir durch ihn zu ertragen –. oder was sie noch sagten. Unterdessen kam der Apostel Allahs gegangen. Er berührte die Ecke der Ka'ba und ging an den Versammelten vorbei, um das Heiligtum zu umschreiten. Sie riefen ihm Schmähworte zu, als er vorbeiging, und man sah seinem Gesichte an, daß er verstand, was sie sagten. Dreimal wiederholte sich dies. Das dritte Mal blieb er stehen und sagte: „Männer der Kuraisch! Dies werde ich euch sicher mit Zinsen heimzahlen!" Seine Worte ergriffen die Männer so, daß es keinen unter ihnen gab, der nicht so still saß, als trüge er einen Vogel auf dem Kopfe. Endlich sagte derjenige von ihnen, der vorher am schlimmsten gewesen war; Geh, Abu-l-Kasim, du bist kein Narr. – Während der Nacht bereuten die Feinde ihre Nachsicht. Am Tage darauf, als sie wieder mit Mohammed bei der Ka'ba zusammentrafen, stürzten sie vereint gegen ihn und umringten ihn und sagten: Bist du es, der so spricht, der unsere Götter und unsere Religion schmähte? Er antwortete: Ja, ich bin es, der so spricht. Da sah ich, daß ihn ein Mann beim Mantel ergriff. Jetzt stand Abu Bekr auf und sagte unter Tränen: Wehe euch, wollt ihr einen Mann töten, weil er sagt: Allah ist mein Herr? Da gingen sie ihres Weges. Dies war das Schwerste, was er von ihrer Seite zu erdulden hatte.

Tor Andrae, Mohammed. Sein Leben und sein Glaube. Göttingen 1932, S. 102f.

250. Abraham im Koran
Koran 19,42–51

Und gedenke im Buche des Abraham. Siehe, er war aufrichtig, ein Prophet.
 Da er zu seinem Vater sprach: „O mein Vater, warum verehrst du, was nicht hört und sieht und dir nichts nützt?
 O mein Vater, siehe, nun ist zu mir ein Wissen gekommen, das nicht zu dir kam. So folge mir, daß ich dich auf den rechten Pfad leite.
 O mein Vater, diene nicht dem Satan; siehe, der Satan war ein Rebell wider den Erbarmer.
 O mein Vater, siehe, ich fürchte, daß dich Strafe vom Erbarmer trifft, und du ein Kumpan des Satans wirst."
 Er sprach: „Verwirfst du mein Götter, o Abraham? Gibst du dies nicht auf, wahrlich, so steinige ich dich. Verlaß mich für eine Weile."
 Er sprach: „Friede sei auf dir! Ich werde meinen Herrn um Verzeihung für dich anflehn; siehe, er ist gütig gegen mich.
 Und trennen will ich mich von euch und von dem, was ihr außer Allah anruft, und will meinen Herrn anrufen. Vielleicht rufe ich meinen Herrn nicht umsonst an."
 Und da er sich von ihnen und von dem, was sie außer Allah anbeteten, getrennt hatte, da schenkten wir ihm Isaak und Jakob und machten beide zu Propheten.
 Und wir bescherten ihnen von unserer Barmherzigkeit und gaben ihnen die hohe Sprache der Wahrheit.

Der Koran. Übersetzung von Max Henning. Leipzig 1901, S. 304.

251. Moses im Koran
Koran 17,103–106

Und wahrlich, wir gaben Moses neun deutliche Zeichen. Erkundige dich nur bei den Kindern Israel. Und als er zu ihnen kam, sprach Pharao zu ihm: „Siehe, o Moses, ich halte dich für verzaubert."

Er sprach: „Du weißt doch, daß niemand anders diese (Zeichen) herabgesandt hat als der Herr der Himmel und der Erde als sichtbare Beweise. Und wahrlich, ich halte dich, o Pharao, für verloren."

Da suchte Pharao sie aus dem Lande zu treiben; aber wir ertränkten ihn und die bei ihm waren allzumal.

Und wir sprachen nach seiner Vernichtung zu den Kindern Israel: „Bewohnet das Land, und, wenn die Verheißung des Jenseits eintrifft, dann werden wir euch herzubringen in bunten Haufen." Und in Wahrheit haben wir ihn (den Koran) hinabgesandt, und in Wahrheit stieg er hinab, und dich entsandten wir nur als Freudenboten und Warner.

Übersetzung von Max Henning, a.a.O., S. 288.

252. Allah sandte die Thora und Jesus
Koran 5,50–53

Und in ihren (der Propheten) Spuren ließen wir folgen Jesus, den Sohn der Maria, zu bestätigen die Thora, die vor ihm war, und wir gaben ihm das Evangelium, darinnen eine Leitung und ein Licht, bestätigend die Thora, die vor ihm war, eine Leitung und eine Ermahnung für die Gottesfürchtigen.

Und damit das Volk des Evangeliums richte nach dem, was Allah in ihm herabgesandt hat; und wer nicht richtet nach dem, was Allah hinabgesandt hat – das sind die Frevler.

Und wir sandten hinab zu dir das Buch der Wahrheit, bestätigend, was ihm an Schriften vorausging, und Amen darüber sprechend. Drum richte zwischen ihnen nach dem, was Allah hinabsandte, und folge nicht ihren Gelüsten, (abweichend) von der Wahrheit, die zu dir gekommen. Jedem von euch gaben wir eine Norm und eine Heerstraße.

Und so Allah es wollte, wahrlich er machte euch zu einer einzigen Gemeinde; doch will er euch prüfen in dem, was er euch gegeben. Wetteifert darum im Guten. Zu Allah ist eure Heimkehr allzumal, und er wird euch aufklären, worüber ihr uneins seid.

Übersetzung von Max Henning, a.a.O., S. 131f.

253. Die Offenbarung des Islam
Koran, 42,50–54

Und nicht kommt es einem Menschen zu, daß Allah mit ihm sprechen wollte, es sei denn in Offenbarung oder hinter einem Vorhang.

Oder er sendet einen Gesandten zu offenbaren mit seiner Erlaubnis, was er will. Siehe, er ist hoch und weise.

Und also entsendeten wir zu dir einen Geist (den Erzengel Gabriel) mit einer Offenbarung auf unser Geheiß. Nicht wußtest du, was das Buch und der Glaube war. Jedoch machten wir es zu einem Licht, mit dem wir leiten, wen wir wollen, von unseren Dienern. Und siehe, du solltest wahrlich auf einen rechten Weg leiten.

Den Weg Allahs, das ist, was in den Himmeln und auf Erden ist. Ist's nicht, daß zu Allah alle Dinge heimkehren?

Übersetzung von Max Henning, a.a.O., S. 478.

254. Yājñavalkya: Der Redewettstreit am Hof des Königs Janaka von Videha
Brihadāranyaka-Upanishad 3,1,1–2

Unter den Weisen der indischen Upanishad-Zeit, die von ungefähr 800 v. Chr. an zu datieren ist, nahm Yājñavalkya eine hervorragende Stellung ein. Er beteiligte sich an Redekämpfen, die religionsphilosophischen Fragen galten und von den Fürsten jener Zeit veranstaltet wurden. Der folgende Text zeigt, daß Yājñavalkya trotz der weltabgewandten Mystik, die er verkündete, persönlich dem irdischen Besitz durchaus nicht abhold war.

Janaka von Videha brachte ein Opfer mit reichlich Opferlohn dar. Zu diesem waren die Brahmanen vom Kuru- und Pañcalalande zusammengekommen. Da war Janaka von Videha wißbegierig, wer wohl von diesen Brahmanen der gelehrteste wäre. Er pferchte tausend Kühe ein. An den Hörnern einer jeden waren zehn Viertelunzen (Goldes) festgebunden.

Zu ihnen sprach er: „Hochwürdige Brahmanen, wer unter euch der beste Brahman-Kenner ist, darf sich diese Kühe heraustreiben." Die Brahmanen wagten es nicht. Da sprach Yājñavalkya zu seinem Schüler: „Treibe sie heraus, lieber Sāmashravas!" Er trieb sie heraus. Die Brahmanen aber zürnten: „Wie darf er sich für den besten Brahman-Kenner unter uns ausgeben?" Nun war Ashvala der Hotar (Opferpriester) des Janaka von Videla. Der fragte ihn: „Du, Yājñavalkya, bist also der beste Brahman-Kenner unter uns?" Jener antwortete: „Wir machen vor dem besten Brahman-Kenner eine Verbeugung. *Wir* haben nur den Wunsch nach Kühen."

Friedrich Rückert, dem wir durch seine Übersetzungen und Nachdichtungen so viel für eine erste Kenntnisnahme orientalischer Literatur im deutschen Sprachbereich verdanken, hat diese Episode frei, aber sinngetreu in Verse gefaßt. Es verlohnt sich, diese zu zitieren, da durch sie der alte Upanishad-Bericht auch in die deutsche Literatur eingegangen ist.

Der König spricht: „Geschmückt in meinem Stall zum Solde
Stehn tausend Küh', belegt die Hörner all mit Golde;
Und wer hier Sieger wird im Kampf der Weisheit bleiben,
Der laß aus meinem Stall nach Haus die Kühe treiben."
Zwar keinem fehlet Lust, doch allen Zuversicht;
Nur Yājñavalkya zu seinem Diener spricht:
„Treib aus des Königs Stall die Kühe mir nach Haus!
Hier steh ich kampfbereit; – wer fordert mich heraus?"
Die Goldgehörnten treibt der Diener aus dem Stalle;
Dem langen Zuge nach schaun die Betroffnen alle.
Der Opferpriester nur des Königs Janaka
Ermannet sich und spricht: Als Sieger stehst du da!
Als Sieger, der den Kampf gewonnen, eh' er ficht;
Wes rühmest du dich denn?" Doch Yājñavalkya spricht:
„Ich beuge gern mich dem, der mich besiegt an Witzen,
Doch vorerst hatt' ich Lust, die Herde zu besitzen.
Nun lasset immer uns den Weisheitskampf erheben;
Mut macht mir schon die Furcht, den Preis herauszugeben."
Sie dringen auf ihn ein, er aber schlägt mit Glück
Jedweden Angriff, der Gefahr ihm droht, zurück.
Weil er den Kampfpreis schon zuvor an sich genommen,
Ist er als Sieger auch zuletzt dem Kampf entkommen.

255. Die vier Ausfahrten des Buddha
Lalitavistara, ed. Lefmann 186 ff.

Als nun der Bodhisattva[1] mit großem Pomp durch das östliche Stadttor hinausfuhr, führten ihm Gottheiten auf dem Wege voraus einen abgezehrten Greis vor Augen, dessen Glieder von hervortretenden Adern überspannt waren. Seine Zähne zeigten Lücken, Runzeln überdeckten den Körper, und seine Haare waren ergraut. Dazu war er krumm und schief wie ein Dachgestühl, geknickt auf den Stock angewiesen, leidend. Die Kraft der Jugend war von ihm geflohen, und aus seiner Kehle kamen nur noch krächzende Laute. Sein Körper hing nach vorn über; dazu stützte er sich auf einen Stab und zitterte an allen Körperteilen und Gliedern.

Als der Bodhisattva diesen bemerkte, sprach er zu seinem Wagenlenker: „Was

Propheten und Religionsstifter

ist mit diesem schwachen kraftlosen Mann, der ganz aus dürrem Fleisch und verdorrtem Blut, aus Haut und Sehnen zusammengesetzt scheint? Der, weißen Haares, voller Lücken in den Zähnen, abgemagert und auf einen Stock gestützt, mühsam und strauchelnd daherkommt?"

Der Wagenlenker antwortete: „Dies ist, o Herr, ein Mann, den das Alter überwältigt hat, dessen Sinnesvermögen nachgelassen und dessen Kraft und Stärke hin ist. Verachtet von seinen Verwandten, ohne jemanden, der ihn beschützt, körperlich unfähig, ließ man ihn im Walde zurück, wie man ein wertloses Stück Holz fortschleudert."

Da sprach der Bodhisattva: „Sage mir getreulich, sind dies Eigenschaften, die nur in seiner Familie erblich sind, oder ereilt dieser Zustand auch alle anderen Wesen? Sage mir schnell, wie es sich damit verhält! Hören will ich, wie es in Wahrheit darum steht, und dann von Grund auf darüber nachdenken!"

Der Wagenlenker antwortete: „O Herr, das Alter ist keine Eigenschaft einer bestimmten Familie oder eines besonderen Landes, nein, es vernichtet die Jugend jeglichen Geschöpfes. Auch deine Eltern, Verwandten und Angehörigen wird es nicht verschonen. Es gibt keinen Ausweg für irgend jemanden."

Und der Bodhisattva sprach: „Oh, wie jämmerlich, Wagenlenker, ist es dann bestellt um die Einsicht der Wesen, der unerleuchteten, törichten, die da, infolge ihrer Jugend von Übermut trunken, das Alter nicht sehen! Wende schnell den Wagen, ich will wieder nach Hause zurückkehren! Was sollen mir Spiele und Liebesvergnügungen, wenn das Alter auch von mir Besitz ergreift!"

Damit wandte der Bodhisattva den Wagen und kehrte in die Stadt zurück.

Ein andermal zog der Bodhisattva mit großem Gepränge durch das südliche Stadttor in die Parkanlagen hinaus. Und er sah auf dem Wege einen Mann, der von Krankheiten befallen war. Gemartert, von Leibschmerzen überwältigt, lag er ohne Hilfe und Schutz da; geschwächten Leibes versank er in seinen eigenen Exkrementen und konnte nur mit Mühe atmen. Als der Bodhisattva ihn sah, fragte er den Wagenlenker: „Was ist, Wagenlenker, mit diesem Mann, der da mit blassen Gliedern, zerrütteten Organen, mühsam atmend, mit vertrockneten Gliedmaßen und aufgetriebenem Leib, von Beschwerden gepeinigt, in seinen eigenen ekelerregenden Exkrementen liegt?"

Der Wagenlenker antwortete: „Dies, o Herr, ist ein Siecher, dem Tode nahe, der unter den Schrecknissen einer Krankheit leidet; der Glanz der Gesundheit ist von ihm gewichen; seine Kraft ist dahin, er findet nirgends Rettung und Schutz und ist ohne einen Freund."

Da sprach der Bodhisattva: „So ist ja die Gesundheit wesenlos wie ein Traumspiel, und furchtbar erweisen sich die Schrecken der Krankheit! Welcher Wissende könnte, nachdem er den wahren Sachverhalt erkannt hat, noch Freude an Liebesspielen oder Empfindung für Schönheit haben?"

Damit wandte der Bodhisattva den Wagen und kehrte in die Stadt zurück.

Zu wieder einer anderen Zeit zog der Bodhisattva mit großem Pomp zum westlichen Tore der Stadt hinaus, um die Parkanlagen zu besuchen. Und da sah er, wie man einen Toten dahertrug, dessen Leichnam man auf ein Tragbett gelegt und mit einem Gewand überdeckt hatte. Viele Verwandte gaben ihm das Geleit, und alle weinten, schrien und klagten. Mit aufgelösten Haaren, das Haupt mit Staub bedeckt, zogen sie hinterher, schlugen sich die Brust und jammerten. Da fragte der Bodhisattva wiederum den Wagenlenker: „Was ist, Wagenlenker, mit diesem Mann, den man dort auf einem Bett trägt? Und wer sind jene, die ihre Haare raufen, Staub auf ihr Haupt werfen, sich die Brust schlagen und Klagelaute aller Art ausstoßen?"

Der Wagenlenker antwortete: „Diesen Mann, o Herr, hat der Tod von hier abberufen. Er wird seine Eltern, Kinder und Frauen nicht mehr sehen. Sie alle und die Schar der Freunde und Verwandten mußte er verlassen und hat eine andere Welt erreicht. Nie wieder wird er seine Angehörigen sehen!"

Da sprach der Bodhisattva: „O Jammer über eine Jugend, die das Alter ereilt! O Jammer über eine Gesundheit, die Krankheiten aller Art vernichten! Elend ist ein Leben, das nicht ewig währt, für den Weisen! Ein Elend das Hängen an den Lüsten für den Verständigen!

O wenn es doch die alle Körperlichkeit notwendig begleitenden Übel von Alter, Krankheit, Tod und das mächtige Leiden nicht gäbe! Erscheinen denn Alter, Krankheit und Tod auf ewig in unvermeidlicher Folge? Wohlan, ich will umkehren und über die Befreiung davon nachsinnen!"

Damit wandte der Bodhisattva den Wagen und kehrte wieder in die Stadt zurück.

Und wieder zu einer anderen Zeit zog der Bodhisattva durch das nördliche Stadttor hinaus in die Parkanlagen. Da ließen Gottheiten auf dem Wege vor ihm einen Bettelmönch erscheinen. Und der Bodhisattva sah diesen.

Ruhig, bezähmt, selbstbeherrscht, züchtig, ohne die Augem hin und her spielen zu lassen, die Blicke vor sich auf den Boden geheftet, schritt jener sanft und vorsichtig dahin. Würdevoll sah es aus, wenn er sich hin und zurück wandte, jemanden anblickte oder sich umschaute. In edler Haltung trug er seinen Mantel, die Bettelschale und die Gewänder. So sah ihn der Bodhisattva auf dem Wege stehen.

Und der Bodhisattva fragte seinen Wagenlenker: „Was ist das für ein Mann, Wagenlenker, der da beruhigten und abgewogenen Gemütes, ohne die Augen aufzuschlagen oder den Blick in die Ferne zu richten, dahingeht? Braunrot ist sein Gewand, wohlberuhigt wandelt er mit der Almosenschale in der Hand dahin, er scheint ohne jede Einbildung oder Hochmut zu sein."

Der Wagenlenker antwortete: „Diesen Mann, o Herr, nennt man einen Bettler. Er hat die Sinnenlüste aufgegeben und führt ein selbstbeherrschtes Leben; in der Heimatlosigkeit sucht er die Ruhe seines Inneren, und geht, frei von Leidenschaft und Haß, seinem Bettelgang nach!"

Da sprach der Bodhisattva: „Gut, das ist ein schönes Wort und gefällt mir!

Propheten und Religionsstifter

Schon immer haben die Weisen empfohlen, in die Heimatlosigkeit zu ziehen; denn darauf gründet sich das eigene Heil sowohl als auch das der anderen Wesen, und die Frucht ist ein seliges Leben in Wonne und Unsterblichkeit."

Damit wandte der Bodhisattva den Wagen und kehrte wieder in die Stadt zurück.

---

[1] Der zukünftige Buddha.

Ernst Waldschmidt, Die Legende vom Leben des Buddha in Auszügen aus den heiligen Texten. 1929, S. 85 ff.

256. Das Selbstverständnis des Buddha
Mahāvagga I, 6, 7–9

Upaka der Ājīvaka[1] sah den Herrn, wie er auf der Straße zwischen Gayā und dem Bodhibaum[2] dahinzog, und als er ihn sah, sagte er zu dem Herrn: „Deine Gesichtszüge, Freund, sind heiter; dein Aussehen ist rein und klar. In wessen Namen, Freund, hast du dich von der Welt zurückgezogen? Zu wessen Lehre bekennst du dich?"

Als Upaka der Ājīvaka so gesprochen hatte, richtete der Herr die folgenden Verse an ihn: „Alles habe ich überwunden, ich bin allwissend, ich bin frei von allem, ich habe alles aufgegeben, und durch Vernichtung der Gier habe ich Befreiung erlangt. Selbst habe ich die Erkenntnis gewonnen; wen sollte ich meinen Meister nennen? Ich habe keinen Lehrer, niemand ist mir gleich, in der Menschen- und Götterwelt gibt es keinen, der mir gleich wäre. Ich bin der Heilige in dieser Welt, ich bin der unvergleichliche Lehrer, ich allein bin der Vollkommenerleuchtete, ich bin ruhig geworden, das Nirvāṇa habe ich erlangt. Um das Reich der Wahrheit zu begründen, gehe ich in die Stadt Benares, ich will in der Dunkelheit dieser Welt die Trommel der Unsterblichkeit schlagen."

(Upaka antwortet): „Du behauptest also, Freund, der Heilige zu sein, der unumschränkte Jina[3]".

(Buddha sprach): „Wie ich sind alle Jinas, die die Vernichtung der Grundübel erreicht haben. Ich habe alles Böse überwunden; darum, Upaka, bin ich der Jina."

Als er so gesprochen hatte, antwortete Upaka der Ājīvaka: „Mag ja wohl so sein, Freund", dann schüttelte er den Kopf, wählte eine andere Straße und ging weg.

---

[1] Anhänger einer Sekte von unbekleidet umherziehenden Asketen.
[2] Baum, unter dem Gautama Buddha die Erleuchtung *(bodhi)* gewann.
[3] „Sieger", Ehrenname sowohl Buddhas als auch Vardhamānas, des Stifters des Jainismus.

T. W. Rhys Davids–Hermann Oldenberg, Vinaya Texts, Part I. Sacred Books of the East XIII. Oxford 1881, S. 90 f.

257. Buddha zweifelt an der Sinnhaftigkeit einer Verkündigung
Mahāvagga I, 5,2f.

Ich habe erlangt, so dachte ich (d. h. Buddha), diese vollkommene Lehre, die tiefgründig ist, schwer zu verstehen, friedvoll, erhaben, die alles Denken übersteigt, die nur der Weise begreifen kann. Doch die Menschheit vergnügt sich und findet im irdischen Treiben ihre Lust, so daß für sie, die so gesonnen ist, es schwer ist, das Gesetz der Kausalität, den Ursachenzusammenhang, zu verstehen, schwer auch, zu verstehen das Zur-Ruhe-Kommen aller Gestaltungen, die Aufgabe aller irdischen Bindungen, die Vernichtung der Begierde, die Leidenschaftslosigkeit, Frieden und Nirvāna. Würde ich die Lehre predigen und andere sie nicht verstehen, so wäre das für mich Mühe und Last! In diesem Augenblick kamen mir die Verse in den Sinn, die niemand zuvor gehört hatte:

> Wozu der Welt offenbaren, was ich in schwerem Kampf errang?
> Der Menschheit, die in Sünde und Lust verstrickt ist,
> Bleibt die Wahrheit verborgen, die mühsam ist,
> Geheimnisvoll, tief und schwer zu fassen.
> Ihre Gier verblendet sie, nicht können sehen,
> Die vom Dunkel der Unwissenheit umhüllt sind.

Als ich dies überdachte, neigte sich mein Herz dazu, ruhig zu bleiben und meine Lehre nicht zu predigen. Aber Brahma Sahampatis[1] Geist erkannte, welche Gedanken mich bewegten, und er dachte bei sich: Die Welt ist verloren, vollständig verloren, wenn das Herz des Wahrheitsfinders dazu neigt, ruhig zu bleiben und seine Lehre nicht zu predigen! Daraufhin verließ Brahma Sahampati so schnell, wie ein starker Mann seinen Arm ausstreckt oder seinen ausgestreckten Arm krümmt, den Brahmahimmel und erschien vor mir. Er kam zu mir mit entblößter rechter Schulter und mit gefalteten Händen, die er zu mir in Ehrerbietung ausstreckte, und er sprach: Möge es dem Herrn gefallen, möge es dem Erhabenen gefallen, seine Lehre zu predigen! Es gibt Wesen, deren Blick nur wenig getrübt ist; die werden zugrunde gehen, wenn sie die Lehre nicht hören – aber sie können sie verstehen!

---
[1] Die im Buddhismus übliche Bezeichnung des höchsten indischen Gottes.

Lord Chalmers, Further Dialogues of the Buddha I. London 1926, S. 118f.

258. Buddhas Eingang in das völlige Nirvāna
Aus dem Mahāparinibbānsutta

Da nun redete der Herr zu den Mönchen: „Wohlan, ihr Mönche, ich sage euch jetzt: dem Vergehen unterworfen sind die Daseinserscheinungen. Strebet mit

Eifer! Binnen kurzem wird das völlige Nirvāṇa des Tathāgata eintreten, von heute in drei Monaten wird der Tathāgata ins völlige Nirvāṇa eingehen."

Also sprach der Herr. Und nachdem er dieses gesprochen hatte, sagte der Selige, der Lehrer noch folgendes:

„Zur vollen Reife ist mein Alter gelangt, kurz bemessen ist meine Lebenszeit. Ich verlasse euch und gehe fort, mir selbst habe ich eine Zuflucht bereitet.

Seid eifrig, ihr Mönche, voll ernster Besinnung und tugendhaften Wandels, seid wohlbedacht in eurem Sinnen und Trachten, behütet euer Herz!

Wer in dieser Lehre und dieser Ordnung eifrig verharrt, der wird den Kreislauf der Geburten verlassen und des Leidens Ende erreichen."

... Da begab sich nun der Herr mit einer großen Mönchesschar nach Pāvā. Eben dort in Pāvā weilte der Herr im Mangohain des Goldschmiedes Cunda.

Da hörte Cunda, der Goldschmied, daß der Herr nach Pāvā gekommen war und in seinem Mangohain weilte. Da begab sich Cunda der Goldschmied dorthin, wo der Herr war, und nachdem er sich zum Herrn begeben hatte, begrüßte er ihn und setzte sich zur Seite hin. Und den zur Seite sitzenden Cunda den Goldschmied belehrte, erhob, begeisterte und erfreute der Herr mit einer auf die Lehre bezüglichen Rede.

Da sprach nun der Goldschmied Cunda, nachdem er vom Herrn mit einer auf die Lehre bezüglichen Rede belehrt, erhoben, begeistert und erfreut worden war, zum Herrn also: „Möge mir, Ehrwürden, der Herr mit der Mönchesschar für morgen sein Kommen zur Mahlzeit zusagen." Der Herr sagte sein Kommen durch Schweigen zu.

Sobald Cunda der Goldschmied der Zusage des Herrn gewiß war, grüßte er den Herrn, umwandelte ihn nach rechts hin und ging fort.

Nachdem nun die Nacht vorüber war, ließ Cunda der Goldschmied in seinem Hause treffliche feste und flüssige Speisen zubereiten und reichlich Eberweich[1] dazu und ließ dem Herrn die Mahlzeit ankündigen: „Es ist Zeit, Herr, das Mahl ist bereit."

Da kleidete sich der Herr am Vormittag an, nahm Almosenschale und Obergewand und begab sich mit der Mönchesschar zur Wohnung des Goldschmiedes Cunda. Nachdem er sich hinbegeben hatte, setzte er sich auf den bereiteten Sitz. Nachdem sich aber der Herr niedergesetzt hatte, sagte er zu Cunda dem Goldschmied: „Mit dem Eberweich, Cunda, das du bereitet hast, warte mir auf, mit den anderen festen und flüssigen Speisen warte der Mönchesschar auf."

„So sei es, Herr", sagte Cunda der Goldschmied zustimmend zu dem Herrn und wartete mit dem Eberweich, das da bereitet war, dem Herrn auf und mit den anderen festen und flüssigen Speisen, die da bereitet waren, der Mönchesschar.

Dann sprach der Herr zu Cunda dem Goldschmied: „Was, Cunda, von dem Eberweich übrig ist, das sollst du in einer Grube vergraben; denn ich kenne, o Cunda, in der Welt, die Götter, Māra und Brahman eingeschlossen, unter allen Geschöpfen unter Einschluß der Asketen und Brahmanen, der Götter und Menschen niemand, von dem dieses gegessen und richtig verdaut werden könnte, außer dem Tathāgata."

„So sei es, Herr", sprach da Cunda der Goldschmied und gehorchte dem Herrn. Was von dem Eberweich übrig war, das vergrub er in einer Grube. Dann begab er sich dahin, wo der Herr war, und nachdem er sich zum Herrn begeben hatte, begrüßte er ihn und setzte sich zur Seite nieder. Und den zur Seite sitzenden Cunda den Goldschmied belehrte, erhob, begeisterte und erfreute der Herr mit einer auf die Lehre bezüglichen Rede, erhob sich von seinem Sitz und ging fort.

Nachdem der Herr von dem Mahl des Goldschmiedes gegessen hatte, befiel ihn eine heftige Krankheit, Dysenterie. Heftige Schmerzen traten ein, als ginge es zum Sterben. Aber der Herr ertrug die Schmerzen ernst, besonnen und klarbewußt, ohne sich niederdrücken zu lassen...

Da sprach der Herr zum ehrwürdigen Ānanda: „Wohlan, Ānanda, wir wollen uns an das jenseitige Ufer des Goldflusses in den Sāl-Wald der Mallas, den Erholungspark von Kusinārā begeben.

„So sei es, Herr", sprach zustimmend der ehrwürdige Ānanda zum Herrn.

Da begab sich nun der Herr mit der großen Möncheschar an das jenseitige Ufer des Goldflusses in den Sāl-Wald der Mallas, den Erholungspark von Kusinārā, und nachdem er sich hinbegeben, sprach er zum ehrwürdigen Ānanda: „Bitte, Ānanda, bereite mir zwischen zwei Zwillings-Sālbäumen eine Lagerstätte mit dem Kopfende nach Norden. Ich bin müde, Ānanda, ich will mich niederlegen."

„So sei es, Herr", sprach da der ehrwürdige Ānanda, gehorchte dem Herrn und bereitete zwischen zwei Zwillings-Sālbäumen eine Lagerstätte mit dem Kopfende nach Norden. Dann legte sich der Herr, wie ein Löwe sich hinlegt, auf die rechte Seite, einen Fuß mit dem anderen überdeckend, hin und lag ernstbesonnen und klarbewußt.

In dem Augenblick aber standen, obgleich es nicht die Zeit der Blüte war, die Zwillings-Sālbäume in voller Blütenpracht da. Die Blüten bestreuten, überschütteten und bedeckten den Leib des Tathāgata über und über, um dem Tathāgata Ehre zu erweisen. Auch himmlische Mandāravablumen fielen aus der Luft und bestreuten, überschütteten und bedeckten den Leib des Tathāgata über und über, um dem Tathāgata Ehre zu erweisen. Und himmlischer Sandelstaub fiel aus der Luft und bestreute, überschüttete und bedeckte den Leib des Tathāgata über und über, um dem Tathāgata Ehre zu erweisen. Auch himmlische Harfen erklangen aus den Lüften, um dem Tathāgata Ehre zu erweisen, und himmlische Lieder ertönten aus den Lüften, um dem Tathāgata Ehre zu erweisen...

Zu dem zur Seite sitzenden ehrwürdigen Ānanda sprach dann der Herr also: „Laß doch, Ānanda! Trauere nicht und jammere nicht! Habe ich dir denn,

Propheten und Religionsstifter

Ānanda, nicht schon längst gesagt, daß wir uns von allem, was uns lieb und angenehm ist, scheiden, trennen müssen, daß es damit anders werden muß? Wie könnte es in diesem Falle anders sein, Ānanda? Daß das, was geboren, geworden, verursacht und der Auflösung unterworfen ist, – ach, wie wäre es möglich, daß das sich nicht auflöse? Lange Zeit bist du, Ānanda, dem Tathāgata zur Seite gestanden mit zahllosen treuen, liebevollen, nützlichen und angenehmen Diensten in Taten,... in Worten,... in Gedanken. Du hast Gutes getan, Ānanda. Strebe nur weiter, und bald wirst du von den Grundübeln frei sein...."

... Da sprach der Herr zum ehrwürdigen Ānanda: „Es könnte sein, Ānanda, daß euch der Gedanke käme: Das Wort hat seinen Lehrer verloren, wir haben keinen Lehrer mehr. So, Ānanda, sollt ihr es nicht ansehen. Die Lehre und die Ordnung, Ānanda, die euch von mir gepredigt und verkündet worden ist, die soll nach meinem Hingang euer Lehrer sein...

... Da sprach der Herr zu den Mönchen: „Wohlan, ihr Mönche, ich sage euch: Dem Vergehen unterworfen sind die Daseinserscheinungen, vervollkommnet euch mit Eifer!" Das war des Tathāgatas letztes Wort.

Da nun trat der Herr in die erste Stufe der Versenkung ein. Nachdem er sich aus der ersten Stufe der Versenkung erhoben hatte, trat er in die zweite Stufe der Versenkung ein. Nachdem er sich aus der zweiten Stufe der Versenkung erhoben hatte, trat er in die dritte Stufe der Versenkung ein. Nachdem er sich aus der dritten Stufe der Versenkung erhoben hatte, trat er in die vierte Stufe der Versenkung ein. Nachdem er sich aus der vierten Stufe der Versenkung erhoben hatte, versenkte er sich in das Reich der Raumunendlichkeit. Nachdem er sich aus dem Reich der Raumunendlichkeit erhoben hatte, versenkte er sich in das Reich der Bewußtseinsunendlichkeit. Nachdem er sich aus dem Reich der Bewußtseinsunendlichkeit erhoben hatte, versenkte er sich in das Reich des Nichtseins. Nachdem er sich aus dem Reich des Nichtseins erhoben hatte, versenkte er sich in das Reich, wo es weder ein Vorstellen noch ein Nichtvorstellen gibt. Nachdem er sich aus dem Reich, wo es weder ein Vorstellen noch ein Nichtvorstellen gibt, erhoben hatte, gelangte er zum gänzlichen Aufhören von Vorstellen und Empfinden.

Da sprach der ehrwürdige Ānanda zum ehrwürdigen Anuruddha also: „Völlig zur Ruhe gegangen ist der Herr, Ehrwürden Anuruddha."...

Nachdem der Herr völlig zur Ruhe gegangen war, da entstand zugleich mit dem völligen Nirvāna ein großes Erdbeben, ein furchtbares, schaudererregendes, und Göttertrommeln erdröhnten...

Als der Herr völlig zur Ruhe gegangen war, sprach zugleich mit dem völligen Nirvāna der ehrwürdige Ānanda den folgenden Vers:

„Da geschah etwas Furchtbares, da geschah etwas Schaudererregendes, als der mit allen Vorzügen und Schönheiten ausgestattete Vollkommenerleuchtete völlig zur Ruhe ging."

Als der Herr völlig zur Ruhe gegangen war, da rangen manche von den Mönchen, die noch nicht frei von Leidenschaften waren, die Hände und jammerten, (andere) fielen jählings zur Erde und wälzten sich hin und her, (indem sie klagten): „Allzubald ist der Herr völlig zur Ruhe gegangen, allzubald ist der Selige völlig zur Ruhe gegangen, allzubald ist das Auge (d.h. das Licht) in der Welt verschwunden." Diejenigen von den Mönchen aber, die frei von Leidenschaften waren, ertrugen es ernstbesonnen und klarbewußt, (indem sie dachten): „Vergänglich sind die Daseinserscheinungen, wie wäre es möglich, (daß es) in diesem Fall (anders sei)?"

[1] Es ist bis heute umstritten, ob damit weiches Eberfleisch oder ein Pilzgericht gemeint ist.

M. Winternitz, Der ältere Buddhismus. Religionsgeschichtliches Lesebuch 11 (Hrsg. Alfred Bertholet). Tübingen ²1929, S. 20–27.

259. Transzendierung des Buddha

Im Mahāyāna-Buddhismus, dem Buddhismus des „großen Wagens", wird die sehr dünne Grenzlinie überschritten, die zwischen einem Buddha besteht, der sich einerseits als Heilslehrer über den Göttern stehend ansah, und andererseits der Gestalt des nunmehr vergöttlichten Lehrers, der jetzt als verehrungswürdiges Wesen angerufen wird:

Sei, gnädig, o Herr der Götter, Herr der Welt, Sieghafter, Buddha, der du verehrungswürdig bist in der Welt, der du mir, der du den Guten verehrungswürdig bist, o Feind der Sünde, Feind der Werdelust, Feind der Sinnenlust, Feind des Dunkels (der Unwissenheit)! Dir fürwahr bin ich ergeben mit Leib und Wort und Geist.

Bhaktishataka des Ramacandra Kavibharati, 31–34

Dieser Einstellung entspricht es, daß jetzt nicht mehr an die Einsicht in die Wahrheit der Lehre appelliert wird, sondern an das Vertrauen, in Buddha die eigentliche Zuflucht der Menschen zu erblicken:

Klammert euch an den Weisen, den Löwen aus dem Shākyageschlecht[1], den durch Erkenntnis Leuchtenden, den Lichtbringer, der die Finsternis vernichtet hat, den Hellstrahlenden, hell und rein Glänzenden, dessen Körper beruhigt, dessen Geist klar und ruhig ist.

Verlasset euch auf den Herrn der Weisen, den Ozean der Erkenntnis, den Herrn der Lehre, den Allwissenden, den Gott über den Göttern, der von Menschen und Göttern zu verehren ist, den über die Lehre Gebietenden, den Selbstentstandenen.

Lalitavistara I, 3f.

[1] Name der Familie, aus der Buddha stammte.

Moritz Winternitz, Der Mahāyāna-Buddhismus. Religionsgeschichtliches Lesebuch 5 (Hrsg. von Alfred Bertholet). Tübingen ²1930, S. 20.

260. Der Buddha verkündet jeder Generation seine Lehre

Saddharmapundarika XV, 268–272

Der Herr sagte: Dank meiner übernatürlichen Kraft meint diese Welt mit ihren Göttern, Menschen und Dämonen, daß erst kürzlich der Herr Shākyamuni[1], nachdem er aus dem Hause der Shākyas[2] gegangen war, zur vollen Erleuchtung auf der Terrasse der Erleuchtung bei der Stadt Gaya erwacht sei.

Doch so soll man es nicht ansehen, ihr Söhne guter Familien. Tatsächlich ist es viele hundert Myriaden von Kotis[3] von Weltaltern her, daß ich zur vollen Erleuchtung gelangt bin... Seitdem habe ich die ganze Zeit über den Wesen in diesem Weltsystem Dharma[4] dargelegt und auch in unzähligen anderen Weltsystemen. Doch wenn ich von anderen Tathāgatas[5] gesprochen habe, beginnend mit dem Tathāgata Dipankara, und vom Nirvāna[6] dieser Tathagatas, so war dies von mir nur als Kunstgriff genutzt, um die Lehre (dharma) darzulegen.

Außerdem überschaut der Tathāgata die Vielfalt der Fähigkeiten und der Geisteskraft aufeinanderfolgender Generationen von Wesen. Jeder Generation verkündet er seinen Namen, erklärt, daß er ins Nirvāna eingegangen ist, und bringt allen Wesen Frieden durch verschiedene Reden über die Lehre. Zu Wesen, die von niederer Veranlagung sind, deren Vorrat an Verdienst klein ist und deren schlechte Taten zahlreich sind, sagt er in diesem Fall: „Ich bin jung an Jahren, ihr Mönche, ich habe das Heim meiner Familie verlassen, und erst vor kurzem habe ich die volle Erleuchtung erlangt." Doch wenn der Tathāgata, obwohl schon so lange voll erleuchtet, erklärt, daß er erst kürzlich voll erleuchtet worden sei, dann wurden solche Reden über die Lehre aus keinem anderen Grund gehalten, als dem, die Wesen zur Reife zu bringen und zu retten.

Und was auch immer der Tathāgata sagt, um die Wesen zu erziehen, was er auch immer äußert – ob er als er selbst oder als ein anderer erscheint, ob aus seiner eigenen Vollmacht oder der eines anderen –, alle diese Ausführungen über die Lehre werden als sachlich richtig von dem Tathāgata gelehrt und in ihnen gibt es seitens des Tathāgata keine falsche Rede. Denn der Tathāgata hat die dreifache Welt gesehen, wie sie wirklich ist: Sie wird nicht geboren, sie stirbt nicht; es gibt weder Hinscheiden noch Wiedergeburt, weder Samsāra[7] noch Nirvāna; die Welt ist weder wirklich noch unwirklich, weder existierend noch nicht – existierend, weder so noch anders, weder falsch noch nicht – falsch. Nicht auf solche Weise hat der Tathāgata die dreifache Welt gesehen, wie sie törichtes Volk sieht. Der Tathāgata steht der Wirklichkeit von Angesicht zu Angesicht gegenüber; er kann sich deshalb über sie nicht täuschen. Was für Worte der Tathāgata im Hinblick auf sie auch äußern mag, sie sind wahr, nicht falsch, nicht anders.

Er hält jedoch unterschiedliche Reden über die Lehre, die in ihrer objektiven Grundlage differieren, und zwar zu Wesen, die sich in ihrer Lebensweise und ihren Absichten unterscheiden; sie wandern inmitten von Unterscheidungen und Wahrnehmungen, und nur so kann er die Wurzeln des Guten in ihnen hervorrufen. Denn ein Tathāgata verrichtet das Werk eines Tathāgata. Vollkommen erleuchtet seit so langem, hat der Tathāgata ein endloses Leben, er währt ewig. Obwohl der Tathāgata nicht ins Nirvāna eingegangen ist, stellt er seinen Eingang ins Nirvāna zur Schau für die Sache derer, die erzogen werden müssen. Und selbst heute ist mein früherer Lebenslauf als Bodhisattva[8] noch unvollendet, und meine Lebenszeit ist noch nicht beendet. Von heute an müssen noch zweimal so viele Hunderttausende Myriaden von Kotis von Weltaltern ablaufen, bevor meine Lebenszeit vollendet ist. Obgleich ich daher jetzt nicht ins Nirvāna eingehe, verkünde ich trotzdem mein Nirvāna. Denn auf diese Weise bringe ich die Wesen zur Reife. Wenn ich zu lange hier bleiben würde und zu oft gesehen werden könnte, dann könnte es sein, daß Wesen, die keine verdienstvollen Werke vollbracht haben, die ohne Verdienst sind, eine armselige Menge, gierig nach sinnlichen Vergnügungen, blind, gefangen im Netz falscher Meinungen, daß diese, im Wissen darüber, daß der Tathāgata immer hierbleibt, die Auffassung gewinnen würden, das Leben sei ein bloßes Vergnügen, und sie würden nicht begreifen, daß der Anblick des Tathāgata immer da sei, würden sie nicht ihre Anstrengung darauf richten, der dreifachen Welt zu entrinnen, und sie würden nicht verstehen, wie schwer es ist, den Tathāgata zu bekommen.

---

[1] „Der weise Einsiedler aus dem Geschlechte der Skākyas".
[2] Die Familie des Buddha.
[3] Außerordentlich große Zahl.
[4] Die buddhistische Lehre.
[5] „Der so (auf dem Heilswege) Gegangene"; häufige Selbstbezeichnung Buddhas in seinen Reden.
[6] „Verwehen"; das Heilsziel des Buddhismus.
[7] Kreislauf der Wiedergeburten.
[8] „Erleuchtungswesen", das auf dem Wege ist, ein Buddha zu werden.

Edward Conze (Hrsg.), Buddhist Texts through the Ages. Oxford 1954.

261. Das unbegrenzte Erbarmen des Bodhisattva
Shikshāsamuccaya 280–282

Ein Bodhisattva[1] beschließt: Ich nehme auf mich die Last aller Leiden. Ich bin entschlossen, so zu handeln, ich ertrage es. Ich kehre nicht um, noch fliehe ich, ich zittere nicht, ich bin nicht verängstigt, ich fürchte mich nicht, ich kehre nicht um, und ich verzage nicht.

Und warum das? Um jeden Preis muß ich die Lasten aller Wesen auf mich nehmen. Ich folge nicht eigenen Neigungen. Sondern ich habe gelobt, alle Wesen zu erretten. Ich muß alle Wesen befreien. Die ganze Welt lebender Wesen muß ich befreien von den Leiden der Geburt, des Alters, der Krankheit, des Todes und der Wiedergeburt, von allen Arten sittlichen Vergehens, allen Leiden, dem ganzen Kreislauf von Geburt und Tod, aus der Wirrnis falscher Lehren, vom Verlust der rechten Lehren, aus aller Unwissenheit – von allen diesen Plagen muß ich alle Wesen erlösen... Ich wirke, damit das Königreich der unübertroffenen Erkenntnis für alle Wesen errichtet wird. Mein Bestreben zielt nicht bloß auf meine eigene Erlösung. Denn mit dem Boot des Gedankens der Allwissenheit muß ich alle diese Wesen aus dem Strom von Samsāra[2] erretten, der so schwer zu durchkreuzen ist. Ich muß sie von dem großen Abgrund hinwegreißen, ich muß sie von allen Widerwärtigkeiten befreien, ich muß sie über den Strom des Samsāra hinübersetzen. Ich selbst muß die ganze Masse des Leidens aller Wesen ergreifen. Soweit ich es nur irgend kann, will ich alle Arten des Leidens in allen Weltteilen auskosten. Und ich darf alle Wesen nicht um das von mir angesammelte Verdienst bringen. Ich bin entschlossen, zahllose Äonen in jedem Zustand des Elends zu verharren; und so will ich allen Wesen zur Freiheit verhelfen, in allen Elendslagen, in welchem Weltsystem sie auch immer zu finden sind.

Und warum das? Weil es sicher besser ist, daß ich allein Schmerz erleide, als daß alle diese Wesen in Elendslagen kommen. Ich muß mich als ein Pfand hingeben, durch das die ganze Welt von den Schrecken der Hölle erlöst wird, von tierischer Geburt, von der Welt des Yama[3], und mit diesem meinem Körper muß ich, aller Wesen wegen, die ganze Masse aller schmerzvollen Empfindungen ertragen. Und zugunsten aller Wesen bürge ich für alle Wesen; indem ich dies tue, spreche ich wahrhaftig und vertrauenswürdig, und ich breche mein Wort nicht. Ich darf alle diese Wesen nicht im Stich lassen.

Und warum dies? Es ist in mir der Wille entstanden, Allwissenheit zu gewinnen mit Bezug auf alle Wesen, das heißt, um alle Wesen zu befreien. Und ich bin nicht aus Begierde nach Wonnen ausgezogen, die höchste Erleuchtung zu erlangen, nicht weil ich hoffte, die Wonnen der fünf Sinnesgebiete zu empfinden, oder weil ich hoffte, mich sinnlicher Vergnügungen zu erfreuen. Und ich verfolge nicht den Weg eines Bodhisattva, um die Menge der Wonnen zu erlangen, die in den verschiedenen Welten sinnlicher Begierde gefunden werden können.

Und warum dies? Wahrlich, keine Wonnen sind alle diese Wonnen der Welt. Alles Eintauchen in Sinnenfreuden gehört in den Bereich des Māra[4].

---

[1] Bodhisattva: „Erleuchtungswesen", nach buddhistischer Anschauung ein Erleuchteter, der seinen Eintritt ins Nirvāna verzögert, um zuvor möglichst viele Wesen zur Erlösung zu führen.
[2] Samsāra: Kreislauf der Wiedergeburten; indischer Begriff für die Seelenwanderung.
[3] Yama: Herrscher im Totenreich.
[4] Māra: Verkörperung des Bösen, Versucher des Buddha.

Edward Conze (Hrsg.), Buddhist Texts through the Ages. Oxford 1954; dt.: Im Zeichen Buddhas. Buddhistische Texte. Frankfurt a. M. – Hamburg 1957, S. 113 f.

262. Padmasambhava

Padmasambhava, „der aus dem Lotos Geborene", der im 8. nachchristlichen Jahrhundert zur Verbreitung des Buddhismus in Tibet beitrug, war eine der schillerndsten Gestalten in der Geschichte des Buddhismus. Er galt als großer Magier. Die folgenden Texte berichten über Episoden aus seinem Leben.

Kraft seines Vorherwissens, erkannte Padma (-sambhava), er müsse nach Bodh-Gaya zurückkehren. Zuerst begab er sich zum Friedhof von Jalandhar, um zu meditieren. Inzwischen sandte ein nicht-buddhistischer König, bekannt unter dem Namen „Der durchdringende Halbgott", nach Sammlung eines Heeres, vier hohe nicht-buddhistische Priester mit je neun Pandits[1] und fünfhundert Begleitern nach Bodh-Gaya, um die Überwindung des Buddhismus vorzubereiten. Jeder der vier hohen Priester zog aus einer der vier Himmelsrichtungen nach Bodh-Gaya und forderte die Buddhisten zur öffentlichen Debatte auf: „Besiegen wir euch, müßt ihr unseren Glauben annehmen. Besiegt ihr uns, so werden wir Buddhisten." Die vier Hauptgelehrten des Buddhismus sprachen unter sich: „Gelingt uns auch der Sieg im Wortstreit, ihre okkulten Kräfte können wir nicht überwinden."

Den im königlichen Palast von Bodh-Gaya versammelten Buddhisten erschien bei ihrer Besprechung des kommenden Wettstreits plötzlich eine Frau von bläulicher Gesichtsfarbe mit einem Besen in der Hand und sagte: „Bei einem Wettstreit mit den Nicht-Buddhisten werdet ihr nicht siegen. Nur einer, mein Bruder, kann sie überwinden." Sie fragten: „Wie ist deines Bruders Name, und wo lebt er?" Sie antwortete: „Er heißt Padma Vajra[2] und lebt augenblicklich auf dem Jalandhar-Friedhof." Auf die Frage der Buddhisten, wie sie ihn einladen könnten, sagte sie: „Ihr vermögt dies nicht. Versammelt euch im Tempel des Bodhi-Baumes und bringt viele Gebete und Opfer dar, während ich gehe und ihn hole."

Die seltsame Frau verschwand so plötzlich, wie sie gekommen war. Die Buddhisten taten nach ihrem Rat und beteten zu Padma Vajra, er möge kommen und die Nicht-Buddhisten besiegen. Während der Dämmerung am nächsten Morgen erschien Padma im Palast. Wie ein großer Vogel ließ er sich aus den Zweigen der Bäume nieder und versank sogleich in Meditation. Während Padmas Meditation ließen die Buddhisten ihre Ritualtrommeln erklingen. Beim Klang der Trommeln lauschten die Spione der Nicht-Buddhisten auf der Buddhisten Reden. Der Spion auf der Ostseite erzählte, die Buddhisten sprächen davon, die Nicht-Buddhisten mit ihren Fuchsgehirnen würden besiegt. Der Spion der Südseite berichtete, die Buddhisten hätten geäußert, Ganeshas[3] Anhänger und ihr Heer würden überwunden. Der Spion auf der Westseite meldete, sie hätten gehört, die unseligen Nicht-Buddhisten mit ihren Anhängern würden ausgerottet, und der Spion auf der Nordseite hatte gehört, die ganze schwarze Versammlung würde zermalmt.

Bei Sonnenaufgang nahm der Padma die Gestalt eines Dharma-Rāja[4] an und flog über Bodh-Gayā. Angesichts dieser magischen Kraftentfaltung zweifelte der König an seiner geistigen Gewandtheit und sagte zu ihm: „O du, ein reiner Knabe von acht Jahren, der du angeblich ein Pandit bist, du vermagst die Nicht-Buddhisten nicht zu schlagen." Padma antwortete: „O Herr, ich bin ein alter Mann von dreitausend Jahren. Wer sagt, ich sei nur acht Jahre alt? Du Einfältiger, wie kannst du dich erdreisten, mit mir zu streiten?"

Der König gab keine Antwort, ließ aber die Nicht-Buddhisten wissen, was Padma gesagt hatte, worauf diese antworteten: „O König, laß diesen niederen Mönch nur hereinführen, der heute morgen unsere Haare zu Berge stehen ließ. Sollten wir ihn nicht im Keim vernichten können, müßte unsere Religion darunter leiden. Wir müssen ihn unterwerfen."

Nun versammelten sich die gelehrtesten Nicht-Buddhisten, die magische Kraft besaßen. Padma brachte in jeder der vier Himmelsrichtungen eine ihm gleichende Persönlichkeit hervor, während er selbst in Meditation verharrte. Diese vier Persönlichkeiten stritten über die religiösen Fragen mit den Nicht-Buddhisten. Die siegenden Buddhisten aber klatschten in die Hände und riefen, die Nicht-Buddhisten seien besiegt. Gleicherweise siegten die Buddhisten in dem anschließenden Kampf der Wunderwirkung.

Bei dem nächsten Wettstreit, der im Erzeugen magischen Feuers bestand, waren die Nicht-Buddhisten mit zehn Flammen im Vorteil. Da rief Padma: „Wartet! Wartet!" legte seine Hand auf den Boden, und eine Lotosblüte schoß empor, aus der eine bis zur Spitze der Welt reichende Flamme erstrahlte. Hierauf flogen die vier Hauptpriester der Nicht-Buddhisten mit wenigen Anhängern gen Himmel. Padma deutete auf sie, und Flammen umzüngelten sie. Furchterfüllt kamen sie auf ihre Plätze herab und riefen zu Padma: „Du hast uns sowohl im Wettstreit der Worte als auch in der Magie besiegt. Bereite dich auf deinen Tod innerhalb von sieben Tagen vor." Sie gingen in den Dschungel und übten schwarze Magie, um Padma zu ermorden. Ihre zurückgebliebenen fünfhundert Begleiter nahmen den Buddhismus an.

Nun brachte Padma den Dākinīs[5] Dankopfer dar, worauf im Dämmer des nächsten Morgens die Dākinī erschien, die „Überwinderin des Bösen" genannt wird, ihm einen mit Eisennägeln verschlossenen Lederkasten gab und zu ihm sprach: „Zügle Dämonen und Nicht-Buddhisten." Beim Öffnen des Kastens fand Padma Manuskripte heiliger Lehren, die das Hervorbringen von Donner, Blitz und Hagel innerhalb von sieben Tagen nach Beginn geeigneter magischer Zeremonien erläuterten. Sobald die vier nicht-buddhistischen Priester die magischen Riten zu Padmas Ermordung beendet hatten und in ihre Stadt zurückgekehrt waren, kamen Donner und Blitz, töteten sie und setzten ihre Stadt in Brand, so daß alle Nicht-Buddhisten umkamen.

Padma bestieg das Palastdach von Bodh-Gayā, und als er seine Macht anwendete, wie ein Löwe zu brüllen, fielen alle ihn hörenden Nicht-Buddhisten in großer Furcht zu Boden und nahmen die Lehre an. Vom Dach des Palastes erklangen Ritual-Trommeln, Gongs und Muschelhörner. Die Haupt-Buddhisten trugen Padma über ihren Köpfen und nannten ihn „Den Erhabensten Löwen-Brüller". Nachbarkönige luden Padma in ihre Reiche, und der Buddhismus wurde weithin verbreitet.

Padma kehrte auf Geheiß des Königs Nyima Singha nach Bodh-Gaya zurück. Während er hier die Lehre stärkte, hielt er die Zeit für gekommen, nach Tibet zu gehen und den tibetischen Buddhismus fester zu begründen, als dies ursprünglich durch König Srong-tsan-Gampo und später durch König Thi-Srong-Detsan geschehen war.

König Thi-Srong-Detsan hatte versucht, in Samye ein Kloster zu errichten; da der Ort aber nicht genügend geweiht war, verhinderten böse Geister den Bau. Sobald eine Mauer stand, wurde sie wieder niedergerissen. Einige der königlichen Priester erklärten, zur Bannung böser Geister bedürfe es eines Priesters mit höheren Kräften. Der König sandte zur Auffindung eines solchen Priesters Boten nach Indien und China. Der große Pandit Bodhisattva, der in Nalanda lehrte, folgte der Einladung des Königs nach Tibet; der König ging ihm bis Sang-phor entgegen. Obwohl der Bodhisattva den Ort für das Samye-Kloster weihte und exorzierte, waren die bösen Geister nicht zu überwinden. Da erklärte er dem König, Padma-Sambhava, der zu dieser Zeit in Bodh-Gaya weilte, sei der einzige, der die bösen Geister unterwerfen könne, und der König lud Padma-Sambhava nach Tibet ein.

Padma nahm die Einladung an und machte sich am fünfzehnten Tag des elften Monats nach tibetischem Kalender auf den Weg nach Tibet. Am dreißigsten Tag des gleichen Monats erreichte er Nepal. Padma überwand nach und nach die Dämonen an jedem Ort. Als Gast des Königs Vashudhari blieb er drei Monate in Nepal und predigte die Lehre. Als er nach Unterwerfung vieler böser Geister Nepal verlassen wollte, baten ihn die Dākinīs und andere geistige Wesen, die ihm zur Seite gestanden und geholfen hatten, dies nicht zu tun; er aber sprach: „Ich muß fort. Die Zeit, die bösen Geister in Tibet zu bezwingen, ist gekommen."

Am ersten Tag des achten tibetischen Monats besuchte Padma Samye. Der König begleitete Padma zum Palast in Samye, setzte ihn auf einen goldenen, den Bodhisattva auf einen silbernen Thron und brachte ihnen religiöse Opfer dar; und Padma sagte voraus, was er in Tibet tun werde.

Padma warf Schätze in die Teiche, um die Nāgas[6] gutwillig zu stimmen. Nach und nach unterwarf er Götter, Göttinnen und böse Geister in ganz Tibet und vollbrachte viele Wunder.

Am achten Tag des achten Monats des männlichen Erd-Tiger-Jahres begann die Arbeit am Aufbau des Samye-Klosters, nachdem Padma den Ort geweiht und die bösen Geister durch Unterweisung in den Vorschriften besänftigt hatte. Padma ernannte Brahma und Indra zu Hauptleitern der Bauarbeiten, die vier Könige der vier Richtungen machte er zu Aufsehern, und Götter und böse Geister, die Götter des Orts und die Schutzgottheiten stellte er als Arbeiter an. Menschen arbeiteten am Tag, die geistigen Wesen bei Nacht, so daß alles schnell fortschritt.

Nachdem sich Padma zum Verlassen Tibets entschlossen hatte, sagte er zum König: „Die Zeit der Unterwerfung der Rākshasas[7] ist reif. Nur der Lotos-Geborene vermag dies. Unterwerfe ich sie jetzt nicht, werden sie alle Menschen verschlingen, und die Erde wird leer sein." ...
König, Staatsminister und Gefolge begleiteten Padma zu Pferd nach Gungthang-la, wo sie alle übernachteten.
Nachdem sich Padma am Morgen mit guten Wünschen vom König und allen Anwesenden verabschiedet hatte, erschien inmitten eines strahlenden Regenbogens am Himmel ein blaues, vollkommen gesatteltes Roß. Himmlische Musik erklang, und eine Menge Gottheiten erschien. Padma bestieg das Pferd, das sich in den Himmel erhob. Nachdem Padma seinen letzten Segen im Namen des Buddha, Dharma[8] und Sangha[9] gesprochen hatte, verschwand er im Gefolge der Gottheiten auf den Sonnenstrahlen.

---

[1] Sanskrit-Gelehrte.
[2] Diamantener Padma.
[3] Indischer Gott der Weisheit.
[4] Gesetzeskönig.
[5] Im Luftraum wandelnde Feen und Hexen.
[6] Schlangengeister.
[7] Gruppe von Dämonen.
[8] Die buddhistische Lehre.
[9] Der buddhistische Orden.

W. Y. Evans-Wentz, Das tibetische Buch der großen Befreiung. München-Planegg 1955, S. 223 ff., 236 ff., 244. Copyright © by Otto Wilhelm Barth Verlag (im Scherz Verlag Bern und München).

263. Konfuzius und das chinesische Altertum

Konfuzius (551–479 v. Chr.), der „Meister K'ung" (chinesisch K'ung-fu-tse) lehrte in der Niedergangszeit des chinesischen Feudalismus und damit in einer Epoche politischer Wirren. Er selbst mußte an der Schwelle des Alters seinen Heimatstaat Lu (südwestliches Schantung) verlassen und eine dreizehnjährige Exil- und Wanderzeit auf sich nehmen, bis der 68jährige nach Lu zurückgerufen wurde. Die politische und moralische Verfallsituation seiner Zeit wird wesentlich das Bestreben des Konfuzius bestimmt haben, durch eine Sammlung und Ordnung der ältesten Überlieferungen seines Volkes die Grundlage für eine Reform zu schaffen, deren ethische Voraussetzungen mit dem steten Hinweis auf die vorbildlichen Beispiele der alten Zeit begründet wurden. So ist Konfuzius der große Lehrmeister Chinas geworden, indem er ein Apologet der Tradition sein wollte.
Der folgende Text ist den „Aufzeichnungen über die Sitten" (Li-chi, Kap. 9) entnommen.

Einst nahm Konfuzius am Winterfest teil. Als die Zeremonie vorüber war, machte er einen Spaziergang zum Stadttor und seufzte tieftraurig. Er seufzte über den Staat von Lu.

Sein Schüler Tse Yu war bei ihm und fragte: „Warum seufzt Ihr?"

Konfuzius antwortet: „Die Verwirklichung des Großen Tao [1], die berühmten Männer der Drei Dynastien – ich werde sie niemals persönlich kennenlernen. Und doch regen sie mein Bestreben an. Als das Große Tao herrschte, war die Welt gleichmäßig aufgeteilt. Die Edlen und Fähigen kamen in Ämter, und es herrschte Aufrichtigkeit und gegenseitiges Vertrauen. Daher sahen die Leute nicht bloß die eigenen Eltern als Eltern und die eigenen Söhne als Söhne an. Die Alten fanden ein ihnen gebührendes Lebensende, die Kraftvollen entsprechende Beschäftigung; die Jugendlichen genossen ihre Erziehung, und für die Witwen und Witwer, für Waisen und Kranke wurde gut gesorgt. Männer hatten ihre Berufe und Frauen ihre Haushalte. Sie verabscheuten es, Güter verkommen zu lassen, doch horteten sie sie nicht. Sie mißbilligten den Gedanken, ihre Kraft nicht voll zu nützen; doch taten sie es nicht selbstsüchtig. Darum gab es keinen Betrug, Diebe und Rebellen traten nicht auf, und die Leute konnten ihre Haustore unverriegelt lassen. Das war das Zeitalter der großen Eintracht.

Jetzt ist das Große Tao verborgen, und die Welt ist im Besitz einzelner Familien. Jeder sieht als Eltern nur seine eigenen Eltern an, als Söhne nur die eigenen Söhne. Güter und Arbeiten dienen nur selbstischen Zwecken. Erbliche Ämter und Titel werden rechtlich garantiert, Bollwerke und Stadtgräben müssen Sicherheit bieten. Riten und Rechtschaffenheit dienen nur noch der sozialen Zucht. Sie sollen das Verhältnis von Herrschern und Untertanen aufrechterhalten und Frieden und Eintracht zwischen Vater und Sohn, zwischen Brüdern und Ehegatten sichern, gesellschaftliche Einrichtungen begründen, Landgüter und Dörfer organisieren. Die körperlich Starken und die Klugen werden berühmt, und jeder trachtet, eigenes Verdienst zu erlangen. Daraus entstehen Betrug und Ränke, und die Menschen greifen zu den Waffen. Der Kaiser Yu, die Könige T'ang, Wen, Wu, Ch'eng und der Herzog von Chou erlangten aus diesem Grunde Ansehen: alle sechs Herrscher beachteten stets auf das sorgfältigste die Riten, sie bekundeten ihre Gerechtigkeit und handelten aufrichtig. Sie deckten Irrtümer auf, machten edle Menschlichkeit zu ihrem Gesetz und Bescheidenheit zur Richtschnur ihres Handelns. So zeigten sie dem Volk, wonach es sich ständig richten solle. Diejenigen, die sich nicht nach diesen Grundsätzen richteten, werden ihrer Ämter enthoben und als öffentliche Gefahr angesehen. Jetzt leben wir im Zeitalter der geringeren Eintracht.

---

[1] Tao, wörtlich „der Weg", ist der numinose Zentralbegriff der universistischen Ordnung des chinesischen Altertums.

Wm. Theodore de Bary (Hrsg.), Sources of Chinese Tradition. New York 1960, S. 191f.

Propheten und Religionsstifter

264. Worte des Konfuzius

Die folgenden Texte entstammen dem Buche Lun Yü, den „Gesprächen" des Konfuzius.

Konfuzius sprach: Mit fünfzehn wandte ich mich dem Lernen zu, mit dreißig hatte ich festen Grund. Mit vierzig hatte ich keine Zweifel. Mit fünfzig kannte ich den Willen des Himmels. Mit sechzig war ich bereit, auf ihn zu hören. Mit siebzig konnte ich den Wünschen meines Herzens folgen, ohne gegen das Rechte zu verstoßen (II, 4).

Als Konfuzius in Ch'i war, hörte er die alte Ritualmusik und vergaß drei Monate lang, an Fleisch Geschmack zu finden. Er sprach: Niemals dachte ich, daß Musik so herrlich sein kann (VII, 13).

Konfuzius sprach: Wenn ich in Gesellschaft von nur drei Menschen gehe, habe ich immer Lehrer. Ich wähle die guten Eigenschaften des einen zur Nachfolge aus, und die schlechten des anderen, um mich selbst zu verbessern (VII, 21).

Konfuzius sprach: Ich überliefere, ich schaffe nicht neu. Ich glaube an das Altertum und liebe es (VII, 1).

Konfuzius sprach: Manchmal habe ich einen ganzen Tag ohne Nahrung und eine ganze Nacht ohne Schlaf verbracht, nur um nachzudenken. Es war nutzlos. Besser ist es, zu lernen (XV, 30).

Vier Dinge wollte Konfuzius ausrotten: Voreingenommenheit, willkürliche Urteile, Starrsinn und Selbstsucht (IX, 4).

Konfuzius sprach: Diejenigen, die die Wahrheit kennen, reichen nicht an die heran, die die Wahrheit lieben. Diejenigen, die die Wahrheit lieben, reichen nicht an die heran, die Freude an ihr haben (VI, 18).

Konfuzius sprach: Wer am Morgen das Tao erkannt hat, könnte am Abend ruhig sterben (IV, 1).

Menschlichkeit (jen)

Fan Ch'ih fragte nach der Menschlichkeit. Konfuzius sagte: Die Menschen lieben (XII, 22).

Tse Chang befragte den Konfuzius über die Menschlichkeit. Konfuzius sprach: Wer imstande ist, in der Welt fünf Dinge zu betätigen, dürfte Menschlichkeit besitzen. Tse Chang bat, fragen zu dürfen, welche diese fünf Dinge seien. Konfuzius sprach: Höflichkeit, Großzügigkeit, Aufrichtigkeit, Fleiß und Güte. Ist man höflich, wird man nicht geringschätzig behandelt; ist man großzügig, so gewinnt man die Menge; ist man aufrichtig, so erlangt man das Vertrauen der Menschen; ist man fleißig, so hat man Erfolg; ist man gütig, so wird man andere leiten können (XVII, 6).

Konfuzius sprach: Nur der, der Menschlichkeit besitzt, kann andere lieben und kann andere hassen (IV, 3).

Kindesliebe

Tse Yu fragte nach der Kindesliebe. Konfuzius sprach: Heutzutage erschöpft sich die Kindesliebe darin, seine alten Eltern zu ernähren. Aber man ernährt ja auch Hunde und Pferde. Wenn man keine Ehrerbietung besitzt, worin besteht dann der Unterschied? (II, 7).

Tse Hsia fragte nach der Kindesliebe. Konfuzius sprach: Die Art und Weise des Benehmens ist die eigentliche Schwierigkeit. Wenn die jungen Leute den Eltern alle Mühen abnehmen, wenn sie ihnen Wein und Speisen vorsetzen, kann man das schon Kindesliebe nennen?

Götter- und Geisterglaube

Tse Lu fragte, wie man Göttern und Geistern dienen solle. Konfuzius sprach: Solange du noch nicht den Menschen dienen kannst, wie willst du dann den Geistern dienen? – Daraufhin fragte jener nach dem Tode. Konfuzius sprach: Solange du noch nicht das Leben kennst, wie willst du dann den Tod kennen? (IX, 11).

Fan Ch'ih fragte nach der Weisheit. Konfuzius sprach: Sich ernsthaft den Pflichten gegenüber den Menschen widmen, die Geister verehren, sie aber fern von sich halten – das könnte Weisheit genannt werden (VI, 20).

Wm. Theodore de Bary (Hrsg.), Sources of Chinese Tradition. New York 1960, S. 24f., 28ff. – Hans O. H. Stange, Gedanken und Gespräche des Konfuzius. München 1953.

265. Lao-tse und das Tao-te-ching

Lao-tse, „der alte Meister", war der größte Mystiker Chinas. Der Überlieferung nach lebte er im Staate Chou und war in der Landeshauptstadt Lo-yang Archivar. Früher nahm man an, er sei ein älterer Zeitgenosse des Konfuzius gewesen. Auf Grund textlicher Analysen seines Werkes neigt man heute dazu, ihn weitaus später, etwa um 300 v. Chr. zu datieren.

Lao-tse soll im Alter seine Heimat aufgegeben haben und nach Westen gezogen sein. Ehe er China verließ, habe er dem Kommandanten des Han-Ku-Passes als sein einziges literarisches Werk ein schmales Büchlein übergeben, das Tao-te-ching, das Buch vom Tao, dem „Weg", und Te, der „Tugend". Das Buch umfaßt etwas mehr als 5000 Zeichen, die sich auf 81 Kapitel verteilen. Die dunkle Sprache der Texte stellt oft der Erschließung ihres Sinngehaltes erhebliche Schwierigkeiten entgegen.

Kapitel 4

> Das Tao ist ein Hohlgefäß;
> Doch sein Gebrauch ist unerschöpflich,
> Ohne je nachgefüllt zu werden –
> Wie der Urquell aller Dinge.

Seine Schärfe ist stumpf,
Seine Schlingen sind aufgelöst,
Sein Licht ist abgeblendet,
Sein Staub ist glatt.
Es verharrt wie ein tiefes Wasser.
Ich weiß nicht, wessen Sohn es ist.
Als gestaltloses Bild war es vor Gott.

Kapitel 6

Der Geist der Tiefe stirbt nicht.
Er heißt das ewig Weibliche.
Des ewig Weiblichen Ausgangspforte
Ist die Wurzel von Himmel und Erde.
Beständig scheint es zu verharren
Und wirkt doch ohne Unterlaß.

Kapitel 7

Der Himmel ist ewig, die Erde fortdauernd.
Daß Himmel und Erde ewig und fortdauernd sind,
Ist, weil sie sich nicht selber leben;
Darum vermögen sie, ewig zu leben.
Darum stellt der Weise sich selbst zurück
Und tritt doch auf den ersten Platz.
Er entäußert sich seines Selbst,
Und gerade so wird es ihm erhalten.
Ist es nicht deshalb, weil er selbstlos ist,
Daß sein Selbst verwirklicht wird?

Kapitel 22

Nachgeben – heißt unversehrt bleiben.
Gebeugt sein – heißt aufrecht stehen werden.
Leer sein – heißt gefüllt werden.
Alt sein – heißt erneuert werden.
Bedürfen – heißt Besitz erhalten.
Aber: Überfluß haben – heißt verwirrt werden.
Darum umfaßt der Weise das Eine (das Tao)
Und wird zum Vorbild für alles unter dem Himmel.
Er zeigt sich nicht selbst,
Und deshalb ist er leuchtend.

Er ist nicht für sich selbst da,
Und deshalb ist er weit berühmt.
Er rühmt sich nicht,
Und deshalb erlangt er Verdienst.
Er prahlt nicht,
Und deshalb ist er überlegen.
Weil er nicht strebt,
Kann keiner in der Welt gegen ihn streben.
Sind etwa die Worte der Alten:
„Nachgeben – heißt ganzbleiben" leere Worte?

Kapitel 25

Es gab ein Wesen, formlos und doch vollendet,
Schon ehe Himmel und Erde bestanden.
Still war es, gestaltlos,
Abhängig von nichts, unwandelbar,
Ewig kreisend ohne Hindernis.
Man kann es die Mutter aller Dinge nennen.
Seinen Namen kenne ich nicht;
Geschrieben heißt es Tao.
Muß ich ihm einen Namen geben, so nenne ich es „Groß".
Und „Groß" meint dahineilend,
Und dahineilend meint fern sein,
Und fern sein meint zurückkehren.
Darum: das Tao ist groß,
Der Himmel ist groß,
Die Erde ist groß,
Auch der König ist groß.
Das sind die vier Großen der Welt,
Und der König ist einer davon.
Des Menschen Gesetz ist die Erde,
Der Erde Gesetz ist der Himmel,
Des Himmels Gesetz ist das Tao,
Das Tao ist sich selbst Gesetz.

Kapitel 34

Das große Tao ist alldurchdringend.
Es kann rechts sein und auch links.
Die zehntausend Dinge entstehen nur durch seine Unterstützung,
Und es verweigert sich ihnen nicht.

Wenn das Werk vollbracht ist,
Ergreift es nicht Besitz.
Es kleidet und ernährt die zehntausend Dinge
Und will nicht ihr Herr sein.
Ewig ist es ohne Begehren;
So kann es klein genannt werden.
Die zehntausend Dinge kehren zu ihm zurück,
Und es will nicht ihr Herr sein;
So kann es groß genannt werden.
Darum erhebt der Weise keinen Anspruch auf Größe
Und vollendet dadurch seine Größe.

Kapitel 42

Das Tao erzeugt das Eine;
Das Eine erzeugt die Zweiheit;
Die Zweiheit erzeugt die Dreiheit;
Die Dreiheit erzeugt die zehntausend Dinge.
Die zehntausend Dinge haben im Rücken das Yin, das Dunkle,
                                und vorn das Lichte, das Yang;
Der Atem der Leere bewirkt deren Vereinigung.
Was die Menschen am meisten hassen,
Ist verwaist, einsam, unwürdig zu sein.
Und doch wählen Könige und Fürsten das zu ihrer Bezeichnung.
Daher heißt es: bald wird ein Wesen weniger und nimmt doch zu,
Bald nimmt es zu und wird doch weniger.
Was andere lehren, das lehre auch ich:
Der Gewalttätige wird keines natürlichen Todes sterben.
Das will ich zum Vater meiner Lehre machen.

Kapitel 52

Ein Anfang aller Dinge unter dem Himmel,
Der kann als die Mutter angesehen werden.
Wenn man seine Mutter erkennt,
Erkennt man seine Kindschaft.
Hat man seine Kindschaft erkannt,
so hält man sich an seine Mutter:
Lebenslang läuft man nicht Gefahr.
Schließt man seine Pforten,
Macht man zu seine Tore,
So ist das Leben mühelos.

Öffnet man seine Pforten,
Vermehrt man sein Tun,
So ist das Leben bis zum Ende ohne Hilfe.
Wer das Kleine sehen kann, ist klarsichtig.
Wer sanft bleibt, wird täglich stärker.
Gebraucht das Licht,
Kehrt zurück zur Klarsichtigkeit;
Dadurch entgeht ihr Unheil.
Das heißt Ewigkeit üben.

Kapitel 56

Der Wissende redet nicht,
Der Redende ist unwissend.
(Der Wissende) schließt seine Pforten
Und macht zu seine Tore.
Er stumpft seine Schärfe
Und löst seine Schlingen,
Er mindert sein Licht
Und wird eins mit seinem Staube:
Das heißt inneres Einswerden.
Dann können Liebe und Haß ihn nicht berühren,
Gewinn und Verlust ihn nicht erreichen,
Ehrung und Erniedrigung ihn nicht beeinflussen.
Darum wird er von jedermann geehrt.

Kapitel 81

Wahre Worte sind nicht wohlklingend.
Wohlklingende Worte sind nicht wahr.
Der Gute streitet nicht mit Worten.
Wer mit Worten streitet, ist kein guter Mensch.
Der Weise weiß nicht viel.
Wer vieles weiß, der ist nicht weise.
Der Weise häuft nicht Schätze.
Er lebt für andere Menschen
Und wird dadurch selbst reicher.
Er gibt anderen Menschen
Und hat dadurch Überfluß.
Das Tao des Himmels
Fördert, aber schadet nicht.
Das Tao des Weisen
Ist Wirken, aber nicht Streiten.

266. Aus dem „wahren Buch vom südlichen Blütenland"

Das „wahre Buch vom südlichen Blütenland" enthält die uns überkommenen Schriften des Chinesen Chuang-tse, der in der letzten Hälfte des 4. und der ersten Hälfte des 3. vorchristlichen Jahrhunderts lebte. Chuang-tse gilt als nachgeborener Schüler des Lao-tse. Er verband seine Berufung auf das Tao mit skeptischen Welt- und Lebensansichten. Seine geistreichen und phantasievollen, aber oft auch sehr dunklen und schwer verständlichen Ausführungen verbinden die Darlegung philosophischer Gedanken mit dichterischen Elementen.

In seinen Schriften nennt sich Chuang-tse selbst mit seinem zweiten Namen Chuang Chou.

Chuang Chou und der Schmetterling

Einst träumte Chuang Chou, er sei ein Schmetterling, ein munter und fröhlich herumflatternder Schmetterling. Er wußte nicht, daß er Chuang Chou war. Plötzlich wachte er erschreckt auf, und da war er wieder Chuang Chou. Aber nun wußte er nicht, ob er Chuang Chou war, der geträumt hatte, er sei ein Schmetterling, oder ob er ein Schmetterling sei, der träumte, er wäre Chuang Chou. Und doch muß zwischen Chuang Chou und dem Schmetterling ein Unterschied sein. So ist es mit der Wandlung der Dinge.

Das große Erwachen

Der Weise, der sich an Sonne und Mond anlehnt und das Weltall unter seinem Arm trägt, verbindet alles zu einem harmonischen Ganzen. Er ist sorglos gegenüber Verwirrung und Trübsinn, und er tritt dem Einfachen wie dem Hochgestellten in gleicher Art und Weise gegenüber. Die Masse müht und plagt sich, der Weise ist einfach und schlicht. Er versteht zehntausend Jahre als eine Einheit, geschlossen und einfach. Alle Dinge sind, was sie sind, und so werden sie miteinander vereinigt.

Wie kann ich wissen, ob die Liebe zum Leben nicht eine Täuschung ist? Wie kann ich wissen, ob derjenige, der sich vor dem Tod fürchtet, nicht einem Manne gleicht, der als Jüngling seine Heimat verließ und vergaß zurückzukehren?

Lady Li war die Tochter des Grenzwächters von Ai. Als sie zuerst zum Staate Chin gebracht wurde, weinte sie, bis ihr Gewand von Tränen durchnäßt war. Aber als sie zur königlichen Residenz kam, die Gespielin des Königs wurde und üppige Speisen aß, da bereute sie, daß sie geweint hatte. Wie kann ich wissen, ob die Toten nicht die frühere Lebensgier bereuen? Diejenigen, die von einem fröhlichen Trinkgelage träumen, weinen und klagen vielleicht am nächsten Morgen. Diejenigen, die von Weinen und Klagen träumen, wachen vielleicht am nächsten Morgen frohgemut auf und gehen zur Jagd. Während sie träumen, wissen sie nicht, daß sie träumen. Im Traum mögen sie auch nicht versuchen, ihren Traum zu deuten. Aber, wenn sie erwacht sind, fangen sie an zu erkennen, daß sie geträumt haben. Nach und nach kommt das große Erwachen, und dann werden wir erkennen, daß alles ein großer Traum gewesen ist. Doch derweil denken die Toren, sie seien wach, und sie sind sich dessen sicher. Mit größter Sorgfalt unterscheiden sie zwischen Fürsten und Stallknechten. Wie blöde! Konfuzius und du, ihr träumt beide. Und wenn ich sage, daß du träumst, so ist das wiederum auch ein Traum. Diese Denkweise kann paradox genannt werden. Aber wenn wir nach zehntausend Geschlechtern einmal einem großen Weisen begegnen könnten, der dieses Paradoxon zu erklären wüßte, so wäre es, als ob wir ihm zwischen Morgen und Abend begegneten.

Das Tao und die Vielheit der Erscheinungen

Das Tao ist ohne Anfang und ohne Ende. Die Einzelwesen werden geboren und sterben; sie haben keine Beständigkeit. Einmal sind sie leer, einmal voll, ohne eine dauernde Form zu bewahren. Die Jahre lassen sich nicht festhalten, die Zeit kann nicht aufgehalten werden. Zunahme und Abnahme wirken beständig, und auf jedes Ende folgt ein Neubeginn...

Das Leben aller Dinge eilt wie ein galoppierendes Pferd. Jeder Augenblick bringt eine Wandlung, und jede Stunde macht einen Unterschied. Was soll man tun oder nicht tun? Es wird doch alles seinen eigenen Lauf nehmen.

Das Natürliche und das Künstliche

„Was hältst du", fragte der Flußgott, „für das Natürliche und das Künstliche?"

Der Geist des Meeres antwortete: „Pferde und Ochsen haben vier Beine, das ist natürlich. Ein Halfter über den Kopf des Pferdes zu legen, einen Strick durch die Nase des Ochsen zu ziehen – das ist künstlich.

Darum heißt es: Laß das Künstliche das Natürliche nicht auslöschen, laß nicht menschliche Anstrengung den Lauf des Schicksals hindern, opfert nicht um Genusses willen den guten Namen. Beachte eifrig und ohne Schwäche diese Gebote, auf diese Weise wirst du zur ursprünglichen Unschuld zurückkehren.

Wm. Theodore de Bary (Hrsg.), Sources of Chinese Tradition. Columbia University Press 1960, S. 70f., 78f.

267. Aus der Apologie des Sokrates
Platon, Apologie des Sokrates IX, XVII, XIX

So scheint mir in der Tat der Gott (in Delphi) weise zu sein und mit diesem Orakel[1] zu meinen, daß die menschliche Weisheit wenig oder gar nichts wert sei; und er scheint diesen Sokrates zu nennen und meinen Namen zu brauchen, um an mir ein Exempel zu geben, als wolle er sagen: „Der, ihr Menschen, ist der weiseste unter euch, der da wie Sokrates erkennt, daß er zur Weisheit wahrhaftig gar nichts wert sei." Dies nun suche ich, bisher und noch, zu erforschen und zu erkunden nach dem Willen des Gottes bei Einheimischen und Fremden, wo ich vermute, daß jemand weise sei; und wenn er mir denn nicht so dünkt, so komme ich dem Gott zu Hilfe und zeige ihm, daß er nicht weise ist. Und wegen dieser Tätigkeit habe ich nicht Zeit gehabt, weder in der Stadt – noch in meinen häuslichen Geschäften – irgend etwas von Bedeutung zu schaffen, sondern ich bin in großer Armut allenthalben dieses Gottesdienstes wegen.

Wenn ihr (Richter) mich entlassen wolltet und zu mir sprächet: Sokrates, wir geben dem (Ankläger) Anytos nicht Gehör, sondern wir entlassen dich, doch auf die Bedingung, daß du dich mit jener Prüfung und dem Weisheitsliebhaben nicht weiter befassest; wirst du aber wieder darauf ertappt, so sollst du sterben – wenn ihr nun das tätet, so würde ich euch sagen: Ihr Männer von Athen, ich ehre und liebe euch, gehorche aber Gott mehr als euch, und solange noch der Odem und das Leben in mir sind, werde ich nicht aufhören, mich mit der Weisheit zu beschäftigen und euch zu vermahnen und zurechtzuweisen und, wo ich einen von euch treffe, ihm zu sagen, wie ich bisher getan habe: Du guter Mensch, du bist aus Athen, aus der Stadt, die wegen ihrer Weisheit und Stärke unter allen Städten am größten und berühmtesten ist, und du schämst dich nicht, nach Reichtum, Ehre und Ansehen zu streben, um möglichst viel davon zu gewinnen – um Verständigkeit aber und Wahrheit und um deine Seele, daß sie möglichst gut werde, kümmerst und sorgst du dich nicht.

Vielleicht möchte jemand denken, es sei sonderbar, daß ich Privatleuten solchergestalt rate und es mir dabei so sauer werden lasse und doch nicht das Herz habe, öffentlich in eurer Versammlung aufzutreten und der Stadt zu raten. Die Ursache von dem ist, daß ein Göttliches und ein Dämonisches zu mir kommt, von dem ich euch mehrmals und verschiedentlich gesprochen habe, dessen auch Meletos in seiner Anklageschrift Erwähnung getan und gespottet hat.

Mir ist von Jugend auf geschehen, daß sich mir eine Stimme hat hören lassen, und wenn sie sich hören läßt, so hält sie mich immer ab von dem, was ich tun will, sie treibt mich aber niemals an.

So müßt auch ihr denn allen guten Mut zum Tode haben, ihr Männer und Richter, und dies eine haltet fest und ungezweifelt im Herzen: daß dem guten Manne kein Böses begegnet weder im Leben noch im Tode; die Augen der Götter stehen unverwandt über ihm und seine Schicksale offen. Auch mir ist dies dahier nicht von ungefähr widerfahren, sondern ich weiß gewiß, daß, itzo zu sterben und der Plackerei ledig zu werden, besser für mich gewesen ist; deswegen hat mich auch das Zeichen in keinem Stück abgehalten, und ich habe mit meinen Verurteilern und Anklägern nicht groß zu zürnen. Zwar sie haben in *der* Absicht mich nicht verurteilt und angeklagt; sondern sie gedachten, mir zu schaden, und verdienen deswegen allerdings, getadelt zu werden. Das nur bitte ich sie noch: wenn meine Söhne heranwachsen und sie euch, ihr Männer, nach Reichtum oder sonst etwas mehr als nach Tugend zu streben scheinen, so züchtigt sie und tut ihnen wehe wie ich euch wehe getan habe; und wenn sie sich dünken, etwas zu sein, da sie nichts sind, scheltet sie, wie ich euch gescholten habe, weil sie nicht sorgen, worum man sorgen muß, und weil sie etwas zu sein glauben, da sie nichts wert sind. Wenn ihr das tut, so werdet ihr tun, was recht ist an mir und meinen Kindern auch. Aber es ist Zeit, von hier zu gehen, für mich zu sterben und für euch zu leben; wer von uns zum besseren kommt, das weiß niemand als der Gott allein.

[1] „Weise ist Sophokles, weiser Euripides, aller Menschen weisester ist Sokrates."

Nach der Übersetzung von Matthias Claudius (1790), durchgesehen von Bruno Snell.

268. Mani

Mani, der Stifter des Manichäismus, lebte von 216–277 n. Chr. Nachdem seine Verkündigung sich anfänglich der großköniglichen Gunst sassanidischer Herrscher erfreut hatte, wurde er unter Bahram I., der eine zoroastrische Renaissance förderte, ins Gefängnis geworfen, in dem er starb.

Mani über seine Verkündigung (aus dem Shāhpuhrakān)

Die Weisheit und die Werke sind es, die von Äon zu Äon heranzubringen die Gesandten Gottes nicht aufhörten. So geschah ihr Kommen in dem einen Zeitalter in der Gestalt des Gesandten, der der Buddha war, in die Gebiete Indiens, in einem anderen (Zeitalter) in der Gestalt Zarathustras in das Land Persien; (wieder) in einem anderen (Zeitalter) in der Gestalt Jesu in das Land des Westens; dann stieg herab diese Offenbarung und stellte sich ein diese Prophetenwürde in diesem letzten Zeitalter in der Gestalt meiner selbst, des Mani, des Gesandten des wahren Gottes, in das Land Babel.

Aus den Kephalaia

Ich habe das Gute gepflanzt, ich habe die Wahrheit gesät in allen Ländern, fern und nah; Apostel und Gesandte habe ich ausgeschickt in alle Länder; denn die ersten Apostel, die vor ihnen gekommen sind, haben nicht getan gemäß dem, was ich getan in diesem verhärteten Geschlecht, außer Jesus allein, der Sohn der Größe, der der Vater aller Apostel ist.

Alfred Adam, Texte zum Manichäismus. Berlin ²1969, S. 5 f., 36.

Propheten und Religionsstifter

*269. „... daß der Weg der Wahrheit bisweilen sich zeigt
und bisweilen sich wieder verbirgt."*

Aus der Verteidigungsrede, die Mani, der Stifter des Manichäismus, vor dem Sassanidenkönig Bahram I. hielt.

Frage alle Menschen nach mir: ich habe keinen Meister und keinen Lehrer, von dem ich diese Weisheit gelernt hätte oder von dem ich diese Dinge hätte. Sondern: als ich sie empfangen habe, habe ich sie von Gott durch seinen Engel empfangen. Von Gott wurde mir Botschaft gesandt, daß ich diese in deinem Reich predigen sollte. Denn diese ganze Welt war in die Irre gegangen und auf Abwege geraten, sie war freventlich von der Weisheit Gottes, des Herrn des Alls, abgefallen. Ich aber habe von ihm empfangen und den Weg der Weisheit inmitten des Alls offenbart, auf daß die Seelen dieser Vielen gerettet würden und der Strafe entgingen. Denn das Zeugnis für alles, was ich bringe, liegt zutage; alles, was ich verkünde, bestand bereits in den früheren Generationen. Aber das ist die Gewohnheit, daß der Weg der Wahrheit bisweilen sich zeigt, bisweilen sich wieder verbirgt.

Hans Jakob Polotsky, Manichäische Homilien. Stuttgart 1934, S. 47.

270. Der manichäische Dualismus

Aus dem Bericht der maronitischen Chronik (Ende 7. Jh. n. Chr.)

Jener Mani hat in seiner Lehre erklärt, daß es zwei Urwesen gäbe, Gott und die Hyle (Materie). Das eine sei das Gute und habe die Gegenden des Ostens, Nordens, Westens und der Höhe inne; das andere, das die Hyle sei und er das Böse nannte, habe die Gegenden des Südens inne. „Als sich nun die Hyle unruhig bewegte, erhoben sich ihre Glieder gegeneinander: die Dämonen, das Feuer, die Gewässer, die Götzen. Und sie verfolgten einander und wurden voneinander verfolgt, bis daß sie zum Himmel gelangten, dem Ort des Lichtes. Und sie begehrten, ihre Finsternis in das Gute und das Licht hineinzumischen. Als Gott sie aber erblickte, fesselte er sie dort und nahm ein wenig vom Lichte und warf es zur Hyle hin gleichwie einen Angelhaken. Und als sie ihn verschlungen hatte, wurde sie dadurch gefesselt. Eben dadurch aber wurde Gott gezwungen, (die Welt) zu erschaffen.

Alfred Adam, Texte zum Manichäismus. Berlin ²1969, S. 75.

Typen religiöser Autorität

271. Quetzalcoatl

Quetzalcoatl, „die grüne Federschlange", der Priesterfürst, der das mexikanische Toltekenreich um die Wende des ersten zum zweiten nachchristlichen Jahrtausend regierte, war die religiös bedeutendste Gestalt in der indianischen Geschichte des Landes. Er trat als Gegner jener sakralen Menschenopfer auf, die in der späteren, aztektischen Geschichte Mexikos eine kultisch beherrschende Stellung gewannen. Aztekische Texte berichten über Quetzalcoatls Religiosität und kultische Übung:

Als Brandopfer verwendete er echte Türkise, Jade, rötliche Muschelschalen. Und sein Opfer bestand aus Schlangen, Vögeln, Schmetterlingen, die er tötete. Und es heißt, man sagt: Zum Inneren des Himmels betete er, richtete er seine Anbetung.

Aber die Protagonisten des Menschenopfers traten gegen Quetzalcoatl auf. Die Texte bezeichnen sie als Dämonen, und sie berichten über ihre Absichten:

Man sagt, man erzählt: zur Zeit, als Quetzalcoatl lebte, wollten ihn oftmals die Dämonen durch ihren Spott dazu verleiten, daß er mit Menschen sich entsühnen, daß er Menschen opfern sollte. Aber niemals wollte er das; er sagte: es soll nicht so weit kommen. Denn sehr liebte er seine Untertanen, welches die Tolteken waren.

Dies rief die Animosität seiner Gegner hervor, denen es gelang, Quetzalcoatl zum Verlassen von Tollan, der Metropole des Toltekenreiches, zu zwingen und zur Abreise aus Mexiko, das er zu Schiff verläßt. Der spanische Pater Bernardino de Sahagún, der bedeutendste Sammler indianischer Überlieferungen, berichtet hierüber:

Nachdem er an das Ufer des Meeres gekommen war, machte er die Schlangenbahre. Nachdem er sie fertiggestellt, setzte er sich darauf; und das galt nun gleichsam als sein Schiff. Darauf ging er, wurde von den Wassern fortgeführt...

Zuvor hatte er seine einstige Rückkehr prophezeit:

Er hinterließ, daß er noch einmal wiederkehren, daß er noch einmal seine Stadt Tollan gründen werde.

Über diese erwartete Rückkehr Quetzalcoatls berichtete der aztekische Historiker Chimalpahin:

In der folgenden Weise sprechen die alten Männer der fernen Zeit: Er selbst lebt und ist, der bis jetzt nicht stirbt, und wiederum wird er zurückkehren, der zu herrschen kommt.

Günter Lanczkowski, Verborgene Heilbringer. Darmstadt 1977, S. 13.

272. Klagegesang über den Auszug Quetzalcoatls aus Tollan

In Tollan hat das Haus aus Balken gestanden; nur noch die Schlangensäulen liegen hingestreckt da. Fortgegangen ist Quetzalcoatl, unser Fürst, eilig ist er von dannen gezogen. Sie wandern und wandern aus, unsere Edlen, die tränenwerten. Er geht fort, geht seiner Vernichtung entgegen, dorthin in das Land der Morgenröte.

Wie Felsen brechen, so (herzzerbrechend) schluchze ich; wie Wassersand beharrlich den Stein schneidet, so schneidet es mir ins Herz, daß mein Geliebter fortgegangen ist.

O nicht doch! Nicht doch! Was soll aus deinem Hause werden, dem schöngeschmückten? Was soll aus deinen Tempeln werden, die du verwaist zurückgelassen hast hier in Tollan und in Nonohualco?

Züchtigung mit Stein und Knüppel ist zwiefach und plötzlich dort über Tollan verhängt worden, wo du, Quetzalcoatl, unser Fürst, zu herrschen gekommen warst. Nie wird dein Name vergehen. Siehe, weinen wird nun dein Untertan.

Gerade hier hast du doch das Haus der Türkise und die Schlangenhäuser errichtet, hier in Tollan, wohin du zu herrschen gekommen warst, Quetzalcoatl, unser Fürst.

Leonhard Schultze Jena, Alt-aztekische Gesänge. Stuttgart 1957, S. 138ff. – Günter Lanczkowski, Aztekische Sprache und Überlieferung. Berlin – Heidelberg – New York 1970, S. 84f.

273. Sendschreiben Bahā'u'llāhs

Mīrzā Hussein ʿAlī (1817–1892), der sich am 22. April 1863 als Bahā'u'llāh, „Herrlichkeit Gottes", erklärte, war der Begründer der Bahā'i-Religion. Von Adrianopel und von Akka aus versandte er an die bedeutendsten Herrscher seiner Zeit Sendschreiben.

Aus dem Sendschreiben an die Königin Victoria:

O Königin in London! Neige dein Ohr der Stimme deines Herrn, des Herrn des ganzen Menschengeschlechtes, die vom göttlichen Lotosbaum ruft: Wahrlich, es gibt keinen Gott außer Mir, dem Allmächtigen, dem Allweisen! Wirf alles hinweg, was auf Erden ist, und schmücke das Haupt deines Königreiches mit der Krone des Gedenkens deines Herrn, des Glorreichsten. Er, wahrlich, ist in die Welt in Seiner größten Herrlichkeit gekommen, und alles, was im Evangelium verkündet ist, hat sich erfüllt. Das Land Syrien ist geehrt worden durch die Fußspuren seines Herrn, des Herrn aller Menschen, und Nord und Süd sind beide trunken vom Wein Seiner Gegenwart. Gesegnet ist der Mensch, der den Duft des Barmherzigsten einatmete und sich dem Aufgangsort Seiner Schönheit in dieser strahlenden Morgendämmerung zuwandte.

In seinem Schreiben an Napoleon III. sagte er diesem im Jahre 1868 den Verlust der Kaiserkrone voraus:

Wärest du aufrichtig in deinen Worten gewesen, so hättest du das Buch Gottes nicht beiseite geworfen, als es dir von Ihm, dem Allmächtigen, dem Allweisen, zugesandt wurde. Wir haben dich damit geprüft und fanden dich anders, als du vorgibst. Erhebe dich und suche nachzuholen, was du versäumt hast. Binnen kurzem werden die Welt und all dein Besitz untergehen, und das Reich wird Gottes bleiben, deines Herrn und des Herrn deiner Väter. Es geziemt dir nicht, deine Geschäfte nach den Befehlen deiner Leidenschaften zu führen. Fürchte die Seufzer dieses Unterdrückten, und schirme ihn vor den Speeren derer, die Unrecht tun.

Für das, was du getan hast, soll dein Reich in Verwirrung stürzen; zur Strafe für das, was du verübtest, soll deine Herrschaft deinen Händen entgleiten. Dann wirst du erkennen, wie sehr du dich geirrt hast. Aufruhr wird das ganze Volk des Landes ergreifen, es sei denn, du hilfst dieser Sache und folgst Ihm, dem Geist Gottes, auf diesem, dem Geraden Pfad. Hat dich dein Pomp stolz gemacht? Bei Meinem Leben! Er soll nicht von Dauer sein, nein, er soll bald dahinschwinden, es sei denn, du hältst dich standhaft an dieses feste Seil. Wir sehen Erniedrigung dich verfolgen, während du zu den Achtlosen gehörst.

An Zar Alexander II.:

O Zar von Rußland! Neige dein Ohr der Stimme Gottes, des Königs, des Heiligen, und wende dich dem Paradiese zu, der Stätte, wo Er wohnt, der unter den himmlischen Scharen die erhabensten Titel trägt und dem im Reiche der Schöpfung der Name Gott, der Strahlende, der Glorreiche, beigelegt wird. Hüte dich, daß dich deine Begierde nicht hindere, dich dem Angesicht deines Herrn, des Mitleidigen, des Barmherzigen zuzuwenden. Wir haben wahrlich die Sache vernommen, um die du deinen Herrn in heimlicher Zwiesprache angefleht hast. Darum wehten die Winde Meiner liebevollen Güte und wogte das Meer Meiner Barmherzigkeit, und Wir antworteten dir in Wahrheit. Dein Herr ist der Allwissende, der Allweise. Als Ich gefesselt und angekettet im Kerker lag, bot Mir einer deiner Gesandten Hilfe an. Deshalb hat Gott einen Rang für dich verordnet, welchen keine Erkenntnis begreifen kann, ausgenommen, Seine Erkenntnis. Hüte dich, daß du diesen erhabenen Rang nicht verscherzest ...

An die religiösen Führer der Welt in ihrer Gesamtheit:

O Schar der Geistlichen! Ihr werdet euch künftighin nicht mehr im Besitze irgendeiner Macht sehen, denn Wir haben sie von euch genommen und für solche bestimmt, die an Gott geglaubt haben, den Einen, den Allgewaltigen, den Allmächtigen, den Unbeschränkten.

Die Verkündigung Bahā'u'llāhs an die Könige und Herrscher der Welt. Frankfurt a. M. 1967, S. 45, 33f, 39, 91.

D. ASKETEN UND MYSTIKER – MEDITATIVE UND EKSTATISCHE ERFAHRUNGEN

ALTINDIEN

274. Der Yoga in den Upanishaden
Shvetāshvatara-Upanishad II, 8–15

8. Den Leib dreifach gerichtet, ebenmäßig,
Manas[1] und Sinne im Herzen eingeschlossen,
So mag der Weise auf dem Brahmanschiffe
Die fürchterlichen Fluten überfahren

9. Den Odem hemmend, die Bewegung zügelnd,
Bei Schwund des Hauchs ausatmend durch die Nase,
Wie jenen Wagen mit den schlechten Rossen[2]
So fessle ohne Lässigkeit das Manas!

10. Rein sei der Ort und eben, von Geröll und Sand,
Von Feuer, von Geräusch und Wasserlachen frei;
Hier, wo den Geist nichts stört, das Auge nichts verletzt,
In windgeschützter Höhlung schicke man sich an.

11. Erscheinungen von Nebel, Rauch und Sonnen,
Von Wind und Feuer, von Leuchtkäfern, Blitzen,
Von Bergkristall und Mondglanz, sind beim Yoga
In Brahman Offenbarung vorbereitend.

12. Aus Erde, Wasser, Feuer, Luft und Äther dann
Fünffach entwickelt sich die Yoga-Tugend;
Der weiß nichts mehr von Krankheit, Alter, Leiden,
Der einen Leib erlangt aus Yogafeuer.

13. Behendigkeit, Gesundheit, Unbegehren
Ein klares Antlitz, Lieblichkeit der Stimme,
Schöner Geruch, der Ausscheidungen wenig –
Darin betätigt sich zuerst der Yoga.

14. Gleichwie ein Spiegel, der mit Staub bedeckt war,
Wie Feuerschein erglänzt, wenn er gereinigt,
So wird nur, wer erkannt der Seele Wesen,
Des Ziels teilhaftig und befreit von Kummer.

15. Wenn seiner Seele Wesen wird zur Fackel,
Im Yoga Brahman's Wesen zu erschauen,
Fest, ewig, rein von allen Daseinsformen –
Wen so der Gott weiß, der wird frei von Banden.

---

[1] Denkorgan.
[2] „Rosse" als Metapher für die menschlichen Sinne.

Paul Deussen, Sechzig Upanishad's des Veda. Darmstadt ⁴1963, S. 295, 296.

BUDDHISMUS

275. Buddha berichtet über seine asketischen Übungen

Majjhima-Nikāya XII

Gautama Buddha spricht zu Sāriputta, einem seiner Lieblingsjünger:

Ich habe, so Sāriputta, vierfache Askese geübt: ich habe mich aufs äußerste kasteit, ich lebte sehr elend, sehr rücksichtsvoll und in äußerster Einsamkeit.

Zu einem solchen Grad der Askese bin ich gelangt, daß ich nackt war und schicklichen Anstand mißachtete, ich leckte mir nach dem Essen die Hände ab; ich ließ mich nicht zum Verweilen auffordern; ich nahm keine Nahrung, die man mir brachte, die besonders für mich zubereitet war; ich nahm niemals eine Einladung an; ich nahm keine Nahrung direkt aus dem Topf oder der Pfanne oder von der Türschwelle oder zwischen Stöcken und Dreschflegeln, nichts von zweien, die zusammen aßen, nichts von einer schwangeren Frau, nichts von einer stillenden Mutter, nichts von einer Frau, die Geschlechtsverkehr hatte, nichts von der Nachlese in Hungerzeiten, nichts, wo ein Hund in der Nähe war oder Fliegen flogen; niemals berührte ich Fleisch noch trank ich starke, berauschende Getränke. Ich besuchte nur ein Haus am Tag und nahm dort nur einen Bissen, oder ich besuchte nur zwei Häuser und nicht mehr als sieben Häuser und nahm in jedem nur zwei und nicht mehr als sieben Bissen. Ich lebte nur von einer einzigen Schale Nahrung am Tag oder von zwei oder bis zu sieben Schalen. Ich nahm nur eine Mahlzeit am Tag oder nur jeden zweiten Tag oder nur alle sieben Tage oder nur alle vierzehn Tage; es war ein strenger Maßstab. Meine einzige Nahrung waren grüne Kräuter oder wilde Hirse oder roher Reis oder Wasserpflanzen oder Gras oder Kuhmist. Ich habe von wilden Wurzeln und Früchten gelebt oder von Fallobst. Meine Kleidung war aus Hanf oder Halbhanf, oder es war ein Leichengewand oder Lumpen vom Müllhaufen oder Bast oder Antilopenfell oder Roßhaar oder aus Eulenfedern. In Erfüllung meiner Gelübde habe ich mir Kopf- und Barthaar ausgerissen, habe stets aufrecht gestanden und mich niemals gesetzt, ich habe auf einem Lager von Dornen geschlafen. Ich pflegte dreimal vor Einbruch der Nacht zu baden. So habe ich in mannigfacher Weise meinen Körper gequält und kasteit.

Und soweit bin ich im Ekel gegangen, daß sich an meinem Körper der Staub und Dreck von Jahren angesammelt hatte, bis er von selbst abfiel. Aber niemals kam mir der Gedanke, mich mit meinen eigenen Händen oder von anderen reinigen zu lassen.

Und in so großer Rücksichtnahme lebte ich, daß ich mit meinen Fußstapfen aufmerksam und voll Mitleid darauf achtete, nicht kleinste Lebewesen in einem Wassertropfen zu zertreten.

Und in so großer Einsamkeit lebte ich, daß, wenn ich mich im tiefsten Wald aufhielt und einen Kuhhirten oder einen Kräutersammler oder einen Waldarbeiter nur von ferne erblickte, ich in einen anderen Wald ging, von Dickicht zu Dickicht, von einem Tal ins andere, von einem Hügel zum anderen, damit weder jene mich noch ich sie sähe. Wie das Wild beim Anblick des Menschen davonstürzt, so eilte ich hinweg bei nur einem Schimmer von einem Kuhhirten, Rinderhirten, oder wem auch immer, damit weder sie mich noch ich sie sähe – derartig groß war meine Einsamkeit.

Wenn die Hirten ihre Herden aus den Ställen getrieben hatten, dann schlich ich mich auf allen vieren heran, und ich nährte mich vom Mist der jungen, milchsaugenden Kälbchen. Und auch mit meinem eigenen Kot und Urin habe ich mich ernährt. Ein derartig ekelhafter Unratfresser war ich.

Ich hielt mich in den grausigsten Tiefen der Wälder auf, die so unheimlich waren, daß sich jedem, der nicht frei von Leidenschaften war, die Haare zu Berge sträubten. Dort war ich im Winter in frostigen, kalten, dunklen Nächten, nachts unter freiem Himmel und tagsüber im Dickicht. Wenn aber die Hitze des Sommers vor der Regenzeit kam, dann verbrachte ich den Tag unter der sengenden Sonne und die Nacht im stickigen Dickicht. Dann kamen mir diese Verse in den Sinn, die noch niemand gesprochen hatte:

> Glühend heiß, eisig kalt,
> Allein im schauervollen Wald,
> Nackt und hat nicht an Wärme teil
> Der Asket, der sucht sein Heil.

Dann legte ich mich auf einen Totenacker mit Leichenknochen als Kissen. Als die Söhne der Rinderhirten vorbeikamen, spuckten und harnten sie auf mich, bewarfen mich mit Kot und steckten mir Grashalme in die Ohren; aber ich versichere, daß ich es ihnen nicht übel nahm...

Durch diese Lebensweise, durch diese entsetzlichen Entbehrungen erreichte ich nicht die edle Gabe des höchsten Wissens und der Erleuchtung. Und warum nicht? Weil nichts davon zu jener edlen Einsicht führt, die, wenn man sie erlangt hat, zur Erlösung und zum gänzlichen Erlöschen des Leidens führt.

Lord Chalmers, Further Dialogues of the Buddha I. London 1926, S. 53 ff.

276. Vergebliche Askese des Buddha
Majjhima-Nikāya XXXVI

Da kam mir der Gedanke: Laßt mich mit zusammengebissenen Zähnen und an den Gaumen gepreßter Zunge durch bloßen Willen das Gemüt niederdrücken, bezwingen und so mein Herz beherrschen. Und dies tat ich, bis der Schweiß aus meinen Achselhöhlen strömte. Gleichwie wenn ein starker Mann einen schwächeren Mann beim Kopf oder den Schultern ergreift, ihn niederdrückt, bezwingt und beherrscht, ebenso beherrschte ich mit zusammengebissenen Zähnen, an den Gaumen gepreßter Zunge durch bloßen Willen das Gemüt, drückte es nieder und bezwang es, bis der Schweiß aus meinen Achselhöhlen strömte. Entschieden wuchs da meine Ausdauer und verzagte nicht, meine Aufmerksamkeit kannte keine Zerstreuung – obwohl mein Körper arg gequält und gepeinigt wurde durch diese schmerzliche Askese, die mich antrieb. Und das solcherart in mir entstandene Wohlgefühl konnte von meinem Geist nicht Besitz ergreifen.

Da kam mir der Gedanke: Laßt mich nach der Ekstase streben, die vom Aufhören des Atmens kommt. So hielt ich die Ein- und Ausatmung durch Mund und Nase an. Da wurde das Geräusch der Luft, die durch meine Ohren strich, sehr laut, so wie das Gebläse des Blasebalges eines Schmiedes. Entschieden wuchs da meine Ausdauer..., konnte aber von meinem Geist nicht Besitz ergreifen.

Da kam mir der Gedanke: Laßt mich noch weiter nach der Ekstase streben, die vom Aufhören des Atmens kommt. So hielt ich die Ein- und Ausatmung durch Mund, Nase und Ohren an. Da schlugen Stürme auf meinen Kopf ein, so wie wenn ein starker Mann mit der Spitze eines Schwertes in meinen Schädel stieße. Entschieden wuchs da meine Ausdauer..., konnte aber von meinem Geist nicht Besitz ergreifen.

Da kam mir der Gedanke: Laßt mich noch weiter nach der Ekstase streben, die vom Aufhören des Atmens kommt. So hielt ich die Ein- und Ausatmung durch Mund und Nase und Ohren an. Da ergriffen furchtbare Schmerzen meinen Kopf, so wie wenn ein starker Mann einen Lederriemen fest um meinen Kopf gewunden hätte. Entschieden wuchs da meine Ausdauer..., konnte aber von meinem Geist nicht Besitz ergreifen.

Im folgenden werden noch weiter Versuche Buddhas berichtet, durch Anhalten des Atems zur Erkenntnis zu gelangen.

Da sahen mich einige Götter, und sie sagten, ich sei tot. Andere sagten, ich sei nicht tot, aber sterbend. Wieder andere sagten, ich sei ein Heiliger, und Heilige lebten nur einmal so!

Da kam mir der Gedanke: Laßt mich alle Nahrungsaufnahme gänzlich beenden! Daraufhin kamen Götter zu mir und baten mich, dies nicht zu tun. Andernfalls würden sie mich durch meine Poren mit himmlischen Essenzen ernähren, um mich am Leben zu erhalten. Da dachte ich mir: Wenn ich nun auch gänzliches Fasten einhielte, diese Götter mich aber durch meine Poren mit himmlischen Essenzen ernähren und mich so am Leben erhalten würden, so wäre dies meinerseits Betrug. Deshalb wies ich ihre Angebote entschieden ab.

Da kam mir der Gedanke: Laßt mich beschränken auf nur ganz wenig Nahrung, nämlich auf das Wasser, in dem Bohnen oder Wicken, Erbsen oder Linsen gekocht worden sind. Ich beschränkte mich auf diese Weise, und mein Körper wurde ganz außerordentlich mager. Wie dürres, welkes Rohr wurden da meine Glieder, und wie ein Kamelhuf wurde da mein Gesäß – und alles, weil ich so wenig aß.

Da kam mir der Gedanke: Mit allen diesen strengsten Mäßigungen mißlingt es mir, die üblichen menschlichen Grenzen zu überschreiten und mich in die Höhe edelster Erkenntnis und Einsicht zu erheben. Sollte es da nicht einen anderen Weg zur Erleuchtung geben?

Ich erinnerte mich, wie ich einst, im kühlen Schatten eines Rosenapfelbaumes auf den Ländern meines Vaters, des Shākya, sitzend, entäußert von Sinnenlust, dem Unheil entronnen, in die erste Stufe der Versenkung eintrat und darin verweilte, mit aller Lust und Befriedigung, in einem Zustand innerer Abgeschlossenheit, jedoch nicht losgelöst von Wahrnehmung und Überlegung. Könnte dies der Weg zur Erleuchtung sein? Und sofort erkannte ich, daß hier der wahre Weg zur Erleuchtung liege.

Da kam mir der Gedanke: Sollte ich etwa jenes Glück jenseits der Wünsche und jenseits des Schlechten fürchten? Und ich sagte mir: ich fürchte jenes Glück nicht.

Da kam mir der Gedanke: Es ist nicht leicht, jenes Glück mit einem derart ausgemergelten Körper zu erreichen. Auf denn, laßt mich feste Nahrung zu mir nehmen, Reis und Quark; und dies aß ich denn auch.

Zu jener Zeit waren bei mir fünf Bettelmönche, sie sahen auf mich und erwarteten, daß ich ihnen verkünde, welche Wahrheit ich erlangt hätte. Aber als ich Reis und Quark zu mir nahm, wandten sie sich mit Widerwillen von mir ab und sagten, Schwelgerei hätte mich in Besitz genommen, ich hätte den Kampf aufgegeben und sei zum Luxus zurückgekehrt.

Nachdem ich so feste Nahrung gegessen und wieder Kräfte gewonnen hatte, trat ich in die erste Stufe der Versenkung ein und verweilte in ihr. Nacheinander trat ich in die zweite, dritte und vierte Stufe der Versenkung ein und verweilte in ihnen.

Lord Chalmers, Further Dialogues of the Buddha I. London 1926, S. 174 ff.

277. Buddha erinnert sich früherer Existenzen
Majjhima-Nikāya IV

Als mein Gemüt so unerschütterlich, so gereinigt und geläutert, lauter und von Unreinem gesäubert, sanft und fügsam, fest und unerschütterlich war, da wandte ich meinen Geist zur Erkenntnis meiner früheren Existenzen. Ich rief mir meine verschiedenen Daseinformen in der Vergangenheit ins Gedächtnis – eine Wiedergeburt, dann zwei... (usw.)... Hunderttausende von Wiedergeburten bis in frühere Weltperioden zurück. In dieser oder jener früheren Existenz, so erinnerte ich mich, war dies oder jenes mein Name, meine Kaste, meine Speise, meine Freuden und Sorgen, meine Lebensdauer... So rief ich mir meine verschiedenen Existenzen in der Vergangenheit in allen Einzelheiten und Besonderheiten ins Gedächtnis. Dieses, Brahmane, war das erste Wissen, das ich in der ersten Nachtwache erlangte – es verschwand die Unwissenheit, Erkenntnis kam auf, es verschwand die Dunkelheit, Licht kam auf dank meines unermüdlichen und fest entschlossenen Lebens.

Mit gleichem unerschütterlichem Geist wandte ich mich der Erkenntnis des Vergehens und Wiederentstehens anderer Wesen zu. Mit himmlischem, reinem und übermenschlichem Blick sah ich, wie die Wesen vergehen und anderswo wiederentstehen – die hohen und niedrigen, die schönen und häßlichen, die glücklichen und die geplagten; ich sah sie alle, wie es ihnen gemäß ihrer früheren Taten erging. Da waren Wesen, die in Taten, Worten und Gedanken schlecht gelebt, das Edle herabgesetzt und nach falschen Ansichten gehandelt hatten – diese erschienen nach der Auflösung ihres Körpers nach dem Tode in Daseinsformen des Leides, des Elends, der Drangsal in höllischen Qualen. Da waren andere Wesen, die in Taten, Worten und Gedanken gut gelebt, das Edle nicht herabgesetzt und nach richtigen Ansichten gehandelt hatten – diese erschienen nach der Auflösung ihres Körpers nach dem Tode in Daseinsformen himmlischen Glückes. Und dies alles sah ich mit himmlischem Blick, und dieses, Brahmane, war das zweite Wissen, das ich in der zweiten Nachtwache erlangte – es verschwand die Unwissenheit, Erkenntnis kam auf, es verschwand die Dunkelheit, Licht kam auf dank meines unermüdlichen und fest entschlossenen Lebens.

Mit gleichem unerschütterlichem Geist wandte ich mich der Erkenntnis der Vernichtung der Übel zu. Und ich erkannte voll und ganz das Leiden, den

Ursprung des Leidens, das Aufheben des Leidens und den Weg, der zum Aufheben des Leidens führt. Als ich dies sah und erkannte, wurde mein Geist befreit von dem Übel des sinnlichen Begehrens, vom Übel fortdauernder Daseinsformen, vom Übel der Unwissenheit; und also befreit, kam in dem Befreiten die Erkenntnis auf – für mich ist der Lauf der Wiedergeburten beendet, ich habe das höchste Ziel erreicht, meine Aufgabe ist getan, nicht werde ich wieder zur Welt zurückkehren. Dieses, Brahmane, war das dritte Wissen, das ich in der dritten Nachtwache erlangte – es verschwand die Unwissenheit, Erkenntnis kam auf, es verschwand die Dunkelheit, Licht kam auf dank meines unermüdlichen und fest entschlossenen Lebens.

Lord Chalmers, Further Dialogues of the Buddha I. London 1926, S. 15 ff.

278. Zen-Buddhismus

Das Erlangen der Erlösung auch Laien zu ermöglichen, das war das gemeinsame Ziel der buddhistischen Sekten, die im mittelalterlichen Japan aufkamen. Um jedoch das gleiche Endziel zu erreichen und die Menschen durch die Unsicherheiten, die Unruhe und das Leiden dieser Zeit zu führen, verwendeten diese neuen Bewegungen sehr unterschiedliche Mittel. Die Sekten des reinen Landes und Nichirens betonten die Notwendigkeit des völligen Vertrauens auf etwas jenseits des menschlichen Selbst: auf die errettende Macht des Amida-Buddha oder des Lotos-Sūtra. Um Ruhe und Sicherheit zu finden, so sagten sie, müsse der Mensch sich selbst und seine Welt zu der jenseitigen Welt hinwenden. Im Gegensatz hierzu widersetzte sich der Zen-Buddhismus, der seine erste Bedeutung ebenso in jener Zeit gewann, energisch dem Gedanken, daß die Buddhaschaft etwas sei, das man außerhalb des eigenen Selbst und in einer anderen Welt zu suchen habe. Jeder Mensch hat eine Buddha-Natur, und um sie zu verwirklichen, muß er nur in sich selbst hineinsehen. Selbst-Verständnis und Selbst-Vertrauen sind das beherrschende Thema des Zen.

Das Mittel, durch welches diese innere Verwirklichung erreicht werden kann, wird mit dem Begriff Zen angezeigt, der „Meditation" oder „Konzentration" bedeutet. Von ihm als einem „Mittel" zu sprechen, ist jedoch nur im Hinblick auf die spezifische Verfahrensweise der Meditation angebracht: das aufrechte, mit gekreuzten Beinen und bewegungslose Sitzen, wobei der Geist völlig darauf gerichtet ist, zunächst innere Ruhe und dann Erleuchtung zu erlangen. Aber im Lichte dieser Erleuchtung werden Methode und Verwirklichung als Einheit gesehen; es wird kein „Mittel" angewandt, und es wird kein „Ende" erreicht.

Wm. Theodore de Bary (Hrsg.), Sources of Japanese Tradition. New York 1958, S. 232.

279. Gespräch Bodhidharmas mit seinen Jüngern
Aus der Chronik der chinesischen Sung-Zeit

Bodhidharma, der 28. Patriarch des Buddhismus, verlegte im Jahre 526 n. Chr. seinen Sitz nach China. Er war der Begründer der Ch'an-tsung, der „Meditationsschule", die in China und vor allem später in Japan große Bedeutung erlangte. Das Wort *ch'an*, „Versenkung, Meditation", entspricht Sanskrit *dhyāna*, Pāli *jhāna* und japanischem *zen*.

Neun Jahre waren vergangen, und er (Bodhidharma) wünschte schon, westwärts, nach Indien, heimzukehren. Da befahl er seinen Jüngern und sprach: „Schon ist die Zeit gekommen. Warum sagt nicht jeder von euch, was er schon erlangt hat?"

Da erwiderte der Jünger Tao-fu: „Wie ich sehe, haftet (die Wahrheit) weder an Worten und Schriftzeichen, noch ist sie getrennt von Worten und Schriftzeichen. Doch wirkt sie als Weg."

Der Meister sprach: „Du hast meine Haut erlangt."

Eine Nonne, Tsung-chih, sprach: „Wie ich jetzt begriffen habe, ist (die Wahrheit) gleich dem glückfrohen Schauen des Buddhalandes des Akshobya: einmal geschaut und kein zweites Mal wieder."

Der Meister sprach: „Du hast mein Fleisch erlangt."

Tao-yu sprach: „Die vier großen Elemente sind ursprünglich bestimmungslos. Die fünf Skandha haben keinen Sinn. Wie ich glaube, kann kein Dharma (keine Lehre) erfaßt werden."

Der Meister sprach: „Du hast meine Knochen erlangt."

Zuletzt war da Hui-k'o. Er verneigte sich ehrfürchtig und stand an seinem Platze.

Der Meister sprach: „Du hast mein Mark erlangt."

Heinrich Dumoulin, Zen. Geschichte und Gestalt. Bern 1959, S. 78 f.

280. Bodhidharmas Gespräch mit Kaiser Wu

Der Kaiser sagte: „Man vermag kaum aufzuzeichnen, wie viele Tempel ich bauen, Buddhapredigten ich abschreiben und Mönche ich weihen ließ. Welche Verdienste habe ich mir dadurch erworben?"

Der Meister (Bodhidharma) erwiderte: „Gar keine."

Der Kaiser: „Weshalb?"

Darauf der Meister: „Das sind nur wertlose Verdienstgründe, die noch eng mit der Wiedergeburt verknüpft sind. Sie sind wie Schatten, die der Gestalt folgen, sie besitzen keine eigene Wesenheit."

Der Kaiser: „Worin bestehen denn wahre Verdienste?"

Der Meister: „Es ist das reine Wissen, wunderbar und rund. Sein Wesen ist

Leere und Stille. Solcherlei Verdienst läßt sich nicht durch weltliches Tun erlangen."
Darauf fragte der Kaiser von neuem: „Welches ist der höchste Sinn der heiligen Wahrheit?"
Der Meister: „Offene Weite – nichts von heilig!"
Der Kaiser: „Wer ist das, der mir so zu entgegnen wagt?"
Der Meister: „Ich weiß es nicht!"

Daisetz Teitaro Suzuki, Zen und die Kultur Japans. Hamburg 1958, S. 140ff.

281. Satori, die „Erleuchtung" im Zen

Offiziell sind für das Satori keine Normen niedergeschrieben worden. Dennoch gibt es ein eindeutiges Kriterium, das in allem, was die Zen-Meister sagen und schreiben, von großer Bedeutung ist – und es verdient auch unsere Aufmerksamkeit, weil es oft zum Konflikt mit westlichen Christen führt. Es ist die Tatsache, daß Erleuchtung eine Erfahrung der absoluten Einheit ist; sie ist jenseits von Subjekt und Objekt; das empirische Ich ist so sehr untergetaucht, daß es kein „Ich" und kein „Es" mehr gibt, sondern nur noch reines Sein oder „Ist". In den vorbereitenden Phasen wird einem ständig gesagt, daß das Ich nicht existiert, daß es vernichtet werden muß; man wird seiner Identität mit dem Universum versichert...

William Johnston, Der ruhende Punkt. Zen und christliche Mystik. Freiburg 1974, S. 33f.

282. Die Bedeutung des meditativen Sitzens (zazen)

Als ich im Zen-Kloster von T'ien-t'ung (China) weilte, pflegte der ehrwürdige Ching bis in die frühen Morgenstunden hinein im Sitzen zu verharren und nach einer kleinen Ruhepause sich bald wieder zu erheben, um erneut mit dem Sitzen zu beginnen. In der Meditationshalle saßen wir mit den Älteren, ohne eine einzige Nacht auszulassen. In der Zwischenzeit fingen viele Mönche an zu schlafen. Der Älteste pflegte zwischen ihnen herumzugehen und die Schläfer mit seiner Faust oder einem Pantoffel zu schlagen und ihnen zuzubrüllen, sie sollten aufwachen. Wenn ihre Schläfrigkeit anhielt, pflegte er in die Halle zu gehen und die Glocke zu läuten, um die Mönche in einen Seitenraum zu rufen, wo er sie dann bei Kerzenlicht unterrichtete.

„Welchen Sinn hat es, daß ihr euch in der Meditationshalle versammelt, nur um zu schlafen? Ist das alles, wofür ihr die Welt verließet und der heiligen Ordnung folgtet? Selbst unter den Laien, seien sie nun Kaiser, Fürsten oder Beamte, gibt es da welche, die ein Leben in Müßiggang führen? Der Herrscher muß die Pflichten des Staatsoberhauptes erfüllen, seine Minister müssen ihm mit Treue und Ergebenheit dienen, und das Volk muß arbeiten, um das Land zu bestellen – keiner lebt ein Leben des Müßigganges. Sich solcher Laster zu entziehen und die Zeit untätig in einem Kloster verstreichen zu lassen – was soll das nützen? Groß sind die Probleme von Leben und Tod; und schnell dahineilend ist unsere flüchtige Existenz. In diesen Wahrheiten stimmen die Schrift- und Meditationsschulen überein. Was für eine Krankheit erwartet uns nachts, welche Todesart morgens? Solange wir am Leben sind, nicht Buddhas Gesetz auszuführen, sondern die Zeit im Schlaf zu verbringen, das ist die Höhe der Narrheit. Wegen solcher Narrheit befindet sich der Buddhismus jetzt im Niedergang. Als er auf seinem Höhepunkt war, widmeten sich die Mönche der Praxis des meditativen Sitzens *(zazen)*, aber heute wird nicht allgemein auf dem Sitzen bestanden, und folgerichtig verliert der Buddhismus an Boden..."

Bei einer anderen Gelegenheit sagten seine Zuhörer zu ihm: „Die Mönche werden übermüdet oder krank, und einige von ihnen erwägen, das Kloster zu verlassen, nur weil von ihnen verlangt wird, zu lange in der Meditation zu sitzen. Könnte die Länge der Sitzungszeit nicht abgekürzt werden?" Der Meister wurde höchst ungehalten: „Das würde ganz verkehrt sein. Ein Mönch, der nicht wirklich dem religiösen Leben ergeben ist, mag sehr wohl in einer halben oder einer Stunde in Schlaf fallen. Aber einer, der ihm treu ergeben ist und beschlossen hat, seine religiösen Pflichten ausdauernd zu erfüllen, wird schließlich dazu kommen, sich an der Praxis des Sitzens zu erfreuen, ohne Rücksicht darauf, wie lange sie andauert. Als ich jung war, pflegte ich die Vorsteher verschiedener Klöster zu besuchen, und einer von ihnen erläuterte mir: „Früher pflegte ich schlafende Mönche so hart zu schlagen, daß meine Faust fast brach. Jetzt bin ich alt und schwach; deshalb kann ich sie nicht mehr kräftig genug schlagen. Deshalb wird es schwer, gute Mönche zu erziehen. In vielen Klöstern setzen die Oberen das Sitzen nicht streng genug durch, und so verfällt der Buddhismus. „Er riet mir: Je mehr du sie schlägst, desto besser."

Wm. Theodore de Bary, Sources of Japanese Tradition. New York 1958, S. 253f.

283. Die Auflösung des persönlichen Ego im Zen

Gewiß gab es früher in Japan und gibt es auch heute viele, die durch einen unwiderstehlichen Drang zu der Praxis getrieben werden, weil sie eine Antwort auf so schwierige und tiefgründige Fragen suchen, wie etwa: was ist die Natur des Menschen und des Universums? Was ist das Leben, was ist der Tod? Ich weiß nicht, ob sie durch Zen eine befriedigende Antwort auf diese Lebensfragen finden werden oder nicht.

Sie finden bestimmt dann nicht die richtigen Antworten, wenn sie nicht durch ihre Zen-Praxis bzw. durch ihren Blick ins eigene Innerste die intuitive Einsicht in DAS erlangen, worin alle Antworten liegen...

Im Verlaufe des Studiums und der Zen-Praxis durch lange, lange Zeit... löst sich das so kleine persönliche Selbst nach und nach auf, und man kennt kein Selbst mehr, sondern nur noch das GROSSE SELBST, keinen persönlichen Willen mehr, sondern nur noch den GROSSEN WILLEN. Man erlangt das Verständnis der wirklichen Bedeutung von (chinesisch) *wu-wei* oder japanisch *mui* – „Nichthandeln". Wer das als Einzelwesen weiß, hat künftig nichts mehr zu tun. Man hört zwar nicht auf zu handeln, doch die Handlungen entstehen spontan aus dem ewigen Fluß der Aktivität des DAS, mit dem man nicht nur in Einklang ist, sondern man IST es...

Das Ziel von Zen ist zunächst Erweckung, die Erweckung zu unserem wahren Selbst. Mit dieser Erweckung zu unserem wahren Selbst kommt die Befreiung von unserem kleinen Selbst oder persönlichen Ego. Wenn diese Befreiung von dem persönlichen Ego schließlich vollendet ist, dann kennen wir die Freiheit, von der Zen spricht.

Ruth Fuller-Sasaki, Zen – A Method for Religious Awakening, in: Nancy Wilson Ross, The World of Zen. London 1962, S. 28 f.

284. Einige Kōan

Der für den Zen-Buddhismus charakteristische Kōan (chinesisch: Kung-an) bedeutet wörtlich „öffentliche Bekanntmachung". Im Zen bezeichnet er knappe, anekdotische Berichte, meist Gespräche zwischen Meister und Schüler, die oft absurde, groteske und auch äußerst derbe Aussagen enthalten. Die folgenden Texte sind aus verschiedenen Publikationen zusammengestellt.

Frage: Alle Menschen haben ihren Geburtsort auf Grund der Ursachenverknüpfung. Wo ist dein Geburtsort? Antwort: Frühmorgens aß ich Reisgrütze; jetzt fühle ich wieder Hunger.

Frage: Was ist die reinste Gestalt der Wahrheit?
Antwort: Die Heckenwand um den Abort.

Frage: Inwiefern ähnelt meine Hand der Hand Buddhas?
Antwort: Flöte spielend im Licht des Mondes.

Frage: Inwiefern ähnelt mein Fuß einem Eselsfuß?
Antwort: Wenn der weiße Reiher im Schnee steht, ist er von anderer Farbe.

Frage: Was bedeutet Bodhidharmas Kommen aus dem Westen?
Antwort: Die Zypresse im Garten.

Ein Mönch fragte Meister Joshu: Was ist Joshu?
Der Meister antwortete: Östliches Tor, westliches Tor, südliches Tor, nördliches Tor.

Frage: Befreit Buddha wirklich jedes Lebewesen?
Antwort: In Wirklichkeit gibt es keine Lebewesen, die Buddha befreien könnte. Wenn sogar das Selbst keine objektive Existenz hat, wieviel weniger hat sie das, was anders ist als das Selbst. Deshalb existieren objektiv weder Buddha noch Lebewesen.

285. Buddhistische Kritik am Zen

Es gibt einen gewissen Typ von Zen-Meistern, die in ein gemeinsames Geschrei einstimmen, um zu leugnen, daß die Sūtras (Lehrschriften) die wahre Lehre Buddhas enthalten. „Nur in der persönlichen Übermittlung von einem Patriarchen zum anderen wurde die eigentliche Wahrheit überliefert; nur in der Übermittlung der Patriarchen können die vorzüglichen und tiefen Geheimnisse Buddhas gefunden werden." Derartige Feststellungen bilden den Höhepunkt der Narrheit, es sind die Worte Irrsinniger. In der unverfälschten Tradition der Patriarchen gibt es nichts Geheimes oder Besonderes, nicht ein einziges Wort oder einen Satz, der von den buddhistischen Sūtras abwiche. Die Sūtras und die Überlieferung der Patriarchen stellten gleichermaßen die unverfälschte Tradition dar, die sich von dem (historischen) Buddha Shākyamuni herleitet. Der einzige Unterschied zwischen beiden besteht darin, daß sich die Tradition der Patriarchen direkt von Person zu Person vollzog. Wer wagte also, die Sūtras Buddhas zu mißachten? Wer kann sich weigern, sie zu studieren? Wer kann sich weigern, sie zu rezitieren? Unter unseren würdigen Vorgängern studierten viele die Schriften. Deshalb sollte man jenen freizügigen Individuen sagen: „Die Sūtras Buddhas so, wie ihr es sagt, aufzugeben bedeutet, den Geist Buddhas zu verwerfen, den Leib Buddhas zu verwerfen. Geist und Leib Buddhas zu verwerfen bedeutet, die Kinder (Anhänger) Buddhas zu verwerfen. Die Kinder Buddhas zu verwerfen bedeutet, die Lehre Buddhas zu verwerfen. Und wenn die Lehre Buddhas verworfen werden soll, warum sollte dann nicht auch die Lehre der Patriarchen verworfen werden? Und wenn ihr die Lehre Buddhas und der Patriarchen abgeschafft habt, was wird übrigbleiben außer einem Haufen kahlköpfiger Mönche? Dann werdet ihr es sicherlich verdient haben, mit der Rute gezüchtigt zu werden. Nicht allein würdet ihr es verdient haben, von den Herrschern dieser Welt geknechtet, sondern zur Strafe auch in die Hölle geworfen zu werden.

Etō, Shūso to shite no Dōgen Zenji. S. 246. – Wm. Theodore de Bary (Hrsg.), Sources of Japanese Tradition. New York 1958, S. 255f.

Buddhismus

286. *Ein Gesang des Mila ras-pa*

Mila ras-pa, d. h. „Mi-la, der mit dem Baumwolltuch Bekleidete" (1040–1123), war einer der bedeutendsten tibetischen Mystiker, und er zählt zu den beliebtesten Dichtern Tibets. Das folgende Lied ist beispielhaft für seine Einsiedlerpoesie.

Dies ist die Einsiedelei, „Schloß der Erleuchtung" genannt.
Oben türmt sich der hohe und weiße Gletscherberg machtvoller Götter,
Unterhalb finde ich zahlreiche gläubige Spender von Gaben.
Im Rücken den Berg verhüllt ein weiß-seidener Vorhang,
Vor mir ballen sich wunschgewährende Wälder.
Wiesentäler und grüne Matten dehnen sich weit.
Über der Wasserlilie lieblich und duftreich
Summt und brummt das Insektenvolk.
An Weihers und Teiches Gestade
Äugt gewendeten Halses der Wasservogel.
In der Bäume breitem Geäst
Singt lieblich die reizende Vogelschar.
Bewegt vom Wind, dem Träger der Düfte,
Wiegt sich tanzend der Bäume Gezweig.
Im Baumeswipfel, hoch und zu sehen,
Erproben Affen und Äfflein mannigfach ihre Geschicklichkeit.
Auf grüner, weicher, weiter Wiesenmatte
Zerstreut sich weidend das vierfüßige Vieh,
Viehhirten aber, ihre Hüter,
Lassen Lieder erklingen und lieblichen Flötenschall.
Und Sklaven weltlicher Habsucht
Erfüllen die Erde, beschäftigt mit ihrem irdischen Tand.
Doch ich, der Yogin, der darauf herniederschaut,
Auf weithin sichtbarem herrlichem Felsen
Nehme die unbeständige Welt der Erscheinung als Gleichnis
Die irdischen Güter acht' ich dem Trugbild im Wasser gleich.
Dies Leben betracht' ich als Täuschung des Traums.
Den nicht Erkennenden weihe ich Mitleidsgedanken.
Der leere Luftraum dient zur Speise mir.
Ohne Zerstreutheit bleibt die Versenkung.
Daß alle Vielfalt, die da meinem Geist sich offenbart,
Ach, daß die Dinge auch des Kreislaufs der drei Welten,
Obwohl unwirklich, sichtbar dennoch sind, welch großes Wunder ist's!

Helmut Hoffmann, Die Religionen Tibets. Freiburg–München 1956, S. 151.

JAINISMUS

287. *Askese und Meditation des Mahāvīra*

Bambhacerāiṁ 9,1ff.

Mahāvīra, „der große Held", und Jina, „der Sieger", sind die Ehrennamen des Vaidhamāna, eines Zeitgenossen Buddhas. Er stiftete die Religion des Jainismus, die – im Gegensatz zum Buddhismus – in ihrer Verbreitung auf Indien begrenzt blieb.

Länger als vier Monate kam vielerlei Getier, bekroch seinen Leib und blieb dort, weidete daselbst und machte (ihn) wund. Ein Jahr und einen Monat lang (war es), daß der Herr das Kleid nicht von sich tat; dann (aber war er) kleiderlos, ein Dulder, nachdem er, hauslos, das Kleid abgelegt. Nun versenkt er sich, indem er das Auge auf eine Wand heftet, die von Manneshöhe ist und sich seitlich erstreckt, innerhalb (von ihr) in Tiefsinn; darauf, durch den Anblick erschreckt, schrien viele: „Seht da!" Wo die Geschlechter gemeinsam schlafen, will er von Weibern nichts wissen; Geschlechtsgenuß pflegt er nicht, (und) so versenkt er sich in Tiefsinn, wenn er das Lager aufgesucht hat. Die von ihren Häusern sich nicht trennen können, mit denen gibt er die Gemeinschaft auf und versenkt sich in Tiefsinn; und wenn sie ihn fragen, so antwortet er nicht, aufrecht geht er (weiter) und nimmt keine Rücksicht. Nicht leicht wird dies manchen (Leuten): er antwortet denen nicht, die ihn grüßen, nachdem er (nämlich) mit Stöcken geschlagen, von den Ruchlosen hart mitgenommen worden ist. Die schwer zu ertragenden Schmähreden nichtbeachtend, als Weiser (schweigend) vorwärtsstrebend, sah der Nāya-Sohn ohne Kummer (die Leute), die gelegentlich in Gespräch vertieft waren; zu Vorträgen, Tanz, und Gesang, zu Stab- und Faustkämpfen, diesen niederen Vergnügungen, geht der Nāya-Sohn, (aber) nicht, um seine Gedanken daran zu hängen. Über zwei Jahre hatte er (schon) kein kaltes (d. h. frisches) Wasser (mehr) genossen, als er auszog in die Heimatlosigkeit...

Walther Schubring, Die Jainas. Religionsgeschichtliches Lesebuch 7 (Hrsg. Alfred Bertholet). Tübingen ²1927, S. 4.

HELLENISMUS

288. Ausführungen über Ekstase
Iamblichos, Über die Geheimlehren III, 4–6

Iamblichos (gest. 330 n. Chr.) gehörte zu den führenden Neuplatonikern seiner Zeit.

Unter den Zeichen, durch die jene erkannt werden können, die wahrhaftig von den Göttern in Besitz genommen wurden, ist das wichtigste die Tatsache, daß viele von Ihnen nicht verbrannt werden, obwohl Feuer an sie gelegt wird, da die Gottheit, deren Hauch in ihnen ist, es nicht zuläßt, daß das Feuer sie erfaßt; viele auch nehmen es nicht wahr, wenn sie angebrannt werden, da sie in diesem Augenblick kein leibliches Leben haben. Viele haben Dolche durch ihren Körper gestoßen, ohne es zu fühlen; andere haben ihren Rücken mit Beilen geschlagen oder ihre Arme mit Messern aufgeschnitten, ohne etwas davon wahrzunehmen. Die Tätigkeiten, mit denen sie sich befassen, sind nicht menschlicher Art, und da sie von Gott getragen werden, können sie Orte erreichen, die für gewöhnliche Menschen unzugänglich sind; sie gehen unversehrt durchs Feuer; sie schreiten über das Feuer, und sie durchqueren Flüsse wie die Priesterin in Kastabala (die barfuß im Schnee und über heiße Kohlen ging). Das beweist, daß sie in ihrem Enthusiasmus sich dessen nicht bewußt sind, was sie tun, und daß sie, soweit Gefühl und Willen betroffen sind, kein menschliches oder körperliches Leben führen, sondern auf eine andere und göttliche Art leben, die sie erfüllt und vollständig von ihnen Besitz ergreift.

Es gibt sehr unterschiedliche Arten von göttlicher Besessenheit, und es gibt verschiedene Wege, den göttlichen Geist zu erwecken; daraus folgt, daß es auch sehr unterschiedliche Anzeichen dieses Zustandes gibt. Einmal sind es verschiedene Götter, von denen wir den Geist empfangen, und dies führt zu einer Vielfalt von Formen, in denen sich die Inspiration kundtut; ferner sind die Arten der Einwirkung mannigfaltig, und sie bewirken auch eine Vielgestaltigkeit der Gottergriffenheit. Denn entweder nimmt der Gott uns in Besitz, oder wir gehen ganz in ihm auf, oder wir wirken mit ihm zusammen. Zeitweise haben wir teil an der niedrigsten Kraft des Gottes, ein anderes Mal an der mittleren, und noch zu anderen Zeiten an der höchsten. Manchmal ist es bloße Teilhabe, manchmal Gemeinschaft, oder es wird eine Verbindung dieser Arten. Die Seele genießt bald völlige Trennung, bald ist sie noch mit dem Körper verknüpft, oder das ganze Wesen wird erfaßt.

Daher sind die Anzeichen für die Besessenheit vielfältig: entweder Bewegung des Körpers und seiner Teile oder vollkommene Erschlaffung; Gesänge, Tänze und harmonische Stimmen oder das Gegenteil von alledem. Man hat gesehen, wie die Körper sich erheben, wachsen und frei in der Luft schweben, und das

Gegenteil ist auch beobachtet worden. Man hat Stimmen von gleicher Stärke gehört oder von ganz großer Unterschiedlichkeit und Ungleichmäßigkeit, von Tönen, die mit Schweigen abwechselten und wiederum in anderen Fällen harmonisches Anwachsen und Abschwellen des Tones, und noch andere Fälle von anderen Arten des stimmlichen Ausdruckes.

Aber das Wesentlichste ist, daß derjenige, der so eine Gottheit heraufbeschwört, die Größe und Art des eindringenden Geistes erblickt; er wird von ihm auf geheimnisvolle Weise geführt und gelenkt... Gelegentlich tut sich der Gott allen kund, die anwesend sind, entweder wenn er kommt oder geht. Daraus wird den Wissenden bekannt, worin seine Wahrheit und Macht und sein Platz hauptsächlich liegen, und was ihn durch sein Wesen befähigt, die Wahrheit zu verkünden, und auch, welche Kraft er zu vergeben oder zu bewahren vermag. Diejenigen jedoch, die ohne diese beseligende Schau die Geister herbeirufen, greifen nur aus und berühren Dinge im Dunkel und wissen nicht, was sie tun, abgesehen von einigen minderen Anzeichen am Körper des Besessenen oder anderen sichtbaren Symptomen; aber das volle Verständnis der Gottergriffenheit ist ihnen versagt und bleibt verborgen im Unsichtbaren.

Frederick C. Grant, Hellenistic Religions. New York 1953, S. 173 ff.

ISLAM

289. Mohammeds Himmelfahrt

Aus der Traditionssammlung des al-Buchārī (gest. 870)

Der Prophet erzählte ihnen von der Nacht, in der er entrückt wurde, folgendermaßen:

Während ich mich in dem Hatim[1] befand und dalag, kam jemand heran, machte... einen Schnitt und nahm mein Herz heraus. Dann brachte man mir einen goldenen, mit Glauben gefüllten Napf heran, wusch mein Herz (darin) und setzte es (mir) wieder ein. Dann brachte man mir ein weißes Reittier, kleiner als das Maultier und größer als der Esel – das ist der Burāq –, das seine Schritte so weit setzte, wie es sehen konnte. Auf das wurde ich gesetzt, und Gabriel brachte mich fort, bis er zum untersten Himmel gelangte. Da begehrte er Einlaß, und man fragte: „Wer ist da?" Er antwortete: „Gabriel." Man fragte: „Wer ist bei dir?", und er antwortete: „Mohammed." Man fragte: „Hat man ihn (zur Himmelfahrt) entboten?", und er antwortete: „Ja." Da sagte man: „Er sei willkommen und wohl seiner Ankunft!" Da machte er auf, und als ich eintrat, war Adam darin, und (Gabriel) sagte: „Das ist dein Vater Adam,

Islam

grüße ihn." Da grüßte ich ihn, und er erwiderte den Gruß und sagte darauf: "Willkommen sei der rechtschaffene Sohn und der rechtschaffene Prophet."

Darauf stieg (Gabriel) empor, bis er zum zweiten Himmel gelangte. Da begehrte er Einlaß, und man fragte: "Wer ist da?", und er antwortete: "Gabriel." Man fragte: "Wer ist bei dir?", und er antwortete: "Mohammed." Man fragte: "Hat man ihn (zur Himmelfahrt) entboten?", und er antwortete: "Ja." Da sagte man: "Er sei willkommen, und wohl seiner Ankunft." Da macht er auf, und als ich eintrat, waren Johannes und Jesus, die beiden Vettern, da, und (Gabriel) sagte: "Das sind Johannes und Jesus, grüße sie; und sie erwiderten den Gruß und sagten darauf: "Willkommen sei der rechtschaffene Bruder und rechtschaffene Prophet."

Darauf stieg (Gabriel) mit mir bis zum dritten Himmel empor. Da begehrte er Einlaß, und man fragte: "Wer ist da?", und er antwortete: "Gabriel." Man fragte: "Wer ist bei dir?", und er antwortete: "Mohammed." Man fragte: "Hat man ihn (zur Himmelfahrt) entboten?", und er antwortete: Ja!" Da sagte man: "Er sei willkommen, und wohl seiner Ankunft." Da machte man auf, und als ich eintrat, war da Joseph, und (Gabriel) sagte: "Das ist Joseph, grüße ihn." Da grüßte ich ihn, und er erwiderte den Gruß und sagte darauf: "Willkommen sei der rechtschaffene Bruder und der rechtschaffene Prophet."

Darauf stieg Gabriel mit mir empor, bis er zum vierten Himmel gelangte. Da begehrte er Einlaß, und man fragte: "Wer ist da?", und er antwortete: "Gabriel." Und man fragte: "Wer ist bei dir?", und er antwortete: "Mohammed." Man fragte: "Hat man ihn (zur Himmelfahrt) entboten?", und er antwortete: "Ja." Da sagte man: "Er sei willkommen, und wohl seiner Ankunft." Da machte man auf, und als ich zu Idrīs[2] eintrat, sagte (Gabriel) "Das ist Idrīs, grüße ihn." Da grüßte ich ihn, und er erwiderte den Gruß und sagte darauf: "Willkommen sei der rechtschaffene Bruder und rechtschaffene Prophet."

Darauf stieg (Gabriel) mit mir empor, bis er zum fünften Himmel gelangte. Da begehrte er Einlaß, und man fragte: "Wer ist da?", und er antwortete: "Gabriel." Man fragte: "Wer ist bei dir?", und er antwortete: "Mohammed." Man fragte: "Hat man ihn (zur Himmelfahrt) entboten?", und er antwortete: "Ja." Da sagte man: "Er sei willkommen, und wohl seiner Ankunft." Und als ich eintrat, war Aaron da, und (Gabriel) sagte: "Das ist Aaron, grüße ihn." Da grüßte ich ihn, und er erwiderte den Gruß und sagte darauf: "Willkommen sei der rechtschaffene Bruder und rechtschaffene Prophet."

Darauf stieg (Gabriel) mit mir empor, bis er zum sechsten Himmel gelangte. Da begehrte er Einlaß, und man fragte: "Wer ist da?", und er antwortete: "Gabriel!" Man fragte: "Wer ist bei dir?", und er antwortete: "Mohammed." Man fragte: "Hat man ihn (zur Himmelfahrt) entboten?", und er antwortete: "Ja." Da sagte er: "Er sei willkommen, und wohl seiner Ankunft." Und als ich eintrat, war Moses da, und (Gabriel) sagte: "Das ist Moses, grüße ihn." Da grüßte ich ihn, und er erwiderte darauf: "Willkommen sei der rechtschaffene Bruder und rechtschaffene Prophet." Und als ich an ihm vorbeiging, weinte er; da sagte man ihm: „Warum weinst du?"; er antwortete: „Ich weine, weil von der Gemeinde eines Jünglings, der nach mir gesandt worden ist, mehr in das Paradies eingehen werden als von meiner Gemeinde."

Darauf stieg Gabriel mit mir bis zum siebenten Himmel empor. Da begehrte Gabriel Einlaß, und man fragte: „Wer ist da?", und er antwortete: „Gabriel." Man fragte: „Wer ist bei dir?", und er antwortete: „Mohammed." Man fragte: „Hat man ihn (zur Himmelfahrt) entboten?", und er antwortete: „Ja." Da sagte er: „Er sei willkommen, und wohl seiner Ankunft!" Und als ich eintrat, war Abraham da, und (Gabriel) sagte: „Das ist dein Vater, grüße ihn!" – (Der Prophet) sagte: „ – Da grüßte ich ihn, und er erwiderte den Gruß und sagte: „Willkommen sei der rechtschaffene Sohn und der rechtschaffene Prophet!"

Darauf wurde ich zu dem Sidrabaum am Ende[3] erhoben; da waren seine Früchte wie die Tonkrüge von Hadschar[4] und seine Blätter wie Elefantenohren, und (Gabriel) sagte: „Das ist der Sidrabaum am Ende." Da waren noch vier Ströme, zwei verborgene und zwei sichtbare, und ich fragte: „Was sind diese beiden, o Gabriel?" Er antwortete: „Die beiden verborgenen sind zwei Ströme im Paradiese, und die beiden sichtbaren sind der Nil und der Euphrat."

Darauf wurde mir das wohlgebaute Haus, in das täglich 70 000 Engel eingehen, vorgeführt, darauf wurde mir ein Gefäß mit Wein, ein Gefäß mit Milch und ein Gefäß mit Honig gebracht; da nahm ich die Milch, und (Gabriel) sagte: „Das ist die religiöse Anlage, die du und deine Gemeinde haben sollst." Darauf wurden mir die Salāts[5] zur Pflicht gemacht, und zwar täglich 50 Salāts. Dann kehrte ich zurück und kam an Moses vorbei; der fragte: „Was ist dir aufgetragen worden?" – (Der Prophet) antwortete: – „Mir sind täglich 50 Salāts aufgetragen worden." Er erwiderte: „Deine Gemeinde ist zu täglich 50 Salāts nicht imstande; ich habe, bei Allah, die Menschen vor dir kennengelernt und mich sehr viel mit den Israeliten abgegeben, kehre zu deinem Herrn um und bitte um eine Erleichterung für deine Gemeinde." Da kehrte ich um, und mir wurden 10 Salāts abgenommen. Dann kehrte ich zu Moses zurück, und er sagte dasselbe. Da kehrte ich um, und mir wurden 10 Salāts abgenommen. Dann kehrte ich zu Moses zurück, und er sagte dasselbe. Da kehrte ich um, und mir wurden täglich 10 Salāts aufgetragen. Dann kehrte ich zurück, und er sagte dasselbe. Da kehrte ich um, und mir wurden täglich fünf Salāts aufgetragen. Dann kehrte ich zu Moses zurück, und er fragte: „Was ist dir aufgetragen worden?" Ich antwortete: „Mir sind täglich fünf Salāts aufgetragen worden. Er erwiderte: „Deine Gemeinde ist zu täglich fünf Salāts nicht imstande; ich habe die Menschen vor dir kennengelernt und mich sehr viel mit den Israeliten abgegeben; kehre zu deinem Herrn zurück und bitte ihn um eine Erleichterung für deine Gemeinde." – (Der Prophet) sagte: „ – Ich habe meinen Herrn gebeten, bis ich mich schämte, aber (nun) bin ich zufrieden und nehme es an." – (Der Prophet) sagte: „ – Und als ich vorbeiging, rief jemand: „Ich[6] habe ein Gebot durchgeführt und (es doch) meinen Dienern leichtgemacht."

---

[1] Ein an die Kaaba angrenzender Raum.
[2] Gestalt der islamischen Prophetenlegende, etwa Henoch entsprechend.
[3] Vgl. Koran 53, 14.16.
[4] Landschaft in Arabien.
[5] Die Salāt ist das islamische Pflichtgebet.
[6] D.h. Allah.

Joseph Schacht, Der Islam. Mit Ausschluß des Qor'ans. Religionsgeschichtliches Lesebuch 16 (Hrsg. Alfred Bertholet). Tübingen ²1931, S. 5–7.

290. Die mystische Himmelsreise des Bāyazīd al-Bistāmī

Bāyazīd al-Bistāmī (gest. 875 n.Chr.) war einer der bedeutendsten islamischen Mystiker persischer Herkunft.

Ich sah, daß mein Geist zum Himmel getragen wurde. Er sah auf nichts und beobachtete nichts, obgleich das Paradies und die Hölle sich vor ihm entfalteten; denn er war vom Schleier der Erscheinungswelt befreit. Dann wurde ich ein Vogel, dessen Körper aus Einheit und dessen Flügel aus Dauer waren, und ich fuhr fort, in der Luft des Absoluten zu fliegen, bis ich in die Sphäre der Läuterung gelangte und auf das Feld der Ewigkeit schaute und dort den Baum der Einheit[1] erblickte. Als ich hinsah, war ich selbst all dies. Ich schrie auf: „O Herr, in meiner Eigenliebe kann ich dich nicht erreichen, und ich kann meinem Selbst nicht entrinnen. Was soll ich tun?" Gott sprach: „O Abū Yazīd, du mußt Befreiung von deinem Du-Sein gewinnen, indem du meinem Geliebten[2] folgst. Bestreiche deine Augen mit dem Staub seiner Füße und folge ihm beständig."

---

[1] Baum im siebenten Himmel, zur rechten Seite vom Thron Allahs.
[2] Mohammed.

A.J. Arberry, Sufism. London 1950, S. 54f.

291. Hasan von Basra preist die Askese

Hasan von Basra (642–728) lebte im ersten Jahrhundert des Islam; er forderte eine verinnerlichte Religiosität.

Hüte dich vor dieser Welt mit größter Bedachtsamkeit; denn sie ist wie eine Schlange, glatt, wenn man sie berührt, doch ihr Gift ist tödlich... Je mehr dir diese Welt gefällt, desto mehr sei auf der Hut vor ihr; denn wenn ein Mensch sich im Vergnügen an ihr sicher fühlt, treibt ihn die Welt in Mißhelligkeit, und immer, wenn er etwas von ihr erlangt und sich darin einrichtet, kehrt die Welt ihm das Oberste zuunterst. Und nochmals: hüte dich vor dieser Welt, denn ihre Hoffnungen sind Lügen, ihre Erwartungen trügen; ihre Leichtigkeit ist Härte, und ihre Klarheit ist verschwommen... Selbst wenn sich der Allmächtige zu dieser Welt überhaupt nicht geäußert hätte..., würde doch die Welt selbst den Schlafenden geweckt und den Unbedarften wachgerüttelt haben – wieviel mehr erst, wenn wir erkennen, daß Gott selbst uns vor ihr gewarnt hat!... Denn diese Welt hat vor Gott weder Wert noch Gewicht, so geringfügig ist sie... Sie war unserem Propheten angeboten worden mit all ihren Schätzen, aber er weigerte sich, sie anzunehmen, obwohl ihn nichts daran hinderte... Denn er verabscheute zu lieben, was sein Schöpfer haßte, und zu verherrlichen, was sein Herr herabgesetzt hatte. Was Mohammed betrifft, so band er einen Stein auf seinen Bauch, wenn er hungrig war; und was Moses betrifft, so wird von ihm berichtet, daß Gott ihm offenbarte: „Moses, wenn du Armut kommen siehst, so sage: Willkommen als Zeichen des Gerechten! Und wenn du Reichtum kommen siehst, dann sage: Siehe, eine Sünde, deren Bestrafung zuvor festgelegt wurde." Wenn du als dritten Jesus nennen möchtest, so ist er ein Muster; denn er pflegte zu sagen: „Mein tägliches Brot ist Hunger, mein Kennzeichen Furcht, mein Gewand ist Wolle, meine Stütze mein Fuß, meine Leuchte zur Nacht ist der Mond, und mein Feuer bei Tag ist die Sonne, meine Früchte und Kräuter sind die gleichen, welche die Erde für das Vieh und die Wildtiere hervorbringt. Die ganze Nacht über habe ich nichts, und doch ist keiner reicher als ich!"

A. J. Arberry, Sufism. London 1950, S. 33 ff. (gekürzt).

292. Aus dem Diwan des Dschelāl ad-Dīn Rūmī

Dschelāl ad-Dīn Rūmī (1207–1273) war einer der bedeutendsten islamischen Mystiker persischer Herkunft.

Was soll ich tun, ihr Muslims? Ich kenne mich doch selber nicht.
Ich bin weder Christ noch Jude, noch Parse, noch Muslim.
Ich bin nicht vom Osten noch vom Westen, weder vom Land noch von der
See,
Ich komme nicht aus dem Schoße der Natur noch aus himmlischen Welten.
Ich bin nicht aus Erde, Wasser, Luft oder Feuer,
Und entstamme nicht dem Licht noch dem Staub, nicht dem Seienden und
Wesenhaften.
Ich komme nicht aus dem Irak noch aus dem Lande Khorasan.
Ich entstamme nicht dieser Welt noch der kommenden, nicht dem Paradies
noch der Hölle.
Mein Ort ist da, wo kein Ort ist, meine Spur ist spurlos.
Nicht Körper bin ich noch Seele, denn ich gehöre der Seele des Geliebten.

Die Zweiheit habe ich verworfen; ich sah, daß beide eine Welt sind.
Ich suche und kenne und sehe und rufe nur einen.
Er ist der Erste und Letzte, ist außen und innen.
Ich weiß nichts außer: „O Gott, Er".
Ich bin berauscht vom Trank der Liebe, die beiden Welten sind mir entschwunden.
Nur mit Zechen und Gelage bin ich befaßt.
Wenn ich je in meinem Leben einen Augenblick ohne dich verbrachte,
So bereue ich für immer diesen Augenblick.
Wenn ich je in dieser Welt nur einem dich gewinne,
So trample ich auf beide Welten und tanze siegesfroh.
O Schamsi Täbriz, ich bin berauscht von dieser Welt,
Daß ich außer Rausch und Trunkenheit kein Wort zu sagen habe.

R. A. Nicholson, Dīvāni Shamsi Tabriz. Cambridge 1898, S. 125. – Annemarie Schimmel, Aus dem Diwan. Stuttgart 1964, S. 61 f.

293. Das letzte Gebet des al-Hallādsch

Husain ibn Mansūr al-Hallādsch („der Wollkrempler"), einer der bedeutendsten islamischen Mystiker persischer Abstammung, wurde am 16. März 922 in Bagdad hingerichtet. Die Anklage hatte ihm vorgeworfen, sich mit dem Ausspruch *ana l'ḥaqq*, „ich bin die absolute Wahrheit", eine Qualität angemaßt zu haben, die allein Allah zukomme. Kurz vor der Hinrichtung sprach al-Hallādsch das folgende Gebet:

O mein Gott, der du an jedem Ort offenbar und doch an keinem Ort bist, ich flehe dich an bei der Wahrheit deines göttlichen Wortes, das bezeugt, daß ich bin, und bei der Wahrheit meines schwachen menschlichen Wortes, das bezeugt, daß du bist: schenke mir die Dankbarkeit für diese deine Gnade, daß du vor anderen verbargst, was du mir enthülltest, nämlich die Herrlichkeit deines erhabenen Angesichtes, und daß du anderen verwehrtest, was du mir gestattetest: den Anblick deines verborgenen Geheimnisses.

Und diesen deinen Dienern, die versammelt sind, mich im Eifer für deine Religion und im Streben nach deiner Gunst zu töten, vergib ihnen. Denn wenn du ihnen enthüllt hättest, was du mir enthülltest, würden sie nicht getan haben, was sie taten; und hättest du mir vorenthalten, was du ihnen vorenthalten hast, so wäre ich nicht in dieser Drangsal. Dir sei Preis für alles, was du tust, dir sei Preis für alles, was du willst.

John Alden Williams, Islam. New York, S. 148 f.

SECHSTES KAPITEL

Mensch und Gott

A. WAS IST DER MENSCH?

294. Die Götter senden die Geschicke der Menschen
Homer, Ilias XXIV, 518–551

Achilleus spricht zu Priamos:

Armer, fürwahr viel hast du des Wehs im Herzen erduldet!
Welch ein Mut, so allein zu der Danaer Schiffen zu wandeln
Jenem Mann vor die Augen, der dir so viel und so tapfere
Söhn' erschlug! Du trägst ja ein eisernes Herz in dem Busen.
Aber, wohlan, nun setz auf den Sessel dich; laß uns den Kummer
Jetzt in der Seel ein wenig beruhigen, herzlich betrübt zwar.
Denn wir erschaffen ja nichts mit unserer starrenden Schwermut.
Also bestimmten die Götter der elenden Sterblichen Schicksal,
Bang in Gram zu leben; allein sie selber sind sorglos.
Denn es stehn zwei Fässer gestellt an der Schwelle Kronions,
Voll das eine von Gaben des Wehs, das andere des Heiles.
Wem nun vermischt austeilet der donnerfrohe Kronion,
Solchen trifft abwechselnd ein böses Los und ein gutes.
Wem er allein des Wehs austeilt, den verstößt er in Schande,
Und herznagende Not auf der heiligen Erde verfolgt ihn,
Daß, nicht Göttern geehrt noch sterblichen, bang er umherirrt.
Also verliehn zwar Peleus die Sterblichen glänzende Gaben
Seit der Geburt; denn hoch vor allen Menschen gesegnet
Ragt' er an Hab und Macht, der Myrmidonen Beherrscher;
Ja, dem sterblichen Manne vermählten jene die Göttin.
Aber auch Unheil gab ihm ein Himmlischer; denn er versagt' ihm
Edel Söhn' im Palaste, gezeugt zu zukünftiger Herrschaft.
Einen Sohn nur zeugt' er, der früh hinwelkt und so gar nicht
Pflegen des Alternden kann; denn weit entfernt von der Heimat
Sitz' ich in Troia hier, dich selbst und die Deinen betrübend.

Was ist der Mensch?

Dich auch priesen, o Greis, vordem glücklich die Völker:
Alles, was Lesbos dort, des Makars Insel, begrenzet,
Phrygia dort und hier der unendliche Hellespontos,
Das beherrschest du, Greis, durch Macht und Söhne verherrlicht.
Aber nachdem dies Leid dir gesandt die Uranionen,
Tobt dir's stets um die Mauern von Schlacht und Männermordung.
Duld es und jammere nicht so unablässig im Herzen!
Denn doch nichts gewinnst du, um deinen Sohn dich betrübend,
Noch erweckst du ihn; eh schaffst du dir anderen Kummer.

Übersetzung von Johann Heinrich Voß. Hamburg 1793.

295. *Was ist der Mensch?*

Chorgesang in der „Antigone"
Sophokles, Antigone 332–375

Der Welt Gewalten sind so viel, –
Der Mensch gewaltiger als sie alle:
Das graue Meer auf gebrechlichem Kiel
Durchkreuzt er und trotzt dem schäumenden Schwalle:
Im Rasen des Südsturms kommt er gezogen
Und nimmt seinen Weg unter türmenden Wogen.
Der Göttinnen höchste, die Mutter Erde,
Sie, die uns allen das Leben gab,
Die ewig geduldige, martert er ab
Jahraus, jahrein mit pflügendem Pferde.

Der Vögel Volk, das kein Arges sich denkt,
Er weiß ihm Schlingen zu stellen;
Die Tiere des Waldes, die Fische fängt
Er tief im Schoß der Wellen;
Zu Maschen verknüpft er geflochtene Stricke,
Der klügelnde Mensch, der Meister der Tücke.
Das freie Tier, es dient ihm als Scherge,
Das einst den Odem der Wildnis geschlürft;
Das Roß, so hoch es den Nacken auch wirft,
Der Stier, der mürrische Sohn der Berge.

Er hat die Sprache, den luft'gen Gedanken,
Zu seinem Diener gemacht;
Er zog der Gesetze beglückende Schranken;

Nicht unbehaust faßt ihn der Schauer der Nacht;
Er weiß zu entrinnen des Regens Pfeilen:
Da komme, was mag; es trifft ihn gerüstet.
Dem Hades allein wird er nimmer enteilen,
Aus Krankheit schon hat er den Ausweg erlistet.

Ja, Klugheit ward ihm und künstliches Wesen
Über das Maß in die Wiege gelegt.
Sein Herz aber taumelt vom Guten zum Bösen:
Hoch ragt ein Staat, wo man Achtung trägt
Vor den alten Göttern, vor Recht und Sitte;
Doch der Brecher der Ordnung zieht unstet durchs Land;
Wer also denkt, dem weigr' ich die Hand:
Fort mit ihm von dem Herd meiner Hütte!

296. Über das Geschick der Menschen
Homer, Ilias VI, 146–149

Gleich wie Blätter im Wande, so sind die Geschlechter der Menschen,
Einige streut der Wind auf die Erde hin, andere wieder
Treibt der knospende Wald, erzeugt in des Frühlings Wärme;
So der Menschen Geschlecht; dies wächst und jenes verschwindet.

Übersetzung von Johann Heinrich Voß. Hamburg 1793.

297. Das Höhlengleichnis
Platon, Der Staat VII

Weiterhin sprach ich, magst du dir den Unterschied, der im Zustand unserer Naturanlage besteht, je nachdem, ob sie gebildet oder ungebildet ist, durch folgendes Gleichnis veranschaulichen lassen. Stell dir Menschen in einer unterirdischen höhlenartigen Behausung vor, die der ganzen Höhle entlang einen aufwärts gegen das Licht geöffneten Zugang hat. In dieser sind sie von Kindheit angefesselt an Hals und Schenkeln, so daß sie auf demselben Fleck bleiben und auch nur nach vorne sehen, den Kopf aber herumzudrehen der Fessel wegen nicht imstande sind. Licht aber haben sie von einem Feuer, welches von oben und von ferne her hinter ihnen brennt. Zwischen dem Feuer und den Gefangenen geht obenher ein Weg, längs diesem stelle dir eine Mauer aufgeführt vor, wie die Schranken, welche die Gaukler vor den Zuschauern sich errichten und über welche herüber die ihre Kunststücke zeigen. – Ich sehe es vor mir, sagte er. – Längs dieser Mauer, so stelle dir weiter vor, tragen Menschen allerlei Gefäße, die über die Mauer emporragen, und Bildsäulen und andere steinerne und hölzerne Bilder, aufs mannigfaltigste gearbeitet; einige, wie natürlich, reden dabei, andere schweigen. – Ein gar wunderlich Bild, sprach er, stellst du dar, und wunderliche Gefangene. – Die aber uns gleichen, entgegnete ich. Denn fürs erste, meinst du wohl, daß dergleichen Menschen von sich selbst und voneinander etwas anderes zu sehen bekommen als die Schatten, welche das Feuer auf die ihnen gegenüberliegende Wand der Höhle wirft? – Wie sollten sie, sprach er, wenn sie gezwungen sind, zeitlebens den Kopf unbeweglich zu halten! – Und wie steht es mit den vorbeigetragenen Gegenständen? Nicht ebenso? – Was sonst? – Wenn sie nun miteinander reden könnten, meinst du nicht, sie würden glauben, das, was sie sehen und mit Worten bezeichnen, sei dasselbe wie das, was vorübergetragen wird? – Notwendig. – Und wie, wenn ihr Kerker auch einen Widerhall hätte von drüben her, meinst du nicht, wenn einer von den Vorübergehenden spräche, sie würden denken, etwas anderes rede als der eben vorübergehende Schatten? – Nein, beim Zeus, sagte er. – Auf keine Weise also können diese irgend etwas anderes für das Wahre halten als die Schatten jener Kunstwerke? – Ganz unmöglich. – Nun überlege dir aber auch, wie die Lösung von ihren Fesseln und die Heilung von ihrem Unverstande natürlicherweise vor sich ginge, wenn ihnen folgendes begegnete. Stelle dir vor, es werde einer befreit und genötigt, plötzlich aufzustehen, den Hals umzuwenden, zu gehen und nach dem Lichte hinzublicken, und dies alles täte ihm weh, und er wäre wegen des Flimmerns nicht imstande, die Gegenstände zu sehen, deren Schatten er vorhergesehen hatte. Was glaubst du, daß er sagen würde, wenn man ihm versicherte, damals habe er lauter Nichtigkeiten gesehen, jetzt aber sei er dem Seienden näher, stehe vor Dingen, denen ein Sein in höherem Grade zukomme, und sehe daher richtiger, und wenn man ihm nun jedes der vorüberziehenden Dinge zeigen und ihn nötigen würde, auf die Frage, was es sei, zu antworten, glaubst du nicht, daß er dann gänzlich in Verwirrung käme und, was früher gesehen, für wirklicher halten würde, als was man ihm jetzt zeigt? – Für viel wirklicher, sagte er. – Und wenn man ihn gar in das Licht selbst zu sehen nötigte, würden ihm dann nicht die Augen schmerzen, und er würde fliehen und zu jenen Dingen zurückkehren, die er anzusehen imstande ist, fest überzeugt, diese seien in der Tat viel wirklicher als das, was man ihm zuletzt gezeigt hatte? – Allerdings. – Und, sprach ich, wenn man ihn mit Gewalt von dort durch den unwegsamen und steilen Aufgang schleppte und nicht losließe, bis man ihn an das Licht der Sonne gebracht hätte, wird er da nicht viel Schmerzen haben und sich gar ungern schleppen lassen? Und wenn er nun an das Licht kommt und seine Augen vom Glanze völlig geblendet sind, von dem, was man ihm jetzt als das Wahre bezeichnet, wird er nichts sehen können von dem, was ihm nun für das Wahre gegeben wird. – Freilich, nein, sagte er, wenigstens nicht sofort. – Gewöhnung also, meine ich, wird er nötig haben, um die Dinge hier oben zu sehen. Und zuerst würde er die Schatten am leichtesten erkennen, hernach die Bilder der Menschen und der anderen Dinge im Wasser, und dann erst sie selbst. Und ebenso, was am Himmel ist, und den Himmel selbst würde er am liebsten in der Nacht betrachten und in das Mond- und Sternenlicht sehen, als bei Tag in die Sonne und in ihr Licht. – Wie sollte er nicht! – Zuletzt aber, denke ich, wird er auch die Sonne selbst, nicht Bilder von ihr im Wasser oder anderwärts, sondern sie selbst an ihrer eigenen Stelle anzusehen und zu betrachten imstande sein. – Notwendig, sagte er. – Und dann wird er schon daraus den Schluß ziehen, daß sie es ist, die alle Zeiten und Jahre schafft und alles ordnet in dem sichtbaren Raume, und auch von dem, was sie dort sahen, gewissermaßen die Ursache ist. – Offenbar, sagte er, würde er nach jener Erkenntnis auch zu dieser gelangen. – Und wie, wenn er nun seiner ersten Wohnung gedenkt und der dortigen Weisheit und der damaligen Mitgefangenen, meinst du nicht, er werde sich selbst glücklich preisen über die Veränderung, jene aber beklagen? – Ganz gewiß. – Und wenn sie dort unter sich Ehre, Lob und Belohnung für den bestimmt hatten, der die vorüberziehenden Gegenstände am schärfsten sah und am besten im Gedächtnis behielt, welche von ihnen zuerst und welche zuletzt und welche gleichzeitig vorüberzuwandeln pflegten, und daher also am besten vorhersagen konnte, was nun kommen werde, glaubst du, es werde ihm danach heftig verlangen und er werde die bei jenen Gelehrten und Machthabenden beneiden? Oder glaubst du nicht, es werde ihm vielmehr gehen wie jenen homerischen Helden und er werde viel lieber hier oben einem anderen unbegüterten Manne als Taglöhner dienen wollen und lieber alles über sich ergehen lassen, als an jene Vorstellungen glauben und auf jene Weise zu leben? – So, sagte er, glaube ich auch, er wird sich alles eher gefallen lassen, als so zu leben. – Auch das bedenke noch, sprach ich. Wenn ein solcher nun wieder hinunterstiege und wieder seinen alten Platz einnähme, würden ihm nicht die Augen ganz voll Dunkelheit sein, da er so plötzlich von der Sonne herkommt? – Ganz gewiß. – Und wenn er wieder in der Begutachtung jener Schatten wetteifern sollte mit denen, die immer dort gefangen gewesen, während es ihm noch vor den Augen flimmert, und ehe diese wieder darauf eingestellt sind – und sich daran wieder zu gewöhnen, dürfte nicht wenig Zeit erfordern –, würde man ihn dann nicht auslachen und von ihm sagen, er sei mit verdorbenen Augen von oben zurückgekommen, und es lohne sich nicht, daß man versuche hinaufzukommen? – Und wenn jemand versuchen würde, sie loszumachen und emporzuführen, so würden sie ihn, falls sie seiner habhaft werden könnten, wohl gar umbringen? – Ganz gewiß, sagte er. – Dieses ganze Bild nun, sagte ich, lieber Glaukon, mußt du mit dem früher Gesagten verbinden, unseren mittels der Augen sichtbar werdenden Aufenthaltsort mit dem Gefängnisse gleichsetzen und den Schein von dem Feuer darin der Kraft der Sonne; und wenn du nun das Hinaufsteigen und den Anblick der Dinge dort oben gleichsetzest mit dem Aufschwung der Seele in die nur mit dem Denken erfaßbare Welt, so wirst du die Hoffnung nicht verfehlen, die ich hege, da du dies ja zu vernehmen begehrst; Gott aber mag wissen, ob sie der Wahrheit entspricht. Was also mir aufgegangen ist, ist dies: Im Reich des Erkennbaren wird als Letztes und nur mit Mühe die Idee des Guten sichtbar. Hat man sie aber einmal erschaut, so ist der Schluß unabweisbar, daß sie für alle die Ursache alles Rechten und Guten ist, daß sie im Reich des Sichtbaren das Licht und seinen Herrn hervorgebracht hat und daß sie auch im Reich des Denkbaren die Herrin ist, die Wahrheit und Vernunft verleiht, und daß auf sie schauen muß, wer in seinem persönlichen und im öffentlichen Leben rechtschaffen handeln will. – Auch ich, sprach er, teile deine Meinung. – Komm denn, sprach ich, teile auch folgende mit mir, und wundere dich nicht, wenn diejenigen, die bis hierher gekommen sind, nicht Lust haben, menschliche Dinge zu betreiben, sondern ihre Seelen immer nach dem Aufenthaltsort dort oben trachten; denn so ist es ja natürlich, wenn sich dies nach dem vorhin erzählten Gleichnis verhält. – Natürlich, sagte er. – Und wie kommt dir das wunderbar vor, fuhr ich fort, wenn jemand vom Anblick der göttlichen Dinge herkommt und nun, unter das menschliche Elend versetzt, sich nicht zurechtfindet und gar lächerlich erscheint, wenn er, solange er noch trübe sieht und ehe er sich noch an die dortige Finsternis gewöhnt hat, schon genötigt wird, vor Gericht oder sonstwo sich herumzustreiten, über die Vorstellungen, die sich von diesen Dingen Leute machen, welche die Gerechtigkeit selbst niemals gesehen haben? – Das wäre keineswegs auffallend, sagte er. – Sondern, wenn einer Vernunft hätte, fuhr ich fort, so würde er bedenken, daß durch zweierlei und auf zweifache Weise das Sehvermögen gestört sein kann, wenn man aus dem Licht in die Dunkelheit versetzt wird und wenn aus der Dunkelheit in das Licht. Und ebenso, würde er denken, gehe es auch mit der Seele, und würde, wenn er eine verwirrt findet und unfähig zu sehen, nicht unüberlegt lachen, sondern erst zusehen, ob sie wohl, von einem lichtvollen Leben herkommend, aus Ungewohnheit verfinstert ist oder ob sie, aus größerem Unverstande ins Helle gekommen, durch die Fülle des Glanzes geblendet wird; und so würde er dann die eine wegen ihres Zustandes und ihrer Lebensweise glücklich preisen, die andere aber bedauern; oder, wenn er über diese lachen wollte, wäre sein Lachen nicht so lächerlich als das über die, welche von oben her aus dem Lichte kommt? – Sehr richtig gesprochen, sagte er. – Wir müssen daher, sprach ich, so hierüber denken, wenn das Bisherige richtig ist, daß die Bildung und Erziehung nicht das sei, wofür manche Leute sich vermessen, sie auszugeben. Sie behaupten nämlich, wenn kein Wissen in der Seele sei, könnten sie es ihr verleihen, wie wenn sie blinden Augen das Sehvermögen verleihen könnten. – Das behaupten sie freilich, sagte er. – Unsere jetzige Überlegung aber, sprach ich, zeigt, daß dieses Vermögen der Seele eines jeden innewohnt, nur muß, wie das Auge unfähig war, anders als zusammen mit dem ganzen Körper sich aus dem Dunkel nach der Helligkeit zu kehren, so auch dieses Organ, womit jeder erkennt, zusammen mit der ganzen Seele von der Welt des Werdens sich ab- und umkehren, bis es fähig wird, den Anblick des Seienden und des Leuchtendsten unter dem Seienden auszuhalten. Das aber, sagen wir, sei das Gute.

Platon, Hauptwerke, ausgewählt und eingeleitet von Wilhelm Nestle. Stuttgart 1931, S. 205–210.

B. PESSIMISMUS UND SKEPSIS

298. *Das Gespräch eines Lebensmüden mit seiner Seele*

Der Text dieses altägyptischen Gespräches entstammt der an geistigen Auseinandersetzungen reichen Zeit zwischen dem Untergang des Alten Reiches (2263 v. Chr.) und dem Aufstieg des Mittleren Reiches (2040 v. Chr.). Ein Mann plant, seinem Leben durch Selbstmord ein Ende zu machen; darauf spricht seine Seele zu ihm:

Da tat meine Seele ihren Mund auf zu mir, daß sie mir antwortete auf das, was ich gesagt hatte:

Wenn du an das Begraben erinnerst, so heißt das Kummer, es heißt Tränen bringen, es heißt den Menschen traurig machen, es heißt den Menschen aus seinem Haus holen und auf den Hügel werfen. Nie gehst du wieder heraus, daß du die Sonne schaust. Die da aus Granit bauten und die eine Halle mauerten in der Pyramide, die Schönes leisteten in dieser schönen Arbeit – wenn die Bauherrn zu Göttern geworden sind[1], so sind ihre Opfertafeln leer wie die der Müden, die auf dem Uferdamm sterben ohne einen Hinterbliebenen; die Flut hat sich (von ihnen) ein Ende fortgenommen und ebenso die Sonnenglut, und die Fische des Ufers reden mit ihnen[2].

Höre du auf mich, sieh, es ist gut für einen Menschen zu hören. Folge dem frohen Tag und vergiß die Sorge.

Da tat ich meinen Mund auf zu meiner Seele, damit ich ihr antwortete auf das, was sie gesagt hatte:

> Sieh, mein Name stinkt,
> Sieh, mehr als der Geruch von Aas,
> An den Sommertagen, wenn der Himmel heiß ist.

> Sieh, mein Name stinkt,
> Sieh, mehr als der Geruch der Fischer,
> Mehr als die Ufer der Sümpfe, wenn sie gefischt haben.

> Sieh, mein Name stinkt,
> Sieh, mehr als der eines Weibes,
> Wenn gegen sie Lüge zu dem Manne gesagt wird.

Zu wem kann ich heute noch sprechen?
Die Brüder sind schlecht,
Und die Freunde von heute: sie lieben nicht.

Zu wem kann ich heute noch sprechen?
Frech sind die Herzen,
Ein jeder raubt die Habe seines Nächsten.

Zu wem kann ich heute noch sprechen?
Der Sanftmütige geht zugrunde,
Der Brutale setzt sich bei allen durch.

Zu wem kann ich heute noch sprechen?
Der Gutherzige ist elend,
Allerorts wird das Edele zu Boden geworfen.

Zu wem kann ich heute noch sprechen?
Die Sünde schlägt das Land,
Sie hat kein Ende.

Der Tod steht heute vor mir
Wie der Geruch von Myrrhen,
Wie wenn man am windigen Tage unter dem Segel sitzt.

Der Tod steht heute vor mir
Wie der Geruch der Lotosblüten,
Wie wenn man auf dem Ufer der Trunkenheit sitzt[3].

Der Tod steht heute vor mir
Wie ein gut beschrittener Weg,
Wie wenn man vom Kriegszuge zu seinem Haus kommt.

Der Tod steht heute vor mir,
Wie wenn jemand sein Haus wiederzusehen wünscht,
Nachdem er viele Jahre in Gefangenschaft verbracht hat.

Wer dort ist[4], der wird
Ein lebender Gott sein,
Und er wird die Sünde strafen an dem, der sie tut.

Wer dort ist, der wird
Im Sonnenschiff stehen,
Und er wird das Erlesenste an die Tempel verleihen.

Wer dort ist, der wird
Ein Gelehrter sein, und man wehrt ihm nicht,
Und er bittet Re[5], sooft er spricht.

Das ist es, was meine Seele zu mir sagte:

Mensch und Gott

Laß das Jammern beiseite, du mein Angehöriger, mein Bruder. Ich werde hier bleiben, wenn du den Westen[6] zurückweisest; wenn du aber den Westen erreichst und dein Leib sich der Erde gesellt, so lasse ich mich nieder, nachdem du ruhst. Laß uns eine Stätte zusammen haben.

---

[1] D.h., wenn sie gestorben sind.
[2] Sie nagen an ihnen.
[3] Gemeint ist ein Gelage am kühlen Ufer.
[4] Euphemismus für den Verstorbenen.
[5] Sonnengott.   [6] Das Land der Toten.

Nach Adolf Erman, Die Literatur der Ägypter. Leipzig 1923, S. 125 ff.

299. Aus den Reden Ipus des Edlen

Der Zusammenbruch des Alten Reiches der ägyptischen Geschichte (2260 v. Chr.) und die mit ihm verbundene Enttäuschung und Hoffnungslosigkeit werden unmittelbar deutlich in den Reden Ipus des Edlen, eines leidenschaftlichen Vertreters der alten Ordnung, der in grellen Farben den Verfall seiner Zeit schildert.

Seht, Dinge sind getan worden, die sich seit fernsten Zeiten nicht zugetragen haben. Der König ist von den Elenden gestürzt worden.

Sehet, der als (königlicher) Falke Begrabene ist aus dem Sarg gerissen. Was die Pyramide verbarg, ist ausgeleert.

Sehet, es ist so weit gekommen, daß das Land des Königtums beraubt worden ist durch wenige Ignoranten.

Sehet, es ist so weit gekommen, daß man sich aufgelehnt hat gegen das Schlangendiadem des Re[1], der die beiden Länder[2] in Ruhe hielt.

Sehet, das Geheimnis des Landes, dessen Grenzen man nicht kannte, ist entblößt. Die Residenz ist in einer Stunde überwältigt worden... das Geheimnis der Könige von Oberägypten und Unterägypten ist aufgedeckt.

---

[1] Ägyptischer Sonnengott.
[2] Ober- und Unterägypten.

Alan H. Gardiner, The Admonitions of an Egyptian Sage. Leipzig 1909, S. 53 ff. – Joachim Spiegel, Soziale und weltanschauliche Reformbewegungen im Alten Ägypten. Heidelberg 1950, S. 18.

300. Das ägyptische Lied des Harfners

Skepsis und die Aufforderung zu hedonistischer Lebensführung werden in den sogenannten „Harfnerliedern" vertreten, altägyptischen Dichtungen, die der Zeit zwischen dem Alten und dem Mittleren Reich (ca. 2263–2040 v. Chr.) entstammen. Der folgende Text bietet die älteste Version, die dem Grabe eines wohl der 11. Dynastie angehörenden Königs Antef entstammt.

Wie glücklich ist dieser gute Fürst!
Das gütige Geschick hat sich erfüllt[1].
Der Leib vergeht und schwindet dahin,
Während andere zurückbleiben,
Wie zur Zeit der Vorfahren.
Die Götter, welche früher waren, ruhen in ihren Pyramiden.
Edle und Ruhmreiche verschieden gleichfalls,
Begraben in ihren Pyramiden.
Die einst Häuser bauten – ihre Stätten sind nicht mehr.
Was ist aus ihnen geworden?
Ich habe die Worte des Imhotep und Hardedef gehört[2],
Deren Sprüche weit berühmt sind –
Doch wo sind ihre Stätten?
Ihre Mauern sind zerfallen,
Ihre Stätten sind nicht mehr,
Als ob sie nie gewesen wären.
Niemand kommt wieder von dort,
Daß er uns erzähle, wie es ihnen ergeht,
Daß er unser Herz beruhige,
Bis auch wir zu dem Orte hinscheiden,
Zu dem sie gegangen sind. –
Ermutige dein Herz, es zu vergessen,
Und laß es denken an das, was dir nützlich ist!
Folge deinem Wunsch, solange du lebst.
Lege Myrrhen auf dein Haupt
Und kleide dich in feines Linnen,
Getränkt mit wunderbaren Wohlgerüchen,
Den echten Dingen der Götter.
Vermehre deine Wonne noch mehr,
Laß dein Herz nicht erlahmen.
Folge deinem Wunsch und deinem Vergnügen
Und gestalte dir dein Geschick auf Erden
Nach den Wünschen deines Herzens –
Bis jener Tag der Trauer zu dir kommt.
Denn Osiris erhört ihr Schreien nicht,
Und keinen Menschen ruft die Totenklage aus dem Grab zurück.
Feiere den frohen Tag
Und ruhe nicht an ihm!
Denn siehe, niemand nimmt seine Güter mit sich,
Und keiner kehrte zurück, der dorthin gegangen ist.

---

[1] Umschreibung für: er ist gestorben.

[2] Zwei ägyptische Weise aus der Zeit des Alten Reiches. Imhotep lebte in der Zeit der 3. Dynastie (ca. 2778–2723 v. Chr.) und war der Erbauer der Stufenpyramide des Königs Djoser in Sakkara.

J. H. Breasted – H. Ranke, Geschichte Ägyptens. Wien ²1936, S. 141. – J. H. Breasted, Development of Religion and Thought in Ancient Egypt. New York 1912, S. 182f.

301. Griechischer Pessimismus

Laßt erst das Alter kommen, das einen Menschen böse und häßlich zugleich macht, dann zermürben schwere Sorgen beständig das Herz. Keine Freude empfindet er mehr beim Anblick des Sonnenlichtes, der von der Jugend nicht geehrt wird und verachtet von den Frauen.

Den Blättern sind wir gleich, die der blumenreiche Frühling hervorbringt, die kräftig wachsen unter den Strahlen der Sonne. Wie sie genießen wir für eine kurze Zeitspanne die Blumen der Jugend. Aber die dunklen Moiren stehen zur Seite, und eine hält in ihrer Hand das Los des bittren Alters, die andere das des Todes. Kurz ist die Frucht der Jugend, nicht länger als eines Tages Sonnenschein auf die Erde; aber wenn einmal dieser Frühling des Lebens vorüber ist, dann, wahrlich, ist Sterben besser als Leben; denn zahlreich sind die Übel, die dann das Herz angreifen.

Minermos von Kolophon (6. Jahrhundert v. Chr.)

Mein Sohn, das Ende aller Dinge liegt in den Händen des Zeus, des mächtigen Donnerers. Die Menschen haben keine Weisheit. Als die Geschöpfe eines Tages leben wir wie Tiere und wissen nicht, wie der Gott jeden von uns zu seinem Ende bringen wird. Hoffnung und eigene Überzeugung sind unser aller Nahrung, wenn wir das Unerreichbare suchen. Da wird ein Mensch vom Alter erreicht, bevor er sein Ziel erlangt, andere leiden an schwächenden Krankheiten, werden durch Krieg oder Schiffbruch hinweggenommen, begehen Selbstmord usw. So ist in allem das Übel. Zehntausende verhängnisvolle Geschicke, Wehen und Sorgen, mehr als gesagt werden kann, sind das Los der Menschheit.

Semonides (6. Jahrhundert v. Chr.)

Die Menschen? Schwach ist ihre Kraft, fruchtlos ihr Bemühen, kurz ihr Leben, Plagen über Plagen. Unausweichlich hängt der Tod gleichermaßen über allen, er ergreift Gute und Böse.

Alle Weisheit ist bei Gott. Im Leben der Sterblichen ist nichts frei von Leid.

Simonides von Keos (556–468 v. Chr.)

W. K. C. Guthrie, The Greeks and Their Gods. London 1950, S. 129ff.

302. Gespräch zwischen Naciketas und Yama, dem indischen Herrn des Totenreiches
Katha-Upanishad I, 1,20ff.

20. (Naciketas): Es besteht ein Zweifel über einen Menschen, der verstorben ist. Einige meinen, daß er existiert, und einige, daß er nicht existiert. Ich möchte darüber von dir unterrichtet werden ...

21. (Yama): Auch die Götter haben ehedem hierüber Zweifel gehabt. Es ist wirklich nicht leicht zu verstehen, heikel ist diese Wahrheit. Wähle einen anderen Wunsch, Naciketas. Bedränge mich nicht, entbinde mich hiervon.

23. Wünsche dir Söhne und Enkel, die hundert Jahre leben werden, Vieh in Fülle, Elefanten, Gold und Pferde. Wünsche dir weiträumiges Land und ein Leben für dich von so vielen Jahren, wie du willst.

24. ... Wünsche dir Wohlstand und langes Leben. Mögest du, Naciketas, auf dieser weiten Erde Erfolg haben. Ich will dich deine Wünsche genießen lassen.

26. (Naciketas): Vergänglich sind diese Dinge, o Yama, und sie zermürben die Kraft aller Sinne der Menschen. Auch ein volles Leben ist kurz. Behalte für dich die Triumphwagen, den Tanz und den Gesang.

27. Der Mensch ist mit Wohlstand nicht zufriedenzustellen. Werden wir uns des Besitzes erfreuen, wenn wir dich gesehen haben? Werden wir so lange leben, wie du Macht hast?

29. Sage uns das, worüber sie in Zweifel sind, o Tod, was den großen Übergang betrifft. Diesen Wunsch, der in das Geheimnis eindringt, und keinen anderen hat Naciketas.

S. Radhakrishnan, The Principal Upanishads. New York 1953, S. 603 ff.

303. Chuang-tse und der Totenschädel

Der chinesische Philosoph Chuang-tse lebte in der letzten Hälfte des 4. und der ersten Hälfte des 3. Jahrhunderts v. Chr. Er gilt als nachgeborener Schüler des Lao-tse.

Chuang-tse sah einst unterwegs einen leeren Totenschädel, der zwar gebleicht war, aber seine Form noch hatte.
Er tippte ihn an mit seiner Reitpeitsche und begann, also ihn zu fragen:
„Bist du in der Gier nach dem Leben von dem Pfade der Vernunft abgewichen, daß du in diese Lage kamst? Oder hast du ein Reich zugrunde gebracht und bist mit Beil und Axt hingerichtet worden, daß du in diese Lage kamst? Oder hast du einen üblen Wandel geführt und Schande gebracht über Vater und Mutter, Weib und Kind, daß du in diese Lage kamst? Oder bist du durch Kälte und Hunger zugrunde gegangen, daß du in diese Lage kamst? Oder bist

du, nachdem des Lebens Herbst und Lenz sich geendet, in diese Lage gekommen?"

Als er diese Worte geendet, da nahm er den Schädel zum Kissen und schlief. Um Mitternacht erschien ihm der Schädel im Traum und sprach:

„Du hast da geredet wie ein Schwätzer. Alles, was du erwähnst, sind nur Sorgen der lebenden Menschen. Im Tode gibt es nichts derart. Möchtest du etwas vom Tode reden hören?"

Chuang-tse sprach: „Ja."

Der Schädel sprach: „Im Tode gibt es weder Fürsten noch Knechte und nicht den Wechsel der Jahreszeiten. Wir lassen uns treiben, und unser Lenz und Herbst sind die Bewegungen von Himmel und Erde. Selbst das Glück eines Königs auf dem Throne kommt dem unseren nicht gleich."

Chuang-tse glaubte ihm nicht und sprach: „Wenn ich den Herrn des Schicksals vermöchte, daß er deinen Leib wieder zum Leben erweckt, daß er dir wieder Fleisch und Bein und Haut und Muskeln gibt, daß er dir Vater und Mutter, Weib und Kind und alle Nachbarn und Bekannten zurückgibt, wärst du damit einverstanden?"

Der Schädel starrte mit weiten Augenhöhlen, runzelte die Stirn und sprach: „Wie könnte ich mein königliches Glück wegwerfen, um wieder die Mühen der Menschenwelt auf mich zu nehmen?"

Richard Wilhelm, Dschuang Dsi. Jena 1940, S. 196.

304. Aztekische Totenklage

Weinend flechte ich Sänger meinen Gesang aus Trauerblumen. Ich gedenke der Jünglinge, der Scherben, der Zerbrochenen, die in das Land des Todes gegangen sind. Einst edel und machtvoll hier auf Erden, wurden die Jünglinge ausgetrocknet wie Federn, wie ein Edelstein in Bruchstücke zerschlagen vor dem Anblick derer, die sie auf Erden sahen, und mit Wissen des Allherrn.

Wehe! Ich singe in Kummer und Schmerz, da ich der Jugend gedenke. O könnte ich sie umkehren lassen, könnte ich ihre Hände noch einmal ergreifen, könnte ich sie zurückrufen aus dem Land der Toten; könnten wir sie wieder zurück zur Erde bringen, auf daß sie den Spender des Lebens beglücken und erfreuen möchten; sollten wir, seine Diener, uns von ihm gewandt und undankbar geworden sein? So weine ich denn in meinem Herzen, ich Sänger, wenn ich in Gedanken zurückschaue, wenn ich Trauer und Kummer ins Gedächtnis zurückrufe.

O könnten sie mich nur hören dort in dem Land der Toten, könnte ich einen würdigen Gesang singen. O könnte ich sie erfreuen und Trost bringen dem Leid und der Qual der Jungen. Wie kann ich es erreichen, woher kann mir Erleuchtung kommen? Sie sind nicht dort, wohin ich ihnen folgen könnte, noch kann ich hier auf Erden sie mit meinem Ruf erreichen.

Daniel G. Brinton, Ancient Nahuatl Poetry. Philadelphia 1890, S. 73.

305. „Wo ist das Land, wo man nicht stirbt?"
Aztekischer Gesang

Je mehr ich weine, desto mehr bin ich betrübt.
Wenn auch mein Herz es niemals wünscht,
Muß ich nicht, wenn alles gesagt ist, in das Land des Geheimnisses
gehen?
Hier auf Erden sagen unsere Herzen:
O meine Freunde, wären wir doch unsterblich,
O Freunde, wo ist das Land, wo man nicht stirbt?

Muß ich dorthin gehen? Lebt dort meine Mutter? Lebt dort mein
Vater?
In das Land des Geheimnisses... mein Herz erzittert.
O möchte ich nicht sterben, nicht untergehen...
Ich leide, ich fühle Schmerz.

Du hast deine Ruhestätte, die wohlgegründete, verlassen,
O Fürst Tlacauepantzin[1].
Hier sind wir doch nur Sklaven.
Die Menschen bleiben nur
Vor ihm, durch den man lebt.
Geburt kommt, Leben kommt auf Erden.
Für eine kleine Weile ist uns geliehen
Der Ruhm dessen, durch den man lebt.
Geburt kommt, Leben kommt auf Erden.

Wir kommen nur zu schlafen,
Wir kommen nur zu träumen:
Nicht wirklich kommen wir zu leben auf der Erde.

Frühlingsgras sind wir geworden,
Es kommt, flattert rühmlich, schlägt Knospen aus; unser Herz,
Die Blume unseres Leibes, öffnet ein paar Blätter, dann schwindet
sie dahin.

---

[1] Tlacauepan: Name mehrerer aztekischer Fürsten; die Endung -tzin ist Reverenzial.

Laurette Séjourné, Burning Water. London 1957, S. 63 f.

C. AGNOSTIZISMUS UND LEBENSVERNEINUNG: DER WEG DES BUDDHA

306. Buddha verweigert die Erörterung metaphysischer Probleme
Majjhima-Nikāya 63

Also habe ich gehört: Der Herr weilte einst bei Sāvatthi im Jetahain im Park des Anāthapindika. Da kam dem ehrwürdigen Mālunkyāputta, als er, von der Welt zurückgezogen, in Sinnen versunken war, der Gedanke: „Alle die Ansichten, die von dem Herrn unerklärt gelassen, beiseite geschoben und zurückgewiesen worden sind – ob die Welt ewig oder nicht ewig sei; ob die Welt endlich sei oder nicht, ob die Seele dasselbe wie der Körper sei oder ob die Seele verschieden vom Körper sei, ob ein Tathāgata[1] nach dem Tode existiere oder nicht, ob ein Buddha nach dem Tode sowohl existiere als auch nicht existiere, ob ein Buddha nach dem Tode weder existiere noch nicht existiere –, diese Ansichten hat der Herr mir nicht erklärt, und daß sie mir der Herr nicht erklärt hat, gefällt mir nicht, es sagt mir nicht zu. Ich will zu dem Herrn gehen und ihn darüber befragen... Wenn der Herr mir dies nicht erklärt, werde ich das mönchische Leben aufgeben und zum weltlichen Leben zurückkehren.

(Nachdem sich Mālunkyāputta dem Buddha genähert und ihm seine Fragen gestellt hatte, antwortete dieser:) „Nun denn, Mālunkyāputta, habe ich jemals zu dir gesagt: Komm, Mālunkyāputta, führe mit mir ein heiliges Leben, und ich will dir erklären, ob die Welt ewig oder nicht ewig ist (usw. in Wiederholung sämtlicher Fragen)?" „Das tatet ihr nicht, ehrwürdiger Herr." – „Wenn einer, Mālunkyāputta, spräche: Ich will mit dem Herrn kein heiliges Leben führen, solange mir der Herr nicht erklärt, ob die Welt ewig oder nicht ewig ist (usw.)... dieser Mensch, Mālunkyāputta, würde sterben, bevor ihm dieses alles erklärt ist. Es ist, als ob ein Mann von einem reichlich mit Gift bestrichenen Pfeil verwundet wäre und seine Freunde und Verwandten ließen einen Arzt holen, um ihn zu heilen, er aber spräche: Ich werde mir diesen Pfeil nicht herausziehen lassen, bevor ich nicht weiß, von welchem Menschen ich verwundet wurde, ob er der Kriegerkaste angehört oder ein Brahmane ist oder ein Bauer *(Vaishya)* oder ein Angehöriger der untersten Kaste *(shūdra)*. Oder er spräche: Ich werde mir diesen Pfeil nicht herausziehen lassen, bevor ich nicht weiß, welchen Namen und Familiennamen dieser Mann trägt... oder ob er groß, klein oder von mittlerer Größe ist... ob er schwarze, dunkle oder gelbe Gesichtsfarbe hat... ob er aus diesem oder jenem Dorf, Marktflecken oder einer Stadt kommt... oder bevor ich weiß, ob der Bogen, mit dem ich verwundet wurde, ein Chāpa oder ein Kondanda[2] war, oder bevor ich weiß, ob die Bogensehne eine Tiersehne oder aus Bambusrohr oder aus Hanf war, oder bevor ich weiß, ob der Schaft aus einer wilden oder einer Kulturpflanze stammte... oder ob er mit den Federn

Der Weg des Buddha

eines Geiers oder eines Reihers oder eines Falken oder eines Pfauen gefiedert war... oder ob er mit einer Sehne eines Ochsen oder eines Büffels oder eines Hirsches oder eines Affen umhüllt war... oder bevor ich weiß, ob es ein gewöhnlicher Pfeil war oder mit Widerhaken versehener oder ein eiserner Pfeil oder ein kalbszahnförmiger oder ein oleanderblattförmiger. – Dieser Mensch, Mālunkyāputta, würde sterben, bevor er dies alles wüßte.

Denn nicht, Mālunkyāputta, von der Ansicht, daß diese Welt ewig sei, hängt das heilige Leben ab; nicht von der Ansicht, daß diese Welt nicht ewig sei, hängt das heilige Leben ab. Ob nun die Ansicht besteht, daß die Welt ewig sei oder daß die Welt nicht ewig sei – sicher besteht die Wiedergeburt, das Alter, der Tod, und es bestehen Kummer, Klage, Leiden, Sorge und Verzweiflung, deren Vernichtung ich bereits in diesem Leben verkünde...

Deshalb, Mālunkyāputta, laß unerklärt bleiben, was ich nicht erklärt habe. Und was, Mālunkyāputta, habe ich nicht erklärt? Ob diese Welt ewig sei oder nicht ewig sei, habe ich nicht erklärt... ob ein Tathāgata nach dem Tode weder existiert noch nicht existiert, habe ich nicht erklärt. Und warum, Mālunkyāputta, habe ich dies nicht erklärt? Weil dies, Mālunkyāputta, keinen Nutzen bringt und nicht zu heiligem Leben führt, nicht zur Weltabkehr, nicht zur Leidenschaftslosigkeit, nicht zur Ruhe, nicht zur Erkenntnis, nicht zur Erleuchtung, nicht zum Nirvāna – darum habe ich dieses nicht erklärt.

Und was, Mālunkyāputta, habe ich erklärt? Das Leiden habe ich erklärt, den Ursprung des Leidens, die Unterdrückung des Leidens und den Weg, der zur Unterdrückung des Leidens führt, das habe ich erklärt. Denn dies, Mālunkyāputta, bringt Nutzen und führt zu heiligem Leben, zur Weltabkehr, zur Leidenschaftslosigkeit, zur Ruhe, zur Erkenntnis, zur Erleuchtung, zum Nirvāna – und darum habe ich es erklärt. Deshalb, Mālunkyāputta, laß unerklärt bleiben, was ich nicht erklärt habe, und sieh als erklärt an, was ich erklärt habe."

So sprach der Herr, und freudig stimmte der ehrwürdige Mālunkyāputta den Worten des Herrn zu.

---

[1] „Der so (d.h. auf dem Heilsweg) Gegangene", eine andere Bezeichnung für „Buddha"; ursprünglich die häufigste Selbstbezeichnung Buddhas in seinen Reden.
[2] Zwei unterschiedliche Bogenarten.

E. J. Thomas, Buddhist Scriptures. London 1913, S. 64 ff.

307. Nützliche und unnütze Lehren

Samyutta-Nikāya V, 437

Einst weilte der Herr zu Kosambi in dem Sisu-Hain. Da nahm der Herr einige Sisu-Blätter in die Hand und sprach zu den Mönchen: „Was meint ihr, Mönche, welche sind mehr, die paar Sisu-Blätter, die ich in meine Hand genommen habe, oder jene, die im Sisu-Hain sind?" „Gering an Zahl, o Herr, und wenige sind die Blätter, die der Herr in seine Hand genommen hat: jene sind viel mehr, die im Sisu-Hain sind." – „Genau so, ihr Mönche, ist das viel mehr, was ich erkannt und euch nicht erklärt habe; und nur weniges habe ich erklärt.

Und warum, ihr Mönche, habe ich es nicht erklärt? Weil es keinen Nutzen bringt, weil es nicht den Anfang des heiligen Lebenswandels bildet, weil es nicht zur Weltabkehr, zur Leidenschaftslosigkeit, zum Aufhören, zur Ruhe, zur Erkenntnis, zur Erleuchtung, zum Nirvāna führt. Darum habe ich es nicht erklärt.

Und was, ihr Mönche, habe ich erklärt? Das ist das Leiden, habe ich erklärt, das ist die Unterdrückung des Leidens, habe ich erklärt; das ist der Weg, der zur Unterdrückung des Leidens führt, habe ich erklärt.

Und warum, ihr Mönche, habe ich dies erklärt? Weil es Nutzen bringt, weil es den Anfang heiligen Lebenswandels bildet, weil es zur Weltabkehr, zur Leidenschaftslosigkeit, zum Aufhören, zur Ruhe, zur Erkenntnis, zur Erleuchtung, zum Nirvāna führt. Darum, ihr Mönche, habe ich es erklärt.

Darum, ihr Mönche, müßt ihr euch diesem hinwenden: Dies ist das Leiden, dies ist der Ursprung des Leidens, dies ist die Unterdrückung des Leidens, dies ist der Weg, der zur Unterdrückung des Leidens führt.

Edward J. Thomas, Early Buddhist Scriptures. London 1935, S. 117f.

308. Buddhas Gleichnis vom Feuer
Majjhima-Nikāya I, 485 ff.

„Vaccha, die Ansicht, daß die Welt ewig sei, ist ein Dschungel, eine Wüste, eine theatralische Schau, eine Entstellung, eine Fessel, und sie ist verbunden mit Leiden, Qual, Verzweiflung und Jammer, und sie führt nicht zur Abkehr, zur Leidenschaftslosigkeit, zur Auflösung, zur Ruhe, zur Durchschauung, zur vollkommenen Erkenntnis, zum Nirvāna ... Darüber Betrachtungen anzustellen ist nutzlos, Vaccha. Ich habe daher keine dieser Ansichten." – „Aber hat Gautama irgendeine Ansicht?" – „Der Tathāgata, Vaccha, ist frei von Ansichten. Denn dies ist es, was der Tathāgata festhält: die Form, die Entstehung der Form, die Auflösung der Form; die Wahrnehmung, die Entstehung der Wahrnehmung, die Empfindung, die Unterscheidung, das Bewußtsein, wie sie entstehen und vergehen. Daher, so sage ich, ist der Tathāgata erlöst mit der Vernichtung, der Gleichgültigkeit, dem Aufhören und Aufgeben aller Meinungen und Erwägungen, aller falschen Ansichten über das Selbst oder irgend etwas, was zum Selbst gehört."

„Aber wo, Herr Gautama, wird der Mönch wiedergeboren, dessen Geist also befreit ist?" – „Es ist nicht richtig, Vaccha, zu sagen, er sei wiedergeboren." –

„Dann, Herr Gautama, ist er nicht wiedergeboren?" – „Es ist nicht richtig, Vaccha, zu sagen, er sei nicht wiedergeboren." – „Dann, Herr Gautama, ist er sowohl wiedergeboren als auch nicht wiedergeboren." – „Es ist nicht richtig, Vaccha, zu sagen, er sei sowohl wiedergeboren als auch nicht wiedergeboren..."

„In dieser Angelegenheit, Herr Gautama, fühle ich mich in einem Zustand der Unwissenheit und Verwirrung, und das geringe Maß an Vertrauen, das ich auf Grund einer früheren Unterredung in Gautama setzte, ist nun wieder verschwunden."

„Genug deiner Unwissenheit und Verwirrung, Vaccha. Denn tief ist diese Lehre, schwer einzusehen und zu begreifen, doch gut, hervorragend, jenseits des Bereiches der Argumentation, schwierig, einsichtig nur dem Weisen. Sie ist schwer zu verstehen für dich, der du andere Ansichten hast, einen anderen Glauben, andere Neigung, eine andere Lehre und einen anderen Lehrer. Deshalb, Vaccha, will ich dies dich fragen, und du erklärst es mir, wie es dir gutdünkt. Meinst du, Vaccha, daß, wenn ein Feuer vor dir brennen würde, du wüßtest, daß ein Feuer vor dir brennt?" – „Wenn ein Feuer vor mir brennt, Herr Gautama, wüßte ich, daß ein Feuer vor mir brennte." – „Und wenn jemand dich fragen würde, wodurch das Feuer vor dir brennt, wie würdest du es erklären?" – „Ich würde sagen, daß das Feuer, das vor mir brennt, durch Gras und Reisig unterhalten wird." – „Wenn das Feuer vor dir ausginge, wüßtest du, daß das Feuer vor dir ausgegangen ist?" – „Wenn das Feuer vor mir ausgegangen wäre, wüßte ich, daß das Feuer vor mir ausgegangen ist." – „Und wenn jemand dich fragen würde: Vaccha, in welche Richtung ist das Feuer gegangen, das ausgegangen ist, nach Osten, Westen, Norden oder Süden? – wenn man dich so fragte, wie würdest du antworten?" – „Das trifft nicht zu, Herr Gautama, denn das Feuer ist durch Gras und Reisig, was es verzehrte, und wenn es nichts anderes bekommt, ist es ohne Nahrung, und wird das, was man ausgegangen nennt." – „Und gerade so, Vaccha, hat jede Form, durch welche man den Vollendeten bezeichnen würde, aufgehört, sie ist an der Wurzel abgeschnitten, einem Palmstumpf gleichgemacht, nicht mehr bestehend und nicht imstande, sich noch einmal zu entwickeln. Der Vollendete, der von dem, was Form genannt wird, befreit ist, ist tief, unermeßlich, schwer zu erforschen, gleich dem großen Ozean. Es ist nicht angebracht zu sagen, er sei wiedergeboren, zu sagen, er sei nicht wiedergeboren, zu sagen, er sei sowohl wiedergeboren als auch nicht wiedergeboren, oder zu sagen, er sei weder wiedergeboren noch nicht wiedergeboren."

E. J. Thomas, Buddhist Scriptures. London 1913, S. 71 ff.

309. Buddhas Gleichnis von der Öllampe

Samyutta-Nikāya 12,53

Der Buddha weilte in Sāvatthi. (Dort sprach er:)

„Wer, ihr Mönche, mit Freuden an den Dingen dieser Welt, die zu Fesseln werden, festhält, in dem wächst die Gier. Gier ist die Ursache des Ergreifens. Ergreifen ist die Ursache des Werdens. Der Wunsch des Werdens ist die Ursache der Wiedergeburt. Die Wiedergeburt ist die Ursache von Alter und Tod, Schmerz, Klage, Leid, Trübsinn und Verzweiflung. Und so kommt es zu dieser ganzen Masse von Leiden.

Gerade so, ihr Mönche, wie mittels des Öls und mittels eines Dochtes eine Öllampe brennte und ein Mensch von Zeit zu Zeit Öl nachfüllte und den Docht putzte und, ihr Mönche, eine Öllampe, so gespeist und mit Brennstoff versehen, lange Zeit brennen würde – gerade so, ihr Mönche, wächst die Gier in dem, der mit Freuden an den Dingen dieser Welt, die zu Fesseln werden, festhält... Und so kommt es zur Entstehung dieser ganzen Masse von Leiden.

Wer jedoch, ihr Mönche, die Erbärmlichkeit der Dinge dieser Welt, die zu Fesseln werden, einsieht, unterdrückt die Gier. Mit der Unterdrückung der Gier wird das Ergreifen unterdrückt... Und so kommt es zur Unterdrückung dieser ganzen Masse von Leiden.

Gerade so, ihr Mönche, wie mittels des Öls und mittels eines Dochtes eine Öllampe brennte und ein Mensch nicht von Zeit zu Zeit Öl nachfüllte und den Docht nicht putzte und diese Öllampe nach dem Verbrauch des früheren Brennstoffes ohne Nachfüllung aus Mangel an Nahrung erlöschen würde – gerade so, ihr Mönche, unterdrückt der, der die Erbärmlichkeit der Dinge dieser Welt, die zu Fesseln werden, einsieht, die Gier. Mit der Unterdrückung der Gier wird das Ergreifen unterdrückt. Mit der Unterdrückung des Ergreifens wird der Wunsch des Werdens unterdrückt. Mit der Unterdrückung des Wunsches nach Werden wird die Wiedergeburt unterdrückt. Mit der Unterdrückung der Wiedergeburt werden Alter, Tod, Schmerz, Klage, Leid, Trübsinn und Verzweiflung unterdrückt. Und so kommt es zur Unterdrückung dieser ganzen Masse von Leiden."

E. J. Thomas, Early Buddhist Scriptures. London 1935, S. 122f.

310. Buddha lehrt den „mittleren Pfad"

Mahāvagga I, 6, 17–29

Also sprach der Herr zu den fünf Bettelmönchen:

„Es gibt zwei Extreme, ihr Mönche, die derjenige, der der Welt entsagt hat, vermeiden sollte. Welche sind diese zwei Extreme? Ein den Vergnügungen und

Lüsten hingegebenes Leben: das ist entwürdigend, wollüstig, roh, unedel und nutzlos; und ein den Abtötungen hingegebenes Leben: das ist leidvoll, unedel und nutzlos. Indem er diese beiden Extreme vermied, hat der Tathāgata das Wissen um den mittleren Pfad erlangt, der zur Einsicht führt, der zum Wissen führt, zur Ruhe, zur Erkenntnis, zur vollständigen Erleuchtung, zum Nirvāna.

Was aber, ihr Mönche, ist dieser mittlere Pfad, dessen Erkenntnis der Tathāgata erlangt hat und der zur Einsicht führt, der zum Wissen führt, zur Ruhe, zur Erkenntnis, zur vollständigen Erleuchtung, zum Nirvāna? Es ist der edle, achtteilige Pfad, nämlich: rechter Glaube, rechtes Streben, rechtes Reden, rechtes Tun, rechtes Leben, rechtes Mühen, rechtes Gedenken, rechtes Sichversenken. Dies, ihr Mönche ist der mittlere Pfad, dessen Erkenntnis der Tathāgata erlangt hat und der zur Einsicht führt, der zum Wissen führt, zur Ruhe, zur Erkenntnis, zur vollständigen Erleuchtung, zum Nirvāna.

Dies aber, ihr Mönche, ist die edle Wahrheit vom Leiden: Geburt ist Leiden, Alter ist Leiden, Krankheit ist Leiden, Tod ist Leiden, mit dem Gehaßten vereint sein ist Leiden, vom Geliebten getrennt sein ist Leiden, nicht zu erhalten, was wir begehren, ist Leiden. Kurz, das fünffache Anhaften am Dasein ist Leiden.

Dies aber, ihr Mönche, ist die edle Wahrheit von der Ursache des Leidens: die durstige Gier, die zur Wiedergeburt führt, die, verbunden mit Vergnügen und Lust, hier und dort nach Freuden sucht, nämlich die durstige Gier nach Vergnügungen, nach Werden und Vergehen.

Dies aber, ihr Mönche, ist die edle Wahrheit vom Aufhören des Leidens: das vollständige Aufhören dieser durstigen Gier durch vollständige Leidenschaftslosigkeit, das Aufgeben, das Zurückweisen dieser durstigen Gier, die Befreiung von ihr, ihre Zerstörung.

Dies aber, ihr Mönche, ist die edle Wahrheit von dem Weg, der zum Aufhören des Leidens führt: es ist jener edle achtteilige Pfad, nämlich: rechter Glaube, rechtes Streben, rechtes Reden, rechtes Tun, rechtes Leben, rechtes Mühen, rechtes Gedenken, rechtes Sichversenken."

Also sprach der Herr. Die fünf Mönche waren entzückt, und sie erfreuten sich der Worte des Herrn.

T. W. Rhys Davids–Hermann Oldenberg, Vinaya Texts. Part I. Sacred Books of the East XIII. Oxford 1881, S. 94f.

311. Erläuterung des „achtteiligen Pfades"
Samyutta-Nikāya V, 8

„Ihr Mönche, ich (Buddha) will euch den edlen achtteiligen Pfad erläutern und im einzelnen darlegen. Vernehmt es, denkt gut darüber nach." – „So sei es, o Herr", antworteten die Mönche dem Herrn.

Der Herr sprach: „Was, ihr Mönche, ist der edle achtteilige Pfad? Er ist rechte Anschauung, rechtes Streben, rechtes Reden, rechtes Tun, rechtes Leben, rechtes Mühen, rechtes Gedenken, rechtes Sichversenken.

Und was, ihr Mönche, ist die rechte Anschauung? Das Wissen vom Leiden, das Wissen vom Ursprung des Leidens, das Wissen vom Aufhören des Leidens und das Wissen von dem zum Aufhören des Leidens führenden Pfad. Das, ihr Mönche, wird die rechte Anschauung genannt.

Und was, ihr Mönche, ist rechtes Streben? Das Bestreben, der Welt zu entsagen, das Bestreben, nicht zu verletzen, das Bestreben, nicht zu beleidigen. Das, ihr Mönche, wird rechtes Streben genannt.

Und was, ihr Mönche, ist rechtes Reden? Es ist das Unterlassen der Lüge, der üblen Nachrede, roher Worte und leichtfertiger Rede. Das, ihr Mönche, wird rechtes Reden genannt.

Und was ist rechtes Tun? Das Unterlassen, Leben zu zerstören, etwas zu nehmen, was einem nicht gegeben wurde, Abstandnahme vom Geschlechtsverkehr. Das, ihr Mönche, wird rechtes Tun genannt.

Und was ist rechtes Leben? Wenn ein edler Schüler eine falsche Lebensweise aufgibt und sich der rechten Lebensweise zuwendet. Das, ihr Mönche, wird rechtes Leben genannt.

Und was ist rechtes Mühen? Wenn ein Mönch mit aller Kraft ringt, seinen Geist und Willen antreibt, schlechte und böse Gedanken zu zerstreuen, gute Gedanken zu erwecken, sich von Verwirrung zu befreien, gute Gedanken zu pflegen und wachsen zu lassen. Das, ihr Mönche, wird rechtes Mühen genannt.

Und was, ihr Mönche, ist rechtes Gedenken? Das eifrige Nachsinnen über alle Teile der Lehre, mit klarem Bewußtsein, besonnen, mit Überwindung weltlicher Begierden. Das, ihr Mönche, wird rechtes Gedenken genannt.

Und was, ihr Mönche, ist rechtes Sichversenken? Hierbei tritt ein Mönch, frei von Leidenschaften und üblen Gedanken, in die erste, von Freude und Glück erfüllte Stufe der Versenkung ein, die von Überlegung und Nachsinnen begleitet ist und durch Abgeschiedenheit vom weltlichen Leben gewonnen wird.

Nach Beendigung von Überlegung und Nachsinnen tritt er in die zweite, von Freude und Glück erfüllte Stufe der Versenkung ein, die aus geistiger Konzentration gewonnen wird und die frei ist von Überlegung und Nachsinnen.

Mit Gleichgültigkeit gegenüber der Freude verharrt er besonnen und empfindet Glück mit seinem Körper und erreicht und verweilt in der dritten Stufe der Versenkung.

Wenn er von Glück und Leid frei wird, und noch vor dem Verschwinden von Stimmungen der Lust oder Niedergeschlagenheit erreicht er und verweilt er in der vierten Stufe der Versenkung, die ohne Lust und Leid ist und in der

Reinheit von Gleichmut und Besonnenheit besteht. Das, ihr Mönche, wird rechtes Sichversenken genannt.

E. J. Thomas, Early Buddhist Scriptures. London 1935, S. 94 ff. (gekürzt).

312. Fragen des Königs Milindo

Der griechische Fürst Milindo (Milinda, Menandros) herrschte von 180–160 v. Chr. über ein großes Reich im Indus-Gebiet. Er trat zum Buddhismus über. Berühmt geworden sind seine unter dem Titel „Die Fragen des Milindo" aufgezeichneten Dialoge mit dem buddhistischen Mönch *Nāgaseno* (Nāgasena).

Der König ging nun auf den ehrwürdigen Nāgaseno zu, begrüßte sich freundlich mit ihm, und nach Austausch freundlicher und zuvorkommender Worte setzte er sich zur Seite nieder. Und der ehrwürdige Nāgaseno erwiderte seinen freundlichen Gruß, wodurch er des Königs Herz zufrieden stimmte.

Darauf wandte sich der König Milindo an den ehrwürdigen Nāgaseno und sprach: „Wie heißt du, Ehrwürdiger? Welchen Namen trägst du?"

„Ich bin als Nāgaseno bekannt, o König, und Nāgaseno reden mich meine Ordensbrüder an. Ob nun aber die Eltern einem den Namen Nāgaseno geben oder Sūraseno oder Vīraseno oder Sīhaseno, immerhin ist dies nur ein Name, eine Bezeichnung, ein Begriff, eine landläufige Ausdrucksweise, ja weiter nichts als ein bloßes Wort, denn eine Wesenheit ist da, genaugenommen, nicht vorzufinden."

Der König aber sprach: „Hört mich an, ihr fünfhundert Griechen und zahlreichen Mönche! Dieser Nāgaseno behauptet, eine Wesenheit gebe es nicht. Wie kann man dem beipflichten?"

Und der König sprach nun zum ehrwürdigen Nāgaseno: „Wenn es, ehrwürdiger Nāgaseno, keine Wesenheit gibt, wer ist es denn, der euch da die Bedarfsgegenstände wie Gewand, Almosenspeise, Lagerstatt, Heilmittel und Arzeneien spendet? Wer ist es, der davon Gebrauch macht? Wer ist es, der die Sittenregeln erfüllt, die Geistespflege übt, Pfad, Ziel und Erlösung verwirklicht? Wer ist es, der tötet, stiehlt, ehebricht, lügt, trinkt und die unmittelbar nach dem Tode zur Hölle führenden Verbrechen begeht? So gäbe es also weder etwas Moralisches noch etwas Immoralisches, noch einen Täter oder Verursacher guter und schlechter Taten, noch eine Frucht oder ein Ergebnis guter und schlechter Taten, und selbst derjenige, der dich töten würde, beginge keinen Mord. Und auch du, Nāgaseno, hättest weder einen Lehrer noch einen Ratgeber noch überhaupt die Mönchsweihe. Nun behauptest du aber andererseits, daß deine Ordensbrüder dich mit Nāgaseno anreden. Wer ist denn da dieser Nāgaseno? Sind da etwa die Kopfhaare der Nāgaseno, oder sind es die Körperhaare, Zähne, Fleisch, Sehnen, Knochen, Knochenmark, Niere, Herz, Leber, Zwerchfell, Milz, Lunge,

Eingeweide, Gekröse, Magen, Kot, Galle, Schleim, Eiter, Blut, Schweiß, Fett, Tränen, Lymphe, Speichel, Rotz, Gelenköl, Urin oder das im Schädel befindliche Gehirn?"

„Nicht doch, o König!"

„Oder sind etwa das Gefühl oder die Wahrnehmung oder die geistigen Gebilde oder das Bewußtsein dieser Nāgaseno?"

„Nicht doch, o König!"

„Dann sollen wohl vielleicht Körper, Gefühl, Wahrnehmung, geistige Gebilde und Bewußtsein, zusammengenommen, dieser Nāgaseno sein?"

„Nicht doch, o König!"

„Oder soll dieser Nāgaseno gar außerhalb von Körper, Gefühl, Wahrnehmung, geistigen Gebilden und Bewußtsein existieren?"

„Nicht doch, o König!"

„Ich mag dich fragen, wie ich will, Verehrter, den Nāgaseno aber kann ich nicht entdecken. Soll etwa das bloße Wort ‚Nāgaseno' schon der Nāgaseno selber sein?"

„Nicht doch, o König!"

„Nun, wer ist denn dieser Nāgaseno? Eine Unwahrheit sprichst du, o Herr, eine Lüge, denn dieser Nāgaseno existiert ja gar nicht!"

Und der ehrwürdige Nāgaseno wandte sich zum König und sprach: „Du bist, o König, fürstlichen Luxus und äußerste Bequemlichkeit gewöhnt. Wenn du daher zur Mittagsstunde im heißen Sande zu Fuße gehst und mit den Füßen auf den harten, steinigen Kiessand trittst, bekommst du wehe Füße, dein Körper ermattet, dein Geist wird verstimmt, und körperliche Schmerzgefühle machen sich geltend. Bist du denn zu Fuß gekommen oder mit dem Wagen?"

„Nein, o Herr, ich bin nicht zu Fuß gekommen, sondern mit dem Wagen."

„Nun, wenn du mit dem Wagen gekommen bist, o König, so erkläre mir denn, was ein Wagen ist! Ist wohl vielleicht die Deichsel der Wagen?"

„Nicht doch, o Herr!"

„Oder die Achse?"

„Nicht doch, o Herr!"

„Oder sind die Räder oder der Wagenkasten oder der Fahnenstock oder das Joch oder die Speichen oder der Treibstock der Wagen?"

„Nicht doch, o Herr!"

„Oder sollen wohl diese Dinge, alle zusammengenommen, der Wagen sein?"

„Nicht doch, o Herr!"

„Oder soll etwa gar der Wagen außerhalb dieser Dinge existieren?"

„Nicht doch, o Herr!"

„Ich mag dich fragen, wie ich will, o König: den Wagen aber kann ich nicht entdecken. Soll etwa das bloße Wort ‚Wagen' schon der Wagen selber sein?"

„Nicht doch, o Herr!"

Der Weg des Buddha

„Nun, was ist denn dieser Wagen? Eine Unwahrheit sprichst du, o König, eine Lüge, denn der Wagen existiert ja gar nicht. Du bist doch, o König, der oberste Herr über ganz Indien. Aus Furcht vor wem lügst du denn da? Hört mich an, ihr fünfhundert Griechen und zahlreichen Mönche! Dieser König Milindo behauptet, mit einem Wagen gekommen zu sein, doch auf meine Bitte hin, mir zu erklären, was ein Wagen ist, kann er mir einen solchen nicht nachweisen. Kann man so etwas wohl billigen?"

Auf diese Worte spendeten die fünfhundert Griechen dem ehrwürdigen Nāgaseno ihren Beifall und sprachen zum König Milindo: „Nun antworte, o König, wenn es dir möglich ist!"

Und der König sprach zum ehrwürdigen Nāgaseno:

„Ich spreche durchaus keine Lüge, ehrwürdiger Nāgaseno. Denn in Abhängigkeit von Deichsel, Achse, Rädern usw. entsteht der Name, die Bezeichnung, der Begriff, die landläufige Ausdrucksweise, das Wort ‚Wagen'."

„Ganz richtig, o König, hast du erkannt, was ein Wagen ist. Gerade so aber auch, o König, entsteht in Abhängigkeit von Kopfhaaren Körperhaaren, Zähnen, Nägeln usw. der Name, die Bezeichnung, der Begriff, die landläufige Ausdrucksweise und das Wort ‚Nāgaseno'. Im höchsten Sinne aber ist da eine Wesenheit nicht vorzufinden. Auch die Nonne Vajirā, o König, hat in Gegenwart des Erhabenen gesagt: ‚Gerade wie man infolge des Zusammentreffens einzelner Bestandteile das Wort ›Wagen‹ gebraucht, ebenso auch gebraucht man, wenn die fünf Daseinsaspekte (Körper, Gefühl, Wahrnehmung, geistige Gebilde und Bewußtsein) da sind, die konventionelle Bezeichnung ‚Wesen'."

„Wunderbar ist es, ehrwürdiger Nāgaseno; außerordentlich ist es, ehrwürdiger Nāgaseno, wie du auf gar mannigfache Weise meine Fragen beantwortet hast. Ja, wenn der Erleuchtete noch am Leben wäre, möchte er dir ebenfalls seinen Beifall geben. Bravo, bravo, Nāgaseno! Auf gar mannigfache Weise hast du meine Fragen beantwortet!"

Der König sprach: „Ehrwürdiger Nāgaseno, möchtest du noch weiter mit mir diskutieren?"

„Wenn du nach der Art eines Weisen diskutieren willst, o König, dann wohl; willst du aber nach der Art eines Königs diskutieren, dann nicht."

„Wie diskutieren denn Weise, ehrwürdiger Nāgaseno!"

„Bei den Diskussionen der Weisen, o König, zeigt sich ein Auf- und Abwickeln, ein Überzeugen und Zugestehen; Nebeneinanderstellungen und Gegenüberstellungen werden gemacht. Und doch geraten die Weisen dabei nicht außer sich. So, o König, diskutieren Weise."

„Wie diskutieren nun aber Könige, ehrwürdiger Nāgaseno?"

„Wenn Könige während einer Diskussion etwas behaupten und da irgendeiner widerspricht, so geben sie den Befehl, diesen Menschen mit Strafe zu belegen. So, o König, diskutieren Könige."

„So will ich denn, Ehrwürdiger, nach der Art eines Weisen diskutieren. Mögest du, Ehrwürdiger, ganz unbefangen mit mir diskutieren! Mögest du ganz so frei mit mir reden, wie du es etwa mit einem Mönch, Novizen, Anhänger oder Klosterdiener tun würdest! Du hast nichts zu befürchten."
„Nun gut, o König", stimmte der Ordensältere bei.
Der König sprach: „Darf ich dich etwas fragen, ehrwürdiger Nāgaseno?"
„Ja, König, du magst mich fragen."
„Ich habe dich etwas gefragt, Ehrwürdiger."
„Das habe ich ja bereits beantwortet."
„Was hast du denn geantwortet, Ehrwürdiger?"
„Was hast du denn überhaupt gefragt?"

Der König sprach: „Derjenige, ehrwürdiger Nāgaseno, der wiedergeboren wird, ist das wohl derselbe (wie derjenige, der stirbt) oder ein anderer?"
„Weder derselbe noch ein anderer."
„Gib mir ein Beispiel!"
„Was meinst du wohl, o König, bist du wohl jetzt als Erwachsener noch derselbe, der du damals als kleiner, junger, unmündiger Säugling warst?"
„Das nicht, o Herr! Denn eine andere Person war ja jener kleine, junge, unmündige Säugling, und eine ganz andere Person bin ich jetzt als Erwachsener."
„Wenn dies wirklich so wäre, o König, so hättest du (der Erwachsene) ja weder Vater noch Mutter noch Lehrer und somit könnte es niemanden geben, der Wissen, Sittlichkeit und Einsicht besitzt. Dann hätte wohl auch jeder der fünf embryonalen Zustände eine andere Mutter und das Kind eine andere Mutter als der Erwachsene? Und derjenige, der eine Wissenschaft erlernt, sollte wohl gar eine andere Person sein als derjenige, der die Wissenschaft ausgelernt hat, und der Übeltäter eine andere Person als derjenige, dem zur Strafe dafür Hände und Füße abgehauen werden?"
„Nicht doch, o Herr! Wie würdest du aber die Sache erklären?"
„Ich, o König, war damals der kleine, junge, unmündige Säugling, und ich bin jetzt der Erwachsene. Denn auf Grund eben dieses Körpers werden (in unserem Denken) alle diese Zustände zu einer Einheit zusammengefaßt."
„Gib mir ein Gleichnis!"
„Sagen wir, o König, ein Mann zünde eine Lampe an. Möchte wohl diese Lampe die ganze Nacht hindurch brennen?"
„Gewiß, o Herr!"
„Wie aber, o König, ist die Flamme in der ersten Nachtwache dieselbe wie die Flamme in der mittleren und die Flamme in der mittleren Nachtwache dieselbe wie die Flamme in der letzten?"
„Gewiß nicht, o Herr."
„Dann brennt wohl, o König, eine Lampe in der ersten Nachtwache, eine andere in der mittleren und wieder eine andere in der letzten Nachtwache?"

„Das nicht, o Herr! Denn das Licht war während der ganzen Nacht abhängig von ein und derselben Lampe."

„Genau in derselben Weise, o König, schließt sich die Kette der Erscheinungen aneinander. Eine Erscheinung entsteht, eine andere schwindet, doch reihen sie sich alle ohne Unterbrechung aneinander. Auf diese Weise gelangt man weder als dieselbe Person noch als eine andere bei der letzten Bewußtseinsverfassung an."

„Gib mir noch ein weiteres Gleichnis!"

„Es ist genau derselbe Vorgang, o König, wenn die frische Milch nach einiger Zeit zu Dickmilch wird, die Dickmilch zu Butter und die Butter zu Butteröl. Wenn da nun einer sagen sollte, daß Milch und Dickmilch oder Butter und Butteröl ein und dasselbe seien, spräche der wohl die Wahrheit?"

„Gewiß nicht, o Herr! Denn erst durch die Abhängigkeit von dem einen Zustand ist der andere ins Dasein getreten."

„Genau in derselben Weise, o König, schließt sich die Kette der Erscheinungen aneinander. Eine Erscheinung entsteht, eine andere schwindet, doch reihen sie sich alle ohne Unterbrechung aneinander. Auf diese Weise gelangt man weder als dieselbe Person noch als eine andere bei der letzten Bewußtseinsverfassung an."

„Weise bist du, ehrwürdiger Nāgaseno!"

Der König sprach: „Aus welchem Grunde wohl, o Herr, sind die Menschen nicht alle gleich? Warum sind zum Beispiel die einen kurzlebig und die anderen langlebig, die einen krank und die anderen gesund, die einen häßlich und die anderen schön, die einen machtlos und die anderen mächtig, die einen arm und die anderen reich, die einen von niedriger Abstammung und die anderen von hoher Abstammung, die einen dumm und die anderen weise?"

„Warum sind wohl, o König, nicht alle Kräuter gleich" – fragte der Ordensältere –, „sondern einige sauer, einige salzig, einige bitter, einige scharf, einige herb und einige süß?"

„Ich denke, wohl wegen der Verschiedenheit des Samens, o Herr."

„Genau so, o König, sind wegen der Verschiedenheit ihrer (in früheren Leben verübten) Werke nicht alle Menschen gleich, sondern die einen kurzlebig und die anderen langlebig, die einen krank und die anderen gesund, die einen häßlich und die anderen schön, die einen machtlos und die anderen mächtig, die einen arm und die anderen reich, die einen von niedriger Abstammung und die anderen von hoher Abstammung, die einen dumm und die anderen weise. Auch der Erhabene, o König, hat gesagt: Eigner der Taten sind die Wesen, o Brahmane, Erben der Taten; die Taten sind ihre Wiege, sind ihre Freude und ihre Zuflucht. Die Tat scheidet die Wesen in Hoch und Niedrig."

„Weise bist du, ehrwürdiger Nāgaseno!"

Der König sprach: „Ist wohl, o Herr, Erlösung dasselbe wie Erlöschung?"
„Ja, o König, die Erlösung besteht in der Erlöschung."
„Inwiefern nun aber, ehrwürdiger Nāgaseno, besteht die Erlösung in der Erlöschung?"
„All die törichten Weltlinge, o König, finden Lust und Freude an den Sinnen und deren Objekten und hängen sich daran. Drum werden sie von jenem Strom der Leidenschaften fortgerissen und nicht erlöst von Geburt, Altern und Sterben, von Sorge, Klage, Schmerz, Trübsinn und Verzweiflung, werden nicht erlöst vom Leiden: das sage ich. Der kundige, heilige Jünger aber, o König, findet keine Lust und Freuden an den Sinnen und deren Objekten und hängt sich nicht daran. Da er aber keine Lust und Freude daran findet und sich nicht daran hängt, so erlischt das Begehren. Durch Erlöschen des Begehrens erlischt der Daseinshang, durch Erlöschen des Daseinshanges der Tatenprozeß. Durch Erlöschen des Tatenprozesses aber kommt es künftighin zu keiner Geburt mehr. Und mit Aufhebung der Geburt schwinden Alter und Tod, Sorge, Klage, Schmerz, Trübsinn und Verzweiflung. Auf diese Weise kommt es zur Erlöschung dieser ganzen Leidensfülle. Insofern, o König, besteht die Erlösung in der Erlöschung."
„Weise bist du, ehrwürdiger Nāgaseno."

Der König sprach: „Kann man wohl wissen, ehrwürdiger Nāgaseno, daß der Buddha unübertroffen ist?"
„Freilich kann man das wissen, o König."
„Wieso denn, o Herr?"
„Einst, o König, lebte ein Ordensälterer namens Tisso, der ein großer Schriftsteller war. Viele Jahre sind nun aber seit dessen Tode verflossen. Wie kann man da etwas von ihm wissen?"
„Durch seine Schriften, o Herr."
„Ebenso auch, o König, nimmt, wer die Lehre wahrnimmt, auch den Erhabenen wahr, denn die Lehre ward vom Erhabenen verkündet."
„Weise bist du, ehrwürdiger Nāgaseno."

„Der Erhabene, o Herr, hat einst von sich gesagt: ‚Nicht hält, Anando, der Vollendete hinsichtlich seiner Lehren die Hand verschlossen wie so mancher Meister.' Andererseits aber wieder hat er die Frage des Ordensälteren Mālunkyaputto unbeantwortet gelassen. Dieses Problem seines Nichtantwortens läßt zweierlei Annahmen zu, und nur auf einer der beiden kann dasselbe beruhen, entweder auf Unwissenheit oder auf Geheimhaltung. Denn hat, o Herr, der Erhabene wirklich den obigen Ausspruch getan, dann hat er eben aus Unwissenheit dem Mālunkyaputto nicht geantwortet. Hat er aber trotz seines Wissens nicht geantwortet, so hält er eben hinsichtlich seiner Lehre die Hand verschlossen wie so mancher Meister. Dies ist wiederum einmal ein zweischneidiges Problem, das ich dir da stelle und das du mir zu lösen hast."

„Es ist wahr, o König, daß der Erhabene den Ausspruch getan hat. Daß er aber die Frage des Ordensälteren Mālunkyaputto unbeantwortet ließ, beruht weder auf Unwissenheit noch auf der Absicht, etwas zu verheimlichen. Es gibt nämlich, o König, viererlei Weisen, wie man Fragen zu beantworten hat. Es gibt da Fragen, die eine direkte Antwort zulassen; es gibt Fragen, die eine aufklärende Antwort verlangen; es gibt ferner Fragen, die durch Gegenfragen zu beantworten sind; und schließlich gibt es solche Fragen, die zu verwerfen sind. Auf die Frage zum Beispiel, ob Körper, Gefühl, Wahrnehmung, geistige Gebilde und Bewußtsein vergänglich seien, da läßt sich bloß eine direkte Antwort geben. Auf die Frage aber, ob das, was vergänglich ist, wohl Körperlichkeit sei oder ob es Gefühl sei oder Wahrnehmung oder geistige Gebilde oder Bewußtsein, da läßt sich bloß eine aufklärende Antwort geben. Die Frage aber, ob es das Auge sei, mit dem man sich aller Dinge bewußt ist, das ist eine Frage, die sich durch Gegenfrage beantworten läßt. Die Frage aber, ob die Welt ewig sei oder nicht ewig, endlich oder unendlich oder teilweise endlich, teilweise unendlich oder weder endlich noch unendlich, ob Leben und Körper identisch seien oder voneinander Verschiedenes, ob der Vollendete nach dem Tode fortbestehe oder nicht fortbestehe oder teilweise fortbestehe, teilweise nicht fortbestehe oder weder fortbestehe noch nicht fortbestehe: alles dies sind Fragen, die man zu verwerfen hat. Weil aber die Frage des Ordensältesten Mālunkyaputto eine solche zu verwerfende Frage war, deshalb hat sie der Erhabene unbeantwortet gelassen. Und warum ist eine solche Frage zu verwerfen? Weil es keinen Grund, keine Ursache geben kann, eine solche zu beantworten, deshalb ist sie zu verwerfen. Denn nicht ohne Grund und Ursache tun die Erleuchteten, die Erhabenen, irgendeine Äußerung."

„Richtig, ehrwürdiger Nāgaseno! So ist es. Das gebe ich zu."

„Von den Ordensälteren, o König, die die Rezitation der Lehre vornahmen, wurde folgendes vorgetragen:

> Als Cundos Mahl beendet war,
> Des Kupferschmieds – so hörte ich –,
> Da wurd' der Buddha plötzlich krank,
> Und heftig litt er bis zum Tod."

„Andererseits aber wieder sagte der Erhabene: Zwei Almosenspenden, Ānando, zeitigen genau die gleichen Früchte, die gleiche Wirkung und sind bei weitem verdienstvoller als alle anderen Almosenspenden. – Wenn nun, ehrwürdiger Nāgaseno, nach dem Mahle des Cundo im Erhabenen eine heftige Krankheit wirklich ausbrach und heftige tödliche Schmerzen entstanden, dann muß doch diese letzte Behauptung falsch sein. Denn wäre sie richtig, so müßte eben die andere Behauptung falsch sein. Sollte vielleicht gar, ehrwürdiger Nāgaseno, jene Almosenspende deshalb verdienstvoller sein, weil sie Gift enthielt, Krankheit erzeugte, lebensvernichtend wirkte und dem Erhabenen das Leben kostete? Begründe mir denn die Sache zur Überführung der Gegner. Denn die Leute denken törichterweise, daß die Ruhr durch Überessen – also durch Gier – verursacht wurde. Dieses zweischneidige Problem sei dir gestellt. So löse es denn!"

„Die Ordensälteren haben wirklich den Ausspruch getan. Und dennoch hat der Erhabene gesagt: ‚Zwei Almosenspenden, Ānando, zeitigen genau die gleichen Früchte, die gleiche Wirkung und sind bei weitem verdienstvoller als alle die anderen Almosenspenden.' Und welche sind diese beiden? Diejenige Almosenspende, nach deren Genusse der Vollendete die unvergleichliche, vollkommene Erleuchtung errang, und diejenige Almosenspende, nach deren Genusse der Vollendete in dem von jedem Daseinsreste freien Elemente der Erlösung gänzlich erlosch: diese beiden Almosenspenden sind es. Letztere Almosenspende besaß wahrlich viele Vorzüge und brachte mancherlei Segen. Erfreut und frohen Geistes, o König, flößten die Gottheiten himmlischen Saft in das Gericht Eberpilze[1], da sie wußten, daß dies des Erhabenen letztes Mahl war. Und jenes Gericht war völlig gar gekocht, lecker, äußerst schmackhaft und leicht verdaulich für den Magen. Nicht etwa wegen dieser Speise, o König, ist im Erhabenen die zuvor noch nicht bestehende Krankheit ausgebrochen, sondern nur, weil der Körper des Erhabenen schon an und für sich schwach und seine Lebenskraft gewichen war, konnte die ausgebrochene Krankheit sich weiter entwickeln, gerade wie etwa ein gewöhnliches Feuer stärker brennt, sobald man frischen Brennstoff auflegt – oder wie ein gewöhnlicher Strom bei starkem Regen mächtig anschwillt und überfließt – oder auch wie einem der Leib von normaler Dicke bei neuer Nahrungszufuhr noch dicker anschwillt. So auch, o König, konnte sich die Krankheit des Erhabenen nur deshalb entwickeln, weil sie in einem schon an und für sich schwachen Körper entstand, in dem die Lebenskraft bereits erschöpft war. Die Schuld liegt also nicht an jener Almosenspende, o König. Ihr kann man keinerlei Schuld zuschreiben."

„Aus welchem Grunde, ehrwürdiger Nāgaseno, zeitigen nun aber jene beiden Almosenspenden genau die gleichen Früchte, die gleiche Wirkung und sind bei weitem verdienstvoller als alle die anderen Almosenspenden?"

„Wegen der damit verbundenen Erreichung des Eintritts in die geistigen Zustände."

„Welcher geistigen Zustände, o Herr?"

„Wegen des fortschreitenden und rückschreitenden Eintretens in die Errungenschaften der neun Folgezustände."[2]

„Geschah denn solches, o Herr, bloß an diesen beiden Tagen in einem erhöhten Maße?"

„Ja, o König."

„Wunderbar ist es, ehrwürdiger Nāgaseno, unglaublich ist es, daß selbst die unvergleichlich erhabenste Gabe an den Buddha mit diesen beiden Almosenspenden sich nicht vergleichen läßt. Wunderbar ist es, o Herr, unglaublich ist es, wie gewaltig die Erreichungen der neun Folgezustände sind, insofern nämlich dadurch einer Gabe um so höhere Frucht und höherer Segen beschieden ist. Vortrefflich, ehrwürdiger Nāgaseno. So ist es, und so nehme ich es an."

---

[1] Die hier vorliegende Übersetzung ist problematisch. Das zugrunde liegende Wort *sukara-maddava* bedeutet „Eberweich"; es ist umstritten, ob darunter eine Pilzart oder eben „weiches Eberfleisch" zu verstehen ist.
[2] Gemeint sind verschiedene Versenkungsstufen.

Nyānatiloka, Die Fragen des Milindo I. Leipzig 1919.

313. Brahmanische und konfuzianische Kritik am Buddhismus

Der Brahmane Bhāradvāja, der die Frühjahrsbestellung seines Feldes vornimmt, sagt zum Buddha, den er beim Betteln erblickt:

„Ich, o Asket, pflüge und säe, und wenn ich gepflügt und gesät habe, esse ich. Auch du, o Asket, solltest pflügen und säen, und wenn du gepflügt und gesät hast, magst du essen" (Suttanipata 1,4).

Der konfuzianische Staatsmann und Dichter Han Yü (768–824) wandte sich an den chinesischen Kaiser, als dieser eine Reliquie des Buddha in seinen Palast hatte bringen lassen, mit folgendem Schreiben:

Buddha war ein Mann einer barbarischen Rasse, hatte keine Kenntnis der chinesischen Sprache und war nach fremder Mode gekleidet. In seinen Reden stützte er sich nicht auf die weisen Worte der früheren Könige; in seiner Kleidung wich er ebenso von diesen festgesetzten Normen ab. Er wußte weder etwas von den Pflichten zwischen Herrschern und Untertanen noch von der Liebe zwischen Vater und Sohn. Wenn er heute noch lebte und käme in unsere Hauptstadt, gefiele es wohl Euerer Majestät, ihn zu empfangen. Aber die Zeremonien müßten auf eine Audienz im Hsüan-cheng-Saal und auf ein Gastmahl im Protokolldepartement beschränkt werden; man müßte ihm außerdem einen Haufen Kleider schenken und ihn dann an die Reichsgrenze eskortieren, damit er nicht die Menge irreführen könnte. Doch wäre es höchst ungebührlich, jetzt, lange nach seinem Tod, seine vermoderten Knochen und unheilbringenden Überreste in den Palast einholen zu lassen. Konfuzius sagte: „Erweise Seelen und Geistern deinen Respekt, doch halte sie auf Abstand."

Göran Malmquist, Die Religionen Chinas, in: Asmussen-Laessøe, Handbuch der Religionsgeschichte 3. Göttingen 1975, S. 57.

Mensch und Gott

Aus den Werken des Chu Hsi (1130–1200)

Der Buddhist Wang T'ien-shun diskutierte einmal mit Lu Tze-ching und sagte: „Im Einklang mit unseren buddhistischen Lehren nützen wir unsere Ohren, Augen, Nase, Mund, Mark und Gehirn nicht voll aus. Falls man alle Menschen dazu brächte, sich nach diesen Lehren zu richten, wie könnte es dann noch Ichbezogenheit geben?" Mein Lehrer lachte und sagte: „Wenn wir abwarten, bis sich alle Menschen nach buddhistischen Lehren richten, so wäre das gleichbedeutend damit, jeden einzelnen zu lehren, ausschließlich nur ichbezogen zu leben."

Da wir Konfuzianer bereits gesehen haben, daß naturgegebene Ordnungen in den Dingen angelegt sind, so kann es für uns nicht Ordnungen geben, die von ihren Dingen trennbar wären. Die Buddhisten sagen: „Alle Ordnungen sind leer", wir: „Alle Ordnungen sind erfüllt." Aus diesem Unterschied ergibt sich unser Nichtübereinstimmen bezüglich des Verhältnisses zu Allgemeinem und zu Ichbezogenem und auch zu dem rechten Tun und zu dem gewinnbringenden. Wenn nun gar die heutigen Buddhisten sagen: „Sie erkennen das Herz, sie nehmen die Naturanlagen wahr", so weiß ich wirklich nicht, was sie da eigentlich als Herz erkennen und welche Naturanlagen sie wahrnehmen!

Unser Herz ist nicht ein totes Ding: als Lebewesen müssen wir es betrachten, sonst kommen wir zu Bestimmtheiten buddhistischer Übung im Sitzen.

Wenn aber auch wir Konfuzianer heute nur darüber sprechen, wie das verbannte Gewissen wieder zu erlangen sei, so gleichen wir damit, je mehr wir darüber sprechen, taoistischen und buddhistischen Rednern, die mit ihrem Eindringen nur Verallgemeinerndes bestimmen. Wenn man dennoch dahin gekommen ist, ertötet man jede innere Stimme. Wir wollen aber gerade durch diesen Herrn unseres Herzens zur Bestimmtheit kommen.

Unsere Pflege, die Vermögen des Herzens großzuziehen, ist eben etwas ganz anderes, als sich mit gesenkten Lidern auf die Nase zu sehen und dabei zu sitzen wie eine Holzskulptur! Es ist nötig, den einzelnen Angelegenheiten zu entsprechen und sich zu den Dingen in Beziehung zu setzen, denn nur durch Üben in bestimmten Situationen wird das Gewissen nicht vernachlässigt, und die gegebenen Ordnungen werden auf diese Weise in allem erlangt.

„Wachrufen des Herzens", das haben wir nur als Ausdruck mit den Buddhisten gemein, aber unsere Wege sind ganz verschieden! Wir rufen das Herz wach, indem wir erstreben, möglichst auf viele der gegebenen Ordnungen selber zu achten, die Buddhisten rufen es auf, untätig zu wachen. Das ist der Unterschied.

Das ethische Gebot

Aus den Werken des Wang Yang-ming (1472–1528)

Wenn die Buddhisten sich beständig wachhalten, so geschieht das auch in der Absicht, ursprüngliche Gemütsruhe zu erhalten. Das sieht eigentlich so aus, als ob das Grundsätzliche unserer Arbeit ähnlich wäre; aber die Herzen der Buddhisten werden gerade durch ihr Üben ichbezogen und eigennützig, und darin stimmen wir nicht überein. Wer nicht über das heute vorliegende Zutreffende und Schlechte nachdenkt und statt dessen nur sein „Besseres Wissen" in Ruhe sich selbst genügen läßt, der wird ichbezogen und eigennützig. Auf diese Weise arbeiten sie geradezu hin auf vorurteilende und starre Herzen.

Wir Konfuzianer pflegen unser Herz an den Dingen und durch die Angelegenheiten. Wir folgen nur dem vom Himmel Gegebenen: so ergibt sich unsere Arbeit auf natürliche Weise.

Die Buddhisten hingegen wollen über Dinge und Angelegenheiten Endgültiges entscheiden: sie lassen ihr Herz auf Scheinbildern sehen. Auf diese Weise dringen sie allmählich in die Ruhe des Abstrakten ein und lösen sich von den Zusammenhängen dieser Welt.

Victoria Contag, Konfuzianische Bildung und Bildwelt. Zürich – Stuttgart 1964, S. 178–181.

D. DAS ETHISCHE GEBOT

314. Aus der „Lehre für König Merikare"

Die „Lehre für König Merikare" ist einer der bedeutendsten altägyptischen Texte aus der Zeit zwischen dem Untergang des Alten Reiches (2263 v. Chr.) und dem Beginn des Mittleren Reiches (2040 v. Chr.). Der lehrhafte Text, den König Achthoes für seinen Sohn Merikare niederschreiben ließ, stellt eine Art politisches Testament dar, und er ermahnt den zukünftigen Herrscher zur Gesinnungsethik und Nächstenliebe.

Tue das Rechte, solange du auf Erden weilst. Beruhige den Weinenden, quäle keine Witwe, verdränge keinen Mann von der Habe seines Vaters und schädige die Räte nicht an ihren Sitzen[1]. Hüte dich davor, ungerechterweise zu strafen. Schlage nicht (selbst); das schickt sich nicht für dich... Gott kennt den Frevler, Gott schlägt die Sünde gegen ihn... Töte niemand, dessen Trefflichkeit du kennst, mit dem du einst Schriften gesungen hast[2]. (Wer bei Gott ist?) schreitet frei an unzugänglichen Stellen. Die Seele kommt zu der Stätte, die sie kennt, und weicht nicht ab von ihren Wegen von gestern, kein Zauber wehrt sie ab. Sie gelangt zu denen, die ihr Wasser spenden.

Die Richter, die den Bedrückten richten[3], du weißt, daß sie nicht milde sind an jenem Tage, wo man den Elenden richtet, in der Stunde, wo man die Bestimmung ausführt[4]. Übel ergeht es, wo der Ankläger ein Weiser ist. Vertraue nicht auf die Länge der Jahre, sie sehen die Lebenszeit als eine Stunde an. Der Mann bleibt nach dem Sterben übrig, und seine Taten werden haufenweise neben ihn gelegt. Die Ewigkeit aber währt, und ein Tor ist, wer sie[5] verachtet. Wer aber zu ihnen kommt, ohne daß er gesündigt hat, der wird dort wie ein Gott sein, frei schreitend wie die Herren der Ewigkeit.

---

[1] Nimm ihnen nicht grundlos ihre Stellen.
[2] Mit dem du zusammen Unterricht erhalten hast.
[3] Im Totengericht.
[4] D. h. richtet.
[5] Die Totenrichter.

Adolf Erman, Die Literatur der Ägypter. Leipzig 1923, S. 111f.

315. Die „negativen Konfessionen" der alten Ägypter

Die sogenannten „negativen Konfessionen" sind Bekenntnisse, die der Verstorbene im alten Ägypten vor dem Totengericht abzulegen hatte, um aus ihm als gerechtfertigt hinauszugehen. Diese Konfessionen beinhalten sündige Handlungen, von denen der Verstorbene behauptet, sie nicht begangen zu haben. Ihren Ursprung haben diese Bekenntnisse, die in das Totenbuch des Neuen Reiches aufgenommen wurden, in den Idealbiographien des Mittleren Reiches. Sie enthalten in ihren negativen Aussagen das tatsächliche, positive Bekenntnis zum rechten sittlichen Verhalten. Sie sind damit höchst aufschlußreich für unsere Kenntnis der altägyptischen Ethik.

Die Texte sind nicht völlig einheitlich überliefert; die folgende Wiedergabe lehnt sich vornehmlich an die Version im 125. Kapitel des Totenbuches an.

> Ich habe nicht gegen Menschen gesündigt.
> Ich habe niemanden bei seinem Vorgesetzten schlecht gemacht.
> Ich habe nicht hungern lassen.
> Ich habe nicht krank gemacht.
> Ich habe niemanden weinen gemacht.
> Ich habe nicht gemordet.
> Ich habe nicht zu morden befohlen.
> Ich habe niemandem Leiden verursacht.
> Ich habe die Opfergaben in den Tempeln nicht geschmälert.
> Ich habe nicht die Opferbrote der Götter entwendet.
> Ich habe nicht die Opfer für die Verklärten (Toten) gestohlen.
> Ich habe nicht Unzucht getrieben an der reinen Stätte des Gottes meiner Stadt.
> Ich habe das Kornmaß nicht verfälscht.

Das ethische Gebot

Ich habe das Ackermaß nicht verfälscht.
Ich habe die Felder anderer nicht geschmälert.
Ich habe nichts hinzugefügt zu den Gewichten der Waage.
Ich habe nicht verringert an der Zunge der Waage.
Ich habe die Milch nicht hinweggenommen vom Munde kleiner Kinder.
Ich habe das Vieh nicht von seiner Weide getrieben.
Ich habe nicht die Vögel in den Gehegen der Götter gefangen.
Ich habe nicht ihre Fische geködert.
Ich habe nicht das Überschwemmungswasser gehindert.
Ich habe nicht Vieh aus dem Tempeleigentum entwendet.
Ich bin rein.

E. A. Wallis Budge, The Book of the Dead, Bd. II. 1901, S. 365 ff. – Adolf Erman, Die Religion der Ägypter. Berlin und Leipzig 1934, S. 226 f. – Joachim Spiegel, Die Idee vom Totengericht in der ägyptischen Religion. Glückstadt und Hamburg 1935, S. 57.

316. Die Vollendung des Schönen und Wahren

Platon, Symposion XXIX

Sokrates berichtet die Unterweisung, die er von der Priesterin Diotima erfuhr:

Wer bis hierher in der Schule der Liebe geführt ist, indem er Schritt für Schritt auf dem rechten Weg das Schöne schaut, wird, nun endlich vor dem Ziel der Unterweisung, mit einem Male ein Schönes von wunderbarem Wesen erblicken: eben jenes, Sokrates, dem all die früheren Mühen galten, das erstens ewig ist ohne Werden und Vergehen, ohne Wachsen und Schwinden, das ferner nicht von hier aus schön, von dort her häßlich ist, noch heute schön und morgen nicht, noch schön neben diesem, häßlich neben jenem, noch hier schön, da häßlich, als ob es für die einen schön, für die anderen häßlich sei. Noch auch wird ihm das Schöne vor Augen treten als ein Antlitz, noch wie Hände, oder irgend sonst etwas, woran der Leib teilhat, noch als irgend ein Wort oder eine Erkenntnis, noch als etwas, das an anderm ist, an einem Lebewesen etwa, an der Erde, am Himmel oder sonstwo, sondern als es selbst das an sich und mit sich von einer Art und ewig ist, indes alles übrige Schöne irgendwie so an ihm teilhat, daß, wenn dies übrige entsteht und vergeht, es selbst nicht gemehrt und nicht gemindert noch überhaupt davon berührt wird. Wenn jemand von den Dingen hier, indem er auf rechte Art den Geliebten liebt, emporsteigt und jenes Schöne zu sehen beginnt, so mag er dicht am Ziele sein. Denn dies ist der rechte Weg, zur Liebeskunst zu gehen oder sich leiten zu lassen: bei dem Schönen, das hier ist, zu beginnen und um jenes Schönen willen aufzusteigen, wie auf Stufen emporwachsend von einem zu zweien und von zweien zu allen schönen Körpern, von den schönen Körpern zu schönen Tätigkeiten, von den Tätigkeiten zu den schönen Erkenntnissen, bis man von den Erkenntnissen endlich zu jener Erkenntnis kommt, die keine andere ist als die Erkenntnis jenes Schönen selbst, und man am Ende erkennt, was das Schöne an sich ist. An diesem Punkt des Lebens, lieber Sokrates, sprach die Frau aus dem Prophetenland, wenn überhaupt irgendwo, lohnt sich das Leben für den Menschen, im Schauen des Schönen an sich.

Hast du das einmal gesehen, so wirst du nicht mehr wähnen, es sei an Goldgerät und Kleid und den schönen Knaben und Jünglingen, von deren Anblick du jetzt ergriffen bist, bereit, du wie so viele, im Anblick des Geliebten und im steten Zusammensein mit ihm Essen und Trinken zu vergessen, um ihn nur anzuschauen und bei ihm zu sein. Was erst sollen wir denken, sprach sie, würde es einem gelingen, das Schöne selbst zu sehen, sonnenklar, rein, unvermischt, nicht gebunden an Menschenfleisch und -farben und viel sonstigen sterblichen Tand, sondern er könnte das göttliche Schöne selbst, das von einer Art ist, erblicken? Glaubst du, eines Menschen Leben kann nichtig werden, wenn er dorthin blickt, er immerdar anschaut und bei ihm ist? Oder meinst du nicht, sprach sie, hier allein könnte es geschehen, daß, wer mit dem Auge, dem es sichtbar ist, das Schöne sieht, nicht Schattenbilder der Tugend zeugt, sondern wahre Tugend, da er die Wahrheit umfängt – und wenn er die wahre Tugend gezeugt und aufgezogen hat, sei es ihm beschieden, gottgeliebt und, so dies Menschen offensteht, unsterblich zu werden?

317. „Unser Herz vor Hoffart zu bewahren..."
Aischylos, Agamemnon 914–930

Es spricht Agamemnon:

> Tochter der Leda, meines Hauses Hüterin,
> zu meinem Fernsein stimmte deine Rede wohl:
> so lang war sie gesponnen. Doch geziemend Lob
> Ist Ehre, die aus fremdem Munde kommen muß.
> Vor allem aber locke meine Seele nicht
> zu Weibereitelkeiten. Ich bin kein Barbar,
> vor dem ein plumpes Schmeicheln in den Staub sich wirft.
> Und mache meinen Einzug nicht durch Purpurschmuck
> zu frevler Überhebung. Solche bunte Pracht
> bringt man allein den Göttern dar. Ein Sterblicher
> sie zu beschreiten fürcht' ich mich. Berufen ist's
> in aller Welt, daß solches Tun nicht gut bekommt.
> Das Beste, was uns Gott beschert, ist, unser Herz

Das ethische Gebot

vor Hoffart zu bewahren. Selig preisen darf
man den erst, der das Leben glückumstrahlt beschloß.
Du weißt nun, wes ich hierin mich getrauen mag.

318. *„Rede nicht den Göttern gegenüber je vermess'nes Wort!"*
Sophokles, Aias 127–133

Die Göttin Athene spricht zu Odysseus:

> Das also nimm zu Herzen! Drum rede nicht
> Den Göttern gegenüber je vermess'nes Wort,
> Und übertriffst du andre durch der Arme Kraft,
> Durch großen Reichtums Fülle: Überheb dich nicht!
> Denn aller Menschen Schicksal stürzt ein einz'ger Tag
> Und hebt es wieder. Aber die Besonnenen
> Sind lieb den Göttern; doch die Schlechten hassen sie.

319. *Edikte des Königs Ashoka*

Der von 272 bis 232 v. Chr. regierende König Ashoka war der Begründer eines indischen Großreiches. Seine Herrschaftszeit hatte er mit einem äußerst grausamen Krieg begonnen. Später bekehrte er sich zum Buddhismus und trug wesentlich zu dessen Verbreitung bei. Die durchgängigen Selbstbezeichnungen Ashokas in seinen Edikten sind Piyadasi, „der Gütigausschauende", und „der Göttergeliebte".

Das XIII. Felsenedikt von Kalsi

Als der göttergeliebte König Piyadasi acht Jahre gesalbt war, wurde das Reich der Kalingas von ihm besiegt. Einhundertfünfzigtausend Männer waren es, die da (gefangen) fortgeschleppt wurden, einhunderttausend wurden erschlagen, und vielmal so viele starben nachher.

Jetzt, nachdem das Reich der Kalingas erobert worden ist, (beginnt) bei dem Göttergeliebten die Beschäftigung mit der Religion und die Liebe zur Religion und das Lehren der Religion. Und Reue empfindet der Göttergeliebte über die Eroberung des Kalinga-Reiches. Denn daß bei der Eroberung eines vorher nicht eroberten Landes Mord, Tod und Fortschleppen der Leute stattfindet, das erachtet der Göttergeliebte für tief schmerzlich und bedauernswert. Für noch beklagenswerter hält der Göttergeliebte dies, daß da (in einem eroberten Lande) Brahmanen und Asketen, Mitglieder anderer Sekten oder Hausherren wohnen, die Gehorsam gegen Mutter und Vater, Gehorsam gegen ehrwürdige Personen, wohlwollendes Verhalten gegen Freunde, Bekannte, Genossen und Verwandte, gegen Sklaven und Diener üben und im Glauben fest sind, und daß deren liebe Angehörigen verletzt, getötet und fortgeschleppt werden... Darum würde jetzt auch nur der hundertste oder der tausendste Teil von allen diesen Leuten, die bei der Eroberung des Kalinga-Reiches getötet wurden, starben und fortgeschleppt worden sind, dem Göttergeliebten tief beklagenswert erscheinen...

In den folgenden Zeilen der stark beschädigten Inschrift sagt der König, daß er jetzt eine andere „Eroberung", nämlich die Unterweisung in der Moral der Selbstbeherrschung und der Liebe und die Verbreitung dieser Lehren über alle Länder vom Reich der Baktrier im Norden bis nach Ceylon im Süden – zahlreiche Völker werden aufgezählt – für eine viel größere Eroberung halte.

Über diese Eroberung durch die Religion fühlt er eine tiefe Befriedigung. Aber etwas Geringes ist diese Befriedigung. Denn der Göttergeliebte hält doch nur den Lohn in der anderen Welt für wichtig.

Und zu folgendem Zweck ist dieses Religionsedikt aufgeschrieben worden: Daß meine Söhne und Enkel, die ich haben werde, nie daran denken sollen, eine neue Eroberung zu machen. Und wenn doch eine Eroberung nötig sein sollte, daß sie an Milde und leichter Bestrafung Gefallen finden mögen und daß sie die Eroberung durch die Religion als die (wahre) Eroberung ansehen sollen. Diese trägt Früchte in dieser Welt und in jener Welt. Und ihre Freude sei die Freude an der Arbeit (für die Religion). Denn diese trägt Früchte in dieser Welt und in jener Welt.

Das VIII. Felsenedikt von Girnar

In vergangenen Zeiten pflegten die Könige Vergnügungsfahrten zu machen. Auf diesen gab es Jagd und andere dergleichen Vergnügungen. Als aber der göttergeliebte König Piyadasi zehn Jahre gesalbt war, ging er nach Sambodhi[1]. Und es wurden von ihm solche Fahrten um der Religion willen unternommen, und zwar um Brahmanen und Asketen zu besuchen und ihnen Geschenke zu geben, um die Alten zu besuchen und sie mit Gold zu unterstützen, um die Leute in den Provinzen zu sehen und sie in der Religion zu belehren und über die Religion zu befragen. Das ist ein viel größeres Vergnügen für den göttergeliebten König Piyadasi im zweiten Teile (seiner Regierung).

---

[1] Gemeint ist der Wallfahrtsort Bodh-Gaya, wo Buddha die Erleuchtung erlangt haben soll.

Inschrift auf der Säule von Rummindei

Rummindei ist der heutige Name des Ortes, an dem Buddha nach der Legende geboren sein soll.

Das ethische Gebot

Als der König Piyadasi zwanzig Jahre gesalbt war, kam er selbst und brachte (hier) seine Verehrung dar, weil hier der Buddha Sākyamuni geboren worden ist. Er ließ hier einen Steinsockel machen und eine Säule aufrichten, weil hier der Herr geboren worden ist. Das Dorf Lummini machte er steuerfrei und beteilte es mit Reichtümern.

Das XII. Felsenedikt von Girnar

Der göttergeliebte König Piyadasi ehrt alle Sekten, sowohl die Asketen als auch die Hausväter. Er ehrt sie sowohl mit Gaben als auch mit allerlei Ehrenbezeigungen. Aber der Göttergeliebte legt nicht so viel Gewicht auf Gaben und Ehrenbezeigungen als darauf, daß bei allen Sekten ein Wachstum des Wesentlichen stattfinde. Das Wachsen des Wesentlichen ist aber mannigfacher Art; dessen Wurzel aber ist folgende: Die Vorsicht im Reden, nämlich daß weder ein Preisen der eigenen Sekte noch ein Tadeln anderer Sekten bei unpassenden Gelegenheiten stattfinde, oder daß es (wenn es) bei einer oder anderer Gelegenheit (doch geschieht), mäßig sei. Andere Sekten sollen aber bei jeder Gelegenheit geehrt werden. Wenn man so handelt, fördert man seine eigene Sekte und erweist den anderen Sekten Gutes. Im anderen Falle schädigt man seine eigene Sekte und fügt der anderen Sekte Übles zu. Denn wer immer seine eigene Sekte preist und die anderen Sekten tadelt, und zwar alles aus Zuneigung zur eigenen Sekte und um die eigene Sekte zu verherrlichen, der schädigt doch, wenn er so handelt, nur seine eigene Sekte um so mehr. Darum ist Eintracht allein gut: nämlich man höre einer des anderen Religionslehre *(dhamma)* und befolge sie. Denn das ist der Wunsch des Göttergeliebten, nämlich daß alle Sekten viel lernen und gute Lehren überliefern sollen. Und denjenigen, welche nur ihrer eigenen (Sekte) ergeben sind, soll gesagt werden: „Der Göttergeliebte legt nicht so viel Gewicht auf Gaben und Ehrenbezeigungen als darauf, daß ein Wachsen des Wesentlichen bei allen Sekten stattfinde."

Das IX. Felsenedikt von Kalsi

Der göttergeliebte König Piyadasi spricht also. Die Leute vollziehen gar mannigfache Heilsbräuche in Gefahren, bei Hochzeiten von Söhnen und Töchtern, bei der Geburt eines Sohnes oder beim Antritt einer Reise. Bei diesen und anderen Gelegenheiten vollziehen ja die Leute gar mannigfache Heilsbräuche. Törichte Weiber vollziehen da viele und mannigfache nichtssagende und nutzlose Heilsbräuche. Man soll zwar Heilsbräuche vollziehen, aber derartige Heilsbräuche bringen wenig Frucht.

Folgendes sind aber Heilsbräuche, die reiche Frucht tragen, nämlich diese in dem frommen Leben bestehenden Heilsbräuche: wohlwollendes Verhalten gegen Sklaven und Diener, Ehrerbietung gegen ehrwürdige Personen, Schonung der Lebewesen, Freigebigkeit gegen Brahmanen und Asketen. Diese und andere dergleichen (Handlungen) gelten als die in dem frommen Leben bestehenden Heilsbräuche. Darum soll ein Vater oder ein Sohn oder ein Bruder oder ein Herr oder ein Freund oder ein Bekannter oder ein Nachbar sagen: „Das ist gut. Dieser Heilsbrauch ist zu vollziehen, um den Zweck zu erreichen, diesen werde ich anwenden." Denn andere Heilsbräuche sind zweifelhaft. Man kann den Zweck durch sie erreichen oder auch nicht, und dann nur in diesem Leben. Aber der im frommen Leben bestehende Heilsbrauch ist nicht auf eine Zeit beschränkt. Selbst wenn er seinen Zweck nicht in diesem Leben erreicht, so bringt er endloses Verdienst im Jenseits. Und wenn er seinen Zweck in diesem Leben erreicht, dann erlangt er beides durch diesen im frommen Leben bestehenden Heilsbrauch: seinen Zweck in diesem Leben und endloses Verdienst im Jenseits.

M. Winternitz, Der ältere Buddhismus. Religionsgeschichtliches Lesebuch 11 (Hrsg. Alfred Bertholet). Tübingen ²1929, S. 149–152.

320. Schicksalsglaube und ethisches Handeln

Der augurische Kalender der alten Azteken ist höchst aufschlußreich für die Frage nach Determinierung oder Freiheit des menschlichen Willens. Er zeigt, daß der Charakter des Menschen nicht als prädestiniertem Zwang unterstehend bewertet wurde. Denn das Gute einer Vorhersage wurde in Abhängigkeit gesehen von der Gegenleistung opferwilliger Frömmigkeit und pflichtbewußten ethischen Handelns, und es wurde verscherzt von dem, der sich gegen diese Gebote versündigte. So verheißt beispielsweise der augurische Kalender für den Tag *ce cipactli*, „eins Krokodil":

Wer an einem solchen Tag als Vornehmer geboren wurde, so sagt man, werde es zu Ehren bringen, ein Würdenträger werden, werde reich sein, im Überfluß leben, voll Glückes sein.

War es aber ein Mann aus dem Volke, der an solchem Tage geboren wurde, so würde er ein tüchtiger, ein tapferer, ein angesehener Mann werden, der Ehren und Reichtum ernten werde, und es werde ihm nicht an Nahrung fehlen.

Wenn es eine weibliche Person war, die an einem solchen Tage geboren wurde, würde auch sie reich werden, im Überfluß leben.

Aber sie sagten auch: Obgleich solcherart das Zeichen, unter dem einer geboren wurde, gut war – falls er nicht gehörig der Gottheit huldige, falls er nicht ordentlich in sich ginge, falls er nicht kaltes Wasser und Nesselbüsche zur Hand nähme, mit ihnen sich zu kasteien –, dann verdiene er doch als Verweis und Strafe die Zurechtweisung der Greise, die Zurechtweisung der Greisinnen. Dem, der so recht ein Spitzbube werde, ein Bösewicht, der gerade diesen Weg einschlüge, dem glücke nichts. Vollends wenn er betteln müsse, käme er ganz herunter, verachte sich selbst, richte sich zugrunde, mache ein Ende mit sich. Er verscherze, was ihm Gutes war, gäbe es preis, verdürbe sich selber. Denn er ist ein in Sünde Gefallener, ein übel Beleumundeter, ein vollständig Geächteter.

Leonhard Schultze Jena, Wahrsagerei, Himmelskunde und Kalender der alten Azteken. Stuttgart 1950, S. 96 ff. – G. Lanczkowski, Aztekische Sprache und Überlieferung. Berlin–Heidelberg–New York 1970, S. 76.

321. Der rechte und der falsche Weise
Ein alt-aztekischer Text

Der rechte Weise ist eine Leuchte, eine Fackel, eine starke Fackel, ein klarer Spiegel. Er ist im Besitz von Bilderhandschriften, hat Bücher, nennt sie sein eigen. Er ist den Menschen ein Vorbild, er ist der Weg, er ist der Führer, der antreibt; – er ist ihr Begleiter, ihr Leiter, der ihnen vorangeht. Der wahre Weise ist wie ein Arzt, ein Hüter, der wohl unterrichtet ist, ein Mann, zu dem man Vertrauen hat und der des Vertrauens würdig und wert ist, daß man ihm glaube. Ein Lehrer der Wahrheit, ein Mahner, ein Erzieher, der das gute Beispiel gibt, der einem die Augen öffnet, die Ohren öffnet, der einen aufklärt, einem die Richtung weist, der einem den Weg abkürzt, einen immer begleitet. Er hält einem den Spiegel vor und nimmt einem Geständnisse ab; er ist würdig, daß man von ihm sich Rat hole, ihn sich zum Vorbild nehme. Er leitet, er setzt eine Sache in Gang, er ergreift die nötigen Maßnahmen, er hält eine Sache in Ordnung. Er erleuchtet die Welt über uns, und er weiß über das Land der Toten Bescheid. Er ist kein Spötter, kein Täuscher. Auf ihn stützt man sich, auf ihn beruft man sich, auf ihn hofft man sehnlichst, auf ihn vertraut man, ihm schließt man sich eng an. Er gibt den Herzen der Menschen Sicherheit und Stütze, ist Arzt und leitet sie.

Der falsche Weise ist ein unfähiger Arzt, ist ein törichter, arg kindischer Mensch, ein Heimlichkeitskrämer, hinterhältig und verschlagen. Er ist ein Prahler, voll von Prahlerei. Er hält sich für einen Weisen, spaziert über alle Märkte, der Großsprecher. Er ist gefährlich wie ein reißendes Gewässer oder ein Abgrund, unheimlich wie ein Winkel in dunkler Mauer. Ein Zauberer ist er, ein behexender Arzt, der Raub an den Menschen begeht, ein Hexenmeister und Betrüger; und er treibt Spott mit den Leuten. Menschen und Dinge bringt er in Verwirrung. Er verschlimmert den Zustand der Kranken, beschwört Gefahren und Tod herauf. Er richtet die Menschen zugrunde, verheert das Dorf, bringt Verderben mit seiner Zauberei.

Leonhard Schultze Jena, Gliederung des alt-aztekischen Volkes in Familie, Stand und Beruf. Stuttgart 1952, S. 74 ff. – G. Lanczkowski, Aztekische Sprache und Überlieferung. Berlin – Heidelberg – New York 1970, S. 81.

322. Grundsätze des aztekischen Familienlebens

Der Familienvater ist die Wurzel, die Grundlage der Familie.

Der Vater mit gutem Herzen ist tätig, besonnen, mitfühlend, voll peinlicher Vorsorge; er ist tatkräftig, schulterstark und wachsam. Er erzieht die Kinder, unterrichtet die Kinder, belehrt sie, weist sie zurecht, berät sie, tadelt sie, gibt ihnen ein gutes Beispiel. Einen großen Spiegel[1] reicht er ihnen, einen zweiseitig polierten stellt er auf.

Er spart und speichert für sich und die Seinen, er hütet sein Gut, verwaltet es tatkräftig für sie; er ist selbst haushälterisch, er macht sich auf alles gefaßt, er hält die anderen zum Haushalten an, hat einen weiten Blick. Er teilt jedem nach Verdienst zu, trifft die nötigen Anstalten, hält die Sachen in Ordnung.

Die Familienmutter hat Kinder und säugt sie. Die von guter Sinnesart ist, wacht rechtzeitig vom Schlaf auf, ist rührig, geht tatkräftig an die Arbeit, ist fleißig, ist wachsamen Auges.

Mit Herz und Hand müht sie sich ängstlich, erzieht die Kinder, ist immer für die Ihren besorgt, in allen Dingen ist sie geschäftig.

Sie liebkost die Ihren, plagt sich für sie, ist peinlich auf das Wohl der Ihren bedacht, versäumt nichts, wirtschaftet knapp und genau und steht nie still.

Der gute Sohn gehorcht, ist bescheiden, voll Demut und von dankbarer Gesinnung.

Er ist ehrerbietig und respektvoll, folgsam und demütig, erkennt demütig eine Wohltat an und ist des Dankes voll. Er schlägt nicht aus der Art, er fügt sich dem Leben anderer ein, paßt sich ihnen an.

Die Tochter der Familie ist keusch, gehorsam, zurückhaltend, klug, geschickt, voll Sanftmut, ehrbar, unterwürfig, wohlerzogen und von guten Grundsätzen erfüllt, wohlunterrichtet in den Regeln der Klugheit, verschwiegen und mißtrauisch gegen alles Böse.

---

[1] Der Spiegel galt den Azteken als ein Mittel zur charakterlichen Selbstprüfung.

Leonhard Schultze Jena, Gliederung des alt-aztekischen Volks in Familie, Stand und Beruf. Stuttgart 1952, S. 7–11.

323. Aus dem Weisheitsbuch des Amenemope

Das Weisheitsbuch des Amenemope ist eine altägyptische Lehre, die der Zeit des späten Mittleren Reiches entstammt.

Der Mensch ist Lehm und Stroh, und Gott ist sein Baumeister. Vor ihm gibt es keine Vollkommenheit. Sage nicht: ich habe keine Sünde; was Sünde ist, ist

Gottes Sache und von ihm besiegelt. Bei allem Streit und Hader mit deinen Feinden vertraue nicht auf dich selbst, sondern setze dich in die Arme Gottes; so wird dein Schweigen die Gegner schon zu Fall bringen. Laß dich in keinen Zank mit einem Hitzigen ein, Gott wird ihm zu antworten wissen.

Tauche nicht deine Feder ein, um einen anderen zu schädigen.

Verrücke keinen Grenzstein, fälsche nicht Maß und Gewicht, laß dich nicht bestechen. Richte gerecht, unterdrücke nicht den Schwachen zugunsten des Reichen, und weise den nicht ab, der schlecht gekleidet ist.

Besser ist ein Scheffel, den Gott dir gibt, als 5000 in Unrecht. Und werden dir Reichtümer auf räuberische Weise gebracht, so bleiben sie nicht eine Nacht über bei dir.

Besser sind Brote, wenn das Herz froh ist, als Reichtum mit Kummer.

Geselle dich nicht zu dem Hitzigen und mache dich nicht an ihn, um dich mit ihm zu unterhalten.

Lache nicht über einen Blinden und verhöhne nicht einen Zwerg. Schädige auch keinen Verstümmelten und verhöhne nicht einen Mann, der in der Hand Gottes ist, und sei nicht grimmig gegen ihn, wenn er fällt.

Adolf Erman, Die Religion der Ägypter. Berlin und Leipzig 1934, S. 162f.

324. Aus den „Selbstbetrachtungen" des Kaisers Marc Aurel (161–180)

Beherrsche dich selbst! sagte (der Stoiker) Maximus, sei fest in den Krankheiten und allen Verdrießlichkeiten, behalte immer die gleiche mit Milde und Würde gepaarte Laune und verrichte die dir obliegenden Geschäfte ohne Widerstreben. Von ihm war jeder überzeugt, daß er so sprach, wie er es meinte, und daß seinen Handlungen ein guter Zweck zugrunde lag. Er zeigte über nichts Verwunderung oder Erstaunen, auch nirgends Übereilung oder Saumseligkeit, war nie verlegen, trostlos oder nur scheinfröhlich, nie war er zornig oder übler Laune. Wohltätig, großmütig und wahrheitsliebend, bot er eher das Bild eines Mannes, der von Natur recht war und keiner Besserung bedurfte. Es konnte sich niemand von ihm verachtet glauben, aber auch ebensowenig sich besser dünken (I, 15).

Ich danke den Göttern, daß ich rechtschaffene Großeltern, rechtschaffene Eltern, eine rechtschaffene Schwester, rechtschaffene Lehrer, rechtschaffene Hausgenossen, Verwandte, Freunde, ja fast durchweg rechtschaffene Menschen um mich gehabt habe, daß ich gegen keinen von ihnen mich aus Übereilung vergangen, wozu ich sogar meiner Anlage nach leicht geneigt gewesen wäre. Doch die Huld der Götter hat es nicht zugelassen, daß eine Gelegenheit, in solchen Fehler zu verfallen, sich darbot (I, 17).

Denke zu jeder Tageszeit daran, in deinen Handlungen einen festen Charakter zu zeigen, wie es einem Römer und einem Manne geziemt, einen ungekünstelten, sich nie verleugnenden Ernst, ein Herz voll Freiheits- und Gerechtigkeitsliebe. Verscheuche jeden anderen Gedanken, und das wirst du können, wenn du jede deiner Handlungen als die letzte deines Lebens betrachtest, frei von Überstürzung, ohne irgendeine Leidenschaft, die der Vernunft ihre Herrschaft entzieht, ohne Heuchelei, ohne Eigenliebe und mit Ergebung in den Willen des Schicksals. Du siehst, wie wenig zu beobachten ist, um ein friedliches, von den Göttern beglücktes Leben zu führen. Die Befolgung dieser Lehren ist ja alles, was die Götter von uns verlangen (II, 5).

Laß dich nicht hin und her reißen. Bei allem, was du tust, denke an das, was recht ist, und bei allem, was du denkst, halte dich an das, was klar zu begreifen ist (IV, 31).

Die Kunst, die du gelernt hast, sei dir lieb; da mußt du verweilen. Den Rest deines Lebens verbringe als ein Mensch, der alle seine Angelegenheiten von ganzer Seele den Göttern überlassen hat und sich weder zu irgendeines Menschen Tyrannen oder Sklaven macht (IV, 31).

Geh immer den kürzesten Weg. Der kürzeste Weg ist der naturgemäße, das heißt in allen Reden und Handlungen der gesunden Vernunft folgen. Ein solcher Entschluß befreit dich von tausend Kümmernissen und Kämpfen, von jeder Verstellung und Eitelkeit (IV, 51).

Unmögliche Dinge verlangen ist töricht; unmöglich aber ist es, daß die Lasterhaften anders als lasterhaft handeln (V, 17).

Lebe in der Gemeinschaft der Götter. Der aber lebt in der Gemeinschaft mit ihnen, der ihnen stets eine Seele zeigt, die mit dem ihr beschiedenen Lose zufrieden ist und alles tut, was der Genius will, den Zeus als einen Sprößling seines eigenen Wesens ihm zum Vorsteher und Führer beigegeben hat. Dies aber ist eines jeden Verstand und Vernunft (V, 27).

Schändlich ist es, wenn deine Seele schon ermüdet, ohne daß der Leib schon müde ist (VI, 29).

Wenn du mit jemandem verkehrst, lege dir sogleich die Frage vor: Welche Grundsätze hat er von dem Guten und dem Bösen? Denn je nach den Ansichten, die er von Lust und Schmerz und den Ursachen beider, von Ehre und Unehre, Tod und Leben hegt, kann es mich nicht wundern noch befremden, wenn er so und so handelt. Vielmehr will ich dabei bedenken, daß er gezwungen ist, so zu handeln (VIII, 14).

Sokrates nannte die Meinungen der Menge Poltergeister, Schreckgestalten für Kinder (XI, 22).

Welche Gewalt hat doch der Mensch! Er hat es in seiner Macht, nichts zu tun, als was den Beifall der Gottheit zur Folge hat, und alles hinzunehmen, was ihm die Gottheit zuteilt (XII, 11).

Des Kaisers Marcus Aurelius Antoninus Selbstbetrachtungen, Übersetzung von Albert Wittstock. Stuttgart 1971.

325. Gesetzeserfüllung
Sophokles, Oidipus 863–872, 883–891, 899–904

Mög' ich nimmer in dem Streben wanken,
frommer Reinheit mich in Wort und Werken
hinzugeben, das Gesetz erfüllend,
das in heiligen Äthers Regionen
ewiglich einhergeht. Eingeborne
Tochter ist's des Himmels, nicht der Menschen
sterbliches Gemächte. Nie vergißt es,
nimmer schläft es.
Gott ist stark in ihm: nie wird es altern.

Doch wer in Wort und Werk die Bahn
der Frevel geht, nicht Dike [1] scheut,
der Göttersitze spottet,
der fahre dahin in verfluchtem Geschick.
Das sei des Übermutes Lohn,
der nach Gewinn in Sünden jagt,
der Ehre Schranken überspringt
und zum Verbotnen dringt in eitlem Streben...

Nicht zieh' ich mehr in frommer Fahrt
nach Abai zu Apollon, nicht
zu Delphis Erdennabel
und nicht zum höchsten olympischen Zeus,
wenn dieses Wort nicht aller Welt
handgreiflich klar sich offenbart.

---

[1] Tochter des Zeus, Verkörperung des Gesetzes.

Übersetzung von Ulrich von Wilamowitz-Moellendorff. Berlin 1899.

INDEX RELIGIONSGESCHICHTLICHER ZUORDNUNGEN

Afrika
S. 15–22 (Nr. 1–7)
S. 88 f. (Nr. 68)
S. 107 f. (Nr. 83 f.)
S. 178–182 (Nr. 123)
S. 215 f. (Nr. 146–148)
S. 340 f. (Nr. 234)

Ägypten
S. 36–40 (Nr. 21–23)
S. 76 (Nr. 58)
S. 90 (Nr. 70)
S. 170 (Nr. 116)
S. 275–277 (Nr. 182–184)
S. 336 f. (Nr. 226–229)
S. 341 (Nr. 235)
S. 418–420 (Nr. 298–300)
S. 443 (Nr. 314)

Amerika s. Indianer

Asien s. China; Indien; Indischer und ostasiatischer Buddhismus; Indonesien; Iran; Jainismus; Japan; Mesopotamien; Schriftlose Völker Asiens; Tibet

Australien
S. 31 (Nr. 17)
S. 110 (Nr. 87 f.)
S. 158–160 (Nr. 110 f.)
S. 163 (Nr. 114)
S. 199 (Nr. 132)
S. 232 (Nr. 164)
S. 325 f. (Nr. 217–219)

Brahmanismus s. Indien

Buddhismus s. Indischer und ostasiatischer Buddhismus

China
S. 202 (Nr. 134)
S. 205 (Nr. 138)
S. 263–383 (Nr. 263–266)
S. 423 (Nr. 303)

Eskimos s. Indianer und Eskimos

Etrusker
S. 68 (Nr. 49)

Finnen
S. 79 (Nr. 60)
S. 231 (Nr. 163)

Germanen
S. 69 f. (Nr. 50–52)
S. 99 (Nr. 77)
S. 133 (Nr. 98)
S. 237 (Nr. 166)
S. 349 (Nr. 242)

Geten
S. 57 (Nr. 40)

Griechenland (einschließlich Hellenismus)
S. 59–67 (Nr. 41–48a)
S. 95 (Nr. 75)
S. 125–131 (Nr. 94–96)
S. 140 (Nr. 103)
S. 172 (Nr. 119)
S. 192 (Nr. 126)
S. 206 (Nr. 139)
S. 224 (Nr. 158)
S. 239–245 (Nr. 168–173)
S. 258 (Nr. 177)
S. 277–279 (Nr. 185 f.)
S. 281–285 (Nr. 188–192)
S. 297 (Nr. 202)
S. 338 (Nr. 230)
S. 347 (Nr. 240)
S. 384 (Nr. 267)
S. 405 (Nr. 288)
S. 412–414 (Nr. 294–297)
S. 422 (Nr. 301)
S. 445–447 (Nr. 316–318)

Hellenismus s. Griechenland

Hinduismus s. Indien

Indianer Südamerikas
S. 28 (Nr. 14)
S. 85 (Nr. 64)
S. 135 (Nr. 101)
S. 292 (Nr. 198)

Indianer und Eskimos Nordamerikas
S. 22–24 (Nr. 8–11)
S. 84 (Nr. 62 f.)
S. 87 (Nr. 67)
S. 103–105 (Nr. 79–81)
S. 155–157 (Nr. 108 f.)
S. 161 (Nr. 112)
S. 164 (Nr. 115)
S. 199 (Nr. 133)
S. 216 (Nr. 149)
S. 289–291 (Nr. 196 f.)
S. 299 (Nr. 204)
S. 319 (Nr. 214)
S. 328 (Nr. 220)
S. 332 (Nr. 223)
S. 334 (Nr. 225)

Indianische Hochkulturen Mittel- und Südamerikas
S. 24–27 (Nr. 12 f.)
S. 82 (Nr. 61)
S. 106 (Nr. 82)
S. 134 (Nr. 100)
S. 136 (Nr. 102)
S. 204 (Nr. 136 f.)
S. 273 (Nr. 181)
S. 286 (Nr. 194)
S. 305 (Nr. 207)
S. 350 (Nr. 243)
S. 388 f. (Nr. 271 f.)
S. 424 f. (Nr. 304 f.)
S. 450–452 (Nr. 320–322)

Indien: Brahmanismus und Hinduismus
S. 41–46 (Nr. 24–31)
S. 48–51 (Nr. 33–35a)
S. 92–94 (Nr. 72–74)
S. 117 (Nr. 91)
S. 123 (Nr. 93)
S. 171 (Nr. 118)
S. 173 f. (Nr. 120 f.)
S. 197 (Nr. 131)
S. 208–210 (Nr. 140 f.)
S. 222 f. (Nr. 155–157)
S. 271 (Nr. 178)
S. 339 (Nr. 232 f.)
S. 342 (Nr. 236)
S. 359 (Nr. 254)
S. 370 (Nr. 261)
S. 391 (Nr. 274)

Indischer und ostasiatischer Buddhismus
S. 177 (Nr. 122)
S. 211 (Nr. 143)
S. 247 (Nr. 174)
S. 271 (Nr. 179)
S. 301 (Nr. 205)
S. 308 (Nr. 209)
S. 316–319 (Nr. 212 f.)
S. 360–370 (Nr. 255–261)
S. 392–402 (Nr. 275–285)
S. 423 (Nr. 302)
S. 426–441 (Nr. 306–313)
S. 447 (Nr. 319)

Indonesien
S. 109 (Nr. 86)
S. 144–150 (Nr. 105–107)

Iran (einschließlich Manichäismus)
S. 52–57 (Nr. 36–39)
S. 97 (Nr. 76)
S. 162 (Nr. 113)
S. 210 (Nr. 142)
S. 285 (Nr. 193)
S. 306 (Nr. 208)
S. 310 (Nr. 210)
S. 351 f. (Nr. 244 f.)
S. 386 f. (Nr. 268–270)

Islam
S. 72–74 (Nr. 54–57)
S. 213 f. (Nr. 144 f.)
S. 225–229 (Nr. 160–162)
S. 303 (Nr. 206)
S. 314 (Nr. 211)
S. 353–360 (Nr. 246–253)
S. 406–411 (Nr. 289–293)

Italien s. Etrusker; Rom

Jainismus
S. 404 (Nr. 287)

Japan
S. 71 (Nr. 53)
S. 90 (Nr. 69)
S. 203 (Nr. 135)

Kelten
S. 134 (Nr. 99)
S. 238 (Nr. 167)
S. 349 (Nr. 241)

Manichäismus s. Iran

Mesopotamien
S. 33–36 (Nr. 18–20)
S. 91 (Nr. 71)
S. 113 (Nr. 90)
S. 212–220 (Nr. 152 f.)
S. 250 f. (Nr. 175 f.)

Mittelamerika s. Indianische Hochkulturen

Nordamerika s. Indianer und Eskimos

Ozeanien
S. 29 f. (Nr. 15 f.)
S. 85–87 (Nr. 65 f.)
S. 103 (Nr. 78)
S. 109 (Nr. 85)
S. 111 (Nr. 89)
S. 170 (Nr. 117)
S. 217 (Nr. 150 f.)
S. 234 (Nr. 165)
S. 293 (Nr. 199)
S. 298 (Nr. 203)
S. 321–323 (Nr. 215 f.)

Parsismus s. Iran

Rom
S. 76 (Nr. 59)
S. 118 (Nr. 92)
S. 132 (Nr. 97)
S. 142 (Nr. 104)
S. 193–195 (Nr. 127–130)
S. 225 (Nr. 159)
S. 279 (Nr. 187)
S. 294–296 (Nr. 200 f.)
S. 338 (Nr. 231)
S. 344–346 (Nr. 237–239)

Schriftlose Völker Asiens
S. 182–186 (Nr. 124 f.)
S. 287 (Nr. 195)
S. 328–331 (Nr. 221 f.)
S. 333 (Nr. 224)

Südamerika s. Indianer

Tibet
S. 272 (Nr. 180)
S. 372 (Nr. 262)
S. 403 (Nr. 286)

Kulturgeschichte neu entdeckt

Gerd Heinz-Mohr
Lexikon der Symbole
Bilder und Zeichen der christlichen Kunst
Band 4008
„Ein Nachschlagewerk, das auch zum Lesen verlockt"
(Süddeutsche Zeitung).

Hans Maier
Die christliche Zeitrechnung
Band 4018
„Eine kompakte Darstellung, die eine Wissenslücke füllt"
(Wiener Zeitung).

Joseph M. Bochenski
Wege zum philosophischen Denken
Einführung in die Grundbegriffe
Band 4020
„In klarer, eindringlicher Weise holt Bochenski Grundfragen aus dem Elfenbeinturm" (Landeszeitung für die Lüneburger Heide).

Arno Borst
Die Katharer
Mit einem Nachwort von Alexander Patschovsky
Band 4025
„Wen das Mittelalter interessiert, aber auch jeder, der wissen will, wie Europa geworden ist, wird das Buch mit Vergnügen lesen" (FAZ).

Karlheinz Weißmann
Druiden, Goden, Weise Frauen
Zurück zu Europas alten Göttern
Band 4045
Sind die neuen Heiden im Kommen? Fakten und Trends.

HERDER / SPEKTRUM

Malcolm Lambert
Ketzerei im Mittelalter
Eine Geschichte von Gewalt und Scheitern
Band 4047

Die packende Schilderung eines verwickelten Kapitels Geschichte.
Eine exzellente Orientierung.

Hans Zender
Happy New Ears
Das Abenteuer, Musik zu erleben
Band 4049

Der berühmte Dirigent und Komponist erschließt den fantastischen
Reichtum von Klang und Farbe moderner Musik.

Martin Noth
Die Welt des Alten Testaments
Eine Einführung
Band 4060

„Unentbehrlich für Wissenschaft und Studium, ein fachkundiger
Führer im Handgepäck eines jeden Israelreisenden" (Deutsche
Tagespost).

Carl Friedrich von Weizsäcker
Die Sterne sind glühende Gaskugeln und Gott ist gegenwärtig
Über Religion und Naturwissenschaft
Band 4077

Ein Buch, das mit uralten Mißverständnissen aufräumt und einen
radikalen Bewußtseinswandel fordert.

Gustav Faber
Auf den Spuren des Paulus
Eine Reise durch den Mittelmeerraum
Band 4099

Ein kulturgeschichtliches Reisebuch der ganz besonderen Art:
persönlicher kann man Paulus und seine Welt nicht kennenlernen.

HERDER / SPEKTRUM

Jacques Gélis
Das Geheimnis der Geburt
Rituale, Volksglaube, Überlieferung
Band 4103
Ein aufschlußreiches Kapitel Kulturgeschichte: Der Mensch ist schon vor der Geburt ein Kind seiner Zeit.

Barbara Krause
Camille Claudel – Ein Leben in Stein
Roman
Band 4111
Sie war ein Genie und zerbrach an der Ignoranz ihrer Zeit.
Die mitreißende Geschichte eines Lebens gegen jede Konvention.

Li Zehou
Der Weg des Schönen
Geschichte der chinesischen Kultur und Ästhetik
Herausgegeben von Karlheinz Pohl und Gudrun Wacker
Band 4114
Li Zehou, Dissident und „einer der bedeutendsten chinesischen Denker der Gegenwart" (Süddeutsche Zeitung), läßt Kunst und Literatur des Reichs der Mitte zum Erlebnis werden.

Hildegard von Bingen
Scivias – Wisse die Wege
Eine Schau von Gott und Mensch in Schöpfung und Zeit
Band 4115
Das Hauptwerk Hildegards: die faszinierenden, überraschend aktuellen Visionen einer der modernsten Frauen des Mittelalters.

Thomas Görnitz
Carl Friedrich von Weizsäcker
Ein Denker an der Schwelle zum neuen Jahrtausend
Band 4125
Die fesselnd geschriebene Hommage an einen eindrucksvollen Menschen und prophetischen Kritiker unserer Zeit.

HERDER / SPEKTRUM

Ludwig van Beethoven
Briefe über Kunst, Liebe und Freundschaft
Herausgegeben und kommentiert von V. Karbusicky
Band 4127

Briefe eines sensiblen Menschen, aber auch eines Genies und Giganten unter den Künstlern. Mit zahlreichen Abbildungen.

Erwin K. und Ute Scheuch
USA – ein maroder Gigant?
Amerika besser verstehen
Band 4135

Das Panorama eines einzigartigen, widersprüchlichen Kontinents: „Die Ausgangsbasis für heutige Amerikaentdecker" (Neue Zeit).

Hanspeter Hasenfratz
Die religiöse Welt der Germanen
Ritual, Magie, Kult, Mythus
Band 4145

Zurück zu den Ursprüngen unserer Geschichte: plastische, spannende Informationen über eine Welt voller Zauber und Magie.

Alois Halder/Max Müller
Philosophisches Wörterbuch
Erweiterte Neuausgabe
Band 4151

Die aktualisierte Neuausgabe eines konkurrenzlosen Kompendiums: klar gegliedert, kompakt und auf das Wesentliche konzentriert.

Hugo Rahner
Griechische Mythen in christlicher Deutung
Band 4152

Aufregend neue Entdeckungen mit uralten, geheimnisvollen Mythen. Ein Schlüssel zum Verständnis unserer Kultur.

HERDER / SPEKTRUM

Johannes Hirschberger
Kleine Philosophiegeschichte
Band 4168

Der Klassiker: eine prägnante Darstellung der Philosophie von der Antike bis zur Gegenwart. Umfassend, fesselnd, höchst informativ.

Hans Sedlmayr
Die Entstehung der Kathedrale
Band 4181

„Ein Buch von gleicher materialer Weite und gleicher Tiefe wird nicht wieder geschrieben werden können" (Das Münster). Mit zahlreichen schwarzweißen Abbildungen.

Herder-Lexikon Symbole
Band 4187

Symbole von der Steinzeit bis zur Gegenwart, aus verschiedensten Völkern und Kulturkreisen. Ein Schlüssel zur Botschaft der Bilder.

Helena Norberg-Hodge
Leben in Ladakh
Mit einem Vorwort des Dalai Lama
Band 4204

Mehr als ein Reisebericht. – Die Erfahrungen einer Frau, die im Grenzland Tibets eine alte Kultur neu entdeckt und für dieses Engagement den alternativen Nobelpreis erhalten hat.

Urte Bejick
Die Katharerinnen
Häresieverdächtige Frauen im mittelalterlichen Südfrankreich
Band 4211

Es waren Frauen, die die letzten Prediger der Katharer nach der Verfolgung durch die Inquisition versteckten oder anzeigten.

HERDER / SPEKTRUM

Bücher, die leben helfen

Viktor E. Frankl
Das Leiden am sinnlosen Leben
Psychotherapie für heute
Band 4030

„Hier geschieht (was so oft versprochen und selten eingehalten wird) echte Lebenshilfe!" (Bücherbord).

Hildegard von Bingen
Heilwissen
Von den Ursachen und der Behandlung von Krankheiten
Übersetzt und herausgegeben von Manfred Pawlik
Band 4050

Ein Klassiker der sanften Medizin, heute aktueller denn je: alle Ratschläge der genialen heilkundigen Frau in einem Band.

Christian Michel/Felix Novak
Kleines Psychologisches Wörterbuch
Erweiterte und aktualisierte Neuausgabe
Band 4054

Kompakte Informationen und hilfreiche Anregungen für das Verstehen psychologischer Vorgänge im Alltag, für Arbeit und Studium.

Lexikon Medizin – Ethik – Recht
Darf die Medizin, was sie kann?
Information und Orientierung
Hrsg. von Albin Eser, Markus von Lutterotti und Paul Sporken
Band 4073

„Eine lohnende Lektüre" (Deutsche Apothekerzeitung).

Knud Eike Buchmann
Die Kunst der Gelassenheit
Im Alltag aus der Mitte leben
Band 4120

Knud Eike Buchmann lehrt die Kunst der Gelassenheit. Ein Buch für Leute, die die Ruhe weg haben wollen.

HERDER / SPEKTRUM

Wolfgang G. A. Schmidt
Die alte Heilkunst der Chinesen
Ihre Kultur und ihre Anwendung
Band 4136

Akupunktur, natürliche Heilmittel und die praktischen Geheimnisse aus der Tradition einer sanften Medizin.

Maria Kassel
Biblische Urbilder
Tiefenpsychologische Auslegung nach C. G. Jung
Band 4137

Bilder bergen einen ungeahnten Schatz. Wer ihn hebt, findet die Tiefe des eigenen Lebens.

Rudolf Drössler
Planeten, Tierkreiszeichen, Horoskope
Mythologie, Spekulation, Wirklichkeit
Band 4139

Ein höchst aufschlußreicher Blick in die Sterne: unterhaltsam, amüsant und überaus informativ.

Karlfried Graf Dürckheim
Meditieren – wozu und wie
Band 4158

Geheimnisse erfahren und sich als ganzer Mensch verwandeln. – Eines der reifsten und praktischsten Werke Karlfried Graf Dürckheims.

Hildegard von Bingen
Heilkraft der Natur – Physica
Rezepte und Ratschläge für ein gesundes Leben
Band 4159

Naturlehre und Heilwissen der heiligen Hildegard: der Klassiker der sanften Medizin. Mit praktischem Register und Querverweisen.

HERDER / SPEKTRUM

Katsuki Sekida
Zen-Training
Das große Buch über Praxis, Methoden, Hintergründe
Band 4184
Wie kann man als westlicher Mensch Zen-Meditation lernen?
„Das erste umfassende Handbuch" (Psychology today).

Irmgard Müller
Die pflanzlichen Heilmittel bei Hildegard von Bingen
Heilwissen aus der Klostermedizin
Band 4193
Praktische Anwendungen, gestützt auf profundes Wissen um die therapeutischen Eigenschaften der Pflanzen. Mit zahlreichen Abbildungen.

Rudolf Köster
Im Gleichgewicht bleiben
Umgang mit seelischen Belastungen
Band 4198
Der praxiserfahrene Arzt zeigt, wie die seelischen Ursachen körperlicher Erkrankungen überwunden werden können.

Samuel Osherson
Männer entdecken ihre Väter
Die ersehnte Begegnung
Band 4207
Männer brauchen Väter als Orientierung für ihr eigenes „Mannsein". Eine Wahrheit, die immer mehr ins Zentrum rückt.

Erich Fromm
Leben zwischen Haben und Sein
Herausgegeben von Rainer Funk
Band 4208
Wie können wir die Kunst des Lebens neu erlernen? Antworten, die überzeugen. Mit zahlreichen bisher unveröffentlichten Texten.

HERDER / SPEKTRUM